JN112178

SHOW-HEY シネマルーム

46

2020年 上半期 お薦め 70作

弁護士 坂和章平

はじめに

　『シネマルーム46』は、2019年10月1日から2020年3月31日までに観た洋画94本、邦画27本、計121本の映画から、2020年上半期お薦め70作を選び、まとめたものです。『シネマ22』以降は上半期、下半期ごとに「お薦め50作」として出版してきましたが、『シネマ46』は『シネマ43』に続いて「お薦め70作」になりました。これは、鑑賞本数が年間200本を超えるペースになっているためですが、同時に私の映画評論をパソコン打ちする事務員のレベルが安定していることを物語っています。私は「弁護士兼映画評論家」を名乗っていますが、使っている時間は圧倒的に映画鑑賞とその評論書きです。映画の上映時間は平均2時間ですが、私の手書きメモとパンフレット等の資料、そして私の口述を録音するICレコーダーを駆使して、事務員がパソコンを打つ方式による評論作りは容易ではありません。4～5頁の通常のボリュームのもので完成まで約2時間、6～8頁の長いものでは3時間は要しますから、その作業は大変です。それを年間200回以上やっているわけですから、私の日常生活の忙しさはお察しいただけるはずです。しかし、そんなしんどいけれども楽しい思いをしているからこそ、71歳にして毎日イキイキと充実した毎日を過ごせているのだと感謝しています。

＜第1章　第92回アカデミー賞＞

　『シネマ46』も、第1章は上半期恒例のアカデミー賞特集です。2019年の第92回アカデミー賞最大の話題は、字幕付の韓国映画『パラサイト　半地下の家族』がアカデミー賞史上初の作品賞を受賞したことです。日韓関係が最悪になる中、米韓関係もヤバくなっていましたから、「アメリカ・ファースト」のトランプ大統領がその結果を見て「OH！NO！」と叫んだのは当然でしょう。私も同作の国際長編映画賞は確実！監督賞もあり！と予想していましたが、作品賞は米国のプライドにかけてあり得ない！そう思っていたから、この英断に大拍手！しかし、私たち日本人にわからない、あの「半地下住宅」と冒頭のトイレのシーンをアメリカ人はホントに理解できたのでしょうか？

　他方、主演男優賞はホアキン・フェニックス（『JOKER ジョーカー』）で、主演女優賞はレネー・ゼルウィガー（『ジュディ　虹の彼方に』）で決まり！意外だったのは、助演女優賞のローラ・ダーン（『マリッジ・ストーリー』）。どちらかと言うと、私は同作のスカーレット・ヨハンソンにあげたかったと思っています。『パラサイト　半地下の家族』人気のあおりを受けたのが、作品賞、監督賞の本命と予想されていた『1917　命をかけた伝令』ですが、録音賞等の受賞はさすが。また、『ジョジョ・ラビット』の脚色賞、『フォード vs フェラーリ』の音響編集賞と編集賞、『スキャンダル』のメイク・ヘアスタイリング賞もそれぞれ当然でしょう。また、ネット配信ながら、マーティン・スコセッシ監督がハリウッドの2大俳優を起用した209分の大作『アイリッシュマン』が受賞こそ逃したものの、多くの賞にノミネートされたのはハリウッド映画の近時の大きな変化を物語るものです。

＜第２章　世界の巨匠の最新作と新進監督の注目作＞
＜第３章　日本の巨匠の最新作と新進監督の注目作＞

　『シネマ４３』は＜第２章　ハリウッドの話題作＞＜第３章　ヨーロッパの難解な映画＞と続けましたが、『シネマ４６』の第２章と第３章は、世界と日本の巨匠と新進監督に注目してラインナップしました。クリント・イーストウッド監督は９０歳にして４０本目の監督作品『リチャード・ジュエル』を完成！テリー・ギリアム監督は構想３０年、企画頓挫９回の『テリー・ギリアムのドン・キホーテ』を完成！ケン・ローチ監督は引退宣言を再度撤回して『家族を想うとき』を完成！その執念や恐るべし、です。逆に、寡作で有名だったテレンス・マリック監督が１年に１本ペースの多作になっているのは気になりますが、『名もなき生涯』の完成度はさすがです。トルコのヌリ・ビルゲ・ジェイラン監督の『読まれなかった小説』、イランのジャファル・パナヒ監督の『ある女優の不在』は、いずれもクソ難しいけれども必見！また、フランスのオリビア・アサイヤス監督の『冬時間のパリ』はいかにもフランスらしいユーモアがいっぱい。逆に『人間の時間』はいかにも狂才・キム・ギドク監督らしく、あっと驚く世界観いっぱいの怪作です。

　他方、御年８８歳ながら、クリント・イーストウッド監督と同じように元気なのが山田洋次監督。去る３月２９日に新型コロナウイルスのため亡くなった志村けんさんを主役に起用した、『キネマの神さま』が撮影見直しとなり、一からの仕切り直しになったのは残念ですが、彼は『男はつらいよ　お帰り　寅さん』で５０年ぶりに寅さんを見事に復活させました。他方、『万引き家族』によって、今や世界的巨匠になった是枝裕和監督の『真実』や、瀬々敬久監督の『楽園』、白石和彌監督の『ひとよ（一夜）』はそれぞれ新しいチャレンジですが、その出来は如何に？それに対して、周防正行監督の『カツベン！』、三池崇史監督の『初恋』は、それぞれ自分の個性を大爆発！我が道を突き進む、という意思が明確です。若松節朗監督の『Fukushima50 フクシマフィフティ』には賛否両論があるのは当然。私は単純にその問題提起を評価していますが、あなたは？

　世界の若手では『レ・ミゼラブル』のラジ・リ監督、『テルアビブ・オン・ファイヤ』のサメフ・ゾアビ監督、日本では『任侠学園』の木村ひさし監督、『わたしは光をにぎっている』の中川龍太郎監督、『白骨街道』の藤元明緒監督に注目です。

＜第４章　中国映画がすごい！若手の注目監督が次々と！＞

　１９８９年はベルリンの壁崩壊（１１月１０日）、天安門事件（６月４日）と世界が激動した年ですが、日本でもバブルが崩壊し、昭和から平成に移行したエポック・メイキングな年です。それから既に３０年。中国ではその時代に生まれた「第８世代」と呼ばれる、『象は静かに座っている』の胡波（フーボー）監督、『凱里ブルース』と『ロングデイズ・ジャーニー　この夜の涯てへ』の毕赣（ビー・ガン）監督に注目が集まりました。残念ながら、胡波監督は作品の発表直後に２９歳の若さで自殺してしまいましたが、毕赣監督は世界から大注目！日本ではまだ知名度が低いものの、『巡礼の約束』のソンタルジャ監督、『ザ・レセプショニスト』の盧謹明（ジェニー・ルー）監督らと共にその名前を覚えておきたいものです。

　他方、『シネマ４６』では、中国第５世代の張藝謀（チャン・イーモウ）監督や陳凱歌（チェン・カイコー）監督の作品はありませんでしたが、近時活躍が目立つ張艾嘉（シルヴィ

ア・チャン）監督の『あなたを、想う。』は必見！また、荘文強（フェリックス・チョン）監督の『プロジェクトグーテンベルク　贋札王』もメチャ面白かった。ただ、余非（ユー・フェイ）監督の『オーバー・エベレスト　陰謀の氷壁』はイマイチ・・・？

＜第5章　韓国、ベトナム、インド映画＞

　新型コロナウイルスのパンデミック（世界的大流行）によって、世界の株価が暴落したばかりでなく、実態経済にも大きなヒビが入り壊れかけている今、ありとあらゆる金融政策の他、大規模な財政出動が要請されています。２００８年のリーマン・ショックは各国が必死に展開した金融政策・財政出動のお陰で数年後には何とか回復することができましたが、１９９７年に起きた「アジア通貨危機」は、あわや韓国の国家破産という事態を招きました。そこで活躍（暗躍？）したのがIMF（国際通貨基金）ですが、その実態は？また、その真相は？韓国で１６００万人を突破し、歴代NO.1となった直近の『エクストリーム・ジョブ』は超エンタメ作品ですが、『国家が破産する日』はそんな超問題提起作。ひょっとして明日にでも、あの国、この国に「国家が破産する日」が訪れるかもしれない昨今、同作は必見です。

　他方、今や日本では中国人以上にベトナムからの留学生や就学生が勤勉な労働力として重宝されていますが、そんな国、ベトナムでは近時映画作りも大活況。『第三夫人と首飾り』と『サイゴン・クチュール』は必見。そのレベルの高さをしっかり味わいたいものです。また、新型コロナウイルス騒動で大打撃を受けているのが、人口１３．５億の大国インドですが、インド映画の元気さと快調さは継続中。『盲目のメロディ　インド式殺人狂騒曲』も『ガリーボーイ』もメチャ面白い！

＜第6章　男の生き方＞

　＜男の生き方＞＜女の生き方＞。そんなテーマで映画を考えると、それぞれの映画の本質がハッキリ見えてきます。『黒い司法　0％からの奇跡』の人権派弁護士ブライアン・スティーブンソン、『テッド・バンディ』の米国史上最も危険な連続殺人犯のテッド・バンディ、『永遠の門　ゴッホの見た未来』の画家ゴッホ、『不実な女と官能詩人』の詩人ピエール・ルイス、『オリ・マキの人生で最も幸せな日』のボクサー、オリ・マキ、『武蔵―むさし―』の剣豪・宮本武蔵は、すべて実在の人物ですが、知らない人も多いはず。それをこれらの映画からしっかり学びたいものです。他方、『再会の夏』、『ラスト・ディール　美術商と名前を失くした肖像』、『コンプリシティ　優しい共犯』は、「ある男」に焦点を当てた映画ですが、そこに見る男の生きザマ（こだわり）とは？

＜第7章　女の生き方＞

　女の生き方だって同じです。『母との約束、２５０通の手紙』の作家ニナ・カツェフ、『レディ・マエストロ』の指揮者アントニア・ブリコ、『リンドグレーン』の児童文学作家アストリッドはみんな実在の人物ですが、単なる伝記ではなく、一人の女性の生き方を各作品から学びたいものです。他方、『ロニートとエスティ　彼女たちの選択』では同性愛に悩む２人の女性、『最高の人生の見つけ方』では末期ガン宣告を受けた新旧２人の女性、『夕陽のあと』では生みの親vs育ての親として対決する２人の女性の生きザマをしっかり考えた

いものです。

＜第8章　アニメの名作、ドキュメンタリーの名作＞
　近時はアニメの名作が目立っています。２５０カット、４５分を追加した『この世界の（さらにいくつもの）片隅に』の"更なる大ヒット"は異例中の異例ですが、台湾では『幸福路のチー』、アフガニスタンでは『ブレッドウィナー』という名作アニメの誕生に拍手！また、１００年前の第１次世界大戦の塹壕戦の貴重な映像を修復した『彼らは生きていた』が信じられないほど奇跡的なドキュメンタリーなら、『三島由紀夫 vs 東大全共闘　５０年目の真実』は５０年前の貴重な映像を使ったドキュメンタリーです。割腹自殺１年前の三島由紀夫の意外に穏やかな語り（？）に注目ですが、巌流島での宮本武蔵 vs 佐々木小次郎の決闘のような同作の作り方には、賛否両論が・・・。

＜第9章　これぞエンタメ！＞
　＜第9章　これぞエンタメ！＞では、まずセルジオ・レオーネ監督の生誕９０年、没後３０年を記念して2時間４５分の完全オリジナル版が上映された『ワンス・アポン・ア・タイム・イン・ザ・ウェスト』に注目！日本では『男はつらいよ』シリーズが始まり、日米両国がベトナム戦争反対！のデモに湧いた１９６８年当時に、アメリカでこんなエンタメ大作が公開されていたことにビックリ！そして、若き日のクラウディア・カルディナーレの美しさ、脂の乗りきった中年男チャールズ・ブロンソンのカッコ良さ、等々にも感激です。直近の『ジェミニマン』『エンド・オブ・ステイツ』『ジョン・ウィック：パラベラム』はハリウッド流のエンタメ作ですが、今風のそれは少し小粒に？
　他方、「米中対決」が進む中で埋没感の強いロシアが、「おらが国にも、こんなエンタメ大作が！」と名乗り出たのが『Ｔ－３４　レジェンド・オブ・ウォー』。ソ連邦時代の超大作『戦争と平和』第一部（２１０分）・完結編（１７７分）とは全く異質のハリウッド調大活劇（？）をしっかり楽しみたいものです。また、新型コロナウイルスのパンデミックが、もしこのまま長期化したら？というifは考えたくありませんが、それと同じように、「考えたくない歴史上のif」を描いたエンタメ作品が『帰ってきたムッソリーニ』。同作は２０２０年５月１日付で私が出版した『ヒトラーもの、ホロコーストもの、ナチス映画大全集－戦後７５年を迎えて－』に収録した計７２本の映画と共にしっかり味わってもらいたい問題作です。

　２０２０（令和2）年4月１５日

　　　　　　　　　　　　　　　　弁護士・映画評論家　坂　和　章　平

目　　次

第4章　中国映画がすごい！若手の注目監督が次々と！　　189

≪この若手監督に注目！≫

凱里出身の第8世代、毕贛（ビー・ガン）監督2作

29歳で自殺した天才・胡波（フーボー）監督

チベット人の新進監督、ソンタルジャ監督

英国在住の女性監督、盧謹明（ジェニー・ルー）監督

≪巨匠たちも堅実に！≫

張艾嘉（シルヴィア・チャン）監督

荘文強（フェリックス・チョン）監督

余非（ユー・フェイ）監督

9

（渡辺謙がハリウッドなら役所広司は中国へ！）

10

11

第1章 第92回アカデミー賞

13

Data

監督：ポン・ジュノ

脚本：ポン・ジュノ、ハン・ジヌォン

出演：ソン・ガンホ／イ・ソンギュン／チョ・ヨジョン／チェ・ウシク／パク・ソダム／イ・ジョンウン／チャン・ヘジン／チョン・ジソ／チョ・ヒョンジュン

パラサイト 半地下の家族

2019 年／韓国映画

配給：ビターズ・エンド／132 分

2020（令和 2）年 1 月 11 日鑑賞　TOHOシネマズ西宮OS

👀 みどころ

　これは面白い！ポン・ジュノ監督はすごい！目下、日韓関係は最悪で、文在寅大統領も最悪（？）だが、韓国映画は圧倒的に邦画よりすごい。韓国初のパルムドール賞おめでとう！また、韓国初のアカデミー賞作品賞、監督賞等のノミネートおめでとう！

　「格差」と聞けば、英国のケン・ローチ監督の得意テーマだが、たまたま是枝裕和監督の『万引き家族』（18 年）も本作も、それがテーマ。しかし、「社会派」と自他共に認めるケン・ローチと、あえて「映画派」と称するこの 2 人のスタンスは大違い。そのため、本作にはタランティーノ監督と同じような、B級映画的面白さもタップリと！

　半地下住宅に住む 4 人家族が高台の豪邸に住む 4 人家族にパラサイトしていく前半も面白いが、監督自ら「ネタバレ厳禁！」を強調する本作では、その後のあっと驚く展開に注目！それを予測できる人は誰一人いないだろう。

———＊———＊———＊———＊———＊———＊———＊———＊———

■□■韓国初のパルムドール賞！ポン・ジュノ監督おめでとう■□■

　第 7 1 回カンヌ国際映画祭の最高賞＝パルムドール賞は是枝裕和監督の『万引き家族』（18 年）（『シネマ 42』10 頁）が受賞したが、続く第 7 2 回のパルムドール賞は韓国のポン・ジュノ監督の本作に輝いた。韓国初の受賞と聞くと、韓国映画のレベルの高さをよく知っている私には少し意外だが、何はともあれポン・ジュノ監督おめでとう！

　私は彼の処女作たる『ほえる犬は噛まない』（00 年）は観ていないが、2 作目の『殺人の追憶』（03 年）（『シネマ 4』240 頁）と 3 作目の『グエムル―漢江の怪物―』（06 年）（『シ

ネマ11』220頁）を観て、すっかり彼のファンになった。その後の『母なる証明』（09年）（『シネマ23』131頁）も、『スノーピアサー』（13年）（『シネマ32』234頁）もすばらしかった。なお、『殺人の追憶』も『母なる証明』もタイトルを見ればどんな映画か想像がつくが、『グエムル―漢江の怪物―』も『スノーピアサー』もタイトルだけでは何の映画かサッパリわからない。そのため、『グエムル―漢江の怪物―』については事前に「これは、怪獣映画」と考えて観るのをやめようかと思ったほどだが、もしそんなことで見逃していたら大変だった。しかして、本作のタイトルになっている「パラサイト」とは？

それは私の英語力でもある程度イメージできるが、辞書を調べると「パラサイト」とは寄生虫のこと。また、原題は『GISAENGCHUNG』で、英題は『PARASITE』だが、邦題には『パラサイト』の他に『半地下の家族』という副題がついている。そのため、本作はタイトルだけでそのイメージを描くことができる。ちなみに、ドストエフスキーの小説に『地下室の手記』なるものがあり、私はこれを大学2回生の時に読んだが、これは何とも陰鬱なものだった。すると、『パラサイト　半地下の家族』と題された本作もそれと同じように陰鬱なもの？いやいや、ポン・ジュノ監督でパルムドール賞を受賞した映画なら、決してそれだけのものではないはずだ。

■□■カンヌの「対抗馬」は？第92回アカデミー賞候補は？■□■

本作を観た翌日1月12日に大相撲初場所が始まったが、そこには2019年ラストの九州場所で43回目の優勝を飾った白鵬と、秋場所と九州場所を2場所続けて休場した鶴竜の両ベテラン横綱に対して、世代交代を目指す貴景勝、朝乃山、北勝富士、御嶽海らイキのいい若手がいかに対抗する（できる）かが最大の注目点になっている。それと同じように、2019年5月の第72回カンヌ国際映画祭のコンペティション部門では、結果的に本作がパルムドール賞を受賞したが、多彩な21作品は名作揃いで、新旧の対抗馬は多かったらしい。

私が切り抜いていた発表前の新聞紙では、ケン・ローチ監督の『家族を想うとき』（19年）、テレンス・マリック監督の『ヒドゥン・ライフ』（19年）、ペドロ・アルモドバル監督の『ペイン・アンド・グローリー』（19年）、クエンティン・タランティーノ監督の『ワンス・アポン・ア・タイム・イン・ハリウッド』（19年）等のカンヌ常連組の作品がまず注目を集めたらしい。そして、それに対抗する若手作品としては、黒人女性監督マティ・ディオップの『アトランティックス』（19年）、黒人監督ラジ・リの『レ・ミゼラブル』（19年）等が注目されたそうだ。しかして、パルムドール賞を受賞した本作について、新聞各紙は「韓国待望の最高賞」「社会の不平等　捉え直す」「意表を突く転換の連続」「格差、寄生・・・予測不能の展開」「格差社会の濃密な悲喜劇」「格差広がる韓国生々しく」「ポン・ジュノ監督『現在進行形で続くテーマ』」等の見出しを掲げて絶賛していた。

さらに、本作鑑賞直後の2020年1月13日に発表された第92回アカデミー賞ノミ

ネート作品では、作品賞に本作が、監督賞にポン・ジュノが、脚本賞にポン・ジュノとハン・ジヌォンがノミネートされる等と計６部門でノミネートされたからすごい。韓国映画がアカデミー賞にノミネートされたのは史上初だ。アカデミー賞主演男優賞はきっと『ジョーカー』のホアキン・フェニックスで決まりだろうが、作品賞、監督賞、脚本賞の行方は如何に？

■□■彼は社会派？いやいや映画派！是枝監督との対談は？■□■

　１月１１日（日）のNHK朝７時のニュースは、「ビッグ対談」としてポン・ジュノ監督vs 是枝裕和監督の対談を登場させた。イギリスの巨匠ケン・ローチ監督は「社会派」と呼ばれており、労働者階級の視点から格差の広がりに鋭く切り込むのが得意。そのため、１度ならず２度も引退を撤回してまで、最新作『家族を想うとき』を監督し、同作はカンヌでも高い評価を受けた。そう考えると、第７１回でパルムドール賞を受賞した『万引き家族』も今回パルムドール賞を受賞した本作も、社会の底辺に生きる人たちに焦点をあて、格差の広がりを鋭くついた問題提起作だから、是枝監督もポン・ジュノ監督もケン・ローチ監督と同じような社会派？

　私が本作を観たのは１月１０日（土）だが、翌１月１１日の２人の「ビッグ対談」では、「あなたは自分を社会派監督だと思っていますか？」との質問が出されていた。それに対するポン・ジュノ監督の答えは、「いや、そうとは思っていない。あえて言えば自分は映画派だ。」というものだった。そして、是枝監督も「僕もそれと同じです。」と答えていた。ケン・ローチ監督は格差の広がりとそれによる労働者階級の窮状を見て、マルクスやエンゲルスがその問題点を経済的に分析したのと同じように、「自分は映画監督という立場からその問題点を分析しなければ」、そんな思いに駆られるらしい。しかし、是枝監督もポン・ジュノ監督も決してそうではなく、あくまで映画では「人間を描きたい」と願うだけで、格差問題はたまたま１つのテーマとして取り上げているに過ぎないわけだ。

　ちなみに、２０１９年１０月２７日に初放映されたNHKドキュメンタリーBS１スペシャル「是枝裕和×運命の女優たち～フランスで挑んだ１年の記録～」は、『真実』（19年）の撮影を続ける是枝監督に１年間密着取材した成果をまとめた番組だった。そして、そこでは、「格差」とはまったく関係ない大女優カトリーヌ・ドヌーヴの生きザマに是枝監督が焦点をあてていた。「格差」だけにこだわらないのはポン・ジュノ監督も同じで、『殺人の追憶』『グエムル―漢江の怪物―』『母なる証明』『スノーピアサー』等の登場人物は底辺の人間が多いものの、『グエムル―漢江の怪物―』では奇想天外な漢江の怪物というB級映画的な面白さがあったし、『スノーピアサー』ではSF世界の子供の発想の延長のようなものがあった。そう考えると、是枝監督やポン・ジュノ監督のことを「社会派監督」、また、彼らの作品を「社会派作品」と呼ぶのは適切ではないようだ。

■□■名優ソン・ガンホは、本作でどんな父親像を？■□■

　本作に主演し、加齢臭ならぬ「半地下臭」をまき散らしていることが嫌がられる一家の主キム・ギテクを演じるのは、あの丸っこい顔が一目見たら忘れられない俳優ソン・ガンホだ。彼は、カン・ジェギュ監督の『シュリ』(99年)やパク・チャヌク監督の『JSA』(00年)(『シネマ1』62頁)等、韓国特有の南北問題をテーマにした映画では、シリアスな役をシリアスに演じていた。また、私の大好きな『親切なクムジャさん』(05年)(『シネマ9』222頁)や『渇き』(09年)(『シネマ24』未掲載)、『密偵』(16年)(『シネマ41』236頁)、『タクシー運転手〜約束は海を越えて〜』(17年)(『シネマ42』248頁)でもシリアスな役をシリアスに演じていたが、あの丸い顔を見ていると、どこか愛嬌を感じるから面白い。『男はつらいよ』シリーズでフーテンの寅さんを演じた渥美清は「四角い顔」がすぐに覚えられるが、ソン・ガンホも丸い顔ですぐ観客に覚えてもらえるから俳優としては得だ。彼は、ポン・ジュノ監督作品では、既に『殺人の追憶』『グエムルー漢江の怪物ー』『スノーピアサー』で出演しており、本作は4度目の登場になる。

　そんな彼は、1月10日付朝日新聞では、石飛徳樹氏の取材に対して、「これまでにも傑作がたくさんあったのに、パルムドールには届かなかった。やっと無念が晴らせた気分です」と語っているが、きっとそれが正直な気持ちだろう。また、カンヌでは評判になっていたが、「面白すぎて賞は取らないのでは」という予測が飛び交っていたらしいが、彼は、「私も意外でした。ポン監督は芸術性や社会性に加え、大衆的面白さを必ず盛り込みますからね」と語り、さらに、「もし、そんな印象を持ってもらえたのなら、映画を見る観客の目が肥えているからだと思う。国の規模からすると、映画人口が大変多い。うかつなものを作ると、すぐ観客にそっぽを向かれてしまうんです」と語っている。

　そんな名優・ソン・ガンホは、本作でどんな父親役を？

■□■半地下住宅とは？そこでの4人家族の生活は？■□■

　ソン・ガンホ演じるギテクは、過去に何度も事業に失敗し計画性も仕事もないが、楽天的な父親。そんな甲斐性なしの夫に強くあたる妻が元ハンマー投げ選手のチュンスク(チャン・ヘジン)。そして、長男は大学受験に落ち続け、若さも能力も持て余しているギウ(チェ・ウシク)、長女は美大を目指すがうまくいかず、予備校に通うお金もないギジョン(パク・ソダム)だ。本作冒頭は、そんな4人家族が住む半地下住宅がつぶさに映し出されるのでそれに注目！

　都市問題をライフワークにしている私は、それに加えて住宅問題も研究しているが、寡聞にして「半地下住宅」なる「住宅」は本作を観るまでまったく知らなかった。これは、韓国特有の住宅で、もともと北朝鮮からの攻撃に備えた防空壕だったらしい。冒頭のシークエンスでは、そんな「半地下住宅」の実態(狭さ、暗さ、臭さ、水回り、電波状態等)

が、ポン・ジュノ監督特有の視点で描写される。しかし、そのうちの狭さ、暗さ、臭さ（ちょうど居住者の目線に入る道端では酔っぱらいが、よく立ち小便している）、電波の悪さ、はすぐに理解できるが、水洗便所の排水問題までわかる日本人は少ないだろう。したがって、冒頭ギウとギジョンが家の一番高いところに鎮座しているトイレの横に行き、そこで「やっと電波が通じた！」と喜んでいるシーンの意味もわからないはずだ。少なくとも私にはその意味がサッパリわからなかったし、そもそも、この4人家族はこんな1番高いところにある公共空間（？）で大小便ができるの？そんな疑問が湧いてくる。

なお、そんな冒頭の疑問は、後半の大雨のシークエンスになると、あっと驚く事態を引き起こすので、それに注目！

■□■監督直々の「ネタバレ厳禁！」のお願いが！■□■

本作はギテクを家長として「半地下住宅」で暮す4人家族が、高台にある大豪邸に住むIT企業の社長パク・ドンイク（イ・ソンギュン）の家族に寄生（パラサイト）する物語。ドンイクの美しく純真な妻がヨンギョ（チョ・ヨジョン）。そして、最初にギウから英語の家庭教師を受けることになる高校生の娘がダヘ（チョン・ジソ）。そして、ダヘに続いてギジョンを美術の家庭教師につけてもらうのが、わんぱくざかりの男の子ダソン（チョン・ヒョンジュン）だ。ギテクの一家が4人家族なら、ドンイクの一家も4人家族だが、その生活レベルの違いはすごい。まさに格差社会とはこのことだ。しかし、受験経験は豊富だが学歴のないギウが、そんな裕福な一家の娘ダヘの英語の家庭教師に就くことができたのは何ともラッキー。さらに、さまざまなウソと策略を巡らせたとはいえ、ギウとギジョンのみならず父親のギテクもドンイクの運転手として、母親のチュンスクもヨンギョの家政婦としてパク一家の下に就職（パラサイト）できたのは大ラッキー。

もっとも、本作導入部のこのストーリー展開は、ポン・ジュノ監督特有のB級映画的、マンガ的な設定だが、このパラサイトが順調に進めばノープロブレム。しかし、それでは面白い映画にならないから、さあそこからポン・ジュノ監督は本作をどんな意外な、そして波瀾万丈の展開にもっていくの？それをしっかり鑑賞した私は、本作の評論をいっぱい書きたいと思って筆を取ったのだが、何と本作のパンフレットの冒頭には「ポン・ジュノ監督からのお願い」があった。そして、そこでは、「頭を下げて、改めてもう一度みなさんに懇願をします。どうか、ネタバレをしないでください。みなさんのご協力に感謝します。」と書かれていたからアレレ・・・。さあ、どうしよう。

■□■この豪邸のリビングでくつろげば最高！しかし・・・■□■

私は美しい女優が大好き。それは私が男だから当然だが、『後宮の秘密』（12年）で見せてくれた美人女優チョ・ヨジョンの脱ぎっぷりにはビックリ！同作は、先王の愛妾をめぐる確執をテーマにしたものだが、「あまりにも脱ぎすぎ」「また脱いだ」との批判も何のそ

の、美人女優チョ・ヨジョンの美しい肢体が全編のストーリーをリードしていた。そのため、「女は弱し、されど母は強し」のことわざがしっかり確認できること請け合いだが、それ以上に「女は恐ろしい」という実感が・・・（『シネマ30』116頁）。そんなチョ・ヨジョンが本作では、それと正反対の、清楚で、ある意味お人好しの億万長者の妻ヨンギョ役を演じているので、それに注目！『後宮の秘密』からの変身ぶりを見ると、本作でも私には「女は恐ろしい」という実感が・・・。

当初、パク家にパラサイトできたのは長男ギウのおかげだが、本作導入部では、そこでのヨンギョの騙され方が面白い。そこから芋ずる式にキム一家の4人すべてがドンイクたち4人家族が住む高台の豪邸にパラサイトしていくストーリーはある意味恐ろしいが、同時に喜劇的。しかして、ある日パク一家がダソンの誕生日のお祝いのキャンプのため遠出していくと、キム一家の4人はあの豪邸の広いリビングに勢揃い。ここなら、あの「半地下住宅」と違って、何ゴトも快適だから、こんな幸せなことはない。ギテクたちは4人ともそう考えながら、つかの間の幸せを噛みしめていたが、さあ、後半はいかなる怒濤の展開に？

それは、パンフレットにも書かれていないし、ポン・ジュノ監督自らの「ネタバレ厳禁のお願い」に従って、どのブログにも書かれていないはずだから、それはあなた自身の目でしっかりと。

２０２０（令和２）年１月２０日記

Data

監督：トッド・フィリップス
脚本：トッド・フィリップス、スコット・シルバー
出演：ホアキン・フェニックス／ロバート・デ・ニーロ／ザジー・ビーツ／ビル・キャンプ／フランセス・コンロイ／ブレット・カレン／グレン・フレシュラー／ダグラス・ホッジ／マーク・マロン／ジョシュ・パイス／シェー・ウィガム

★★★★★

SHOW-HEY シネマルーム

JOKER ジョーカー

2019年／アメリカ映画
配給：ワーナー・ブラザース映画／118分

2019（令和元）年10月14日鑑賞　TOHOシネマズ西宮OS

👀 みどころ

アメコミに登場する極悪非道な悪役ジョーカーは、正義の味方バットマンの引き立て役のはずだが、何と本作は彼を主役とした、その"誕生秘話"。そんな同作が、ベネチアで金獅子賞を受賞したから全世界はビックリ！"発達障害"は難しい病気だが、"笑い病"もそれ以上に完治が難しい。ゴッサム・シティの最底辺で"負け組"として笑いの仮面をかぶって生きているアーサーは、一体どれが本性？そんな男がいったん拳銃を持つと、武正晴監督の『銃』（18年）で描かれた主人公と同じように大きな心境の変化が・・・？

本作後半では、ジョーカーによる"勝ち組"の男たちへの反発と凶悪ぶりを確認しつつ、ゴッサム・シティが現在の香港と同じような大混乱に陥る中での、ジョーカーの誕生をしっかり目撃したい。

すると、ホアキン・フェニックスのアカデミー賞主演男優賞確実と思われる本作の「続き」では、正義の味方バットマンの新たな"誕生秘話"が・・・？

—— * —— * —— * —— * —— * —— * —— * —— * —— * —— *

■□■ジョーカーはバットマンの宿敵で悪役だが・・・■□■

バットマンはスーパーマンやスパイダーマンと並ぶアメリカン・コミックのヒーロー。それに対してジョーカーは①犯罪界の道化王子、②虐殺する宮廷道化師、③憎悪するハーレクイン、④スペードのエース、など様々なニックネームで呼ばれているが、バットマンの宿敵で悪役だ。その特徴は緑の髪、赤い唇、白い皮膚だが、これは彼が化学物質のタンクに落ちたためらしい。

そんな悪役のジョーカーが登場するのは、主役であるバットマンのヒーロー性をより高

めるため。アメコミではそう相場（役割）が決まっているし、映画でもティム・バートン監督の『バットマン』(89年)では、ジャック・ニコルソンが演じたジョーカーはそんな役割だった。また、クリストファー・ノーラン監督の『バットマン ビギンズ』(05年)（『シネマ8』127頁）はバットマンの誕生秘話だったため、ジョーカーは登場すらしなかった。ところが、クリストファー・ノーラン監督の『ダークナイト』(08年)（『シネマ21』25頁）は、「ひとりわが道を行く、ノーラン路線」を貫き、クリスチャン・ベール演じるバットマンを主役としながらも、バットマンを『月光仮面』のような単純明快な正義の味方、ヒーローとはしなかった。そのため、同作ではゴッサム・シティのまちを犯罪から守ってくれる正義の味方＝ホワイトナイトがバットマンなのか、それとも選挙で選ばれた新任の地方検事ハービー・デントなのかが、わからない状態になっていた。さらに同作では、私が「どちらが主役？ヒース・レジャーに注目！」の見出しで書いたように、白塗りの顔に耳まで裂けた赤い口という奇妙なメイクをした、史上「最凶」の極悪非道なキャラを持ったジョーカーの存在感が、助演男優賞を受賞したヒース・レジャーの熱演もあって際立っていた。そんな諸事情のためか、アメコミのヒーローであるバットマンの宿敵で悪役のはずのジョーカーが、何と本作では主役に！しかして、本作はそんな"悪役"ジョーカーの"誕生秘話"だが、なぜジョーカーは笑いの仮面をかぶっているの？

■□■悪役ジョーカーを描く本作が、ベネチアで金獅子賞を！■□■

ヨーロッパで続いているベネチア、カンヌ、ベルリンでの３大国際映画祭は、基本的に小難しい映画が大好きだから、ハリウッドのアカデミー賞とはかなり異質な映画祭。それは世界的に周知の事実だが、第７６回ベネチア国際映画祭で、アメコミ映画が最高賞である金獅子賞を受賞したことには全世界がビックリ！そのことを２０１９年９月１０日付朝日新聞は、「ベネチアでコミックを基にした作品がコンペティション部門に入るのも珍しい。アート指向の作品を上映する３大映画祭では、『コミック＝通俗』と見なされているからだ。」と書いている。「だが、上映されるや、熱狂的な支持を集めた。会場で配られる映画紙『デイリー・チアック』の批評家１０人による星取表でも、５点満点で平均４点の高評価を得たが、やはりメディア関係者らの間では、『最高賞はない』が大方の予想だった」らしい。そのため、「近年の３大映画祭でハリウッドメジャー作が最高賞を射止めるのは異例」だった。また、９月１２日付読売新聞も、「ベネチア映画祭報告」として、「アメリカン・コミック（アメコミ）に由来するハリウッド映画の受賞は異例のこと」と書いている。

朝日新聞の紹介では、本作は「精神を病んだ大道芸人のアーサーが悪の道化師ジョーカーに変貌するまでの経緯を、リアリズムに徹した暗い映像で描く」もの。また、読売新聞の紹介では、「アメコミのヒーロー『バットマン』の宿敵の誕生までを、原作にはない独自の解釈で描いた人間ドラマ」で、「心優しい青年が、社会に見捨てられ、悪に転向する」もの。このように、本作はアメコミ本来の（？）勧善懲悪ものではなく、まさしく"悪の権

化"ともいうべきジョーカーの"誕生秘話"を、排除、孤独、痛み、のキーワードの中で描いたものだから、格差社会に苦しむ多くの若者たちが、「反面教師」として学ぶことが多い映画とも考えられる。ちなみに、１０月４日付日経新聞（夕刊）「シネマ万華鏡」では、映画評論家・渡辺祥子氏は、本作の評論のラストを、「不満を抱くひ弱な男の衝動的犯行の怖さ。一方的な思い込みで爆発する怒り。いまの日本でも現実に起こりうる（すでに起きている）冷めた犯罪の積み重ねの中に極悪ジョーカーが誕生する。」とまとめている。

ジョーカーの誕生秘話がその通りだとすれば、アメコミに誕生したジョーカーの日本版が日本に登場するのも間近かも・・・？それはともかく、このような「アメコミ異例の快挙」を踏まえながら、本作をしっかり鑑賞したい。そうすれば、２０２０年２月の第９２回アカデミー賞でも、ジョーカー役を演じたホアキン・フェニックスの主演男優賞の受賞は間違いなし！そう確信できるはずだ。

TM & © DC. Joker ©2019 Warner Bros. Entertainment Inc., Village Roadshow Films (BVI) Limited and BRON Creative USA, Corp. All rights reserved.

■□■舞台は？時代は？主人公の境遇は？■□■

　本作の舞台は、バットマン映画でおなじみのゴッサム・シティ。『ダークナイト』の中で、ゴッサム・シティのまちに自警市民としてバットマンが登場してきたのは、このまちを犯罪から守ってくれる正義の味方＝ホワイトナイトの登場を市民が求めていたためだ。ホワイトナイトの座を巡っては、当選で選ばれた新人の地方検事デントとバットマンが競い合った（？）が、それを上回る凶悪犯がジョーカーだったうえ、ゴッサム・シティでは市警内部に腐敗と裏切りが蔓延していたから、大問題。デントや市警が立てた作戦はジョーカーにお見通しとされていたため、いつも最悪の結果になっていたわけだ。しかして、本作の舞台もそのゴッサム・シティ。時代は１９８１年だ。

　本作導入部では、大道芸人として"笑い"を誘うことによって世の中を生きて行こうとしているアーサー（ホアキン・フェニックス）の懸命に働く姿が描かれる。しかし、サンドイッチマンとしてピエロ姿で街頭に立っていると、３人連れのストーリーギャングの若者たちに看板を奪われ、追跡戦の末、逆にボコボコにされることに。そんな被害も職場では一切同情されないばかりか、逆にボスからは「損失分を給料から差し引く」と罵られ、

失意の中で自宅に戻っても、そこには精神を病んだ母親ペニー・フレック（フランセス・コンロイ）がいるだけだ。この母親は心臓ばかりか精神も病んでおり、何が現実で何が虚構かの区別すらつかないようだから、かなりヤバイ。顔にケバイ化粧をし、観客の笑いを誘うべく素敵なダンスやパフォーマンスを提供する芸人ぶりはそれなりのレベルで、若き日を浅草のストリップ劇場で過ごした（？）北野武や渥美清の（大道）芸人ぶり（？）を彷彿させるが、いかんせん１９８１年のゴッサム・シティのまちでは、この程度の芸で生きていくのは容易ではないらしい。さらに、市の福祉予算が削減されていく中、アーサーが定期的に受診しているケースワーカーのカウンセリングと向精神薬の処方も終わりだと告げられたから、弱り目にたたり目だ。

　もっとも、たまたまエレベーターで一緒になった女性ソフィー・デュモンド（ザジー・ビーツ）とは、ちょっとした"心の交流"が広がりそうだから、それがいい目に出るといいのだが・・・。

■□■ "笑い病"は病気？アーサー最初の犯罪は？■□■

　日本では１９９５年にオウム真理教による地下鉄サリン事件が起きたが、日本の地下鉄は間違いなく世界一安全で快適な公共交通機関だ。まち中が落書きだらけのゴッサム・シティを走る地下鉄を見ていると、そのことがよくわかる。日本でも、最終便の地下鉄は泥酔客がいたりして危険もあるが、本作のように、スーツ姿の男３人が向かいの席に座っている１人の女性に絡むような場面はまずありえない。しかし、ゴッサム・シティの地下鉄では？

　たまたまそんな場面に遭遇した仕事帰りのアーサーが、あのどぎつい化粧で目の前に現れ、ゲラゲラと笑い始めたから、３人の男たちはビックリ。「なぜ笑ってる？」の質問に、アーサーは何と答えたの？日本では、"発達障害"が大問題になっているが、アーサーが周りの状況に関わらず突然笑い始めるのは"笑い病"のためらしい。それは、彼が「笑いの止まらない病気」であるという証明書を持ち歩いていたから確かだが、一般人がそれを病気だと認識するのは難しい。したがって、一般人がケッタイな化粧や風貌のこの男を、精神病患者だと決めつけてしまうのは仕方ない。したがって、３人の男たちが突然目の前に現れたアーサーを殴りつけ、痛めつけたのも当然だが、さて、アーサーの反撃は？

　武正晴監督の『銃』（18年）は、「ある日、偶然、銃を拾ったら・・・？」という世界一安全な法治国家・日本ではまずありえない設定の映画だったが、そこでは、拳銃を所持する→持ち歩く→撃ってみる、と変化していく主人公の"欲望"が興味深く描かれていた（『シネマ43』255頁）。その主人公と同じように（？）、芸人仲間のランドル（グレン・フレシュラー）から「これで自分の身を守れ」と言われて譲り受けた拳銃を所持していたアーサーの欲望が、そこでとっさに"撃ってみる"と言う形に膨らんだのは当然。すると、その結果は・・・？

逮捕されても、これは"笑い病"のための心神喪失状態による殺人だから無罪。単純な弁護士ならそう考えるだけで、それ以上は思考停止になるかもしれないが、格差が広がる社会の底辺でいじめられながら生きている若者アーサーの、その後の避けることのできない現実とは？

■□■ "勝ち組"の男その１　司会者マレー・フランクリン■□■

　２０１６年１１月のアメリカ大統領選挙で予想を覆し、翌年１月に就任したトランプ大統領は当然"勝ち組"の代表だが、中間選挙を控えた今、弾劾問題をはじめいろいろと大変だ。格差社会が広がる中では、"勝ち組"ＶＳ"負け組"の分別がハッキリとしている。しかして、"負け組"代表のアーサーに対して、本作に登場する"勝ち組"の代表の男その１人は、『マレー・フランクリン・ショー』の司会者マレー・フランクリン（ロバート・デ・ニーロ）。多彩なゲストを招いて当意即妙なトークを展開するマレーの番組は、人気が高まる一方らしい。地下鉄での３人の若者の射殺事件の犯人はピエロの覆面を被った男だと大きく報道されたから、ゴッサム・シティ市民の注目を集めるとともに、警察が犯人逮捕に躍起となっていた。したがって、警察の捜査の目を逃れるために、アーサーはひっそり我が家に潜んでいるべきだが、彼が今は良い仲になったソフィーを連れ出した日に、小さな場末の劇場で演じたピエロのパフォーマンスが一瞬テレビで放映されたところ、そのパフォーマンスが大人気を呼んだから、アレレ・・・。そんな人気に目をつけたマレーは、自分の番組にアーサーを呼び、公開スタジオでトークショーを演じることに。さあ、そこでアーサーはどんなトークとパフォーマンスを見せてくれるの？

　『マレー・フランクリン・ショー』は軽妙な話術を得意とするコメディアンのマレーが司会を務めることによって人気番組になったものだから、あくまで上品な笑いの提供が同番組のコンセプト。つまり、北野武流の毒舌が売りの番組ではないわけだが、たまたまナイトクラブに出演し、ジョーカーの道化役を演じて大いにスベった（？）アーサーのパフォーマンスの一瞬の録画を番組で流してからかったところ、これが大受けしたからビックリ。しかし、そうなればそれを利用しない手はない。ならば、早速そのアーサーに出演交渉し、生番組に出てもらえば、視聴率のアップは間違いなし。マレーがそう考え、アーサーがその誘いに乗ったのも当然。しかして、ある日行われた公開放送の現場では？

■□■ "勝ち組"の男その２　トーマス・ウェイン議員■□■

　もう１人の勝ち組の男はトーマス・ウェイン議院（ブレット・カレン）。この男は、ゴッサム・シティ最大の富豪にして実業家。郊外の豪壮な邸宅に住み、行き詰まった市政を打開するべく、市長選への出馬を表明している男だ。彼の自信満々ぶりはトランプ大統領以上だが、そのよりどころは一体ナニ？それは、本作ではよくわからないが、本作ではアーサーの母親ペニーがアーサーに対して、３０年前ゴッサム随一の富豪だったトーマスの

使用人として働いていた経歴があり、密かに恋愛関係に落ち、トーマスの子供を産んだ、それがアーサーだと説明したから、アレレ。これは、精神を病んでいるペニーの妄想?それとも・・・?アーサーがそれをペニーの妄想だと決めつけたのは当然だが、ある日、アーサーがアーカム州立病院で母の記録を調べると、自分が養子でペニーとは血縁すらないこと、さらに、母の交際相手の男性がアーサーを虐待して脳に損傷を負わせたことを知ったから大ショック。すると、自分が今まで母親を愛し続けたのは一体何だったの?

　それ以降のアーサーの行動は、第1に母親のペニーに対するもの、第2に恋人(?)のソフィーに救いを求めるもの、そして、第3に事の真偽を確かめるべく、自らトーマスの邸宅に乗り込み事実関係を確認しようとするもの、に分けられるので、それはあなた自身の目でしっかり確認してもらいたい。ちなみに、第3の行動では、トーマスの幼い跡継ぎで、まだあどけない少年ブルース・ウェイン(ダンテ・ペレイラ＝オルソン)が登場し、アーサーに対して何の偏見もなく接してくれるので、それに注目。さらに、対面したトーマスが、いきなり「僕はあんたの息子だ」と名乗り出たアーサーを一笑に付したのは当然。弁護士的には、そこでDNA鑑定を求めたり、「認知の訴え」を提起したりする方法を思いつくが、もちろん本作はそんなことを描くのを目的としたものではない。本作では、そんなアーサーの第3の行動に注目するとともに、スクリーン上に展開されるあっと驚くアーサーの第1の行動と第2の行動にも注目したい。

　政治家、とりわけ大臣まで上り詰めた政治家の発言に慎重さが必要なことは昨今の萩生田光一文部科学大臣の「身の丈」発言や、河野太郎防衛大臣の「雨男」発言を見ても明らかだが、トーマスは地下鉄発砲事件の犯人を「仮面に隠れることしかできない不様なピエロ」と揶揄したため、市民の反発を買うことに。トランプ大統領のように、そんな反発を逆にうまく利用できればそれでいいのだが、徐々に抗議活動が強まってくる中、トーマスの市長への道は・・・?

■□■ジョーカーが悪の本領を発揮!なるほどこれが誕生秘話■□■

　トークショーでは、司会者とゲストとの丁々発止のやりとりの面白さがポイント。また、そこでは多少の口の悪さや態度の悪さを含めて、どこまで本音をさらけ出せるかもポイントになる。人気司会者のマレーは当然それを心得ていたから、笑いの仮面をかぶったジョーカーの才能を一瞬で見抜き、スタジオに集まった観客の前で、あえてジョーカーに対して刺激的な質問を次々とぶつけていった。ジョーカーもそれに対して手際よく観客受けのする回答を返していたが、ある時、ジョーカーは何を考えたかゲスト席から立ち上げると、つかつかと司会者の方へ。そして、面白半分のように拳銃を取り出すと、何とその拳銃をマレーに向けてぶっ放したから、スタジオは騒然!もっとも、これは集まった観客から大きな笑いをとるための、ピエロ的な演出?それとも・・・?しばらくして、これが演出ではなくれっきとした殺人事件だとわかったが、その後のアーサー＝ジョーカーの逃げ足は

25

どこに？さらに、公開スタジオにおけるマレーの射殺には、ジョーカーのどんな理屈があるの？それとも、これはお笑いを誘うためだけの犯行なの？

　香港では、去る１０月５日に「緊急状況規則条例」（緊急法）に基づきデモ隊のマスク着用を禁止する「覆面禁止法」が施行された。しかし、マスク禁止の内容と立法手続の双方に大反発した多くの市民は、今なおマスクを着用した大規模デモを続けている。それと同じように、市長候補のトーマス・ウェインが殺害されたゴッサム・シティは、"革命の高まり"であるかのようにピエロの覆面を被った多くの若者たちであふれかえっていた。そんな大混乱の中、ホンモノのジョーカーが群衆の中に登場すると、覆面姿のピエロたちは大合唱しながら彼を英雄のように迎えたから、ジョーカーは今や得意満面。なるほど、あのアメコミの悪役たるジョーカーは、こんな形で誕生したわけだ。

　アーサーことジョーカーを演じたホアキン・フェニックスの演技の達者さと、ケバい化粧を施したピエロ顔のため、私たち観客には彼の本心が全く読めないから、ゴッサム・シティの市民だけでなく私たち観客にもその不気味さが迫ってくる。そう考えると、あの極悪非道な悪役ジョーカーの誕生秘話は何とも恐ろしい物語だ。すると、本作には描かれていないが、ジョーカーと対峙するべきバットマンの登場は？ひょっとして、あの暴動の中で暴徒によって殺されてしまったあのトーマス・ウェイン議員の息子ブルース・ウェインが、バットマンに変身していくの？もしそうなら、本作にも続編が登場し、『バットマン　ビギンズ』とは別の新たな解釈によるバットマンの誕生秘話が描かれるかも・・・？そんなこんなの疑問と期待を胸に、次作の誕生を期待したい。

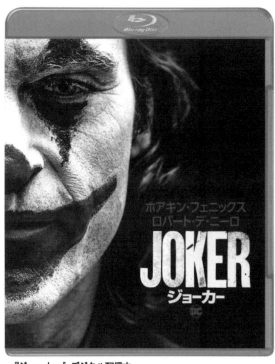

『ジョーカー』デジタル配信中
【初回仕様】ブルーレイ＆DVDセット ¥4,980（税込）
ワーナー・ブラザース ホームエンターテイメント
TM & © DC. *Joker* ©2019 Warner Bros. Entertainment Inc., Village Roadshow Films (BVI) Limited and BRON Creative USA, Corp. All rights reserved.

２０１９（令和元）年１０月２５日記

Data

監督：ルパート・グールド

原作：ピーター・キルター舞台『End Of The Rainbow』

出演：レネー・ゼルウィガー／ジェシー・バックリー／フィン・ウィットロック／ルーファス・シーウェル／マイケル・ガンボン／ダーシー・ショー／ロイス・ピアソン／リチャード・コーデリー

★★★★

ジュディ　虹の彼方に

2019年／イギリス映画
配給：ギャガ／118分

2020（令和2）年3月8日鑑賞　TOHOシネマズ西宮OS

👀みどころ

　昨年は『アリー　スター誕生』（18年）のレディ・ガガがアカデミー賞主演女優賞にノミネートされたが、２０１９年は『オズの魔法使い』（39年〉で『虹の彼方に』を歌った大スター・ジュディ・ガーランドを演じたレネー・ゼルウィガーが、予想通り主演女優賞をゲット！もっとも、本作は１９６８年の冬のロンドンにおける晩年の落ちぶれ果てた姿だから、それに注目！

　なぜ、あの大スターが薬物依存に？精神不安定に？また、私生活ではなぜ結婚、離婚を繰り返したの？それは、レネー・ゼルウィガーの主演女優賞に相応しい熱演で明らかだから、その姿をじっくりと。

　そして、本作ラストのライブならではのステージで起きた奇跡とは？ジュディが「ゲイのアイコン」と呼ばれたことも併せて考えながら、その人生をしっかり検証したい。

————＊————＊————＊————＊————＊————＊————＊————＊————＊————

■□■主演女優賞は本作のレネー・ゼルウィガーで決まり！■□■

　２０１９年の第９２回アカデミー賞では、作品賞、監督賞、脚本賞、国際長篇映画賞の４部門をポン・ジュノ監督の『パラサイト　半地下の家族』（19年）が受賞したことが大きな話題を呼んだ。そのため、トランプ大統領はコロラド州で開いた集会で、詰めかけた支持者を前に、信じられないという面持ちで、「今年のアカデミー賞は、何とひどかったことか」と語りかけた。また、「韓国とは、貿易で十分すぎるほど問題を抱えている。その上、今年最高の映画の賞も渡さなければならないのか？」「今こそハリウッド黄金時代に生み出された古典的な映画を取り戻すときだ」と力説し、「風と共に去りぬ」を見よう。もう一度『風と共に去りぬ』を取り戻せないか？『サンセット大通り』はどうだ？」とたたみかけた。しかし、ハッキリ言って、これは如何なもの・・・？もっとも、韓国語のセリフを字幕表示した同作の作品賞の受賞は、確かに今後のアカデミー賞の大きな転機になる可能

27

性はある。

　他方、個人賞については、主演男優賞は『ジョーカー』（19年）のホアキン・フェニックス、助演男優賞は『ワンス・アポン・ア・タイム・イン・ハリウッド』（19年）（『シネマ45』137頁）のブラッド・ピット、そして、主演女優賞は本作のレネー・ゼルウィガー、助演女優賞は『マリッジ・ストーリー』（19年）のローラ・ダーンが、それぞれ本命視されていたところ、予想通りの結果となった。レネー・ゼルウィガーは『ブリジット・ジョーンズの日記』（01年）でアカデミー賞主演女優賞にノミネートされ、その後のシリーズ2作品でも主演した。しかし、『ブリジット・ジョーンズの日記　きれそうなわたしの12か月』（04年）の私の採点は星3つ（『シネマ7』101頁）だったし、そもそも、レネー・ゼルウィガーはそんなに私の好きな女優ではなかった。また、『コールドマウンテン』（03年）でレネー・ゼルウィガーはアカデミー賞助演女優賞を受賞したが、同作でも私の目は主演の美人女優、ニコール・キッドマンの方に釘付けになっていた（『シネマ4』139頁）。そんなレネー・ゼルウィガーは1969年生まれだから、本作出演時は47歳。ちょうど、ジュディ・ガーランドが死亡した時と同じ年齢ということもあって、本作のジュディ役は当初からレネー・ゼルウィガーしか考えられなかったらしい。さあ、そんな女優・レネー・ゼルウィガーは、ほぼ全編出ずっぱりとなる本作で、どんな熱演を？

■□■あれから30年！1968年の冬。孤独な中年女の今は？■□■

　映画検定3級の資格を持つ私が勉強した時の教科書『映画検定　公式テキストブック』だが、その74頁には「スタジオ・システムの精華」の小見出しの中で、MGM（メトロ・ゴールドウィン・メイヤー）の少女スターとしてもてはやされていたジュディ・ガーランドを紹介している。ジュディが17歳の時にドロシー役で主演したミュージカル映画『オズの魔法使』は1939年公開だから、私はリアルタイムで観ていない。しかし、その主題曲として彼女が歌った『虹の彼方に』は中学時代にラジオで何度も聞き、一部は英語で歌えるほど、大好きな曲になっていた。

　本作は、そんな子役時代のジュディ（ダーシー・ショー）と並行して、47歳になった1968年冬の今、まだ幼い娘のローナ（ベラ・ラムジー）と息子のジョーイ（ルーウィン・ロイド）を連れながら巡業ステージで生計を立てているジュディの姿が登場する。しかし、あの大スターのジュディが、なぜ今ドサ回りをしているの？しかも、帰ってきたホテルのフロントで、「料金未払いのため、鍵をお渡しできません」と言われている姿を見ると、かなり金に困っている様子だ。金はないのにプライドだけは高いジュディはフロントマンに悪態をついて出て行き、仕方なく元夫のシド・ラフト（ルーファス・シーウェル）の家に転がり込んだ。子供たちの親権・養育権を巡って争っているシドは、子供を預かることは喜んで了解したが、さあジュディはこれから真夜中に一人どこへ出かけるの？

　いくら30年前にハリウッドの大スターとして輝いていたとしても、今や化粧も剥げ落

ちた惨めな中年女として町をさまよい歩くジュディの姿は、いやはや・・・。とは言っても、まだ４７歳。それなのに１９６８年の冬、ジュディはなぜこんな輝きを失った中年女になってしまったの？

■□■アメリカで賞味期限切れなら、ロンドンがあるさ！■□■

　去る２月１３日に槇原敬之が覚せい剤で２度目の摘発を受けたが、プロ野球の清原和博を含めて芸能界・スポーツ界の有名人たちが密かに薬物に頼っている姿は日本でも深刻だ。しかして、アメリカは日本以上の薬物王国・・・？もてはやされていた子役時代のジュディは太る体質だったため、ダイエットを厳命されていたらしい。そのため、一口だけのアイスクリームも、一口だけのハンバーガーも見とがめられていたから、若い女の子にとってそのストレスは強く、それが長年積もり積もってくると・・・？１９６８年の冬、ジュディが前述のような状況になっていたのは、そんな事情によるものらしい。

　そんな時、イギリス・ロンドンのナイトクラブ「トーク・オブ・ザ・タウン」から、ジュディにショーの依頼が舞い込んできた。２人の子供をシドの元に残し、一人だけでイギリスに向かうのは身を切るほど辛かったが、今やアメリカではドサ回りの巡業しかできないジュディを、ロンドンでは高ギャラ・好待遇で迎えてくれるというのなら、それを受ける他なし。アメリカで賞味期限切れなら、ロンドンがあるさ！そう結論づけたジュディは、一人ロンドンの空港に降り立ち、支配人のバーナード・デルフォント（マイケル・ガンボン）、世話役のロザリン・ワイルダー（ジェシー・バックリー）の手厚い出迎えを受けることに。ホテルも立派なもの。アメリカでは既に賞味期限切れ（？）のジュディも、ロンドンではまだまだ人気は衰えていないようだ。

　しかし、翌日ロザリンがバンドリーダーのバート・ローズ（ロイス・ピアソン）の待つリハーサル用の教会へ連れて行っても、ジュディは「気分じゃない」と言って帰ってしまったからアレレ・・・。さらに、開演当日、定刻間近になってもやって来ないジュディを心配し、ロザリンがメイク係を伴ってホテルへ乗り込むと、何とジュディはプレッシャーからバスルームに閉じこもったままだったから、更にアレレ・・・。

■□■ステージ上の勇姿はさすが！そこにミッキーが！■□■

　１０代のジュディに厳しいダイエットを命じ、睡眠時間も体型も薬でコントロールしてきたのは、ＭＧＭのトップを務めるルイス・Ｂ・メイヤー（リチャード・コーデリー）。『オズの魔法使い』で一躍世界的大スターになったジュディはその後、結婚、離婚を繰り返す中で神経症と薬物依存が顕在化し、『アニーよ銃をとれ』（50年）のアニー役も降板。ついにはＭＧＭから解雇されてしまうことに。その後、『スタア誕生』（54年）で見事に復帰したものの、アカデミー賞主演女優賞を巡る争いで、『喝采』（54年）のグレース・ケリーに敗れた失意のため、『喝采』（54年）のグレース・ケリーに敗れた失意のため、再び生活が荒れ、自殺未遂を繰り返した。しかし、『ニュールンベルグ裁判』（61年）で再度銀幕に復

帰した後、同年に行ったカーネギー・ホールでのコンサートを収録したライブ・アルバムがグラミー賞の最優秀アルバム賞に選ばれ、ジュディも最優秀女性歌唱賞を受賞したからすごい。しかし、彼女の活躍もそこまで。１９６３年以降は表舞台から姿を消し、１９６８年冬には、本作導入部が描くように借金を抱えてドサ回りを続ける中毒女にまで落ちぶれ果てていたわけだ。

『ジュディ 虹の彼方に』全国公開中
配給：ギャガ
© Pathé Productions Limited and British Broadcasting Corporation 2019

そんなジュディだが、それでも一旦ステージに立ち、歌い始めるとすごい。さすがグラミー賞を受賞した歌手だと実感できるので、そんなジュディのステージでの勇姿はあなた自身の目でしっかりと！そして、そんなジュディの前に突如登場してきたのが、LAで知り合い、互いに好意を抱いていた実業家のミッキー・ディーンズ（フィン・ウィットロック）だ。サプライズ！とばかりにロンドンのホテルまで乗り込んできたミッキーにジュディは大喜び。たちまち意気投合した２人は、あれよあれよという間に結婚まで。ちなみに、本作に登場する２人の子供は最初の夫との子供だが、ミュージカル歌手として有名なライザ・ミネリは、彼女が２番目の夫との間に生んだ女の子。生涯５回も結婚した女は珍しいが、さてジュディとミッキーとの結婚生活はうまく続くの？

■□■ジュディはなぜ「ゲイのアイコン」と呼ばれたの？■□■

　２０１８年の第91回アカデミー賞では、主演男優賞を『ボヘミアン・ラプソディ』(18年)（『シネマ43』38頁）のラミ・マレックが受賞し、『アリー　スター誕生』(18年)（『シネマ43』40頁）のレディー・ガガが主演女優賞にノミネートされた。前者は１９７０〜８０年代に一世を風靡したバンド"クィーン"に、後者は１９８６年生まれの人気絶頂の女性歌手レディー・ガガに焦点を当てた映画だったが、これら有名歌手に共通するのが同性愛（LGBTQ）の臭い。女性歌手でいえば、レディー・ガガだけでなく、マドンナも今のゲイカルチャーにおける人気アーティストだ。本作のパンフレットにある、よしひろまさみち氏（映画ライター）のEssay「ラストシーンに見るスターの"光"と"影"」によれば、ジュディも「ゲイのアイコン」として有名だったらしい。そして、それは１９６７年のタイム誌の記事でも取り上げられたほど有名な話らしい。

　しかして、本作後半に登場してくるのが、ジュディの熱烈なファンで、毎晩「トーク・オブ・ザ・タウン」のステージに来ているダン（アンディ・ナイマン）とスタン（ダニエル・セルケイラ）。宝塚大劇場では熱烈なファンは公演終了後に楽屋口でお目当てのスターを見送りつつ握手するのを楽しみにしているが、そこでスターから食事に誘われることはあり得ない。ところが、本作では楽屋口で待っていたダンとスタンを、ジュディが「もしよかったら軽く食事でも」と誘ったからビックリ。２人が有頂天になって喜んだのは当然

だが、平日の夜中（明け方？）に営業している店が見つからなかったため、結局2人はジュディを自宅に招待し、簡素な食事で接待することに。そこで判明したのが、この2人は熱烈なジュディのファンであると同時に同性愛者だったこと。2人は世間の差別の中でこっそり2人で生き抜いていたが、自分自身が薬物依存の中で世間の冷たい目に耐えてきたジュディは、同性愛者であるこの2人に何の偏見もなく、むしろ「だからこその親密感」を見せつけたから、2人はますます大喜び。そんな2人との間に新しく芽生えた友情は、ジュディを「トーク・オブ・ザ・タウン」のステージで頑張るエネルギーになりそうだったが・・・。

■□■ライブならではの、ステージ上の奇跡に注目！■□■

　本作は、１９６８年冬のロンドンにおける一時期のジュディに焦点を当てたもの。前述のとおり、ジュディは１９６３年を最後に表舞台から姿を消していたから、ロンドンの「トーク・オブ・ザ・タウン」の舞台でジュディが歌う姿は広く世に知られたものではない。しかし、初出演の日からジュディはトラブル続きだったから、世話係のロザリンは大変だ。前述したように、ロンドンに渡るまでのジュディの女優および歌手としての活動は華やかだったが、私生活の乱れを含めて薬物依存による精神的弱さは際立っていた。それが、一人暮しを余儀なくされているロンドンで治癒されるはずはないから、一時的にミッキーとの結婚や、ダン、スタンとの出会いによる精神的安らぎを得ても、それが長続きしなかったのは仕方ない。その結果、ジュディは「トーク・オブ・ザ・タウン」のステージでも穴を開けるようになったから、クラブがジュディに代わる新スターを登場させようとしたのも当然。しかして、MGMからクビを切られたのと同じように、ジュディは「トーク・オブ・ザ・タウン」からもクビ宣告が下されたから、万事休すだ。

　そして今日、ジュディはステージ上に立つ新スターの歌を聴くべく、一人の客として客席に座ろうとしていたが、何とそこで「最後に一曲だけ私に歌わせて」とおねだりを。それを快く認めてもらったジュディは自分のヒット曲を見事に歌い終えたが、そのまま2曲目としてあの『虹の彼方に』を歌い始めたが、途中で声が出なくなったからアレレ・・・。

　１９８０年１０月５日に行われた山口百恵のファイナルコンサートでは、『さよならの向う側』を涙の中で絶唱した後、ステージの中央にマイクを置いたまま去っていく彼女の姿が印象的だった。それに対して、本作ではマイクを持ったまま、ジュディが「やっぱり歌えない・・・」と弱音を吐いたから、これではステージがもたないことは明らかだ。しかし、そこで起きた、ライブならではのステージ上の奇跡とは？それは、会場に座る「あるファン」からの歌声だったが、そんな勇気ある行動を起こしたのは一体ダレ？そして、それに勇気づけられた会場は・・・？そんな、あっと驚く感動的な本作ラストのシークエンスはあなた自身の目でしっかりと！

　これなら、このステージの数ヶ月後に４７歳で世を去ったジュディ・ガーランドも、思い残すことなく旅立つことができたことだろう。　　２０２０（令和２）年３月１３日記

Data

監督：ノア・バームバック
出演：スカーレット・ヨハンソン／
アダム・ドライバー／ロー
ラ・ダーン／アラン・アルダ
／レイ・リオッタ／ジュリ
ー・ハガティ／メリット・ウ
ェバー／アジー・ロバートソ
ン／マーク・オブライエン／
マシュー・シアー／ブルッ
ク・ブルーム／カイル・ボー
ンハイマー／ミッキー・サム
ナー／アミール・タライ

👀 みどころ

　『ROMA／ローマ』（18年）が第75回ベネチア国際映画祭で金獅子賞を受賞したことによって、「Netflix」配給作品が俄然注目！ロバート・デ・ニーロとアル・パチーノが共演した『アイリッシュマン』（19年）は１週間限定だったにもかかわらず、立ち見になるほどの盛況で延長。本作もスカーレット・ヨハンソンとアダム・ドライバーの豪華共演だ。

　もっとも、その内容はタイトルと正反対の離婚物語。したがって、双方が弁護士を立てての離婚訴訟の展開を含め、『クレイマー、クレイマー』（79年）と対比すれば、より興味深い。また、中国の四大女優の１人である徐静蕾（シュー・ジンレイ）が主演した張元（チャン・ユアン）監督の『我愛你（ウォ・アイ・ニー）』（03年）と比較すれば、夫婦ゲンカの迫力でも米中が伯仲していることがよくわかる。

　弁護士にとっては離婚の成立と養育権の獲得がすべてだが、当事者にとってはその後が大切。『クレイマー、クレイマー』ではあっと驚く意外な結末が待ち受けていたが、さて、本作の結末は・・・？

――＊――＊――＊――＊――＊――＊――＊――＊――＊――＊――＊――＊――

■□■Netflix配信作が徐々に浸透！■□■

　２０１８年の第75回ベネチア国際映画祭で、アルフォンソ・キュアロン監督の『ROMA／ローマ』（18年）が金獅子賞を受賞したことによってがぜん注目されたのが、Netflix配信作品。Netflixとは、世界１９０カ国以上で１億３０００万人の会員が利用する、（主に）月額定額制の動画配信サービスのこと。Netflixオリジナル作品はその大部分が劇場公開さ

れず、動画配信のみとされている。しかし、Netflix のオリジナル映画が映画祭に出品されることがある。そのため、２０１７年には劇場公開映画を対象としてきたカンヌ映画祭で審査対象から除外すべきか議論が起き、２０１８年からは規則改正により Netflix 作品が事実上追放された。他方、Netflix が配信する「映画」は限定された劇場のみで公開されることがあり、近時その本数が増えているらしい。

　このような Netflix 作品（映画）は、映画を製作し配給する会社にとっては大きな脅威になる。したがって、映画館では原則的に Netflix 配信作品のチラシはつくらず、その予告編も上映しないから、私は本作については１週間前の上映予定表を見るまでまったく知らなかった。私は毎週月曜日か火曜日に、その週の土日に見る作品を概ね決めているが、その作業中に本作のタイトルを見て「これは何？」と思いネットで調べると、Netflix 配信作品とのこと。そこで、さらに資料を集めてみると、本作には何とスカーレット・ヨハンソンの名前が！ちなみに、１１月２３日に観た『アイリッシュマン』（19 年）は１週間だけの限定上映の予定だったが、高人気が続いているため、延長が決まった。そのうえ、何と今日は満席で立ち見しかできないとの案内が出ていたからビックリ！『ROMA／ローマ』の時はかなり異端だった Netflix 作品も、徐々に人気が浸透してきているらしい。

■□■タイトルとは正反対の離婚物語！あの名作との比較は？■□■

　本作は原題が『Marriage Story』なら、邦題も同じ『マリッジ・ストーリー』。つまり「結婚物語」だが、その内容はタイトルとは正反対の離婚物語。離婚映画と聞いて誰でも思い出す名作は『クレイマー、クレイマー』（79 年）だろう。同作前半は、メリル・ストリープ演じる妻ジョアンナが失踪した後、ダスティン・ホフマン演ずる夫テッドと５歳の一人息子ビリーとの悪戦苦闘の日々が印象的だったが、後半は双方が弁護士を立てての離婚訴訟の展開になっていく。そこでは、とりわけ養育権の行方がポイントになっていた。そして、そこでのキーワードは「子の最良の利益 (best interest of the child)」だったが、さて、本作は？

　本作は冒頭、如何にも Netflix 作品らしく（？）、ニコール（スカーレット・ヨハンソン）の独白から始まる。どうもこれは、互いの長所を文章にして読み上げようという試みらしい。２人の前に座っているのが離婚調停を担当する裁判官なのかどうかは弁護士の私でもよくわからないが、こりゃ有益な試みだ。しかし、その文章を口頭で読み上げることに夫のチャーリー（アダム・ドライバー）は賛成したものの、ニコールの方は頑なにこれを拒否したため、結局そんな試みは実現しなかったらしい。しかし、今でも仲の良さそうな２人が、なぜ今では互いに離婚を希望しているの？

■□■妻の不満は？離婚原因は？こりゃ、弁護士は必見！■□■

　女優と映画監督との結婚と言えば、岩下志麻と篠田正浩や、小山明子と大島渚のように、

一見華やかで理想のカップルのように思えるが、さて、その実は？私は本作に登場するような離婚専門の弁護士ではないが、弁護士生活４６年の中で離婚問題はたくさん担当したし、その手の映画もたくさん見ているので、その処理には自信がある。本作のニコールとチャーリーは、当初は名の売れ始めた女優と無名の監督という関係で、どちらかというと女性上位だったが、チャーリーが主宰する劇団の評価が高まり、ブロードウェイに進出するようになる中、ニコールの方は次第に主体性を喪失し、夫に従属する関係になっていた（少なくともニコールはそう感じていた）らしい。その点、一方は女優として、他方は映画監督として、それぞれ活躍し続けている岩下志麻・篠田正浩夫妻とは大きく違うようだ。もっとも、お互いがお互いの立場を理解し、尊重し合っていることは、２人の話しぶりからよくわかる。また、８歳の一人息子ヘンリー（アジー・ロバートソン）を２人とも心から愛していることも十分理解できる。しかし、当初は弁護士を交えず２人だけの理性的な話し合いで円満な離婚をしよう。そう話し合っていたはずの２人だが、ある日ニコールが離婚専門の敏腕女性弁護士ノーラ・ファンショー（ローラ・ダーン）に相談し委任したところから、歯車が大きくずれ始めることに・・・。

　突然、ノーラ弁護士から「ある書面の送達」を受けたチャーリーは、ビックリ！そして、期限までの回答を迫られる中、やむなくチャーリーも弁護士に相談したが、その弁護士の対応は？『クレイマー、クレイマー』では後半の離婚訴訟の展開が１つの見どころだったが、それは本作でも同じなので、本作は弁護士必見！

■□■弁護士の視点は依頼者の利益！戦略と戦術は？功罪は？■□■

　弁護士の仕事は良くも悪くも依頼者の利益のために働き、その手数料（着手金）と成功した場合の（成功）報酬をもらうこと。したがって、優秀で頼りがいのある弁護士とはその視点を自分の依頼者の利益のみに向け、そのために有効な戦略と戦術を立案できる人、ということになる。それは同時に、相手方の不都合な点を徹底的に攻撃し、相手方を追い詰める能力にも通じている。

　本作でニコールが依頼した女性弁護士ノーラは、そんな優秀な弁護士の典型だ。他方、チャーリーが当初相談した男の弁護士は、ノーラと同じようなタイプだったうえ費用もバカ高かったから、チャーリーが躊躇したのは仕方ない。その結果、チャーリーは比較的穏健で攻撃型ではなく和解型の弁護士に依頼することになったが、その功罪は？
私が弁護士の目で２人の攻防戦を見ていて面白かったのは、ニューヨークを拠点として働くチャーリーも、今は母親サンドラ（ジュリー・ハガティ）や姉キャシー（メリット・ウェバー）の実家があるロスに戻って、テレビドラマに出演する仕事を始めようとしているニコールも、ヘンリーの養育権を獲得するため、住所をどう定めるべきかについて争うこと。日本でも、原告、被告どちらの住所地で裁判ができるかは、経済的な負担を含めて事実上大きな影響力を持つうえ、離婚訴訟では養育権をどちらに持たせるべきかの判断に影

響を与えることがある。したがって、弁護士の私には本作におけるそんな「論点」がよくわかるし、その点を巡って双方の弁護士が丁々発止のやり取りをするのもよくわかる。しかし、ホントにそれが依頼者の利益なの？本作では一貫してそんな視点（疑問）が提示されるので、そのこともしっかり考えたい。

■□■夫婦ゲンカの迫力でも米中が伯仲！その論争に注目！■□■

中国第6世代監督の旗手、張元（チャン・ユアン）監督が描いた「ドキュドラマ」たる『我愛你（ウォ・アイ・ニー）』（03年）（『シネマ17』345頁）のテーマは、犬も食わないはずの夫婦ゲンカだった。そこでは、中国四大女優の1人である徐静蕾（シュー・ジンレイ）が演じた妻・シャオジューのエキセントリックさと激しさが際立っていた。ちなみに、エキセントリックという形容詞を私が知ったのは、吉行淳之介の『砂の上の植物群』という小説と、それを中平康監督が、稲野和子と西尾三枝子を姉妹役で起用した同名の映画（64年）によるものだが、同作で観た、美しい顔にもかかわらず、夫婦ゲンカがエスカレートしていく中、少しずつ露呈してくるシャオジューの本性はまさにエキセントリックそのものだった。そんな同作の評論で私は、「このシャオジューとワン・イーとの夫婦ゲンカの迫力がこの映画のポイントだが、それを脚本にもとづいてやるのではなく、すべてアドリブでやらせたというのが、ドキュメンタリー監督としての張元の面目躍如たるもの・・・。いずれにしても、こんな美女が、こんなにわめき散らす熱演に要注目！」と書いた。

『我愛你（ウォ・アイ・ニー）』と題された同作では、そんな激しい夫婦ゲンカが描かれていたが、『マリッジ・ストーリー』と題された本作でも、その後半には、双方から弁護士を外した状態で直接話し合いたいという、弁護士としてはあまりお勧めできない状況下での2人の話し合いのシークエンスで、『我愛你（ウォ・アイ・ニー）』に勝るとも劣らない激しい夫婦ゲンカが登場するので、それに注目！もちろん、これは長回しの撮影によるものだが、そこでのスカーレット・ヨハンソンのすばらしい熱演に注目したい。

近時、経済面でも、軍事面でも、そして映画産業の面でも米中の伯仲が著しいが、『我愛你（ウォ・アイ・ニー）』と本作を比べて観ると、夫婦ゲンカの激しさの面でも米中が伯仲していることにビックリ！

■□■弁護士は離婚成立がゴール！しかし、当事者は？■□■

本作を観ていると、とりわけ離婚と子供の養育権という夫婦間の微妙な問題を、第三者の弁護士に依頼して解決してもらうことの是非が大きく問われていることがわかる。しかも、ノア・バームバック監督は、当初のチャーリーとニコールとの理性的な会話で語らせているように、弁護士に依頼しない（弁護士に介入させない）解決の方が望ましいと考えていることは明らかだ。そのこともあって、本作に登場する、ニコールが依頼した女性弁護士やチャーリーが相談、依頼した2人のタイプの異なる男性弁護士のどちらをみても、

「これが理想的な弁護士」と思える姿には描かれていない。いくら有能な弁護士であっても、「当事者の利益のため」という大義名分と共に、カネのため、名誉のため、プライドのため、という弁護士のにおいがプンプンしてくるわけだ。もちろん、離婚訴訟になれば最終的な法的判断が下されるのだから、どちらが勝つか、という白黒をつける勝負になってくる。そして、それによって最終的に弁護士の力量が示されるのだから、弁護士が頑張らなければならないのは当然だが、さて、それが当事者の利益になり、当事者の気持ちに添っているの？本作はそれを手厳しく提示しているため、弁護士の私としては少し片身が狭い。

　本作に見る弁護士同士の論争、とりわけ住所地を巡って双方の弁護士がそれぞれ自分の依頼者に授ける戦術を聞いていると、すべてなるほどと思えるもの。したがって、チャーリーもニコールもそれに従って動いたのは当然だが、その結果、下された離婚と養育権を巡る裁判所の結論は？『クレイマー、クレイマー』でもジョアンナが申し立てた「養育権の奪還」を巡って激しくかつ不毛な裁判闘争が続いたが、「子の最良の利益 (best interest of the child)」の原則により、テッドが敗訴。子供の養育権はジョアンナの手に渡ることになった。たしかにそれは、弁護士や多くの国民感情に合致するものだろうが、同作が大ヒットし、今でも名作として称えられているのは、そのラストに訪れる意外な（？）人間ドラマのためだ。しかして、離婚訴訟である結論が下された後の本作の2人は？

　本作のノーラ弁護士にとっては、離婚訴訟で離婚を成立させ、養育権をニコールの手に渡すことが職務。そして、それを実現できた時には多額の報酬をゲットできるから、それを目指して闘ったのは当然。したがって、その勝訴はノーラ弁護士のみならずニコールにとっても当然うれしいこと。しかし、そこでの問題は離婚訴訟を担当した弁護士にとっては離婚成立がゴールだが、当事者にとってはそれは1つの通過点に過ぎず、その後の人生の方がもっと大切だということ。しかして、本作にみる離婚が成立し、養育権者が決定した後のチャーリーとニコールの話し合い（？）とその結果は？『クレイマー、クレイマー』の結末の味わい深さにも匹敵する、本作の結末は、あなた自身の目でしっかりと！

2019（令和元）年12月13日記

SHOW-HEY シネマルーム

★★★★★

ジョジョ・ラビット

2019年／アメリカ映画
配給：ウォルト・ディズニー・ジャパン／109分

2020（令和2）年1月19日鑑賞　　TOHOシネマズ西宮OS

Data
監督・脚本：タイカ・ワイティティ
原作：クリスティン・ルーネンズ
出演：ローマン・グリフィン・デイビス／トーマシン・マッケンジー／タイカ・ワイティティ／サム・ロックウェル／レベル・ウィルソン／スティーブン・マーチャント／アルフィー・アレン／スカーレット・ヨハンソン／アーチー・イェーツ

👀 みどころ

　「ナチスもの」「ヒトラーもの」の名作は多いが、ここまで徹底して１０歳の少年の目からナチス・ドイツを描くとは！タイカ・ワイティティ監督恐るべし。片渕須直監督の大ヒット作は、文字どおり「この世界の片隅」を丁寧に描いたが、本作は更に狭く、ある事情で「ジョジョ・ラビット」と呼ばれ、家の中に閉じこもっている少年と、「壁の住人」たるユダヤ人少女との「ユダヤ人講義」が中盤のメイン。そんな激動（？）の中、ヒトラーユーゲントに憧れ、ヒトラーそっくりの「架空の友人」から励ましを受けていた少年は、いかに変わっていくの？

　スカーレット・ヨハンソン扮するママの知性と勇気にも注目しながら、悲惨さの中に極上のユーモアをちりばめた「ナチスもの」を楽しみたい。アカデミー賞では、きっと『パラサイト　半地下の家族』（19年）の好敵手になるだろう。

――――＊―――＊―――＊―――＊―――＊―――＊―――＊――――

■□■脚本の妙はバランス！悲惨さの中に極上のユーモアが！■□■

　映画の出来の基本は脚本にあり！そう考え生涯面白い脚本書きを目指したのが２０１２年に１００歳で死亡した新藤兼人だ。しかして、脚本の妙は、悲惨さの中にもうまく笑いの要素を取り入れたバランスにある。そのことは第７２回カンヌ国際映画祭で最高賞のパルムドール賞を受賞し、第９２回アカデミー賞で作品賞他、計６部門にノミネートされたポン・ジュノ監督の『パラサイト　半地下の家族』（19年）を見ればよくわかる。

私は、「戦後７５年」の節目となる２０２０年の今年、『ヒトラーもの、ホロコーストもの、ナチス映画大全集‐戦後７５年を迎えて‐』を出版するつもりだが、その序章では『チャップリンの独裁者』（40年）を紹介して、「ヒトラー映画」の意義を強調している。そんな私にとって、１月１７日に公開された本作は必見！２０１９年９月１５日にトロント国際映画祭で観客賞を受賞したことによって、一躍賞レースのトップランナーになったのが本作で、アカデミー賞作品賞の他、ゴールデングローブ作品賞、主演男優賞にもノミネート

されている。そして、新聞紙上では、「アカデミー賞大本命！」「最強のヒューマン・エンターテイメント！」の見出しが躍り、「ナチスドイツの時代に人々が見つけた本当の生きる喜びに、全世界が笑い、泣いた。」と紹介されている。

　「ヒトラーもの」も「ヒトラー暗殺もの」も、そして「ホロコーストもの」も「アウシュビッツもの」も、シリアスで悲劇的な映画が多いのは当然。あえて言えば、前者の代表が『ヒトラー　〜最期の１２日間〜』（04年）（『シネマ8』292頁）だし、後者の代表が『サウルの息子』（15年）（『シネマ37』152頁）だ。ちなみに、『アンネの日記』を読んで涙しない読者は世界中どこにもいないはずだ。しかし、映画はエンタメ。したがって、いかに「ヒトラーもの」でも「ホロコーストもの」でも、悲惨なだけでは映画としてはイマイチ。やはり、そこ（その脚本）に笑いの要素が必要だし、全体としても悲惨さとユーモアのバランスが大切だ。そんな視点で考えてみると、『チャップリンの独裁者』にも『ライフ・イズ・ビューティフル』（97年）（『シネマ1』48頁）にも、極上のユーモアが含まれていたことがよくわかる。しかして、その両作に並ぶ「極上のユーモアとともに戦時下の真実を描く傑作誕生！」と新聞紙上に見出しされている本作の「極上のユーモア」とは？

　本作の脚本を書き、監督したのは、これまで私が全く知らなかったタイカ・ワイティティだ。１９７５年生まれの彼は、何と本作でジョジョの空想上の友人、アドルフ・ヒトラー役で出演しているから、若き日のチャップリンを彷彿させるスクリーン上での躍動感あふれた彼の演技にも注目！なるほど、こんな友人を持てば、１０歳の男の子ジョジョがナチスの信奉者になっても当然かも・・・。

『ジョジョ・ラビット』　2020年1月17日から全国ロードショー
©2019 Twentieth Century Fox Film Corporation and TSG Entertainment Finance LLC

■□■タイトルの意味は？災い転じて・・・？■□■

　本作の主人公は１０歳の少年ジョジョ（ローマン・グリフィン・デイビス）。新聞でもチラシでも彼の顔が大きく映っているが、そのタイトルは一体ナニ？アカデミー賞で本作と

作品賞を争うことになるであろう『パラサイト　半地下の家族』は、タイトルだけで何となく作品のイメージが浮かび上がったが、ポン・ジュノ監督が「ネタバレ厳禁」としていたため、予測不能なストーリー展開とその結末はどこにも流出していないはず。

　それに対して本作は、チラシでも新聞紙評でもかなりのところまでネタバレされている。したがって、ジョジョの空想上の友人としてアドルフ・ヒトラーが登場するのが想定の範囲内なら、アンネの日記ばりに（？）、自宅の隠し扉の奥でユダヤ人の少女エルサ（トーマシン・マッケンジー）が隠れ住んでいたのも想定の範囲内になる。本作はその点で、「想定の範囲外」の出来事ばかりが続く『パラサイト　半地下の家族』とは大違いだが、逆に本作のタイトルはいくら考えてもその意味がわからない。しかし、心配はご無用。本作ではジョジョがはじめてナチス・ドイツの青少年集団ヒトラーユーゲントの合宿に参加するシークエンスの中で、なぜ彼が「ジョジョ・ラビット」と呼ばれるようになったのかが明らかにされるので、まずはそれを確認したい。

『ジョジョ・ラビット』2020 年 1 月 17 日から全国ロードショー
©2019 Twentieth Century Fox Film Corporation and TSG Entertain ment Finance LLC

　ジョジョは命令通りウサギを殺せなかったため、「ジョジョ・ラビット」と呼ばれ、「父親と同じ臆病者だ」と教官のクレンツェンドルフ大尉（サム・ロックウェル）やミス・ラーム（レベル・ウィルソン）からバカにされたのは大変だが、森の奥へ逃げ出し泣いていた彼の前にアドルフが現れ「ウサギは勇敢で、ずる賢くかつ強い」と激励されたことによって元気を取り戻したからえらい。しかし、その直後に張り切って参加した手榴弾の投てき訓練に失敗したジョジョは大ケガを負ってしまったから大変だ。そんな中、ジョジョのたった一人の家族で勇敢な母親のロージー（スカーレット・ヨハンソン）がユーゲントの事務局に抗議に行ったことによって、ジョジョはケガが完治するまではクレンツェンドルフ大尉の指導の下、身体に無理のない奉仕活動を行うことになったから、ある意味でラッキー。もっとも、親友のヨーキー（アーチー・イェーツ）と同じように、ヒトラーユーゲントの隊員として活躍できなくなったのは残念だが、さて、ジョジョの今後の活躍は如何に？果たして、ジョジョは大ケガとヒトラーユーゲントに参加できない現状を「災い転じて・・・」とすることができるのだろうか？

■□■ビートルズにビックリ！美少女の登場にもビックリ！■□■

　ビートルズが日本にやってきたのは１９６６年６月、私が高校３年生の時だ。彼らのヒット曲『抱きしめたい』は１９６３年１１月に発表した５枚目のシングル曲だが、何と本作のオープニングシーンでそれが大音量で流れてきたから、私はビックリ！イギリスは『ウィンストン・チャーチル　ヒトラーから世界を救った男』（17 年）（『シネマ 41』26 頁）、『チャーチル　ノルマンディーの決断』（17 年）（『シネマ 42』115 頁）等で見たように、フランスがナチスに占領された後、もっとも我慢強くナチス・ドイツと戦い、トコトン抵抗した国。それなのに、イギリスのリバプール出身のビートルズが、何とドイツ語で『抱きしめたい』を歌っていたから、私はさらにビックリ！

　他方、『パラサイト　半地下の家族』では、半地下住宅に住む４人家族が、高台にある４人家族の大邸宅にパラサイトする導入部のストーリーの後は、あっと驚く想定外の展開が次々と続いたが、本作でジョジョがあっと驚く想定外の展開は、大ケガのため外に出られず、家の中での孤独な生活を余儀なくされていた彼がある日、亡くなった姉のインゲの部屋で隠し扉を発見したうえ、その中にユダヤ人の少女エルサを発見したことだ。１０歳とはいえ、ヒトラーの信奉者であり、また、ヒトラーユーゲントの活動に参加できていないとはいえ、思想的には立派なヒトラーユーゲントの隊員であるジョジョなら、ユダヤ人を家の中に匿うことなど絶対にあってはならないことは十分に理解しているのは当然。それなのに、エルサはシャーシャーと「私はロージーに招かれてここに隠れている。」と弁明したから、アレレ。まさか、あの母親がそんなことを！？いや、そんなことはありえない。これは何としても通報しなければ・・・！ジョジョがそう考えていると察知した利発なエルサはそこですかさず、「通報すれば？あんたもお母さんも協力者だと言うわ。全員死刑よ。」と脅したから、さあ、ジョジョはどうするの？

　『ライフ・イズ・ビューティフル』では、父親とともに強制収容所に入れられた５歳の息子ジョズエが、父親グイドの「自分たちはゲームに参加しているんだ。」「隠れていると点がもらえる。そして１０００点集めたら、戦車がもらえるんだ。だから絶対見つかったらダメだよ！」とのウソを単純に信じたため、その後は涙いっぱい、ユーモアいっぱいのストーリーが進んでいった。それに対して、こんな予測不能な事態の中、１０歳の少年ジョジョがパニック状態に陥ったのは仕方ないが、そこでいろいろと考えた彼はエルサに「ユダヤ人の秘密を全部話す」という条件を呑めば住んでいいと持ち掛けたから偉い。その心は、エルサをリサーチすることによって、ユダヤ人を壊滅するための本を書こうと思いついたわけだ。なるほど、なるほど。

　ビートルズにビックリ！美少女の登場にもビックリ！だが、悲惨な境遇の中にいるにもかかわらず、本作中盤にジョジョとエルサの間で展開される"ユダヤ人講義"はユーモアいっぱい、寓話いっぱいの楽しいものだから、それをしっかり味わいたい。

■□■ママの元気さと知性、そしてファッションと色彩に注目■□■

　クエンティン・タランティーノ監督の『イングロリアス・バスターズ』(09 年)では、ハリウッドを代表する俳優、ブラッド・ピットが反ナチの特殊部隊イングロリアス・バスターズを率いる将校としてヒトラー暗殺の実行犯を演じていた(『シネマ 23』17 頁)。それと同じように、『マリッジ・ストーリー』(19 年)で、タイトルとは正反対の「離婚物語」の中で揺れ動く妻の心理を見事に演じていた、ハリウッドを代表する女優スカーレット・ヨハンソンが、本作では、元気いっぱい、知性いっぱいのジョジョのママ、ロージー役を見事に演じている。しかも、東からはソ連軍が、西からは連合軍がベルリンの攻略を目指して迫っている中での、ロージーのファッションとその色彩はお見事だ。ストーリーの展開を見ている中、ロージーは戦地に行っている父親と同じように、ヒトラーの信奉者としてジョジョの尻を叩いているママだと思っていたが、実はこのママは反ナチ運動の闘士だったから、それにもビックリ！

　いくら身の回りに無頓着な男の子でも、１０歳にもなれば靴の紐くらいは自分で結べるのが普通だが、どうもジョジョはそれが苦手らしい。そのため、本作では、音楽やダンスが大好きなロージーが息子のジョジョとダンスをしようとするシーン等で、ジョジョの靴紐を直してやるシーンが目につくが、それって一体なぜ？本作中盤でのエルサの登場にはビックリだが、エルサがジョジョに説明したように、それがすべてロージーの計らいによ

『ジョジョ・ラビット』
2020 年 1 月 17 日から全国ロードショー
©2019 Twentieth Century Fox Film Corporation and TSG Entertain ment Finance LLC

るものであったことがわかると、私はロージーの大胆さにビックリ！『アンネの日記』のアンネは、１９４２年から４４年までは何とか本棚の後ろの秘密の入口から入る部屋で暮らしたが、結局発見され「収容所」へ連行されてしまったが、さて、エルサは？

　本作中盤は、前述したジョジョとエルサとの間で展開される"ユダヤ人講義"が楽しいが、ある日、秘密警察(ゲシュタポ)のディエルツ大尉(スティーブン・マーチャント)が部下を引き連れて、突然ジョジョの家の家宅捜索に訪れると？これはロージーの反ナチ運動が知られたため？それとも、エルサの存在が何者かに通告されたため？

　本作はネタバレ厳禁とされていないので、ここで堂々と解説すれば、そんな緊迫した空気の中で、堂々と現れたエルサは、自分はジョジョの亡き姉インゲだと説明。ディエルツ大尉からの質問にもうまく回答し、その場は何とか切り抜けたのは幸い。観客はみんなそう思ったはずだが、そのやり取りに重大なミスがあったから大変。それは、インゲの誕生日を聞かれたエルサが、１９２９年５月１日と答えたこと。インゲの身分証明書には１９

２９年５月７日と書かれていたから、これはエルサのミスであることは明らかだ。しかるに、ディエルツ大尉は、なぜそれをその場で追及しなかったの？そんな心配をしていると、その数日後、家の外に出たジョジョの目の前には見慣れたママの靴が・・・。ところが、いつもきちんと結ばれているはずの、その靴の靴紐はきちんと結ばれていなかった。それは一体なぜ？そして、そこでジョジョが目の当たりにした悲劇とは？

■□■なぜ少年の目でナチスを？監督の出自は？原作は？■□■

　ヒトラーは１９４５年４月３０日に総統官邸地下要塞の中で拳銃自殺によって死亡したが、その最後は、『ヒトラー　〜最期の１２日間〜』で詳しく描かれている。もちろん、連合軍やソ連軍が総統官邸を襲うについては、激しいベルリンの市街戦を経たわけだが、「ヒトラーが自殺した」とのうわさ（？）が流れる中、本作ラストではジョジョが住んでいる街でも激しい市街戦が行われ、ジョジョはクレンツェンドルフ大尉や親友のヨーキーたちが、その戦闘に従事する姿を目撃することになる。しかし、そこで本作が面白いのは、『ヒトラー　〜最期の１２日間〜』は史実に基づき大人の目から「ヒトラー最期の日」を描いたのに対し、本作はあくまで１０歳の少年ジョジョの目からナチス・ドイツの最後を描いていることだ。ちなみに、私は本作ではスカーレット・ヨハンソン扮するロージーの知性や勇気のみならず、色彩豊かなファッションの面白さを指摘したが、それもジョジョの目を通して見たママなればこそだ。片渕須直監督の大ヒット作『この世界の片隅に』（16年）（『シネマ39』41頁）では、主人公の北條すずはもとより、その母親たちはみんな黒っぽいもんぺ姿だったのは当然で、本作のロージーのような色鮮やかなファッションはあり得なかった。しかし、タイカ・ワイティティ監督は、なぜそんな風に徹底して、ジョジョの目からナチス・ドイツを描いたの？

　本作の原作になったのは、世界２２か国で翻訳された国際的ベストセラーであるクリスティン・ルーネンズの『Caging Skies』。パンフレットにある Production Notes によれば、２００４年に出版された同作を、母親に薦められて読んだタイカ・ワイティティ監督は、「自分のスタイルを持ち込んで、この小説を映画化したいと思った。もっとファンタジーとユーモアを入れて、ドラマと風刺の群舞のような作品を創り出そうと考えた」そうだ。同監督の出自は少し複雑で、父親がニュージーランドの先住民族であるマオリ、母親がロシア系ユダヤ人。彼の祖父はロシア軍の兵士としてナチスと戦ってきたという個人史的な背景があるらしい。そのことは、宇野維正氏の「コメディアン、役者、脚本家、そして監督。ワイティティの多才さと繊細さが結実」と題するコラムで詳しく書かれているが、本作でここまで徹底してジョジョ少年の目からナチス・ドイツを描いた理由については、このような彼の出自が影響していることは明らかだ。しかして、本作導入部では、あれほどヒトラーユーゲントに憧れていた少年ジョジョの心境は、ナチス・ドイツ敗北の日を迎えようとしている今、どのように変化しているのだろうか？

■□■この奇跡は映画なればこそ！その醍醐味をタップリと！■□■

　本作は「ナチスドイツもの」で「ヒトラー最後の日」を描く映画にもかかわらず、本作にはまともな戦闘シーンは全く登場しない。そればかりか、本作ラストに登場する市街戦（？）では、クレンツェンドルフ大尉やフィンケル（アルフィー・アレン）はかなりおふざけのスタイルで戦闘に参加している。それは、ヨーキーも同様だ。また、本作では、ある日以降スクリーン上に登場しなくなってしまうロージーの明るく行動的だったイメージが強烈だが、その分、後半以降は、いかにも利発そうなエルサの存在感が増してくる。彼女の博識ぶりはユダヤ人特有のものかもしれないが、同時にひざまづいてリルケの詩と共にプロポーズされたという反ナチ活動家のフィアンセがいたことも大きく影響しているのだろう。ユダヤ人の優秀さは今更言うまでもないが、本作中盤のジョジョとエルサとの「ユダヤ人講義」では、ベートーベン、アインシュタイン、バッハ、ガーシュイン、ブラームス、ワグナー、モーツァルト、リルケ、ディートリッヒ等の名前が登場してくるので、それに注目！

　しかし、アンネと同じ「壁の住人」であったエルサに、決定的に不足しているのは情報。今ならスマホさえあればどんな情報でも入手可能だが、敗戦間近なドイツの「壁の住人」であるエルサには、市街戦でドイツが勝ったのか否かの情報さえないのが実情。したがっ

て、その戦闘が終わり、ジョジョの姿を見たエルサが、「どちらが勝ったの？」と質問したのは当然だが、それに対するジョジョの答えは意外にも？『ライフ・イズ・ビューティフル』では、5歳の息子についた「これはゲームだよ」とのウソが面白かったし、『聖なる嘘つき　その名はジェイコブ』（99年）では、「ロシア軍がすぐそこまで来ている」とのウソがストーリー全体を牽引していた（『シネマ1』50頁）が、本作ではなぜジョジョはエルサに対してすぐにバレるようなウソをついたの？もちろん、エルサがアンネと同じ運命にならずに生き延びたのは奇跡であり、映画なればこその設定。そして、映画なればこそ、そんな寓話のような設定が可能なわけだ。すると、本作最後にジョジョがエルサについた「小さなウソ」の意味は？そのことを噛みしめながら、ユーモアがいっぱい、寓話がいっぱい詰まった本作の醍醐味をタップリと楽しみたい。

　　　　　　2020（令和2）年1月24日記

『ジョジョ・ラビット』
2020年1月17日から全国ロードショー
©2019 Twentieth Century Fox Film Corporation and TSG Entertainment Finance LLC

Data

監督：サム・メンデス
脚本：サム・メンデス／クリスティ・ウィルソン＝ケアンズ
出演：ジョージ・マッケイ／ディーン＝チャールズ・チャップマン／マーク・ストロング／アンドリュー・スコット／リチャード・マッデン／コリン・ファース／ベネディクト・カンバーバッチ／クレア・デュバーク

SHOW-HEY シネマルーム

★★★★★

1917　命をかけた伝令

2019年／イギリス、アメリカ映画
配給：東宝東和／119分

2020（令和2）年2月15日鑑賞　　TOHOシネマズ西宮OS

みどころ

　アカデミー賞作品賞・監督賞等10部門にノミネートされながら、英国のサム・メンデス監督は韓国のポン・ジュノ監督に惨敗！「全編ワンカット映像」のこだわりで、撮影賞・録音賞・視覚効果賞の3部門の受賞のみに！

　「伝令」の映画だから、設定も結末も単純。ポイントは、あの関門、この関門の描き方になるが、それは『パラサイト　半地下の家族』（19年）と同じくネタバレ厳禁だ。ロケーションのすばらしさ、演出・美術のすばらしさを堪能しながら、主人公たちの命を懸けた伝令ぶりをあなた自身の目でしっかりと！

　関東軍は天皇陛下や陸軍中央の不拡大方針を無視して、現地軍の独断専行によって「張作霖爆殺事件」や「満州事変」を引き起こしたが、本作ラストにおける「命を懸けた伝令」の実効性は？

―――＊―――＊―――＊―――＊―――＊―――＊―――＊―――＊―――＊

■□■10部門ノミネートも、英国は韓国に惨敗！■□■

　サム・メンデス監督といえば、古くは『アメリカン・ビューティー』（99年）でアカデミー賞監督賞を受賞し、近時は『００７　スカイフォール』（12年）（『シネマ30』232頁）や『００７　スペクター』（15年）（『シネマ37』208頁）の監督として有名。また『レボリューショナリー・ロード/燃え尽きるまで（08年）（『シネマ22』58頁）や『ロード・トゥ・パーディション』（02）（『シネマ2』143頁）等の傑作を次々と生み出しているイギリス人監督だ。また、本作では「≪全編ワンカット映像≫による異次元の没入体験」が注目されているが、それはアカデミー賞受賞監督サム・メンデスの下に、『ブレードランナー2０４９』（17年）（『シネマ41』未掲載）の撮影のロジャー・ディーキンスと『ダンケルク』

（17年）（『シネマ40』166頁）の編集のリー・スミスが結集したことによって実現できたものだ。その結果、本作は第９２回アカデミー賞で作品賞・監督賞・脚本賞等計１０部門にノミネートされ、「本年度アカデミー賞最有力！」とされていた。しかし、結果は韓国のポン・ジュノ監督の『パラサイト　半地下の家族』（19年）が、作品賞、監督賞、脚本賞、国際映画賞の４部門を受賞したから、英国は韓国に惨敗！『パラサイト　半地下の家族』は初のカンヌでのパルムドール賞とのダブル受賞も果たした。

　「後出しジャンケン」がダメなことは百も承知だが、私は両者を観る前から、本作は所詮、伝令が走るだけの映画だから作品賞・監督賞はムリだと思っていた。逆に私は先に『パラサイト　半地下の家族』を観て、これはカンヌ国際映画祭のパルムドール賞にふさわしいと思ったが、アカデミー賞では、字幕でせりふが出てくる韓国映画の作品賞・監督賞は所詮ムリと思っていた。そのため『パラサイト　半地下の家族』の４部門受賞は想定外の驚きだったが、本作が作品賞、監督賞、脚本賞を受賞できなかったのは、予想通り。他方、それを逃した半面、撮影賞・録音賞・視覚効果賞の３部門の受賞には納得。さらに、日本人のカズ・ヒロ（旧名：辻一弘）が本作を押しのけて『スキャンダル』（19年）でメイク・ヘアスタイリング賞を受賞したのも当然だと納得。

■□■全編ワンカット映像ってホント？こりゃ少し誇大かも？■□■

　映画検定３級の私が教科書にした『映画検定公式テキストブック』（キネマ旬報映画総合研究所編）には、「シーン」とは？「ショット」とは？「カット」とは？「シークエンス」とは？の定義があり、さらに「テイク」の定義もある。それによると、ショット（Shot）とは、「日本ではカットと呼ばれることが多い。映像の単位で時間的に連続して撮影されたフィルムの頭のコマから末尾のコマまでを１ショット（Shot）と数える。」とされている。次に、シーンとは、「一つの場所あるいは特定の人物の行動を連続して描写したショットの集合体をシーン（Scene）といい」、「シーンが集まって一つの場面やエピソードになったものをシークエンス（Sequence）という。」とされている。他方、カット（Cut）とは、日本ではショットの意味でつかわれることが多いが、監督が「カット」と言うと、そのショットの撮影が終了したことを意味する。」また、テイク（Take）とは、「監督が『カット』を宣言するまでにカメラが撮影した部分を呼ぶ。」とされている。それを踏まえると、本作では《全編ワンカット映像》による異次元の没入体験が、映画の歴史を変える—」が統一されたキャッチコピーになっているが、それってホント？前述の定義によると、そんなことは不可能なのでは？

　本作を実際に観るまで、私はそれがずっと疑問だったが、本作を観て、また、パンフレットの「PRODUCTION　NOTES」を読むと、こりゃ少し誇大かも？そう思わざるをえない。つまり、「PRODUCTION　NOTES」には、「まず、誤解のないように言っておくと、本作はワンカットで撮影されたわけではない。」とハッキリ書かれている。また、多く

の新聞紙評でも、「全編ワンカット映像！」というフレーズは使われているものの、他方で「全編ワンカットに見える撮影方法で追いました。」「ワンシーンをワンカットで撮影して滑らかにつないだ突出した技術。」「全編を通してワンカットに見える映像。全編途切れることなく、ひとつながりの映像として見せてくれるこのダイナミックな撮影方法」等と正確な表現に修正されているので、それをしっかり確認したい。

■□■監督の祖父がモデル！２人の伝令の任務は？■□■

『第三夫人と髪飾り』（18 年）は、ベトナムの新進女流監督、アッシュ・メイフェアの曾祖母がモデルだったが、本作はサム・メンデス監督が祖父の戦闘体験から着想を得たもの。つまり、サム・メンデス監督の祖父である故アルフレッド・H・メンデスは１９１７年に１９歳でイギリス軍に入隊し、小柄だった彼は西部戦線で伝令兵の任務に就いたらしい。サム・メンデス監督はそんな祖父から聞いた数々の話の他、ロンドンの帝国戦争博物館で当事者の証言を集め、本作の構想を練ったわけだ。

しかして、本作は１９１７年４月６日の金曜日、眠りについていた第８連隊に所属する上等兵トム・ブレイク（ディーン＝チャールズ・チャップマン）が、ある任務のために叩き起こされるシーンから始まる。「誰か相棒を探せ」と言われたトムは、すぐ隣に寝ていたウィリアム・スコフィールド（ジョージ・マッケイ）を指名したため、この２人はエリン

『1917 命をかけた伝令』　2020 年 2 月 14 日（金）全国ロードショー　配給：東宝東和
(C) 2019 Universal Pictures and Storyteller Distribution Co., LLC. All Rights Reserved.

モア将軍（コリン・ファース）から伝令の任務を与えられることに。その任務は、マッケンジー大佐率いるデヴォンシャー連隊第２大隊に、攻撃中止命令を伝えることだ。しかし、その任務に熱心なのはデヴォンシャー連隊第２大隊に兄がいるブレイクだけで、スコフィールドは「慎重に！」という表現ながら、本心はどうもそんな危険な任務の遂行に消極的。本作導入部ではそんな風に思えてしまうスコフィールドが、実はサム・メンデス監督の祖父をモデルにしたキャラらしい。

　冒頭のそんなシークエンスを経て、危険な任務に踏み込んでいく導入部のシークエンスでは、２人の伝令のうち主導権を握るのはブレイクで、スコフィールドは仕方なくそれについて行ってるだけという印象だが、さてその実は？

■□■地図が、展開がわからん！それは伝令も現実も同じ！■□■

　戦地での経験がほとんどない１９歳のブレイクが先に伝令に選ばれたのは、地図を読むのが得意だったことと、デヴォンシャー連隊第２大隊の部隊に実の兄が所属していたため。つまり、こいつなら必死で任務にあたるだろう、と考えられたためだ。それに対して、ブレイクより１年ほど早く入隊し、多くの兵士が犠牲となった「ティプヴァルの戦い」を経験しているスコフィールドが、惨状を繰り返したくないため安全に任務を遂行しようとしていたのは仕方ない。エリンモア将軍からブレイクに与えられた情報は、①これまで目の前にあったドイツ軍の塹壕は放棄され、ドイツ軍が退却したこと、②しかし、これは退却に見せかけた用意周到な罠であること、③つまり、航空写真によれば、ドイツ軍は要塞化された陣地を築き、追撃してくるイギリス軍を待ち構えていたこと、④翌朝に予定されている攻撃を中止しなければ、デヴォンシャー連隊第２大隊を率いるマッケンジー大佐と１６００人のイギリス軍は、ドイツ軍の未曾有の規模の砲兵隊によって全滅させられてしまうこと、だった。

　他方、パンフレットの「STORY」には、「エクーストという町の南東２キロにある、クロワジルの森に向かって前進する第２大隊に追いつくには、ドイツ軍が築いたブービートラップだらけの塹壕や、ドイツ占領下の町を越えて行かなくてならない。」と書かれているが、私たち観客には、全体の地理関係がサッパリわからない。《全編ワンカット映像》をうたい文句にするのなら、せめて冒頭に全体の地図や２人の伝令の進路くらいは図示してくれてもいいと思うのだが、サム・メンデス監督にはそんな親切心（？）はないらしい。そのため、ブレイクは地図を読むのが得意だったから伝令として自分が進むべき前述の進路はわかっているし、スコフィールドもそれなりに理解しているようだが、観客にはそれがサッパリわからない。また、目の前の塹壕に結集していたはずの、にっくきドイツ軍が退却していることは２人が進み始めてすぐにわかったものの、「ブービートラップ（仕掛け爆弾）」については観客はもちろん、スコフィールドやブレイクにもそれがどこに仕掛けられているか、全くわからない。さらに、クロワジルの森にたどりつくまでにはドイツ占領下

47

の町も越えて行かなければならないが、そこには危険がいっぱいのはずだ。

　アカデミー賞作品賞・監督賞・脚本賞・国際映画賞を受賞した『パラサイト　半地下の家族』はポン・ジュノ監督が自らネタバレ厳禁を宣言するほど予測不可能な展開が見モノだったが、本作もそれは同じ。したがって私たち観客も、地理がわからん！展開がわからん！そんな思いを共有しながら「命をかけた２人の伝令」と共にクロワジルの森を目指して歩み続けることに・・・。

■□■ロケーションに注目！"この関門""あの関門"に注目！■□■

　本作は２人の伝令が与えられた任務を遂行する１９１７年４月６日の１日を描いたドラマだとわかっているから、２時間のドラマとして楽しませるためには、その中にどんなエピソードを入れ込むかがポイントになる。したがって、それをネタバレさせるのは『パラサイト　半地下の家族』と同じく厳禁だから２人の伝令が歩み続ける中で次々と展開している"あの関門""この関門"についてここに書くことはできない。ちなみに、本作のパンフレットには戦史研究家・白石光氏のコラム『１９１７　命をかけた伝令』、そのリアル～本編の描写で読み解く第一次世界大戦の実相～」があり、そこでは、①腐った泥の海だった「激戦地の大地」、②死の置き土産「仕掛け爆弾」、③兵器として使われた「航空機」、④見えない恐怖「狙撃兵」、⑤第一次世界大戦の縮図たる「本作の世界」の解説があるので、これは必読！また、パンフレットの「PRODUCTION　NOTES」には「ロケーション」について詳しく解説されているので、これも必読だ。

　第１次世界大戦の塹壕戦を描いたの映画は、最も有名な『西部戦線異状なし』（30 年）の他、『戦火の馬』（11 年）（『シネマ28』98 頁）等がある。直近では『再会の夏』（18 年）もそれだった。しかし、イギリスとドイツの塹壕の違いを明確に示した映画は本作がはじめてだ。また、本作はＣＧではなく、イギリス軍、ドイツ軍双方のホンモノの塹壕を数百メートルにわたって現実に作っている。スコフィールドとブレイクが通過するフランスの農家の納屋や離れも現実に建設されたものだ。したがって、それを舞台としたスコフィールドとブレイクの歩みの撮影がリアルなのは当然で、アカデミー賞撮影賞の受賞も当然だ！

　ちなみに、戦争映画に女性の登場が少ないのは当然だが、本作のパンフレットの「CAST PROFILES」には１人の女性も登場していない。しかし、ラストの「CAST」の表示では、ラウリ（クレア・デュバーク）が女優として表示されている。しかして、この"紅一点"は本作のどんなシークエンスでどんな役割で登場してくるの？それも私はここで書きたいのだが、ぐっと我慢・・・。

■□■伝令の実効性は？攻撃中止命令の実行は？■□■

　ネタバレ厳禁とされている（？）"あの関門""この関門"を突破する物語の中の１つと

して、スミス大尉（マーク・ストロング）が登場する。彼は伝令として重要な任務を遂行しているスコフィールドに対し、「必ず第三者の前で、マッケンジー大佐に手紙を渡せ」とアドバイスしていたが、その意味は？それは、攻撃開始命令を前に血気と功名心にはやる軍人（指揮官）に対して、突然上からの「攻撃中止命令」を手渡しても、それを実行するのは極めて難しい、ということだ。その典型が、満州に展開していた旧関東軍が、日本軍全体の統帥権者である天皇陛下の命令を無視して、現地だけの暴走で起こした満州事変だ。すなわち、１９２８年の張作霖爆殺事件（別名「奉天事件」、また「満州某重大事件」）が関東軍高級参謀だった河本大作の首謀によるものであったことはこれまでの研究によって動かしがたいものになっている。また、１９３１年９月１８日の柳条湖事件とそれに端を発する満州事変も政府の不拡大方針や陸軍中央の局地解決方針を無視し、自衛のためと称して戦線を拡大しようとした関東軍の独断専行だったことは、今日明らかになっている。本作の邦題には『命をかけた伝令』というサブタイトルが付いているが、原題は『１９１７』だけ。しかし、パンフレットの表紙に「TIME IS THE ENEMY」と書かれているように、伝令には賞味期限があり、伝令が実効性をもつのは、期限内に命令が伝えられた時だけだ。そして、問題は更にある。それは、命令書が期限内に届けられたとしても、命令を受けた者がそれを握りつぶしてしまったり、極端な場合その伝令を殺してしまい、伝令など来なかったとウソをつき通せば、攻撃中止命令の実行はできなくなってしまうということだ。

　しかして、本作ラストは、さまざまな関門を潜り抜けたスコフィールドが、やっとデヴォンシャー連隊第２大隊のマッケンジー大佐に出会えるシークエンスとなる。しかし、スコフィールドが到着したその時は、既に第１波の攻撃命令は出されており、第２波の攻撃命令が出されようとする直前だった。そんな状況下、エリンモア将軍からの伝令として飛び込んできたスコフィールドをマッケンジー大佐が当初無視したのは仕方ない。しかし、スコフィールドが将軍からの攻撃中止命令だと執拗に食い下がったため、その命令書を読まないわけにはいかなくなり、また、それを読んだらそれに従わざるをえなかったのは軍人としては仕方ない。スリルとサスペンスを求める面白い映画なら、ここらあたりでホントはもうひとひねり欲しいところだが、『１９１７』と題された正当派戦争映画の本作では、それはムリ。その結果、本作は『パラサイト　半地下の家族』のような、あっと驚く結末ではなく、想定通りのものに収束していくことになる。そこであらためてスコフィールドのこれまでの苦労に「ご苦労様」となるわけだが、さて、あなたはそんな本作をいかに評価？

２０２０（令和２）年２月２０日記

Data

監督：ジェイ・ローチ
脚本：チャールズ・ランドルフ
出演：シャーリーズ・セロン／ニコ
　　　ール・キッドマン／マーゴッ
　　　ト・ロビー／ジョン・リスゴ
　　　ー／ケイト・マッキノン／コ
　　　ニー・ブリットン／マルコ
　　　ム・マクダウェル／アリソ
　　　ン・ジャネイ

スキャンダル

2019年／アメリカ・カナダ映画
配給：ギャガ／109分

2020（令和2）年1月28日鑑賞　　　大阪弁護士会

👀 みどころ

　メディアは中立で公正？いやいや、それはウソ！日本では朝日、毎日系 vs 産経系のバトルが顕著だが、二大政党制のアメリカでは、メディアも明確に共和党系 vs 民主党系に。視聴率トップを誇る「ＦＯＸニュース」は自他共に許す保守派メディアのリーダーだ。

　今や全世界に広がった「#ＭｅＴｏｏ運動」も、その出発点は２０１６年にＦＯＸニュースで起きたグレッチェン vs ロジャー事件。ハリウッドの豪華３大女優の競演！それが本作の売りだが、本作のテーマはそれだ。なるほど、だから大阪弁護士会で上映会を！

　シャーリーズ・セロンが主演した『スタンドアップ』（05 年）も面白かったが、ニュースより女性キャスターの脚の見せ方の方がもっと大事というご時世（？）では、本作は必見！さあ、あなたは本作から何を学ぶ？

――＊――＊――＊――＊――＊――＊――＊――＊――＊――

■□■豪華３大女優が競演！主演・助演女優賞にノミネート！■□■

　本作のチラシには、「本年度　賞レースの爆弾！」「豪華３大女優の競演に世界が騒然＆絶賛！！」との見出しが躍っている。豪華３大女優とは、①売れっ子ニュースキャスターのメーガン・ケリーを演じるシャーリーズ・セロン、②ベテランニュースキャスターのグレッチェン・カールソンを演じるニコール・キッドマン、③新人ニュースキャスターのケイラ・ポスピシルを演じるマーゴット・ロビーの３人だ。女性に年齢を尋ねるのは御法度かもしれないが、３人の立場とキャラを明確にする一助としてそれを明示すれば、その設定は順番に４４歳、４９歳、２７歳だ。

シャーリーズ・セロンとニコール・キッドマンは年代的に近接しているし、ハリウッドにおける実績も共に最高レベル。しかし、本作では、メーガンとグレッチェンはそれぞれ前述のように表現されているから、明らかにメーガンが主役。それは、本作をシャーリーズ・セロンの会社がプロデュースしたせいかもしれないが、もともとの脚本がそうなっているのだから、そのことをもってシャーリーズ・セロンを責めるのは酷だ。しかし、「本年度　賞レースの爆弾！」になった本作で、アカデミー賞とゴールデングローブ賞の両賞において、シャーリーズ・セロンが主演女優賞にノミネートされたことをニコール・キッドマンはどう感じているの？そればかりか、マーゴット・ロビーも両賞で助演女優賞にノミネートされたから、ニコール・キッドマンはそれもどう感じているの？

©Lions Gate Entertainment Inc.

本作は、２０１６年に発生したFOXニュースのセクハラ事件をテーマにした映画だから、この３人のキャスターの間で「女の戦い」が起きることはないだろうが、ひょっとして賞取りレースが終わった後、豪華３大女優の間でバトルが起きるかも・・・？

©Lions Gate Entertainment Inc.

■□■「FOXニュース」とは？その視聴率は？■□■

私が社外監査役をしている会社の役員会（取締役会）で、同社のテレビコマーシャルの費用対効果の議論をした際、日本のさまざまなニュース番組の視聴率と料金についての資

料を受け取った。そこでは地上波とBS、CSで明確な差があったうえ、『ニュースステーション』がダントツの1位であることに改めて驚いた。そこで興味深かったのは、２０１８年にNHKを退職した女性キャスターの有働由美子氏が新たにキャスターを務めた『news zero』の視聴率が意外に高かったことだ。このように私は日本のニュース番組についてはよく知っているが、アメリカのニュース番組についてはよく知らない。そのため、「FOXニュース」と聞いてもピンと来ない。それは多くの日本人に共通だと思うので、本作を鑑賞するについては、あらかじめその点の予習をしっかりしておきたい。

　２０２０年１１月にはアメリカ大統領選挙が行われるが、２０１６年１１月の大統領選挙における共和党のドナルド・トランプ候補の予想外の勝利によって、「フェイクニュース」という言葉が大流行！トランプ大統領を批判するニュースは、ことごく「フェイクニュース」と切り捨てられてきた。しかし、そのトランプ大統領が例外的に唯一好意的なのが「FOXニュース」だ。民主主義国のニュース報道はすべて中立を原則としているが、ニュース番組によってその立場はかなり左右に偏っているのが現実。日本では朝日、毎日系 vs 産経系の対立はハッキリしている。FOXニュースも「中立報道を心がけている」と主張しており、「Fair and Balanced（公平公正）と We report, You decide（我々は報道する、判断するのはあなた）」をモットーにしているが、現実には保守的傾向が強く、そのため、共和党のブッシュ父子政権時代は大統領とのつながりが強かったが、民主党のオバマ政権時のFOXニュースは政権批判の急先鋒を担っていた。

　そんなニュース専門放送局である「FOXニュース」は１９９６年にルパート・マードック所有のニューズ・コーポレーション（現：FOXコーポレーション）が、当時NBCの経営者ロジャー・エイルズを社長にして設立したもの。そして、１９９０年代末からCNNから視聴者を奪い始め、２０００年からCNNと視聴者数で拮抗。そして２００１年のアメリカ同時多発テロ事件を機に一気にCNNを引き離し、現在も視聴者数首位の座を守っているそうだ。まずは、ここまで予習をしっかりやった上、そんな「FOXニュース」を襲った、本作がタイトルとしている「スキャンダル」とは？

■□■なぜ弁護士会館で上映会を？セクハラ疑惑とは？■□■

　大阪弁護士会は会員の寄付を募って巨大な弁護士会館を建設したが、その活用が十分と言えないことは明らか。その２階は大ホールで、主に講義・講演に使っているが、時として映画の上映会をやることがある。私が弁護士会館をまともに使うのはそんな時しかない。前回上映したのは『ビリーブ　未来への大逆転』（18 年）（『シネマ45』38 頁）。これは８５歳の、今はリベラル派の最高裁判事、若き日の１９７０年当時は、女性差別と闘う女弁護士だったルース・ギンズバーグを描いた映画だから、若手や女性弁護士に超お薦め！それが上映の狙いだった。しかして、本作も弁護士会が上映会を行ったが、それはなぜ？それは、本作がFOXニュースに激震が走った２０１６年のセクハラ事件をテーマにしている

からだ。ニコール・キッドマンはハリウッド女優の中でも美女中の美女。したがって、そんな彼女が演じたベテランニュースキャスターのグレッチェン・カールソンも、ミス・ミネソタを経て、１９８９年にミス・アメリカに輝いた美女。そんな美女が、才色兼備のFOXニュースの人気キャスターとして２００５年から大活躍していたらしい。

　ところが、２０１６年７月、姿を消していた彼女が突然、「セクハラ行為があった」として、FOXニュースの会長兼最高責任者（CEO）であるロジャー・エイルズ（ジョン・リスゴー）を提訴したことが報じられ、彼女が弁護士を通じて、「今年６月、『Fox News』から不当に解雇された。エイルズさんとの面談で仕事上の不平不満を口にしたところ、むしろ性的関係を求められ、それを拒否したことが原因でした。これは女性に対する不等な扱いです」と説明したから、世間はビックリ！訴えられたロジャーCEOは「事実無根で大変な迷惑。契約の更新が思ったようにいかなかったことへの腹いせだろう」と真っ向から否定し対抗したが、親会社の「２１世紀フォックス」は調査を開始することに。

　なるほど、なるほど、こりゃ大変。現在では、「＃Me Too運動」が世界中に広がっているが、FOXニュースでグレッチェン vs ロジャーのセクハラ事件が起きたのは、それより１年前。「＃Me Too運動」はグレッチェン vs ロジャーのセクハラ事件を聞いた女優のアリッサ・ミラノ氏が、同じようなセクハラ被害を受けた女性たちに向けて２０１７年１０月に"Me Too"と声をあげるようTwitterで呼びかけたことがきっかけで始まった運動だが、それを正しく理解するためにも、「FOXニュース」で起きたこの事件の勉強は不可欠だ。そう考えると、弁護士法１条で、「基本的人権を擁護し、社会正義を実現することを使命とする」と規定している弁護士会としては、そんな映画の上映会をすることによって会員にしっかり勉強してもらわなければ。

©Lions Gate Entertainment Inc.

■□■７７歳にして本業も政治も元気！その上、お色気も！■□■

　本作は３人の競演女優が、ホンモノそっくりのイメージで登場しているらしい。それは、『ウィンストン・チャーチル／ヒトラーから世界を救った男』（17年）（『シネマ41』26頁）でアカデミー賞メイクアップ＆ヘアスタイリング賞を日本人としてはじめて受賞したカズ・ヒロ（辻一弘）のメイクアップのおかげらしい。それはそれでいいのだが、そのため

©Lions Gate Entertainment Inc.

私にはシャーリーズ・セロンとニコール・キッドマンの区別がつきにくくなり混乱する面も・・・。本作の（第1の）事件は、グレッチェンによるロジャーCEO の提訴だが、裁判の状況が詳しく描かれることはなく、スクリーン上に登場するのは、グレッチェンと弁護士のナンシー・E・スミス、ニール・マリンとの打ち合わせ風景だ。しかし、それを見ていると、夫も子供もいるグレッチェンがFOX ニュースのCEO を被告として提訴するのがいかに勇気を必要とする行為だったかがよくわかる。

　本作が裁判の状況以上に詳しく描くのは、「FOX ニュース」という巨大組織の内部事情、ハッキリ言えばロジャーCEO を頂点とするピラミッド型の権力構造の実態だ。その一助として、本作冒頭では、メーガンが「FOX ニュース」が入っている巨大ビルのガイドをしてくれるので、まずはそのお勉強から。「FOX ニュース」が入っている巨大ビルは「FOX ニュース」と、その上部団体である「２１世紀フォックス」等が入居する巨大なお城。したがって、「FOX ニュース」が使用する各フロアーは、ロジャーCEO の戦略（好み？）によってすべての部局が割り当てられているらしい。そして、ロジャーの社長室は２階だが、自分好みにいろいろ改装されているらしい。そのため、秘密の部屋（？）や、秘密の通路（？）も・・・？

　ロジャーはこの２階の社長室で本業にも政治関連活動にも精を出しているが、７７歳にしてなおお色気もムンムンらしい。これぞまさに、「英雄色を好む」のことわざ通り？ロジャーのアシスタントがフェイ・オルセッリだが、彼女は２階の社長室の門番的存在らしい。したがって、ロジャーに面会するためにはさまざまな段階が必要だが、最終的にこのフェイのチェックを経る必要がある。ちなみに、本作中盤には、新人ニュースキャスターのケイラが社長室を訪れロジャーとの「ご対面」を果たすシークエンスが登場するが、そこでのやりとりは想像を絶するものなので、それはあなた自身の目でしっかりと！

■□■ニュースが大事？いや脚の見せ方の方がもっと大事！？■□■

　昔は女性キャスターはお飾り的存在だったが、今やメインを張る女性キャスターによって番組の視聴率が左右されるから、ニュースの質や伝え方以上に、女性キャスターの知性と美貌そしてそのキャラクターの魅力が大事になっている。ベテランキャスターのグレッ

チェンもかつてはFOXニュースの看板キャスターだったが、今FOXニュース の売れっ子ニュースキャスターになっているのは、メーガン。しかし、導入部でＦＯＸニュースが入っているビルの構成から、FOXニュースの権力構造まで丁寧にガイドしてくれたメーガンも、今は何かと大変らしい。それは、メーガンが①アシスタントのリリー・ペイリン（リブ・ヒューソン）、②番組担当リサーチャーのジュリア・クラーク（ブリジット・ランディーペイン）、③番組プロデューサーのギル・ノーマン（ロブ・ディレイニー）等と話している内容を聞けば、概ね見えてくる。さらに、今メーガンをイラつかせているのは、ずっと後輩の新人キャスターのケイラが、えらくのし上がろうとしていること。一方では「このひよっこが！」と思う反面、自分の年齢や自分より年上のグレッチェンのことを考えると、自分も世代交代を真面目に考えなければならないの・・・？そんな不安でいっぱいらしい。

　ちなみに、局の看板キャスターのテレビ映りについて、細心の配慮がされるのは当然。メイクさんやヘアメイクさん、衣装さんや小道具さんたちが、毎日その日の女性メインキャスターに合う服装を決めなければならないのは当然だ。しかし、そもそもテレビを観ている男性視聴者の目線は、どこを向いているの？キャスターが伝えるニュース内容に興味を持つ人がたくさんいるのは当然だが、ラジオではなくテレビでは、中年以上の男性視聴者の目線は否応なく女性キャスターのミニスカートから出ているおみ足に・・・？もしそれがホントなら、視聴率戦争に勝ち抜くためには、スカートはより短く、そしてカメラはより下から撮る必要がある。FOXニュースではそんな戦略も・・・？

　なるほど、それならロジャーが女性メインキャスター候補と面接する時は、必ず立ち上がらせてターンする姿を確認していたこともうなずける。また、ケイラと面接した時に、ある行為を命じたのも、なるほど、なるほど・・・。

■□■ 『スタンドアップ』から更に進化！賠償金額は？■□■

　ハリウッドを代表する豪華３大女優の中でも、本作のメインとして「FOXニュース」や「２１世紀フォックス」が入る巨大なビルを案内してくれたのは、シャーリーズ・セロン演じる売れっ子ニュースキャスターのメーガン。しかし、本作前半は、前述のようにニコール・キッドマン演じるベテランニュースキャスターのグレッチェンがロジャーを訴えるストーリーを中心に描かれる。それを半ば尊敬し、半ば驚きの目で見ていたメーガンだったが、よくよく考えてみると、私だって・・・？そう思い当たるセクハラ被害は、FOXニュースの中にはあれこれと。その加害者は、共和党支持を明言し保守的論陣が目立つFOXニュースの中でもひときわ保守的な立場で某人気番組のメインを張る某人気司会者だ。

　ちなみに、シャーリーズ・セロンは体重を１０㎏増やし、醜女メイクを施して世間をアッと言わせた『モンスター』（03年）で見事アカデミー賞主演女優賞を獲得したが、再度「汚れ役」に挑戦したのが『スタンドアップ』（05年）だった（『シネマ9』186頁）。同作のモデルになったのは、１９９８年に終結したエベレス鉱山vsルイス・ジョンソン裁判で、

これはセクシャル・ハラスメント法制度に寄与した画期的な判例だと言われているものだ。同作では、女性差別に立ち上がり「訴訟提起」をした主人公が、さまざまな試練を乗り越えて最終的に「成功」するというストーリーが描かれていた（和解によって多額の賠償金を勝ち取った・・・）。

そんなシャーリーズ・セロン扮するメーガンが、本作後半ではグレッチェンに続いて、FOXニュースの某名物司会者をセクハラ疑惑で訴えるので、『スタンドアップ』より更に進化した、今日的なセクハラ闘争（？）のあり方をしっかり注目したい。

ちなみに、グレッチェ

『スキャンダル』全国公開中　配給：ギャガ
©Lions Gate Entertainment Inc.

ンがロジャーを訴えた事件は和解で終了したが、和解条項の中に秘密保持条項が含まれていたため、和解金（賠償金）の額は公表されていない。しかし、一説では、それは２０００万ドル（約２０億円）と言われている。それに対し、すでに歴史的事実として公になっている「FOXニュース」の人気番組『オライリー・ファクター』の司会者ビル・オライリーが複数のセクハラ疑惑で訴えられた挙げ句、親会社の「21世紀フォックス」からも見切りをつけられて降板するについては、番組出演者や制作スタッフなど５人の女性に１３００万ドル（約１４億円）を支払っていたことが報じられている。大阪弁護士会での本作の上映に感謝するとともに、自戒の念も含めて、本作の教訓をしっかり学びたい。

２０２０（令和２）年２月５日記

Data

監督：ジェームズ・マンゴールド

出演：マット・デイモン／クリスチ
　　　ャン・ベイル／ジョン・バー
　　　ンサル／カトリーナ・バルフ
　　　／トレイシー・レッツ／ジョ
　　　シュ・ルーカス／ノア・ジュ
　　　プ／レモ・ジローネ／レイ・
　　　マッキノン／ＪＪ・フィール
　　　ド／ジャン・フランコ・トル
　　　ディ／ジャック・マクマレン
　　　／ベンジャミン・リグビー／
　　　ジョー・ウィリアムソン

SHOW-HEYシネマルーム

★★★★★

フォードｖｓフェラーリ

2019年／アメリカ映画
配給：20世紀フォックス映画／153分

2020（令和2）年1月11日鑑賞　｜　TOHOシネマズ西宮OS

👀みどころ

　過去のカーレース映画の名作には名だたる名優が主演しているが、本作の主演はマッド・デイモンとクリスチャン・ベイル。すると、本作はこの2人がフォード社とフェラーリ社に分かれて争うもの？一瞬そう思ったが、さにあらず。本作では、フェラーリはあくまで倒すべき敵。そして、2人ともヘンリー・フォード2世の野望から生まれた、フォードのために戦う男たちだ。

　すると、「戦車対決」がハイライトだった『ベン・ハー』（59年）と同じように、そのタイトルは『フォードｖｓフェラーリ』ではなく、「フォードとル・マン」とすべきだったのでは・・・？

　それはともかく、本作では個人と組織のあり方、マネジメント論をしっかり考え、ル・マンの優勝は個人の栄光？それともチームの栄光？それをしっかり考えたい。

　しかして、１９６６年の最終結果は？前代未聞の結末を生んだのもマネジメント論であり、フォード社の戦略だが、同時に、そこでの一匹狼の決断は？

　カーレースの醍醐味と、2人の男の熱い戦いをトコトン楽しみたい。

――＊――＊――＊――＊――＊――＊――＊――＊――＊――＊――

■□■カーレース映画あれこれ。そこには男のロマンが満載！■□■

　カーレースをテーマにした映画は多い。近時のそれは、Ｆ１レースを舞台に2人の男がライバルとして対決した『ラッシュ／プライドと友情』（13年）だった（『シネマ32』184頁）。私が青春時代を過ごした１９７０年前後には、三船敏郎のハリウッドデビュー作である『グラン・プリ』（66年）、石原裕次郎が主演した『栄光への５０００キロ』（69年）、ス

ティーブ・マックイーンが主演した『栄光のル・マン』(71年)等のカーレース映画がなぜか集中していた。

　また、私が当時『素晴らしきヒコーキ野郎』(65年)と並んで魅せられた映画が、『グレートレース』(65年)。『素晴らしきヒコーキ野郎』が世界中の猛者を集めて１９１０年に実際に行われたロンドン・パリ間の飛行機レースを描いたメチャ面白い映画なら、『グレートレース』は、１９０８年に実際に行われたニューヨーク・パリ間の自動車のレースをおもしろおかしく描いた映画。そこでは、トニー・カーティスとジャック・レモンの快演がメチャ面白かったし、『ウエスト・サイド物語』(61年)で美しい歌声を聞かせてくれたナタリー・ウッドの魅力が満載だった。

　カーレース映画が最近少なくなっているのは、それには膨大な資金が必要なため?そう思っていると、さすがハリウッド!何とマット・デイモンとクリスチャン・ベイルの二枚看板をひっ下げて、本作が登場!

『フォード vs フェラーリ』
©2019 Twentieth Century Fox Film Corporation
2020 年 1 月 10 日から全国ロードショー

■□■なぜフォード（米）とフェラーリ（伊）が対決？■□■

　イギリスの離脱が決定的になった EU は近時衰退気味で、既にアメリカの競争相手ではなくなっている。まして、EU の中でもイタリアはスペインと並ぶ劣等国（?）だから、アメリカにとってはもはや何ら気にすべき国ではなく、今や「真の競争相手」と認識すべきは中国だけのはずだ。

　他方、１９６０年代半ばの、自動車産業の面においては、アメリカのフォードとイタリアのフェラーリは?しかも、ル・マン２４時間耐久レースにおける、フォード vs フェラーリは?１９６０年から６５年までのル・マンではフェラーリが６連覇中で、絶対王者ぶりを示していたから、その当時のフェラーリにとって、アメリカのフォードなんて、おもちゃのような車を大量に作っているだけのつまらないメーカーだった。したがって、いかに経営的に行き詰まっているとはいえ、フェラーリの創業者エンツォ・フェラーリ（レモ・ジローネ）にとって、そのレース部門を売却しなければならない状況になっていることはわかっても、アメリカのそんなくだらないメーカーに売却するのは屈辱そのもの。そのため、若い世代のユーザーを魅了する速くてセクシーな車を作るようフォード２世（トレイシー・レッツ）に進言した、フォードでマーケット戦略を担当するリー・アイアコッカ（ジョン・バーンサル）は、全権委任を受けてイタリアに渡り、今、エンツォ・フェラーリと

対面しながらの買収交渉に臨んだが・・・。

　私は弁護士として大型の企業買収案件を担当したことはないが、本作のこのシークエンスは弁護士として非常に興味深い。もっとも、そこに双方の弁護士が同席していないのはいかにも不可解だし、リー・アイアコッカのちょっとした言葉にエンツォ・フェラーリが立腹し、フォードに対して罵詈雑言を投げつける風景も不可解だ。本作は、カーレース映画で、ル・マン２４時間耐久レースにおけるフォードvsフェラーリの勝負を描くのが最大のテーマだが、この買収交渉の姿ももう少し丁寧かつ正確に描いた方がよかったのでは・・・？もっとも、本作では、エンツォ・フェラーリのいかにも傲慢な振る舞いが強調されているから、それに激高したフォード２世が、以降どれだけカネをつぎ込んでもいいから、「打倒フェラーリ」を可能とするレースカー造りを命ずる姿が強調され、それが本作の基調になっていく。つまり、本作は『フォードvsフェラーリ』とタイトルされているが、あくまでハリウッド映画であり、フォードの視点から「ル・マン２４時間耐久レース」をとらえていくことになる。

　ちなみに、ウィリアム・ワイラー監督の２１２分の超大作で、アカデミー賞最多１１部門受賞を誇る『ベン・ハー』(59年)のハイライトは、ラスト１５分間のユダヤ人のベン・ハーvsローマ人のメッサラの「戦車対決」だったが、タイトルは『ベン・ハーvsメッサラ』ではなく、あくまで『ベン・ハー』だった。そうすると、本作を『フォードvsフェラーリ』としたのは誤解を招くもので、本来は『フォードとル・マン２４時間耐久レース』とすべきだったのかも・・・？

■□■まれに天は二物を与えることも？その男は？■□■

　１９７０年生まれのマット・デイモンも、１９７４年生まれのクリスチャン・ベイルも、今やハリウッドを代表する大俳優に成長した。とりわけ、マット・デイモンは『ボーン・アイデンティティ』シリーズが、クリスチャン・ベイルは『バットマン』シリーズが注目されているが、私には、マット・デイモンについては『グッド・ウィル・ハンティング／旅立ち』(97年)での新鮮な若者の姿が、クリスチャン・ベイルについては『マシニスト』

『フォードvsフェラーリ』2020年1月10日から全国ロードショー
©2019 Twentieth Century Fox Film Corporation

59

（04年）（『シネマ7』382頁）での２２kgも減量した姿が強く印象に残っている。

　天（神？）が地上の人間の誰にどんな才能を与えるのかは計り知れないが、無類の車好きの若者だったキャロル・シェルビー（マット・デイモン）とケン・マイルズ（クリスチャン・ベイル）に対して、天が共にカーレーサーの才能を与えたことは間違いない。しかし、冒頭におけるキャロル・シェルビーの心臓がそれに耐えられなくなるシークエンスを観ていると、その仕事がいかに過酷かがよくわかる。

　そんな重篤な心臓病のため、やむなくシェルビーはレーサーの仕事を諦めたが、どうやら天は彼にカーデザイナーの才能と、さらにはマネジメントの才能までも与えたらしい。なぜなら、一介の民間企業に過ぎないシェルビーのもとには今、アメリカ最大の自動車メーカー・フォードから、ル・マン２４時間耐久レースで、モータースポーツ界の頂点に君臨するイタリアのフェラーリ社に勝てる車を造って欲しいという途方もない依頼が舞い込んできたからだ。もちろん、これは、イタリアでのフェラーリ社買収交渉の決裂を契機としたヘンリー・フォード２世（トレイシー・レッツ）の決断によるものだが、さて、シェルビーはこれを受けるの？もし受けた場合、ドライバーは誰にするの？

■□■変わり者同士だが、ドライバーは「より変人」の方が！■□■

　シェルビーは１９５９年のル・マンにアストン・マーティンで参戦し、アメリカ人レーサーとしてはじめて優勝した経験を持つ男だが、心臓病のためやむなくリタイアした男。そして、今はスポーツカー製造会社シェルビー・アメリカンの創設者として、そのカーデザイナーの才能を発揮していた。しかし、ル・マンまでわずか９０日しか準備期間がない中、いくら金に糸目をつけないからといって、ル・マンで優勝する車を造るという依頼を引き受けるのは無茶。だって、引き受けるだけ引き受けて実現できなければ、それは債務不履行になってしまうからだ。少なくとも私が弁護士としてシェルビーから相談を受けて契約書を作るのなら、いくつもの「免責条項」を考えるはずだ。

　ところが、シェルビーはフォード２世の本気度を確認しただけで、あっさり（？）引き受けてしまったから、マネジメント能力も兼ね備えている人物とはいえ、やはり相当な変わり者だ。

　他方、それ以上の変人だったのが、今は自らが営む自動車修理工場を国税局に差し押さえられ、生活が行き詰まってしまっている元イギリス人カーレーサーのケン・マイルズ。シェルビーの話を聞き、最初は鼻で笑っていたマイルズも、シェルビーの本気度を知るとビックリ。そんなマイルズは、妻モリー（カトリーナ・バルフ）と一人息子ピーター（ノア・ジュプ）から背中を押されたこともあって、シェルビーの無謀な挑戦に加わることを決意することに。

　私は、レーシングカー開発の技術的なことはサッパリわからないが、本作後半では７０００回転のエンジンのことが象徴的に描かれる。史上最高のレーシングカーを生み出すた

めシェルビーが目を付けたのは、フォードGT40の抜本的改良だが、さあ、その道のりは？

■□■組織？それとも個人？板挟みのシェルビーは大変！■□■

　ル・マンで6連覇中のフェラーリに一泡吹かせて、あっと驚くフォードの勝利を！そんな夢に向かって今、シェルビーは金も人も自由に使える立場だが、そうかといって、何の制約もなし、というわけではない。シェルビーの上には、フォードのレーシング部門の責任者に就任した副社長レオ・ビーブ（ジョシュ・ルーカス）がフォード2世の代わりに君

臨していたから、シェルビーはこのレオと、組織のことなど全く関心のない一匹狼のマイルズとのバランスを保つのが大変だ。あまりに身勝手なマイルズの行動と態度に立腹したレオは、マイルズを排除してしまおうとしたが、そこでシェルビーが取った非常手段は、フォード2世との直談判だったが、その成否は？

『フォードvsフェラーリ』2020年1月10日から全国ロードショー
©2019 Twentieth Century Fox Film Corporation

　組織？それとも個人？そのどちらを優先させるのかという問題は、何かのプロジェクト

『フォードvsフェラーリ』2020年1月10日から全国ロードショー
©2019 Twentieth Century Fox Film Corporation

を遂行する場合必ず直面する問題だが、本作ではその問題を巧みなマネジメント能力で処理し、乗り切っていくシェルビーの姿に注目したい。これを見ていると、まさに天はシェルビーに三物を与えていることがよくわかる。そんな内部闘争を体験していく中、いつしかシェルビーとマイルズとの間に固い友情が芽生えていったのは当然だ。

　しかして、いよいよ今日はマイルズがフォード1号車に乗り込んで、ル・マンに参戦する日。フォード社からは、マイルズ車以外の2台も参加していたが、フェラーリ打倒に向けて圧倒的に期待されているのはマイルズ車だ。マイルズ車はスタート直後にドアの不調をきたすというハプニングに見舞われたものの、何周かのラップを重ねていくうち、ついにトップを走るフェラーリ車を射程にとらえることに。さあ、このままレースは順調にマイルズ車の逆転優勝に進んでいくの・・・？

■□■個人の栄冠？チームの栄冠？一匹狼の最後の決断は？■□■

　相撲やゴルフは完全に個人の勝敗を争う競技。しかし、野球やサッカー、ラグビー等は、チームの勝敗を争う競技であると同時に、個人の技をも競うものだ。しかして、シェルビーが開発したフォードGT４０による１９６４年の１度目のル・マンへの挑戦も翌６５年の２度目の挑戦も実らなかったものの、満を持して臨んだ１９６６年の３度目の挑戦では、ついにフェラーリ車を抜き去ったマイルズ車のトップは間違いなし！そればかりか、フェラーリ車がリタイアしたため、２番車、３番車もフォード車になったから、１、２、３位フィニッシュが確実に。

　ところが、そこで持ち上がった問題が、ル・マンでの優勝は個人の栄冠？それともチームの栄冠？というもの。つまり、ル・マンでフォード社がフェラーリ社を打ち負かして優勝するべく全力を挙げてきたのは、シェルビーとマイルズだけではなく、フォード２世やレオ副社長も同じ。そこで、今現場に臨んでいるレオ副社長の頭の中にとっさに思い浮かんだのは、フォードの３台の車が並んでトップを飾ること。そんな映像が全世界に流れれ

ば、フォード車の優秀さがセンセーショナルな形で世界に知れ渡ることになる。そのためには、今やっとフェラーリ車を追い抜き、１人独走態勢に入ったマイルズ車のスピードを緩めさせなければならないが、一匹狼のマイルズはレオからのそんな指示に従うの？いや、マイルズはレオからのそんな指示には絶対従わないだろうが、シェルビーからの指示であれば従うの？しかし、シェルビーとしても、レオからそんな指示を受けても、こんな局面の中で、それをマイルズに指示することはできるの？本作ラストは、そんな葛藤をめぐる面白い人間ドラマが展開していくので、それに注目！

　もちろん、ル・マンのファンはその結末を知っているはずだが、私を含む多くの観客はそれを知らないから、本作ラストでのシェルビーの決断とマイルズの決断に注目！さあ、本作ラストに見せる一匹狼マイルズの決断は如何に・・・？

『フォードvsフェラーリ』
©2019 Twentieth Century Fox Film Corporation
2020 年 1 月 10 日から全国ロードショー

２０２０（令和２）年１月１７日記

62

SHOW-HEYシネマルーム

★★★★

アイリッシュマン

2019年／アメリカ映画
配給：Ｎｅｔｆｌｉｘ／209分

| 2019（令和元）年11月23日鑑賞 | シネ・リーブル梅田 |

Data

監督：マーティン・スコセッシ
原作：チャールズ・ブラント『I Heard You Paint Houses』
出演：ロバート・デ・ニーロ／アル・パチーノ／ジョー・ペシ／ボビー・カナヴェイル／レイ・ロマノ／ハーヴェイ・カイテル／スティーヴン・グレアム／ドメニック・ランバルドッツィ／アンナ・パキン／ジェレミー・ルーク／ジョゼフ・ルッツォ

👀👀みどころ

　『ROMA　ローマ』（18年）の大絶賛以降、Netflix 作品が急速に注目されている。『ゴッドファーザー』3部作（72年、74年、90年）の向こうを張るかのように、本作はマーティン・スコセッシ監督がロバート・デ・ニーロとアル・パチーノの二枚看板を起用して、マフィアの世界とそこを生き抜いた一人のアイリッシュマンの人生を描いたもの。

　主人公はトラック運転手から、訳あって"殺し屋"に転じたが、マフィアの世界ってそれほど魅力的？また、ジョン・F・ケネディ大統領とマフィアとの関係は？本作を観ていると、米国社会の闇の深さがよくわかる。

　スペクタクルシーンがなく、会話劇中心になるのが Netflix 作品の特徴だから、そこに物足りなさはあるが、２０９分の一大叙事詩をしっかり楽しみたい。

――＊――＊――＊――＊――＊――＊――＊――＊――＊――

■□■映画は勉強！ジミー・ホッファ失踪事件とは？■□■

　映画は勉強。映画は知識の宝庫。-本作を観てそれを実感！私もあなたも、きっと全米トラック運転手組合（IBT）の委員長ジミー・ホッファ（アル・パチーノ）の名前を知らないはず。また、１９７５年に起きた彼の失踪事件も知らないはずだ。他方、本作の冒頭、車椅子に座ったまま回顧談を語り始める、元トラック運転手から「マフィアの殺し屋」に転じた男フランク・シーラン（ロバート・デ・ニーロ）も知らないはず。さらに、彼が何故アイリッシュマンと呼ばれる殺し屋になったのかも知らないはずだ。

原作はチャールズ・ブラントのノンフィクションで、本作はアメリカの動画配信サービス Netflix が製作したもの。そのため3時間29分の長尺だが、見応え十分。大阪では2週間だけの限定公開だが、こりゃ必見！

■□■スコセッシ監督がマフィアの世界を二枚看板で！■□■

　フランシス・フォード・コッポラ監督の代表作が『ゴッドファーザー』3部作（72年、74年、90年）なら、俺は本作で！マーティン・スコセッシ監督がそう考えたかどうかは知らないが、ロバート・デ・ニーロとアル・パチーノというハリウッドの二枚看板を起用して描かれる、本作のマフィアの世界、全米トラック運転手組合の世界、さらにそれらと繋がった政治の世界はすごい。マフィアたちの言葉によると、ケネディを大統領にしたのも「俺たちの力」らしい。しかるに、ケネディ政権の下で司法長官に就任した弟のロバート・ケネディは一体俺たちに何をしているの！そんな会話も次々と・・・。

■□■ロバート・デ・ニーロ演じるアイリッシュマンは何者？■□■

　マーティン・スコセッシ監督とロバート・デ・ニーロのコンビは本作で22年ぶり9回目となるから、古くかつ長い。マーティン・スコセッシ監督はイタリア移民の子に生まれ、マフィアとカトリック信仰に囲まれたニューヨークのクイーンズやマンハッタンで成長したそうだから、イタリア移民や「アイリッシュマン」に詳しいのは当然だ。

　もっとも、本作のメインは、家庭ではよき夫、よき父であろうとするシーランが、外では、第2次世界大戦の出征でイタリア語を覚え、"アイリッシュマン"と呼ばれるマフィアの殺し屋として冷徹に次々と殺しを重ねていく物語だ。もちろん、マフィアの世界では秘密を守ることは絶対！本作ではロバート・デ・ニーロがそんなシーラン役を見事に演じているが、その姿を見れば見るほど、その表と裏の姿の乖離ぶりに唖然！しかも、本作で彼は特殊効果の手助けもあって、冒頭に登場する年老いたシーランから、若き日のイケイケのアイリッシュマン（？）のシーランまで見事に演じ分けているので、それにも注目！

■□■アル・パチーノ演じるジミー・ホッファの野望は？■□■

　他方、『ゴッドファーザー』で見せた若き日のアル・パチーノの、静かで不気味な存在感は抜群だったが、本作でのアル・パチーノはどちらかというと絶叫型でホッファ役を熱演している。私は1974年の弁護士登録以降ずっと近畿交通共済協同組合の交通事故の事件を処理しているが、これはトラック協会傘下の組織。そのため、私は一時は全国各地のトラック協会の仕事もしていたから、トラック業界には詳しいし親しみもある。

　もっとも、本作にみるIBTは労働組合だから、さしずめ日本では、かつての国労や動労、そして現在の連合のようなものだ。したがって、その委員長ともなると大きな政治的発言力を持つのは当然で、「大統領に次ぐ権力者」だったというから驚きだ。そんなホッファの野望は？そして一貫してホッファを支持している裏社会のボスであるラッセル・ブファリーノ（ジョー・ペシ）との矛盾・対立は？日本の戦国時代は"下克上"が蔓延し、それまでの守護大名が次々と下からの突き上げによって淘汰されていった。その代表例が司馬遼太郎の『国盗り物語』で描かれた土岐家を倒した斎藤道三だが、ひょっとしてホッファの前にもマフィアの斎藤道三が登場するの？

■□■マフィアのボス・ブファリーノの利権は？打算は？■□■

　ペンシルベニア北東部のマフィアであるブファアリーノ・ファミリーのボスがラッセル・ブファリーノ。この男はおよそ裏社会のボスとは思えない、腰の低い紳士然としたところがミソ。シーランを気に入ったラッセルは、忠実な部下（犬？）として働かせ始めたが、それが当初のみかじめ料の集金から殺し屋にまで広がったからすごい。これは、シーランにそんな潜在能力があったということだが、それを発見し活用したラッセルもすごい。

　そんなラッセルがさまざまな利権を巡ってIBTの委員長ジミー・ホッファと固く結びついていたのは当然だが、ホッファが１９６１年に大統領に就任したジョン・F・ケネディよりもニクソン副大統領を支持していたため、ケネディ政権からにらまれてしまったのは大いなる誤算だった。ラッセルたちマフィアは、キューバ革命で失った利権を回復するべくケネディ政権を支持していたから、次第にホッファとラッセルの関係に揺らぎが生じ始めたのは仕方ない。その結果、ホッファがケネディの実弟ロバート・ケネディ司法長官から厳しい追及を受けて、１９６７年に収監されてしまったのに対し、ラッセルの方は側近をIBTの次期委員長に仕立てて権力の保持を狙ったから、もはや２人の絆は風前の灯火？

　そんな情勢下、ニクソン大統領の特赦によって１９７１年に出所してきたホッファは、満を持してIBTの委員長に復帰しようとしたが、既にその時点の勢力相関図は大きく変わっていた。しかして、かつては家族ぐるみの付き合いで、ホッファの忠実な部下だったアイリッシュマンのシーランは、今後ホッファにつくの？それとも、今やホッファの粛正を決意したラッセルにつくの？

■□■Ｎｅｔｆｌｉｘ作品は今やここまで！更なる成長を！■□■

　第９１回アカデミー賞で、『ROMA ローマ』（18 年）が監督賞・外国語映画賞・撮影賞を受賞したことを契機として、Netflix 作品の評価が一気に高まってきた。そして、第９２回アカデミー賞では、『マリッジ・ストーリー』（19 年）で女性弁護士役を演じたローラ・ダーンが助演女優賞を受賞したし、本作が作品賞・監督賞・助演男優賞・脚色賞・衣装デザイン賞・撮影賞・編集賞・美術賞・視覚効果賞にノミネートされた。本作については、製作費の高騰と配給権をめぐってさまざまな困難が生まれたそうだが、その評価は上々で「『アイリッシュマン』は大胆で、壮大で、一生涯をたちまち駆け抜けるような映画。際立った技術と生々しい演技の数々、そしてダークなユーモアをそなえた、スコセッシによるジャンルの魅力の総決算であり、近年のキャリアの勝利だ。」と絶賛されている。

　大スクリーンでの劇場公開を目的としたものではないから、『十戒』（57 年）や『ベン・ハー』（59 年）のような大スペクタルシーンは想定せず、どうしても会話劇中心になるのがNetflix 配給作品の特徴。したがって、その点に若干の物足りなさはあるものの、ストーリー展開では、タイトルとは正反対の離婚問題をテーマにした『マリッジ・ストーリー』以上に本作は重厚で壮大なものだから、メチャ面白いし勉強にもなる。Netflix 作品がここまで急成長していることに驚くとともに、今後の成長を更に期待したい。

　　　　　２０１９（令和元）年１１月２８日記、２０２０（令和2）年３月３１日追記

表紙撮影の舞台裏（35）

1）新型コロナウイルス騒動のため、東京都、大阪府をはじめ7都府県に「緊急事態宣言」が出されていたが、暖かくかつ穏やかな春の陽差しに誘われ、4月8日（水）、『シネマ46』の表紙写真を撮影するため、事務所からすぐ近くの大阪天満宮に赴いた。今年の桜はひょっとして3月中に咲いてしまい、4月には散り始めるのでは？そんな心配をするほどの暖冬だったが、予想は外れ、桜はまさに今が満開！2015年9月の大腸ガンの手術以降、私は、『人生の扉』で竹内まりやが歌った「満開の桜や色づく山の紅葉を、この先一体何度見ることになるだろう」という2番の歌詞が身に染みていたが、今年は去る3月29日に志村けん氏が70歳で死去したため、とりわけその思いが強かった。そんな中、しかもお花見関連行事がすべて中止された今年、満開の桜をゆっくり観賞できたことに感謝！

2）もっとも、『シネマ46』の表紙写真は、7月24日から始まる「東京2020」に合わせて、昨年夏に撮影済み。隈研吾氏の設計で建設される新国立競技場の側には、1964年の東京五輪が開催された旧スタジアムがあり、そこでは「近代オリンピック100年・思い出の東京オリンピック1964」が開催されていた。そのコーナーの1つで撮影した、聖火トーチを持って走る私の勇姿はなかなかの出来だと自負していたが、五輪そのものが1年間延期された状況では、さすがにピンボケ。そのため急遽新企画が必要になったわけだ。撮影隊（？）は事務所の2人の女性スタッフだが、既に経験豊富だし、モデル（？）も長年の経験でどんなポーズもバッチリだから、きっといい写真が撮れるはず。

3）コロナ騒動のため人通りが少なく、参拝者もほとんどいないから、撮影はスムーズ。まずは正門の前でメインの一枚を！正門をくぐると、そこは天神祭の際には大勢の人々の熱気でむせかえる広い空間だが、今日はガラガラ。そのため、天満宮の全景をバックにした貴重な一枚を撮ることもできた。さらに、正門を入った西側にある、赤い屋根が印象的な老松神社の前でも、ハイポーズ！

4）裏口を出たところには、大人気の天満天神繁昌亭がある。私は天井の提灯を寄付しただけだったが、昨年の大晦日にはじめて寄席を楽しんだ。コロナ騒動のため閉館中だったが、早く賑わいを取り戻してもらいたいものだ。ところが、何と撮影直後の4／13に天神祭中止のニュースが報じられた。せめて神事だけでもおごそかに！そんな思いが強いが、決定は決定。実に残念だが、『シネマ46』では全70作の評論内容はもとより、天満宮の表紙写真にも注目してもらいたい。

　2020（令和2）年4月14日記

第２章
世界の巨匠の最新作と新進監督の注目作

みどころ

　１９９６年７月２７日、アトランタ五輪で爆発事件が勃発！たまたま、不審なバックパックを発見した警備員リチャード・ジュエルのおかげで最悪の事態は免れたから、彼は一躍ヒーローに！ところが、第一発見者は第一容疑者？そう言えば、このオタク男には怪しげな点がいっぱい！

　近時のマスコミも酷いが、本作の女記者は最悪！また、ＦＢＩ捜査官のレベルも最低！２０２０年の東京五輪は大丈夫？テロの危険の他、新型肺炎感染の危険も広がっているが、その対策は・・・？

　本件でワトソン弁護士が実際にどれだけ役に立ったのかはよくわからない。また、母親の「涙の会見」をどう見ればいいの？そんなこんなの不満もあるが、クリント・イーストウッド監督１４本目の「実話モノ」をしっかり味わい、今後の教訓としたい。

――＊――＊――＊――＊――＊――＊――＊――＊――＊――

■□■９０歳にして４０本目の監督作品！実話モノは１４本！■□■

　俳優クリント・イーストウッドは『荒野の用心棒』（64年）に代表される、いわゆる「マカロニ・ウエスタン」で有名だが、それ以外の俳優としての出演も多い。高校、大学時代の私はそれをよく知っているが、１９７１年に『恐怖のメロディ』で監督デビューした後は、監督と主演を兼ねた作品をハイペースで作り続け、今では「巨匠」という呼び名もピッタリ。近時は監督と製作を兼ねた作品も増えている。私は２０２０年１月２６日に７１歳の誕生日を迎えたが、２０２０年の今年が満９０歳になるクリント・イーストウッド監督は、監督作品４０作目となる本作に製作を兼ねて挑戦！

本作のパンフレットには、南波克行氏による「"実話に基づく"イーストウッド監督作フィルモグラフィー」がある。これは、「史実、事件、人物を通し、アメリカの光と闇を同時に映し出すイーストウッドの"実話に基づく"作品群。強烈なリアリティの追求と社会性と時代性、それらをエンターテインメントに昇華する手腕。そして、彼が手掛けた作品は、"いま"を知ることでもある。」という視点から、彼の過去１３本の実話モノを分析している。また、同氏の「イーストウッドと実話」と題したコラムでは、本作を含めて、１４本の実話モノのうち１２本が、イーストウッド監督の代表作といっていい『許されざる者』(92年) 以降であることを踏まえておきたい、と強調しているが、それはなぜ？それは、同コラムをしっかり読み、本作との異同点をしっかり分析すればわかることだから、１人１人の観客にその作業をやってもらいたい。

　それはそれとして、今年９０歳になる巨匠クリント・イーストウッド監督の４０本目、実話ベース作品１４本目という本作のタイトルになっている『リチャード・ジュエル』とは一体何者？そして、彼についての実話ベースの物語とは一体ナニ？

■□■１９９６年のアトランタ五輪で、爆発事件が勃発！■□■

　２０２０年７月２４日にはついに東京オリンピックが開催されるが、このような大規模イベントで常に心配されるのはテロの危険。２００１年の９．１１同時多発テロの凄まじさは今でも記憶に新しいが、２０２０年の東京オリンピックは大丈夫？日本は平和で治安のよい国だが、それでも今のご時世を考えれば、心配は尽きない。

Richard Jewell © 2019 Warner Bros. Entertainment Inc. All rights reserved.

　１９９６年にアメリカのアトランタで開催された第２６回オリンピックでは、７月２７日午前１時２５分、バックパックの中の釘を仕込んだパイプ爆弾が爆発した。当日は、オリンピックのメイン会場近くの記念公園は、パーティーやロックコンサートを楽しむ観客たちで溢れていたが、警備員リチャード・ジュエル（ポール・ウォルター・ハウザー）が公園のベンチの下に不審なバックパックを発見し、直ちに警察に通報した結果、警察は避難誘導を開始。その後、ある男性から公衆電話で警察に、「記念公園に爆弾を置いた。あと３０分で爆発する」と犯行予告電話があったため、観客が避難している最中、通報から数分後の午前１時２５分、爆発。これによって、死者２名、負傷者１１１名の惨事となった

が、多くの観客は避難していたため、それ以上の大惨事は避けることができた。

　しかして、ベンチの下の不審なバックパックの第一発見者になったうえ、マニュアル通り適切な処理を行ったジュエルは一躍ヒーローになり、マスコミの取材が押し寄せることに。それに対して彼は、「僕はヒーローじゃない。僕はマニュアル通りやっただけだ」と優等生的発言を繰り返していたが、内心は誇らしげ。それまでも、ずっと法執行官になりたいとの夢を持ち、それに向けた努力を続けていながら、なかなかそれが実現できないもどかしさを感じていたジュエルも、そんな彼と２人で同居している母親のボビ（キャシー・ベイツ）も、今回の結果には大満足。２人ともいかにも嬉しそうだ。

　そんなある日、ジュエルは出版社から自叙伝の出版を持ちかけられることに。もちろんジュエルは乗り気だが、あまり調子に乗りすぎるとヤバイ・・・。さて、彼はどうするの？

■□■犯人は誰だ！テロ犯が本命？その他の犯人像は？■□■

　本作はクリント・イーストウッド監督１４作目の「実話モノ」だが、テロ犯を主人公にした実話モノではなく、ジュエルを主人公にした実話モノ。そのため、クリント・イーストウッド監督は本作導入部で、本来は法執行官になりたいとの夢を追う真面目な青年でありながら、太っちょでオタクっぽい性格、そして結婚もせず母親と２人だけの同居生活という体たらくぶりのため、世間からは“ちょっとヘンな奴”と思われているジュエルの姿を浮き彫りにしていく。

　クリント・イーストウッド作品は手際良さが１つのポイントだが、そんな導入部を見ていると、彼が規則やルールを重視するあまり融通が利かないため、副保安官や警備員時代に何かと周囲に軋轢を生む姿が手際よく描かれていく。いるいる、こんな男。近時は「KY（空気が読めない）」という言葉遣いが減っているが、彼のような、周りの空気が読めない若者が最近増殖しているのは間違いない。すると、１９９７年当時のアメリカにもそんなKYな若者がたくさんいたの・・・？

　ちなみに、爆発事件が起きた当日、ジュエルの体調は最悪で、下痢に苦しんでいたらしい。休まず勤務したのは持ち前の勤勉さによるものだが、それでも勤務中は何度もトイレに駆け込んでいたから、ホントに仕事に役立ったのかどうかは疑問。そんな彼が偶然目にしたのが、ベンチの下に忘れられたように置いてあった黒いバックパック。そんな不審物を発見した場合、会場警備員としてはどう動けばいいの？これは、一方では高価品が入った誰かの忘れ物かもしれないし、他方ではテロ犯が爆発物を詰め込んだものかもしれない。そう考えたジュエルが、マニュアル通りバックパックには自分で触らず、順次連絡していったのはある意味で立派だが、ある意味で連絡された担当者たちはうっとうしい限り。そんなもの、自分で中身を見て、捨てるなら捨てる、遺失物として届け出るなら届け出ればいいのでは・・・？いやいや、それではダメ。もしホントにこのバックパックの中に爆発物が詰め込まれていたら・・・？

■□■ワトソンはどんな弁護士？VS リンカーン弁護士？■□■

　『リンカーン弁護士』(11 年)（『シネマ 29』178 頁）で見たミック・ハラー弁護士は、
ガソリンを大量に食いながら走るアメ車の代表リンカーン・コンチネンタルの後部座席を
事務所代わりに使いながら東奔西走の弁護活動を展開している、刑事事件専門のやり手弁
護士だった。『評決のとき』(96 年) で若き正義派弁護士を演じたマシュー・マコノヒーが、
１５年後にはそんな一見悪徳弁護士役を演じたのは意外だったが、その変わり身の見事さ
とともに、同作の法廷モノとしての面白さは一流だった。それに対して、本作でジュエル
と並ぶ準主役として登場する、ワトソン・ブライアント弁護士（サム・ロックウェル）の
キャラクターは？

　彼は、もともと中小企業局アトランタ事務所に勤務していた男だが、いつどのような試
験を経て弁護士になったのかは、本作ではサッパリわからない。クリント・イーストウッ
ド監督が本作導入部で描くのは、中小企業局アトランタ事務所に勤務していたワトソンが、
備品担当として勤務していたジュエルに「レーダー」というあだ名をつけるに至ったエピ
ソードだ。机の引き出しを勝手に開けることは備品担当者としては越権行為にあたるはず。
しかし、それによって、ワトソンのおやつの好みを知ったり、不足している備品を補充し
たりできるのは、備品担当として一流かも・・・？そのため、ワトソンはそんな細かいこ
とに気を配る彼に「レーダー」という称賛を込めたあだ名をつけることに。そんなキャラ
クターの男なればこそ、ジュエルはその時代の上司の一人だったワトソンと親しい友人に
なれたわけだ。

　それから約１０年。ワトソンは中小企業局を辞め、今は弁護士事務所を開いていたが、
そこに出版社から自叙伝の打診を受けているというジュエルから電話が。あの時の「レー
ダー」はアトランタ爆発事件で一躍英雄に！それは喜ばしいことだが、さて、自叙伝出版
に向けてのアドバイスのポイントは？ワトソンがそんな検討を真面目に開始していたのか
どうかは知らないが、数日後、一変して英雄から爆発事件の容疑者にされてしまったジュ
エルから、弁護士依頼の電話が！さあ、そんな事件の勝ち目はあるの？

　ワトソンが最初にジュエルに対して「お前がやったのか？」と質問したのは実に適切。
弁護士はこうでなくちゃ！「僕はやってない」とジュエルが答えたのは当然だが、その後
いろいろとジュエルが自分に不利な事実を弁護士に話していないことがわかると、ワトソ
ンはその度にジュエルに対して激怒していたから、この弁護スタイルも私と同じだ。そん
な中で、少しずつ２人の信頼関係が生まれていったのは幸いだが、弁護士費用はどうなっ
ているの？ジュエルは「出版社から入る金で支払う」と説明していたが、ワトソンは着手
金ももらわないまま、そんな曖昧な契約（？）で受任するの？まあ、それは本筋ではない
ので、本作ではそれ以上触れられないが、成功報酬がいくらになったのかも含めて、私は
そんな点に興味津々・・・。

71

■□■捜査権は誰に？FBI 捜査官の能力は？マスコミは？■□■

　日本は特捜（検事）など一部の例外はあるが、犯罪の捜査権はすべて警察にあるうえ、その管轄や指揮命令系統はハッキリしている。しかし、アメリカ合衆国は、犯罪（捜査）が州を越えて広域にわたる場合、その捜査権が州警察にあるのか、それとも FBI や CIA 等にあるのか、が日本人にはわからないケースがある。クリント・イーストウッド監督の１４作に上る「実話モノ」の１つである『J・エドガー』（11 年）（『シネマ 28』未掲載）は、捜査局を FBI と改称して権限強化し、その逝去まで４８年間も長官の座にあったジョン・エドガー・フーヴァーを描く超話題作だった。そして、同作に登場したフーヴァー長官はもとより、FBI 捜査官の面々は軒並み優秀だったが、本作で爆発事件を担当することになった FBI 捜査官トム・ショウ（ジョン・ハム）の能力は？

　彼は事件当夜に、コンサート会場で自ら警備の任務に就いていたが、本作を観ている限り、あの警備ぶりでは、警備しているのか、コンサートを楽しんでいるのかすらよくわからないほど、いい加減なもの。ところが、自らの警備中にとんでもない爆発事件に出くわした彼は、その捜査権は FBI にあると主張。そして、かつてジュエルが警備員をしていたピードモント大学のクリア学長からの通報で「ジュエルが怪しい」と聞くと、その当時のプロファイリングだけで、ジュエルを“孤独な爆弾犯”に仕立て上げたばかりか、彼をホントに“第一容疑者”だと思い込んでしまったようだから、私はその単純さにビックリ。これでは、FBI 捜査官としての能力はハッキリ言って失格！　それが、本作を観て私が大問題だと思った第１だ。

　そして第２に私が大問題だと思ったのは、明らかに色気で捜査情報を集めに来ているアトランタの大手新聞社アトランタ・ジャーナルの女性記者キャシー・スクラッグス（オリビア・ワイルド）の「ベッドでも OK！車の中でも OK！」という“お誘い”を受けたことによって、その耳元で「第一容疑者として第一発見者のジュエルを考えている」と漏らしたことだ。その直後の一発！がキープできたのはラッキーだったかもしれないが、キャシーはその翌日に、他紙をすべて出し抜く号外トップで、実名入りの記事をぶち上げたから、トムはビックリ！日本でも、マスコミとりわけ週刊誌の取材のお行儀の悪さと、それに追随してしまう一部捜査陣の在り方が問題になっているが、１９９６年のアトランタ五輪の真っ最中に起きた爆発事件についての第一容疑者が、まさかそんな形で発表されるとは！

■□■マスコミが殺到！逮捕は？押収は？起訴は？■□■

　世間を騒がせる犯罪が起きる度にマスコミは被害者宅や加害者宅に殺到し、少しでもコメントを取ろうとする姿が登場する。それ自体は必要な取材活動だが、そこでは『誰も守ってくれない』（08 年）（『シネマ 22』258 頁）が問題提起したような、「犯罪者家族の保護」はどうなっているの？同作は殺人犯として逮捕された少年の、中３の妹とその両親へのマ

スコミ攻勢がテーマだったが、本作では第一容疑者として大々的にマスコミ報道されたにもかかわらず、ジュエルは逮捕されていない、という現実をしっかり押さえる必要がある。あの会場で起きた、釘を仕込んだパイプ爆弾による爆発事件は、組織的なテロ犯罪の疑いすらある重大事件。その第一容疑者なのに、FBIはなぜジュエルを逮捕しないの？それは逮捕の理由として必要な、「罪を犯したと疑うに足りる相当な理由」がないために違いない。しかし、こんな重大事件で逮捕もできないまま捜査（ジュエルの尋問）を続けて、FBIはジュエルを起訴できるの？他方、そんな状況下、ジュエルの弁護人に就任したワトソンは、どんな弁護活動を展開すればいいの？

　本作のパンフレットの「INTRODUCTION」には、「１９９６年、アトランタ爆破事件の"真実"を描く"衝撃"の問題作。」という見出しを掲げたうえで、「不審なバックパックを発見した警備員リチャード・ジュエルの迅速な通報によって数多くの人命が救われた──。だが、爆弾の第一発見者であることでFBIから疑われ、第一容疑者として逮捕されてしまう。ジュエルの窮地に立ちあがった弁護士のワトソン・ブライアントは、この捜査に異を唱えるのだが・・・。」と書いている。こんな有名な事件で、しかもジュエルの名前をタイトルにしたクリント・イーストウッド作品の「INTRODUCTION」で、逮捕など一度もされていないジュエルを「第一容疑者として逮捕されてしまう」と誤記するとは一体ナニ！これは、損害賠償に値するのでは・・・？

　また、本作のパンフレットには、今村核弁護士の「REVIEW」「冤罪の恐怖と弁護」があり、そこでは、「起訴されず、身柄も拘束されないまま延々と捜査が続いていく。結局は裁判になる前に、連邦捜査官の捜査対象から外れて終わりという状況」と、よく似たケースを担当したことを、例を挙げて解説している。そして、そんな場合はいつまでたっても捜査が終わらず、裁判も始まらないため、弁護活動が極めて難しいことを語っている。本作では、ジュエルの逮捕を巡る論点が一向に登場しないのは不思議で、私に言わせれば、これはワトソン弁護士の一種の怠慢？それに代わって本作で描かれるのは、FBIによる家宅捜索と押収の姿だ。そこでFBIは、子供のものから母親の下着までありとあらゆるものを押収したようだが、それって一体何の意味があるの？

■□■見モノは母親の涙の会見？天然ボケにＦＢＩが敗北？■□■

　本作は１９９６年のアトランタ五輪で起きた爆発事件の犯人逮捕を巡る物語だから、「犯罪モノ」「捜査モノ」の問題提起作として、私の「法廷モノ名作」の一本に収めるべき。本作鑑賞前はそう思っていたが、本作のラストに向けての２つのクライマックス（？）を確認した後は、新聞紙上で「１９９６年に米アトランタで発生した爆発テロ事件の容疑者扱いされた警備員が、執拗な捜査や加熱する報道合戦に翻弄される姿を、実話に基づいて描いたサスペンスだ。」と解説されているとおり（だけ？）の映画だと気付かされた。そのため、私としてはクリント・イーストウッド監督作品としてはイマイチで不満が残る。

それはともかく、本作のクライマックスの１つは、新聞紙上で「もっとも涙を誘うのはキャシー・ベイツ演じるジュエルの母が、マスコミに向けて息子の無罪を切々と訴える場面であろう。」「息子の無実を訴える終盤のスピーチは、涙なくしては見られない。」と書かれている、母親の会見シーン。しかし、そこで私が納得できないのは、彼女が大統領に向けて「息子の無罪を晴らして下さい」と訴えること。アメリカは日本と同じく三権分立の国だから、容疑者にされている人間（の母親）が、行政のトップたる大統領に「無罪にしてくれ」と訴えてもナンセンスなことは明らかだ。第２のクライマックスは、FBI 捜査官トムからジュエルが呼び出され、弁護士同席で会見する場において、ジュエルが「あなたが私を爆発事件の犯人だとする根拠は何か？」と端的に質問したのに対し、トムが何も答えられなかったこと。こりゃ一体ナニ？そもそも、この場が「交渉の場」なのか、それとも「取調べの場」なのかがわからないうえ、ジュエルを爆発事件の容疑者だとする証拠を何ら挙げられず、その根拠が「孤独な爆破犯のプロファイリングに合う」というだけでは、全然話しにならないのは当然だ。たしかに、よく考えてみれば、いくら家宅捜索をしてもジュエルの家にはパイプ爆弾を作った形跡はなく、バックパックをどこで購入したかの証拠も全くない。また、「記念公園に爆弾を置いた。あと３０分で爆発する」という犯行予告電話をジュエルがかけたのか、それともジュエルの共犯者がいたのかについても、本作では何も提示されていない。要するに、本作でジュエルを容疑者と決めつけた根拠は、「ジュエルのオタク性」しかなかったわけだ。そんなバカな！FBI はそんな薄弱な根拠の下で、ジュエルを爆発事件の第一容疑者だと認定したの？それは、結果的にホンモノのテロ犯を見逃したことになるのでは？いやはや、そんなバカげた実態がわかったのは本作を鑑賞した成果だが、これでは FBI のバカさ加減が浮き彫りになっただけ。そのため、母親の「涙の会見」も、半分白けてしまうことに・・・。
２０２０（令和２）年１月３１日記

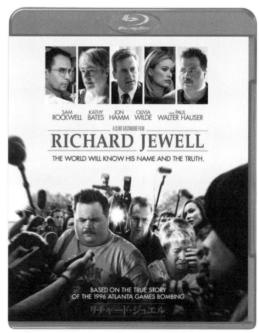

『リチャード・ジュエル』デジタル配信中
ブルーレイ＆DVD セット　¥4,980（税込）
ワーナー・ブラザース ホームエンターテイメント
Richard Jewell© 2019 Warner Bros. Entertainment Inc. All rights reserved.

Data

監督・脚本・声の出演：テリー・ギリアム

脚本：トニー・グリゾーニ

出演：アダム・ドライバー／ジョナサン・プライス／ステラン・スカルスガルド／オルガ・キュリリレンコ／ジョアナ・リベイロ／オスカル・ハエナダ／ジェイソン・ワトキンス／セルジ・ロペス／ロッシ・デ・パルマ／ホヴィク・ケウチケリアン／ジョルディ・モリヤ

SHOW-HEYシネマルーム

★★★★

テリー・ギリアムのドン・キホーテ

2018年／スペイン・ベルギー・フランス・イギリス・ポルトガル映画
配給：ショウゲート／133分

2020（令和2）年1月25日鑑賞　TOHOシネマズ西宮OS

👁️👁️みどころ

　韓国のキム・キドク監督も"鬼才"だが、７９歳を超えた今も"ハリウッドNO.１の異端児"と恐れられているテリー・ギリアム監督は今や世界一の鬼才！だって、構想３０年、企画頓挫９回の本作を完成させたのだから。

　ポン・ジュノ監督の『パラサイト　半地下の家族』（19年）が「ネタバレ厳禁」宣言された予測不能の怒涛の展開なら、それは本作も同じ。しかし、本作のネタは最初から最後までバレバレだ。当初のジョニー・デップからアダム・ドライバーに変更された主役はドン・キホーテ役ではなく、一体ナニ？この脚本は一体ナニ？ギリアム流ドン・キホーテ・ファンタジーの展開は如何に？

　本作には賛否両論が巻き起こるはず。つまり、「ワケわからん」というブーイングか、「こりゃ大傑作！」のどちらかだ。もし、あなたが前者なら、私はあなたに問いたい。あなたの夢は何か？と。ドン・キホーテの夢はホントの夢？それとも精神病患者の妄想？その見定めが、本作評価の分かれ目になるはずだ。

───＊───＊───＊───＊───＊───＊───＊───＊───

■□■構想３０年！企画頓挫９回！この男こそ"鬼才"！■□■

　"鬼才"という形容詞は、韓国のキム・ギドク監督をはじめとして、さまざまな分野でのさまざまな成功者に対して使われるが、そこには、天才とは違う内容が含まれていることをしっかり味わう必要がある。しかして、世界広しといえども、今"鬼才"と呼ばれるに最もふさわしい映画監督は、１９４１年生まれのアメリカ人、テリー・ギリアムだろう。７９歳を迎えた今もハリウッドNo.１の異端児と恐れられているそうだ。なぜなら、彼は「構

想３０年、企画頓挫９回」という本作をついに完成させ、２０１９年３月の北米公開に続き、２０２０年１月４日には遂に日本でも公開したからだ。そんな彼はまさに鬼才！

　本作が１７年ぶりにクランクインしたのは２０１７年３月。そして、クランクアップしたのは６月４日だから、その間わずか３か月だ。２０００年９月にスペインのマドリード北部でクランクインしたにもかかわらず、自然災害、資金破綻、軍用戦闘機、腰痛で降板等々、さまざまな障害によって撮影中止となって以降、実に１７年間も本作の撮影が再開できなかったことを考えると、再開後、わずか３か月で撮影が完了できたのは奇跡そのものだ。そして、２０１８年５月にカンヌ国際映画祭のクロージング作品としてプレミア上映された後は、フランスでの公開（５月）、スペインでの公開（６月）を実現したものの、再び権利問題に関する判決が出たため、ギリアム監督の映画化権は剥奪され、世界各国での上映が白紙になってしまったから、アレレ・・・。その後の詳しい経過を含め、「映画史上もっとも呪われた企画、そのヒストリー」については、パンフレットを参照されたい。

■□■キャスト一新だが冒頭は同じ！絵コンテの魅力を！■□■

　ファッションの世界に"デザイン画"があるのと同じように、映画の世界には"絵コンテ"がある。これは、カメラで撮影し、スクリーン上に映し出すことになる映像のイメージを作画したものだが、一流監督になるための必要条件の一つがその才能だ。なぜなら、それは、映像演出の総責任者である監督の頭の中にあるイメージを、少しでも覗き見することができる貴重な資料なのだから。黒澤明監督の素晴らしい絵コンテの数々を、私は２０１８年６月２８日に東京・京橋の国立映画アーカイブで開催された「没後 20 年 旅する黒澤明」展で堪能することができた。ちなみに今ドキの、世界文学全集から遠ざかってい

『テリー・ギアムのドン・キホーテ』
© 2017 Tornasol Films, Carisco Producciones AIE, Kinology, Entre Chien et Loup, Ukbar Filmes, El Hombre Que Mató a Don Quijote A.I.E., Tornasol SLU
２０２０年１月２４日（金）TOHO シネマズ シャンテほか、全国ロードショー

る日本の若者や子供たちは、ミゲル・デ・セルバンテス原作の小説『ドン・キホーテ』をどの程度知っているのだろうか？ひょっとして、「ドン・キホーテ」と聞いてもあの「激安の殿堂」のドン・キホーテや「びっくりドンキー」しか知らないのかも・・・？

　それはともかく、「ドン・キホーテ」と聞けば、私を含め多くの人は誰でも風車を巨人と思い込んだ主人公が風車に向かって突進していく風景を

思い出すはず。そんな一種の"滑稽本"をドストエフスキーやハイネ、フォークナーなど著名な作家たちが「最も偉大な小説」と口を揃えたのは意外だが、ギリアム監督がドン・キホーテを主人公にした映画を作るについて、きっと最初に描いた絵コンテはそれだったはずだ。

他方、撮影中止に至るまでの悪夢の一部始終を『ロスト・イン・ラ・マンチャ』というタイトルでドキュメンタリー風にまとめた作品が公開されたのは、２００２年（『シネマ3』183頁）。同作でドン・キホーテ役を演じたのはジョニー・デップだが、同作は『蒲田行進曲』（82年）と同じように（？）、劇中劇として映画製作の過程をドキュメンタリー風にまとめた映画だから、ギリアム監督自身も出演している。そこではギリアム監督自身が描いた多くの絵コンテも見せてもらえたが、その躍動感は素晴らしいものだった。しかして、『ロスト・イン・ラ・マンチャ』の冒頭も、本作の冒頭も、その絵コンテそのものから始まるので、その名シークエンスをタップリ味わいたい。

■□■全く「似て非なる」ドン・キホーテ・ファンタジーに！■□■

本作の冒頭シーンがどこでどのように撮影されたのかは、1人1人がしっかり確認してもらいたいが、それはギリアム監督の絵コンテ通り、お見事なもの。甲冑に身を固めた騎士姿で颯爽と馬上に跨るドン・キホーテも、その後方で小さなロバの上に座る従者のサンチョの姿も、見事にキマっている。

もっとも、キホーテが巨人だと思い込み、槍を構えて突き進んでいったのは巨大な風車だったから、キホーテはその風車に巻き込まれながら、身動きができない無様な姿に・・・。さあ、ミゲル・デ・セルバンテス原作の『ドン・キホーテ』は、その後どんな物語が展開していくのだっけ？そう思っていると、意外や意外、本作はその後、全く似て非なるドン・キホーテ・ファンタジーになっていくから、アレレ・・・？

そんな冒頭のシークエンスは、今はCM監督をしているトビー（アダム・ドライバー）

『テリー・ギアムのドン・キホーテ』
© 2017 Tornasol Films, Carisco Producciones AIE, Kinology, Entre Chien et Loup, Ukbar Filmes, El Hombre Que Matóa Don Quijote A.I.E., Tornasol SLU
２０２０年1月２４日（金）TOHO シネマズ シャンテほか、全国ロードショー

が、１０年ほど前に卒業制作映画を撮るために、スペインのとある村で撮影したものらしい。彼は、現地で見つけた、いかにもキホーテ役にピッタリの雰囲気を持った靴職人の男ハビエル（ジョナサン・プライス）に出演を依頼。さらに、撮影隊が入り浸っていた酒場の主ラウル（ホヴィク・ケウチケリアン）の娘で、村一番の美少女アンジェリカ（ジョアナ・リベイロ）を一目で気に入ったトビーは、「君はスターになれる」と口説き落とし、彼女にも出演してもらっていた。

そんな風に現地の素人を大胆に起用できたのは彼が若かったからだが、それがかえって斬新な効果を生んだことによって、完成した映画は大絶賛され、栄誉ある賞に輝き、以降トビーはハリウッドを目指すことに。しかし、今やそれは完全に挫折し、今では金回りのよいCM監督という現実に甘んじていた。しかして、今新作のCM撮影のために、自らの提案でスペインに来ているトビーは、現地のキャストは使い物にならず、撮影も一向に進まない現実の前に、「失敗だ、すべて中止に」と嘆いていた。そんなトビーに妻のジャッキ（オルガ・キュリレンコ）を連れて陣中見舞いに現れたボス（ステラン・スカルスガルド）が、怪しげな売り子（オスカル・ハエナダ）が差し出したDVDを「何かヒントになるかもしれない」と渡すと、何という偶然！それはトビーが学生時代に監督した映画『ドン・キホーテを殺した男』だった。さあ、トビーは、今それをどんな気持ちで鑑賞するの？

それはそれとして興味のある物語だが、『テリー・ギリアムのドン・キホーテ』と題された本作で、ドン・キホーテの物語とは全く似て非なる、そんなトビー監督のストーリーは今後どう展開していくの？

■□■十年ひと昔！この変化に驚愕！こんな脚本を誰が？■□■

「十年ひと昔」とはよく言ったもので、１０年も経てば、人も社会も大きく変わるもの。平々凡々たる日常生活を送っていても、時としてそんなことを実感させられることがあるが、あの夢の村（ロス・スエニョス）が撮影現場のすぐ近くにあると知って、翌日バイクで出かけて行ったトビーは、そこで何とも驚愕する風景を目にすることに。彼もきっと「十年ひと昔」を実感したはずだ。

そこでは、ラウルの酒場もハビエルの靴屋も健在だったが、何かが変わってしまっていた。また、アンジェリカの消息を尋ねると、ラウルは苦々しい口調で、トビーのせいで女優になる夢を追ってマドリードへ飛び出し、今ではすっかり堕落したと答え、その怒りをトビーにぶつけてきたからヤバイ。逃げるように店を出たトビーは、"キホーテは生きている"という看板を見つけ、案内役の老女に金を渡して入ってみると、掘っ建て小屋の中にドン・キホーテの衣装を着たハビエルが閉じ込められていたから、これまたビックリ。さらに、ハビエルはトビーをドン・キホーテの忠実な従者サンチョだと思い込み、「戻ってきたのか！」と歓喜して抱きついてきたから、トビーはどうするの？そして、「連れ出してほしい」とトビーに強引に頼むハビエルが、引き留めようとする老女と揉み合ううちに、ラ

ンプが倒れて小屋が燃え上がってしまったから、大変だ。しかし、待てよ。本作は、『テリー・ギリアムのドン・キホーテ』というタイトルのはずだが、こんな中盤になっても、まだまともなキホーテは登場してこないし、キホーテの冒険物語も登場しない。こりゃ一体ナニ？こんな脚本を一体誰が書いたの？本作の脚本は鬼才テリー・ギリアムとトニー・グリゾーニとの共同作業だが、こんな誰も想像できないドン・キホーテ・ファンタジーの展開にビックリ！

そう思っていると、何とか火災現場を逃げ出したと思っていたトビーのところに警官が現われ、トビーは連行されかけたからアレレ。これは、火事を通報した村人がバイクのナンバーを知らせていたためだが、そこでトビーの助けにやって来たのが、自分は高潔な騎士の精神を守り抜くドン・キホーテだと信じ込んでいるハビエル。愛馬"ロシナンテ"にまたがり、"サンチョ"を救出するため槍で警官を倒した上で、「二人で壮大な冒険へ旅立とう」とハビエルが高らかに宣言したから、さあ、いよいよここからドン・キホーテと従者サンチョの旅が始まることに。とは言っても、それは私たちが想像する騎士ドン・キホーテと従者サンチョのドルシネア姫を救うための冒険の旅とは異質なものになりそうだが・・・。

■□■ポン・ジュノ流ｖｓギリアム流！夢の追い方は？■□■

第７２回カンヌ国際映画祭で韓国映画初のパルムドール賞を受賞したポン・ジュノ監督の『パラサイト　半地下の家族』(19 年)は、第９２回アカデミー賞でも作品賞等計６部門にノミネートされる快進撃を続けている。同作は、監督自身がパンフレットで「ネタバレ厳禁！」宣言を出しているから、新聞紙評でも、導入部だけの紹介はあっても、中盤から後半そしてクライマックスにかけての、"あっと驚く怒濤の展開"は全く書かれていない。事前にパンフレットを購入して「ストーリー」を読んでも、そこではほんのさわりだけしか書いていない。

それと同じように（?）、「構想３０年、企画頓挫９回」を経てようやく完成した本作も、導入部の後は誰も想像できない、あっと驚くドン・キホーテ・ファンタジーの展開になっていくが、意外にも本作でギリアム監督は「ネタバレ厳禁！」宣言をしていない。したが

『テリー・ギアムのドン・キホーテ』
© 2017 Tornasol Films, Carisco Producciones AIE, Kinology, Entre Chien et Loup, Ukbar Filmes, El Hombre Que Mató a Don Quijote A.I.E., Tornasol SLU
２０２０年１月２４日（金）TOHO シネマズ シャンテほか、全国ロードショー

って、公式ホームページでもパンフレットでも、「ストーリー」は最初から最後まで丁寧に紹介されているうえ、前述した「映画史上最も呪われた企画、そのヒストリー」や「INTRODUCTION」、「PRODUCTION NOTES」を読めば、本作撮影の舞台裏がしっかり理解できる。また、パンフレットには、萩尾瞳氏（映画・演劇評論家）の「ドン・キホーテは誰なのか？」と題するREVIEW、佐藤久理子氏（文化ジャーナリスト）の「2018年カンヌ国際映画祭　30年の時を経て、ついに迎えた特別な夜」、村山章氏（映画ライター）の「ファンタジーは現実を凌駕する」と題するコラムがあるので、それらを読めば、それぞれ「なるほど！」と納得させてくれる。

　それはなぜ？それは、ポン・ジュノ監督はいじわるで、ギリアム監督は人が良いため？いやいや、絶対そうではないはずだ。私が思うに、ギリアム監督が本作について「ネタバレ厳禁！」宣言をしないのは、ギリアム監督が、30年間ずっと抱き続けてきた夢を実現させた本作のドン・キホーテを通じて、すべての観客に共有してもらいたかったためだ。日本人にとって、織田信長は徳川家康以上に魅力的な人物であり、坂本竜馬は吉田松陰や西郷隆盛、木戸孝允以上魅力的な人物だが、それは彼らが徳川家康や吉田松陰、西郷隆盛、木戸孝允以上に大きな夢を持って時代の変革に突き進み、そして非業の最期を遂げたからだ。ギリアム監督の考えでは、ミゲル・セルバンテスの小説に登場する主人公ドン・キホーテは、きっと日本人が考える織田信長や坂本竜馬と同じような存在だったのだろう。

　ドン・キホーテが追い求めた夢は、ドルシネア姫を救うため、忠実な従者サンチョを従えて冒険の旅に出ること。しかして、今トビーの協力によって（？）やっと10年間の幽閉生活から解き放たれたドン・キホーテことハビエルは、再び愛馬「ロシナンテ」にまたがり、「二人で壮大な冒険に旅立とう」と宣言したが、従者のサンチョはどこに？

『テリー・ギアムのドン・キホーテ』
© 2017 Tornasol Films, Carisco Producciones AIE, Kinology, Entre Chien et Loup, Ukbar Filmes, El Hombre Que Mató a Don Quijote A.I.E., Tornasol SLU
2020年1月24日（金）TOHO シネマズ シャンテほか、全国ロードショー

■□■従者は大変！しかし、ご主人が亡くなれば？■□■

　ミゲル・セルバンテスの小説『ドン・キホーテ』では、スペインの片田舎の郷士アロンソ・キハーナがあんなキャラクターのドン・キホーテになったのは、騎士道物語が大好きで、それを読みふけったあげく、自分は騎士ドン・キホーテだと思い込んだため。そんな

妄想（？）の結果、夢と現実をゴチャまぜにしながら冒険の旅に出た主人公は、『ロスト・イン・ラ・マンチャ』でも、本作でも、その冒頭に登場する、あの風車のシークエンスになったわけだ。そして、『ロスト・イン・ラ・マンチャ』はその後、映画撮影のドキュメント風景を展開させていったが、本作は前述のとおりギリアム流のドン・キホーテが展開していくことになる。さあ、これからがいよいよ本番だ。

　しかし、ドン・キホーテ役はジョナサン・プライスに決まっているものの、従者のサンチョ役はどうなるの？そう思っていると、従者サンチョはすでに夢の村（ロス・スエニョス村）で亡くなっていた。そのため、ハビエルはサンチョ役に当然のごとくトビーを指名したから、トビーはびっくり！自分はホンモノのドン・キホーテだと信じ込んでいる、ある意味で精神病患者のハビエルにいつまでも付き合うのは大変だ。私はそう思い、トビーに対する同情を禁じえなかったが、さてトビーはどうするの？

　他方、本作では導入部でオルガ・キュリレンコ扮するボスの女房ジャッキが登場し、トビーと怪しげな仲を見せるので、それにも注目！また、「君はスターになれる」というトビーの言葉を信じ、女優になる夢を持ってマドリードに飛び出したアンジェリカは「すっかり堕落してしまった」そうだが、今どうしているの？私のこの評論では、そこまで書く余裕がなくなったため省略するが、本作でギリアム監督はトビーの女絡みをめぐる物語でも興味深い展開をみせるので、それにも注目したい。

　しかして、本筋の騎士ドン・キホーテことハビエルと従者サンチョことトビーの二人による"弥次喜多道中"にも似た（？）冒険の旅は、如何に？しかし、もしその途中でドン・キホーテが倒れて亡くなればトビーはどうするの？それにて、ドン・キホーテの夢の旅は終わり？それとも・・？本作のパンフレットにある２つのコラム解説をしっかり読みながら、あなた自身の夢（妄想？）を広く（たくましく？）展開させていただきたい。７９歳のテリー・ギリアム監督にそれができたのだから、１月２６日に７１歳を迎えた私だって、そして私と同年配のあなただって、きっとそれは可能なはずだ。

『テリー・ギアムのドン・キホーテ』
© 2017 Tornasol Films, Carisco Producciones AIE, Kinology, Entre Chien et Loup, Ukbar Filmes, El Hombre Que Mató a Don Quijote A.I.E., Tornasol SLU
２０２０年１月２４日(金)TOHO シネマズ シャンテほか、全国ロードショー

　　　　２０２０（令和２）年１月３１日記

Data
監督・脚本：テレンス・マリック
出演：アウグスト・ディール／ヴァ
レリー・パフナー／マリア・
シモン／トビアス・モレッテ
ィ／ブルーノ・ガンツ／マテ
ィアス・スーナールツ／カリ
ン・ノイハウザー／ウルリッ
ヒ・マテス

★★★★★

名もなき生涯

2019 年／アメリカ・ドイツ映画
配給：ウォルト・ディズニー・ジャパン／175 分

2020（令和2）年 2 月 27 日鑑賞	シネ・リーブル神戸

👁👁 みどころ

　超寡作で有名だった映像作家テレンス・マリック監督は２０１５年以降製作ペースを早めているが、それはなぜ？また、はじめて実在の人物を主人公とし、１７５分の長尺で掘り下げたのは、一人の農夫フランツの「A HIDDEN LIFE」だが、それは一体なぜ？

　悪しきリーダーの悪しき戦争でも、国民は徴兵義務を免れない。それを拒否すれば、即逮捕、即銃殺？教会でさえ従順になった時代だが、信仰を貫けば徴兵拒否は当然では？しかし、それを貫けるのはごく一部の英雄だけ？

　民主主義の機能不全が目立ち始め、世界全体がキナ臭くなっている昨今、改めてこんな男に陽の目を当ててみる意義は大。しかし、その悲しい結末をどう考えれば？

———＊———＊———＊———＊———＊———＊———＊———＊———＊———

■□■まずテレンス・マリック監督論から！彼はなぜ本作を？■□■

　私が映画界の“生ける伝説”と称えられている、１９４３年生まれのアメリカ人監督テレンス・マリックの映画をはじめて観たのは、彼の第３作目たる『シン・レッド・ライン』（98 年）。そして、評論を書いたのは、第４作目の『ニュー・ワールド』（05 年）だ。同作で同監督のことを詳しく勉強した私は、そこでは「ちょっと鼻につくナレーションの多用ぶり・・・」と書いた（『シネマ10』331 頁）。

　しかし、彼の第５作目たる『ツリー・オブ・ライフ』（11 年）は、父と息子の確執をテーマにしたすばらしい映画で、第６４回カンヌ国際映画祭パルムドール賞を受賞した。その評論で、私は「ベルリン国際映画祭で金熊賞を受賞した『シン・レッド・ライン』をそ

れほど素晴らしい映画とは思えず、むしろ『プライベート・ライアン』(98 年) の方に感銘を受けた。また、『ニュー・ワールド』の斬新な映像美にはびっくりしたが、ナレーションの多様ぶりは少し鼻についた。」と書いたが、その評論のラストでは、「あなたの神は？テレンス・マリック監督の神は？」という見出しで「欧米の文化とそこにおける父 VS 息子の確執を理解するためには、神＝キリスト教の理解が不可欠だと実感！」と書き、非常に大切な彼特有の論点に迫った（『シネマ27』14 頁）。しかし、彼の第7作目たる『聖杯たちの騎士』(15 年) はクリスチャン・ベール、ケイト・ブランシェット、ナタリー・ポートマンらビッグネームの起用にもかかわらず、私にはイマイチだった（『シネマ39』未掲載）。

　寡作で有名な映像作家テレンス・マリック監督はその後、立て続けに『ボヤージュ・オブ・タイム』(16 年)、『ソング・トゥ・ソング』(17 年) を発表し、さらに本作に至ったわけだが、突然これだけハイペースな映像作家に転じたのは一体なぜ？また本作で、彼の映画史上はじめて実在の人物を登場させて、「Based on True Events」を発表したのはなぜ？本作を鑑賞するについては、まずそんな「テレンス・マリック監督論」が不可欠だ。ちなみに、本作のパンフレットには、「テレンス・マリック監督作品全解説」の他、①宇野維正氏（映画・音楽ジャーナリスト）の COLUMN「『名もなき生涯』へと到った手がかりをテレンス・マリックの過去作と人生から探る」、②久保田和馬氏 (映画ライター) の COLUMN「映画によってあらゆるものを分断する境界線を超えるための希望の光」、③町山智浩氏（映画評論家）の COMMENTARY「反逆児としてのフランツ、キリストとの相似『A Hidden Life』に隠されたもの」があるので、それらの勉強をしっかりと。

■□■フランツって一体誰？なぜ無名の農夫を主人公に？■□■

　本作の原題は『A HIDDEN LIFE』。つまり、本作の主人公フランツ・イェーガーシュテッター（アウグスト・ディール）の「隠された人生」という意味だから、いくら本作が「Based on True Events」であっても、フランツのことを知っている日本人は誰一人いな

『名もなき生涯』2020 年 2 月 21 日全国ロードショー
©2019 Twentieth Century Fox

いはず。本作の「PRODUCTION NOTES」によれば、「フランツの逸話は、ザンクト・ラーデグント以外ではほとんど知られていなかった。１９７０年代に当地を訪れたアメリカ人ゴードン・ザーンによる研究が無ければ、埋もれたままだったかもしれない。」と書かれているから、アメリカ人のテレンス・マリック監督も本作に着手するまで、きっとフランツのことは知らなかっただろう。

　しかしながら、本作は第２次世界大戦時にヒトラーへの忠誠宣誓を拒否し、ナチスへの加担より死を選んだオーストリアの片田舎に住んでいた無名の農夫フランツ・イェーガーシュテッターの真実の物語だ。しかして、テレンス・マリック監督は、なぜそんな男を本作の主人公に？

■□■フランツは英雄？梶上等兵も英雄？■□■

　私は大学１年生の時に、下宿で数名の仲間とよく文学論（？）を闘わせていたが、ある時議論のテーマになったのは、五味川純平の原作を小林正樹監督が映画化した『人間の條件』全６部作（59年〜61年）（『シネマ8』313頁）の主人公・梶上等兵は英雄？それとも、一途なだけの平凡な男？ということ。日本全体が邪悪な戦争にひた進んでいく状況下、中国人の捕虜を働かせている自分の仕事が次第に非人道的なものとなり、挙げ句の果ては理不尽な命令によって理由なき死刑の執行をしなければならない立場に置かれたとき、彼はどうしたの？その結果訪れた懲罰召集に、彼はどう対応したの？そして、戦地でどう暮らし、日本陸軍が敗退した後、愛妻・美千子を求めて彼は荒野をどうさまよったの？

　そんな梶の生き方に宗教が絡むことは一切なかったが、邪悪なナチスドイツへの協力を拒否（具体的には徴兵拒否）したフランツの根源に強いキリスト教信仰があったことが明らかだ。ちなみに、テレンス・マリック監督が心から尊敬しているマーティン・スコセッシ監督は、遠藤周作の原作を元に『沈黙－サイレンス－』（16年）を監督し、世間をあっと言わせた（『シネマ39』163頁）が、同作でも信仰を巡るギリギリの人間性が描かれていた。テレンス・マリック監督は、第５作目の『ツリー・オブ・ライフ』で彼特有のキリスト教的思索を見せたが、主人公フランツを真正面から主人公に据えた本作では、きっと『沈黙－サイレンス－』が見せたキリスト教信者と同じ、いやそれ以上の試練に直面したフランツが、それにどう苦悩しかつ対処したのかを描きたかったのだろう。しかして、フランツ・イェーガーシュテッターという農夫は一体どんな男？

　ちなみに、ベートーヴェンは交響曲第3番を『英雄』と名付けてナポレオンに捧げたが、ナポレオンが皇帝に就任すると、彼は「奴も俗物に過ぎなかったか」と激怒し、ナポレオンへの献辞の書かれた表紙を破り捨てたそうだ。それは、自分の曲に『英雄』というタイトルを付けたことを恥じ入ったためだ。しかして、ナポレオンは英雄なの？それとも？すると、梶上等兵は？そして、オーストリアの片田舎で生きる平凡な農夫フランツは？

■□■舞台はオーストリア。トラップ大佐は亡命したが彼は？■□■

　私の邦画のベスト1は『砂の器』(74年)だが、生涯のベスト1に挙げるのは、高校3年生の時に7回も観た『サウンド・オブ・ミュージック』(65年)。同作は、オーストリアの豊かな自然をたたえた山と谷の中で、ジュリー・アンドリュース扮する修道女マリアが歌う『SOUND OF MUSIC』の歌から始まり、ナチスドイツの迫害から逃れるため、アルプスの山を越えてアメリカへ亡命するトラップ大佐一家が歌う『Climb every mountain』の歌で終わる名作中の名作だった。

　私は同作を観たことによって、オーストリアが如何なる事情でナチスドイツに併合されたのか、そして、ナチスドイツへの協力を要求されたトラップ大佐が、いかなる苦悩を経てアメリカへの亡命を決心したのかを勉強することができた。『サウンド・オブ・ミュージック』と同じように、本作冒頭では、オーストリアの美しい自然の中で山と谷に囲まれた畑を耕しているフランツと、その妻ファニ（ヴァレリー・パフナー）の姿が登場する。その前提として、テレンス・マリック監督は、恋人同士だった2人がじゃれ回る情景もサービスしてくれるから、子供に恵まれた後も含めて、この幸せがいつまでも続くと思っている2人の姿をしばらく温かく見守ってやりたい。もっとも、スクリーン上のその描き方、つまりカメラの向け方や照明のあて方などの撮影方法はテレンス・マリック監督特有のものだし、セリフをほとんど入れず、ファニのナレーションを中心にストーリーを見せていく手法もテレンス・マリック監督特有のものだから、それもじっくり楽しみたい。

　『サウンド・オブ・ミュージック』のトラップ大佐は、予備役だったものが現役復帰させられようとした。それに対して、ナチスドイツに併合されたオーストリアの片田舎ザンクト・ラーデグントでは、農業用に男手が必要だったから、そこではまだ正式な徴兵命令は出されておらず、フランツたちはエンス基地での軍事訓練に招集されただけだ。訓練の中でもフランツとファニは往復書簡を絶やさなかったが、早々とフランスが降伏してしまったから、これにて戦争は早期に終結。フランツがそんな予測で我が家に戻ると、そこに

『名もなき生涯』2020年2月21日全国ロードショー
©2019 Twentieth Century Fox

は生まれたばかりの3人目の娘も待っていたからフランツは大喜び。なぜかまだ独り身のファニの姉レジー（マリア・シモン）と共に平穏な農民としての生活が始まった。ところが、チャーチル率いるイギリスの頑強な抵抗のため、戦火は収まるところかますます激しくなってきたから、ザンクト・ラーデグントの村からも1人また2人と兵隊に召集されることに。

■□■召集令状がきたらどうする？拒否したら即逮捕？銃殺？■□■

そんな導入部で、まずテレンス・マリック監督が問題提起するのは、悪しき者（ヒトラー）から召集令状が届いた場合、自分が信仰するキリスト教の教えにかけて「兵役は断ります。罪なき人は殺せない」と言えるかどうかということだ。フランツは村の司教代理のフェルディナンド・フュルトハウアー神父（トビアス・モレッティ）にハッキリそう告げたが、フランツがそんなことを村人の前で堂々と述べればえらいこと。そこで、神父はヨーゼフ・フリーサー司教の下にフランツを連れて行って相談したところ、司教はフランツに対して「祖国への義務がある」と諭したから、アレレ。軍国主義化が急速に進む中で、日中戦争から太平洋戦争へと突き進んでいった日本では、宗教界や言論界、そしてマスコミ界では「侵略戦争反対」の声もあったが次第にそれが弾圧され、最期まで「天皇制反対、

侵略戦争反対」を唱えたのは日本共産党だけになってしまったが、急速にナチスドイツの力が強まり、侵略戦争が始まる中、ドイツやオーストリアのキリスト教教会でさえそれに抵抗できず、ナチスドイツへの協力を余儀なくされたわけだ。

フランツと司教の議論（？）を聞き比べていると、フランツの方に理があることは明らかだし、司教の方はわかったようなわからないような理屈で説得しようとしていることも明白。その結果、『サウンド・オブ・ミュージック』のトラップ大佐はアメリカへの亡命の道を選んだが、フランツは司教の説得にもかかわらず、あくまで徴兵拒否の道を選ぶことに。もちろん、早期に戦争が終わってくれればラッキーだが、現実はそうもいかず、遂にフランツに対して召集令状が届くことに・・・。

『名もなき生涯』2020年2月21日全国ロードショー
©2019 Twentieth Century Fox

『名もなき生涯』2020年2月21日全国ロードショー
©2019 Twentieth Century Fox

■□■往復書簡もいいが、忠誠宣誓拒否と徴兵拒否の罪は？■□■

テレンス・マリック監督はナレーションを多用するのが大好きだから、「往復書簡」という力強い武器があれば、鬼に金棒。本作のパンフレットにも、「フランツとファニの往復書簡」が２頁に渡って掲載されており、劇中ではこれがフランツとファニ双方のナレーションで語られる。「往復書簡」といえば、私たち団塊世代では、ミコ（大島みち子）とマコ（河野實）の文通をネタとして映画化した『愛と死をみつめて』（64 年）が超有名。また、レアなところでは、学生運動していたころの必読文献の１つとされていた、宮本顕治と宮本百合子の『十二年の手紙』があった。

これらの手紙はそれぞれフランツとファニが真心込めて書いたものだから、それを聞いていると心に響くのは当然。しかし、弁護士の私としては、それはそれとし、他方で召集令状が届いたフランツがヒトラーと第三帝国への忠誠宣誓を拒否し、さらに兵役招集を拒否することがいかなる罪になるのか。そしてまた、それはどんな手続で裁かれるのかについて、もう少しわかりやすい説明がほしかった。

ちなみに、五味川純平の原作を映画化した山本薩夫監督の『戦争と人間』３部作（70〜73 年）では、五代財閥の令嬢である吉永小百合扮する順子の恋人になった標耕平が「アカ」だったため、治安維持法違反で逮捕された後、「懲罰徴兵」で満州の戦地に送られていたが、徴兵を拒否したフランツにはどんな罪が待っているの？去る２月２３日に観た『２２６』（89 年）では、「昭和維新」を叫んで決起した青年将校たちは４日後には一転して「国賊」とされ、上告なし、弁護人なしの裁判で死刑判決を受けた後、即日銃殺刑に処せられていた。すると、忠誠宣誓を拒否し、徴兵を拒否したフランツも逮捕後、それと同じように・・・？いやいや、フランスほどの人権国家ではないとしても、ヨーロッパ的な人権思想と裁判制度が定着しているドイツではそんなことはないはずだ。しかして、フランツはいかに？

■□■拘置所は？法廷は？弁護人は？死刑の方法は？■□■

私の実務修習地は大阪だったから、大阪市都島区にある大阪拘置所の見学をさせてもらった。しかして、１９４３年３月２日にエンスに出頭したフランツはヒトラーと第三帝国への忠誠宣誓を拒否したため直ちに逮捕されたが、彼が入れられた独房は狭いながらも窓があるうえ、テーブルまであるからかなり立派だ。そして、同年５月４日、フランツは他の数名の囚人と共にベルリンの刑務所に移送されたが、その独房もそれなりに立派なものだ。スクリーン上では看守からいわれのない暴行を受けるシーンも見られるが、前述した『戦争と人間』、さらには今井正監督の『小林多喜二』(74 年) で見たような拷問風景は見られず、適当な間隔で庭での散歩や庭での食事等も確保されているから、いくらナチスドイツとはいえ、さすがにヨーロッパの人権意識は高い。そして、同年７月に帝国軍事法廷で開廷された裁判が、本作ではじめての法廷シーンになるので、それに注目！

本作のパンフレットには、「フランツ・イェーガーシュテッター略歴」があり、そこでは、逮捕から死刑執行に到るまでのフランツの裁判の経過が映画より正確に（？）かつ詳しく紹介されているので、これは必読！それによれば、フランツがリンツ近くの軍事拘留刑務所からベルリン郊外のテーゲルの刑務所に送致されたのは、フランツの事案は重大とされ、首都における帝国軍法会議での審議が必要と決定されたため、らしい。なるほど、なるほど。しかし、それならそれで、テレンス・マリック監督、なぜ映画の中でそれを解説してくれないの？それはともかく、この法廷で裁判長役で登場するのが、ドイツを代表する名優ブルーノ・ガンツだが、この裁判長による審議は如何に？また、フランツの国選弁護人フリードリッヒ・レオ・フェルドマンの弁護活動は如何に？

『名もなき生涯』2020年2月21日全国ロードショー
©2019 Twentieth Century Fox

■□■本作には２つの不満が！■□■

本作全編を通じて私が納得できないのは、ドイツ語のセリフが全然字幕表示されないこと。本作はフランツとファニのセリフを中心として９９％英語のセリフで構成されているが、拘置所のシーン等の一部ではドイツ語のセリフが混在している。ところが、そのドイツ語のセリフは全く字幕表示されないから、それが一瞬ならともかく、ドイツ語が長く続くと大きな違和感が出てくる。帝国軍法会議のシーンでも、軍人がドイツ語でわめいているシーンが登場するが、それが全く何を言っているかサッパリわからない。まさか、ドイツ語を日本語字幕にするスタッフを雇うのをケチったわけではないだろうから、これは一体なぜ？

さらに、『私は貝になりたい』（59年）でも、『２２６』（89年）でも、死刑執行のシーンが１つのハイライトになるのは当然。本作でも私はフランツにはどんな風に死刑執行がなされるのだろうと、興味を持って見守っていたが、正直それがよくわからなかった。前述の「フランツ・イェーガーシュテッター略歴」はそれがギロチンによるものだったことを含めて、詳しく解説してくれているが、なぜテレンス・マリック監督はこの死刑執行のシーンをもう少し丁寧に描いてくれなかったの？

■□■フランツの「A HIDDEN LIFE」をどう考える？■□■

　フランツが「ドイツ軍における兵役義務の拒絶を申し立てた」ことにより、「軍事倫理に悪影響を与えた」として有罪となり、死刑判決が下されたのは１９４３年７月６日。他方、ヒトラーの自殺は１９４５年４月３０日だから、１９４３年７月の時点ではナチスドイツの力はかなり弱まり、ひょっとしてこの戦争はナチスドイツの敗北で終わるかも？そんな予測も一部にはあったはずだ。

　しかして、国選弁護人のフリードリッヒ・レオ・フェルドマン弁護士が「弁護士の地位にも危険が迫っている」と言いながら、フランツに対して「もしフランツが考えを変えれば、裁判所は判決を取り下げるだろう」と話し、机の上の書類に署名すれば軍隊で生きながらえることができる、と翻意を勧めたのは当然。また、そんな書類があることを知ったアルベルト・ヨッホマン神父も、この戦争は長く続かないと考えていたから、フランツにサインを勧めたのも当然だ。ところが、そこでフランツは「不当な戦争をしている政府のために誓いを立てることはできないし、してはいけないと思う」と述べたから、この男はかなり頑固！その結果、８月９日の死刑執行に至ったわけだ。

　ちなみに、死刑執行に立ち会ったヨッホマン神父は、後にオーストリア修道女団体で、「この同郷の一介の農夫が、教えを守り通し立派に帰天したことを誇りに思います。この純朴な男性こそ、私が生涯で会ったただ一人の本当の聖人です」と語ったそうだが、それって一体何の意味があるの？『沈黙ーサイレンスー』でも同じだが、テレンス・マリック監督が１７５分の長尺で本作に描き出したオーストリアの農夫フランツの「A HIDDEN LIFE」を一体どう考えればいいのだろうか？

『名もなき生涯』2020年2月21日全国ロードショー
©2019 Twentieth Century Fox

２０２０（令和２）年３月４日記

Data

監督：ケン・ローチ
出演：クリス・ヒッチェン／デビー・ハニーウッド／リス・ストーン／ケイティ・プロクター／ロス・ブリュースター／チャーリー・リッチモンド／ジュリアン・アイオンズ／シェイラ・ダンカリー／マクシー・ピーターズ／クリストファー・ジョン・スレイター／ヘザー・ウッド／アルベルト・ドゥンバ

SHOW-HEY シネマルーム

★★★★★

家族を想うとき

2019 年／イギリス・フランス・ベルギー映画
配給：ロングライド／100 分

2019（令和元）年 12 月 21 日鑑賞	シネ・リーブル梅田

みどころ

　英国の巨匠ケン・ローチ監督が再び引退宣言を撤回してまで本作で描いたのは、フランチャイズ制の宅配ドライバー。弁護士は皆「一国一城の主」を夢見るし、それが可能な身分（？）だが、さて本作の主人公は？

　勝つのも負けるのも自分次第。それは囲碁・将棋そして相撲・野球・ゴルフ等の勝負の世界では共通し徹底しているが、本作の宅配ドライバーもそれと同じ・・・？今やマルクス・エンゲルスの『資本論』の時代ではなく、労働者（階級）の保護を呪文のように唱える主義主張も古臭いが、さあ、ケン・ローチ監督の視点は？

　本作の結末をどう考えるかは、あなた次第。７０歳の私は好きなことを好きなようにやってきた個人事業主として消えていくだけだが、さて先行き不安な今の時代、若者たちはサラリーマン（労働者）を選ぶの？それとも、どこまでも自己責任がつきまとう、独立した個人事業主を選ぶの？本作からそれをじっくり考えたい。

—— * —— * —— * —— * —— * —— * —— * —— * —— * —— *

■□■再び引退を撤回！そんな巨匠の問題意識は？■□■

　１９３１年生まれの日本の巨匠・山田洋次監督は『男はつらいよ　50　お帰り寅さん』（19 年）で２０２０年のお正月を飾ったが、１９３６年生まれのイギリスの巨匠ケン・ローチ監督は『ジミー、野を駆ける伝説』（14 年）（『シネマ 35』未掲載）を最後に引退を宣言した。ところが、イギリスや世界各国で拡大し続ける格差や貧困の問題を目の当たりにした彼は、敢然と引退宣言を撤回して、『わたしは、ダニエル・ブレイク』（16 年）（『シネ

マ40』38頁）に挑戦し、同作が２０１６年の第６９回カンヌ国際映画祭で２度目のパルムドール賞を受賞したのを最後の花道として「引退する」と発表した。ところが、何と彼は再びそれを撤回して本作に挑戦！引退宣言の撤回は韓国の鬼才キム・ギドク監督も「前科一犯（？）」だから、私にはそれを責める気持ちはないが、２度も引退宣言を撤回して本作に挑戦したことにはビックリ！それは一体なぜ？そして、彼の問題意識は一体ナニ？

『わたしは、ダニエル・ブレイク』の時の彼の問題意識はフードバンクだったが、本作のそれは、フランチャイズの宅配ドライバー。フードバンクも宅配ドライバーも資本主義が大きく成長（変容？）し、民主主義や自由主義についてもいわゆる「新自由主義」の時代に変化していく中で生まれたもの。そんな新しい民主主義、自由主義、資本主義の時代の資本家ｖｓ労働者の関係（対立？）は、マルクスやエンゲルスの『資本論』では到底解釈できなくなっている。もっと直近で言うと、今の日本では「働き方改革」の議論が盛んだが、ドローンの進歩やＡＩの進歩は急速に人間の働き方を変えるとともに、人間の「職場」を奪っていくはずだ。そんな中、人間はＡＩとどう向き合い、協調、共存していくかという新たなテーマが生まれているが、本作でケン・ローチ監督が向き合ったのは宅配ドライバー。

本作は、建設に関してあらゆる職種をこなしてきたと語る職人リッキー（クリス・ヒッチェン）が、これからはフランチャイズシステムの宅配ドライバーとして生きていく決心をするシークエンスから始まるが、その是非は？

■□■彼の問題意識は労働者（階級）のあり方！だがしかし？■□■

ケン・ローチ監督は、電気工の父と仕立屋の母を両親に持つ「労働者階級」の息子だが、高校卒業後に２年間の兵役に就いた後、オックスフォード大学に進学して法律を学び、卒業後、劇団の演出補佐を経て、６３年にＢＢＣテレビの演出訓練生になり、６６年の『キャシー・カム・ホーム』で初めてＴＶドラマを監督したという経歴だから、彼自身は労働者階級ではなくエリート。しかし、１９６７年に『夜空に星があるように』で長編映画監督デビューを果たした彼は、その後ずっと労働者や社会的弱者に寄り添った人間ドラマを描いてきた。その集大成とも言うべきものが『わたしは、ダニエル・ブレイク』であり、本作だ。

日本は天皇を象徴とする東洋で最も変わった国だが、イギリスも民主主義の先進国ながら女王陛下が君臨する変わった国。それに対して、移民によって建国された新天地であるアメリカは全く異質の国だ。第２次世界大戦まではイギリスが世界をリードする大国だったが、大戦後はその地位はアメリカに移り、東西冷戦の時代もそれが終結した後も、つい最近までアメリカが「世界の憲兵」としての役割を果たしてきた。同時にアメリカは世界経済の牽引役としての役割を担い、資本ｖｓ労働のあり方においても、株や投資を含む金融の面においても、アメリカ流がすべてを支配してきた。１９８０年代のレーガン（米）、

サッチャー（英）、中曽根（日）を代表とする新保守主義がその典型だ。そして、２０１７年以降のトランプ政権はそれを更に変容させながら、新しい世界の市場、貿易、金融のシステムを構築しようとしている。そんな中、今先進国で現実に起きている最大の問題は、格差の広がりであり、貧富の差の拡大。そう言われている。そして、ケン・ローチ監督はその論者の筆頭だ。

　他方、そんな考え方（主義主張）に完全に同調し、ケン・ローチ監督を「最も尊敬している」と語るのが『万引き家族』（18年）（『シネマ42』10頁）で第７１回カンヌ国際映画祭でパルムドール賞を受賞した是枝裕和監督だ。ＮＨＫの『クローズアップ現代＋』は２０１９年９月１７日「"家族"と"社会"を語る」というテーマで是枝裕和監督とケン・ローチ監督の対談をはじめて実現させているので、これは必見！同番組は『わたしは、ダニエル・ブレイク』のラストで主人公が最後に語るセリフである「私はダニエル・ブレイク。人間だ。犬ではない。当たり前の権利を要求する。敬意ある態度というものを。私はダニエル・ブレイク。１人の市民だ。それ以上でも以下でもない。ありがとう。」と語るシーンを結びに使い、"すべての人に尊厳"巨匠の信念」とまとめている。『わたしは、ダニエル・ブレイク』では、主人公は自らの尊厳を守るために"ある行動"をとったが、さて本作では？

　いやいや、いきなりそんな結論に至ってはダメ。まずは、どのように考えてリッキーが宅配ドライバーの仕事に就くことになったのか、から・・・。

■□■リッキーの考え方は？妻の意見は？結論は？是非は？■□■

　本作は、冒頭のリッキーのモノローグによって、近年のイギリスの労働者階級が置かれた経済状況を端的に説明させている。リッキーはケン・ローチ監督のどの作品でも共通した主人公として登場する、真面目で勤勉な労働者。彼は、家族思いで夜遊びも浮気もしないから、人間としては優等生だ。しかし、２１世紀に入った今の資本主義は、マニュファクチュア時代の資本主義でも、女工哀史の時代の資本主義でもないから、労働者階級だって人並みの欲望を持っているのは当然。そのため、彼はマイホームのために住宅ローンを組んでいたが、１０年前の銀行の取り付け騒ぎで住宅ローンが流れ、それまでやっていた建設業の仕事も失い、その後は職を転々としながら懸命に働いてきたらしい。そんな今の彼の正直な気持ちは、「安い給料で人に使われるのは、もうウンザリ」ということ。そのためには、やっぱり独立しなければ！

　そんな中、本作ではリッキーがフランチャイズシステムの宅配ドライバーとして独立するか否かを決めるため、フランチャイズ本部のマロニー（ロス・ブリュースター）と協議するシーンが登場する。このシーンは、私が坂和総合法律事務所の所長としてイソ弁や事務員採用のために面接するシーンと同じだが、そこでは雇う側ｖｓ雇われる側の立場がハッキリしている。そして、そこでの雇う側の狙いは決して搾取ではなく、あくまで現状の

労働法制下で最大の効率を上げること。そのために優秀な人材に来てもらいたいと考えているわけだ。したがって、本作でも契約するかどうかはあくまでリッキーの自由。本作のストーリー展開の中で冷酷非道な男の代表のように描かれている男・マロニーが、そこで言っているのは「勝つのも負けるのもすべて自分次第。できるか?」という至極当然のことだ。それに対して、リッキーは「ああ、長い間、こんなチャンスを待っていた」と答えたが、そこでのリッキーの表情は期待やうれしさと同時に不安も隠しきれていない。しかし、私に言わせれば、サラリーマンになるか、小さいながらも独立して事業主になるかは、それぞれ一長一短があるもの。サラリーマンになれば病気になってもある程度の保証はあるし、引退する時には退職金がある。しかし、独立すれば、いくら一国一城の主だと言っても病気で倒れれば何の保証もないし、仕事にありつけなければ収入もない。それは当然のことだ。したがって、どちらの人生を選んでもリスクがあるのは当然だ。

本作では、帰宅したリッキーが、パートタイムの介護福祉士として働いている妻のアビー(デビー・ハニーウッド)に事業のシステムを説明し、本部の車を借りるより、買った方が得だと説得する姿が興味深い。その結論は、アビーの車を売って新車を買い、1日14時間週6日、2年も働けば夫婦の夢のマイホームが買えるということになったが、その是非は?

人はともすれば結論が出てから「ああ、やっぱり○○の方がよかったのに・・・」と言うが、私はこの手の結果論が大キライ。それは、きっとケン・ローチ監督も同じはずだから、この時のリッキー、アビー夫婦の相談とそれを前提としたリッキーの決断にケチをつけるのはイヤだが、結果的に見れば・・・?

■□■忙しければ家族はバラバラ?そんなバカな?そうかも?■□■

本作を観ていると、フランチャイズ制での宅配ドライバーの仕事ぶりがよくわかる。日本では、かつてローソンのフランチャイズ制のあり方が問題になったし、近時はセブンイレブンの24時間営業のあり方を巡るフランチャイズ制の問題点が議論されている。「正月くらい休ませろ」の言い分はわからなくもないが、弁護士業務を一生懸命にやっていた時の自分のことを考えると、「自営業のくせにそんな甘いことを言うな!」と反論したくもなってくる。また、私は将棋や囲碁が大好きだが、あの「実力がすべて」「順位がすべて」の世界を見ていると、その厳しさがよくわかる。そして、それは相撲でも野球でもゴルフで

も生身の肉体ひとつで個人事業主として働き稼ぐ仕事を選んだ以上は同じ。それらはすべて「結果がすべて」の稼ぎ方だから、「正月くらい休ませろ」と誰かに文句を言っても全く無意味なわけだ。ちなみに、たった１人で司法試験の勉強をやっていた時の俺の正月は・・・？

しかし、本作ではリッキーの忙しさが増すと共に、自動車通勤からバス通勤に切り替えざるを得なくなった妻アビーの忙しさも増していったらしい。そして、そんな忙しさの中、家族の結びつきの時間が減少するにつれて、思春期にある１６歳の長男セブ（リス・ストーン）との関係がおかしくなっていく姿が描かれる。それまではセブも、１２歳の妹のライザ・ジェーン（ケイティ・プロクター）もそれなりの優等生だったのに、なぜセブは？学校をサボって“グラフティ”と称する壁への落書きに夢中になっているセブが、ペンキを買うために両親が買ってくれた高価なジャケットを勝手に売ったのは、かなり行きすぎた“非行”。しかし、「成績もトップクラスなのに、どうした？」と詰め寄る父の怒りに、セブはまともに答えようとしないから、アレレ。この一家の崩壊は早くもここまで来ているようだが、その打開策は？忙しければ必然的に家族はバラバラに？そんなバカな？私が弁護士として働いていた時の忙しさを考えても、決してそんなことはないと思うのだが？しかし、また、別の視点から考えると、いや、たしかにそうかも・・・？

■□■家族団欒の時間はこんな工夫から！しかし・・・■□■

多方面に活躍している人はやたらに「忙しい、忙しい」とは言わないもの。それは、常に段取りを考え、ムダなく行動しているからだ。逆に、段取りの悪い人ほど処理しきれない仕事を抱え込み、いつも「忙しい、忙しい」とぼやいている。本作を観ていると、宅配トラックの事業主となったリッキーは、他人のルートまで引き受けたこともあって、かなりアップアップ状態。また、最初から少し無理筋と思われた妻アビーの仕事量もアップアップ状態だ。そんな中、セブの反乱（？）のため、家族が口論する時間をとらなければならなくなったのは、ハッキリ言って時間のムダ。そんなケンカをする暇があるのなら、早く寝て翌日の英気を養った方がマシだ。大切なのは時間の使い方で、家族の団欒も、ちょっとした時間の使い方の工夫から生まれるのでは・・・？

そんなことがスクリーン上に表現されるのは、学校が休みの土曜日の配達に、ライザがリッキーの車に同乗して配達を手伝ったこと。そのおかげでこの日の配達はスムーズにできたし、父娘間の交流も深まることに。また、ライザはチップまでもらえたから大喜び。さらに、その心の余裕から、リッキーとライザはアビーとセブのためにテイクアウトのインド料理を買って帰ったから、その日の夕食は久しぶりに家族４人がテーブルを囲むことに。そうそう、いつもこんな時間の使い方の工夫をすればいいわけだ。

ところが、そこにアビーに介護先から「夜のヘルパーが現れず困っている」との連絡が入ったため、アビーは出かけなければならなくなったが、そこでセブが「父さん、バンで

みんなで行かないか」と提案。それを実行したところ、アビーの仕事を兼ねた道中の車の中は、思いがけず家族団欒の楽しい夜のドライブに化けることに。これこそ、時間の使い方の工夫の真骨頂だ。多くの事務員を使い、さまざまな分野で弁護士業を４５年もやってきた私には、そのことが実によくわかる。たしかに、フランチャイズ制での独立した宅配ドライバーは成果主義だから、マロニーが言うように「勝つのも負けるのもすべて自分次第」。そうだからこそ、その競争の中で、人よりも優れた時間の使い方の工夫が求められるわけだ。サラリーマンなら「８時間労働を守れ！」「勤務外手当を払え！」と要求し、また「給料をアップしろ！」「ボーナスをアップしろ！」と要求していればいいが、独立事業主は、他人に要求するよりも自分の工夫の方が大切。それは、囲碁・将棋・相撲・野球・ゴルフの世界も皆、同じだ。

　そんな視点からみると、あの日の父娘２人での配達、あの夜の車での家族４人のドライブは実にいい時間の使い方だったが・・・。

■□■このバカ息子にうんざり！これも社会が？いやいや！■□■

　「好事魔多し」とはよく言ったもの。これはある意味でコトが順調に進んでいる時こそ、逆に十分用心する必要がある、という注意喚起の言葉だ。しかし、映画ではドラマ性を増幅させ、主人公を幸福の絶頂から奈落の底に突き落とす直前のストーリーとして"好事"を描くことが多い。そう考えると、９０歳を越えたケン・ローチ監督が本作中盤で４人家族の束の間の幸せぶりをみせつけたのは、きっとその直後に彼らを奈落の底に突き落とすための高等テクニック！？そう思っていると、案の定・・・。

　私が本作のセブと同じ１６歳の時。それは当然反抗期だから、よく父親と対立したが、本作のリッキーと違って私の父親は暴力を奮っていた。したがって、力ではまだ敵わない私は、仕方なくそんな父親に屈服。その鬱憤をあちこちにぶつけていたが、それは私の場合、一人で行く映画だったり、将棋、囲碁だったり、少しだけレベルの高い卓球と、かじったばかりのサッカー、柔道等だった。しかし、本作のセブはそういうレベルの反抗ではなく、家族で楽しく過ごしたあの晩の翌日には、学校でケンカをして相手をケガさせていたからアレレ・・・。校長から呼び出しを受けていたにもかかわらず、それにリッキーが遅れたこともあって、セブは１４日間の停学処分を受けてしまった。そこで、リッキーはマロニーに「家族がガタガタなので１週間休ませてくれ」と頼んだが、マロニーからは「自営だから代わりを探せば済むことだ」と突っぱねられることに。それはつまり、代理のドライバーを立てられなければ、契約通り１日１００ポンドの罰金を課せられることを意味していた。そんな現実の前にやむなくリッキーはいつものように出勤したが、今度は警察からセブが万引きをしたという電話が入ったから大変。さすがにリッキーは、マロニーから「制裁を覚悟しろ」と罵られながら警察に駆けつけたが、そこでセブは反省するどころかますます反抗的になっていたからアレレ。いつから、また、なぜセブはこんなバカ息子

になったの？ケン・ローチ監督の主張では、ひょっとしてこれも、リッキーを忙しく働かせているフランチャイズの宅配ドライバーのシステムや、そんな格差を生んだ社会が悪いと言うの？まさか、そうではないはずだ。私としては、これはフランチャイズの宅配ドライバーのシステムや格差社会が悪いのではなく、反抗期のまっただ中にあるセブの出来が悪すぎるためと言わざるを得ない。しかして、私はこのバカ息子にうんざり！

■□■ここまで反抗？妹の健気な行動は？家族の再生は？■□■

去る１２月１３日に観たトルコの巨匠ヌリ・ビルゲ・ジェイラン監督の『読まれなかった小説』（18年）は、父子の確執と再生をテーマにした難解な長編会話劇だったが、そこでの父子の確執は深刻でも暴力を伴うことはなかった。それと同じように（？）本作でも、リッキーはこれまで子供たちに暴力を振るったことのない父親だったが、昨日はついに万引き事件の反省が全く見られないセブに対して暴力を振るうとともに「出ていけ！」と怒鳴ってしまったから、さあセブは？小学生時代に父親の暴力に恐い思いをしてきた私も、父親になってからはリッキーと同じようにこれまで一度も２人の子供に暴力を振るったことはないが、「出ていけ！」と怒鳴ったことは何度かある。それくらいの父子ゲンカはどこの家庭でも１度や２度はあるはずだが、本作では、あの父子ゲンカ後のセブの行動はどう見てもやり過ぎ！？もっとも、そう言えるかどうかは、昨日のリッキーの暴力の可否だけではなく、そこからずっと遡り、リッキーがあの日あの決断をしたことの是非までしっかり考える必要がある。

ここで１つだけつまらない指摘をすれば、車のキーは普通１本だけでなく、スペアキーがあるのでは？もしそうだとしたら、本作のように、その翌朝、セブがバンのキーと共に消えていたとしても、本作のような混乱は起きないはずだ。もっとも、本作ではキーがなくなったからバンに乗れないことが問題ではなく、誰が、何のために、キーを持って行ったのかが問題。しかして、ケン・ローチ監督はそこからクライマックスに向けて意外な犯人を登場させてくるので、それに注目！リッキーはキーを盗んでいったのは当然セブだと考えていたが、もしそれが間違い（濡れ衣）だったとしたら、リッキーはどう謝罪すればいいの？そして、セブはそんな謝罪を認めてくれるの？

ケン・ローチ監督が描き出す本作ラストの静かなクライマックスについては、そんな視点からあなた自身の目でしっかり確認してもらいたい。ちなみに、本作の邦題は『家族を想うとき』だが、原題は『Sorry We Missed You』だから、大きく違っている。しかして、本作のクライマックスを観れば、あなたはどちらのタイトルの方がより相応しいと考える？

２０１９（令和元）年１２月２７日記

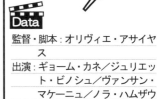

監督・脚本：オリヴィエ・アサイヤス

出演：ギョーム・カネ／ジュリエット・ビノシュ／ヴァンサン・マケーニュ／ノラ・ハムザウィ／クリスタ・テレ／パスカル・グレゴリー

★★★★

冬時間のパリ

2018年／フランス映画
配給：トランスフォーマー／107分

2020（令和2）年1月22日鑑賞 ｜ テアトル梅田

👀みどころ

　おしゃれで軽快な会話劇ならウッディ・アレン監督の独壇場だが、重厚な会話劇なら、トルコのヌリ・ビルゲ・ジェイラン監督や中国の胡波（フー・ボー）監督。しかし、哲学的でありながら、かつユーモアと皮肉に富んだフランス流の会話劇なら、やっぱりオリヴィエ・アサイヤス監督！？

　本作の会話劇の登場人物は、2組の夫婦＋α。時代とテーマの設定はわかりやすいが、ダブル不倫の生々しさ（？）は、やっぱり自由と人権の国たるフランス流？その点、男も女も相当したたかだ。

　しかして、登場人物たち各位の、「変わらぬために、変わるしかない」の名セリフの実践は？

――＊――＊――＊――＊――＊――＊――＊――＊――

■□■同じ会話劇でも、本作はアサイヤス流！フランス流！■□■

　アメリカの巨匠ウッディ・アレン監督作品は、おしゃれで軽快な会話劇が面白いが、トルコの巨匠ヌリ・ビルゲ・ジェイラン監督の『雪の轍』（14年）（『シネマ36』124頁）や『読まれなかった手紙』（19年）に見る会話劇は重厚そのもの。テーマも、ウッディ・アレン監督作品は恋物語が多いのに対し、ヌリ・ビルゲ・ジェイラン監督作品は哲学的で人間の本質に絡むものが多いから、難解だ。他方、そんな会話劇を延々と234分間も薄暗いスクリーン上で展開させた名作が、29歳で自殺してしまった中国の胡波（フー・ボー）監督の『象は静かに座っている』（18年）（『シネマ46』掲載予定）だった。

　しかして、本作は『夏時間の庭』（08年）（『シネマ22』未掲載）、『アクトレス　～女たちの舞台～』（14年）（『シネマ37』92頁）等の作品でフランスを代表する巨匠オリヴィエ・

アサイヤス監督による会話劇だが、その傾向はトルコのヌリ・ビルゲ・ジェイラン監督や中国の胡波監督風ではなく、明らかにウッディ・アレン監督風！フランスは１７８９年の「フランス革命」に象徴されるように、「自由、平等、博愛」の国だが、それは同時に、自我意識や権利意識が強く、議論好きなことを意味する。その点ではドイツも同じだが、ドイツはトコトン理屈っぽいのに対し、フランスはユーモアと皮肉をタップリ絡めた論理展開が得意。しかも「人間は考える葦である」という深淵な言葉を残した哲学者ブレーズ・パスカルを生んだ国だから、自分を正当化する理屈の展開においては、だれにも負けない国民性を持っている。以上は完全に私の独断と偏見に基づくフランス観だが、本作を観ていると、それがズバリ当たっている感が・・・。

■□■会話劇の構成員は２組の夫婦。その実態は？■□■

　会話劇で構成する映画では、登場人物が限定されている。それは、『雪の轍』『読まれなかった手紙』『象は静かに座っている』を観てもわかることだ。本作には２組の夫婦がその会話劇の構成員として登場する。第1は、敏腕編集者のアラン（ギョーム・カネ）と、その妻で女優のセレナ（ジュリエット・ビノシュ）。第2は、作家でアランの友人であるレオナール（ヴァンサン・マケーニュ）と、その妻で政治家秘書をしているヴァレリー（ノラ・ハムザウィ）夫婦だ。日本と違って「夫婦共働き」はフランスでは当たり前だが、本作を観ていると、それ以上に「夫と妻は同権」だということが会話の端々で理解できる。ところが、一見仲のよさそうに見えるこの２組の夫婦も、ある意味で倦怠期、そして、ある意味で仮面夫婦・・・？

　アランは今、電子書籍ブームが押し寄せる中、何とか時代に適応しようと努力していたが、そんな中、作家で友人のレオナールから不倫をテーマにした新作の相談を受けていた。このように、本作では男同士の仕事上の付き合いは順調そうにみえるが、実はこれもかなり不安定。なぜなら、アランは書籍のデジタル化にどこまで対応できるか？という問題と、すわ、会社が買収されるのでは？という問題に直面していたから。他方、レオナールについては、今出そうとしている新作『終止符』は相変わらず「私小説」だが、そのモデルについてさまざまな意見（批判？）が出されていたからだ。そんな問題だらけの中に置かれている、この２組の夫婦のそれぞれの場面における会話劇は、さて如何に？

©CG CINEMA / ARTE FRANCE CINEMA / VORTEX SUTRA / PLAYTIME

■□■2組の仮面夫婦ぶりは？不倫の告白は？■□■

　自由と人権の尊重は、離婚率の拡大と正比例？そんな仮説が成立するのかどうかは知らないが、フランスでは離婚は日常茶飯事だし、シングルマザーはどこにでもゴロゴロ転がっている。そんなフランスでは、倦怠期に入っているこの2組の夫婦それぞれの不倫も、ある意味で当然？オリヴィエ・アサイヤス監督がそう考えているのかは知らないが、本作では、まずアランが若くて優秀しかも美人のデジタル担当の社員ロール（クリスタ・テレ）と展開する不倫の姿に注目したい。仕事絡みの不倫は何かと便利だが、かつて1950年、60年代に森繁久彌が演じた東宝の『社長』シリーズでは、常に浮気の一歩手前で恐妻の力によって防止されていた。それに比べると、本作に見るアランとロールの堂々とした浮気（不倫）のやり方は・・・？

©CG CINEMA / ARTE FRANCE CINEMA / VORTEX SUTRA / PLAYTIME

©CG CINEMA / ARTE FRANCE CINEMA / VORTEX SUTRA / PLAYTIME

　他方、レオナールの方も、若い愛人はいないものの、親友でビジネスパートナーであるアランの妻セレナと6年間も「秘密の関係」を結んでいるそうだから、恐れ入る。本作のパンフレットには、「PARIS　MAP —ロケ地マップ—」があり、そこでは、⑤セレナとレオナールが密会するバー、⑦セレナがレオナールに別れを切り出すカフェが記されているので、その場所とともに、この2人の密会のあり方と別れの姿をしっかり確認したい。

　また、セレナを演じるジュリエット・ビノシュは、3つの主要なヨーロッパの映画祭すべて（ベルリン、カンヌ、ベネチア）で賞を取った最初の女優として有名だが、ヴァレリーを演じたノラ・ハムザウィは、これまで私がまったく知らなかった女優。そんなノラ演じるヴァレリーは、「夫が浮気しているのでは？」と薄々感じていながら、それを切り出せないまま、政治家秘書の活動に邁進していた。この手のパターンの活動家は日本にもドイツにもたくさんいるが、そんなノラは信頼していたボスの政治家が、ある日、ある「性的スキャンダル」を起こしたことによって、一気にその熱が冷めてしまうことに。そして、それをきっかけとして、レオナールに浮気の話を切り出すと、何とレオナールの口から出た浮気のお相手の名前は・・・？こりゃまあ、深刻といえば深刻、悲劇といえば悲劇。しかし、ある意味人間的であり、喜劇といえば喜劇・・・？

■□■変わらぬために、変わるしかないの名セリフの実践は？■□■

　ルキーノ・ヴィスコンティ監督の『山猫』（63年）は、既にベテランの域に達した（？）バート・ランカスターと、若き日のアラン・ドロン、そして、最も美しい時のクラウディア・カルデナーレが共演した壮大な歴史ドラマだった。私は２０１６年６月１２日にあらためてその『山猫　4K　修復版』を鑑賞した（『シネマ38』未掲載）が、同作ではクライマックスでの豪華絢爛たる舞踏会の他、バート・ランカスターが演じたサリーナ公爵の「永遠に変わらないためには、変わり続けなくてはならない」とのセリフが有名。これは、いつの時代でも、また、どんなテーマにも通じる名セリフだが、本作では、書籍のデジタル化が進む中、敏腕編集者のアランがいかに「変わらぬために、変わるしかない」を実践していくかがストーリー全体を牽引するテーマになっているので、それに注目！

　そのテーマを積極的に推進しているのが、デジタル担当の若手社員ロールだが、ロールの変化が素早いのに対して、アランの変化はゆったりしている上、何かとあいまい。これで本当に書籍のデジタル化という時代の流れに適応していけるの？それと同じように、レ

オナールの方も、新作『終止符』では、「私小説しか書けない」という世間の評判から抜け出すことは全然できていないようだから、それでホントに生き残れるの？

　「家庭人間」ではなく「仕事人間」を自認している私は、本作の主人公になっている２人の男の、そんな仕事面における「変わらぬために、変わるしかない」の実践に不安を覚えざるを得ない。しかし、フランス人であるアランもレオナールも、仕事人間の面ばかりではなく、家庭人間、そして、自由恋愛をする男としての側面が極めて強いようで、本作の中盤から後半では、２人ともその面では「変わらぬために、変わるしかない」を見事に実践していくので、それに注目！

　本作の「INTRODUCTION」には、「名匠オリヴィエ・アサイヤス監督がパリの出版業界を舞台に＜本、人生、愛＞をテーマに描く、迷える大人達のラブストーリー」と書かれているが、なるほど、なるほど・・・。

冬時間のパリ 12月20日（金）Bunkamura ル・シネマほか
全国順次ロードショー
©CG CINEMA / ARTE FRANCE CINEMA / VORTEX SUTRA /
PLAYTIME

２０２０（令和2）年1月27日記

Data

監督・脚本：キム・ギドク

出演：藤井美菜／チャン・グンソク
／アン・ソンギ／イ・ソンジ
ェ／リュ・スンボム／ソン・
ギュン／オダギリジョー

★★★★★

人間の時間
(Human, Space, Time and Human)

2018年／韓国映画
配給：太秦／122分

| 2020（令和2）年3月22日鑑賞 | シネマート心斎橋 |

👁👁みどころ

　私の大好きなキム・ギドク監督は「韓国の異端児」「鬼才」と呼ばれていたが、本作では「狂才」に格上げ！？ダイヤモンド・プリンセス号ならぬ退役軍艦でのクルーズの旅は、新型コロナウィルス禍とは異質の「人間という名の欲望が暴走する」大事件に！

　不沈の旅客船タイタニック号は処女航海でもろくも沈んでしまったが、本作の退役軍艦はある日突然、空中に浮かぶ超自然現象に遭遇！そこで起きた食糧危機は格差問題をはるかに越えた対立・抗争を生み、権力闘争から遂には殺し合いに！しかして、その勝者は？

　韓国の国民的俳優アン・ソンギが、セリフなしで挑む「謎の老人」はいかなる役割を？また、日韓を股にかけるキム・ギドク好みの日本人女優・藤井美菜はどんなしたたかさを？

　こりゃ必見！キム・ギドク監督健在なり！更なる次回作を期待！

—— * —— * —— * —— * —— * —— * —— * —— * —— * ——

■□■狂才キム・ギドクはどんなディストピアの世界を演出？■□■

　本作のパンフレットにある「キム・ギドク監督プロフィール」には、１９９６年のデビュー作『鰐〜ワニ〜』から最新の『The NET　網に囚われた男』（16年）（『シネマ39』145頁）まで計２２作が掲載されているが、私はそのほとんどを観ている。彼の天才ぶりを示すのは、『アリラン』（11年）（『シネマ28』206頁）でカンヌ国際映画祭ある視点部門最優秀作品賞、『うつせみ』（04年）（『シネマ10』318頁）でヴェネチア国際映画祭銀獅子賞（監督賞）、『サマリア』（04年）（『シネマ7』396頁）でベルリン国際映画祭銀熊賞（監督賞）、

と世界三大映画祭を制覇していることだ。しかし、他方で彼は０８年の『悲夢』（『シネマ22』232頁）から１１年の『アリラン』まで一時映画界から姿を消し、隠遁生活に入っていたから、この時には彼の監督生命は終えたと言われていた。そんな彼を、かつては「韓国の異端児」と呼び、また「鬼才」と呼んでいたが、本作のパンフレットでは「狂才キム・ギドク！」と称している。

本作のジャンルは「ディストピア」。世界中に「ディストピア」の名作は多いが、本作は、休暇に向かう多くの人々を乗せて大海原へのクルーズの旅に出発する退役した軍艦を舞台にしたもの。そう聞くと、キム・ギドク監督は早くもイギリス船籍のクルーズ船「ダイヤモンド・プリンセス」で起きた新型コロナウイルス騒動を映画にしたの？一瞬そう思ったが、さすがに２０１８年公開の本作で、それはない。本作では軍艦の名前は明示されないし、もちろん「ダイヤモンド・プリンセス」や、あの「タイタニック」ほど豪華ではない。また、元軍艦だから、大砲があり、厚い鉄板に覆われ、客室（？）の窓も小さいから、全体の姿が無骨なのは仕方ない。しかし、それでも乗客たちはこれからのクルーズを楽しみにしているようだ。

さあ、韓国の狂才、キム・ギドクはそんな軍艦を舞台に、どんなディストピアの世界を演出するの？

■□■私は人間を憎むのをやめるためにこの映画を作った？■□■

吉野家が１９７０年代に全国のチェーン店化を進めた時のキャッチフレーズは「早い、うまい、安い」だったが、キム・ギドク作品のそれは「早い、面白い、安い」。また、そのテーマはさまざまだが、一作ごとに設定されたテーマはトコトン凝縮されているので、そのテーマごとの問題提起は衝撃的な映像と共に、他に類を見ない強烈なメッセージを放っている。そのため、彼の作品は公開されるごとに賛否両論を含め常に物議を醸しだすことになるわけだ。近時は『殺されたミンジュ』（14年）（『シネマ37』185頁）こそ「サスペンスもの」だったが、『メビウス』（13年）（『シネマ35』170頁）、『STOP』（15年）（『シネマ40』265頁）、『The NET 網に囚われた男』と立て続けに政治的メッセージの強い作品を発表している。それは、２０１１年の３．１１福島原発事故や緊張する南北関係・南北情勢を踏まえたものだが、今、狂才キム・ギドク監督の頭の中に浮かぶディストピアとはどんな世界？

アメリカのテネシー・ウィリアムズの名作に戯曲『欲望という名の電車』（47年）があり、私は大学時代にそれをテーマにした文学談義を何度もやったが、本作のパンフレットには監督メッセージがあり、そのタイトルは「人間という名の欲望が暴走する――。」とされている。そう聞いても、わかったようなわからないようなイメージだから、あえて監督メッセージの全文を転載すれば、次のとおりだ。

世の中は、恐ろしいほど残酷で無情で悲しみに満ちている。

残酷な行為に関するニュースが、世界中で毎日報道されている。

自分自身のことを含め、どんなに一生懸命人間を理解しようとしても、混乱するだけでその残酷さを理解することはできない。そこで私は、すべての義理や人情を排除して何度も何度も考え、母なる自然の本能と習慣に答えを見つけた。

自然は…人間の悲しみや苦悩の限界を超えたものであり、最終的には自分自身に戻ってくるものだ。私は人間を憎むのをやめるためにこの映画を作った。

人間、空間、時間…そして人間。

　ちなみに、本作の邦題は『人間の時間』だが、原題は『Human, Space, Time and Human』だから、上記の「人間、空間、時間・・・そして人間。」という監督の最新のメッセージをすべて含めている。ところが、邦題は空間をカットしているうえ、ラストに人間を再掲するのもサボっているから果たしてこの邦題でいいの？本作鑑賞後は、それもしっかり考えたい。

■□■まずは、2人の日本人男女（夫妻）に注目！■□■

　「日中を行き来する女優」の代表といえば、昔は中野良子だけだったが、今はたくさんいる。それに対して、「日韓を行き来する女優」といえば、かつてはキム・ギドク監督の『絶対の愛』（06年）（『シネマ13』86頁）にも出演した女優・杉野希妃だった。彼女は今は監督稼業に集中しているようだが、近時の「日韓を行き来する女優」は、私が本作ではじめて知った藤井美菜らしい。私は彼女の出演作を一本も観ていないが、本作導入部でその藤井美菜がかわいらしいワンピース姿のイヴ役で登場すると、たしかに個性的で、杉野希妃と同じようにキム・ギドク監督好みの顔立ちだ。他方、新婚旅行にこのクルーズを選んだ男を演ずるのは、キム・ギドク監督と親交の深いオダギリジョーだ。

映画検定３級を持つ私が学んだ教科書『映画検定　公式テキストブック』（２０２頁）によれば、「グランド・ホテル形式」とは、『グランド・ホテル』（32 年）（『シネマ 16』116頁）に由来するもので、一つの場所を舞台に複数人々のドラマを並行して描くもの。そうすると、本作はまさにそれ。舞台は退役軍艦だけで、たまたまそのクルーズに乗り合わせた多種多様な人物たちのドラマを並行して描くものだ。そのため、本作導入部で、キム・ギドク監督はほぼ平等にこのクルーズに乗り合わせた乗客や船長たちを紹介してくれる。しかし、そこでのイヴとその夫は新婚旅行にこの軍艦クルーズを選んだ日本人夫妻として紹介されるだけだから、彼らが後に本作のどこでどんな役割を演じるのかは全くわからない。そして、イヴの夫はいかにも正義感の強い若者（若造？）というキャラクターだが、クルーズ船の中でそんなに突っ張った彼はどうなるの？

　他方、このクルーズには明らかに売春婦とわかる３人の女たちが乗り込んでいるが、これはいかにもキム・ギドク映画らしい。つまり、こんな女たちは普通なら乗船を拒否されるところだが、キム・ギドク映画ならギャングのボス（リュ・スンボム）率いるギャング団の乗船が許可されているのと同じように、OK らしい。本作のテーマは「人間という名の欲望が暴走する――。」だから、乗り合わせた軍艦クルーズの中で、このギャングたちと売春婦がお楽しみタイムを持つのは自由。しかし、いくら何でも若造が生意気な口をきくから、その男を殺して海の中へ投げ込んだうえ、新婚旅行に来ているその妻イヴを強姦するというのは如何なもの。しかし、狂才キム・ギドクの脚本・演出なら当然それもありら

104

しい。それどころか、強姦するのがイヴの清楚な美しさに目をつけた政治家（イ・ソンジェ）だけでなく、そのお膳立てをしたギャングのボスもお裾分けとばかりに先にいただいたうえ、政治家から陵辱され気を失ったまま寝入っているイヴの身体を、更に息子のアダム（チャン・グンソク）が弄ぶのだからいやはや・・・。

本作導入部では、まずはそんな２人の日本人（夫妻）に注目！と言っても、夫の方はあっさり海の藻屑と消えてしまったから、残された新妻のイヴはこの後どうするの？

■□■主役は政治家二世！このダメ男の成長は如何に？■□■

現在の安倍晋三総理や将来の総理大臣候補と言われている小泉進次郎のように、政治家には２世が多い。「パパ・ブッシュ」ことジョージ・Ｈ・Ｗ・ブッシュに続いて２代とも大統領になったアメリカのジョージ・Ｗ・ブッシュも２世だ。しかして、本作導入部で父親から「将来どうする？」と問われた息子のアダムは、「政治家にはなりたくない」と答えていたが、さて？

２世議員には先代に比べると、共通してどこかに甘さやひ弱さがつきまとうが、それはアダムも同じ。口先では、食事の質や量の「差別」について、正義の味方のように文句を付けてきたイヴの夫を支持するかのようなことを言っていても、いざ失神したイヴの美しい裸体を見るとつい・・・。これでは、言行不一致と言われても仕方ない。アダムを演ずるのは韓国のみならず日本でもペ・ヨンジュン以上の人気を誇る若手俳優チャン・グンソクだが、前半ではそのダメ男ぶりが目につくので、それに注目！

本作が「ディストピア」映画になるのは、大海原を航行していたはずの船の周りから突然海が消え去り、空にぽっかり浮かんでしまうという超自然現象に出会った時からだが、そこで現実的な問題として急浮上してきたのが食糧問題。つまり、船の中に貯蔵してある食料品はいつまでもつのか？という単純な問題だ。船の指揮権を持つのは本来船長（ソン・ギュン）だが、こんな非常事態の中では、「それは俺が持つ！」と宣言したのがアダムの父親。そして、それを銃で脅しながら支持したのがギャングのボスだ。そのため、以降「指導者たち」はまともな食事を食べていたが、その他の「一般乗客」は一日一食、おにぎりだけという極端な差別待遇に。ここでも政治家２世のアダムは、口先だけは「そんな不平等は良くない」と言っていたが、それでも自分は指導部の食事をしっかり食べていたからアレレ・・・。

カンヌ国際映画祭では、是枝監督の『万引き家族』（18年）（『シネマ42』10頁）とポン・ジュノ監督の『パラサイト　半地下の家族』（19年）という格差問題を鋭く描いた映画が２年連続してパルムドール賞を受賞したし、第９２回アカデミー賞でも格差から這い上がってダークヒーローになった男を主人公にした『JOKER ジョーカー』（19年）が主演男優賞を受賞した。そんな「格差批判」の目で本作前半を見ると、キム・ギドク監督は一見、政治家の権力とそれを支えるギャングの暴力によって格差が生まれることを肯定している

かのように見えるが、さて・・・？本作前半はそんなダメ男ぶりを見せる政治家2世のアダムだが、次第に食糧危機が深刻になり、人間（乗客）の欲望が露わになってくる中、対立・抗争が激化してくると、このダメ男は少しずつ成長していき、後半の主役になっていくから、それに注目！

■□■対立・抗争激化の中に見る人間の欲望とは？■□■

　キム・ギドク監督は、本作導入部でギャングのボスを通して（?）「人間の欲望」としてごく当たり前の酒、ドラッグ、セックス等を示していく。また、本作は「グランド・ホテル形式」の「ディストピアもの」だから、最初から登場人物のキャラはハッキリ固定されているのでわかりやすい。冒頭から、船長と政治家との権力トップを巡る小競り合いはあるものの、軍艦に超自然現象が発生すると、政治家が権力を掌握。やはり、いつの時代でも軍事力をバックにした政権が強いわけだ。そして、前半では強姦という許されざる犯罪を含むキム・ギドク監督流の「人間の欲望」の発散風景が随所で展開するが、超自然現象の中で食糧危機が顕著になってくると、食料への不平不満から生じる対立・抗争が激化し、それが反乱や武装蜂起そして権力闘争へと発展していくから、その姿をしっかり観察したい。導入部でイヴの夫が主張していたことはすべて正論だが、彼はギャングのボスの暴力によってあっさり抹消されてしまった。また、クルーズに乗り合わせていた若者のグループたちは、それすら主張できない「一般大衆」だから、今、一日一食の待遇に不平不満あ

っても、それを解消する手段・方法は持ち合わせていない。それに対して、船長はさすがプロ。暴力には暴力が必要と考えた船長は、使っていない保管庫の中を探すことによって大量の手榴弾を発見したから、これを使えば武装蜂起による権力奪還が可能。そう考えたのは当然だ。すると、その後はそのタイミングをはかるだけだが・・・。

私は、学生運動に没頭していた時期に、さまざまなマルクス・レーニン主義の文献を読んだが、「ドイツ・イデオロギー」や「帝国主義論」における権力闘争の姿は興味深かった。しかし、本作を見ていると、「グランド・ホテル」ならぬ「退役軍艦」を舞台にした食糧危機が深刻化する中での、人間の欲望を軸とした権力闘争の姿はそれと同じだ。ロシア革命ではトロツキー等多くの政敵を倒してレーニンが勝利したが、さて、このクルーズ船での勝者は?

■□■謎の老人は一体何を?これぞキム・ギドクの世界!■□■

政治家2世のアダムを演ずるチャン・グンソクが「日韓を股にかけた人気若手俳優」なら、本作で「謎の老人」役を演じているアン・ソンギは「韓国の国民的俳優」。アン・ソンギは子役の時代から有名だったそうだが、3月21日に観たキム・ギヨン監督の『下女』(60年)で、はじめてその子役時代の姿を発見!1952年1月1日生まれの彼の出演作は多く、私が観たものだけでも、『風吹く良き日』(80年)(『シネマ27』209頁)、『ディープ・ブルー・ナイト』(85年)(『シネマ2』233頁)、『神さまこんにちは』(87年)(『シネマ2』232頁)、『MUSA-武士-』(01年)(『シネマ4』54頁)、『酔画仙』(02年)(『シネマ7』202頁)『ピアノを弾く大統領』(02年)(『シネマ9』148頁)、『シルミド』(03年)(『シネマ4』202頁)、『デュエリスト』(05年)(『シネマ10』117頁)、『墨攻』(06年)(『シネマ14』286頁、『シネマ17』128頁)、『光州5・18』(07年)(『シネマ19』78頁)、『第7鉱区』(11年)(『シネマ27』71頁)、『ザ・タワー超高層ビル大火災』(12年)(『シネマ31』169頁)、『ラスト ナイツ』(15年)(『シネマ37』71頁)がある。

そんなアン・ソンギ演ずる「謎の老人」は、新婚旅行中の夫を殺され、3人の男たちに陵辱され、自殺しようとしていたイヴを助けることで大きな役割を果たしている。しかし、セリフが何一つなく、イヴから何を質問されても少し微笑むだけなのが彼の特徴だ。他方、クルーズの客であるはずの彼はいつも、土を集め、小さい植木鉢で種を育てているが、その意図はイヴにも観客にもサッパリわからない。しかし、食料品を巡る船内での対立・抗争が激化し、死者が出始めると、彼は包丁を持って、その死体を切り刻んでいたから、この老人は恐い。ちなみに、塚本晋也が監督・脚本・編集・撮影・製作のうえ、主演までした『野火』(14年)(『シネマ36』22頁)では、塚本監督は、イモ、塩、猿から人肉食まで、現実主義(?)を徹底させていたが、ひょっとしてキム・ギドク監督は本作後半のテーマをそれと同じような、人肉食に・・・?

■□■韓国では冷遇？でも映画作りは労働！１年に１本！■□■

　本作のパンフレットには４頁にわたる「キム・ギドク監督インタビュー」があり、そこでは樋口毅宏氏（作家）がインタビュアーとして鋭い質問を放ち、監督がそれに真正面から回答している。そこで、私が最も注目したのは、樋口氏はキム・ギドク監督を「あなたはやはり世界の潮流とは無縁の、孤高の映画監督ですね。」「やっぱり『人類がまだ観たことがないような映画』を撮ろうとしていますね。」と位置づけたうえ、「にもかかわらず、『人間の時間』は韓国ではいまだに上映されていないと聞きました。これまでのあなたの作品も、本国ではひどい扱いを受けています。どうすれば韓国はあなたを正当に評価するでしょうか？」と質問していること。この回答は難しいが、キム・ギドク監督は、これには軽く受け流しているので、その即応の妙を味わいたい。

　他方、「あななた海外のビッグタイトルをほぼ総なめしておきながら、何度も言いますがいまだに本国では冷遇されています。３つの条件が揃わないままなのに、どうしてあなたは映画を撮り続けることができているのでしょうか。」との質問に対して、彼は「私は１年に１本の割合で映画をコンスタントに撮っています。映画は私にとって労働です。私は映画を作る労働者だと思っています。映画を撮るのに重要なことは製作費です。だから自分でシナリオを書き、監督も撮影も編集も録音も自分でやることで製作費を抑えています（苦笑）。そして、映画においてもっとも重要なのはシナリオです。低予算ながら、何を伝えるか、どんな物語を撮るか、ずっと考えていて、努力を怠りません。」と真正面から答えているので、これに最注目したい。ちなみに、私は『シネマ１』を出版して以来、今日まで約２０年の間に計４５冊の映画評論本『シネマルーム』を出版してきたが、それはすべて採算が取れず赤字のまま。それにもかかわらず、今もそれをずっと続けているが、それは一体なぜ？そう考えながら、このキム・ギドク監督の回答を読んでいると、私は妙に納得感が・・・。

　そして、最後の質問、「あなたは２００５年の作品、『弓』のラストで、「ぴんと張った糸には強さと美しい音色がある。死ぬまで弓のように生きていたい」と書きました。あなたはいま、弓のように生きていますか？」に対する彼の答えは、「いつも頭の中に刻んでいます。私はこれから歳を取ってもシナリオを書き、映画を撮り続けたいと思っています。そして映画を通して人生を悟っていきたいのです。」だ。何とすばらしい回答だろう。本作はクライマックスに向けて恐い恐いシークエンスが増えていくが、最後の最後はいかにもキム・ギドク監督らしい寓話になる。それには賛否両論があるだろうが、久しぶりにキム・ギドク監督が描く「ディストピア」の世界をしっかり味わいたい。

２０２０（令和２）年３月３０日記

SHOW-HEY シネマルーム

★★★★

読まれなかった小説

2018 年／トルコ・フランス・ドイツ・ブルガリア・マケドニア・
ボスニア・スウェーデン・カタール映画
配給：ビターズ・エンド／189 分

2019（令和元）年 12 月 13 日鑑賞	シネ・リーブル梅田

Data

監督・共同脚本・編集：ヌリ・ビル
ゲ・ジェイラン
出演：アイドゥン・ドウ・デミルコ
ル／ムラト・ジェムジル／ベ
ンヌ・ユルドゥルムラー／ハ
ザール・エルグチュル／セル
カン・ケスキン／タメル・レ
ヴェント／アキン・アクス／
オネル・エルカン／アフメ
ト・ルファト・シュンガル／
クビライ・トゥンチェル／カ
ディル・チェルミク

◎◎みどころ

　　トルコの巨匠ヌリ・ビルゲ・ジェイラン監督の『雪の轍』（14 年）は、クソ
難しい会話劇が延々と続く名作だったが、それは本作も同じ。作家を目指す主
人公が展開する①同級生の女の子との会話劇、②有名な作家との会話劇を聞い
ていると、この男、性格に問題あり！そう思わざるをえないが・・・。
他方、一見善人に見える父親の方もバクチ好きの皮肉屋だから、アレレ・・・。
この父子の確執は一体どうなるの？

　　『読まれなかった小説』とは何とも不吉なタイトルだが、彼の処女作たる『野
生の梨の木』の出版は？その販売は？そして、その読み手は？スクリーン上に
は父親の死、息子の死、さらに死体を這い回る蟻（？）等のシーンが登場する
ので、その虚実も含めてストーリー展開をしっかり確認したい。

　　とっつきにくさでは超一流だが、胡波（フー・ボー）監督の２３４分の大作
『象は静かに座っている』（18 年）と同様、しっかり鑑賞すれば間違いなくそ
れなりの価値あり！

——＊——＊——＊——＊——＊——＊——＊——＊——＊——

■□■ 『雪の轍』もしんどかったが本作も！だが本作も必見！■□■

　　第６７回カンヌ国際映画祭でパルム・ドール賞をしたのは、トルコの巨匠ヌリ・ビルゲ・
ジェイラン監督による３時間１６分の大作だった『雪の轍』（14 年）。奇岩で有名なカッパ
ドキアや洞窟ホテルを舞台とした、登場人物たちの１対１による複数の会話劇はクソ難し
いテーマばかりだったが、一生懸命聞いているとその論点がよくわかってくるから、ぐっ
たり疲れるものの、見応えも十分で、私は星５つをつけた（『シネマ 36』124 頁）。

『キネマ旬報』２０１９年１２月上旬特別号は「『読まれなかった小説』が描いたもの」と題する記事を載せているが、その冒頭には「彼の長篇８作目となる新作『読まれなかった小説』は、共同脚本を務めた若手作家アキン・アクスが書いたストーリーが元になっているものの、１８９分の長尺における文学的なセリフの応酬、ときに厳しくも美しい自然の描写、ざらついた人間関係といったこれまでと変わらぬジェイラン色に満ちた大作である。」「トロイ遺跡のあるチャナカレ県を舞台に、父と息子の対立が叙事詩的なスケールをもって描かれる。」と書かれている。たしかに、その通りだ。トルストイの『戦争と平和』は何度も映画化されているが、オードリー・ヘップバーンがナターシャ役で主演した『戦争と平和』（56 年）では、メル・ファーラー扮するアンドレイ公爵とヘンリー・フォンダ扮するピエールが交わす哲学的な会話＝人生論が１つの見どころだった。しかし、同作のそれは、アウステルリッツの戦いや、ボロディノの戦いを中心としたナポレオンとロシアとの戦争を描く壮大な歴史ドラマの１コマにすぎなかった。

それに対して、本作で後述のようにいくつか登場する「会話劇」はそれぞれ難解であるうえ、全編がその連続だから、疲れることおびただしい。そんなこともあって、新聞紙評における本作の評価は概ね高いものの、チェ・ブンブン氏の「『読まれなかった小説』ヌリ・ビルゲ・ジェイランよ、美学を失った会話劇は拷問なのよ」の「小説と映画を履き違えた巨匠」とのネット記事では、「ジェイランよ・・・どうしてしまったのだ。絵画的なヴィジュアルから文学世界に観客を引き摺りこむ職人芸の重要な要素を抜いて描いたら、それはソースのかかっていないケバブだぞ。」とボロクソに書かれているので、そんな評価にも注目！

■□■大学を卒業して故郷へ。しかし俺の夢は？居場所は？■□■

本作は、大学を卒業した主人公のシナン（アイドゥン・ドゥ・デミルコル）が故郷の田舎町チャンに戻ってくるシークエンスから始まる。日本なら２２、３歳の年頃だが、アイドゥン・ドゥ・デミルコルは１９８５年生まれだし、ひげ面のシナンの姿を見ると、とても２２、３歳とは思えない。また、日本なら大学を卒業して故郷へ戻るのは、就職が決まり卒業式までゆっくり過ごせる３月の春休みのはずだが、さてシナンの場合は？

作家志望の彼は在学中に、既に処女作となる故郷を題材にした小説のようなエッセイのような本を完成させたというから立派なもの。彼の帰郷の目的の１つはその出版の実現にあるようだが、故郷に戻るや否や、父親の借金の催促をされたからアレレ・・・。小学校の教師をしているシナンの父親イドリス（ムラト・ジェムジル）は間もなく定年だが、根っからのギャンブル好きで、賭けの胴元の店に入りびたり、競馬に金をつぎこんでは負けて借金を重ねているらしい。そのことはシナンもうすうす知っていたが、母親のアスマン（ベンヌ・ユルドゥルムラー）は、父親が間もなくもらえるはずの退職金に手をつけないかが心配らしい。そのため、シナンが久しぶりに実家に戻っても、妹を含めた４人家族は

かなりギスギスしていることが導入部からよくわかる。

　もっとも、イドリスは話し方も穏やかで若い頃は結構ハンサムな若者だったらしい。また、今でもギャンブル好きという欠点を除けば、アラブという名の猟犬を可愛がり、羊を育てているうえ、大地を緑化するという大きな夢の実現のため、村人から反対されてもバカにされても一人黙々と井戸を掘り続けているから、どうも彼は根っからの善人らしい。

　しかし、そんな父親のいる故郷へ戻ってきたシナンの夢は？その居場所は？

■□■饒舌がいい？寡黙がいい？２３４分の胡波作品と比較■□■

　ジェイラン監督作品は、『雪の轍』も本作も難解なテーマを巡るセリフがメチャ多い会話劇であるうえ、３時間を超える長尺だから、ハッキリ言ってその鑑賞はしんどい。しかし、それ以上にしんどかったのが、作品完成直後に２９歳で自殺してしまった中国の胡波（フー・ボー）監督の『象は静かに座っている』（18年）だった。これは、タイトルが意味深なら、４人の主人公たちが織りなす物語も抽象的かつ意味深。そして、２３４分という長尺の全編が会話劇だが、ジェイラン監督作品と違ってセリフの量が極端に少なく、ストーリーの展開を映像や登場人物の表情から読み取らなければならないから、もっとしんどい。更に、そのスクリーン全体が近時の邦画と正反対に常に暗いときているから、さらにしんどい。

　会話劇でストーリーを進めていくについては、セリフをしゃべる俳優の力量が大切だが、それは本作も『象は静かに座っている』も大丈夫。また、テーマがいかに難解でも、本作のように登場人物が饒舌にしゃべってくれれば、ある程度は理解しやすい。そう考えると、どうせ難解な会話劇なら饒舌な方がいい！？いやいや、それでは深みに欠けるから、フー・ボー監督の『象は静かに座っている』のように、寡黙なしゃべりの中で論争のポイントだけを語らせ、後は観客の想像に委ねる方がいい！？それはきっとあなたの好みによるもので、どちらが正解というものではないだろうが、そんな視点から、本作と『象は静かに座っている』を対比してみるのも一興だ。

■□■主人公の女っ気は？紅一点との再会は？■□■

　日本の男性作家を女っ気の関係で分類すれば、①三島由紀夫のように武術やボディビルに凝り、女っ気が全くないタイプ、②『火宅の人』の檀一雄や『堕落論』の坂口安吾に代表される、いわゆる「無頼派」で、女にだらしのない（？）タイプ、そして③『人間失格 太宰治と３人の女たち』（19年）（『シネマ45』13頁）で見たように「死ぬ、死ぬ」と言いながら常に女関係が絶えなかった太宰治のようなタイプに分類できる。本作の主人公シナンは、そんな立派な作家には到底及ばない作家志望の若者にすぎないが、そんなシナンの本作最初の会話劇は、故郷に戻った時の高校の同級生の女性ハティジェ（ハザール・エルグチュル）との会話から始まる。

高校卒業後、大学に進学せず家の手伝いをしているハティジェからの「先生になるの?」との質問に対して、シナンは「教職に就くか、兵役に行くか・・・」と口ごもった後に、「この町には残らない。ここで腐りたくない」と答えたから、私を含めてこれを聞いた多くの観客は、「この男は何とデリカシーのない男だ」と感じたはず。だって、こんな言葉を聞けば、地元で腐っていくだけと言われたのも同然の女性ハティジェが傷つくことは明らかだ。

私も大学時代に、大阪から故郷の松山に戻った時、小学生の時の同級生の女の子に再会し、ときめきを感じたことがあるが、その気持ちはこの時のシナンも同じだったはず。したがって、そのシークエンスにも少し登場するような、ハティジェからのもう少し積極的なモーションがあれば、ひょっとして・・・?そんな期待もあったが、さてジェイラン監督が描く本作の女っ気は?

それをあえてバラしてしまえば、本作に登場するその後の会話劇のテーマは後述のとおり難解かつ哲学的なものばかりで、男女問題や恋愛に関するテーマは全く登場しない。その上、女っ気が登場するのもハティジェだけだし、そのハティジェもあっさり他の男と結婚してしまうからアレレ・・・。もっとも、本作中盤にはハティジェを巡って同級生の男ルザ(アフメト・ルファト・シュンガル)とのトラブルが発生するから、それにも注目!

■□■難解な「論争」を1つずつ丁寧に!■□■

本作には難解な会話劇がいくつも登場する。しかし、その「論争」は丁寧に聞けば十分理解できるし、興味深い内容のものばかりだから、しっかりチャレンジしたい。まず最初の論争は、地元の本屋に一人座っていた著名な作家スレイマン(セルカン・ケスキン)とのもの。シナンは作家志望の若者にすぎないのだから、「これが僕の書いたはじめての作品です。時間がある時に読んでくれませんか?」と言えばいいのに、何じゃ、このシナンの態度は?あの手この手の議論をふっかけられ、いい加減うんざりしていたスレイマンが、最後にシナンから「僕の書いた原稿を読んでほしいんです」と言われても、「悪いが無理だ」と冷たく言い放ったのは当然。なぜ、シナンはスレイマンに対してこんな態度をとったの?また、この論争の是非は?

第2は、同じくシナンの処女作の出版とその費用めぐってのシナンとアドナン町長(カディル・チェルミク)との論争。そして第3も同じテーマでの、シナンと地元の採石工場経営者(クビライ・トゥンチェル)との論争。この両者を見ていても(聞いていても)シナンの態度の悪さが目につくから、アレレ・・・。

さらに、本作後半の圧巻は、シナンが2人のイスラム教の指導者と歩きながら交わす論争だが、これはメチャ難しい。しかし『戦争と平和』でアンドレイとピエールが歩きながら交わしていた哲学的論争と同じように聞き応えがあるので、しっかりと!

■□■父子の確執はここまで!その虚と実は?■□■

本作前半のシナンとハティジェとの論争、それに続くシナンとスレイマンとの論争を見ている（聞いている）と、シナンの性格の悪さ（？）が大きく目立ってくる。そして、それに反比例するかのように、父親イドリスの人の良さ（？）が目立つので、その時点でのこの父子の確執ぶりをみると、父親の方に軍配をあげたくなってくる。しかし、中盤からは、羊を育てたり、井戸を掘ったりする善行の一方で、博打にうつつをぬかしている姿や、教師の試験を受けに行く息子から小遣いをむしりとろうとする姿が登場してくるので、この父親もアレレという思いが強くなってくるから、結局どっちもどっち・・・？

　父と子の確執を描いた名作は、『ハムレット』『リア王』等のシェイクスピアものを代表としてたくさんあるが、それをテーマにしたジェイラン監督の本作では、父親イドリスの死亡のシーンや、息子シナンの死亡のシーンが突如スクリーン上に登場してくるので、その虚と実に注目！

　トルコにある世界遺産トロイ遺跡の近くの小さな町チャンを舞台にした本作には、「野生の梨の木」が登場する。シナンの処女作のタイトルも『野生の梨の木』だ。「野生の梨の木」は乾燥した土地で、水があまりなくても成長するらしい。そのため、手入れされないのでいびつで甘い実がならないらしい。したがって、それは、そこで生きているにもかかわら

ず、人間には必要とされず、見向きもされない果物の木を表しているわけだ。しかし、そんな小難しいことはトルコ人には分かっても、日本人にはとてもとても理解できない。そう思いながら本作を観ていると、ある日、その「野生の梨の木」のそばで死亡したように横たわっている父親イドリスの姿が登場するので、ビックリ！

　また、本作には一貫して井戸を掘り続けるイドリスの姿が登場する。ちなみに、呉天明（ウー・ティエン・ミン）監督の『古井戸』（87年）は、張芸謀（チャン・イーモウ）が主演した素晴らしい名作だったが、同作は最後まで「井戸は掘り当てられるのか？」がテーマだった（『シネマ5』79頁）。しかし、本作では、意外にあっさり（？）イドリスが井戸掘りを諦めてしまうので、アレレ・・・。しかも、その直後にはいきなりその井戸の中でシナンが死亡しているシーンが登場するので、それにもビックリ！しかして、これらの各シーンの虚実は？

さらに、本作でいささか気味が悪いのは、死んでいるのか、それとも眠っているのかわからない赤ん坊の顔の上を、たくさんの蟻が這い回るシーン。このように、蟻をモチーフにしたシーンは、前述した、死んだように横たわるイドリスの顔の上をたくさんの蟻が這い回る形でも登場するが、これはハッキリ言って気持ちのいいシーンではない。しかして、それらの蟻が登場するシーンの持つ意味については、本作のパンフレットにある野谷文昭氏（東京大学名誉教授）の「蟻と再生」と題された「Ｃｒｉｔｉｃ」で詳しく解説されているので、これは必読！

　以上のように、本作では、シナンとイドリスの父子の確執が多くの虚と実をもって描かれるとともに、蟻をモチーフにした寓話の中で描かれるので、その読み取り方に十分注意する必要がある。

■□■トルコの出版事情は？父子確執の再生は？■□■

　日本の出版事情の大変さは、４５冊もの『シネマ本』を出版し続けている私が誰よりもよく知っている。しかし、トルコで１冊の本を出版するのがいかに大変かは、本作のシナンの姿を見ているとよくわかる。日本には自費出版のシステムがあるから、そこに依頼すれば、５００部程度の自費出版はすぐにできるが、その費用はＨｏｗ　ｍｕｃｈ？

　それはともかく、本作がラストに近づく中、やっと『野生の梨の木』の出版を実現させたシナンが、それを持って帰宅する姿が描かれる。「最愛の母さんへ　すべて母さんのおかげだ」とサインして、母親に献本したのはシナンの本心だろうが、そこでの母親の「お前はいつかやると思ってた」のセリフは、あまりにとってつけたような賛辞・・・？もっとも、出版するのが大変なら、販売するのはもっと大変。しかして、『野生の梨の木』の売れ行きは？『読まれなかった小説』と題された本作のタイトルを見れば、その結論はおのずと明らかだが・・・。

　そんな興味（？）の中、スクリーン上では突然シナンが兵役に就く姿が挿入されるので、またビックリ！そして、兵役を終えたシナンが再び帰郷すると、故郷はすっかり変わっており、今ではイドリスは家にほとんど帰らず、祖父の家に暮らしているらしい。そして、部屋の片隅に積み上げられた本の包みは湿ってカビが生えていたから、アレレ・・・。また、出版した本を置いてもらった書店にシナンが行ってみると、そこでは５カ月の間、１冊も売れないままだったようだから、さらにアレレ・・・。

　そんな中、シナンはイドリスを訪ねて祖父の家に向かったが、そこで待ち受ける本作のクライマックスとは？そして、そこに登場する父子再生の姿とは？それは、あなた自身の目でしっかりと。

２０１９（令和元）年１２月１８日記

Data

監督・製作・脚本：ジャファル・パ
ナヒ
出演：ベーナズ・ジャファリ／ジャ
ファル・パナヒ／マルズィ
エ・レザエイ

★★★★★

ある女優の不在

2018年／イラン映画
配給：キノフィルムズ、木下グループ／100分

2020（令和2）年1月13日鑑賞　　シネ・リーブル梅田

みどころ

　首つり自殺を自作自演し、その動画をSNSで公開。それだけでも人騒がせだが、それが個人宛に送られてくれば・・・？当局から映画製作を禁じられたイランのパナヒ監督が自ら出演し、「これは映画ではない！」と強弁する本作は、そんなショッキングなシーンから。

　イランは広大な国。核の開発、米国との対立等々の政治状況も大変だが、男尊女卑のレベルもひどい。そんな中、原題を『3FACES』、邦題を『ある女優の不在』とした本作のテーマは？

　日本では競走馬の「種付け」は有名だが、本作で寓話のように登場する「種牛」の話は興味深い。パナヒ監督特有の皮肉やカムフラージュをかみしめながら、本来の狙いや、希望をしっかり確認し、彼をはるか遠くからでも応援したい。

—— * —— * —— * —— * —— * —— * —— * —— *

■□■イランvs米国に緊張！イランは映画大国だが・・・■□■

　イランとイラクはどんな関係？シリアとエジプト、トルコは？また、アメリカはイランを北朝鮮と並んでヤバイ国と位置づけているが、それはなぜ？東洋の島国である日本に住む私たち日本人はそんな中東情勢にうといが、米国が２０２０年１月３日にイランのソレイマニ司令官を殺害したことによって一気に高まったイランvs米国の緊張は、目下世界最大の注目点だ。イランがウクライナの旅客機を誤ってミサイルで撃ち落としたことを認めたのは朗報だが、それを契機としてイランでは若者たちの反政府デモが広がっているから、ひょっとしてこれが政変クーデターにも・・・？

そんな心配（期待？）もあるが、他方でイランは映画大国だからその点にも注目！２０１７年の第８９回アカデミー賞外国語映画賞を受賞したのは、イランのアスガー・ファルハディ監督の『セールスマン』（16年）（『シネマ40』20頁）だ。同監督の『彼女が消えた浜辺』（09年）（『シネマ25』83頁）、『別離』（11年）（『シネマ28』68頁）、『ある過去の行方』（13年）（『シネマ33』113頁）は、すべてすばらしい映画だった。

そんな映画大国イランのもう一人の有名な映画監督が、アッパス・キアロスタミ監督の愛弟子であるジャファル・パナヒ。彼は２０１０年３月にイラン政府によって逮捕され、間もなく保釈されたものの自宅待機を強いられると共に２０年間の映画製作禁止処分を受けている。ところが、そんな中でも彼は『人生タクシー』（15年）（『シネマ40』78頁）を発表し、同作が第６５回ベルリン国際映画祭で金熊賞を受賞したからすごい。そんなパナヒ監督の最新作が本作だが、一体どうやって本作を監督し、発表できたの？

■□■この動画はホンモノ？なぜ私宛に？無視すべき？■□■

SNSが急激に発達している昨今、人気動画の再生回数は膨大な数になるそうだが、映画監督のパナヒ（ジャファル・パナヒ）を通じて自分宛に送られてきた動画を見てショックを受けているのは、イランの人気女優ベーナズ・ジャファリ（ベーナズ・ジャファリ）。本作は、冒頭に少女マルズィエ（マルズィエ・レザエイ）が自ら手にしたスマートフォンのカメラと向き合い、悲痛な面持ちで「私は昔からずっと映画が大好きで、ずっと女優を夢見てきました。寝る間も惜しんで勉強し、テヘランの芸術大学に合格した。でも、夢は砕け散った。」と語り始めるシークエンスからスタートする。続いて彼女は、①自分の家族らに裏切られ、女優への道を断たれたこと、②憧れの人気女優であるジャファリに、家族を説得してもらおうと何度もコンタクトを試みたが、その望みも叶わなかったこと、③そのため、人生に絶望した自分は自殺するしかないこと、を告白し、現にそれを実行した動画をジャファリ宛に送ってきたわけだ。

そんな動画を見て、誰もが最初に持つ疑問は、「この動画はホンモノ？」ということ。今時どっきりカメラ並みのインチキ動画がいくらでもあるから、ひょっとして、これは誰かのイタズラ？もしくはジャファリに対する何らかの嫌がらせ？そう思えなくもないが、それにしても、なぜそれが私宛に送られてきたの？そんなことをいろいろ考えても仕方ないから、この動画は無視すべき？

動画を見てショックを受けたジャファリは、結局マルズィエが本当に命を絶ったのかどうかを確かめるべく、パナヒの運転する車に乗って、彼女が住むイラン北西部のサラン村に向かうことになったが、それは当然の結論だろう。

■□■村の様子は？少女の存在感は？ホントに自殺したの？■□■

イランは北西でアゼルバイジャンとアルメニアと国境を接し、北にはカスピ海、北東に

はトルクメニスタンがある。そして、東はパキスタンとアフガニスタン、西はトルコとイラクに接し、南にはペルシア湾とオマーン湾が広がっている。その面積は１，６４８，０００㎢で、山が多いものの、中東で２番目、世界では第１７位の大きな国だ。マルズィエが生まれ育ったサラン村がどこにあるのかは映画の中ではわからないが、そこに通じる細い道は、もちろん舗装などされていない、曲がりくねったもので、ちょっとミスしたら転落しかねないほど劣悪なもの。したがって、そこでは対面通行もできないため、ある地点でクラクションを鳴らして合図をするシステムがあるらしい。もちろん、前作の『人生タクシー』 に続いて、運転手役でストーリーの牽引役となるパナヒはそんなことは知らないから、この村に向けて車を走らせる旅の中では、見ること聞くことすべてが珍しいものばかりだ。

　サラン村までは小さな村が点在しているだけだから、マルズィエが首つり自殺をしたあの動画が本物なら、サラン村はもちろん、そこに向かう村でも、マルズィエの死を悼むようなイベントがされているはず。しかし、サラン村に到着し、村の墓地に赴いても、一向にそんな雰囲気はない。また、有名女優であるジャファリにサインを求めてきた村の人々にパナヒが「マルズィエを知ってますか？」と聞くと、１人の男が「あんたたち、あのバカ娘を捜しに来たのか？」と吐き捨てるように言い放ったから、どうやらマルズィエはこの村では異端児とみなされていたらしい。もっとも、そこで出会ったマルズィエの妹から、マルズィエの家まで案内してもらえたのはラッキー。ジャファリとパナヒがマルズィエの家に到着すると、マルズィエの母親は「３日前から戻らないんです」と訴えるほか、やけに体格だけはいいが、いかにも粗暴そうな感じのマルズィエの弟は怒り心頭で荒れ狂っていたから、アレレ・・・。さらに、マルズィエと親しい、いとこのマエデーは彼女とは数日前にあったきりだと証言。マルズィエがホントに３日間も行方不明のままなら、やはりマルズィエはあの洞窟で死亡しているの？

■□■この洞窟は沖縄と同じ？ここなら自殺にピッタリだが■□■

　私は２０１９年１１月１７日～１９日に沖縄旅行に行き、南部戦跡巡りをした。そこで見学した洞窟が、旧海軍司令部壕と糸数アブチラガマの２ケ所。旧海軍司令部壕は洞窟とはいえ、それなりの広さと明るさを持っていたが、糸数アブチラガマの方は、真っ暗な洞窟の中で、懐中電灯の明かり一つで進むもので、その劣悪さは想像を絶するものだった。しかして、マルズィエが首つり自殺をしたサラン村の洞窟は、それと同じようなもの（？）だから、なるほど、ここなら首つり自殺にピッタリだ。ジャファリとパナヒはそう思いながら（？）動画の撮影場所と思われる洞窟を探検したが、そこにはマルズィエの遺体はおろか、首を吊ったロープもスマホも見当たらなかった。しかし、首を吊った枝らしきものはあったから、きっとここはあの撮影現場。すると、やっぱり、あの動画はインチキ・・・？

　私の沖縄旅行での南部戦跡巡りは２０１９年１０月３１日に焼失した首里城の見学やひ

めゆり平和祈念資料館の見学と並ぶメイン観光だったが、ジャファリとパナヒにとっては、不安をいっぱい抱えた調査の旅。そして、彼らが訪れたのは沖縄と同じような洞窟だったが、そこでの成果は、私たちとジャファリたちの間には大きな違いがあったようだ。

■□■原題は？『3FACES』の意味は？■□■

本作の邦題は『ある女優の不在』だが、原題は『3FACES』。しかし、本作に登場してくるのは、現在イランで大人気の女優ジャファリと、これから女優になることを夢見ている少女マルズィエの2人だけなのに、なぜ『3FACES』なの？そう思っていると、サラン村のはずれには、イラン革命の後に演じることを禁じられた往年のスター女優シャールザードがひっそり暮らしていた。そして、実はマルズィエは密かに彼女のもとに身を寄せていたらしい。そんなマルズィエが調査に行き詰まっていたジャファリとパナヒの前にひょっこり姿を現すと、パナヒはともかく、ジャファリはヒステリックなまでに激怒したのは仕方ない。それに対して、マルズィエは「ここまでのウソをつかなければ、あなたはきっと来てくれなかったはずだ」と懸命の弁解を試みたが、それによってジャファリの怒りは静まるの？

他方、シャールザードが表舞台から姿を消し、2年前に流れ着いたこの村でも嫌がらせを受け、詩人、絵描きとして孤独な隠遁生活を送っているという話をマルズィエから聞かされたパナヒは、いたくシャールザードに同情。そして、シャールザードの詩の朗読を収録したCDを貰い、才能豊かな芸術家や未来ある若い女性が虐げられている理不尽な現実に触れる中、痛切な思いに駆られていったのは当然だ。その結果、車中で一夜を過ごしたパナヒは、翌朝マルズィエを家族のもとに送り届けることにしたが、この時点ではジャファリの怒りは収まっていたうえ、マルズィエの思いにも理解を示してきたらしい。そのため、ジャファリはマルズィエと家族の中を取り持つため、彼女と一緒に家の中へ入っていったが、さて、マルズィエとマルズィエの一家との和解は進むのだろうか？そしてまた、女優としての道を歩みたいマルズィエの思いは、何らかの形を成していくのだろうか？

それを考えると、更に本作ラストの何とも印象的なシークエンスを見れば、なるほど、パナヒ監督が本作を『3FACES』としたことの意味がはっきり見えてくるはずだ。

■□■パナヒ監督の皮肉とカムフラージュをしっかり受信！■□■

日本は経済大国の先進民主主義国であるにもかかわらず、男女平等の観点からはかなり劣っており、世界第121位だからひどい。スウェーデン、ノルウェー等の北欧諸国がトップ3を占めている。それでも、本作の至るところでパナヒ監督が皮肉いっぱいに強調しているサラン村の男尊女卑ぶりに比べれば、日本はまだましだ。サラン村に通じている道路を塞いでいる「雄牛（種牛）」の話を聞いていると、その種牛の精力絶倫ぶりと、その高収入ぶりの自慢がどこまで本当なのかはわからないが、イランにはそんな話が現実にある

ことにビックリ！本作では、影の主人公ともいうべき、女優を夢見ながら首つり自殺をせざるを得なかった（？）少女マルズィエの閉塞感がストーリーの出発点だが、バカでかい体格の弟の出来の悪さ、ダメさ加減を見ているとゾッとしてくる。さらに、村のじいさんたちが語る様々な言葉の中味は、男尊女卑の思想でいっぱいだ。先日観た、『一粒の麦　荻野吟子の生涯』（19 年）では、明治の新しい時代が始まり、近代国家として歩み始めた日本でも、男尊女卑の思想が根強く残っていたことを痛感させられたが、イランのサラン村はそれよりさらに数世紀遅れていることは明らかだ。

　しかし、当局から映画製作を禁じられているはずのパナヒ監督は、『人生タクシー』に続いて、どうして本作のような映画を作り、日本人の私がその映画を観ることができているの？本作を観ながら私はずっとそんな疑問を持ち続けていたが、それはどうやら彼が「これは映画ではない！」と、わかったようなわからないような屁理屈で当局をカムフラージュしているためらしい。もっとも『3 FACES』と題された本作の一つの顔となるべき、かつての大女優シャールザードの顔は本作には登場せず、その女優は不在のままだ。しかし、シャールザードはパナヒ監督の要請に応じて自分の名前を使うことを快諾しただけでなく、映画の中で自分の詩を朗読することにも同意したそうだからすごい。いかに当局が映画監督のパナヒに圧力をかけ、映画製作を禁止しても、パナヒ監督は彼流の対抗手段を工夫し、皮肉とカムフラージュをいっぱい重ねながら「ある女優の不在」と今を生きる女優ジャファリの実態、そしてこれから女優として生きていくであろう少女マルズィエの実態を本作でアピールしたわけだ。

■□■ラストではパナヒ監督の狙いと希望をしっかり受信！■□■

　しかして、本作ラストは、あの曲がりくねった細い一本道をパナヒ監督の車が戻っていくシークエンスになる。すると、そこでは村のルール通り、対向車の有無を確認するためクラクションを鳴らす必要がある。運転手のパナヒがそれに従ったのは当然だが、同乗していたジャファリはそれに従わず、自分の足で自分の道を歩くと言わんばかりに車から出て、1 人で歩いて行ったからアレレ・・・。さらに、しばらくは車の中に乗っていた将来の女優マルズィエも、ジャファリに続いて歩き始めたからさらにアレレ。

　なるほど、車に乗っていくのなら村のルールやしきたりに従う必要があるが、自らの意思で歩いていくのなら自由で、「私の勝手でしょ」というわけだ。このラストシーンを見ていると「荻野吟子」が女医の道を目指して険しく困難な道を歩んだのと同じように、今を生きている現役女優のジャファリはもちろん、冒頭で首つり自殺を試みていたマルズィエも、ラストでは自らの足でしっかり女優への道を歩み始めたことがよくわかる。本作ではそんなパナヒ監督の狙いと希望をしっかり確認すると共に、パナヒ監督と『3 FACES』に対して大きな拍手を送りたい。

2020（令和2）年1月20日記

Data

監督・脚本：ラジ・リ
出演：ダミアン・ボナール／アレク
シス・マネンティ／ジェブリ
ル・ゾンガ／イッサ・ペリカ
／アル＝ハサン・リ／スティ
ーヴ・ティアンチュー／アル
マミー・カヌテ／ニザール・
ベン・ファトマ／レーモン・
ロペス／ジャンヌ・バリバー
ル

SHOW-HEY シネマルーム

★★★★★

レ・ミゼラブル

2019年／フランス映画
配給：東北新社　STAR CHANNEL MOVIES／104分

2020（令和2）年3月19日鑑賞　　シネ・リーブル梅田

みどころ

　第72回カンヌ国際映画祭にポン・ジュノ監督の『パラサイト　半地下の家族』（19年）が出品されていなければ？そんな「歴史上のＩｆ」はナンセンスだが、もしそうだったら、審査員賞の受賞にとどまった本作がパルムドール賞を受賞していたはず。それほど、長編初監督作品ながら、ラジ・リ監督の本作のインパクトはすごかったらしい。

　「郊外映画」というジャンル分けを私ははじめて知ったが、団地がいっぱい、移民がいっぱい、そして、貧困と差別にあえぐ郊外、モンフェルメイユの実態は？そこでの、警官の横暴ぶりは？

　自由、平等、博愛の国フランスが、今でもこんな「レ・ミゼラブル」な国であることにビックリ！『ウエスト・サイド物語』（61年）をはるかに凌ぐ「スパルタクスの反乱」と同規模（？）の少年たちの反乱は？そして、命を懸けたラストの選択は？日本や韓国と同じ、いやそれ以上のフランスの「格差」を本作でじっくりと。さらに、ヴィクトル・ユゴーの言葉もしっかり噛みしめたい。

———＊———＊——＊——＊——＊——＊——＊——＊———＊

■□■カンヌで最後まで最高賞を争い審査員賞！こりゃ必見！■□■

　第92回アカデミー賞では、韓国映画がはじめて作品賞を受賞したことに全世界が驚いた。それは同時に、第72回カンヌ国際映画祭がポン・ジュノ監督の『パラサイト　半地下の家族』（19年）に最高賞であるパルムドール賞を授与したことへの賛意、敬意でもあった。基本的にクソ難しい作品が大好きな傾向にあるフランスのカンヌ国際映画祭と、どちらかと言うとエンタメ作品を好むアメリカのアカデミー賞は、従来違う映画が作品賞に

選ばれてきたが、第７２回カンヌ国際映画祭と第９２回アカデミー賞では、たまたま韓国映画『パラサイト』が最高と一致したわけだ。

　そんな『パラサイト』と最後までパルムドール賞を争い、結果的に敗れたものの審査員賞に輝いたのが本作だ。別の言い方をすれば、『パラサイト』さえなければ、本作が第７２回カンヌ国際映画祭のパルムドール賞に輝いていたこと確実だったということだ。しかし、私が一瞬、またあのミュージカルが映画化されたの？と思ってしまった本作は一体ナニ？私は映画評論本『シネマルーム』をこれまでに４５冊出版し、各作品ごとに画像提供をお願いしているが、その著作権をめぐる取り扱いの煩わしさにうんざりしている。そんな目で見ると、本作を監督したラジ・リ監督が本作のタイトルを『レ・ミゼラブル』とするについて、著作権者である（？）本家本元のフランスの著名作家ヴィクトル・ユゴーの許可を取ったの？そんな疑問があるが、それはともかく、そのタイトルのインパクトの大きさと共に、ラジ・リ監督初の長編映画で第７２回カンヌ国際映画祭の審査員賞を取った本作は必見！

■□■舞台はあの名作と同じ！その地区の昔は？そして今は？■□■

　本作の舞台は、フランスのセーヌ＝サン＝ドニ県の街モンフェルメイユ。そこは、ラジ・リ監督が生まれ育った街、そして、本作の主人公であるステファン（ダミアン・ボナール）が、犯罪対策班（BAC）の新人警官として配属された、治安のよろしくない街だ。とりわけ、BACの班長で、百戦錬磨のクリス（アレクシス・マネンティ）や、黒人ながらBACの警官になっているグワダ（ジェブリル・ゾンガ）が、パトロール中に行う新米のステファンへの説明を聞いていると、モンフェルメイユの中でもとりわけレ・ボスケ地区は「昔はドラッグ売買の中心地だった」らしい。そこには巨大な団地があるが、その住民にはアフリカ出身の移民が多く、若者の失業率は高いらしい。また、２００５年秋には、パリ郊外からフランス全土に３週間にわたって拡大した「２００５年の暴動」が発生した。これ

© SRAB FILMS LYLY FILMS RECTANGLE PRODUCTIONS

は、モンフェルメイユの隣のクリシー＝ス＝ボワで、警察に追われ変電施設に逃げ込んだ移民家庭の２人の少年が感電死した痛ましい事件をきっかけに、差別や貧困に苦しむ若者たちの不満が爆発した事件だ。

他方、このモンフェルメイユは、ヴィクトル・ユゴーの名作『レ・ミゼラブル』（1862年）における、酒場（売春宿？）を経営しているテナルディエ夫妻が幼いコゼットを虐待しながらこき使っていた地区だ。ジャン・バルジャンが大枚をはたいて虐げられているコゼットの身柄を引き受けたことによって、その後の２人の感動的な絆が生まれたが、モンフェルメイユは、あの名作が生まれた１８６２年当時から問題の地区だったわけだ。

前任地が北フランスののどかな地方都市だったステファンには、このモンフェルメイユやレ・ボスケ地区はあまりにも違いが多すぎるらしい。そのため、日々のパトロールは驚きの連続だが、具体的にステファンの目につく問題とは？そしてまた、ステファンが具体的に体験していく問題とは？

■□■人種、貧困差別！ウエスト・サイド物語のフランス版？■□■1

私がロバート・ワイズとジェローム・ロビンズ監督の『ウエスト・サイド物語』（61年）を観たのは中学３年生の頃だった。そこでは、『Tonight』をはじめとする美しい音楽と、『ロミオとジュリエット』の現代版である美しくも悲しい恋物語の展開が素晴らしかった。しかし、それと同時に、ニューヨークのウエスト・サイド地区が人種、貧困差別のるつぼとなっていること、そして、その中で必然的に子供たちもシャーク団とジェット団に分かれ、無意味な対立抗争を繰り返していることを思い知らされた。

© SRAB FILMS LYLY FILMS RECTANGLE PRODUCTIONS

それと同じように、本作では３人一組でモンフェルメイユをパトロールするステファンの目には、貧困にあえぐ子供たちの惨状だけでなく、その背後には①最初ににわとりを盗み、続いてライオンの子を盗んだ少年イッサ（イッサ・ペリカ）をはじめとする、団地に住む多くの貧しい少年たちや、その上にある②「BAC（反コカイン団）」とよばれるムスリム同胞団や、③揃いのベストを着た配下を従えている自称"市長"（スティーヴ・ティアンチュー）、の対立があることが見えてきた。また、モンフェルメイユのレ・ボスケ地区にはロマのサーカス団がいる他、バズ（アル＝ハサン・リ）のようなドローンおたく少年がいたし、ドローンで撮影したバズに文句を言う女子高生たちのグループもいた。

ラジ・リ監督は、本作導入部でそんなモンフェルメイユのレ・ボスケ地区の団地で生活している貧困層や、人種のるつぼの中で勢力争いを繰り広げている男たちの姿を描いてい

く。それは、『ウエスト・サイド物語』で観た、１９６０年前後のニューヨークのウエスト・サイド地区と全く同じだ。もっとも、『ウエスト・サイド物語』では警官は少ししか登場しなかったが、本作の主役はモンフェルメイユに赴任してきた新人の警官ステファンをはじめとする３人のBAC（犯罪対策班）の警官たちだ。日本でも明治時代の警官は「オイ、コラ警察」と呼ばれるほど偉そうだったが、民主主義と国民の人権が尊重される今の日本の警官は低姿勢。しかし、本作に見るクリスは？

■□■ゴム弾を発砲！それをドローンが撮影！こりゃヤバイ！■□■

　貧困の中でも子供たちはたくましく育つものだが、そこに喧嘩や盗みが伴うのは仕方ない。モンフェルメイユには、日本の住宅公団が昭和３０年代にあちこちに建てた団地と同じような団地がある。そして、パンフレットの中の森千香子氏（同志社大学社会学部教授）の「フランス『郊外映画』と『レ・ミゼラブル』」で解説されているように、これは日本と同じようにフランスでも大問題らしい。とりあえず、その解説を引用すれば次のとおりだ。

> 舞台となるパリ郊外モンフェルメイユのレ・ボスケ団地は、１９６０年代にミドルクラス向け分譲集合住宅として建設された。自然に恵まれた立地に加え、パリや空港に直結する高速道路が建設され、利便性が向上する計画だったが、高速建設が中止となって全てが一変した。パリまで徒歩とバス、電車を乗り継いで１時間半かかる「陸の孤島」の住宅は、より貧しい層に転売され、賃貸されるうちに貧困化が進んだ。１９９０年以降は警察と若者の衝突が相次ぎ、２００５年に３週間全国で続いた暴動もこの付近で始まった。レ・ボスケは危険視される悪名高き団地となった。

　阪本順治監督の『団地』（16年）（『シネマ38』255頁）と、是枝裕和監督の『海よりもまだ深く』（16年）（『シネマ38』250頁）は、「昭和な空間」＝「団地」をテーマにした面白い映画だった。その両作では、団地の貧困化とそこから生まれる社会問題は描かれていなかったが、ラジ・リ監督はモンフェルメイユのレ・ボスケ団地が貧困と差別の中で諸悪の根源になっていることを見抜き、まずはそこに住む少年の一人であるイッサがにわとりを盗むところから本作の物語をスタートさせた。毎日モンフェルメイユをパトロールしているクリスたちの努力によって、盗まれたにわとりは無事に戻されたが、次にイッサが盗んだのは子供のライオン。それはロマのサーカス団にいたものだが、いくら子供とはいえライオンはライオンだから、そんなものがサーカス団の手元を離れたら、モンフェルメイユは一体どうなるの？

　他方、ライオンが盗まれたことをきっかけに、自称"市長"たち一派とムスリム同胞団たちの対立関係が少しずつ顕在化していくことに。そこで、クリスたちBACも、ライオンの子供の捜索に乗り出すとともに、複数の勢力の対立を回避するべく動き始め、今日はやっと犯人であるイッサを逮捕することに。ところが、逆にイッサを取り戻そうと３人の警

官を追いかけてくる大勢の子供たちを威嚇する混乱の中、グワダがゴム弾をイッサに発射し、顔面にそれを受けたイッサが倒れこんでしまったから、さあ大変。ひょっとして、イッサは死んでしまったの？モンフェルメイユでの捜査のやり方を裏の裏まで知り尽くしているクリスは、この事態をいかにもみ消すかを考えていたが、上空を飛ぶドローンを見て、その一部始終が動画撮影されていたことを知ると一転して狼狽。こりゃヤバイ！ステファンはイッサの命を救うためイッサを病院に運び込むことを主張したが、クリスはそれを後回しとし、まずはドローンを操作しているオタク少年バズを見つけ出し、その SD カードを取り上げることに全力を傾けることに。最初はそれに従っていたステファンだったが、クリスのやり方に次第に納得できなくなってくると・・・。

■□■複雑な対立構造の中、誰が何を決定できるの？■□■

三池崇史監督の最新作『初恋』（19 年）は、彼の「バイオレンスは封印しました」発言とは裏腹の、久々に放ったバイオレンス作品だった。そこでは、新宿・歌舞伎町を舞台とした日本ヤクザと中国マフィアとの対立の他、悪徳警官やヤクザ組織の中でもうまく立ち回る裏切り者などを含む、複雑な勢力関係や人物たちの対立構造が興味深かった。さらに、同作の主人公は真面目にボクシングの練習に励む若者と、ヤクザの手でヤク漬けにされた風俗嬢だったから、ストーリーはさらに複雑になっていた。

それと同じように、本作中盤、クリスらに追い詰められた、問題の SD カードを持った少年バズは、ムスリムの人々の信頼を集めているレストラン店主サラー（アルマミー・カヌテ）のもとに逃げ込み、SD カードをサラーに渡したが、そこに集まってきたクリスやムスリム同胞団、さらに自称 "市長" たちの、「SD カードを渡せ」との大合唱の前にサラーはどう対応するの？

この場では当然 BAC のクリスが最強だが、そうは言っても、さすがにそこでは「俺が法律だ」というクリスの論理は通用しない。そこで、すべてを丸く収めようとする（？）ステファンは、サラーに対して「お前の気持ちもわかる」が「とにかく SD カードを俺に渡せ」と情を訴えながら説得し、サラーがそれに応じたことによって、その場は一応収まったからヤレヤレ。顔に傷を負いながら何とか家に帰れるまでに回復したイッサも、クリスから大目玉を食らう中で、泣きながら口先だけでも「ごめんなさい」と言ったから、これにて明日からのモンフェルメイユは安泰。クリスたちはそう考え、翌日からまたパトロールに出発したが、さて、クリスは問題の SD カードをどうするの？

■□■SD カードは誰に？少年たちの反乱は？■□■

ゴム銃を発射した黒人警官のグワダを守るため、BAC の班長であるクリスが、イッサの命よりも SD カードの回収を重視したのは、ある意味で当然。それによって、グワダのクビは守られたわけだが、それに納得できないのは、もちろんステファンだ。そしてまた、

バズからサラーに渡った SD カードを、とりあえず自分の手元に回収したことによって事態を丸く収めたステファンも、それで満足したわけではなかった。したがって、クリスから「SD カードをよこせ」と言われても、ステファンがそれに応じなかったのは当然だが、それは同時に、ステファンが BAC や上司のクリスを敵に回すことを意味していた。

　そんなステファンは、ある日グワダと 2 人だけで会ったが、そこでステファンはグワダに対してどんな話をしたの？そしてステファンは問題の SD カードをどう処理したの？それは本作の最も本質的なシークエンスだから、あなた自身の目で確認してもらいたい。

　他方、ステファンとクリスの対立を内包しつつ、3 人の BAC チームによるパトロールは続いたが、今日のパトロールでは 3 人の車を付け回している少年たちの様子がヘンだ。そう思っていると突然、少年たちが水鉄砲でパトカーを襲ってきたが、これは一体ナニ？そして、少年たちの武器は水鉄砲から本物の爆発物にエスカレートしていったから、アレレ。さらに、団地の中に逃げ込んだ少年たちを追いかけていくと、逆に罠にかけるかのように 3 人を団地の中に誘い込んだうえ、廊下や階段から家具等を投げ込んで、本格的に攻撃してきたから、さらにアレレ。ここまで続く少年たちの反乱は、「スパルタクスの反乱」と同じように、事前に周到に計画をされたホンモノの反乱？3 人は本部に応援を要請したが、応援が到着する前に、多勢に無勢、そして、土地カンの有無の差、計画性の差等々によって、今や狭いところに追い詰められた 3 人の命は風前の灯火に。そして今、3 人の目の前には 3 人に投げ込む火炎瓶を手にしたイッサが仁王立ちに立っていた。ステファンは必死に「イッサやめろ！」と叫んだが、そこに見るイッサの目付きの異様さは・・・？

© SRAB FILMS LYLY FILMS RECTANGLE PRODUCTIONS

■□■ラジ・リ監督の結論は？あなたの結論は？■□■

　私は来る 5 月に、「ヒトラーもの」と「ホロコーストもの」を特集した『ヒットラーもの、ホロコーストもの、ナチス映画大全集』を出版する。また、私は『シネマルーム』を 1 から 45 まで出版するについて、「戦争もの」「恋愛もの」「潜水艦もの」「密室もの」等々の勝手な映画の「ジャンル分け」をしてきた。しかし、「郊外映画」というジャンル分けを聞

いたのは、前述の森千香子氏のコラムがはじめてだ。２００６年から始まった「郊外映画祭」は毎年１１月にパリ首都圏で開催されているそうだが、「郊外映画」って一体ナニ？同コラムでは、「舞台が郊外団地という以外は、シリアスなものからコメディ風のもの、フィクション、ノンフィクションまで内容はさまざまだ。だが、多くの作品にみられる共通点もある。それは、郊外団地における警官の姿と住民との関係だ。」そして、「その点、『レ・ミゼラブル』は典型的な郊外映画作品だ」とされている。なるほど、なるほど。

　そんな「郊外映画」の典型とされる本作のラストは、前述のようなギリギリのシークエンスになるが、さて、イッサは火炎瓶をステファンたち３人の警官に投げ込むの？ポン・ジュノ監督の『パラサイト　半地下の家族』では、終盤、あっと驚く全く想定外の展開に

『レ・ミゼラブル』
2020年2月28日(金)新宿武蔵野館、Bunkamuraル・シネマ、ヒューマントラストシネマ有楽町ほか全国ロードショー
配給：東北新社　STAR CHANNEL MOVIES
© SRAB FILMS LYLY FILMS RECTANGLE PRODUCTIONS

なるため、監督自ら「ネタバレ厳禁宣言」をしていたが、それは本作ラストも同じだ。もっとも、私はそんなクライマックスを「凍結状態」とし、その後をスクリーン上に見せないラジ・リ監督の手法は少し「ずるいナ」とも思うのだが、きっと「ここまで問題提起すれば十分」「どちらの結論が妥当かは観客一人一人が決めなさい」というのがラジ・リ監督の結論なのだろう。

　しかして、本作ラストには、タイトルを『レ・ミゼラブル』とした本作にふさわしく、ヴィクトル・ユゴーの小説『レ・ミゼラブル』の次の言葉が表示されるので、その意味をしっかり噛みしめたい。すなわち、「友よ、よく覚えておけ、悪い草も悪い人間もない。育てる者が悪いだけだ」

　　　　　　　　　　２０２０（令和２）年３月２５日記

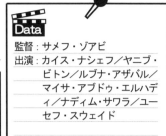

Data

監督：サメフ・ゾアビ
出演：カイス・ナシェフ／ヤニブ・ビトン／ルブナ・アザバル／マイサ・アブドゥ・エルハディ／ナディム・サワラ／ユーセフ・スウェイド

★★★★★

テルアビブ・オン・ファイア

2018年／ルクセンブルク、フランス、イスラエル、ベルギー映画
配給：アット　エンタテインメント／97分

2020（令和2）年2月8日鑑賞　｜　シネ・リーブル梅田

👀 みどころ

　中東紛争の中でも、イスラエルｖｓパレスチナ紛争は最も根が深い。しかし、アラブ人の女スパイを主人公とする『テルアビブ・オン・ファイア』なるＴＶドラマの人気は？中国の抗日・反日ドラマは一方的に日本軍人が悪役と決まっているが、アラブ人からもイスラエル人からも大人気のＴＶドラマの展開と結末のあり方は難しい。

　『笑いの大学』（04年）では、検閲官と劇作家との共同作業が笑いと涙を誘ったが、本作では新米脚本家と検問所の軍司令官との共同作業（？）に注目！

　『卒業』（67年）のラストシーンは今なお語り草だが、女スパイと将軍の結婚式という結末はさすがにダメ？他方、そこでの爆弾テロも如何なもの？しかして、2人がたどり着いた、誰もが納得する（？）あっと驚く結末とは？

——＊——＊——＊——＊——＊——＊——＊——＊——＊——

■□■多くの賞を受賞！イントロダクションは？■□■

　本作は第75回ヴェネツィア国際映画祭での作品賞と最優秀男優賞をはじめとして、多くの賞を受賞している。

　また、パンフレットに書かれている本作のイントロダクションは次のとおりだ。

人気ドラマの脚本をめぐり、イスラエル人とパレスチナ人が対立!?

エルサレムに住むパレスチナ人青年のサラームは、パレスチナの人気ドラマ「テルアビブ・オン・ファイア」の制作現場で言語指導として働いているが、撮影所に通うため、毎日面倒な検問所を通らなくてはならない。ある日、サラームは検問所のイスラエル軍司令官アッシに呼び止められ、咄嗟にドラマの脚本家だと嘘をついてしまう。アッシはドラマの熱烈なファンである妻に自慢するため、毎日サラームを呼び止め、脚本に強引にアイデアを出し始める。困りながらも、アッシのアイデアが採用されたことで、偶然にも脚本家に出世することになったサラーム。しかし、ドラマが終盤に近付くと、結末の脚本をめぐって、アッシ（イスラエル）と制作陣（パレスチナ）の間で板挟みになったサラームは窮地に立たされる——。果たして、彼が最後に振り絞った"笑撃"のエンディングとは!?

■□■サメフ・ゾアビ監督はパレスチナ人！前作の脚本は？■□■

　本作で多くの賞を受賞し、世界から「新たな才能として注目を浴びている」というサメフ・ゾアビ監督は、１９７５年にイスラエル・ナザレ近くにあるパレスチナ人の村・イクサルで生まれたパレスチナ人。そう聞いても、中東の基本的知識が不十分なうえ、第１次から第４次中東戦争をはじめとするイスラエルvsパレスチナ紛争の近現代史も知らない私たち日本人には、そんな彼がなぜ本作のような映画を監督したのかについて何のイメージを抱くこともできない。本作のパンフレットにはイスラエルとパレスチナの地図と近現代年表があり、さらにオスロ合意等の KEYWORD の解説があるので、これらは必読。さらに、根本豪氏（ユダヤ学者）の「エルサレムとラマッラーの間に」と題する REVIEW も必読だ。

　しかし、そんな難しい勉強とは別に、パレスチナ人のサメフ・ゾアビ監督がイスラエル人のハニ・アブ＝アサド監督のパレスチナ映画『歌声にのった少年』（15 年）（『シネマ 39』268 頁）で共同脚本を書いているという事実を聞くと、イスラエルとパレスチナは遠いようで意外に近いことが理解できる。ハニ・アブ＝アサド監督の『オマールの壁』（13 年）は、ヨルダン川西岸地区に建設されたイスラエルとパレスチナの「分離壁」を鋭く社会問題提起した映画だった（『シネマ 38』110 頁）が、『歌声にのった少年』では一転して、全米の人気オーディション番組『アメリカン・アイドル』のエジプト版『アラブ・アイドル』にパレスチナ・ガザ地区からただ一人登場し、見事「アラブ・アイドル」の地位に輝いた少年のサクセスストーリーを映画にしていた。もっとも、「一転して」と言えるのかどうかが微妙なことは私の評論でも書いたが、同作の共同脚本を書いたサメフ・ゾアビの監督作品たる本作では、脚本家見習いのサラーム（カイス・ナシェフ）を主人公としているので、そのキャラクターに注目！

■□■世界中どこでも、女性は人気ドラマに夢中！■□■

　日韓関係が最悪になっている昨今でも、韓国ドラマの人気はなお続いているから、日韓関係が良好だった当時の韓国ドラマの人気はものすごかった。『冬のソナタ』や『宮廷女官

チャングムの誓い』をはじめとする日本人ファンの多くは「おばちゃま族」だったが、女性が人気 TV ドラマに夢中になるのは世界共通らしい。しかして、本作冒頭に映し出される人気ドラマ『テルアビブ・オン・ファイア』とは？それは、パンフレットの「ドラマ『テルアビブ・オン・ファイア』の背景」によると、次のとおりだ。

ドラマ『テルアビブ・オン・ファイア』の背景

1967年、第三次中東戦争の3ヶ月前のテルアビブ。街の中心にスパイとして送り込まれたパレスチナ人女性のマナルは、フランスから来たユダヤ人移民"ラヘル"と名乗っていた。彼女の使命はイスラエルの戦争計画をつかむために、イスラエル軍で最も力を持つ将軍イェフダと出会い、誘惑すること。マナルはマスターシェフとして、テルアビブで最高のフレンチレストランをオープン。"ラヘルのレストラン"はイスラエル軍本部の向かいに位置していた。それをきっかけに、彼女はイェフダに近づき、美味しいフランス菓子で彼の興味を惹き、やがてラヘルとイェフダは恋人関係に。しかし、マナルは本当に恋に落ちてしまう。彼女はパレスチナの主義を忘れたのだろうか？

映画の撮影現場をネタにした映画は、去る1月25日に観たテリー・ギリアム監督の『テリー・ギリアムのドン・キホーテ』（18年）が有名だし、邦画の名作としては『蒲田行進曲』（82年）等があるが、それは本作も同じ。

　主婦たちを中心に、パレスチナだけではなくイスラエルでも絶大な人気を博している『テルアビブ・オン・ファイア』の撮影現場のインターンとして働き、雑務やヘブライ語の言語指導をしているのがパレスチナ人のサラームだ。彼は、あるシーンの撮影中、女性に対し"魅力的"という意味で使用したヘブライ語のセリフは"爆発的"という意味があり、女性に使うのはおかしいと指摘。脚本家は納得しなかったものの、主演女優のタラ（ルブナ・アザバル）やプロデューサーはそれに同意し、セリフは修正されたから、これを機に、サラームはタラからの信頼を得て、直接言語の相談を受けることに。

■□■毎日通る検問所で逮捕！？軍司令官は意外にも・・・？■□■

　ベツレヘムはイエス・キリストが誕生した土地として有名だし、エルサレムも聖書に再三登場する有名な土地。そのエルサレムは、２０１８年にトランプ大統領がイスラエル米大使館をテルアビブからエルサレムに移転したことによって、近時世界中の注目を集めている。しかし、その少し北にあるラマッラーや、その中間点にあるカランディア検問所は日本人は全く知らない地名だ。エルサレムに住むサラームは、ラマッラーにある『テルアビブ・オン・ファイア』撮影現場まで毎日車で往復していたが、その途中にあるカランディア検問所を通らなければならなかった。普段は検問に何の問題もないが、ある日の撮影現場からの帰り道、検問所の女性兵士に、「女性に対して"爆発的"という褒め言葉はおかしいか？」と尋ねたサラームは不審人物と見られたため、軍司令官のアッシ（ヤニブ・ビト

129

『テルアビブ・オン・ファイア』 2020/6/3 DVD 発売
発売：アット エンタテインメント
販売：ＴＣエンタテインメント

ン）の下へ連行されることに。今は、イスラエル vs パレスチナの和平が保たれているが、検問所で「爆発的」は禁句。ヘタすると、このままサラームは逮捕されてしまうのでは・・・？

サラームの取調べにあたったのはアッシその人だったから、事態の重大性は明確だ。ところが、サラームが人気ドラマの脚本の仕事をしていることがわかると、アッシは意外にも態度を一変！取調べもそこそこに、「ドラマの結末を教えろ」と迫ってきたからアレレ・・・。しかし、医者に患者の秘密保持義務があり、弁護士に依頼者の秘密保持義務があるのと同じように、ドラマ製作中の脚本家にもドラマの秘密保持義務がある（？）から、サラームが「それはできない」と断ったのは当然。しかし、アッシがドラマを「ある結末」にするよう迫ると、意外にもサラームはそれに同意。これによって、サラームはあっさり解放されたから、おいおいサラームくん、ホントにドラマの結末をアッシの提案どおりに変えるつもりなの？

他方、家に帰ったアッシは、『テルアビブ・オン・ファイア』に夢中になっている母親や妻たちに対して「このドラマは反ユダヤだ。」とけなしたが、「政治だけでなくロマンチックなの。」と反論されるとあっさり撤回。そして、改めてアッシが『テルアビブ・オン・ファイア』を注意深く観てみると・・・？

■□■１人より２人のアイデアの方が！『笑いの大学』では？■□■

三谷幸喜の原作を映画化した『笑いの大学』（04 年）は、役所広司扮する「笑いを憎む検閲官」と稲垣吾郎扮する「笑いを愛する劇作家」の、取調べ室における二人芝居がテーマの感動作だった（『シネマ6』249 頁）。普通は１人より２人、２人より３人が練った台本の方がいいものになるはずだが、治安維持法による思想統制や検閲制度の下での検閲官の要求は、「外国人の登場はダメ」「接吻場面はダメ」等の無理難題ばかりだったから、劇作家は大変。それと同じように（？）、アッシは検問所で呼びつけたサラームに対して、「イスラエル軍の軍服がおかしい」とケチをつけたうえ、自分の書いた脚本を採用するよう強引に手渡してきたから、サラームは大変。しかし、サラームがあたかも自分の提案のようにアッシのクレームやアイデアさらに彼が書いた脚本を提案すると、意外にも番組のプロ

デューサーである叔父のバッサム（ナディム・サワラ）はそれを受け入れたからすごい。そんなバッサムの態度にそれまでの脚本家は激怒して降板してしまったが、それによって逆に、バッサムはサラームを見習いからメインの脚本家に抜擢したから、これまたすごい。

『笑いの大学』では、劇作家は検閲官の理不尽な要求を満たしつつ抜け道を探し、台本は一層笑えるものになっていったから中盤の共同作業は「順調」だったが、最後の要求は「笑いのない喜劇を書け」という無茶なものだった。しかして、本作は？そんな風に私は『笑いの大学』と比較しながら、本作中盤にみる２人の共同作業を見ていたが、アイデアがなかなか浮かばないサラームに対して、アッシの方は次々と面白いアイデアが浮かんでくるらしい。本作で２人の共同作業を仲介する（？）のは、フムスと呼ばれるアラブ料理。これを巡る２人のやりとりの面白味は、日本人にはサッパリわからないのが残念だが、ストーリーの結末について、アッシが「（アラブ人女性のスパイ）ラヘルと（ユダヤ人の将軍）イェフダを結婚させろ。」と要求したことの理不尽さは日本人にも理解できる。プロデューサーのバッサムは、ドラマの結末は『マルタの鷹』を模倣したもので決まっているとサラームの案を無視したうえ、「第２のオスロ合意か！」と一蹴したのは当然。もっとも、このバッサムのセリフの意味を今ドキの日本人はどこまで理解できる？本作は多方面の勉強が必要だが、いやはや何とも面白い！

■□■結末は結婚式？それはあなた自身の目でしっかりと！■□■

第１次世界大戦中パリで活躍した「マタ・ハリ」は歴史的に有名な女スパイだが、近時も『レッド・スパロー』（17 年）（『シネマ 41』189 頁）や『アトミック・ブロンド』（17年）（『シネマ 41』194 頁）等の面白い女スパイものがある。『テルアビブ・オン・ファイア』の一方の主人公はアラブ人の女スパイ・ラヘルだから、パレスチナ人は彼女の活躍に拍手喝采し、いかにイスラエル人の将軍イェフダ（ユーセフ・スウェイド）を騙し、イスラエル軍をやっつけるかを固唾を呑んで見守っていたのは当然だ。他方、同じ番組を観ているイスラエル人の方は、ラヘルの活躍（暗躍）ぶりを楽しみつつ、最後はイスラエルの勝ちで終わると信じていたから、その結末のつけ方は難しい。中国の抗日・反日ドラマなら、一方的に日本軍人を「日本鬼子」と悪役にすればいいだけだが、さあ『テルアビブ・オン・ファイア』の結末は如何に？ホントにバッサムが言うように『マルタの鷹』を模倣した結末が良いの？それとも、・・・？もっとも、ラストにアラブ人の女スパイ・ラヘルとイスラエル人将軍イェフダとの結婚式でハッピーエンドというのは、『卒業』（67 年）のラストのような劇的な展開ならまだしも、あまりにもバカげていることは明らかだ。すると、その正反対に、そこでブーケに仕込んだ爆弾を爆発させれば・・・？そんなアイデアも出たが、イヤイヤ、それも・・・？

ドラマの結末については、サラームとアッシ双方のアイデアを軸とし、バッサムやスタッフたちからの意見もいろいろと出されたが、イスラエル陣営とパレスチナ陣営の双方が

納得、満足する結末は難しい。サラームは恋人のマリアム（マイサ・アブドゥ・エルハディ）とのデートも犠牲にして、主演女優タラと共に脚本作りに悪戦苦闘を続けたが、事態は悪化するばかりだ。『笑いの大学』では、徹夜で修正した台本は全く新しく書き下ろしたと言ってもよいもので、最高に笑えるものだった。しかし、一枚の「赤紙」によって状況は一変し、涙を誘うすばらしいラストに繋がっていたが、さて、本作の結末は？

　『パラサイト　半地下の家族』（19年）ではポン・ジュノ監督自らがパンフレットの冒頭で、「頭を下げて、改めてもう一度みなさんに懇願をします。どうか、ネタバレをしないでください。みなさんのご協力に感謝します。」と書き、ネタバレ厳禁を徹底させていた。本作にはそんな警告はないが、パンフレットにあるストーリーは「追い詰められたサラームだったが、全ての者が納得する驚くべきアイデアを思いつく。果たして、彼が最後に絞り出した笑撃の結末とは──！？」と書いてあるものの、当然その結末は書かれていない。したがって、本作も『パラサイト　半地下の家族』と同じように、予測不能の結末はあなた自身の目でしっかりと！

『テルアビブ・オン・ファイア』　2020/6/3　DVD発売
発売：アット エンタテインメント
販売：ＴＣエンタテインメント

2020（令和2）年2月10日記

第3章
日本の巨匠の最新作と新進監督の注目作

■Data
監督・原作・脚本：山田洋次
出演：渥美清／倍賞千恵子／吉岡秀
　　　隆／後藤久美子／前田吟／
　　　池脇千鶴／夏木マリ／浅丘
　　　ルリ子／美保純／佐藤蛾次
　　　郎／桜田ひより／北山雅康
　　　／カンニング竹山／濱田マ
　　　リ／出川哲朗／松野太紀／
　　　林家たま平／立川志らく／
　　　小林稔侍／笹野高史／橋爪
　　　功

SHOW-HEY シネマルーム

★★★★★

男はつらいよ　お帰り 寅さん

2019 年／日本映画
配給：松竹／115 分

2019（令和元）年 10 月 31 日鑑賞　　　松竹試写室

👀 みどころ

　１９６９年のシリーズ第１作からちょうど５０年。１９９７年の渥美清の死亡から２２年。あの寅さんがシリーズ第５０作として戻ってくる。

　『お帰り寅さん』と言っても、主役は甥っ子の満男で、寅さんはチラリチラリだけ。しかし、博・さくら夫妻はもちろん、リリーさんも元気で登場！１１歳の吉岡秀隆が演じた満男は、今どこでどんな仕事を？そして、本作でそのお相手となる準マドンナは誰？ストーリー展開は？

　「とらや」のお茶の間に座って昔話に花を咲かせれば、誰でも、あの顔、この顔、そしてあのシーン、このシーンが蘇ってくるはずだ。２０２０年のお正月は、断然本作で！

————＊——＊——＊——＊——————＊———＊———＊——＊—

■□■寅さん亡き今、甥っ子の満男が主役に！■□■

　寅さんシリーズに寅さんの甥っ子である諏訪満男が登場したのは、『男はつらいよ　浪花の恋の寅次郎』(81 年) から。満男を演じた吉岡秀隆が１１歳の時だ。以降４９作までずっと満男は寅さんから愛され続け、満男も「寅おじさん」を頼って成長してきた（？）から、『男はつらいよ　お帰り 寅さん』と題された記念すべき第５０作で満男を主役に設定したのはある意味で当然。満男の父親・博（前田吟）、母親・さくら（倍賞千恵子）は既に「後期高齢者」になっているから、寅さん亡き今、主役を張るのはとても無理。年齢から考えても、満男を主役にしたのは当然だ。

　もっとも、過去の全４９作の中で次々と登場してきたマドンナたちの中でも、寅さんが最も愛した女性はリリー（浅丘ルリ子）だから、リリーを主役として登場させる手もない

134

ではないが、リリーが知っている寅さんはやはり限定的だから、過去４９作の集大成たる本作の主役には役不足だ。

　山田洋次監督も１９６９年の高度経済成長期に登場した寅さんシリーズが４９作も続くとは思っていなかったはずだ。しかし、パンフレットにある「山田洋次監督のコメント」では、「そして今、先行き不透明で重く停滞した気分のこの国に生きるぼくたちは、もう一度あの寅さんに会いたい、あの野放図な発想の軽やかさ、はた迷惑を顧みぬ自由奔放な行動を想起して元気になりたい、

『男はつらいよ　お帰り　寅さん』
©2019 松竹株式会社
12月27日（金）全国ロードショー

寅さんの台詞にあるように『生まれて来てよかったと思うことがそのうちあるさ』と切実に願って第５０作を製作することを決意した」と述べている。そんな本作で主役を務める満男は、どんな物語で私たちに「生まれて来てよかったと思うことがそのうちあるさ」と思わせてくれるのだろうか。導入部で桑田佳祐が歌う、お馴染みの主題歌を聞きながら、そんな期待で胸がいっぱいに！

■□■物語は諏訪瞳の７回忌から。そこに集うメンバーは？■□■

　吉岡秀隆は多くの映画やドラマに出演し、どんな役柄でも見事に演じ分ける万能役者だが、一番印象に残っているのは、『ALWAYS　三丁目の夕日』シリーズ（05～12年）（『シネマ9』258頁、『シネマ16』285頁、『シネマ28』142頁）における小説家・茶川竜之介の役。そこで、私と同じ思いを持っている（？）山田洋次監督は、本作の主役として登場させる満男を「サラリーマンを辞めて念願の小説家になった男」と設定した。今、彼は中学３年生の娘ユリ（桜田ひより）とマンションで２人暮らしだが、それは妻が６年前に亡くなったため。そして、今日は妻・瞳の７回忌の法要が葛飾の実家で行われるらしい。

　私が２０１７年６月に訪れた、葛飾・柴又帝釈天の参道にある草だんご屋「くるまや」は、今カフェに生まれ変わっていた。しかし、その裏手にある、昔のままの住居には博とさくらが暮らしていたから、法事を終えた後、満男が両親や親戚、付き合いの長い近所の人々との昔話に花を咲かせていると、伯父・寅次郎（渥美清）との日々を思い出すことに。満男のそんな思いを受けて、スクリーン上にチラリチラリと登場する寅さんは、もちろんあの風貌。そして、あの服装に、あの帽子姿で、右手にかばんを持った寅さんだ。

満男が書いた小説の評判は上々で、出版社の担当編集者・高野節子（池脇千鶴）からは次回作の執筆を勧められているうえ、近々サイン会も予定されていた。博・さくら夫婦にとって、寅さんシリーズの中で家出を繰り返し、いろいろと手を焼かせてきた息子の満男がここまで成長し、それなりに世間様から認めてもらっているのは万々歳。しかし、法要後のおしゃべりの話題になったように、娘との2人暮らしが7年も続いているのだから、そろそろ再婚してもいいのでは・・・？ちなみに、娘・ユリは、担当編集者として色々と世話を焼いている節子なら母親になってもらってもいいと思っているようだが・・・。

■□■寅さんにはリリー！満男には泉！満男と泉の再会は？■□■

浮気モノ（？）の寅さんには過去の49作すべてに美しいマドンナが登場したが、日本国中が寅さんのベスト・マドンナと認めるのが、浅丘ルリ子が演じたリリー。『男はつらいよ　寅次郎ハイビスカスの花』（80年）では、博・さくら夫婦の"願い"を受け止めたリリーの思いがけない返事によって、寅さんとリリーは世帯を持つ直前まで進んでいた。

そんな風に大人同士の恋模様を展開した（？）寅さんVSリリーと違い、いかにも純情で淡い恋心をぶつけ合っていたのが、高校生の満男と及川泉（後藤久美子）だった。1980年代から90年代にかけて人気絶頂だった美人女優・ゴクミこと後藤久美子は、『男はつらいよ　ぼくの伯父さん』（89年）から登場しているが、今はどうしているの？山田脚本では、満男とは大違いの優等生だった泉は、今、UNHCR（国連難民高等弁務官事務所）の職員として英語、フランス語を操りながら諸外国を飛び回っているキャリアウーマンらしい。映画とは便利なもので、どんな脚本を書くかによって、世界中を駆け回っている泉を、ある日突然日本に戻すこともできる。しかも、上司の粋な計らいによって、泉は久しぶりに2日間を東京でゆっくり過ごすことに。さらに、たまたま泉が行った書店で、何と初恋の人・満男のサイン会に出くわすことに！

恥ずかしがり屋の満男にとって、サイン会への出席はかなり勇気のいることだったらしい。そのため、少しデリカシーに欠ける（？）、朝日印刷のタコ社長（太宰久雄）の娘・朱美（美保純）から、「サイン会に出れば偶然の出会いがあるかも？」と言われたことが、勇気を出してサイン会に出席した1つの理由だった。しかして今、「名前も書いてください。名前はいずみ。スプリングの泉です」と言われた満男が慌てて顔を上げてみると・・・？寅さんにはリリーだが、満男には泉！そんな2人の再会は？

■□■リリーは元気！しかし、泉の父母は？■□■

寅さんシリーズで最多5回のマドンナ役を務め、寅さんと世帯を持つ寸前までいったのが浅丘ルリ子演じるリリー。リリーの気っぷの良さには寅さんならずとも惚れてしまうのが当然だ。そんなリリーは、寅さん亡き今、さすがに日本中を旅から旅で巡る生活からおサラバし、東京で小さなジャズ喫茶を営んでいた。満男にとってそこは、誰かとゆっくり

話すのに最適の場所だったらしい。そのため、書店でのサイン会を終えた満男は、泉をその店に案内することに。お互いに初恋の相手で初キスを交わした2人が約20年ぶりに再会したのだから、積もる話があるのは当然。しかし、こんな場合、どこまで踏み込んだ話をしていいのかは意外に難しい。泉は忙しい身だが、ラッキーなことに今晩と明日はフリー。すると、ひょっとして満男が強引に誘えば、リリーが経営するジャズ喫茶を出た後、どこかに"しけこむ"ことだって・・・。昔の日活ロマンポルノならそんな展開になるところだが、寅さんシリーズではそれはあり得ない。本作では、定番通り（？）満男は泉を実家に連れて行くことに。

満男から泉が来訪することを聞いた博とさくらは大喜び。夕食の準備はもちろん、寅さんがいつもマドンナを泊めていた2階に泉を泊めてやろうと、掃除をし布団を干す張り切りようだ。博とさくらの泉に対するそんな親切は、昭和の高度経済成長期ならいかにもピッタリだが、平成から令和に移行した今の時代では、お節介が過ぎるもの？したがって、満男は「こんな汚いところに泊まってもらうのは迷惑だよ」と両親をたしなめたが、泉は意外にも「畳の上に布団を敷いて寝るのは久しぶり」と喜んでくれたから、さくらたちは大喜び。本作では、それが社交辞令ではなく、泉の本音のように演出されているからうれしい限りだ。互いに「おやすみなさい」と言い交わして、泉は私もこの目で見た車屋の2階の部屋に上がっていったが、さて明日の予定は？

■□■泉の父親はケアセンターに！離婚した母親は？■□■

私は2人兄弟だが、私も1学年違いの兄も、大学に入学した時から故郷の松山を離れてしまったから、両親は2人だけで死ぬまで松山で過ごした。また、母親が先に死亡した後、父親は1人で老人ホーム（やケアセンター）に入ることなく、ヘルパーさんの世話になりながら時々ケア・マネージャーさんに来てもらう体制の中、1人で自宅で暮した。

それに対して、泉の父親・及川一男（橋爪功）は、今一人で神奈川にあるケアセンターに入っており、ほとんどベッド上の生活らしい。もっとも、泉の母親・原礼子（夏木マリ）はピンピンしているが、とうの昔に離婚しているから、このケアセンターを訪れることはない。すると、一男が亡くなったらそのお葬式はどうするの？私たち兄弟は故郷から離れていても日本国内に住んでいたから、親の葬儀はそれなりに処理できた。しかし、泉のように世界を飛び回るキャリアウーマンであれば、いざという時ホントにどうするの？しかも、それは近くに迫っているはずだ。その場合、泉本人が言うように、離婚した母親は赤の他人だから、当然泉が喪主にならなければならない。したがって、そこでは「UNHCRの仕事が忙しいから・・・」は何の弁明にもならないはずだ。久しぶりに戻ってきた日本で、そんな現実を突きつけられた泉は、「そうなったら、その時に考えるわ」と問題を"先送り"するしかなかったが、そこで満男から「僕もできるだけのことをするから」「売れない作家には時間だけはタップリあるから」と慰めてもらえたのはありがたい限り。もっと

も、多分それは映画の上だけのことで、もし、ホントにそんな現実になれば、たちまち困ることは必至だ。しかし、それは本作が描くテーマではないから、その点は問題提起だけで終えたが、わずか1日2日の間でそこまで互いの現実を語り合った2人には、ひょっとして焼けぼっくりに火が・・・？

■□■メロン騒動は？２０２０年のお正月は本作で決まり！■□■

　２０１８年１０月６日からＢＳテレ東で土曜日毎に放送されていた『寅さんシリーズ』は、私にとって夕刊を読みながら、かつ夕食を食べながら観るのに最適だった。なぜなら、食事と新聞とＴＶをバランス良く時間配分しながらゆっくり食事するのは、直腸ガンと胃ガンの手術をした私の胃腸に最適だからだ。そんな、過去４９作にのぼる寅さんシリーズの中でも、名場面中の名場面が『男はつらいよ　寅次郎相合い傘』(75年)で、「とらや」のお茶の間で展開されるメロン（の取り分）を巡るもの。

　それは、寅さん宛に送られてきたメロンがちょうど食べごろになったとして、さくらやおばちゃんらが6等分して1口食べたところに、寅さんが帰ってくる場面。みんながメロンをおいしそうに食べている姿を見て、寅さんは幸せ感いっぱいに「よし、じゃ、お兄ちゃんも1つもらおうか。じゃ、出してくれよ、オレの」と言ったものの、なんと寅さんの分は切り分けられていなかったからアレレ・・・。さくらから、「あ、お兄ちゃん。これ1口しか食べてないから・・・」とお皿が回されてくるのを見た寅さんは、さていかに？

　ここでの寅さんの言い分は実にごもっとも。彼がこんなに理路整然と自分の主張の正当性を許えるのは珍しいが、まさに彼の言い分どおりだ。寅さん宛に送られてきた貴重なメロンを、寅さんのことを全く省みず、寅さん以外の家族だけで切り分けて食べるのは、まさにもっての外。これは、「たかがメロン如きで」という問題ではなく、人間の心のあり方の問題だ。「わけを聞こうじゃねえか。どうしてみんなの唾のついた汚ええ食いカスを、オレが食わなくちゃならねえんだ」と怒った寅さんとおいちゃんがその後取っ組み合いの大ゲンカになってしまうからすごい。そんな姿を見て一喝したのがリリー。このリリーの"裁定"によってコトは収まるわけだが、山田洋次監督は『男はつらいよ　寅次郎相合い傘』におけるそんな名シーンを、本作のどんな場面で、どのように展開させるの？２０２０年のお正月は本作で決まり！

『男はつらいよ　お帰り 寅さん』
©2019 松竹株式会社
12 月 27 日（金）全国ロードショー

２０１９（令和元）年１１月７日記

Data

監督・脚本・原案：是枝裕和
出演：カトリーヌ・ドヌーヴ／ジュ
　　　リエット・ビノシュ／イーサ
　　　ン・ホーク／リュディヴィー
　　　ヌ・サニエ／クレモンティー
　　　ヌ・グルニエ／マノン・クラ
　　　ヴェル／アラン・リボル／ク
　　　リスチャン・クラエ／ロジ
　　　ェ・ヴァン・オール

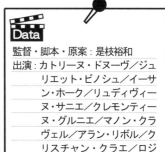

SHOW-HEY シネマルーム

★★★★★

真実

2019 年／フランス・日本映画
配給：ギャガ／108 分

2019（令和元）年 10 月 13 日鑑賞　｜　TOHO シネマズ西宮OS

👀 みどころ

　是枝裕和監督は、『万引き家族』（18 年）でカンヌのパルムドール賞を受賞した直後からアメリカに渡り、イーサン・ホークと出演交渉。そして、前から温めていた「フランスの大女優カトリーヌ・ドヌーヴと一緒に映画を！」の夢を実現させたからすごい。そのテーマを、母と娘の『真実』を巡る物語としたため、娘役でジュリエット・ビノシュまで起用したから、さらにすごい。第 76 回ベネチア国際映画祭オープニング作品として注目を集め、多くの新聞批評の対象になったのも、当然だ。

　証拠に基づく事実の認定。それが弁護士の仕事だが、フランスの大女優は「事実なんて退屈だわ」と平気で言い放つから、アレレ・・・。大女優を母に持つ娘が "わだかまり" を持つのは、樹木希林の娘・内田也哉子のコラムを読めば明らかだが、本作で娘は母親が書いた「自伝」からどんなインチキ性を発見し、どんな "わだかまり" を増長させていくの？

　日本語吹き替え版でファビエンヌ役を演じる女優・宮本信子のコラムのタイトルである「いつでも、だれにも、真実はひとつじゃない」の言葉を噛みしめながら、非常に難解なテーマに切り込んだ本作をしっかり鑑賞したい。

───＊───＊───＊───＊───＊───＊───＊───＊───＊───＊───＊───

■□■ 『万引き家族』に満足せず、是枝監督が新境地に挑戦！■□■

　『誰も知らない』（04 年）で、柳楽優弥にカンヌ国際映画祭の最優秀男優賞を受賞させた是枝裕和監督は、その後『そして父になる』（13 年）（『シネマ 31』39 頁）、『海街ｄｉａｒｙ』（15 年）（『シネマ 35』未掲載）、『三度目の殺人』（17 年）（『シネマ 40』218 頁）で

国内外の賞を次々とゲットし、ついに『万引き家族』（18年）（『シネマ42』10頁）で、第７１回カンヌ国際映画祭でパルムドール賞を受賞するとともに、国内の賞も"総取り"した。

　それに続く是枝監督の最新作である『ラ・ヴェリテ（原題）』を撮影しているとのニュースは、２０１９年４月ごろから報道されていた。２０１９年５月６日付読売新聞の「文化」欄（文化部・恩田泰子の署名記事）によると、その作品の出発点は、２０１１年、以前から親交があるビノシュさんと対談し、「何か将来的に一緒に映画を」と意気投合したことらしい。そんな同作が２０１９年の第７６回ベネチア国際映画祭のオープニング作品になったからすごい。

　残念ながら２年続けての是枝監督の快挙はならなかったが、注目を集めた同作の新聞批評は多い。その中でも私が注目したのは、２０１９年１０月９日付日経新聞「文化往来」。そこでは、『幻の光』（95年）や『誰も知らない』（04年）などミニシアター作品で国際的評価を得た時期を"第１章"、フジテレビやギャガと組み国内でも大規模に興行した『そして父になる』（13年）からを"第２章"とするなら、本作は"第３章"の幕開けとなる作品だ、と評価している。さあ、そんな是枝監督の新境地への挑戦は？そして、本作は一体どんな映画？

■□■自伝のタイトルは『真実』だが、その実は・・・？■□■

　日本の国民的女優・吉永小百合主演の『最高の人生の見つけ方』（19年）の公開とほぼ同時に、フランスの国民的女優・カトリーヌ・ドヌーヴ主演の『真実』が公開されたが、そのタイトルは、彼女が自分自身を演じるかのような本作の主人公ファビエンヌ（カトリーヌ・ドヌーヴ）が出版を控えている自伝のタイトルだ。私たちが弁護士になるについては、民法・商法・刑法等の「実体法」としての法律を学ぶと共に、手続法としての民事訴訟法・刑事訴訟法を学ぶ中で、証拠に基づく事実認定のやり方を徹底的に学んできた。裁判で必要なのは、証拠に基づいて認定した「事実」だが、「事実」と「真実」はどう違うの？

　ここではその解説は避けるが、ファビエンヌは娘役で共演する女優マノン（マノン・クラヴェル）と共に映画『母の記憶』を撮影中だから、立派にまだ現役女優だ。７０歳を超えてなおパリでそんな活躍を続けているファビエンヌが、テレビ俳優として売れ始めた夫のハンク（イーサン・ホーク）、7歳になる娘のシャルロット（クレモンティーヌ・グルニエ）と共にパリにやってきた、ニューヨークで脚本家をしている娘のリュミール（ジュリエット・ビノシュ）を温かく迎えたのは当然。そう思ったが、アレレ本作では・・・？

　孫のシャルロットが「まるでお城のよう」と表現する大邸宅の中で、新作映画についての取材を受けているファビエンヌは、「あれは大した映画がじゃないわよ」と片付けていたし、自伝の出版については事前に原稿を見せる約束をしていたのにそれを破ったと詰め寄るリュミールに対しても、「送ったわよ」と平気で嘘をついていたから、この大女優はかな

りしたたか。少なくとも吉永小百合タイプではなく、つい最近亡くなった樹木希林タイプ（?）らしい。しかも、ちょうどその時、出版社から届いた、『真実』と題された自伝本を、リュミールが一晩かかって読んでみると・・・。

■□■この本のどこに真実が？自伝 vs 伝記■□■

リュミエール一家をパリのファビエンヌのお屋敷に迎えた１日目は少し不穏な空気（?）があったものの、全体的には歓迎ムードでいっぱいだった。しかし、その翌朝、リュミエールは一晩で読み終えた『真実』を持って、明らかに不機嫌な様子でファビエンヌに、「この本のどこに"真実"があるのよ」とかみついたから、ビックリ。是枝監督、フランスを代表するカトリーヌ・ドヌーヴとジュリエット・ビノシュをこんな形で最初からケンカさせて大丈夫なの？

自伝には「昔、小さな娘を学校まで迎えに行った」というくだりがあったが、「そんなこと一度もなかった」というのがリュミエールの主張だ。事実を金科玉条のように大切にする弁護士なら当然これに賛成だが、対するファビエンヌは「事実なんて退屈だわ」と言い放ったから、アレレ。さらに、リュミエールは「何で一度もサラおばさんの名前が出てこないの？」とたたみかけたが、ライバルで親友だったサラの名前を耳にした途端、ファビエンヌは顔を曇らせたから、アレレ・・・。しかして、サラとは一体誰のこと？

『真実』2020年5月1日発売
Blu-ray コンプリート・エディション：
¥7,000（税抜）Blu-ray：¥4,800（税抜）
DVD：¥3,800（税抜）
発売・販売元：ギャガ
©2019 3B-分福-MI MOVIES-FRANCE 3 CINEMA
photo L. Champoussin © 3B-Bunbuku-Mi Movies-FR3

大阪の人気歌手でタレントだったやしきたかじんが死亡した後、百田尚樹が書いた『殉愛』が大きな評判を呼んだが、この「かつてない純愛ノンフィクション」はあくまで百田尚樹の視点で書いたやしきたかじんの「伝記」だ。しかし、「自伝」は伝記とは違い、あくまで自分で自分のことを書くものだから、他人が知りえない赤裸々な事実を書いてこそ価値があるもの。一般的にはそう思われているが、さて・・・？

本作のパンフレットには、①女優・宮本信子の「いつでも、だれにも、真実はひとつじゃない」、②小柳帝の「つい見落としてしまいそうな、何気ないショットにこそ宿る『真実』」、③内田也哉子の「母の人生の余韻と共に見た詩情あふれるホームドラマ」という３つのコラムがあり、それぞれ興味深い。とりわけ弁護士である私が強調したいのは、宮本信子のコラムのタイトルどおり「いつでも、だれにも、真実はひとつじゃない」ということだ。小柳帝のコラムでは、同趣旨のことが「近松門左衛門の虚実皮膜論ではないが、『真実』と

は、現実と虚構との間の微妙な狭間にあるのではないだろうか。」と書かれている。しかして、ファビエンヌが書いた自伝『真実』の、どこに真実が？

■□■サラって誰？今は亡きサラの存在感に注目！■□■

本作では、フランスを代表するカトリーヌ・ドヌーヴとジュリエット・ビノシュという2大女優の他、オーディションでマノン・ルノワール役を射止めた女優マノン・クラヴェルが、劇中劇『母の記憶に』の主演女優として登場する。ファビエンヌが同作に出演したのは、マノンが「サラの再来」と言われるほど今は亡き女優サラに似ていたためらしいが、サラって一体誰？

サラはずっとファビエンヌのライバルかつ親友だった女性で、「サラおばさん」と呼んでいたリュミールにとっては、ファビエンヌ以上に母親のような存在だったらしい。したがって、ファビエンヌの『自伝』の中にひと言もサラの名前が出てこないことについて、リュミールが「うしろめたいんだ」と捨て台詞を吐いていたが、ひょっとして、それが真相？そんな、ちょっとしたいざこざ（？）の中、長年ファビエンヌの秘書を務めていたリュック（アラン・リボル）が「辞める」と宣言し、後任をリュミールに託したが、それはなぜ？ファビエンヌへの収まらない怒りを自分にぶつけてくるリュミールに対して、「今度の映画も"サラの再来"と評判の新進女優マノンが主演だから引き受けたのだ」と説明したのは、ファビエンヌのすべてを把握しているリュックだが、さてその真相は？

そんなリュックが突然退職を申し出たのは、『真実』の中に一行も自分のことが書かれていなかったためらしい。それによってリュックは自分の「人生を否定された」と考えたわけだ。このように、ファビエンヌの自伝である『真実』は、周囲の人たちにさまざまな波紋を投げかけることに・・・。もっとも、そんなこんなのトラブルの中でも、ファビエンヌとマノンが共演している映画『母の記憶に』は、ファビエンヌの新たな秘書リュミールが撮影に付き添う中で順調に進んでいったから、ヤレヤレだ。

このように本作では、スクリーン上には全く登場しない今は亡きサラという女性が、ストーリー進行上大きな役割を果たすので、その存在感に注目！

■□■母娘の対決と和解を２大女優が！■□■

『真実』の出版を巡っては、アメリカからリュミールの家族がやって来ただけでなく、ファビエンヌの元夫でリュミールの父親であるピエール（ロジェ・ヴァン・オール）も登場する。久しぶりに再会した娘に対して、ピエールは「自伝への出演料をもらってもバチは当らないだろう」と開き直ったが、そこで、すでに『真実』を読み終えているリュミールから「パパはもう死んだことになっている」と教えてもらったピエールが、「そりゃないだろう！」と怒ったのは当然。また、リュミールが結婚相手として選んだ夫ハンク・クーパーは、今でこそ売れ始めているが、サラと並ぶ大女優のファビエンヌに比べれば、テレ

『真実』2020年5月1日発売
Blu-ray コンプリート・エディション：¥7,000（税抜）
Blu-ray：¥4,800（税抜）DVD：¥3,800（税抜）
発売・販売元：ギャガ
©2019 3B-分福-MI MOVIES-FRANCE 3 CINEMA
photo L. Champoussin © 3B-Bunbuku-Mi Movies-FR3

ビ俳優なんて屑みたいなもの。大女優ファビエンヌの娘として生まれ育ったリュミールが、なぜそんな男と知り合って結婚し、パリからアメリカに渡ったの？リュミールがファビエンヌのお城のようなお屋敷ではじめて『真実』を読んだ翌日の、ちょっとした母娘の「言い争い」はささいなものだったのかもしれない。しかし、弁護士の私に言わせれば、「事実なんて退屈だわ」と決めつけたうえで、『真実』と題する「自伝」に平気でウソ八百を書き連ねるファビエンヌの姿勢は、やはり問題だ。

　他方、久しぶりに再会した母娘の１、２度の会話だけでは、『真実』に込めたことの真の意味がリュミールに伝わらなかったのも当然。しかし、退職したリュックのかわりにリュミールがずっとファビエンヌの撮影に付き添っていると、強気一辺倒に見えるファビエンヌも時々は意外な弱さを見せることも・・・。母と娘が毎日繰り広げるそんな「抗争」を、傍で見守り、場合によれば仲裁役を買って出たのが気の優しいハンクだが、実の母娘の関係には、他人が立ち入れない領域があるのは仕方ない。そして、「サラの再来」と言われるマノンと母親が連日演じている『母の記憶に』を見守っているうちに、リュミールの頭の中には『真実』に書かれていなかったエピソードが次々と蘇ってくることに。その１つが、サラの着ていたドレスを、ファビエンヌが今なお大切に保管していたこと。そして、そのドレスをファビエンヌから譲り受けたマノンが着ると、ホントにサラそっくりの姿になったこと、だが、それは一体何を意味しているの？

　前述したコラム「母の人生の余韻と共に見た詩情あふれるホームドラマ」を書いた内田也哉子は、言うまでもなく樹木希林と内田裕也の一人娘だが、そこには「ファビエンヌと娘のリュミールが歩み寄るシーンを見て思い出したのですが、私も母に対して、すごくわだかまっていた、自分の中でこだわっていた想いのようなものが、何気ないことで、ふとそのしこりがほどけていったというようなことがありました。」と書いてある。なるほど、女同士の感情は男同士より複雑なことはわかるが、有名女優の母親と、そんな母を持つ娘の間には、それなりの「わだかまり」があって当然かもしれない。

　本作では、日本人の是枝監督がフランスの２大女優を起用して、そんな母娘の「わだかまり」を見事に表現している。そんな本作では、導入部での母娘の"対決"と、クライマックスでの２大女優が演じる"和解"の姿をじっくり鑑賞したい。

■□■真実は１つじゃない！それを本作でじっくりと。■□■

　前述したように、当事者の代理人として裁判に責任を持つ弁護士にとっては、「証拠に基づく事実認定」がすべて。したがって、ファビエンヌのように、「事実なんて退屈だわ」と言われたのでは、自分の仕事を否定されたも同然だから、それに同意できないのは当然だ。しかし同時に、前述した宮本信子のコラムのように、「いつでも、だれにも、真実はひとつじゃない」のも事実だ。本作は、是枝監督が、そんなチョー難解な問題をテーマとして、フランスの２大女優を起用した映画だから、奥行きが深いのは当然だ。

　本作の新聞批評は多いが、とりわけ私が注目したのは、２０１９年４月１３日付日経新聞の「文化欄」における、カトリーヌ・ドヌーヴと是枝監督との対談。そこでの問題提起は、「俳優の真実とは何だろう？」「芝居とは」というもので、まさに"直球勝負"だが、そこで２人はどう語っているの？この対談における、「題名通り、俳優にとっての『真実』が主題だと思う。でも俳優は演じるのが仕事で、それは嘘をつくことでもある。」との質問に対するカトリーヌ・ドヌーヴの答えは次のとおりだ。すなわち、

　「演技は嘘ではない。セリフは自分の言葉ではないし、自分が書いたものでもないけれど、役者はそのテキスト、その言葉に、自分の何かを乗せ、何かを注ぎ込む。フランス語で『芝居をする』と『遊ぶ』という動詞は同じ。まさに演じることは遊ぶこと、遊び心をもつことだと思う。」

　また、是枝監督の答えは次のとおりだ。すなわち「真実と演技を、真実と虚構という形で対立させるのでなくて、真実とマジックというのかな、演技を嘘ではなくてマジックととらえ、重なったり離れたりするものにしようと思った。」

　さらに、それを聞いたカトリーヌ・ドヌーヴの最後の答えは次のとおりだ。すなわち、

　「作品には必ず説明できないものがある。それをあえて説明する必要はない。謎のままでいいものは多い。」

　なるほど、なるほど。この質問に対する２人のこの答えは、弁護士生活を４５年も続け、「証拠に基づく事実の認定」を追求し続けてきた私にとっても非常に興味深いものなので、あえてここで紹介しておきたい。

　　　　２０１９（令和元）年１０月２１日記

『真実』2020年5月1日発売 Blu-ray コンプリート・エディション：￥7,000（税抜）Blu-ray：￥4,800（税抜）DVD：￥3,800（税抜）発売・販売元：ギャガ
©2019 3B-分福-MI MOVIES-FRANCE 3 CINEMA

■Data
監督・脚本：瀬々敬久
原作：吉田修一『犯罪小説集』（角川文庫刊）より『青田Ｙ字路』『万屋善次郎』
出演：綾野剛／杉咲花／佐藤浩市／村上虹郎／片岡礼子／黒沢あすか／石橋静河／根岸季衣／柄本明

SHOW-HEY シネマルーム

★★★★

楽園

2019 年／日本映画
配給：KADOKAWA／129 分

2019（令和元）年 10 月 19 日鑑賞 ｜ TOHOシネマズ西宮OS

👀 みどころ

　人気作家・吉田修一の『犯罪小説集』からの２本の短編を原作とし、次々と社会問題提起作を発表する瀬々敬久監督が脚本と演出を。しかし、ネタが犯罪小説なのに、タイトルがなぜ『楽園』に？

　綾野剛、佐藤浩市という日本を代表する看板俳優には弱者のイメージは似合わないが、瀬々脚本の中で２人はいかなる弱者ぶりを？他方、若手のトップ女優・杉咲花も明るい前向きの役が似合うはずだが、いかなる弱者ぶりを？

　それをしっかり確認したいが、同じ限界集落に生きていても、男女の違いは顕著。そしてまた、『ジョーカー』（19 年）の"誕生秘話"との違いも顕著だ。

　『ジョーカー』も決して後味のいい映画ではなかったが、それは本作も同じ。もっとも、本作でも、紡だけには多少の希望が・・・。

―― * ―― * ―― * ―― * ―― * ―― * ―― * ―― * ――

■□■原作は？監督は？俳優陣は？テーマは？■□■

　人気作家・吉田修一の「力量」は、いずれも李相日監督によって映画化された『悪人』（10 年）（『シネマ 25』210 頁）と『怒り』（16 年）（『シネマ 38』62 頁）を観れば明らかだ。『楽園』と題された本作の原作は、その吉田修一の２つの短編小説。１つは『青田Ｙ字路（あおたのわいじろ）』で、これは田園から続くＹ字路で起きた少女失踪事件が周囲の人たちの運命を狂わせていく物語。もう１つは『万屋善次郎（よろずやぜんじろう）』で、これは周囲とのささいな行き違いが孤独な男を狂気へと駆り立てていく物語だ。

　他方、瀬々敬久監督は『64-ロクヨン- 前編／後編』（16 年）（『シネマ 38』10 頁、17 頁）で大ヒットを飛ばした後、『菊とギロチン』（18 年）（『シネマ 42』158 頁）でも鋭い社会問

題提起をした人気監督だ。さらに、本作に主役級で登場する中村豪士（たけし）役の綾野剛は、『怒り』でも『64-ロクヨン- 前編／後編』でも好演した、当代人気№1の俳優。そして田中善次郎役の佐藤浩市は、『64-ロクヨン-』で圧巻の演技を見せた日本を代表する俳優だ。そして、湯川紡（つむぎ）役の杉咲花は、『湯を沸かすほどの熱い愛』（16年）（『シネマ39』28頁）で第40回日本アカデミー賞最優秀助演女優賞、新人俳優賞を受賞し、現在最も注目を浴びている若手女優の代表だから、本作の俳優陣は超豪華だ。

　本作のテーマはズバリ弱者。したがって、本作の舞台は、差別と格差が都会以上に顕著になる地方の小さな村、ハッキリ言えば限界集落。アメコミの悪役であるジョーカーの"誕生秘話"を描いたトッド・フィリップス監督の『ジョーカー』（19年）が第76回ベネチア国際映画祭で金獅子賞を受賞したことには全世界が驚いたが、同作のテーマもズバリ弱者だった。厳しい格差社会の中で最底辺に生きる弱者だった主人公は、なぜ、どのようにして、ジョーカーという凶悪な存在になっていったの？同作はそれを鋭く描いていたが、さて、『楽園』と題された本作における、3人の主人公たちの弱者ぶりは？

■□■2つの短編小説を瀬々監督が1本の脚本に！■□■

　『青田Y字路』とは何とも奇妙なタイトルだが、スクリーン上に登場する、とある「限界集落」のY字路は本作の主役ともいえる座を占めるほど重要なポイント。ある日仲良しの愛華（あいか）と紡（つむぎ）が学校の帰り道にそこで別れた後、愛華が行方不明になってしまったから大変。愛華の祖父で、村の世話役でもある五郎（柄本明）をはじめとする村人や警察の懸命の捜査にもかかわらず、ランドセル等が発見されたものの、愛華は行方不明のまま。以降五郎はずっと立て看板を立てて目撃情報を求めているが、何ら有力な情報はないままだ。それから12年後、紡（杉咲花）はあの村を出て東京の青果市場で働

『楽園』　配給：KADOKAWA
©2019「楽園」製作委員会
2019年10月18日（金）全国ロードショー

いていたが、あの時、なぜ自分は愛華と別れたの？という"罪悪感"を背負ったまま生きていた。五郎からの罵声や冷たい視線に耐えきれず、学校卒業後とにかく村を出たというのが真相らしい。他方、村には片言の日本語しかしゃべれない中国かフィリピンかは分らないが東南アジア系と思われる外国人の母親（黒沢あすか）と暮らす内気で孤独な青年中村豪士（たけし）（綾野剛）がいたが、こんな田

舎ではこの母子は完全に異質な存在。村人たちは口には出さないものの、今でもこの豪士が愛華失踪事件の犯人ではないかと疑っていたから、この母子も大変だ。

そんな老人ばかりの限界集落に父親を看取るために東京から戻り、今も一人で住みついている男が田中善次郎（佐藤浩市）。大柄で無愛想な男だが、村の中では相対的に一人だけ若く、何かと必要な村の雑用を引き受けていたから、結構重宝な存在だ。妻には病気で先立たれたそうだが、一人暮らしには不自由していないようだ。そんな善次郎も愛華失踪事件の時にはＹ字路に駆けつけていたから、事件の推移はよく知っているが、さて１２年後の彼は？

本作導入部での物語全体の提示はざっとこのようなものだから、その後の展開を「刑事モノ」「推理モノ」にすれば、韓国映画『殺人の追憶』（03年）（『シネマ４』240頁）のようにも構成できるが、ふたつの原作を１本にまとめた瀬々脚本は、時計の針を一気に１２年後に進めるとともに、そこで新たな第２の事件を発生させることに。さあ、第２の事件とは？

■□■瀬々脚本は３人の主人公をいかに設定？前作と同じ？■□■

本作第２の事件は『青田Ｙ字路』のハイライトになるもので、豪士に大きな悲劇が訪れるが、それは一体なぜ？また、なぜあの時・・・？ずっとそんな罪悪感を抱えたまま東京で一人暮らしをしている紡の下には、紡に好意を寄せている同級生だった野上広呂（村上虹郎）が近づいてくるが、この２人は恋模様に発展していくの？どうも、それはなさそうだが・・・。

他方、本作第３の事件は善次郎を主人公とした『万屋善次郎』のハイライトになるもので、そこでは、養蜂業を営んでいる善次郎が作るハチミツによって「村おこし」をしようとの提案を巡って善次郎が孤立していく姿が描かれる。すれ違いが生じた発端は、村の有力者に相談しないまま、善次郎が勝手に村役場との交渉に動いたため。しかし、それは雑用で年長者を煩わせまいと善次郎が考えたため。ところが、何かと陰湿で閉鎖的な村社会では「村八分」にされてしまうと・・・？それによって孤立してしまった善次郎は以降、亡くなった妻のマネキンを家の前に並べる等々の奇行が目立ち始め、遂にある日、あるとんでもない行動に出ることに。

このように本作の３人の主人公のうち少なくとも豪士と善次郎は、何とも悲惨な人生の結末を迎えてしまうことになる。しかし、本作を観ていれば、それが本人たちのせいではないことはハッキリしている。すなわち、豪士の場合は外国人差別（＝蔑視）というハッキリした現実があるし、善次郎の場合は村の掟を破った村八分の男と言う烙印が光っているわけだ。それに比べれば、紡の場合は愛華の祖父からの執拗な敵視という現実があるものの、そこからの逃亡は容易。しかし、愛華に申し訳ないと思う自分の心の中の負い目からは容易に逃れられないから、紡も自分には幸せな人生などあり得ないと考えていた。

『64-ロクヨン-』では誘拐事件の展開の中で鋭い人間模様の分析をみせた瀬々監督は、それに続く『菊とギロチン』では世の中の弱者である女相撲の力士たちとアナキスト集団に焦点を当てた面白い物語を演出していたが、世の中の"弱者"に焦点を当てたのは本作も同じだ。したがって、本作では瀬々脚本が設定した3人の主人公の"その面"にしっかり焦点をあてながら、3人の主人公の生きザマと死にザマを考えたい。

■□■豪士の"弱者"ぶりは？そこへの共感度は？■□■

　私は１９４９年に愛媛県の松山市で生まれ、その中心地で育ったが、それでも小学生の時には地域コミュニティがあり、夏祭り、秋祭りになると神輿を担ぎ、浴衣姿で散策したものだ。本作の時代はそれよりずっと後だし、舞台も現在大きな社会問題になっている限界集落だが、それでも村祭りだけは活発らしい。そのため、本作には村祭りの風景が再三登場するが、そんな本作は、あの愛華失踪事件から１２年後、豪士と紡が出会うところから物語が動き始める。豪士を演じる綾野剛は日本で一番カッコいい若手（？）俳優と言ってもいいほどのイケメンだから、本作の豪士役がピッタリかどうかはかなり疑問がある。また、母子共に村人から差別され、バカにされている豪士に紡が何の偏見もなく接することができたのは、2人とも"弱者"だ

『楽園』　配給：KADOKAWA
©2019「楽園」製作委員会
2019年10月18日（金）全国ロードショー

『楽園』　配給：KADOKAWA
©2019「楽園」製作委員会
2019年10月18日（金）全国ロードショー

という共通点で結ばれているため。瀬々脚本ではそれを言いたかったのだろうが、それだけの共通点でこの２人の心が結びついていくストーリーに私にはイマイチ納得感がない。

　他方、第２の失踪事件が起きた時が、原作の『青田Y字路』でもハイライトだが、そこでは失踪現場に集まった村人たちが、老いも若きも「犯人は誰だ？」の妄想に駆られてい

く姿が映し出される。そんな時、一人の若い男が「やっぱり、あいつが怪しい！」と叫び、「あいつ」の疑わしさを説明し始めると、村人たちは・・・？日本人は今、「韓国人は感情的だ。一つの流れに流されやすい」等と批判しているが、私に言わせれば、その批判はそのまま日本人に当てはまる。そのことが、このシークエンスを見ているとよくわかる。「あいつ」とは、もちろん豪士のことだ。集団心理の恐ろしさは、ナチス批判や韓国人批判をしている日本人、とりわけ日本のムラ社会にこんな形で存在していることが、多少の誇張はあるものの、その後の村人たちが豪士宅へ襲撃する（？）姿を見ればよくわかる。家を逃げ出した豪士は一軒のそば屋に逃げ込んだが、これではそば屋も迷惑千万。しかし、状況が状況だけに、少しはコトを収める努力をしてもいいのに、そば屋の主人は豪士に対していかにも迷惑そうな、出ていって欲しいという表情を浮かべるだけだ。すると、それを見た豪士は？

　その後の"悲劇"はあなた自身の目でしっかり確認してもらいたいが、外国人差別が根強いムラ社会では、また、何よりもワケがわからなくなり狂気を含んだ集団心理の中では、ホントにこんな弱者いじめが起きることに、ビックリ！

■□■善次郎の"弱者"ぶりは？そこへの共感度は？■□■

　最初からムラ社会の中で異質な存在として差別されている豪士母子とは違い、Uターンして村に戻っていた善次郎は長老たちからの信頼も厚かった。そのため、善次郎は亡き妻への想いを断ち切れないものの、一人で黙々と養蜂業を営み、納得感のある生活をしていたはず。ところが、蜂蜜を使った村おこしの件で、彼の努力が裏目に出ると・・・？

　その点の誤解を釈明するべく、善次郎が長老の家を訪れたのは当然だが、村八分とはすごいもの。1つの誤解の上に、更に尾ひれがつき、何と「善次郎は、村の水源を悪徳企業に売却しようとしている」との噂が流れていたから、もはや彼が身の潔白を証明するのは

『楽園』　配給：KADOKAWA
© 2019「楽園」製作委員会
2019年10月18日（金）全国ロードショー

難しいようだ。今の私のように職住接近の生活をしていると、そんなことは考えられないが、ムラ社会ではきっとそうなのだろう。しかして、善次郎はその後どうなったの？

　それも、あなた自身の目でしっかり確認してもらいたいが、その後、善次郎が妻の思い出のみに浸って家の中に引きこもり、家の外には妻の服を着せたマネキンを立て並べるようになったという展開に、私は些か違和感がある。善次郎ってこんなに弱い男だっ

たの？また、豪士はいくら村が嫌でも容易に村から抜け出せなかったのはわかるが、善次郎ならいつでも家屋敷を売り払って他の土地に引っ越せばいいだけではないの？日本にはそれくらいの自由はあるのでは・・・？そこらあたりの納得感が得られないだけに、私にはその後善次郎が犯すことになる凶悪犯罪についても、イマイチ納得感がない。さて、あなたは？

■□■紡の"弱者"ぶりは？やっぱり女は強い！？■□■

　本作では2人の男のダメっぷりが目立つが、女主人公の紡は、"弱者"とはいいながら反面の強さが目立つ。また、愛する孫娘を失った五郎の悲しみはわかるが、あの時、あの青田Y字路で紡が愛華と別れず、一緒に学校から家に帰ってさえいれば・・・？そう思い悔やむ五郎の気持ちがわからないでもないが、その気持ちを何年もずっと紡にぶつけ、紡を敵視する五郎はいかにも大人げないと言わざるを得ない。柄本明はいい俳優だが、本作の五郎を見ていると、柄本明まで嫌いになってしまいそうだ。

　紡は若いだけに、善次郎と違い自由に動けるのが取り柄。そのため、学校を卒業してすぐに東京に出て、青果市場での仕事を探し、一人暮らしを始めたのは大正解。いくら故郷とはいえ、あんなイヤな村とは縁を切ってしまえばいいだけだ。もっとも、愛華失踪事件から12年後、豪士と知り合い、あの日約束していたように、紡が豪士と会っていたら、ひょっとして「2人して村を出よう」という話しになっていたのかも・・・？豪士の内気ぶりみればその可能性は低いが、お互い心にキズを持った弱者同士の結びつきが豪士と紡の間にはあったから、ひょっとして・・・？

　現実は、豪士が村人から第2の失踪事件の犯人だとして追いたてられた挙げ句、立てこもったそば屋でガソリンをかぶり焼身自殺する悲劇になったから、紡の心のキズが更に大きくなったのは仕方ない。しかし、そんなムラ社会だからこそ起こり得るそんなバカげた事件によって、紡が1日も早くこの村から出て都会暮らしをしたいという決心も固まったはずだ。ちなみに、村に残りながら紡への淡い恋心を持っていた野上広呂が、村の中で時々ちょっかいを出したのではダメだと理解し、思い切って東京に出て紡と同じ青果市場で働き始めたのは立派な決断。もっとも、そのことと初恋の成就は別物だということは、広呂が紡の心の中の痛みを理解する情緒に欠けていたことを考えれば当然だ。

　本作のタイトルの『楽園』は、2人の男の生きザマと死にザマをみれば、いかにも皮肉タップリだが、紡の生きザマをみれば、なるほどそこには「楽園」にいけるかもしれないという"希望"を見出すことができるので、このタイトルにも納得！やっぱり女は強い！？

■□■2人の女優の扱いは？少しかわいそう？■□■

　本作で豪士の母親役を演じた女優は黒沢あすか。この母親は中国人？フィリピン人？それはわからないが、東南アジア系の女性だと推測できる。したがって、その日本語になま

りがあるのは当然だから、そんなセリフ回しが必要な母親役は難しい。しかも、いくらまともに働いて一人息子の豪士を育てていても、村人からは差別され蔑視され続けている女の役だから、それを演じる女優は大変だ。しかして、この女優が『六月の蛇』（02 年）で主演し、複雑で難しい人妻役を見事に演じた黒澤あすかだったから、私はビックリ！私は、その評論で、「すばらしいのは主演の黒沢あすか。一気に人気沸騰か。」と書いたほどだ（『シネマ 3』359 頁）。

　もう一人、本作には善次郎に絡んで、夫と子供を一瞬の交通事故で失った女性・久子（片岡礼子）が村人の一人として登場する。この 2 人は年齢的にピッタリだから、互いに意識し合ったのは当然だが、その縁談話が普通に考えられるシンデレラストーリーのように進んでいかないのが『犯罪小説集』という原作と瀬々脚本の特徴だ。善次郎が長老たちから

の信頼を集め続けていれば、ひょっとしてそうなったのかもしれないが、事態は全く逆で、善次郎は家の中に引きこもってしまったから、久子が困惑したのは当然。そんな中、本作ではこの 2 人がひなびた温泉宿に泊まるシークエンスが描かれ、更にそこでは 2 人が男女混浴の温泉に浸るシークエンスが描かれる。善次郎の気持ちはともかく、久子が善次郎に好意を持っていることは、そこまでのストーリー展開で明らかだから、ひょっとしてここで・・・？そう思っていると案の定・・・？そして、また意外にも・・・？

　いくら何でもこの瀬々脚本はやり過ぎでは？善次郎が何とも悲惨な犯行を決行した後の久子の人生はどうなるの？もちろん、本作はそれには全く触れていないのだから、そもそもこの久子に関するエピソードは不要だったのでは・・・？

『楽園』　配給：KADOKAWA
© 2019「楽園」製作委員会
2019 年 10 月 18 日（金）全国ロードショー

　　　　２０１９（令和元）年１０月２８日記

Data

監督：白石和彌
原作：『ひとよ』桑原裕子
出演：佐藤健／鈴木亮平／松岡茉優
　　　／佐々木蔵之介／田中裕子
　　　／音尾琢真／筒井真理子／
　　　浅利陽介／韓英恵／ＭＥＧ
　　　ＵＭＩ／大悟（千鳥）

SHOW-HEY シネマルーム

★★★★

ひとよ（一夜）

2019 年／日本映画
配給：日活／123 分

2019（令和元）年 11 月 9 日鑑賞　TOHOシネマズ西宮OS

みどころ

　白石和彌監督の２０１９年第３作のテーマは、男たちのバイオレンスに溢れた『凶悪』や『孤狼の血』とは大違いの、家族の絆。とは言え、暴力を振るう父親を母親が殺したのは、「３人の子供達を守るため」。「これによって子供たちは自由に生きられるようになった」という理屈は、通用するの？

　それから１５年後、約束通り（？）母親は家に戻ってきたが、「戦争を知らない子供たち」ならぬ「父親殺しの母親を持った子供たち」というレッテルを貼られた３人の兄弟妹の生き方は？「こんな女に誰がした？」は歌謡曲では立派な主張だが、本作にみる「こんな俺（私）に誰がした？」のオンパレードは如何なもの？ハッピーエンドにもかなり違和感があるが、さてあなたは？

――＊――＊――＊――＊――＊――＊――＊――＊――＊――

■□■白石和彌監督最新作のテーマは家族の絆！■□■

　白石和彌監督の『凶悪』（13 年）（『シネマ 31』195 頁）は、宮本太一の原作『凶悪―ある死刑囚の告発』を、『孤狼の血』（18 年）（『シネマ 42』33 頁）は、柚月裕子の原作『孤狼の血』を映画化したものだった。前者は、綿密な取材から発掘された身の毛もよだつような実話、後者は、女性作家の原作とは思えない「警察小説×仁義なき戦い」を映画化したもので、男たちのバイオレンスを中心に、ダイナミックな展開を見せる映画だった。

　それに対して、４月の『麻雀放浪記２０２０』（『シネマ 45』未掲載）、６月の『凪待ち』（『シネマ 45』未掲載）に続く、白石監督の２０１９年第３作目となる本作は、桑原裕子の原作『ひとよ』を映画化したもの。『ひとよ』というひらがなのタイトルだけでは誤解を招く危険もあるが、サブタイトルの『一夜』をみれば、本作が「ひと夜」の出来事によって重荷を抱えた人生を送らなければならなくなった家族の再会と再出発を描いた映画であることがわかる。つまり、本作のテーマはズバリ「家族の絆」だ。そんなテーマは前４者とはまったく異質のものだから、冒頭からストーリーは淡々と進んでいく。しかし、いく

ら家族の物語であっても、白石監督のダイナミックな映画作りの手法は本作でも健在！

■□■母親はなぜ父親を殺したの？冒頭から重いテーマが！■□■

　本作は、3人の子供たちの母親で、夫が営む稲村タクシーを手伝っている田中裕子扮する妻・こはるが、運転姿で帰宅するシークエンスから始まる。そこでのこはる本人の顔は暗く、家の中も暗い。長男・大樹と、長女・園子は、テレビを見ているが、2人とも顔や体に傷を負っている。帰宅したこはるは、母屋からこれも傷を負っている次男・雄二を呼んだうえで「父ちゃんを殺した」と告げたから、子供たちはビックリ！こはるの説明によれば、これは「父親から過度な虐待を受け続けている子供たちを守るため」であり、「父親を殺したことによって子供たちは自由を獲得し、これからいかようにも生きることができるようになったから、そんな自分を誇らしく思う」そうだ。なるほど、なるほど。ドストエフスキーの『罪と罰』では、若き主人公ラスコリニコフによる金貸し老婆の殺害について「レッキとした理屈」があったが、それと同じように、こはるの夫殺しについてのそんな理屈は正当なもの？もっとも、そんなことを冒頭からいきなり言われても、子供たちは・・・。こはるはなぜ確信犯的に夫殺しの罪を犯したの？本作は、冒頭からそんな重いテーマが！

　他方、こはるはそのまま警察に自首したが、こんな場合、夫殺しの犯人である妻・こはるの刑罰は？弁護士の活躍如何では、ひょっとして執行猶予が付くの？それとも、やっぱり実刑は免れないの？その場合、刑期は？そして、仮釈放は？弁護士の私にはそんな興味もあったが、本作では、いみじくもこはるが言ったように「15年」が大きなポイントになるので、その時間の重みに注目！

■□■あれから15年。子供たちが背負わされたものは？■□■

　2018年のNHK大河ドラマ『西郷どん』で、体格からしてもいかにも西郷隆盛ピッタリの演技を見せた鈴木亮平が、本作では吃音障害を持ちながら今は稲丸タクシーの専務になっている15年後の長男大樹役を演じている。あの事件後、稲村タクシーが倒産せず、稲丸タクシーと名前を変えて存続できているのは、社長に収まっているこはるの甥・丸井進（音尾琢真）の人格と努力のおかげらしい。大樹は今そこで専務として働いていたが、後の2人の子供たちは？

　12月27日に公開される『男はつらいよ 50 お帰り 寅さん』は、同作の主人公になっている寅さんの甥・満男が妻の7回忌の法要のため、葛飾・柴又にある実家に集まるところから始まるが、本作もそれと同じように、父親の法要のため家族が集まる物語からスタートする。もっとも、父親のお墓参りをまともにしているのは長男の大樹だけで、長女の園子（松岡茉優）は、お墓参りには一緒に行ったものの、お墓を蹴飛ばす有り様だ。また、今は東京に出てフリーライターをしている次男の雄二（佐藤健）が、たまたま（？）そんな実家に戻ってきたのは幸いだった（？）が、これでまともな法要ができるの？『寅さん』シリーズの「くるまや」の茶の間で展開される家族や親しい面々の語らい（昔話）

が楽しさに満ち溢れていたのに比べると、本作での法要終了後の語らいは陰鬱そのものだ。しかして、あの事件から１５年、こはるは本当にこの家に戻ってくるの？

　こはるが１５年もの間、刑務所その他でどんな苦労をしたのかは知らないが、３人の子供たちも、この１５年間それぞれ大きな苦労をしたらしい。その原因は、ひとえに「父親殺しの母親を持った子供たち」というレッテルを貼られたため。あの時、こはるは「父親を殺したことによって子供たちは自由を獲得し、これからいかようにも生きることができるようになった」と言っていたが、実態は全然そうではなく、否応なく重たい荷物を背負わされたわけだ。なるほど、なるほど。もっとも、この時点で私には、なぜこはると３人の子供たちとの連絡が１５年間も途絶えているの？という疑問がある。つまり、３人の子供たちが刑務所に入っているこはると手紙を交換したり、面会して話をすることが１５年間一度もなかったの？ということだ。現実問題としてそんな違和感があるが、それは横に置いて、白石監督が描くストーリーの中にどっぷり浸らなくちゃ。

■□■３人のバラバラぶりに注目！不幸はすべて母親のせい？■□■

　１５年前の３人の子供たちはそれなりに仲が良かったようだが、今はバラバラらしい。もっとも、子供の時から雄二と園子の対立は激しく、大樹はいつもその仲裁役になっていたが、それは今も同じ。雄二は今、東京で三流雑誌の記者をしているが、上昇志向が強く、小説家を目指しているらしい。そんな夢を持っていることは導入部でも暗示されるが、所詮そんなことは夢のまた夢・・・？父親の法要のため実家に戻っている雄二が、これからそこでしようとしているのは一体ナニ？他方、「夫殺し」の大見出しで週刊誌に載ったこはるは、ある意味で「父親の暴力から子供たちを守ったマドンナ」だが、同時にその子供たちは、父親殺しの母親を持った子供たち。「戦争を知らない子供たち」に戦争責任が無いのと同じように、大樹、園子、雄二に父親殺しの責任がないのは当然。また、父親殺しの母親を持ったことも、子供たちの責任ではないはずだ。ところが、日本の社会では？

　１５年前のあの殺人事件以降、世間サマからそんな差別を受け続けた３人は、三人三様の苦労をしたらしい。そのために、雄二は一流会社に就職できなかったし、園子は美容師の資格を取れなかった。本作では、それが雄二と園子の言い分らしい。また、大樹の吃音が治らないのも、そのためらしい。しかし、３人兄弟の中で大樹だけが母親に何の文句も言わないのは立派。最も手厳しく母親を批判しているのは雄二で、いつまでも一方的な主張をする雄二に対立するのが園子だ。しかし、雄二や園子たちが言うように、希望通りの仕事に就けなかったのは、すべてそんな母親のせいなの？戦後すぐの１９４７年に菊池章子が歌って大ヒットした歌謡曲に、いわゆるパンパン（夜の女）をテーマにした『星の流れに』があった。「こんな女に誰がした？」と歌われるラストの歌詞は、あの時代状況下ではそれなりの説得力と納得感があった（？）が、さて今は・・・？

　日本では今、萩生田大臣の「身の丈」発言がマスコミでも国会でも厳しく叩かれている。しかし、私は作家・ジャーナリストの門田隆将氏が１１月１０日付産経新聞の「新聞に喝！」

で「国民に見放される"揚げ足取り"記事」というタイトルで書いているのと同じ意見で、「身の丈」発言のどこが悪いの？と考えている。つまり、世の中には、さまざまな形で格差があるのが当然で、人はそれぞれそれを乗り越えて生きていかなければならない、と私は考えているわけだ。そんな視点で考えると、あれこれと母親のやったことに文句を言わない大樹が普通で、自分たちの不幸の原因を、すべて父親を殺した（殺してくれた）母親のせいだとする雄二と園子はいかがなもの・・・？

■□■この嫌がらせ事件は誰が？何のために？その波紋は？■□■

本作はこはると３人の子供たちの母子の絆、そして１５年もの間刑務所にいってしまった母親に会えないまま育った３人の子供たち同士の確執をメインテーマにしたもの。原作とは多少設定を変え、ストーリーを変えているが、田中裕子の毅然とした殺人犯ぶり（？）に象徴される、毅然とした演技は一貫している。このように、こはるの生き方が良くも悪くも一貫しているのに対し、３人の子供たちの生き方はハッキリ言って少し不様だ。

吃音のハンディを持ちながら、稲丸タクシーの専務として運転手を兼ねることもいとわない大樹の勤勉ぶりはそれなりのものだが、本作ではとりわけ雄二の生き様が私にはカッコ悪く思えてくる。それを批判ばかりしている園子も、同じだ。この２人はいい年をして一体どんな仕事をやり、どれだけの収入を得ているの？とりわけ、東京で勤めているはずの雄二が、いくら三流雑誌社とはいえ、どんな名目で、いつまでも実家で過ごしているのか、私にはさっぱりわからない。

本作中盤では、法要までは何の事故もなく営業していた稲丸タクシーの車や建物に、父親を殺した母親をなじる、いやがらせの落書きをされたり、ビラを配られたり、タイヤをパンクさせられたり、という明らかに刑法上の威力業務妨害罪に該当する行為が相次ぐので、それに注目！これは一体誰が？そして何のために？それを発見した稲丸タクシーの社長や専務そして園子たちは、こはるを傷つけないため落書きを消したりビラを回収したりしたが、そんな事件が相次ぐと・・・？　本作中盤はそんな嫌がらせ事件の展開とその謎、そしてその波紋の広がりがポイントになるので、それに注目！

■□■元ヤクザの父子関係と大樹の離婚問題の是非は？■□■

佐々木蔵之介は中井貴一と共演した『嘘八百』（17年）（『シネマ41』72頁）でいい味を見せたこともあって、２０２０年１月３１日からはそのパートⅡたる『嘘八百　京町ロワイヤル』が公開される。その他、彼は主役でも脇役でもいつもいい味を見せる俳優だが、本作で堂下道生役に扮した彼は稲丸タクシーの面接試験を受けるシーンに登場する。そして、いくつかの場面でえらくクソ真面目な新人運転手としての役割を果たしていたが、彼は本作で一体どんな役割を？私は当初からそれに注目していたが、ある時点で、久しぶりに面会した息子と楽しい休日を過ごすシークエンスが登場するのでアレレ・・・。こりゃ一体ナニ？そう思っていると、実はこのこのクソ真面目な新人運転手・堂下道生の正体は・・・？この運転手とその息子の確執を巡るストーリーが本作に入っていることに、私

155

はかなり違和感がある。もっとも、それによって本作のクライマックス直前のカーチェイスのアクションシーンが意味をもってくるから面白いという見方もあるのだろうが・・・。

　他方、本作を見ている限り、長男大樹が3人の兄弟妹の中で1番まともそうだが、それでも妻の二三子（MEGUMI）には我慢のならない夫らしい。それは、家族の絆の崩壊とその再生という本作の基本ストーリーの中に時々割り込んでくる2人の夫婦ゲンカの姿をみればよくわかる。家庭内のこと、夫婦のことは2人の話し合いで。それが社会の常識だが、ある日、妻の二三子が稲丸タクシーを訪れて大樹に離婚を迫る姿を見ていると、こりゃよほどのこと。言うことを言って離婚届の用紙を残して出ていく二三子に対し、大樹は「俺は絶対離婚しない」と叫んでいたが、これまた一体なぜ？弁護士歴45年の私は離婚問題も多数処理してきたが、ここまでこじれているのなら、二三子は当事者間でワーワーと言い争いをするのではなく弁護士に頼んで離婚調停を出すのが筋。そこで二三子の言い分をしっかり主張すれば、慰謝料や養育費がいくらとれるかはともかく離婚自体は容易なはずだ。もちろん本作は大樹と二三子夫婦の離婚騒動を描くものではないからそんなストーリーは登場させないが、私に言わせれば、本作にこんな夫婦間のトラブルを登場させるのはハッキリ言って余分。たとえ原作で詳しく書かれていたとしても、白石和彌監督が映画化するにあたっては、その部分を大胆にカットすべきだったのでは？

　元ヤクザの父子関係と大樹の離婚問題について、私はそう思うのだが、さてあなたは？

■□■結末は如何に？ハッピーエンドは如何なもの？■□■

　『ひとよ』と題された桑原裕子の原作は、ある「一夜」の出来事を契機として崩壊してしまった家族の15年後の再会と再生の物語。そこでのテーマは「家族の絆」だから、それが崩壊したままではおさまりが悪いため、結末はどうしても家族の再生になる。1つの曲が終わる時、ドミソの和音で終わるのが落ち着きがいいのと同じで、ハッピーエンドにすれば落ち着きがいいのは当然だ。しかして、2019年11月5日付朝日新聞一頁全面の公告では作家のあさのあつこ氏が本作の魅力を語っているが、そこで彼女は、「タイトル『ひとよ』は『一夜』を意味するそうですが、私は今もなお『人よ、人よ』と呼びかけられ問いかけられている気がしています。」と語っている。また、同時に彼女は「同じ母親として最初は、自分を犠牲にしてでも子どもを守るのが母親だから、こはるの罪もしかたないと捉えていたのですが、鑑賞後、実は子どもを守っているつもりで傷つけてしまうこともあるんだと思い、この親子のぎくしゃくした関係は、こはるの独りよがりがもたらしたものだと気づかされました。」とも語っている。それはそれとして理解できる解釈だ。

　しかし私としては、母親による父親殺しの是非、そして父親殺しの母親をもった子供たちというレッテルを貼られたことによって生き方を見失った3人の子供たちという設定の本作には、決してハッピーエンドが似つかわしいとは思えない。ちなみに、ドストエフスキーの『罪と罰』はハッピーエンド？その解釈を含め、本作をハッピーエンドで終えたことについてのあなたのご意見は？　　　　2019（令和元）年11月15日記

Data

監督：周防正行
出演：成田凌／黒島結菜／永瀬正敏
／高良健吾／音尾琢真／竹
中直人／渡辺えり／井上真
央／小日向文世／竹野内豊
／山本耕史／池松壮亮

★★★★★

カツベン！

2019 年／日本映画
配給：東映／126 分

2019（令和元）年 12 月 15 日鑑賞 ／ 梅田ブルク７

👀みどころ

　活動写真には活弁が付きもの。チャップリンのサイレント映画＝スラップスティック喜劇も面白かったが、日本特有のカツベン付無声映画はもっと面白い！それに楽団が付き、観客の歓声と野次が加われば、まさに鬼に金棒。これぞ娯楽の神サマだ。そんな周防正行監督作品が、満を持して登場！

　ところで、カツベンって一体何？豚カツ弁当？それとも串カツ弁当？そんな無教養な若者には是非「映画検定」を受験して欲しいが、少なくとも本作をその入門編に！ラストに見る怒涛の活劇を楽しみ、音楽を楽しみ、そしてカツベンのしゃべりをしっかり堪能したい。

—— * —— * —— * —— * —— * —— * —— * —— * ——

■□■カツベンってナニ？今ドキの若者はわからないかも？■□■

　本作を楽しみにしていた私は公開直後の日曜日に映画館に行ったが、満席を予想していたにもかかわらず、館内はガラガラ。「キネマ旬報12月下旬号」では8頁から31頁にわたって本作の大型特集を組んでいるし、直前の新聞紙評では各紙が大きく取り上げていたのに、これは一体なぜ？その原因の１つは、きっと『カツベン』というタイトル自体が若い世代には全くわからないためだ。つまり、「○肉○食」の四文字熟語を求める問題で、「焼肉定食」と回答する今ドキの若者なら、『カツベン』を「豚カツ弁当」とか「串カツ弁当」と理解しても仕方がない。また、私たち法曹界では、従来の「ボス弁」と「イソ弁」の他、ここ10数年で「ノキ弁」という言葉が定着したが、これは法曹界以外には全くわからない言葉だ。

　しかして、『カツベン』とは？これは言うまでもなく「活動弁士」のことだが、それがわ

157

かっても、そもそも「活動弁士」とは一体ナニ？

■□■周防監督の着眼点のすばらしさに敬服！■□■

　２００６年に株式会社キネマ旬報社とキネマ旬報映画総合研究所が主催する映画検定の３級に合格した私にとって、その公式テキストブックである『映画検定　公式テキストブック』（キネマ旬報映画総合研究所編）は愛読書。２０１９年１１月４日の埼玉にある「ＳＫＩＰシティ映画ミュージアム」で見た『映画のはじまり　ワンダーランド展』の見学では、そんな知識が大いに役立った。

　サイレント映画と言えば、『月世界旅行』（1902年）、『國民の創世』（1915年）、『イントレランス』（1916年）等の名作や、チャールズ・チャップリンの『黄金狂時代』（25年）、『街の灯』（31年）、『モダン・タイムス』（36年）等、数々の名作を思い出すが、何と本作のテーマは、「西洋にはサイレント映画の時代があったが、日本には真の意味でのサイレント映画はなかった」ということ。そのココロは、日本には活動弁士がいたということだ。なるほど、なるほど。しかして、本作のパンフレットの巻頭には、周防監督の「映画にまだ音がなかった時代、映画館は活動弁士の声、楽士の演奏する音楽、観客の歓声、かけ声、野次、そして涙と笑いに溢れていた。当時の映画館は、ライブパフォーマンス会場だったのである。」の言葉があるから、その意味をしっかりかみしめたい。

　「映画」という言葉がいつから定着したのかは知らないが、サイレント時代のそれは、映画ではなく活動写真。そして、活動写真には、活動写真をより楽しめるように、楽士の奏でる音楽に合わせ、自らの語りや説明で彩った活動弁士がいた。『シコふんじゃった。』（92年）、『Shall we ダンス？』（96年）、『それでもボクはやってない』（06年）（『シネマ14』74頁）と、日本映画の歴史にその名を刻んできた周防監督は、本作でそんな活動弁士＝「カツベン」に注目！そんな周防監督の着眼点のすばらしさに敬服！

『カツベン！』　2019年12月13日公開
©2019「カツベン！」製作委員会

■□■山岡秋聲（＝徳川夢声？）の栄光と苦悩は？■□■

　周防監督は本作を、オーディションで採用した成田凌演じる染谷俊太郎と、黒島結菜演じる栗原梅子を主人公とする青春群像劇＝エンタメ作品に仕上げている。したがって、本作導入部では子供時代のこの２人が憧れる活動弁士・山岡秋聲（永瀬正敏）の全盛時代の栄光が描かれるが、サイレント映画からトーキーの時代に変わっていく中で、必然的にそ

の職を失うことになってしまうことになった活動弁士の苦悩はあまりシリアスには分析されていない。もっとも、徳川夢声をモデルにしていると思われる、本作の影の主人公とも言うべき山岡は、俊太郎が成年になった中盤以降は「青木館」専属の活動弁士として登場するが、もはや全盛期を過ぎ、ただの飲んだくれオヤジ状態になっているから、その姿に注目！そして、全盛期を過ぎた彼がその時点で抱えている苦悩と、活動写真の今後のあり方については、彼の「映画はもうそれだけでできあがっているのに、俺たちは勝手な説明をつけてしゃべる。これが実に情けねぇ」というセリフの中でハッキリ分析されているので、それにはしっかり注目したい。

チャールズ・チャップリンがサイレント映画にこだわり、トーキー映画を作ろうとしなかったのは、何よりも動きのスピードと面白さで見せる「スラップスティック喜劇」を作り、演じていたからだ。これは日本では「ドタバタ喜劇」と呼ばれるものだが、そこでは動きに最大の重点が置かれ、セリフはあまり重要視されていなかった。しかし、そんなチャップリンも、１９４０年製作の『チャップリンの独裁者』で、はじめてオールトーキーの映画に方向転換をすることに。そして、同作ラストで、チャップリンが演じた６分間にわたる人類愛を訴える心に染みる大演説が全世界の評判を呼んだのだから、歴史は皮肉、かつ面白い。

『カツベン！』 2019 年 12 月 13 日公開
©2019「カツベン！」製作委員会

■□■ドタバタ劇狙いの脚本が大成功！その理由は？■□■

前述のとおり、サイレント映画全盛期に「スラップスティック喜劇」を引っさげて登場したチャップリンは大成功したが、本作のパンフレットにある、脚本・監督補片島章三の「活動弁士に魅せられて」と題された「STAFF INTERVIEW 01」を読むと、「昭和２７年から２９年にラジオドラマ『君の名は』が放送された時。あまりの人気で放送時間には銭湯が空になったというエピソードを思い出して・・・。」と語っている。そして、そのエピソードから本作のような活劇を思いついたと解説している。

しかして、本作では、２人の主人公の子供時代のエピソードが終わると、「心を揺さぶる活弁で観客を魅了したい」という夢を抱く俊太郎は今、山岡秋聲のニセ弁士として泥棒一味の片棒を担いでいたからアレレ・・・。当時は、娯楽の王様だった活動写真の巡業隊が町にやってくると、町の住民はこぞってその小屋に集まったため、自宅はカラッポに。そうなると、その隙に家に入り込んだ巡業隊の別働隊は盗み放題というシナリオだ。現実にそんなアイデアが成功するとは思えないが、映画は何でもありだから、本作前半は次々と

159

そんなシークエンスが登場する。もっとも、そんな活動弁士と窃盗団との持ちつ持たれつの関係が長続きするとは思えなかったが、案の定、熱血刑事・木村忠義（竹野内豊）の追跡の前に、俊太郎は自分だけ金の詰まったトランクを持って逃げるのと引き換えに相棒だった凶悪泥棒の安田虎夫（音尾琢真）を官憲の手に引き渡してしまうことに。そんな俊太郎は、以降官憲のみならず安田からも執拗に狙われることになってしまったが・・・。

■□■懐かしい音楽が大成功！その理由は？■□■

他方、本作がすばらしいエンタメ作品に仕上がっている要因の1つは音楽。私たち団塊世代なら、誰でも運動会の時のテーマ音楽を覚えているはず。また、チンドン屋が町を練り歩く時のテーマ音楽もよく知っているはずだ。ちなみに、私たちは毎月1度愛光関西9期の囲碁会を開催し、その都度懇親会をしているが、そこで先日話題になったのが「ロバのパン屋」。今ドキそんなものを知っている人はいないだろうが、私の故郷の松山では家の前をロバのパン屋がロバのパン屋のテーマ曲を流しながら通っていた。

本作ラストには、エンディング曲として奥田民生の「カツベン節」が流れるが、まさに、これこれ！本作のパンフレットには「STAFF INTERVIEW 02」として音楽周防義和の「文化と時代が交差した知らない世界へ」があるので、これをしっかり読み込み、音楽と融合させながら本作の活劇を楽しみたい。とりわけ、それはラストに展開される怒濤のクライマックスを含めて本作にいくつも登場するチャップリンの「スラップスティック喜劇」ばりのドタバタ劇のシーンで効果的だから、音楽と活劇の両方をしっかり楽しみたい。

■□■俊太郎の職場は？ライバルは？人物模様は？■□■

文字どおり（？）どっしりした嫁・青木豊子（渡辺えり）の尻に敷かれながら青木館を経営しているのは、青木富夫（竹中直人）。その青木館の活動弁士が山岡の他、茂木貴之（高良健吾）と内藤四郎（森田甘露）だが、この時点で山岡はろくな仕事をせず、ただの飲んだくれオヤジ状態だった。他方、その隣町のライバル館として急成長していたのが、ちょっとヤクザ風の男・橘重蔵（小日向文世）が経営する活動写真小屋。客も人手も次々と橘に引き抜かれている青木館はすでに閑古鳥が鳴いていたが、橘は青木館叩きの手を緩めず、青木館の看板カツベン・茂木の引き抜きを画策していた。もっとも、楽士の定夫（徳井優）、金造（田口浩正）、耕吉（正名僕蔵）の三人組はポンコツ状態ながら結束を固めて頑張っていたし、浜本祐介（成河）もちょっとした「役得」を重ねつつ、プロの映写技師としてしっかりその義務を果たしていたから、茂木さえ残留してくれれば、まだまだ青木館は大丈夫？

そんな町に、ある日流れ着いた俊太郎は、「活動弁士になれるかも？」と考えて青木館の面接（？）を受けたが、就職できたのは雑用係。しかして、本作のパンフレットのストーリー紹介には次のように書かれている。すなわち、しかし、そこで待っていたのは、〈人使

いの荒い館主夫婦〉、〈酔っぱらいの活動弁士〉、〈傲慢で自信過剰な活動弁士〉、〈気難しい職人気質な映写技師〉とまさかの曲者オンパレード。そのうえ、泥棒一味から奪った謎の大金をめぐって俊太郎を狙う〈凶悪泥棒〉、それを追う〈熱血刑事〉にも目をつけられ追われる羽目に。夢を叶えるどころか人生最大のピンチに！なるほど、なるほど。

■□■カツベンの地位は？仁義なき引き抜き合戦は？■□■

『カツベン！』と題された本作では、オーディションで見事に主役の座を射止めた成田凌のカツベンぶりが最大の見どころになるのは当然。しかし、それと対比しそれを引き立てる上で、永瀬正敏のカツベンぶりと高良健吾のカツベンぶりも大きなポイントになる。とりわけ、「客はシャシンを観に来ているんじゃない。俺の説明を聞きに来ているんだ」と語る茂木は自信満々（自信過剰？）のカツベンで、とりわけ「お涙もの」のカツベンをやれば超一流で、女の観客は一斉に黄色い声をあげたり涙を流したらしい。したがって、橘がそんな茂木を引き抜き、看板活弁にすれば、青木館が潰れてしまうことは明白。そこで、その役割を担ったのが自らも茂木の大ファンである橘の娘・琴江（井上真央）だ。

そんな状況下、山岡が酒に酔い潰れ、お仕事放棄状態になった時、「私が代役を果たします」と名乗り出たのが俊太郎。ピンチヒッターながら、いよいよ「カツベン・俊太郎」の本格的デビューだ。素人が急に活弁なんかできるはずがない。青木をはじめ関係者は皆そう思いながら俊太郎の活弁ぶりを見ていたが、何とこれがすごい。こんな掘り出しものがいたとは！その出来に青木も観客もそして栗原梅子（黒島結菜）も大喜びだが、それによって自分の価値が相対的に低下してしまった茂木の気持ちは・・・？また、それまで茂木一筋だった琴江の気持ちは・・・？

他方、子供の頃から活動写真の女優になることを夢見ていた梅子と俊太郎との再会はある意味で当然。だって、活動写真の業界はそんなに広いものではないから、牧野省三監督（山本耕史）や二川文太郎監督（池松壮亮）らも活動写真を見るため、あちこちの小屋に顔を出していたから、その周辺にいる女優のたまごたちと顔を合わせるのもある意味当然・・・。本作中盤では、国定天聲と名乗ってカツベンとしての本格的デビューを果たし、

『カツベン！』2019 年 12 月 13 日公開　©2019「カツベン！」製作委員会

さらに梅子との再会を果たした俊太郎の存在感をかみしめながら、花形カツベンの引き抜き合戦の模様をしっかり観察したい。

■□■こりゃ面白い！怒濤のドタバタ劇を堪能！■□■

　本作は、活弁を目指す若者・俊太郎の奮闘物語であると同時に、お互いに活動写真が大好きだった幼なじみ同士の恋物語。したがって、俊太郎と梅子が再会した後、1度くらいはキスシーンも！そう期待したが、残念ながらそれは登場しないばかりか、俊太郎と琴江のキスシーン（？）が1度だけ登場するので、そんな入り込んだ展開（？）にも注目！

　また、『カツベン！』と題された本作は、本来はその芸だけで勝負すべきだが、俊太郎がトランクに入れた大量の札束を隠したままにしていたため、安田との間でその奪い合い合戦が生じるし、木村刑事との追跡合戦も生じてくる。もちろん、俊太郎が無名のままならそれが表面に浮上することはないが、青木館での俊太郎の人気が沸騰し、国定天聲として有名になってくると・・・。

　そんな中、ライバル心をあらわにすると同時にヤクザの凶暴性も露骨に見せ始めたのが橘。「自民党をぶっ壊す」と叫んだ小泉純一郎元総理は、郵政民営化を断行し、官邸機能を強化することによってそれを実現したが、さて橘は「青木館ぶっ潰し作戦」をいかなる手段で・・・？ちなみに、名作『ニュー・シネマ・パラダイス』(89年)（『シネマ13』340頁）でも、クエンティン・タランティーノ監督の大ヒット作『イングロリアス・バスターズ』(09年)（『シネマ23』17頁）でも、映画館が焼失してしまう悲劇がストーリー展開の大きなポイントになっていたが、その原因は「フィルムの可燃性」のため。しかして、『ニュー・シネマ・パラダイス』に再三登場していた映写室がフィルムでいっぱいだったように、青木館の映写技師・浜本の部屋もフィルムでいっぱい。すると、そこに火を投げ込めば一気に・・・。しかして、10月31日の火災で沖縄の首里城が一夜にして焼失してしまったのと同じように、青木館も一夜で完全に焼失してしまうことに。

　すると、大量の札束が詰まったあのトランクも燃えてしまったの？また、火災保険に入っていなかったであろう青木館の再建は？そして、二川監督から女優としての本格的デビューを勧められた梅子の大阪行きの決心は？さらに、木村刑事の執念の捜査の結末は？本作ラストに向けては、そんなこんなのドタバタ劇の楽しさを心ゆくまで楽しみたい。

2019（令和元）年12月20日記

『カツベン！』2019年12月13日公開
©2019「カツベン！」製作委員会

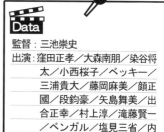

Data

監督：三池崇史

出演：窪田正孝／大森南朋／染谷将
太／小西桜子／ベッキー／
三浦貴大／藤岡麻美／顔正
國／段鈞豪／矢島舞美／出
合正幸／村上淳／滝藤賢一
／ベンガル／塩見三省／内
野聖陽

初恋

★★★★

2019年／日本映画
配給：東映／115分

2020（令和2）年3月1日鑑賞　　　　梅田ブルク7

👀 みどころ

　「昭和は遠くなりにけり」の中、かつてのヤクザ映画はもちろん「Vシネマ」
の栄光も過去のもの？すると、そんな時代を背負った三池崇史監督も賞味期限
切れ？いや、彼は一方で本作を作り、他方で「さらば、バイオレンス」と宣言
する中で、見事にその両者を融合させて新たな三池流バイオレンスを炸裂！こ
りゃ一種の詐欺だが、騙されても楽しければそれでオーケー！？

　本作の登場人物は多いが、その「所属」と「キャラ」は明確。しかも、突出
したキャラの数人がその役を心地よく演じ、最後までそれを貫いているから、
それが一種の快感に！そんな中、初恋を貫く2人の男女は異色の組み合わせだ
が、ピュアさだけは十分だ。

　『無限の住人』（17年）では「三百人斬り」のクライマックスが見モノだっ
たが、本作ラストの巨大ホームセンター内での銃撃戦は過激かつ何でもありだ
から、それをタップリ楽しみたい。そして、その後の初恋の行方にも注目！

──＊──＊──＊──＊──＊──＊──＊──＊──＊──＊──

■□■テーマは純愛？さらばバイオレンス？それってホント？■□■

　『初恋』というタイトルを聞けば、文学青年なら誰でもツルゲーネフの『初恋』を思い
出すはず。しかし、東映配給のそんなタイトルの映画の監督が三池崇史だと聞くと、「えっ、
それってホント？」と思ってしまうのは私一人ではないはずだ。本作は、「2019年カン
ヌ国際映画祭 監督週間正式出品」作品で、そのテーマは「最期に出会った、最初の恋」だ
が、チラシには「喜怒哀楽・すべてが詰まった、人生で最高に濃密な一夜を描く極上のラ
ブストーリー」とあるから、何やら怪しげだ。そして、チラシに書いてあるストーリーは

わずか4行で次のように紹介されているだけだから、何の紹介もないのとほぼ同じだ。すなわち、

> 舞台は、新宿歌舞伎町。余命いくばくも無いと知らされたプロボクサーが、逃げる少女を助けるために悪徳刑事をKOしたことから、事態は急転直下。何故か追われる身となり、ヤクザ・チャイニーズマフィア・警察組織が入り乱れ欲望渦巻く"ブツ"を巡った争いに巻き込まれる。

　他方、パンフレットにある「監督　三池崇史　DIRECTOR'S INTERVIEW」によれば、本作の企画の出発点は「往年のVシネマ時代のような作品を、オリジナルの長編劇映画として作る」ことだったそうだが、三池監督は「さらば、バイオレンス」という直筆のメッセージを添えて本作を世に送り出している。しかし、Vシネマを観ても、『IZO（以蔵）』（04年）（『シネマ6』222頁）、『十三人の刺客』（10年）（『シネマ25』201頁）、『無限の住人』（17年）（『シネマ40』65頁）等を観ても、「三池作品からバイオレンスを引いたら何も残らない」とは言わないまでも、「三池作品からバイオレンスを引いたら、気の抜けたビールやサイダーのようになってしまう」のでは？私はそんな不安いっぱいのまま映画館へ！

■□■舞台は新宿歌舞伎町！ヤクザは？ヤクは？性風俗嬢は？■□■

　近時ヤクザ映画は少なくなったし、悪徳刑事ものも少なくなった。そんな時代状況の中で異彩を放ったのが、白石和彌監督が役所広司を主役に据えた『孤狼の血』（18年）（『シネマ42』33頁）だった。柚月裕子の原作をヤクザ映画の東映が（？）全力をあげて映画化した同作は近時の傑作だったが、同作は大上刑事という主人公のキャラで全編をもたせるタイプの映画。それに対して、本作は『史上最大の作戦』（62年）とまではいかないまでも、オールスター総出で物語を盛り上げていくタイプの映画だ。

　本作の舞台は新宿歌舞伎町。私は新宿歌舞伎町のヤクザ事情については噂だけしか知らないが、ジャッキー・チェンがそこに目をつけ、『新宿インシデント（新宿事件）』（09年）（『シネマ34』424頁）に主演したほどだから、今やそこは日本のヤク

『初恋』020年2月28日公開
(C) 2020「初恋」製作委員会

『初恋』020年2月28日公開
(C) 2020「初恋」製作委員会

ザだけでなく中国のマフィアがいっぱい。近時分裂し対立している「山口組」は表面上は「麻薬は御法度」にしているが、それはあくまで警察の目を欺くための建前。日々の"しのぎ"だけでは十分な収入を得られない場合、つい安易な大金が儲かる薬物に活動が広がるのが現実だ。その結果、古くは清原和博騒動が、近時は沢尻エリカ騒動が・・・。

また、新宿歌舞伎町での性風俗の実態は、綾野剛がスカウトマン役を演じた『新宿スワン』（15年）（『シネマ35』未掲載）を観ればよくわかる。同作で主演した沢尻エリカは「薄幸の女」の代表ともいえるアゲハ役を儚くかつ清楚に（?）演じていたが、三池監督が本作のヒロイン役として起用した小西桜子が演じる性風俗嬢・モニカの境遇は?本作の鑑賞については、まずは、新宿歌舞伎町という舞台の認識をしっかりと！

■□■三池監督流オールスター！各キャラの所属と肩書きは？■□■

『初恋』020年2月28日公開
(C) 2020「初恋」製作委員会

新宿歌舞伎町を舞台にした抗争に、日本ヤクザと中国マフィアの両者が登場してくるのは当然。冒頭、刑務所から出所してきたばかりの権藤（内野聖陽）を組員が迎えるシークエンスが登場するが、この権藤はオールドスタイルの武闘派ヤクザというキャラだ。求心力に陰りを見せている組長代行（塩見三省）に代わって彼は、策略家の加瀬（染谷将太）、中堅幹部の城島（出合正幸）、核弾頭の市川（村上淳）、復讐鬼のジュリ（ベッキー）、元・半グレのヤス（三浦貴大）等をいかに率いていくの？

他方、権藤のために片腕を失ったチャイニーズマフィアのボスがワン（顔正國）。その側近であるフー（段鈞豪）の下には、チャイニーズマフィア構成員の女チアチー（藤岡麻美）らがいたが、麻薬取引を巡って両者は一触即発の状態らしい。そんな中、『孤狼の血』の主人公・大上刑事とはかなり異質で、「堕刑事」と位置づけられているのが大伴（大森南朋）だ。ある日、彼が策略家の加瀬が持ち込んできた、ある「とんでもなく汚い計画」に乗ったところから、一気に物語が進んでいくことに・・・。

オールスター共演の本作は、上記のように多くの登場人物の「所属」を分けたうえで、「肩書き」（?）通りの各キャラをしっかり理解することが不可欠だ。本作では、大森南朋の堕

165

実な演技は当然だが、第1に染谷将太の、あっと驚くヤクザに似合わない演技、第2にベッキーの、あっと驚く復讐鬼ぶりが強烈。さらに、第3に前半はカッコ付けばかりに見えた権藤役演じる内野聖陽が、クライマックスでは武闘派の武闘派たる姿を見事に発揮するので、それにも注目！

■□■主人公はプロボクサー！彼の試合は？診察結果は？■□■

「初恋」がどんな出会いから始まるかはいろいろだが、そのほとんどは割と早期に「これが俺の初恋！」と思う瞬間があるもの。また、初恋がそのまま純愛に結びつくのが理想だが、純愛が必ず結ばれるとは限らないうえ、逆に悲恋に終わることがあるのは『ロミオとジュリエット』や『ウエスト・サイド物語』を観れば明らかだ。

他方、本作の主人公は、天涯孤独のボクサー・葛城レオ（窪田正孝）。本作は、『あゝ、荒野（前篇・後編）』（17年）（『シネマ41』50頁）のような本格的ボクシング映画ではないが、導入部では、希有な才能を持ちながら、負けるはずのないレオが格下相手との試合でまさかのKO負けを喫するシーンが登場するから、アレレ・・・？自分でもなぜあんなヘボパンチを喰らったのかわからない彼は、試合後病院でMRI検査を受けたところ、脳神経外科医の境医師（滝藤賢一）に告げられた意外な診断結果は？

『初恋』2020年2月28日公開
(C) 2020「初恋」製作委員会

そんな導入部の展開を見ていても、また、その後に展開される新宿歌舞伎町における抗争を見ていても、一向に「初恋」を実感させるものは登場しない。しかして、レオの初恋のお相手は一体誰？そして、いつどんな出会いでそのお相手は登場するの？

『初恋』2020年2月28日公開
(C) 2020「初恋」製作委員会

■□■女性との出会いは？そのまま逃避行へ！これが初恋？■□■

そんな興味でスクリーンを追っていると、初恋の男と女の出会いは、「助けて！」と叫びながら大伴から逃げるモニカとすれ違ったレオが、咄嗟に大伴の腹にパンチを見舞うというシークエンスで登場する。しかし、倒れた大伴の懐からは警察手帳が飛び出してきたから、レオはビックリ。そのままモニカに腕を引かれながら現場を離れたが、レオには何が何やらサッパリわからないのは当然だ。その時点で既にモニカはヤクザの手によってクスリ浸けにされたうえ、毎日毎夜客を取らされていたから、この時モニカが突然逃げ出したのは、幻覚症状の中で登場してきた父親からだ。したがって、その時、ある事情でモニカと一緒にいた大伴は、突然逃げ出したモニカの後を追っていたに過ぎないから、そんな時にレオからあんな強烈なパンチを喰らったのは、ホントに運が悪かっただけ。やっと目を覚ました大伴は警察手帳がないことにあわてさせられたが、この時の大伴は策士の加瀬との綿密な打ち合わせのうえでモニカを同行していたから、今は何としてもモニカを捜し出すのが先決だ。もし、モニカを見つけられなかったら・・・？

他方、レオは訳のわからないままモニカとその後の行動を共にしたが、2人のその後の「逃避行」はどうなるの？藤原審爾の小説を映画化した『泥だらけの純情』（63年）は、吉永小百合演じる深窓の令嬢と浜田光夫演じるチンピラヤクザという異色の組み合わせの「純愛」だったが、本作も余命〇〇宣告をされたばかりのプロボクサー・レオとヤクザの手でクスリ浸けにされた性風俗嬢モニカとの異色の組み合わせだ。この時点では2人の逃避行が始まったばかりだが、さあこれから2人はどのような純愛に発展していくのだろうか。

■□■いま、人生で最高に濃密な一夜が、はじまる！■□■

『日本のいちばん長い日』（67年）は、天皇陛下の玉音放送を巡る1945年8月15日という激動の一日を描いた名作だった。それに対して、本作のパンフレットには、「最期に出会った、最初の恋」「いま、人生で最高に濃密な一夜が、はじまる！」の文字が躍っているので、それに注目！

もっとも、『ロミオとジュリエット』（68年）は、有名なバルコニーのシーンにおける最高に幸せな一瞬や、ちょっとした行き違いから生まれた文学史上最大の悲劇をスクリーン上にタップリ提示してくれた。しかし、本作のスクリーン上で展開されるのはその多くが、組長代行に代わってついに権藤が全面に乗り出してきた日本ヤクザと、権藤への復讐心に燃えるワン率いるチャイニーズマフィアとの全面抗争だから、三池流バイオレンスそのものだ。したがって、レオとモニカの逃避行の中で生まれてくるちょっとした初恋の芽生え（？）や、ぎこちない恋心の展開など、初恋の美しさは少ししか登場しない。しかし、『ロミオとジュリエット』や『泥だらけの純情』と同じように、この2人の心が次第に強く結

ばれ合っていく姿は、バイオレンスの演出を得意とする三池崇史監督もうまく演出しているので、それに注目！「人生で最高に濃密な一夜」なるものを、しっかり味わいたい。

ちなみに、『キネマ旬報』3月下旬特別号の「REVIEW 日本映画＆外国映画」は、3人の映画評論家のうち1人は星3つだが、2人は星5つを付けて絶賛しているので、それも必読！

■□■今ドキ貴重なヤクザ映画のヤクザ抗争をタップリと！■□■

本作ラストのクライマックスでは、バカ広いホームセンターを舞台として、今ドキ貴重な三池崇史監督流バイオレンス演出による、日本ヤクザ vs チャイニーズマフィアの抗争（銃撃戦）が展開されるので、それに注目。『無限の住人』では、木村拓哉演じる、死ねないことの苦しみと虚しさを背負った男による「三百人斬り」のクライマックスが見モノだったが、本作では、最後まで生き残った権藤とワンとの、日本刀と青竜刀による頂上対決に注目！ホームセンターの中に追い込まれたのは、大量のヤクを持って逃げ回っている大伴刑事と加瀬の、利害のみで結びついていた最悪のコンビだが、幸いホームセンターの中は膨

大な商品を載せた巨大な棚で仕切られているから身を隠す場所は多い。日本ヤクザとチャイニーズマフィアの双方から追われるこの2人は、そんな銃撃戦の中でいかに対処し、いかに防衛するの？そこに転がるある男の生首にはきっとビックリするはずだ。

他方、逃避行の中で初恋を展開中だったレオとモニカも、モニカのスマホに付けられていた GPS のために否応なくホームセンターの棚の影に隠れざるをえなくなってしまったからえらい迷惑だが、身の危険が迫ってくる中、はじめて拳銃を持ったレオはボクサーの本能も駆使しながらいかに対応し、いかにモニカを守るの？

本作は、そんな三池演出によるクライマックスをタップリ楽しみたい。そして、そんな中、主人公たちの初恋の行方は・・・？

『初恋』020年2月28日公開
(C) 2020「初恋」製作委員会

2020（令和2）年3月9日記

Data
監督：若松節朗
原作：門田隆将『死の淵を見た男
　　　吉田昌郎と福島第一原発』
　　　（角川文庫刊）
出演：佐藤浩市／渡辺謙／吉岡秀隆
　　　／安田成美／緒形直人／火
　　　野正平／平田満／萩原聖人
　　　／吉岡里帆／斎藤工／富田
　　　靖子／佐野史郎／堀部圭亮
　　　／小倉久寛／石井正則／和
　　　田正人／三浦誠己／須田邦
　　　裕／金井勇太／増田修一朗

SHOW-HEYシネマルーム

★★★★

Fukushima50 フクシマフィフティ

2020 年／日本映画
配給：松竹、KADOKAWA／122 分

2020（令和2）年3月8日鑑賞　　TOHOシネマズ西宮OS

👀 みどころ

　町の中に流れ込んでくる大津波と、福島第一原発建屋の爆発は決して忘れられない風景だ。そんな2011年3月11日の福島第一原発事故から9年。日本ではじめて、あの原発事故と向き合う本格的映画が誕生！

　原作は門田隆将の『死の淵を見た男　吉田昌郎と福島第一原発』。主人公の一人は実名で登場する吉田昌郎（渡辺謙）だが、もう1人、佐藤浩市演じる伊崎利夫の役割は？そして、「Fukushima50」とは？

　他方、あの時の政権は？あの時の総理は？中国発の新型コロナウイルス騒動が日本を含む世界中に広がり、パンデミックの危機が現実味を増してきている今、あるべきリーダー像を模索しながら、あの時に起きた日本国のリーダーによる、漫画のようなハプニングをしっかり反省したい。

　もっとも、「2011年3月11日〜16日までの衝撃と激動の記録」をいかに映像化するかは極めて難しい。果たして、『キネマ旬報』3月下旬特別号では3人の映画評論家がすべて星1つとし、ボロクソ批評をしているが、その当否は？

―― * ―― * ―― * ―― * ―― * ―― * ―― * ―― * ――

■□■あれから9年。初の福島第一原発事故と向き合う映画が■□■

　1995年1月17日の阪神・淡路大震災から既に25年。また、2011年3月11日の東日本大震災からも既に9年が経過する。今年は新型コロナウイルス騒動のため大規模な追悼式典は中止されたが、復興まちづくりは？また、福島第一原発事故の原発処理は？

　私は、『Q&A 災害をめぐる法律と税務』の執筆者の一員だし、毎年1回大阪大学法学部

でのロイヤリングで『まちづくりの法と政策』を講義しているため、その姿をずっとフォローしているが、「その手の人」は少ない。人の心は移ろいやすいものだ。もっとも、人間はそうだからこそ、つまり悲しいことを忘れられる動物だからこそ、生きていけるわけだが・・・。

　私は、「戦後７５年」の節目となる２０２０年５月に『ヒトラーもの、ホロコーストもの、ナチス映画大全集―戦後７５年を迎えて―』と題する本を出版する予定だ。「アウシュビッツの悲劇」から既に７５年を経ているが、「ヒトラーもの」と「ホロコーストもの」の映画は毎年のように名作を輩出している。直近では、『ジョジョ・ラビット』（19年）と『名もなき生涯』（19年）だが、「東日本大震災モノ」は？園子温監督の『ヒミズ』（12年）（『シネマ28』210頁）や『希望の国』（12年）（『シネマ29』37頁）、さらに、キム・ギドク監督の『STOP』（17年）（『シネマ40』265頁）や、廣木隆一監督の『彼女の人生は間違いじゃない』（17年）（『シネマ40』272頁）等がそれだが、これらはすべて東日本大震災や福島第一原発事故を真正面から描いたものではなく、「ある１つの側面」に焦点を当てたもの。東日本を襲ったあの大地震と大津波によって発生し、「福島第一原発を放棄した場合、避難範囲は２５０㎞、避難対象は５千万人。首都圏だけでなく、東日本は壊滅」とまで言われたあの原発事故を真正面から描いた映画は、本作が初だ。

　原作は門田隆将の『死の淵を見た男　吉田昌郎と福島第一原発』。そして、主人公は福島第一原発所長の吉田昌郎（渡辺謙）だ。過去、『沈まぬ太陽』（09年）（『シネマ23』168頁）、『空母いぶき』（19年）（『シネマ45』62頁）等の社会派問題作を発表してきた若松節朗監督は彼１人だけを実名で登場させたが、その狙いは？あれから９年を経過した今、そんな本作は必見だ。

■□■ 「Fukushima 50」とは？ｖｓ真田十勇士！？■□■

『Fukushima 50（フクシマフィフティ）』2020 年 3 月公開
©2020 『Fukushima 50』製作委員会

　松方弘樹が真田幸村役を演じた『真田幸村の謀略』（79 年）は、『柳生一族の陰謀』（78年）、『赤穂城断絶』（78 年）に続く東映大型時代劇の第３弾として公開された大作で、霧

隠才蔵、猿飛佐助ら真田十勇士の活躍を描き、最後には徳川家康の首が空中に舞い上がるというメチャ面白い映画だった。しかして、本作のタイトルになっている「Fukushima 50」とは一体ナニ？

　福島第一原発事故を真正面からテーマにした本作には、あの原発事故によって私たちがはじめて知った①圧力容器や格納容器、②制御棒や燃料棒、③放射線量や冷却水、汚染水等の言葉が登場する。また、本作最大のポイントとなる④ベント（格納容器内の圧力上昇を緩め、容器の破損を回避する方法）やメルトダウン（圧力容器内に封入された燃料棒が自らの熱で溶解することで、圧力容器や格納容器自体をも溶かし、原子炉外に流出する現象）という難しい言葉も登場する。それらは、パンフレットにある「『Fukushima 50』を読み解くためのキーワード」の中で3種類のカテゴリーに分類して解説されているので必読だが、要は、私たちがテレビ画面でハッキリ見た、1号機原子炉建屋の爆発事故と同じことが次々と起きれば福島はもちろん、首都圏だけでなく東日本全体が壊滅するということだ。

　そんな状況下、本作の主人公になるのは、原子炉から最も近い中央制御室で指揮する1・2号機当直長の伊崎利夫（佐藤浩市）と、大地震の発生後直ちに緊急時対策室に移動し本部長として現場全体を指揮する吉田昌郎の2人だ。3月11日に発生した福島第一原発事故の復旧作業や応急処置のために働く従業員は約800名だったが、3月15日には原子炉4号機の爆発と火災が発生したため、吉田は「万事休す」と判断し、そのうち750人を避難させたが、吉田と伊崎を含む約50名は、なお現場に留まった。そのため、欧米など日本国外のメディアが彼らに与えた呼称が「Fukushima 50」だ。真田十勇士はそれぞれ一騎当千の強者だったが、さて「Fukushima 50」の面々は？

■□■時の政権は？時の総理は？彼はあの時どんな動きを？■□■

　去る2020年3月7日（土）、BS1スペシャル『独占告白　渡辺恒雄〜戦後政治はこうして作られた　昭和編』は、読売新聞グループのトップ、渡辺恒雄氏（93歳）への独占インタビューを放送した。インタビュアーは大越健介だ。「昭和編」となる今回、70年にわたって日本政治の実像を見つめ続けてきた渡辺氏は、吉田茂政権から中曽根康弘政権に至るまでの戦後日本の歩みについて、その知られざる舞台裏を、派閥の領袖たちの激しい権力闘争の虚実、日本外交の秘史、証言ドキュメント等を交えて赤裸々に語っていた。

　1951年にサンフランシスコ講和条約を締結した吉田茂首相は、その後、日米安全保障条約を軸に軽軍備、経済重視の方針を確立させた。これによって、以降の日本は「自社対決」という構図の中で、1993年の細川護熙連立内閣を例外として自民党の一党支配が続いてきた。しかし、細川連立内閣で失敗した後も水面下で動いていた小沢一郎の執念と、自民党の失政に伴う「政権交代」の声が高まる中、遂に2009年8月30日の総選挙によって、自民党から民主党への日本初の「政権交代」が実現した。その初代総理が鳩

山由紀夫。その１年後に登場したのが、市民運動の活動家だった菅直人総理だ。そして、神サマは何の因果か、民主党の菅直人総理の時に東日本大震災を発生させ、また福島第一原発事故を発生させた。

そんな日本国の緊急事態の中、時の総理はいかなる動きを？

■□■思わずバカヤロー！しかし、そのホントのお相手は？■□■

　２０１１年３月１１日１４時４６分に東北地方太平洋沖地震が発生。１５時３６分、１号機建屋で水素爆発が発生した。そんな状況下、政府は１５時４２分、原子力災害対策特別措置法第十条を宣言し、１６時３６分、原子力災害対策特別措置法第十五条を宣言し、政府は現場と密接な連絡を取りながら緊急の対策に乗り出した。その最前線になったのは、政府（官邸）は内閣官房長官であり、東京電力本店は緊急時対策室総務班の小野寺秀樹（篠井英介）だった。

　渡辺謙と佐藤浩市といえば、役所広司と並んで現在の邦画界を代表するトップ俳優だが、本作導入部では、その二人を中心に大震災直後の現地（現場）での奮闘ぶりが描かれる。そんな中、３月１２日６時２０分、急遽「総理が現地を訪れる」との連絡が吉田に伝えられたから、吉田はビックリ。こんな時に総理に来てもらっても、何の意味もない。いや、ハッキリ言えば、その対応をする余裕もないのだから、来てもらうだけ迷惑だ。それが吉田の正直な気持ちだったが、さて彼は総理にどう対応するの？また、吉田は福島第一原発の所長だが、同時に東電の社員。したがって、立場的には緊急時対策室総務班の小野寺の方が上だから、「これは命令だ！」と言われれば、それに従わざるを得ない。しかし、現場の実態を知らないまま矢継ぎ早に勝手な指示を繰り出す小野寺に、吉田はうんざり。

　ある時彼は思わず小野寺に対して「バカヤロー！」と叫んだが、それは吉田の本心の発露だ。しかし、それを叫びたかったホントのお相手は・・・？

■□■危機の時こそ浮き彫りになるリーダー像は？■□■

『Fukushima 50（フクシマフィフティ）』2020 年 3 月公開
©2020『Fukushima 50』製作委員会

今年1月から顕在化した新型コロナウイルス騒動は、2020年3月10日現在収まるところを知らず、全世界が混乱に陥っている。そんな時期の日本のリーダーは、戦前戦後を通じて歴代最長の総理になった安倍晋三だ。しかして、そんな今、彼のリーダー像は如何に？が大きく問われている。しかし、ハッキリ言って、あの時の、あの総理の対応は酷かった。多くの国民はそう思っているし、原作者も明確にそんな認識で原作を書いている。さらに、産経新聞の論説委員の阿比留瑠比の立場は昔から明確だが、本作の試写を観た彼は、2019年10月31日付「フクシマ50が描く『総理』像」でその点に焦点を当て、「我が意を得たり」とばかりに本作のセリフを書き連ねているので、それを紹介しておきたい。

　映画ではあえて氏名を伏せて登場させている総理の印象的なセリフは次の3つ、すなわち、①「何で俺がここに来たと思っているんだ。こんなことをやっている時間なんてないんだ」、②「ベントを何で早くやらないんだ」、③「撤退したら、東電は百パーセントつぶれる。逃げてみたって逃げ切れないぞ」。その上、彼は「映画の『総理』は、筆者が見聞きした実像からみればまだ温和だった。」と書いているから、きつい。そんな彼のまとめは、「ともあれ、あの『悪夢』をきちんと記憶し、後世に伝えるためにも、映画館に足を運ぶ価値はあるだろう。」だから、そんな彼の思いをしっかり受けとめたい。

　もちろん、民主党の支持者はこんな記事を読めば不快になるかもしれない。また、当時の状況をリアルタイムで固唾を呑みながら見守っていた多くの日本国民の中にも異議を唱える人がいるかもしれない。しかし、私はハッキリ言って原作者の立場を支持するし、本作と同じ立場だ。

■□■避難指示は？こりゃ戦力の逐次投入？その当否は？■□■

　東北地方太平洋沖地震の発生は3月11日の14：46。津波の到来、各種の法的措置と宣言、記者会見等を経て、住民への最初の避難指示の発令は、①3月11日20：50に福島県が出した半径2km圏内の住民への避難指示だ。その直後には、②21：23、日本政府による、半径3km圏内の住民への避難指示と半径3～10km圏内の住民への屋内退避指示の発令が続いた。さらにその後、③日本政府は12日5：44、半径10km圏内の住民に避難指示を発令、④日本政府は12日18：25、半径20km圏内の住民に避難指示を発令、⑤日本政府は15日11：00、半径20～30km圏内の住民に屋内退避を発令、と続いた。その詳細は前述の「2011年3月11日～16日の衝撃と激動の記録」のとおりだが、連日テレビ画面にくぎ付けになっていた私たち国民もその大筋は理解できていた。そして、それらについて、一方では状況に応じて避難指示の範囲が拡大するのは仕方ないと思いつつ、他方ではこんな「戦力の逐次投入」でいいのかなと思っていた。

　若松節朗監督は本作のスクリーン上に、次々と発令される避難指示に困惑しながらもそれに従って動く被災住民の姿を映し出していく。といっても、焦点を絞らなければならな

いため、そのメインは伊崎の妻・智子（富田靖子）や娘・遙香（吉岡里帆）たち。そして、ホンの少しだけ避難住民として、前田かな（中村ゆり）や松永（泉谷しげる）も登場させ、事故現場で不眠不休で働く「Fukushima５０」の面々と避難指示に従う家族たちとの「関係」を見せていく。そこでは、各自が家族と電話で話したり、メールを交換する余裕自体がないため、「決死隊」の編成やその決行等の動きが伝えられることはなかったが、家族の不安が募っていったのは当然。そのため、本作ラストに登場する、伊崎と伊崎の家族との避難所での再会は大きな感動を呼ぶシーンになっている。

『Fukushima 50（フクシマフィフティ）』
2020 年３月公開
©2020 『Fukushima 50』 製作委員会

　しかし、私たちが考えなけらばならないのは、ホントにこんな避難指示でよかったの？ということだ。当初の津波被害による退避の範囲を、福島第一原発の建屋の水素爆発によって大きく広げなければならなくなったのは仕方ないが、ホントにこんな「戦力の逐次投入」でよかったの？

『Fukushima 50（フクシマフィフティ）』
2020 年３月公開
©2020 『Fukushima 50』 製作委員会

■□■「決死隊」を含めて現場を賛美しすぎ？キネ旬の星は？■□■

　日露戦争で旅順の攻略に苦労した、乃木希典率いる日本陸軍は、「白襷隊」と名付けられた「決死隊」を組織したが、当時の機関砲という新兵器の前に日本兵はバタバタと倒されていった。また、太平洋戦争の敗色が濃くなる中、「神風特別攻撃隊」がはじめて編成され、攻撃に向かったのは１９４４年１０月２０日。その最初の編成は２６機（うち、体当り１３機）だった。しかして、本作でもそれと同じように（？）ベント作業のために、２人一組の「決死隊」計６名が次々と、高い放射線量を示し、いつ爆発するかもしれないという危険のある１号機と２号機の中に突入していく姿が描かれるので、それに注目！ちなみに、総理直々の視察のお相手をさせられた吉田は、総理からの質問に一つ一つ手際よく説明していたが、ある時、イライラを隠せないまま、「やれることは全部やってます！決死隊を組織してまでやってます！」と答えてしまったが、それに対する総理の反応は・・・？

　他方、本作は『沈まぬ太陽』『空母いぶき』に続く若松節朗監督の社会問題提起作だから、映画評論家諸氏もそれなりに高評価！私はそう思っていたのだが、意外にも『キネマ旬報』３月下旬特別号の「REVIEW　日本映画＆外国映画」によると、３人の評論家がすべて星

1つでボロクソコメントをしていたからビックリ！興味深いので、あえてそれを転記すれば次のとおりだ。

①「見るうちに無能な上官に翻弄されつつ自己犠牲の精神を発揮する部下を前線に送り出す板挟みの存在の悲憤を描く戦争大作めいてきて」（川口敦子）

②「この作品は検証や哀悼や連帯ではなく、動揺や怒りや対立を呼びおこす。」（佐野亨）

③「佐藤浩市と渡辺謙を真ん中においた悲壮演技の応酬が、ウソだと思えてならなかった。」「政治的意図とヒューマニズム、どちらも安手の二つが手を組んでいる。」「何を隠蔽したいのか。若松監督、承知の上の職人仕事か。」「知るべきことがここにあるとする人もいようが、２０２０年に見るべき作品にはなっていないと私は考える。」（福間健二）

私はこんな評価には賛成できず、『沈まぬ太陽』や『空母いぶき』とともに、「あれから９年」の今、日本国民のすべてが観るべき映画だと思うのだが・・・。

■□■最悪の事態は発生せず！これは天佑神助？■□■

　本作のパンフレットには、「２０１１年３月１１日〜１６日の衝撃と激動の記録」があるので、それは必読！これは、去る２月２３日のNHK　BS1で放送された『全貌　二・二六事件〜最高機密文書で迫る〜』で見たのと同じように、①日本政府・福島県・東電、②福島第一原子力電所（イチエフ）、③緊急時対策室・中央制御室が、それぞれ分刻みで、いかに動いたかを記録した重要資料だ。もっとも、現場で不眠不休で働いていた吉田と伊崎、そして「フクシマ５０」の面々にとって、それはあくまで結果に過ぎない。しかして、１号機建屋の水素爆発、４号機建屋の水素爆発に続いて、２号機建屋でも爆発が起きれば、東京を含む東日本は壊滅！そんな最悪の事態を覚悟した日本政府は、３月１５日１１時００分、半径２０〜３０km圏内の住民に屋内退避を発令したが、翌３月１６日１１時２５分には、２号機格納容器内圧力は大気圧と同程度まで低下し、４号機燃料プールに冷却水が残っていることも判明した。それは一体なぜ？それは今でもよくわかっていないから、１２００年に日本を襲った蒙古の大軍が、台風によって一夜にして海の藻屑と消えてしまったのと同じような、天佑神助？

　それはともかく、幸いにも２号機建屋の爆発事故が起きなかったおかげで、東京を含む東日本全体の壊滅を免れることができた。その結果、吉田が食道ガンで亡くなった２０１３年の春も、伊崎のふるさと・富岡町では、今年も満開の桜が咲き誇っていた。私は竹内まりやが５０歳になった時に作り、自ら歌った『人生の扉』が大好き。とりわけ、その二番の歌詞である「満開の桜や色づく山の紅葉を　この先いったい何度見ることになるだろう」が大好きだが、本作ラストを見ていると、その時点でなお生き残り、故郷に咲き誇る満開の桜を見ることができる伊崎の幸せ感を実感することができる。もっとも、前述のキネ旬３月下旬特別号で、川口敦子氏はその点についても、「しかも結局、責任の所在をうやむやにしたまま満開の桜に涙する、まさに戦後日本への道をなぞり、迷いなく美化するよ

うな展開に呆然とした。」と批判している。しかし、そもそも、あの福島第一原発事故で、「責任の所在」など一体誰が明確にできるの？本作ラストのスクリーン上に見る満開の桜を、「貴様と俺とは同期の桜」と歌われた、あの軍歌の桜と同じようなものと、変に勘繰る方がおかしいのでは？

■□■あれから９年。同じ３月１１日にパンデミック宣言が！■□■

　「あれから９年後」の２０２０年３月１１日、世界的に広がり続ける新型コロナウイルスについて、ついに世界保健機関（WHO）は「パンデミック（感染症の世界的な大流行）とみなすことができる」と表明した。しかし、ハッキリ言って、これも「戦力の逐次投入」ではないの？

　あれから９年後の今、被災地の鉄道は今月すべて復旧し、福島の JR 常磐線富岡－浪江駅間は１４日には運転を再開する。昨春の復旧後、台風で再び被災した岩手の三陸鉄道リアス線も２０日に全線運行再開となる。しかし、３月に避難指示が一部解除された双葉町や大熊町でも住民の帰還意欲は低く、「戻らないと決めている」と答えた住民が６割にも上っている。また、原発の汚染水を浄化処理したトリチウム水は、最終処分方法が見つからないまま溜まり続けている。先般、政府の有識者会議が、薄めて海に流す処分を最有力視する報告書を３年がかりでまとめたが、どこでどう処理するかの具体案には踏み込めていない。また、政府が管理して汚染土を保管する中間貯蔵施設も広がり続け、その広さはざっと東京ドーム３４０個分に上っているが、その最終受け入れ先は決まっていない。さらに、原発の廃炉によって出る放射性廃棄物や溶け落ちた核燃料の処分方法の検討も進んでいない。

　他方、WHO のパンデミック宣言を受けて、３月１２日の株価は大暴落。トランプ大統領からは遂に「無観客試合になるくらいなら」との前提付きながら「東京五輪は１年間延長したほうがいいのではないか」との発言まで飛び出してきた。そんな直近の状況下、新型コロナウイルス騒動と対比しながら、本作によって「Fukushima５０」の面々の奮闘ぶりを確認し、今後の行動の１つの指針としたい。

『Fukushima 50（フクシマフィフティ）』
2020 年 3 月公開
©2020『Fukushima 50』製作委員会

２０２０（令和２）年３月１３日記

176

SHOW-HEYシネマルーム

Data

監督：木村ひさし
原作：今野敏『任侠学園』（中公文庫）
出演：西島秀俊／西田敏行／伊藤淳史／葵わかな／葉山奨之／池田鉄洋／佐野和真／前田航基／戸田昌宏／猪野学／加治将樹／川島潤哉／福山翔大／高木ブー／佐藤蛾次郎／桜井日奈子／白竜／光石研／中尾彬／生瀬勝久

任侠学園

2019年／日本映画
配給：エイベックス・ピクチャーズ／119分

2019（令和元）年10月13日鑑賞　TOHOシネマズ西宮OS

★★★★

👀みどころ

「暴対法」が施行され、世間サマの目がヤクザに対して厳しくなっているにもかかわらず、「任侠シリーズ」がヒットしているのはなぜ？

「悪名」シリーズでは、勝新太郎、田宮二郎の凸凹コンビが絶妙だったが、本作にみる「阿岐本組」組長に扮する西田敏行とNO.2の実務派で若頭役に扮する西島秀俊とのコンビも絶妙。彼らの①出版社、②私立高校、③病院、④銭湯の「再生事業」は、ヤクザの民事介入事件ではなく、義理と人情に厚い阿岐本組の社会奉仕事業？それがホントかウソかは、暴力団とヤクザとの異同を含めて、あなた自身の目でしっかりと！

私は"パワハラ"否定論には反対だから、本作ラストに見る、ヤクザもOK？パワハラもOK？的な大団円に賛成だが、さてあなたは・・・？

———＊—＊—＊—＊—＊—＊—＊—＊—＊—＊—＊—＊—

■□■このシリーズは面白そう！ヤクザの変容ぶりに注目！■□■

『任侠学園』と題した本作を私は新聞ではじめて知ったが、本作は今野敏の原作『任侠学園』を映画化したもの。これは、今野氏が２００４年から発表している『任侠シリーズ』の第2弾で、第1弾は『任侠書房』、第3弾は『任侠病院』、第4弾が『任侠浴場』、そして、現在連載中の第5弾が『任侠シネマ』だ。その主人公は、困っている人は見過ごせない、義理と人情に厚すぎるヤクザ、「阿岐本組」の組長・阿岐本雄蔵と、その若頭でNO.2の日村誠司。日村は、そんな社会貢献に目がない組長に振り回されながらも、「親分の言うことは絶対！」と組長を信頼し、実務全般を取り仕切っている男の中の男らしい。

もっとも、日本では１９９２年に「暴力団員による不当な行為の防止等に関する法律」（暴

177

対法）が施行され、反社会的勢力（＝暴力団）の排除に向けた世論が強力になっている。そんな社会的流れの中、ヤクザの志望者が減り、今や"半グレ"と呼ばれる中途半端な人種が増えているそうだ。そんなご時世の中、なぜ「任侠シリーズ」のようなヤクザ映画（？）がヒットしているの？

　かつてのヤクザ映画と言えば、鶴田浩二、高倉健を代表とする東映任侠ヤクザ路線がその代表だったが、今やヤクザ映画もここまでコメディ風に大変容しているので、まずはその変容ぶりに注目！それは、近時観た西部劇の『ゴールデン・リバー』（18年）や『荒野の誓い』（17年）が、大傑作ながらも、かつてのジョン・ウェイン主演のインディアンを撃退する痛快西部劇とは大きく変容しているのと同じ・・・？それはともかく、原作モノの邦画が近時大嫌いになっている私だが、こりゃ面白そう！

■□■西島秀俊・西田敏行コンビＶＳ勝新・田宮二郎コンビ■□■

　漫才はコンビの相性が生命線だが、コンビが生命線となる映画（シリーズ）はたくさんある。その１つが、勝新太郎と田宮二郎のコンビが絶妙だった『悪名』シリーズ。当時は、勝新主演の『兵隊やくざ』シリーズや、市川雷蔵主演の『陸軍中野学校』シリーズ等のシリーズものが大ヒットしていたが、『悪名』シリーズは、体格から性格まですべてに対照的な凹凸コンビ（？）の相性が生命線だった。当時は、男女のコンビでは、日活の吉永小百合・浜田光夫の純愛コンビが群を抜いており、山内賢・和泉雅子のコンビや、倉石功・姿美千子のコンビ等がその後を追っていたが、男同士のコンビでは『悪名』シリーズの勝新太郎と田宮二郎が最高だった。

　それに対して、本作では、阿岐本雄蔵役を西田敏行が、日村誠司役を西島秀俊が演じているが、年齢差を含め、この２人のコンビの相性も絶妙だ。本作中盤では、なぜ日村が弱小ヤクザの親分・阿岐本にゾッコンで、「阿岐本のためなら喜んで命も差し出す」と考えているのかが語られるので、それに注目。さらに、アドリブも含めた軽妙なセリフ合戦にも注目し、この２人の相性の良さをしっかり確認したい。

■□■阿岐本親分の再生事業は弁護士業とも共通性が！■□■

　本作では、阿岐本親分が解説する暴力団とヤクザとの違いが興味深いが、９月２２日に観た、中国第６世代監督・賈樟柯（ジャ・ジャンクー）の『帰れない二人』（18年）でも、２人の男女の主人公は、自ら"渡世人"と称していた。日本にも渡世人や博徒の言葉があるが、それらとヤクザとの違いはさらに難しい。坂本龍馬が起案したと言われる、明治維新の「五箇条の御誓文」はよく知られているが、阿岐本組の「三ヶ条」は、「カタギに手を出さず」、「勝負は正々堂々」、「出されたものは残さず食う」の３つだ。

　その第１の「カタギに手を出さず」は立派だが、高倉健が歌った名曲『唐獅子牡丹』の歌詞では、「義理と人情を秤にかけりゃ、義理が重たい男の世界」とある。しかして、『任

侠シリーズ』では、義理と人情に厚く、社会奉仕に目のない阿岐本親分が、毎回"世間サマ"から頼まれる厄介ごとを引き受けてしまうのが定番。そのため、実務担当者である若頭でNO.2の日村が毎回奮闘するのがシリーズの売りだ。そして、シリーズのタイトルからわかるとおり、これまでは①出版社、②私立高校、③病院、④銭湯、の再生が阿岐本親分の大仕事になっている。

　ちなみに、私が司法試験で選択した科目は「破産法」と「政治学」。破産法は、１９７４年の弁護士登録から５年目以降に大いに役立った。それは、裁判所から破産事件の破産管財人に任命されることが多くなったためだが、当時用心しなければならなかったのが、ヤクザ（暴力団）の倒産事件への介入だった。なぜ彼らはそこに介入してくるの？それは、そこにうまみがあるからだが、『任侠シリーズ』における阿岐本親分が再生事件を引き受ける理由はそうではなく、あくまで義理と人情のためらしい。

　しかして、阿岐本組はシリーズ第１作『任侠書房』では出版社の再生に成功したようだが、シリーズ第２作ではじめて映画化された本作にみる経営不振の仁徳京和学園の再生は？

■□■仁徳京和学園の経営不振の原因は？■□■

　破産管財人として企業の破産処理をする場合は、あくまで「破産法」に則って処理すればいいだけだが、いわゆる「任意整理」の場合は、アプローチの仕方がさまざまだから、かえって難しい。それは、弁護士として「任意整理」をやる場合も、阿岐本のようにヤクザが義理人情で社会奉仕のためにやる場合も同じだ。しかし、その場合の最初の仕事が、企業の不振の原因を突き止めることにあるのは共通している。そこで阿岐本が、仁徳京和学園の経営不振の原因を「無気力・無関心な高校生と、事なかれ主義の先生たちにある」と指摘したのはさすが。これを見ていると、阿岐本の物事の本質を見極める能力は民事再生専門の弁護士と同レベルにあることがよくわかる。もっとも、阿岐本の仕事はそんな本質を見抜くだけで、その膿を出し、企業を再生させるのはすべて日村の仕事だから、日村は大変だ。

　日村が帳簿のチェック等の地道な作業をきちんとやっているのには感心させられるが、それ以上に感心させられるのは、その行動力。解決策は現場にあり！とばかりに、現場（＝学園）に、喧嘩がめっぽう強い三橋健一（池田鉄洋）、元暴走族の二之宮稔（伊藤淳史）、元ハッカーで情報収集に長けるテツこと市村徹（前田航基）や、さらにその下っ端の志村真吉（佐野和真）らと共に乗り込んだ日村は、そこで、学園一の問題児である沢田ちひろ（葵わかな）、ワケあり優等生の小日向美咲（桜井日奈子）、さらには神出鬼没なカメラ小僧である黒谷祐樹（葉山奨之）らと対面（対決？）していく中で、少しずつその本領を発揮していくことになるので、本作中盤以降は、それに注目！

　仁徳京和学園の校長・綾小路重里（生瀬勝久）は、学園がもともと目指していた「文武

両道」の理想を近時取り下げ、野球部などの「部活」も停止していたが、それは一体なぜ？また、仁徳京和学園では毎日のように夜中に正門玄関のガラスが割られ、その修理のために多額の出費を余儀なくされていることが判明したが、その犯人はダレ？また、そもそもそんな“荒れた学園”になった原因は一体どこに？仁徳京和学園の再生のためには何よりもそれを突き止めなければ・・・。

■□■この父兄が狙っている利権とは？ヤクザとの結託も？■□■

すべてにコトなかれ主義の校長・綾小路に対して、大きな影響力を持っている父兄が小日向泰造（光石研）。この男の娘である小日向美咲は、生徒会の活動もしている一見優等生タイプだが、その実は・・・？小日向泰造が狙っているのは、仁徳京和学園に絡む“ある利権”らしい。昭和の時代の高度経済成長は「ブルドーザー宰相」と呼ばれた、故田中角栄の“日本列島改造論”をバックに進んだが、そこにはプラス面だけではなく、そこに生まれた“官民癒着”“利権構造”というマイナス面があった。近時の新聞紙上で大きく問題になった「モリカケ問題」はその最近の1バージョンで、そこでは“忖度”がキーワードになっていた。

また、利権構造が問題になる時は、往々にしてそこにヤミ社会＝ヤクザが絡むもの。しかして、本作には阿岐本組のような昔気質の弱小ヤクザではなく、巨大組織を誇るヤクザ・隼勇会やその組長唐沢隼人（白竜）が登場するし、小日向が経営するさまざまな会社はその“フロント企業”らしいから、問題は複雑だ。阿岐本組のNO.2で、さまざまな再生事業の実務処理の責任者である日村が、経理帳簿に明るいだけでなく、そんな社会問題の本質を分析する能力を持っていることには敬服するが、さあ、日村が少しずつ暴いていく仁徳京和学園が“ある事情”に絡んで生み出す（であろう）“巨大利権”とは？そしてまた、善意の父兄の代表顔を気取っている小日向の隠された本性とは？

それを暴けるのは、同業者の阿岐本や日村しかいないことが、本作を見ているとよくわかる。私は『学校』（93年）に出演していた頃の俳優・西田敏行はあまり見ていないが、第12回日本アカデミー賞最優秀主演男優賞を受賞した『敦煌』（88年）での彼の迫真の演技には感心させられた。あの頃は精悍だった彼はその後『もしもピアノが弾けたなら』を歌い、歌の方面でも才能を発揮したが、今や変幻自在、融通無碍の演技をさせれば、彼は日本一の俳優になっている。そんな俳優・西田敏行が阿岐本組の組長として綾小路校長の前で、唐沢組長や小日向と対峙するシークエンスは迫力いっぱいだから、それにも注目！

■□■本音が満載！ヤクザもOK？パワハラもOK？■□■

本作では仁徳京和学園の理事長にヤクザの阿岐本が就任し、理事になった日村が学園再生のために動いているとの情報がマスコミに流されたため、警察が事情聴取のため日村を任意同行する姿が描かれる。これは逮捕ではなくあくまで任意同行だが、現代社会の“最

大の権力者"と言っても過言ではない"マスコミ"がこのような報道をすれば、その"世論"の高まりによって阿岐本も日村も退場させざるをえない。それが、現在の日本の一般的な常識だ。

　ところが、『任侠』シリーズの作者である今野敏はそうは考えず、義理人情に厚い阿岐本組の組長阿岐本雄蔵と、NO.2の男日村に大きな共感と魅力を与えている。学園一の問題児だったちひろが"おっさん"と呼び、反発していた日村を、ある時から見直し、友達となり、最後には尊敬すべきヤクザという位置づけにまで格上げしたのは、一体なぜ？そこに阿岐本組の「三ヶ条」が効いていることは確かだが、本作を観ていると、それ以上に日村がちひろに対して真剣に向き合った姿勢が大きいことがよくわかる。

　真剣に向き合えば、そこには対立も！それは当然だが、コトなかれ主義では所詮ちひろが何に悩み反発しているのかについてさっぱり解明できないのは当然。また、一見優等生として生徒会活動を実践している小日向美咲らも、内心に大きな問題を抱えていることは明らかだが、これも"対決"（＝ケンカ）してみてはじめてその内容がわかることだ。そんな本作のラストでは、仁徳京和学園から小日向も隼勇会も手を引き、日村やその手下たちと学園の問題児たちの大団円に向かっていく他、ヤクザもOKなら、パワハラもOKになっていく（？）ので、それに注目！こんなに本音が満載れた映画、私は大好き！

『任侠学園』Blu-ray&DVD　発売中
Blu-ray 特装限定版　品番：BCXJ-1529　税抜価格：¥5,800
DVD　品番：BCBJ-4983　税抜価格：¥3,800
発売・販売元：バンダイナムコアーツ
※特装限定版は予告なく生産を終了する場合がございます。
※レンタル専用DVDも同時リリース
© 今野 敏／© 2019 映画「任侠学園」製作委員会

２０１９（令和元）年１０月１８日記

Data

監督・脚本：中川龍太郎
出演：松本穂香／渡辺大知／徳永えり／吉村界人／忍成修吾／光石研／樫山文枝

SHOW-HEY シネマルーム

★★★★

わたしは光をにぎっている

2019 年／日本映画
配給：ファントム・フィルム／96 分

2019（令和元）年 12 月 7 日鑑賞　　シネ・リーブル梅田

みどころ

　世界が認める若き才能、中川龍太郎監督に注目！そしてまた、大規模宣伝される、大手配給のくだらない邦画とは完全に一線を画した本作のこだわりに注目！まさに、ホッコリ、ホッコリ！

　宮川澪、２０歳。地方から東京へ。『ＡＬＷＡＹＳ　三丁目の夕日』シリーズ（05 年、07 年、11 年）の集団就職の時代とは全く違う昨今、引っ込み思案でロベタな彼女はどう生きていくの？

　目の前のできることからひとつずつ。祖母のアドバイスはそんなシンプルなものだが、それを実践していくと・・・？変わっていくもの、失われていくもの、それは仕方ないが、そんな現実にどう向き合えば・・・？久しぶりにいい邦画を観せてもらって、ありがとう！

――＊――＊――＊――＊――＊――＊――＊――＊――＊

■□■くだらない邦画が多い中、隠れた名作（？）を発見！■□■

　中川龍太郎監督の『四月の永い夢』（18 年）は、私の情報には入っていたものの、「まあいいだろう」と思って見逃していた映画。そして、本作もチラシは観ていたものの、同じように「まあいいだろう」と思っていたものだ。しかし、情報を集めてみると、本作では「再開発」や「失われていく街」がテーマになっていたから、まちづくりをライフワークにしている弁護士の私としては、「これは観ておかなければ」と考えた。

　他方、チラシにアップで映っている本作のヒロイン宮川澪役を演じる松本穂香の顔は、何となく『この世界の片隅に』（16 年）（『シネマ 39』41 頁）でヒロイン・すずの声優を務めた女優・のんの顔と似ている。しかし、チラシを読むと、澪は故郷を離れて東京で働き

始めたものの、なかなか周囲に馴染めず苦労している女の子らしいから、いかにも今風。そして、今風の映画では、そんな彼女に優しく「寄り添って生きていく」という甘っちょろい企画が多いから、あまりその方面には関心なし。私の事前リサーチはそんなものだったが、本作が始まると意外にも・・・。

■□■宮川澪２０歳、地方から東京へ！その生き方は？■□■

『ＡＬＷＡＹＳ 三丁目の夕日』シリーズ（05年、07年、11年）は、ある意味では、青森から集団就職で東京に出てきた堀北真希扮する星野六子の成長物語だった（『シネマ9』258頁、『シネマ16』285頁、『シネマ28』142頁）。しかし、それは東京タワー建設中の１９５８年のことだ。

しかし、昭和３０年代の高度経済成長から昭和５０年代の土地バブルへ、そして平成の３０年間を経て令和に入った今の時代でも、地方から東京への若者の流入は続いている。もっとも、本作の澪は六子と違い、祖母の久仁子（樫山文枝）が切り盛りしている長野の野尻湖近くに佇む民宿を閉鎖することになったため、という個人的な事情。また、現在日経新聞に連載されている『ミチクサ先生』における正岡子規のように、大志をもって松山

『わたしは光をにぎっている』2020年6月3日発売
DVD¥3,800（税抜）　発売・販売元：ギャガ
©2019 WIT STUDIO / Tokyo New Cinema

から東京に向かったものとは全然違う、「仕方なしの上京」だ。

そんな澪が当面住むのは、亡くなった父の古い友人である三沢京介（光石研）が、東京の下町・立石で営む銭湯「伸光湯」の空いている部屋。これは、とりあえず澪の仕事が見つかるまでの仮の住まいだが、引っ込み思案で、どちらかというとボーとしたタイプ（？）の澪は、東京で独り立ちできるの？また、自分の生き方をしっかり見つけられるの？

■□■時給１０００円弱のバイトはすぐに見つかったが・・・■□■

近時「働き方改革」の必要性が叫ばれているが、その問題と、正規雇用が減り非正規雇用（バイト）が増えてきたことの問題点は全く別。バイトは使用者にとっても雇用者にとってもある意味便利だが、それは短期的な視点であり、長い目で見ると、その安定性に大きな問題がある。しかし、何の資格も何の取り柄もない２０歳の女の子澪にとって、意外に早く時給１０００円弱のスーパーでのバイトが見つかったのはとりあえずラッキー。また、そんな澪を伸光湯の常連で京介とも親しく、自主映画を撮っている若者・緒方銀次（渡

辺大知）とOLの島村美琴（徳永えり）が仲見世通りの飲み屋で祝ってくれたのも、ありがたいことだ。ところが、その後スクリーン上に登場する澪の仕事ぶりを見ていると、アレレ・・・。こんな仕事ぶりでは「クビ宣告」されるのも仕方なしだが、さて、澪の次の仕事は？

　宮沢りえ主演の『湯を沸かすほどの熱い愛』（16年）（『シネマ39』28頁）は銭湯を舞台にした名作だったが、同作を見ても、本作を見ても、お湯を沸かす作業はもちろん、洗い場の掃除が意外に大変な労働であることがよくわかる。それは民宿を経営していた祖母の久仁子（樫山文枝）が洗い場を掃除しているシーンを見ても同じだ。そんなシーンを見ていると、やっぱり今ドキ個人経営の銭湯を商売として成り立たせるのも到底無理だということもよくわかってくる。

　ある日、たまたま澪は思いついたように伸光湯の洗い場の掃除をしていたが、その手つきはあまりにひどい。そこで、それを見かねた（?）京介が自ら率先して澪に掃除の仕方を教えてやると・・・。

『わたしは光をにぎっている』　2020年6月3日発売
DVD¥3,800（税抜）　発売・販売元：ギャガ
©2019 WIT STUDIO / Tokyo New Cinema

■□■古いまち並みと映像へのこだわりに注目！■□■

　12月1日にみた中国の胡波（フー・ボー）監督の『象は静かに座っている』（18年）は、234分にものぼる、暗い映像の中での長回しによる4人の主人公の会話劇だった。そのため、その鑑賞は大変だったが、そのアピール力にビックリさせられた。本作はそこまでのインパクトはないが、冒頭のスクリーン上に登場する野尻湖の美しい景色や、澪が上京してきた葛飾区立石の古いまち並みを撮影するについての、中川龍太郎監督のこだわりがよくわかる。また近時の邦画は何でもわかりやすくするためセリフが多くなっているが、本作は澪がもともと無口（口べた）なこともあって、澪のセリフは極端に少ない。その分、澪の友人である銀次や美琴のしゃべりの多さが目につくが、それが決して嫌味になっていないのは中川龍太郎監督の力量だ。

　私は愛媛県松山市の生まれで、高校3年生までそこで過ごしたが、本作に登場する立石の下町風景は、そんな私にも懐かしく思えるもの。「近代都市法」の1つとして1968年に都市再開発法が制定されたことによって、「市街地再開発事業」が次々と施行されるようになった。そして、規制緩和と民間活力の導入を軸とする「中曽根アーバンルネッサンス」の展開の中でその施行例は飛躍的に広がり、土地バブルの1つの要因にもなった。しかして、立石の旧商店街で施行されている再開発は？ちなみに、日本の都市法制は複雑かつ難

解だから、本作のパンフレットやチラシそして中川龍太郎監督のインタビューですら、市街地再開発事業と土地区画整理事業の区別がしっかりされていないのではないかと思われる節がある。まあ、それは映画の本筋には関係ないが、スクリーン上ではハッキリ「再開発反対！」ののぼりが立てられているのだから、そこらは間違いのないように表示して欲しいものだ。それはともかく、本作では古いまち並みと映像へのこだわりに注目したい。都市再開発法に基づく市街地再開発によって、立石にある伸光湯を含む古い商店街はいったいどんな街に作り替えられるの？そのことの意味も、しっかり考えたい。

■□■このタイトルはナニ？一瞬どこかの宗教団体と誤解？■□■

本作冒頭は、澪が銭湯のお湯をすくい取り、それを見つめているシーンの中、詩の朗読から始まる。このタイトルを見て、この詩の朗読を聞くと、一見どこかの宗教団体の勧誘のようだが、この詩は、明治大正期の詩人山村暮鳥の『梢の巣にて』という詩集の中の詩の『自分は光をにぎつてゐる』からとられているらしい。それにしても、「わたしは光をにぎっている」とは何とも意味シンだ。なぜ、２０歳の女の子、澪がそんな難しい詩を知ってるの？そしてまた、それを朗読しているの？

他方、本作では、そもそも澪の口数が少ないうえ、会話する相手そのものが少ないだけに、樫山文枝演じる祖母・久仁子との会話のないままのふれあいや、ちょっとした会話の重みが浮かび上がってくる。２人で並んで野尻湖を見つめ合う冒頭のシーンは、セリフが全くない中での美しいものだが、東京に出て来た澪が久仁子に電話するシーンでは、久仁子から「できないことより、できそうなことを」「目の前のできることをひとつずつ」、との言葉が返ってくる。この言葉自体は平凡なものだが、この言葉があの時の澪の心の中にどこまで深く沁みこんだかは、松本穂香の抜群の演技力もあって観客の胸にも深く沁みこんでくる。こんな邦画は近時ほとんどなかったはずだ。言葉の量こそ、１２月１日に観た中国の胡波（フー・ボー）監督の『象は静かに座っている』（18 年）には全然及ばないものの、その計算され尽くした会話シーンの見事さは共通したものだ。

他方、澪が住み込んだ伸光湯は再開発事業が開始される中、「閉店します」の貼り紙を貼らざるを得なくなったが、本作ではそんな「失われていくもの」「失われていくまち」への想いをこめて、その美しい風景がスクリーン上に映し出される。私は再開発事業そのものを否定する立場ではなくむしろ肯定する立場だが、本作のスクリーン上に映し出される伸光湯や飲み屋街の風景を見ていると、そんな私ですら、何とかそのまま残したいと思ってしまうほどだ。しかして、中川龍太郎監督は本作をなぜ「わたしは光を握っている」という、わかったようなわからないようなタイトルにしたの？

ちなみに、本作のパンフレットには、宮台真司（社会学者・映画批評家）の『わたしは光をにぎっている』はノスタルジー映画ではない。なぜか。」と題する４頁にわたる「REVIEW」があるが、これはクソ難しい。私がこれまで読んだ映画の REVIEW、コラ

ムで最高に難解といってもいいほどだ。しかし、そこでは「ボーっとしている」「リアクションする速度が遅い」澪の、今日的そしてまた本作における意義を多方面に渡って論じている（？）ので、こりゃ必読。どこまで理解できるかは保証できないし、その賛否も微妙だが、とにかく本作の鑑賞には、このクソ難しいREVIEWをじっくり読み解くことが不可欠だ。

■□■ 「しゃんとしましょう」を合言葉に！その実践は？■□■

　本作のストーリーの骨子を要約すれば、①宮川澪、２０歳。②ふるさとを出て、働き出した。③友達ができた。好きなひとができた。④その街も消える、もう間もなく。の４つ。そして、本作はＴＶのアホバカバラエティ番組や、今どきのくだらない邦画のようにベラベラとセリフで説明するのではなく、美しい風景を切り取り、積み上げていく中、澪が口ベタなこともあって（？）、必要最低限のセリフだけでそれを表現している。弁護士登録１０年後の１９８４年から都市問題、再開発問題をライフワークにしてきた私は、たしかに伸光湯や、あの情緒ある飲み屋街はなくなっても、それに変わる新しい施設は必ず実現できるうえ、京介たち権利者の権利も「等価」で守られることも確信しているから、本作にみる市街地再開発事業に対しても肯定的。したがって、その点はきっと中川龍太郎監督の立場と私の立場は違うだろう。そんな私としては、失われたまち、失われた京介たちの権利、失われたまちの風景に代わる新しいまち、京介たちの保証された権利、新しく作り出された町の風景にも触れてほしかったが、まあそれは本作に対するないものねだり。

　それはともかく、本作では市街地再開発事業完成後の立石のまちは描かれないが、せっかく伸光湯での仕事を１つずつ覚え、やっとその仕事に定着した感のあった澪は再開発事業によって伸光湯のある立石の町を出て行かざるを得なくなったのは残念。しかして、前述の「REVIEW」で宮台真司氏が「ボーっとしている」「リアクションする速度が遅い」と罵倒していた２０歳の女の子・澪のその後は？

　本作では、伸光湯を拠点として東京生活を送る中で少しずつ成長した澪が、最後に「しゃんとしましょう」と語る姿が印象的だが、さて、彼女はその言葉をいかに実践していくの？本作には「それから１年後」の澪の姿が描かれ、たまたま京介はそれを目撃することになるのだが、さて、澪はどこで、ナニを？それは、あなた自身の目でしっかりと！

『わたしは光をにぎっている』DVD￥3,800（税抜）
2020年6月3日発売　発売・販売元：ギャガ
©2019 WIT STUDIO / Tokyo New Cinema

２０１９（令和元）年１２月１３日記

Data
監督：藤元明緒
出演：プ・ポール・ポー／ラン・ザ・
コップ

★★★★

白骨街道

2020 年／日本映画
配給：E．x．N　K．K．／16 分

2020（令和2）年 3 月 14 日鑑賞	シネ・リーブル梅田 第15回大阪アジアン映画祭

👀みどころ

　あなたはインパール作戦を知ってる？百田尚樹の原作を映画化した『永遠の0』と同じように、私の友人の若者が、ある日26歳の時にインパール作戦で戦死した祖父の白骨を尋ねる旅に。それは一体なぜ？泰緬鉄道は『戦場にかける橋』（57年）で有名になったが、インパール作戦とは？白骨街道とは？

　第15回大阪アジアン映画祭で上映された本作は短編ながら、戦後75年の節目となる今年の「8．15」を考えるきっかけにしたい。

—— * —— * —— * —— * —— * —— * —— * —— * —— * ——

■□■渡邉一孝と藤元明緒らの挑戦に拍手！■□■

　渡邉一孝がプロデュースし、藤元明緒が監督した『僕の帰る場所』（17年）（『シネマ41』105 頁）は、第30回東京国際映画祭「アジアの未来」部門で2冠を獲得した他、3つの国際映画祭で受賞するという大きな成果を収めた。そのため、海のものとも山のものともわからない企画段階で同作に３００万円の出資をした私は、２０２０年２月にその返還を受けた。各種映画祭への出品から出発した同作は、各地で高い評価を受けながらの上映が続いたため、トントンながら投資金を回収できたというわけだ。もっとも、そこでの彼らの「お願い」は、その返還金をそのまま次の企画である、日本とベトナムの共同製作による長編映画『フォンの選択』に出資してくれないか、ということ。彼らの能力も人格も既に十分理解し信頼している私は、即座にそれを了解した。

　同作は、日本の移民に焦点を当て、「実習先から逃げ出したベトナム人女性が不法就労先で妊娠が発覚し、ある選択を迫られた挙句・・・」というテーマの映画だ。既に撮影は終了して、今は編集作業に入っており、完成後は、今年の夏以降、各種映画祭に持ち込む予定とされている。そんな彼らが、『僕の帰る場所』での受賞のご褒美としてもらった旅行券（？）で企画し、実現させたのが、本作。それを聞いて、最初は「おめでとう」と言っていたのだが、そのタイトルが『白骨街道』と聞いてビックリ！そりゃ一体ナニ？

■□■白骨街道とは？あなたはインパール作戦を知ってる？■□■

私は、近時話題となっていた毎日ワンズ発行の新書版、①石原莞爾著『世界最終戦争』と②元大本営参謀・辻政信著『潜行三千里　完全版』を購入し、斜め読みしたが、これは面白かった。前者は昔からその内容を知っていたが、後者は辻政信の名前は知っていても、全然知らなかった。他方、映画『戦場にかける橋』（57 年）によって「泰緬鉄道」が有名になったが、「インパール作戦」のことを知っている日本の若者はほとんどいないはずだ。しかして、「インパール作戦」とは？そしてまた、「白骨街道」とは？

　そんな本作が、第１５回大阪アジアン映画祭で３月１４日に上映された。そこで、同日夜には渡邉・藤元両氏との会食を予定し、昼間は本作を鑑賞することに！

■□■岸建太朗の祖父が「インパール作戦」へ！■□■

　百田尚樹の原作を山崎貴監督が映画化した『永遠の０』（13 年）（『シネマ 31』132 頁）は私の大好きな映画だ。同作は、２６歳になった主人公・健太郎が、実の祖父が別にいること、そして宮部久蔵という名のその男は特攻を志願し、健太郎と同じ２６歳で戦死したことを聞かされるところから物語が始まっていった。

　『僕の帰る場所』に撮影監督として参加した渡邉一孝と藤元明緒の盟友・岸建太朗も、『永遠の０』の健太郎クンと同じように、彼の祖父が「インパール作戦」に従事中、２６歳で戦死したそうだ。そこで、『僕の帰る場所』のご褒美としてもらった旅行券を使って、あの「インパール作戦」によってできた「白骨街道」までひとっ飛びし、祖父の遺骨捜しを兼ねて短編を１本！そんな企画で実現したのが、１６分の短編として完成した本作だ。

■□■標高２０００m以上の山の中は？■□■

　私は近時、NHK の BS１でお昼間に放映されている映画番組を片っ端から DVD に録画して観ているが、先日は黒澤明監督の『蜘蛛巣城』（57 年）を鑑賞。山の中に深い霧が流れるシーンから始まり、それが少し晴れたところで１人の伝令が城の中に駆け込む物語が始まっていった。それと同じように、本作冒頭は、霧（モヤ）がかかっている山の中。しかし、これは日本ではなく、遙か遠くミャンマー（旧ビルマ）の山で、標高２０００m以上あるらしい。そこで始まるのが、今なお登場するという日本兵の遺骨や遺品の発掘作業に向かうトラックと作業員たちの姿だ。彼らは見込みの場所で作業を開始したが、さて？

■□■戦後７５年の今、本作からあの時代を、あの兵士を！■□■

　東京の靖国神社の中には遊就館があり、そこには特攻隊員の遺書はじめとして、膨大な「あの大戦」の資料が収められている。本作は１６分の短編だし、製作スタッフが滞在して撮影している間に日本兵の遺骨や遺品は何も発掘できなかったそうだが、それは仕方ない。しかし、本作ラストには、長い棚の上に旧日本軍が使用していたさまざまな銃や飯ごう、その他多くに遺品が並べられているので、それに注目！

　『ムルデカ』（01 年）（『シネマ１』89 頁）を観れば、日本の敗戦後、インドネシア独立のために戦い、その土となった日本人（軍人）たちが、それなりの充実感と満足感を持って死んでいったことがわかるが、「インパール作戦」の行軍中に餓死した多くに日本兵にはそれはなかっただろう。本作を鑑賞することによって、そんな多くの日本兵がいたことを、戦後７５年の今、しっかり考えたい。　　　　　２０２０（令和２）年３月１７日記

第4章
中国映画がすごい！若手の注目監督が次々と！

Data

監督・脚本：毕赣（ビー・ガン）
出演：チェン・ヨンゾン／ヅァオ・ダクィン／ルオ・フェイヤン／シエ・リクサン／ルナ・クォック／ゼン・シュアイ／クィン・グァンクィアン／ユ・シシュ／グゥオ・ユエ／リュ・リンヤン／ヤン・ヅォファァ

★★★★

凱里ブルース
（路辺野餐／Kaili Blues）

2015年／中国映画

配給：リアリーライクフィルムズ＋ドリームキッド／113分

2020（令和2）年3月2日鑑賞	シネ・ヌーヴォ試写室

👁👁 みどころ

　日本初公開となるビー・ガン監督の『ロングデイズ・ジャーニー　この夜の涯てへ』（18年）に先立って、試写室で本作を鑑賞。『キネマ旬報』の特集を読んだだけでも、抽象画のような本作は難解そう。しかし、『象は静かに座っている』（18年）のフー・ボー監督と対比するためにも、本作は必見だ。

　製作費３５万円からスタートした本作の撮影風景は如何に？そして、本作のテーマとなる「夢と記憶と時間」を如何に描くの？また、詩人でもある彼が繰り出す難解な詩の数々は？

　そう身構えたが、疾走するバイクやトラックの中で展開していく旅の物語（？）は意外にわかりやすい。タイトルの意味を考えながら、ビー・ガン監督ワールドをしっかり噛みしめたい。

――＊――＊――＊――＊――＊――＊――＊――＊――＊――

■□■この邦題は？原題は？「ブルース」とは？■□■

　「ご当地ソングの女王」と呼ばれている水森かおりの「ご当地ソング」の代表曲は「鳥取砂丘」。他方、中国第五世代を代表する賈樟柯（ジャ・ジャンクー）監督の出身地は山西省の地方都市・大同（ダートン）。彼はその大同やその近くの汾陽を舞台にした映画『青の稲妻』（02年）（『シネマ5』343頁）、『一瞬の夢』（97年）（『シネマ34』256頁）、『プラットホーム』（00年）（『シネマ34』260頁）等から出発し世界に飛躍していった。しかして、本作の原題『路辺野餐』とはナニ？中国語を勉強している私には、「路辺」は道端、「野餐」はピクニックの食事や野外で食事することであることがわかるので、そこから何となく本作のイメージを構築することができる。

しかし、『凱里ブルース』ってナニ？「ブルース」は、米国西南部でアフリカ系アメリカ人の間から発生した音楽の一種およびその楽式のことで、日本人にはよくわかる言葉。青江三奈が歌った「恍惚のブルース」（66年）や鶴田浩二が歌った「赤と青のブルース」（55年）等はとりわけ有名だ。他方、「凱里（カイリ）」は本作で鮮烈なデビューを飾った中国人監督ビー・ガンの出身地だが、それは広い中国大陸のどこにあるの？

■□■凱里は中国のどの州に？そこはどんな町？鎮遠は？■□■

今や、湖北省の武漢は"新型コロナウイルスを生んだ町"として世界的に有名になった。また、湖北省も多くの患者の発生で有名になった。しかし、貴州省は名前こそ立派だが、私を含めて多くの日本人はその存在すら知らない辺鄙な中国の省だ。直轄市の1つである重慶市や、成都で有名な四川省の南に位置する貴州省は、ミャオ族、プイ族、トン族、スイ族、イ族など少数民族が多く暮らしており、少数民族の故郷と呼ばれている州。その平均気温は、冬の12月～2月こそ7～9度だが、春の3月、4月、秋の10月、11月は13～18度、そして夏の5月～9月は21～26度と暖かい。また、もし、あなたが「夜郎国」の寓話を知っているなら、春秋戦国時代（紀元前8世紀～紀元前3世紀）に、夜郎国などの独立国が貴州省にあり、北からの侵攻に対抗したことも知っているはずだ。

貴州省の州都は貴陽だが、凱里市は黔東南ミャオ族トン族自治州の州都。ただし、州都とは言っても、人口はわずか46万人だ。ガイドブックを読むと、凱里市内の見どころは州民族博物館くらいで、観光のメインは州内に点在する少数民族の村らしい。また、「自治州内は山道が多いため、距離のわりに時間がかかるので注意」と書かれている。スクリーン上では、その山道をバイクやトラックで疾走する（？）シークエンスが度々登場するので、それに注目！本作のパンフレットにある「シノプシス」では「エキゾチックな亜熱帯、貴州省の霧と湿気に包まれた凱里市」と紹介されているので、本作では、まずスクリーン上からそんな凱里の町そのものを実感したい。他方、本作に登場するもう1つの町が鎮遠だが、鎮遠の名前は日清戦争時代に清国が世界に誇った戦艦・定遠の姉妹艦・鎮遠として有名。しかし、「シノプシス」には「そして辿り着いたのは、ダンマイという名の、過去と記憶と現実と夢が混在する、不思議な街だった——。」と書かれている。こりゃ一体なぜ？

■□■ビー・ガンは監督兼詩人！冒頭の詩は？テーマは？■□■

ビー・ガンは1989年生まれの若手注目監督。彼は、手持ちの2万元（約35万円）で本作の撮影に着手し、その後1000万元（約1600万円）を借金して本作を完成させたそうだ。そんな本作は、あれよあれよという間に有名になり、新華社通信は、「過去5年で一番優れた中国国産映画」「中国映画を50年進歩させる」と絶賛したそうだ。ちなみに、私はビー・ガン監督の日本デビュー作となる長編第2作『ロングデイズ・ジャーニーこの夜の涯てへ』（18年）を本作に続いて観賞する予定だが、その公開に合わせるかのよ

うに、『キネマ旬報』3月上旬号は「中国映画が、とんでもない！」の特集を組み、その第1章ではビー・ガン監督を8〜14頁にわたって解説・絶賛しているので、これは必読！

　そんなビー・ガンは、映画監督であると同時に詩人らしい。そのため、本作冒頭では彼が2013年に監督した22分の短編『金剛経』のテーマである「金剛般若経」の教えがスクリーン上に映し出される。それは、「人は過去の思いを留め置くことはできない。現在の思いを持ち続けることも、将来の思いを掴むこともできない。」というものだが、正直言ってこれは、私にはチンプンカンプン。ジャン＝リュック・ゴダール監督の『さらば、愛の言葉よ』（14年）（『シネマ35』未掲載）は絶賛されていたが、私にはあまりにも抽象的かつ難解で、全く好きになれなかったが、本作もどちらかというとそのタイプ？さらに、ビー・ガン監督は本作を「夢、記憶、時間」の3つをテーマとして演出しているため、「旅」を軸とした本作のストーリーの中で描かれる夢、記憶、時間の演出は極めて難解だ。

　しかして、本作のテーマは？ビー・ガン監督は海外サイトのインタビューで、「自分の映画は夢と記憶と時間についてのみ描いている」と語っているが、その3つの要素のうち「記憶」の部分が彼が今も生活している凱里の土地に深く結びついているのは当然。そのため、本作冒頭の舞台は、当然その凱里となる。そして本作は、エキゾチックな亜熱帯、貴州省の霧と湿気に包まれた凱里市の小さな診療所に身を置き、老齢の女医と幽霊のように暮らすチェン・シェン（チェン・ヨンゾン）が登場するところから物語（？）がスタートしていく。しかし、こりゃ、見るのにえらくしんどそう。本作については、導入部からそう覚悟を決めて鑑賞することに。

■□■ストーリー前半は？俳優は？なぜチェンは旅に？■□■

　「記憶」は人それぞれが持っている特有のものだから、他人のそれをスクリーン上に断片的に映し出されても、それが何の意味を持つのか容易にわかるものではない。ちなみに、本作のパンフレットの「シノプシス」では、本作前半を次のとおり紹介している。

> チェンが刑期を終えてこの地に帰還したときには、彼の帰りを待っていたはずの妻はこの世になく、亡き母のイメージ（水中に落ちていく靴）とともに、チェンの心に影を落としていた。さらにしばらくして、可愛がっていた甥も弟の策略でどこかへと連れ去られてしまった。チェンは甥を連れ戻す為に、また女医のかつての恋人に思い出の品を届ける為に、旅に出る。

　しかし、「金剛般若経」の提示に続いてスクリーン上に映し出される、導入部の展開を見ても、それがシノプシス紹介どおりのものであると理解するのは容易ではない。なお、そこに登場する主人公チェンを演じるチェン・ヨンゾンは、ビー・ガン監督の実の叔父さんで、その経歴は反社会的な組織に身を置き、投獄されていた時期もあったそうだ。ずぶの素人ながらビー・ガン監督によって本作の主役チェン役に抜擢された彼は、「ビー・ガンは、私の過去、現在、未来をつなぐ機会を、彼の作品の中で与えてくれた。私は幾度も、チェン・シェンが私なのか、私がチェン・シェンなのか分からなくなってしまったほどです。」

192

と語っているから、本作におけるそんなチェン・ヨンゾンの熱演をしっかり観察したい。

　他方、チェンと対立していた弟（シエ・リクサン）の策略でどこかに連れ去られてしまったという甥のウェイウェイの若き日を演じるユ・シシュは、プロの俳優だ。上記の通り、チェンが凱里を離れて旅に出たのは、甥の幼いウェイウェイ（ルオ・フェイヤン）を連れ戻すためだが、この2人はいつどこで出会うことができるの？そしてまた、女医（ヴァオ・ダクィン）のかつての恋人に思い出の品を届けるためだが、それは実現できるの？

■□■本作後半のストーリーは？ダンマイという街は？■□■

　「シノプシス」では、本作後半のストーリーを次のとおり紹介している。すなわち、

> そして辿り着いたのは、ダンマイという名の、過去の記憶と現実と夢が混在する、不思議な街だった——。この世界が私たちの記憶の産物なのか、それとも単にこの世界の空想に過ぎないのかを見分けるのは容易ではない・・・

　しかして、前半から後半に移行するスクリーン上では、バイクに跨がって旅を続けるチェンの姿が映し出される。しかし、これは『大脱走』（63年）で観たスティーブ・マックイーン扮する兵士がバイクを爆走させるシーンとは全然違って、のんびりしたもの。また、チェンが辿り着いたダンマイという街は、「過去の記憶と現実と夢が混在する、不思議な街」だから、青年時代のウェイウェイがなぜそこにいるのか、私にはサッパリわからない。だって、ダンマイという名の街が、「私たちの記憶の産物なのか、それとも単にこの世界の空想に過ぎないのか」自体がわからないのだから・・・。

　他方、本作後半、すなわちチェンが辿り着いたダンマイの街では、ヤンヤン（ルナ・クォック）という黄色いスカートがよく似合う美女が登場するので、それに注目！若き日のウェイウェイもヤンヤンも凱里の観光ガイドを目指していたそうだから、「凱里は台江の東に位置し・・・」と丸暗記した教科書を何度も読み上げるシークエンスが面白い。もっとも、それは私たち観客にはありがたいが、凱里からダンマイにやってきている男チェンには、そのガイドは不要なのでは・・・？それはその通りだが、当日ダンマイの街で開催されるあるイベント（？）については、ヤンヤンの案内があれば便利だし、ヤンヤン自身が友人の女の子と一緒にそこに行くようだから、必然的にチェンも同行することに。ちなみに、ウェイウェイはしつこくヤンヤンにつきまとっていたが、どうもヤンヤンのウェイウェイに対する関心は高くないようだ。

　本作後半はそんなストーリーが展開していくが、そもそもダンマイという街でチェンが取っている行動は現実？それとも、織田信長が死ぬ直前に言ったように、夢？まぼろし？さあ、あなたはこんな映画をどう考える？私は基本的にこの手の摩訶不思議な抽象的な映画は苦手だが、本作についてはチェン役を演じるチェン・ヨンゾンの演技力と「2016年版のアンナ・カリーナ」と呼ばれているらしい女優・ルナ・クォックの魅力のおかげで、眠り込まなかった自分を少し誉めてやりたい。　　　2020（令和2）年3月17日記

Data

監督・脚本：ビー・ガン
出演：湯唯（タン・ウェイ）／黄覺
（ホアン・ジエ）／張艾嘉（シ
ルヴィア・チャン）／チェン・
ヨンゾン／李鴻其（リー・
ホンチー）

SHOW-HEY シネマルーム

★★★★★

ロングデイズ・ジャーニー　この夜の涯てへ
（地球最后的夜晚／
LONG DAY'S JOURNEY INTO NIGHT）

2018 年／中国、フランス合作映画
配給：リアリーライクフィルムズ＋ドリームキッド／138 分

| 2020（令和 2）年 3 月 7 日鑑賞 | シネ・リーブル神戸 |
| 2020（令和 2）年 3 月 14 日鑑賞 | シネ・リーブル梅田 |

みどころ

　『象は静かに座っている』（18 年）のフー・ボー監督と、『凱里ブルース』（15 年）に続く本作のビー・ガン監督。天安門事件（１９８９年６月４日）前後に生まれた「第８世代」が今、産声を上げた！本作注目の「後半６０分、驚異の３D・ワンシークエンスショット映像！」とは！？

　本作のパンフレットは、称賛メッセージ、特別対談、コラム、、監督インタビュー、海外映画評等で盛りだくさん。前半（2D）は記憶、後半（3D）は夢をテーマにした本作はハッキリ言って難解だから、それらを読み込むことが不可欠。だって、監督自身「私はいつも自分の映画は理解しづらいと言っています。」と認めているのだから・・・。

　2 人のヤクザ風の中年男は素人ながら、高倉健ばりにカッコいいので、その男臭さをしっかりと。他方、一人二役で登場する 2 人の女優は大女優。とりわけ、前半（2D）はドレッシーな濃い緑色のワンピース姿で、後半（3D）はおかっぱ頭のスポーティーな姿で登場する、美人女優タン・ウェイに注目！

　私は 1 回目は寝入ってしまったが、それはダメ。2 回目はスクリーン上で展開される記憶と夢の世界を、原題、邦題、英題の意味を噛みしめながら、しっかり鑑賞！　結局、ようわからん！くれぐれもそんな感想で終わらないように。

―――＊―――＊―――＊―――＊―――＊―――＊―――＊―――＊―――＊―――＊―――

■□■ビー・ガン監督に全世界が注目！第８世代が産声を！■□■

　２０１８年のベルリン国際映画祭フォーラム部門国際批評家連盟賞と第１回最優秀新人

監督賞スペシャル・メンションの W 受賞した『象は静かに座っている』(18年) の胡波(フー・ボー) 監督は、残念ながら同作の完成直後に、２９歳の若さでこの世を去った(自殺した)。私は同作について、①このタイトルは？冒頭とラストの暗示は？満州里とは？、②この暗さ！この陰影！この構図！このこだわり！、③同じ底辺を描いても、本作は『カイジ』と大違い！、④すべてを長回しの会話劇で！俳優の力量がくっきりと！等の小見出しで詳細な評論を書いた(『シネマ46』掲載予定)。そして、とにかく２３４分という長尺の中に詰め込まれた彼の激しいパッションに驚かされた。その圧倒的なエネルギーは『象は静かに座っている』というタイトルとは正反対のものだったから、鑑賞後にぐったり疲れたのは当然だ。中国にはすごい若手監督が登場してくるものだと感心していると、今度はビー・ガン監督と出会うことに！

　彼が長編第1作『凱里ブルース』(15年) を発表したのは２０１５年。そして、日本で初公開された彼の長編第2作となる本作のチラシには「映画の後半６０分間、2D から 3D へ、さらに一発勝負のロングショット撮影へ。革新的な映像表現が、あなたを新たな夢幻映画体験へと導く。」と書かれ、パンフレット(１１頁) には、「後半６０分、驚異の3D・ワンシークエンスショット映像！」と書かれている。「天安門事件」と同じ１９８９年６月４日生まれのビーガン監督は、１９８８年生まれのフー・ボー監督と同世代だが、「天安門事件」の前後に生まれた彼らが、今なぜこんなに成長し、ものすごい映画を次々発表しているの？

　もっとも、テレビドラマの延長のような、説明調で誰にでもよくわかる近時の邦画と違い、本作は難解！都市法は複雑かつ難解だが、『凱里ブルース』も本作も抽象的かつ難解。それは、抽象画を鑑賞するのが大変なのと同じ理屈だ。そのため、私は１回目に観た時は爆睡してしまったが、２回目はしっかり観賞。そして、パンフレットも熟読したうえ、かなり性根を入れてこの評論を書いたので、しっかり読んでもらいたい。

■□■パンフレットの熟読は不可欠！『キネマ旬報』も！■□■

　本作のパンフレットの冒頭(４～７頁) には、「各界著名人から届いた称賛メッセージ」があり、日本人の椎名林檎氏(音楽家)、松本大洋氏(漫画家)、坂本龍一氏(音楽家)、塩田千春氏(美術家) らの他、中国の陳凱歌(チェン・カイコー) 監督や李安(アン・リー) 監督らの称賛メッセージが並んでいる。また、パンフレットには、対談では、深田晃司×ビー・ガン×市山尚三の３人による「特別鼎談企画」がある他(１２・１３頁)、丸山健志×ビー・ガンの「特別対談企画」もある(１４～１７頁)。また、コラムでは、ピエール・リシャール氏の「中国の第8世代」(１８頁) があり、そこでは「そう、第8世代は、確かに、たった今、産声をあげた。」と書かれているので、それに注目！

　また、エリック・コーン氏の「６０分長回しの3D 映画は、２０１８年カンヌ映画祭の啓示である。」と題する批評(１９頁) もある。さらに、パンフレットの「中国第8世代の

アンファンテリブル――ビー・ガン監督インタビュー」（２０～２３頁）は、ウォン・ムヤン氏をインタビュアーとする極めて突っ込んだ内容になっている。さらに、海外映画評（２６～２７頁）もある。

　これらを読み切るのは大変だが、ビー・ガン監督を理解し、また本作を理解するにはそれは不可欠だ。なお、『キネマ旬報』３月上旬号も「中国映画が、とんでもない！」の第１章でビー・ガン監督を特集しているので、これも必読！

■□■原題は？英題は？邦題は？同名演劇との関係は？■□■

　本作の邦題は『ロングデイズ・ジャーニー　この夜の涯てへ』だが、原題は『地球最后的夜晩』。ビー・ガン監督のインタビュー（２０頁）によると、これは、ロベルト・ボラーニョの短編小説"Last Evenings On Earth"（短編集『通話』に収録）からきているそうだ。それに対して、英題の『LONG DAY'S JOURNEY INTO NIGHT』は、ユージン・オニールの『夜への長い航路』の原題の影響を受けているそうだ。それを前提とした、インタビュアー、ウォン・ムヤン氏の「夜と旅の主題は単なる類似なのでしょうか？」との質問は鋭い。

　それに対して、ビー・ガン監督は「（笑）タイトルと配役の名前を選ぶことは、私には常にちょっとした挑戦です。」と答えたうえで、「大切なことは、映画の中の配役の名前が実在の人物の名前であることです。例えば、人気歌手の名前のように。私が選択する題名というのは、映画の精神にそぐうものです。」と答えている。この「Q&A」は表面だけでもそれなりに理解できるが、本作で湯唯（タン・ウェイ）が演じるワン・チーウェンなる女性が実在の人気歌手の名前と同じであることを考えると、実に奥が深い。したがって、このインタビュー最初の「Q&A」だけでも、しっかり吟味する必要がある。

　もっとも、私はインタビュアーが質問しているロベルト・　ボラーニョの短編小説 "Last Evenings On Earth"も、ユージン・オニールの『夜への長い航路』も知らないから、それ以上突っ込んで理解することはできないが、さて、あなたは？

■□■前半（２Ｄ）のテーマは記憶！すると後半（３Ｄ）は？■□■

　本作のチラシには、「映画史上初めての試みである、２Ｄで始まった上映の途中から３Ｄへ、そしてそこから続く一発勝負のワンショット撮影へ。」と書かれている。そして、本作の主人公であるルオ・ホンウ（黄覚（ホアン・ジュエ））が、本作の中盤、映画館の座席に座りおもむろに３Ｄメガネをかけると、スクリーンは一気に３Ｄに変わるらしい。そのため、本来ならその時点で観客も３Ｄメガネをかけることが要請されるが、実は大阪での本作の上映は２Ｄのみ。しかも、現在は新型コロナウイルス騒動のため、３Ｄメガネは使用不可とされているらしい。そのため、エリック・コーン氏の批評では「そこから、驚異的な完全３Ｄ映画６０分のワンシークエンスショットへと突入していくのだ。」（１９頁）と書か

れているが、残念ながらそれを味わうことはできなかった。

　それは仕方ないが、本作前半（2D）のテーマは記憶。２０１９年の第９２回アカデミー賞で作品賞、監督賞等４部門を受賞した韓国のポン・ジュノ監督の『パラサイト　半地下の家族』（19 年）は、後半からクライマックスにかけては「ネタバレ厳禁！」とされていたが、中盤までのストーリーはパンフレットでも丁寧に解説されていた。それに対して、本作のストーリーは、「ルオ・ホンウは、何年もの間距離を置いてきた故郷・凱里へ、父の死を機に帰還する。そこでは幼馴染　白猫の死を思い起こすと同時に、彼の心をずっと捉えて離れることのなかった、ある女のイメージが付き纏った。彼女は自分の名前を、香港の有名女優と同じワン・チーウェンだと言った。ルオはその女の面影を追って、現実と記憶と夢が交錯するミステリアスな旅に出る・・・。」と書かれている（8頁）だけだから、それだけでは何のことかサッパリ・・・？

　もっとも、そんなストーリーだけでも、前半（2D）のテーマが記憶だと言われると、なるほど、なるほど・・・？すると、後半（3D）のテーマはきっと夢・・・？なるほど、なるほど。

■□■後半（3D）のテーマは、きっと夢！？■□■

　ビー・ガン監督の長編第1作『凱里ブルース』のテーマは旅で、そこではバイクとトラックが走る姿が印象的だった。しかして、本作後半（3D）のテーマが夢だとすると、ビー・ガン監督はそこでどんな夢を描くのだろうか？

　インタビュー（21頁）で、ビー・ガン監督は、「しかし"映画は理解しやすいものでなけらばならない"と思いませんか？（笑）」の質問に対し、「私はいつも自分の映画は理解しづらいと言っています。」と答えているからビックリ！とは言っても、これは半分冗談で、「しかしそれは本音ではありません。みなさんにはそれを感じる必要があるのです！私が当たり前の説明的なシーンを撮らないのは、それは彼らが私を怠け者にしているからです。あなたがご自身に言い聞かせてみてください、『私は筋の軸を持っている、だからそれに準じるだけ。それって簡単でしょう？』。しかしそれらの説話的なシーンがなければ、あなたはそのストーリーラインを把握しようと努力するはずです。もっと言えば、それはあなたにとって素敵なサプライズにもなるのです。」と答えているからすごい。つまり彼は、観客がそこまで努力することを要求しているわけだ。

　しかして、本作後半（3D）で主人公のルオはどんな夢を見るのだろうか？また、『凱里ブルース』と同じように、ルオが夢の世界を辿る旅はどんな風に展開していくのだろうか？

■□■グリーンブックとは？無名ながら2人の中年男に注目！■□■

　２０１８年の第９１回アカデミー賞では、白人と黒人のおじさん2人のロードムービーである『グリーンブック』（18 年）が作品賞、脚本賞、助演男優賞の3賞を受賞したが、

同作のタイトルになっている「グリーンブック」とは、１９３６年から１９６６年までニューヨーク出身のアフリカ系アメリカ人、ヴィクター・H・グリーンにより毎年作成・出版されていた、黒人旅行者を対象としたガイドブックのことだった（『シネマ43』12頁）。それと同じように、本作のパンフレットの表紙には、「緑色書（Green Book）」と書かれているが、これは一体ナニ？それは、“記憶”をテーマにした本作前半（2D）の中で「幼馴染みの白猫」の記憶や、「かつての恋人ワン・チーウェン」の記憶と共に登場するので、あなた自身の目でしっかり確認してもらいたい。

　他方、本作では無名ながら２人の中年男に注目したい。その１人目は、前半（2D）で、グリーンブックを手がかりに、幼馴染みの白猫（李鴻其（リー・ホンチー））と、かつての恋人ワン・チーウェンの記憶をたどっていく中年男・ルオ・ホンウ。このルオ役を演じる黄覺は、Introduction（１０頁）によると、「日本ではほぼ無名に等しい。その長身を生かして、ダンサーからモデルへ、そして俳優に転身した。」と紹介されている。寡黙だが、一見ヤクザ風で男臭い雰囲気は高倉健そのものだから、中国で一気に人気が沸騰したのもうなずける。もう１人は、『凱里ブルース』で主役のチェン役を演じた陳永忠（チェン・ヨンゾン）。彼は本作でルオと対立する地元のヤクザ、ヅォ・ホンユエン役を演じている。その出演シーンは少ないが、存在感はバッチリ！強いインパクトを与える演技力は大したものだ。とりわけ、カラオケ店の中でタバコをふかしていたヅォが、ゆっくり立ち上がり流れている曲に合わせて軽くダンスをはじめたうえ、更にマイクを持って歌い始めるシークエンスは何ともカッコいい。単なる中年のヤクザというだけではあのステップは踏めないし、あの悩ましい腰の振り方もムリなことは明らかだ。ちなみに、この陳永忠はビー・ガン監督の実の叔父で、監督が幼い頃には刑務所にいた時期もあり、渡世人であったにもかかわらず、ビー・ガン監督の崇拝の対象であったというから、それもビックリだ。

■□■２人の大女優に注目！張艾嘉と湯唯■□■

　前半（2D）、後半（3D）を通して本作の主人公ルオを演じるのは、無名の俳優・黄覺だが、本作に登場する２人の女優、湯唯と張艾嘉（シルヴィア・チャン）は２人とも大女優。とりわけ、張艾嘉は直近の『あなたを、思う。』（15年）、『妻の愛、娘の時』（17年）（『シネマ42』178頁、『シネマ44』52頁）では監督として活躍しているうえ、『山河ノスタルジア』（15年）（『シネマ38』220頁、『シネマ44』246頁）、『ブッダ・マウンテン〜希望と祈りの旅』（10年）（『シネマ31』127頁、『シネマ34』231頁）では女優として活躍中だ。

　他方、本作のチラシやパンフレットに濃い緑色のドレス姿で登場している女優は『ラスト・コーション／色・戒』（07年）の、あっと驚くセクシーな女スパイ役で、彗星の如くデビューしたタン・ウェイ（湯唯）だ『シネマ17』226頁）。彼女は同作で、台湾金馬奨の最優秀新人賞などの多くに賞を受賞したものの、「政治的な内容と性描写の作品に出演し

た」との理由で中国国内から非難を受け、中国映画界からほぼ抹消されたかたちになっていたらしい。しかし、０８年に香港の市民権を獲得したことによって、２０１０年にはジャッキー・チェンと共演して女優に復帰しピーター・チャン監督の『捜査官Ｘ』(11年) (『シネマ28』165頁、『シネマ34』445頁) に出演した。また、『レイトオータム』(10年) に出演した縁で韓国のキム・テヨン監督と結婚し、子供も生まれているそうだ。この湯唯を高く評価している私は、『捜査官Ｘ』の評論で「お帰りタン・ウェイ！今後の活躍に期待！」と書いたが、ビー・ガン監督がそんな湯唯を本作に起用してくれたことに多謝！本作では、そんな２人の大女優に注目！

■□■張艾嘉が一人二役なら、湯唯も一人二役！■□■

　張艾嘉は本作で、白猫の母親役と赤毛の女の一人二役を演じているが、湯唯も一人二役。すなわち、前半（２Ｄ）はワン・チーウェン役で、後半（３Ｄ）はカイチン役で、きっちりルオの相手役をこなしている。『ラスト・コーション／色・戒』では大胆なヌードシーンが見どころだった湯唯だが、本作前半（２Ｄ）では、「緑色書」と題されたパンフレットと同じ、濃い緑色のワンピース姿で長い髪の彼女に注目！ビー・ガン監督は、本作に台湾のヤオ・ホンイー、中国のドン・ジンソン、フランスのダーヴィッド・シザレという３人の著名な撮影監督を招いて撮影しているが、ビー・ガン監督の演出と彼ら３人のカメラの前で、とりわけ前半（２Ｄ）での彼女の濃い緑色のワンピース姿は印象的だ。裸足で水の中に入っていくシーンあり、いきなりルオから頭をつかまれるシーンあり、不規則な体位でキスを交わすシーンあり、とそのポーズはいろいろだが、モデル顔負けのその撮影風景をしっかり確認したい。

　前半（２Ｄ）で、彼女はしつこくかつ古くさい手法で名前を尋ねてくるルオに対して、自分の名前はワン・チーウェンだと名乗っていたが、それって本名？そんな湯唯が、後半（３Ｄ）では、短髪でジーパン姿というスポーティーな服装の女・カイチン

役で登場する。ルオはこのカイチンに対しても、「君は昔の恋人に似ている」と声をかけるのだが、誰が聞いてもこりゃいかにも陳腐で見え透いたセリフ。ビリヤード場の管理人（?）をしている女カイチンは、果たしてそんな風に言い寄ってくる男ルオに、どこまでついていくのだろうか?

　張艾嘉が一人二役なら湯唯も一人二役なので、前半（2D）と後半（3D）をしっかり対比しながら、2人の大女優が見せる一人二役の魅力をしっかり味わいたい。

■□■ダンマイという町はどこに?その撮影場所は?■□■

　『凱里ブルース』でも、後半に主人公が辿り着いた町は「ダンマイ」という名の架空の町だったが、それは本作も同じ。つまり、本来なら観客もルオと共に3Dの空間に入り込み、その映像の中で映し出される後半の舞台も、「ダンマイ」という架空の町だ。もっとも、後半もその最初は、ルオが暗くて狭い洞窟をくぐり抜けていくだけだから、そこから一体何が始まるの?そう思っていると、そこでまだ幼い白猫（羅飛揚（ルオ・フェイヤン））と出会ったうえ、白猫から挑まれるルオはわけのわからないままにピンポンの試合をやり、それに勝ったルオは広大な空間に移動させてもらったうえ、これを回転させれば空を飛ぶことができるという魔法のラケットをプレゼントしてもらうことに。他方、ルオの周りにはなぜかいつも美女がおり、前半のそれはワン・チーウェンだったが、後半も狭い洞窟から逃れ、ビリヤード場に到着したルオは、そこでワン・チーウェンとよく似ている美女・カイチンに出会うことになるので、それに注目!ちなみに、『アラジン』（19年）（『シネマ45』未掲載）では、魔法の絨毯に乗ればどこにでも自由自在に飛んでいけた。また、米米CLUBのカールスモーキー石井が歌って大ヒットした『浪漫飛行』（90年）では、「トランク1つだけで浪漫飛行へ」行き、「In The Sky」していた。それに対して、本作の夢の中で見せるルオとカイチンのはじめての飛行体験は如何に?

　本作後半（3D）の舞台となる架空の町「ダンマイ」は、『凱里ブルース』の後半で見た「ダンマイ」とは全然異質な町で、舞台上で素人のど自慢大会の勝ち抜き戦をやっている（?）会場はバカ広い。深田晃司×ビー・ガン×市山尚三の特別鼎談企画によると、その撮影場所は、もとはソ連と中国が開いた水銀の鉱山で、その後刑務所として使われ、今は廃棄されているところらしい。ビー・ガン監督は『凱里ブルーズ』の準備中にそれを見つけており、どう撮影するかを想像しながら本作の脚本を書いたそうだ。なるほど、そうだからこそ、『1917　命を懸けた伝令』（19年）で観たロングショット撮影と同じように、すべてが計算し尽くされた見事な撮影になっているわけだ。

　前半（2D）のテーマが記憶だったのに対し、後半（3D）のテーマは夢。それを、こんなバカ広い空間の中で、自由にかつタップリと楽しみたい。

2020（令和2）年3月19日記

Data

監督・脚本・編集：胡波（フー・ボー）

原作：フー・ボー『象は静かに座っている』

出演：章宇（チャン・ユー）／彭昱暢（ポン・ユーチャン）／王玉雯（ワン・ユーウェン）／李丛喜（リー・ツォンシー）／凌正輝（リン・ジョンフイ）／张小龙（チャン・シャオロン）

SHOW-HEY シネマルーム

★★★★★

象は静かに座っている
（大象席地而坐／An Elephant Sitting Still）

2018 年／中国映画
配給：ビターズ・エンド／234分

2019（令和元）年 12 月 1 日鑑賞　｜　シネ・リーブル梅田

👀👀みどころ

　この邦題は一体ナニ？サッパリわからん！ならば原題は？英題は？クランクアップの７ヶ月後に２９歳の若さで自殺した胡波（フー・ボー）監督は栄えある各賞の確認こそできなかったが、２３４分版の上映を喜んでいるはずだ。

　しかし、４人の主人公を中心として、暗いスクリーン上で展開される「長回しの会話劇」を見続けるのは正直しんどい。時に近時の明るくわかりやすい邦画の方が楽という気持ちにもなるが、フー・ボーはなぜ長回しに、そして光の陰影にこだわったの？

　他方、日本人はすぐに回答を求めるが、本作の回答は？冒頭に示される、満州里の動物園に一日中ただ座っているという象は、一体何を暗示しているの？そして、主人公たちはなぜそこを目指すの？

　格差の拡大は、日本も中国も同じ。したがって、『カイジ　ファイナルゲーム』（20 年）のような描き方もあれば、本作のような描き方も・・・。あなたの賛否は？

―― * ―― * ―― * ―― * ―― * ―― * ―― * ―― * ――

■□■本作完成直後に２９歳で自殺！フー・ボー監督に注目！■□■

　夏目漱石が英語の授業を担当していた旧制一高の学生・藤村操は、１９０３年５月、遺書として『巌頭之感』を残して華厳滝に投身自殺したが、これが若者たちに与えた影響は大きかった。また、『人間失格　太宰治と３人の女たち』(19 年) では、太宰が愛人の富栄と共に１９４８年６月、多摩川で入水自殺するシークエンスが美しく（？）描かれていた（『シネマ 45』131 頁）。

それと同じように（？）、１９８８年に山東省で生まれ、２０１４年に北京電影学院を卒業した中国の若き映画監督・胡波（フー・ボー）は２０１７年３月１４日に本作をクランクアップさせたが、その７ヶ月後の１０月１２日に自殺した。享年２９歳。彼の死亡後、本作はベルリン映画祭フォーラム部門国際批評家連盟賞と第１回最優秀新人監督賞スペシャル・メンションのＷ受賞を皮切りに、台北金馬奨では作品賞・脚色賞・観客賞をトリプル受賞、その他世界各国で高く評価された。なお本作は、彼が２０１７年に発表した自著『大裂（Ｈｕｇｅ　Ｃｒａｃｋ）』の中で、自身が最も気に入っているという同名短編を映画化したものだ。

■□■自殺の原因は？確執は？なぜ２３４分の長尺に？■□■

　２０１８年１月２１日には、日本の保守派の評論家・西部邁氏が７８歳で自殺した（自裁死）。これは、かねてからの彼の考え方に基づく予定の行動だったようだが、彼の２人の知人がその自殺幇助の容疑で逮捕されるという事件が発生したからやっかいだ。自殺した人に対して、「あなたはなぜ自殺したの？」と聞いても明確な答えは出ないはず。しかし、そうだからこそ、逆に「〇〇はなぜ自殺したの？」について、諸説が飛び交うことになる。しかして、フー・ボーの自殺については、「編集長が華流エンタメをつまみ食いしながら楽しむためのトピックサイト」であるCHINA BLUE HUALAN（華藍網）に載っている「『大象席地而座（象は静かに座っている）』胡波という映画監督」で詳しく解説されている。

　それによると、フー・ボーの自殺の原因は、本作のプロデューサーである劉璇と、その夫である著名監督・王小帥（ワン・シャオシュアイ）との確執、そして２人が経営する映画会社・冬春影業との確執らしい。また、そのポイントは、フー・ボーが自ら編集した２３４分版に固執したのに対し、劉璇と王小帥が「あのロング版は酷すぎる。分かっているか？・・・お前は、他人がお前が表現したいという浅はかなものがわからない馬鹿だと思っているのか？」等と２時間版に縮小することを強要したためらしい。また、同記事によると、フー・ボーと劉璇・王小帥夫妻の確執はさまざまな形で展開したようだが、最終的に、本作の版権は自殺の１週間後、フー・ボーの母親たちに譲渡される形で一応解決したらしい。そして、フー・ボーの自殺から４カ月後の２０１８年２月２６日、ベルリン国際映画祭のワールドプレミアで上映された２３４分版の本作は絶賛されたわけだから、人間の運命は皮肉なものだ。

■□■このタイトルは？冒頭とラストの暗示は？満州里とは？■□■

　渡辺淳一の連載人気小説『愛ルケ』が日経新聞に連載されていた（04年11月から06年1月まで）のと同じ時期に産経新聞に連載されていたのが、秋元康の小説『象の背中』だった（05年1月から6月まで）。そして、同作は役所広司の主演で映画化された（『シネマ16』382頁）。私はそのタイトルの意味を、連載小説を読んでいる時にわかっていたが、そ

れを読んでいなければ、なぜそんなタイトルになっていたのかは永遠にわからなかっただ
ろう。

　それと同じように、本作は原題も英題もそして邦題も同じ『象は静かに座っている』だ
が、それって一体ナニ？そんな疑問が解決しないまま上映が始まったが、その冒頭「満州
里の動物園に一頭の象がいる。その象は、一日中ただ座っているという──」の字幕が流
れてくる。しかし、それって一体何を意味するの？

　さらに、本作ラストでは、満州里を目指してバスに乗って進む３人の男女が途中休憩で
外に出ている時に、遠くから象の鳴く声が聞こえてくる。満州里ははるか彼方のはずなの
に、なぜここまで聞こえてくるの？それもわからないまま本作はそこで終わるが、この「暗
示」を見ても、結局タイトルの意味は分からないままだ。つまり、『象は静かに座っている』
の解釈は、２３４分間という長尺の本作を観た１人１人の観客の解釈に委ねられているら
しい。しかして、あなたは本作のタイトルの意味を如何に考える？

■□■この暗さ！この陰影！この構図！このこだわり！■□■

　本作は冒頭の４つのシークエンスで４人の主人公を紹介してくれる。その第１に登場す
るのは、女と一緒の部屋の窓際で１人タバコを吸っている男チェン（チャン・ユー）。その
眼つきと態度はいかにも悪人風（？）だが、彼が一服しているといきなりドアが叩かれ、
男が入ってきたからビックリ。さあ、この男はこの部屋で、一体何をしているの？そして、
一体何が起きていたの？続いて第２は、狭い部屋の中で、初老の男ジン（リー・ツォンシ
ー）に対して娘夫婦がしきりに老人ホーム行きを勧めているシークエンス。これは一体な
ぜ？ジンの決断は？第３は、家を飛び出し、１階でマッチに火をつけて天井に投げている
（？）高校生のブー（ポン・ユーチャン）のシークエンス。彼はなぜ、ここで、こんなこ
とをしているの？犬を散歩に連れて歩くジンとすれ違った後は、ブーの友人カイ（リン・
ジョンフイ）や学校一凶暴な男シュアイ（チャン・シャオロン）が登場し、何かもめてい
るようだが、正直私には何が何だかよくわからない。続いて第４に、しきりに身支度を整
えている女の子リン（ワン・ユーウェン）が登場するが、トイレが水漏れしているのを発
見したリンから水をかけられて起きた母親との間で、ちょっとした会話が・・・。

　本作は冒頭に順次登場するそんな４つのシークエンスは、いずれも暗く陰影に満ちたス
クリーン上にこだわりの構図で登場し、その中でいくつかの会話が交わされる形で物語が
進んでいく。後でパンフレットを読めば、なるほどこのシーン、このシークエンスはこう
いう意味だったのかということがわかるが、正直スクリーンを観ている時には、誰が何の
ために何をしているのかよくわからないものが多い。しかも、近時の明るくてキレイ、そ
して何でも丁寧に説明してくれる邦画とは正反対に、スクリーンは暗く陰影に満ちている
から見づらいうえ、何の説明もないから不親切。これから、こんなしんどいスクリーン
を２３４分も見なければならないの？

そう思うと、一方では気が重くなってくるが、ここまでの４つのシークエンスに登場してきた４人が本作の主人公らしいから、これからこの４人はどうなっていくの？そう身構えながら、「この暗さ、この陰影、この構図、このこだわり」がハッキリわかる本作の鑑賞を続けていくことに。

■□■同じ底辺を描いても、本作は『カイジ』と大違い！■□■

　１１月２９日に観た『カイジ　ファイナルゲーム』（19年）は、「東京２０２０」の終了以降、景気が恐ろしい速さで失速していった日本の底辺を生きる若者・伊藤カイジの姿を、藤原竜也の熱演の中で描いていた。しかして、底辺の若者を主人公として、その問題点を描く点では本作も同じだ。

　ジンだけは初老の男だが、ブーとリンは高校の同級生。また、階段から転げ落ちて死んでしまった男シュアイはチェンの実の弟だ。また、ブーの友人のカイ（リン・ジョンフイ）がなぜ銃を持っているのかはわからないが、こんなわけのわからない男が銃を持っていると、『銃』（18年）（『シネマ43』255頁）や、『ＪＯＫＥＲ　ジョーカー』（19年）で見たように、きっとヤバイことが起こりそうだ。他方、冒頭の第１のシークエンスが、実はチェンが親友の妻とベッドを共にしていたことがバレた後、その親友が窓から飛び降り自殺するに至る騒動だったことがわかるが、それについてのその後のチェンのたどたどしい弁解は・・・？

　『カイジ』の中でも、「クズ」とか「カス」とかの汚い言葉が飛び交っていたが、それは本作も同じ。また、社会の「勝ち組」になってのし上がれない男たちが、「負け組」の中であがいている姿も、『カイジ』と本作は同じだ。しかし、そんな中、①バベルの塔、②最後の審判～人間秤～、③ドリームジャンプ、④ゴールドジャンケン等の「バクチ」で一攫千金の勝負を狙う伊藤カイジの姿と、本作のように、満州里の動物園で一日中ただ座っている一頭の象を見るために満州里に向かう主人公たちの姿は大違いだ。そしてまた、映画のつくり方も大違いだ。それは一体なぜ？

■□■すべてを長回しの会話劇で！俳優の力量がくっきりと！■□■

　映画づくりは撮影作業が中心だと思われているが、実は撮影され仕込まれたフィルム（ネタ）の編集作業が映画に生命を与えるもの。本作はフー・ボー監督が自分自身でその編集作業を行ったが、本作が２３４分という長尺になったのは、彼が長回しで撮った１シーン１シークエンスを編集によって切り貼りすることを拒絶し、そのまま全部使おうとしたため。逆に言えば、ヒットする劇映画にするためには約２時間の標準サイズに編集するのが普通だから、本作のプロデューサーたる劉璇と王小帥がその作業をフー・ボーに指示（要求）したのは当然。ところが、フー・ボーはそれに従わず、長回しの会話劇をそのまま使うことを主張したため、劉璇と王小帥は「このロング版は酷すぎる！」と酷評し、２３

4分版の上映をトコトン拒否したわけだ。

　一般としては劉璇と王小帥の方が正論。フー・ボー監督が死亡（自殺）したこともあって（?）本作は絶賛されているが、２３４分間のすべてが長回しの会話シーンで構成されている本作をずっと続けるのは、正直かなりしんどい。本作のパンフレットは4頁にわたってストーリーが会話劇の形で紹介されているので、前述したように、それを読めば、そのシーン、そのシークエンスの意味がわかってくるが、スクリーンを見ているだけで、それぞれの意味を理解するのはかなり困難だ。私はほとんど見ないが、日本のTVの（アホバカ）バラエティでは、司会者とひな壇に並んだ（安モノの）芸人がわれ先にとおしゃべり合戦を続け、また、どこかでオチをつけようと努力しているから、その会話劇自体は極めてわかりやすい。しかし、本作のように長回しのまま、必要限度しかしゃべらない会話内容だけではストーリー展開が読みづらいのは当然だ。たとえば、チェンが登場する冒頭の第1のシークエンスは、わかりやすくいえば、浮気の現場に妻のダンナが踏み込んできた時のお話だが、日本のTVドラマなら、本作のようなまどろっこしい（?）描き方をせず、もっと直截にそれを描くはずだ。そんな風にスクリーン上の映像とセリフですべての状況を説明してしまえば、観客は半分寝ていても映画の筋はわかるから、ある意味で安心。しかし、本作の場合は・・・？

　そんな風に本作は見ている客も相当疲れるが、演じる俳優たちも大変だ。フーテンの寅さんクラスになると、「こんなシーンなら、こんなセリフが登場！」と観客も理解ができる。しかし、本作のように日本人に全く馴染みのない4人の主人公たちが、状況説明が全くない暗い映像の中、少ないセリフと表情だけで自分の気持ちを説明し、ストーリーを理解させるには、俳優としての相当の力量が必要だ。しかして、本作の4人の主人公たちの俳優としての力量は？本作ではそれを２３４分間にわたってしっかり確認したい。

■□■ 「文章作れぬ若者」の記事に唖然！ ■□■

　２０１９年１２月５日付朝日、日経、読売、産經各紙の一面は、アフガンの復興に尽力してきた中村哲医師が銃殺されて死亡した記事だったが、それ以外は『『内定辞退』利用で行政指導」（日経）、「ゲノム編集の妊娠禁止」（朝日）、「日米貿易協定 来月発効」（産經）等だった。それに対して、読売新聞は「文章作れぬ若者」の記事を、中村医師死亡の記事以上のウェイトで一面に載せていた。これは、読売新聞が「１２月３日に公表された経済協力開発機構（OECD）による国際的な学力調査で、日本の若者の読解力低下が浮き彫りになった。」ことに強い危機感をもったことの表れだ。

　「国語力が危ない『読む・書く』の今（上）」と題されたこの記事は、「この公園には滑り台をする」のような、「主語・述語が不明確で意味が通じない」文章が近年、特に目に付く、ことを指摘。続いて、「ゼミで発表させると、『そして』『そして』『そして』・・・と連発する学生が大勢いる」ことを指摘している。また、その記事の見出しには、「文章作れぬ

若者」「略語・スタンプ　言葉の乱れ、ＳＮＳから」「長文嫌い　接続詞は苦手」の文字が躍っている。私の実感も「まさにその通り！」だ。それに対して、とりわけ日本に留学している中国の若者は？さらに、フー・ボーのように中国の大学を卒業し自分の専門分野で活躍している若者は？

■□■コラムから考える、日中の若者の競争とその行方は？■□■

　本作のパンフレットには①坂本龍一（音楽家）の「フーボーの神話、その一角」と②向井康介（脚本家）の「境遇と運命が対峙する時」という２本のコラムがある。中国本土への犯罪人の引渡しを可能とする逃亡犯条例改正案問題に端を発して、２０１９年３月に始まった香港の大規模デモの報道は全世界に広がり、ついにアメリカは１１月２７日に「香港人権・民主主義法案」を制定した。そんなアメリカの反応に対して、日本は？そもそも、日本の若者たちは香港のデモがなぜ起こり、それに参加した若者たちは何を目指しているのかについて、少しは理解しているの？また、そもそもそんな国際問題（ニュース）に興味を持っているの？それを考えると、私は暗澹たる気持ちにならざるを得ない。ジャ・ジャンクー監督との比較やロウ・イエ監督との比較まで織り込んだ後者のコラムはかなり難解だが、本作を鑑賞するについては必読！そこで彼は「人物と風景を余すことなく写し取るための長回し。結果、四時間という長尺になっているが、致し方のないことだ」「無理に短くしようとすると、映画はきっと綻んだにちがいない。」と書いている、さてあなたは？また彼は、「象は間違いなく何か（やはり神かもしれない）の暗喩だろう」と書いているが、さてあなたは？

　他方、前者のコラムは「ホァ・ルンの音楽は、歪んだギターと、チープでアナログなシンセサイザーが非常に効果的で、荒んで希望のない社会を、音楽でも響かせていたと思います。」と述べた上で、近時の中国（北京）の若いミュージシャンたちの音楽事情についても解説している。私にはその内容はよくわからないが、私の目を引いたのは、最近話題の「ビー・ガン監督」に触れていること。そこで彼は「彼の２作目、『ロングデイズ・ジャーニー　この世の涯てへ』は、後半の１時間が３Ｄになっているんです。彼はまたフー・ボーとは全然タイプの違う、自信満々な人柄が感じられますが、対照的で面白いなと思いました。」と書いている。この映画は、来年２月末からシネ・リーブル梅田で公開されるので、私が「こりゃ必見！」と考えて資料を集めていたもの。近時の邦画のレベルがどんどん低下していることを実感する一方で、表現の自由の規制が厳しい中国で、フー・ボーやビー・ガンのような若い才能ある監督が次々と登場してくることにビックリ！かつて第６世代の旗手、若手監督の代表と言われたジャ・ジャンクーも、今や平遥クラウチング・タイガー・ヒドゥン・ドラゴン国際映画祭（平遥国際映画祭）を立ち上げるほどの影響力をもっているから、すごい。このように、日中の若者たちの競争を比較すると、明らかに日本が負けているようだが・・・。さて、その行方は？　　　２０１９（令和元）年１２月１０日記

Data
監督・共同脚本：ソンタルジャ
出演：ヨンジョンジャ／ニマソンソン／スィチョクジャ／ジンバ

★★★★

巡礼の約束
（阿拉姜色／Ala Changso）

2018 年／中国映画
配給：ムヴィオラ／109 分

2020（令和2）年1月14日鑑賞	ギャガ試写室

👀👀 みどころ

　日本人が一番好きな中国映画は『初恋のきた道』（00 年）と『山の郵便配達』（99 年）だが、それはなぜ？何でも説明調のくだらない邦画が増えている昨今、『草原の河』（15 年）で「日本で初めて商業公開されたチベット人監督」になった、ソンタルジャがさらに成長！この素朴さ、この風景、そしてこの人情のあやに注目！

　聖地ラサへの巡礼と「五体投地」は中国第六世代監督の旗手・張楊（チャン・ヤン）の『ラサへの歩き方　祈りの２４００ｋｍ』（15 年）で学んだが、本作ではそれと違う視点から、この夫婦、この父子の確執とその解消のサマを学びたい。今の日本では、こんな映画の製作はもはや無理・・・？

—— * —— * —— * —— * —— * —— * —— * —— * —— * —— *

■□■チベット第一世代監督は『草原の河』から更に成長！■□■

　本作を監督、共同脚本したのはソンタルジャ。１９７３年に「草原のチベット」とも呼ばれるチベット東北部アムド地方、青海省海南チベット族自治州の同徳県に生まれ、牧畜民の中で育った男だ。奨学金を受けて北京電影学院撮影科を卒業した後、長編第二作の『草原の河』（15 年）が注目され、「日本で初めて商業公開されたチベット人監督」になった。同作は６歳の子供と母親との関係、父親と祖父との関係に焦点を当てた「家族の物語」で、日本で大人気の中国映画『初恋のきた道（我的父親母親）』（00 年）（『シネマ5』194 頁）や『山の郵便配達』（99 年）（『シネマ5』216 頁）と同じように、シンプルかつ素朴で味わい深いものだった（『シネマ44』330 頁）。

　同作で主演した６歳の女の子は第１８回上海国際映画祭でアジア新人賞と最優秀主演女

優賞を受賞したが、本作では、中国ヤングジェネレーション映画祭およびシルクロード映画祭で最優秀女優賞を受賞している。彼の映画作りの素朴さは本作も全く同じだが、さて、本作のテーマは？

■□■ラサへの巡礼とは？妻はなぜそれを決意？■□■

『こころの湯』（99年）（『シネマ17』162頁）、『胡同のひまわり』（05年）（『シネマ11』192頁）、『グォさんの仮装大賞』（12年）（『シネマ32』62頁）等のすばらしい映画を監督しているのが、賈樟柯（ジャ・ジャンクー）、張元（チャン・ユアン）、婁燁（ロウ・イエ）等と並ぶ、中国第六世代監督の旗手の一人である張楊（チャン・ヤン）。これらはいずれも劇映画だったが、誰もが「これはドキュメント映画！」と錯覚してしまうほどドキュメント的手法をたくさん取り入れて監督した映画が、彼の『ラサへの歩き方 祈りの２４００ｋｍ』（15年）だった（『シネマ44』265頁）。そこではタイトル通り、チベットの小さなプラ村から聖地ラサへとカイラス山への２４００ｋｍの距離を"五体投地"をしながら、ほぼ1年かけて歩く姿が描かれていた。

©GARUDA FILM

『巡礼の約束』 2020年2月8日（土）より岩波ホールほか全国順次ロードショー

それに対して、本作では、病院で医師から何らかの宣告を受けた妻ウォマ（ニマソンソン）が、いきなり夫のロルジェ（ヨンジョンジャ）に対して、ラサへの巡礼の旅に出る、と打ち明けるシークエンスから始まるが、それは一体なぜ？ロルジェとウォマが住んでいるギャロン村は、チベット自治区ではなく四川省の省都である成都の北西にある村だから、『ラサへの歩き方 祈りの２４００ｋｍ』で登場した出発点のプラ村より更に遠そうだ。理由を明確に言わないまま急に「ラサ巡礼」を宣言したウォマに対して最初は反対していたロルジェも、ウォマの決意の固さの前に渋々（？）納得。ウォマは旅の前に久しぶりに

実家を訪れたが、そこには亡くなった前夫との息子ノルウ（スィチョクジャ）が暮していた。ノルウは自分を祖父母に預けたままロルジェと再婚してしまった母親にわだかまりを感じ、部屋に閉じこもったままで、今もそれは変わっていないから、ウォマは当然それが気がかりだ。しかし、ラサ巡礼の決意が固いウォマは、そんなノルウに後ろ髪を引かれながらも、実家を後にすることに。

そして、今日はロルジェの見送りを受けてウォマがラサ巡礼に出発する日。五体投地の必需品たる「手板」はロルジェの手作りのものだし、村の娘2人が同行するから、多少の不安はあるものの何とかなるだろう。そう思っていたが・・・。

■□■旅をやめろ！病院へ行け！勝手にしろ！その顛末は？■□■

近時の邦画はテレビドラマ並みの「何でも説明あり」だが、本作ではウォマが医師から何を宣告されたのか？なぜウォマが急に（？）ラサ巡礼を言い始めたのか？なぜウォマが出発前に実家に戻り、ノルウと会ったのか？等について何の説明もない。しかし、出発してから数日後、バイクを飛ばして追いかけてきたロルジェが、「旅をやめろ！病院へ行け！」と激しく問い詰める姿を見ると、観客には当然ウォマの病状の重さが伝わってくる。さらに、同行していた娘も近くの村に行ったきり戻ってこない状況下にもかかわらず、「ひとりになっても巡礼を続ける」と言い張るウォマに対して、堪忍袋の緒が切れたロルジェは遂に「勝手にしろ！」との捨てセリフを残してバイクで走り去ることに。これはヤバイぞ。そう思っていると、その顛末は？

©GARUDA FILM   ©GARUDA FILM

そこで、ウォマのもとに新たに登場してきたのが、ノルウを連れたウォマの弟。何らかの決意でウォマがラサ巡礼に旅立ったことを知ったノルウは、母への思いを率直に言い出せないものの、「母に会いたい」一念でここまでやってきたことは明らかだ。さらに、そこにロルジェも戻ってきたが、さあ、ここからラサへの巡礼の旅はどうなるの？

本作では、ソンタルジャ監督がその目が気に入ったことで、１０００人ほどの小学生の中から選んだという少年スィチョクジャ演じるノルウの無口と頑固さが際立っているが、ここでノルウは「一緒にラサまで行きたい」と言い始めたから、アレレ。そのテコでも動かない姿勢に、母に会わせたら連れ帰るつもりだった弟は、音を上げて一人帰っていくこ

209

とに。他方、一時は「勝手にしろ！」とまで腹を立てていたロルジェも、今は父親の世話を第三者に委ねてまでウォマとノルウと共にラサへの巡礼の旅に出る決意を固めることに。すると、その旅の中、この3人の間にあった"わだかまり"はすべて順調に解消していくの・・・？

■□■夫と妻の確執は？父と息子の確執は？旅は続くの？■□■

前述のように何でも説明調の邦画と違い、本作では何の説明もされないが、ストーリー展開をみていると、この夫と妻の間に、そしてこの父親と息子の間にそれぞれどんな確執があるのかが少しずつ見えてくる。それは、母と子が離れていても、あの村で夫婦が生活していれば、表面に出てくることはなかったのかもしれない。しかし、3人で一緒にラサ巡礼の旅に向かっていると、一方では3人の心が少しずつ結びついていくものの、他方では時としてその確執が噴出してくることに・・・。

夫婦間の確執は、ある夜ウォマが自分が巡礼の旅に出た理由をロルジェに話したところから明白になってくる。それは、亡くなった前夫との約束に基づくもの。そう聞かされたロルジェの気持ちがたちまち複雑になっていったのは当然だろう。さらに、迫りくる病魔に勝てず、ある日ついに倒れこんでしまったウォマが、前夫の遺灰でつくった仏像（ツァツァ）の入った箱を息子のノルウに託し、「お前がラサに持っていって」と話す姿を見ていると、ロルジェの気持ちはなお一層複雑に・・・。

旅の途中で倒れたウォマを医者に連れて行ったり、お寺で葬ってくれた親切な男・ダンダル（ジンバ）と出会えたのは、ロルジェにとってラッキーだった。しかし、そこでロルジェは、妻が大事に持っていた前夫との写真を一度は寺の壁に貼って納めたものの、思わず写真を破り、前夫とウォマを別々の場所に貼り直したが、それは一体なぜ？また、ウォマがいなくなってしまうと、何の血縁関係もないロルジェと前夫の息子ノルウとの間の確執が露わになったのは仕方ない。そんな中、「母さんは先に村に帰った」と嘘をついたロルジェに、ノルウが強く反発したのは当然だ。もっとも、ウォマの供養の灯をともす中で美しい灯明の花が咲いたのは、亡くなった人が来世でより良い境遇に生まれる兆しだから幸いだった。ところが、ノルウを村に帰し一人でラサへの旅を続けようとするロルジェに対して、ノルウは母との約束を守るため「ラサへ行く」と頑なに拒んだから、遂にロルジェはノルウに対して手を挙げる事態に。すると、それに対しノルウも「あんたは僕が嫌いなんだ。僕が邪魔だったんだ」と叫ぶことに。コトここに至れば、事態は最悪だが、さあラサへの旅はこの後も続くの？

■□■聖地ラサが目前に！そこでは父子の確執は解消？■□■

『ラサへの歩き方　祈りの2400km』では、約1年間を要したラサへの旅をドキュメント風に撮影していたから、その作業が大変だった。しかし、本作はそれを描くのが目

的ではなく、ロルジェとウォマそ
してノルウ、三者三様の心のあや
を描く中で、チラシやパンフレッ
トに書かれているように、「妻から
夫へ、父から息子へ。受け渡され、
継がれていく巡礼の旅。」を描くも
の。本作はウォマが亡くなった後、
ノルウと同じように母親を亡くし
路頭に迷う子ロバがノルウにまと
わりつく中、まるでウォマの代わ
りのように、一緒にラサへの巡礼
の旅に向かう姿が印象的。しかし
て今、ロルジェとノルウそして一
頭の子ロバは「いよいよこの山を
越えれば、その向こうがラサ」と
いう地点までたどりついた。そこ
でロルジェは一気に聖地まで進む
の?それとも・・・?

©GARUDA FILM

©GARUDA FILM
『巡礼の約束』2020年2月8日（土）より岩波ホールほか
全国順次ロードショー

　私たち日本人はチベットのこと
も、聖地ラサのこともほとんど知らないから、本作のパンフレットにある、星泉氏（東京
外国語大学アジア・アフリカ言語文化研究所教授）の「ソンタルジャ監督が本領を発揮し
た秀作、その背後にあるもの。」と題された映画の背景を読み込む必要がある。それによっ
て「遺灰と聖地巡礼」のことがわかるし、劇中で歌われる「ともに酒を酌み交わそう」の
意味もわかるはず。また、「何のために祈るのか」という本作本来のテーマも、これを読む
ことによってより正確に見えてくるはずだ。もちろん、映画を観ているときにはそんな映
画の背景は読めないが、そこで、「きれいにしてラサに入ろう」とノルウに語りかけるロル
ジェの姿をみていると。なんとなくわかるような・・・。そこでは、この父子の確執は既
に解消しているの?

　それに続いては、ノルウの頭を洗い、髪を切るシークエンスになっていくが、そこで切
った髪はどうするの?そのことの意味は?他方、そこでロルジェが発見したのは、ノルウ
が大切に持っていた前夫とウォマの2人が写った写真。これは、俺があの時、あのお寺で、
真ん中から破り、別々にはりつけていたはず。それなのに、なぜそれがもう一度貼り合わ
されたうえ、ノルウの手元に大切に保管されているの・・・?

　さあ、本作ラストはソンタルジャ監督が描く、そんな心のあやをタップリと。

2020（令和2）年1月20日記

SHOW-HEY シネマルーム

★★★★

ザ・レセプショニスト
（THE RECEPTIONIST／接線員）

2017年／イギリス・台湾映画
配給：ガチンコ・フィルム／102分

2020（令和2）年2月23日鑑賞 ｜ シネ・ヌーヴォ

Data
監督：盧謹明（ジェニー・ルー）
出演：紀培慧（テレサ・デイリー）
／陳湘琪（チェン・シャンチー）／ジョシュ・ホワイトハウス／範時軒（アマンダ・ファン）／ソフィー・ゴプシル／シュアン・テン／ロレイン・スタンリー／ニール・ワールド／ダニエル・ヨーク

👀👀 みどころ

　舞台は、ロンドンのマッサージパーラー。主人公は、台湾からロンドンに留学し、就職氷河期の中で必死に就職活動をしているティナ。しかして、「接線員」とは？「ザ・レセプショニスト」とは？

　日本でも性風俗マッサージ店は多種多様だが、そのすべてが違法もしくは違法スレスレ？しかし、ロンドンでは住居地域の住宅にそんな店があることにビックリだ。近所の不審の目の中、建物内では一体ナニが？

　留学も結構、英語も結構、接客術も結構。しかし、台湾人がここまでしてロンドンに住む意味があるの？自殺したという、盧謹明（ジェニー・ルー）監督の友人のモデルも登場するが、私には理解不可能だ。その逆に、本作ラストの故郷の風景には納得！

—— ＊ —— ＊ —— ＊ —— ＊ —— ＊ —— ＊ —— ＊ —— ＊ —— ＊

■□■ シネ・ヌーヴォでしか味わえない、この一本を！■□■

　きっとシネ・ヌーヴォでしか味わえない本作を鑑賞！チラシによると、本作は「祖国を離れ異国に住む台湾女性たちが直面する問題を描いた衝撃作」。また、本作が日本で上映されるに至った事情は、次のとおりだ。

　ヒースロー空港で自殺した中国人の友人が、英国でセックスワーカーとして働いていたことを後に知ったイギリス在住の女性監督・盧謹明（ジェニー・ルー）は、アジア移民の現実を映画として世の中に提示するためにクラウドファンディングで資金を集め、7年の歳月をかけて本作を製作。本作は、2017年にソチ国際映画賞＆フェスティバルで最優秀映画賞を受賞し、エジンバラ国際映画祭オフィシャルセレクションで上映されたほか、

アジアン・アメリカン国際映画祭をはじめ、各国の映画祭で上映・受賞した。そして、2018年の第1回熱海国際映画祭グランプリを受けて、日本国内での上映が決定した。なるほど、なるほど。

■□■「接線員」とは？「レセプショニスト」とは？■□■

チラシには、「春を売る家、そこは、私たちが異国で選んだ生きる場所でした。」の見出しもあるから、本作の主人公のティナ（紀培慧（テレサ・デイリー））がマッサージパーラーの受付嬢となるストーリーからはじまる本作の原題『接線員』、英題『THE RECEPTIONIST』は、なるほど本作にピッタリ！？もっとも、マッサージパーラーとは名ばかりで、その実、ティナが働き始めた店のホントの商売は・・・？

■□■英国にも就職氷河期が？それにしても・・・？■□■

日本にも「就職氷河期」があったし、韓国にもそれはあった。そして、本作を観ていると、せっかく台湾から英国に留学し、大学を卒業したにもかかわらず、ティナは今イギリスでのその就職氷河期にハマっているらしい。もっとも、英語がペラペラなのはさすがだが、大学時代に必死に勉強していたのか否かは、イギリス人の恋人フランク（ジョシュ・ホワイトハウス）と同棲しているティナの姿を見ているとよくわからない。この男、一見ハンサムで優しそうだが、ひょっとして生活力がないままティナに寄生している、やさ男かも・・・？

観客はそんな疑問を持つはずだが、ティナにはそんな疑問は全くないらしい。そのため、明日の家賃の支払いにも困窮する中ティナはフランクを責めることは全くせず、自発的に「接線員」の仕事を選択することに。もっとも、私の仕事はあくまでマッサージパーラーの「受付」で、ササ（陳湘琪（チェン・シャンチー））やメイ（範時軒（アマンダ・ファン））のようなマッサージ嬢とは別！ティナは住居地域内の住宅を借りて違法な性風俗店を営む女リリー（ソフィー・ゴプシル）に対してそう宣言し、働き始めたが・・・。

■□■女主人、2人の同僚、そして新人の登場！■□■

私は、イギリスではこの手の店がマッサージパーラーと仮装することを知ってビックリ！また、日本ではこの手の店はすべて「商業地域」に限定され、住居地域には存在し得ないが、イギリスではそんな実態があることにもビックリ！最後には家主から文句を言われ、警察に通報され、リリーたちが逮捕されたのは当然だが、ジェニー・ルー監督の友人が数年間もそんな店で働いていた現実があったことにもビックリだ。

私は職業柄（？）この手の店をよく知っているが、日本のそんな店と同じように（？）、店の経営者リリーとそこで働く2人の女ササとメイを巡って本作に登場するさまざまなエピソードは興味深い。リリーはとにかくがめついが、女たちから搾取しているだけではな

く、自分自身も生きていく（経営していく）ために精一杯ということがよくわかるから、私はそのめつさを責めることはできない。しかし、中盤から新たにマッサージ嬢として入店してきた新人アンナ（シュアン・テン）の境遇を見ていると、ティナ以上に悲惨で、何が何でも（身体を売ってでも）すぐにカネを稼がなければならない事情に、つい涙・・・？もちろん、こんな店の経営にヤクザが絡んでいることや、女たちが客からもらったカネの窃盗騒動が起きたり、一見華やかに見える（？）性風俗マッサージ店も、その内実はトラブル続きで大変だ。本作では、当然現地を詳細に視察したはずの女性監督ジェニー・ルーが描き出す、そんなマッサージパーラーでの人間模様をしっかり観察したい。

■□■なぜロンドンへ？留学の意味は？働く意味は？■□■

　難民問題やそれに近い移民問題は重要な国家間の問題だが、違法就業に絡む移民問題も大変な問題。もっとも、それは主として法律問題として処理すべき問題だし、就業ビザの取得や留学に伴う長時間バイトの可否等は個人の選択のウエイトが大きくなってくる。

　しかして、本作を鑑賞しながら私がずっと疑問に思ったのは、なぜティナはイギリスに留学し、ロンドンで就職することにこだわっているの？ということだ。もちろん、どの国

に留学するかは本人の選択だし、留学先で就職できればそれにこしたことはない。しかし、イギリスがこれほど就職難だとしたら、ティナには台湾中心部や故郷の六鬼という田舎に戻るという選択肢もあるのでは？本作でティナがそれをしないのは、ティナの仕事を知った後、態度を一変させるダメ男フランクへの献身的な愛（？）のためと思えてしまうのだが、ティナさん、どうなの？

　ちなみに、本作ラストでは新人のアンナは悲惨な結末になってしまうが、ティナは故郷の六鬼に戻り、野良仕事に従事する元気な姿が映し出されるので、それに注目！台湾も近時は日本と同じように地震や台風、水害等の被害で大変だが、だからこそボランティア的にやれることがいっぱいあるし、その中で食っていくことくらいできるのでは・・・？

■□■撮影手法は？結末のつけ方は？■□■

　近時のテレビ画面が４K、８Kとどんどん美しくなっていくのと同じように、近時の邦画はどんどんスクリーンが明るくキレイになっている。それは悪いことではないが、映画はストーリーはもとより、映像にも陽と陰、光と影が必要なのでは？黒澤明監督の名作はすべてそうだったはずだが・・・。近時のそんな邦画に馴れた目には、本作の映像の暗さは相当つらい。舞台がマッサージパーラーの室内が多いことと、もともとそういう店のそういう部屋は薄暗いものだろうが、それにしても暗い。これは、もちろんジェニー・ルー監督が意図してやっていることだが、本作のそんな撮影手法をあなたはどう評価？

　他方、本作ラストに訪れる、家主からの通報と警察による店の手入れ、そして女主人らの逮捕という展開は足早だ。ティナがその直前に台湾に帰国したのはラッキーだったが、そんな展開の中、ジェニー・ルー監督は本作の結末をいかにつけるの？そう思っていると、本作ラストは、ティナとササとの手紙のやり取り（その朗読）になる。しかし、あの店で働いていた当時のティナとササが特別仲が良かったわけではないのに、店を離れた後、なぜこの２人は急に文通して近況を報告し合う仲になっているの？それが私にはよくわからないが、本作の結末のつけ方としてはいかにもピッタリ。しかし、このように途中で自殺してしまったアンナは別として、ラストでティナとササを描くのなら、同じ店で働いていたメイもラストで近況を語らせなければ不公平なのでは・・・？私にはそんな思いも少し残ったが・・・。

２０２０（令和２）年３月４日記

Data

監督・脚本：張艾嘉（シルヴィア・チャン）

脚本：蔭山征彦

出演：梁洛施（イザベラ・リョン）／張孝全（チャン・シャオチュアン）／柯宇綸（クー・ユールン）／李心潔（リー・シンジエ）

SHOW-HEY シネマルーム

★★★★

あなたを、想う。
（念念／Murmur Of The Hearts）

2015 年／台湾・香港映画
配給：A PEOPLE CINEMA／119 分

2020（令和2）年1月26日鑑賞　｜　シネ・ヌーヴォ

👀 みどころ

　張艾嘉（シルヴィア・チャン）監督の『妻の愛、娘の時（相愛相親）』は、誰が本妻？ひょっとして重婚罪？という、現代中国の社会問題を含めた面白くかつ温かい映画だった。そんな同監督が、本作で商業主義から作家主義に大転換！？

　台東沖にある緑島とは？そこで、子供たちに人魚の物語を聞かせていた美しい母親は、なぜ兄妹を引き裂いたの？旅行ガイドの兄は今どこで何を？画家の卵の妹は今どこで何を？そんなテーマが『あなたを、想う。』という邦題の通り、次々と・・・。

　正直、緑島も台湾もよく知らない日本人には、本作の理解は難しい。しかし、監督インタビューを読み込むことで、「台北と、台東。美しい光の映像美に、魅了される。あまりにも切ない、母と子、兄と妹、男と女、その物語。」をしっかり味わいたい。

————＊————＊————＊————＊————＊————＊————＊————＊————＊————

■□■張艾嘉監督が商業主義から作家主義に大転換！？■□■

　張艾嘉（シルヴィア・チャン）監督の最新作は、『妻の愛、娘の時（相愛相親）』（17 年）（『シネマ42』178 頁、『シネマ44』52 頁）だった。そのメインは"お墓は誰のものか？"を巡る闘争（？）で、そこでは、誰が本妻？ひょっとして重婚罪？という、現代中国の「都市」ｖｓ「農村」を巡る社会問題が噴出していた。その邦題はいかにもわかりにくいが、原題の『相愛相親』の意味は何となくわかる感じ。そんな同作は定年間近の夫婦と歌手を目指す若者とその恋人という、第2、第3のテーマを含めて、面白くかつ温かい名作で、

私は星５つをつけて高く評価した。

　本作はそれに続く同監督作品だが、パンフレットにある監督インタビューで彼女は、「緑島は台湾の東、とても近いところにありますが、ある意味近くて遠いところなのです。」「ずっとこだわっていて忘れられないことへの想いを込めました。」の見出しでわかるように、前作やそれまでの商業主義の映画から作家主義の映画に転換したことを明確に語っている。また、本作のパンフレットの「Introduction」も「Story」も極めて短いが、前者では「台北と、台東。美しい光の映像美に、魅了される。あまりにも切ない、母と子、兄と妹、男と女、その物語。」の見出しが、後者には「わたしにとどけ・・・、あなたのこころ。それぞれの想いが生む、忘れえぬラストシーンへ。」の見出しがあり、それぞれかなり抽象的だ。

　また、本作のパンフレットには、「Introduction」と「Story」の短さに比して、暉峻創三氏の「香港＆台湾ニューウェイブと共に生きた女優、シルヴィア・チャン。その監督として、新たなる波を起こす、先鋭的な傑作の誕生。」と見出しをつけた２頁にわたる「Review」や、４頁にわたるシルヴィア・チャン監督インタビュー、さらに２頁にわたる脚本の蔭山征彦のインタビュー、が掲載されている。これらの文章はいずれも難解だからしっかり読み込まなければならないが、わかりやすいのは、暉峻創三氏の次の文章だ。すなわち、

> 　ただ、産業として台湾以上に商業化されていた香港映画界に半分足場を置いていたせいだろうか、あるいは台湾ニューウェイブが芸術性に重きを置くばかりに観客離れを起こしていった姿を目の当たりにしてきたせいだろうか、彼女の監督作は総じて、商業映画として一般観客に分かりやすく語っていくことを重視した作風で知られてきた。そんななか、監督としての定評を完全に確立した彼女が、ついに芸術性、先鋭性の方向に大きく舵を切って作ったのが、この度日本公開される「あなたを、想う。」だ。

　これをヒントに、シルヴィア・チャン監督のインタビュー等をしっかり読み込み、本作に見るシルヴィア・チャン監督の商業主義から作家主義への転換ぶりをしっかり確認したい。

■□■冒頭はボクシングのシーンから。この男は誰？■□■

　本作の舞台は台東の沖にある美しい島・緑島。そして、主人公はその緑島で生まれた兄ユーナン（柯宇綸（クー・ユールン））と妹ユーメイ（梁洛施（イザベラ・リョン））で、スクリーン上にはこの幼い子供たちに毎日のように人魚の物語を話して聞かせる母親（李心潔（リー・シンジエ））の優しい姿が登場する。１月３０日に観たアフガンのカブールを舞台にしたアニメ『ブレッドウィナー』（17 年）では、１１歳の少女が幼い弟にタリバンの悪行を想定しながら村人を苦しめる象の王の物語を話して聞かせていた。しかし、これらの物語は両者とも当然語り手が勝手に想像したもので、現実に即したものではない。しかし、それを聞かされた幼子はもちろん、場合のよるとそれを語っている本人もその物語

の世界が現実の世界のように思えてしまうから面白い（ご用心？）。

　本作はそんな映画であるにもかかわらず、本作冒頭にはなぜかボクシングのシーンが登場し、ヨンシャン（張孝全（チャン・シャオチュアン））が練習に励む姿が映し出される。彼は今は画家（の卵）に成長したユーメイの恋人だが、どうやら、網膜剥離に悩まされているらしい。しかし、彼にとってボクシングは亡き父と自分をつなぐ唯一のものだったため、彼はそれをコーチに隠し、なんとか試合に出ようとしていたが。網膜剥離がバレたらそれは到底ムリ！さあ、そんなヨンシャンの今後の奮闘とユーメイとの恋の行方は？

■□■緑島 vs 奄美大島、張艾嘉 vs 河瀬直美■□■

　『2つ目の窓』（14年）は、自分のルーツが奄美大島にあることを知った河瀬直美監督が、奄美に伝わる「ユタ神様」伝説を軸とし、16歳の若い男女の性の芽生えに焦点を当てながら独自の死生観を展開した映画だった（『シネマ33』76頁）。同作は、河瀬監督が撮影監督として起用した山崎裕のカメラがとらえる美しい奄美大島の海と自然の風景が特徴で、制服のまま海中に潜る杏子の姿や、素っ裸の杏子と界人が2人仲良く海中を遊泳する美しいシーンが印象的だった。それに対して、本作では緑島の海の中を潜るのは人間ではなく、人魚らしい。私は奄美大島にも台湾の緑島にも行ったことはないが、スクリーン上で観るその海と自然の美しさは見事なものだ。

　他方、河瀬監督の『2つ目の窓』は前述のとおり、16歳の若い男女の性の芽生えに焦点を当てながら独自の死生観を展開した映画だったが、シルヴィア・チャン監督の本作は、一方で現在のユーメイとヨンシャンの恋模様をメインストーリーとして見せながら、随所随所に緑島での過去の物語を錯綜させながら、母と娘、兄と妹等の家族の絆を描くものだ。このように、両者のストーリー構成は全く異質だが、作家主義を目指した映画という意味では両者に共通点が！

■□■妹ユーメイの今は？絵のテーマは？恋模様の展開は？■□■

　本作でユーメイを演じる梁洛施（イザベラ・リョン）は一見、中国の徐静蕾（シュー・ジンレイ）や日本の中山美穂に似た（？）知的美女で、本作は6年ぶりの映画出演になるそうだが、さすがシルヴィア・チャン監督が本作に抜擢しただけあって、魅力的だが難解なユーメイのキャラを見事に演じている。子供のころ緑島の中であんなに兄妹に優しかった母親は、その後、兄と夫を島に残し、幼いユーメイだけを連れて台北に行き、まもなく他界してしまったらしい。それがどんな事情によるのかは、近時の何でも説明調の邦画と違い、本作では全く語られていないが、否応なくそんな境遇におかれたユーメイが母親を恨んだのは当然。私の家族を引き裂いたのはあの母親だ。そんな思いの中、ユーメイは今はどこで何をしているのかもわからない兄への想いも募っていたが・・・。

　近時は『ゴッホ～最期の手紙～』（17年）（『シネマ41』未掲載）等、画家ゴッホを描い

た映画が多い。『世界で一番ゴッホを描いた男』(16年)という興味深い中国映画もあった（『シネマ42』136頁、『シネマ44』313頁）。「ひまわり」をはじめとするゴッホの絵が好きかどうかは人によって分かれるが、本作で画家（の卵）に成長したユーメイがアトリエで描いている絵は、その力強さや絵の具の重ね具合は一見ゴッホ風？それも人によって違うだろうが、少なくともユーメイが描こうとしている絵のテーマが、故郷・緑島の海の風景であることは間違いない。その絵の中に母への恨みを込めれば陰鬱な印象の海になるだろうし、ボクサーの彼との恋模様が順調に進めば明るい印象になるはずだ。前述したヨンシャンとユーメイとの恋人ぶりは一見順調そうだが、ヨンシャンの網膜剥離だけでなく、今ユーメイは妊娠していることに気づいたから、彼女の人生の選択も難しくなっていく。すると、ユーメイが生涯のテーマとして描いている緑島の海の風景は？その明暗と陰陽は？

■□■兄ユーナンの今は？「バー藤」の居心地は？■□■

　２０１８年の日本は台風７号の影響による７月豪雨や９月３日～５日の台風２１号等によって連続的に大変な被害に見舞われたが、台湾は日本以上に頻繁に台風被害に襲われる国。ユーメイが画家（の卵）なら、ユーナンは今、台東で旅行ガイドとして働いていたが、ある日台風に遭遇したから大変だ。台東は私も旅行したことがあるが、東に太平洋の大海原が広がるこの一帯は明るく燦々と照りつける太陽がまぶしく美しい。そしてその砂浜はあくまで白く美しい。しかし、そんな美しい海沿いの台東のまちも、台風に襲われると・・・。

　篠原哲雄監督の『地下鉄（メトロ）に乗って』(06年)（『シネマ12』45頁）はタイムスリップものだったが、同作のハイライトは、東京の「バー・アムール」における「4者会談」のシーンだった。近時の日本では１９６０年代に流行った「スナック」が復活しているそうだが、バーとスナックの区別、線引きは難しい。しかし映画ではしばしばバーやスナックは酒を飲むための場所だけではなく、登場人物たちが語り合う舞台として重要な役割を果たすことが多い。しかして、本作では台北の繁華街にある「バー藤」がその役割を。台風の日にユーナンが雨宿りを兼ねて飛び込んだ小さなバー藤は狭いけれど清潔。そして、頑固親父が作るこだわりのカクテルは絶品。相場はそう決まっている。ところが、はじめて飛び込みで入ってきた客のユーナンが「ビール！」と注文したのに、「うちはビールは置いていない」とは、いかにも台湾流！？ユーナンにとってそんな「バー藤」の居心地は如何？

　それはともかく、シルヴィア・チャン監督が描く「バー藤」での、夢のような現実のような若いユーナンと頑固親父のマスターとのやりとりをしっかり楽しみたい。

■□■緑島でのダイビングは？監督インタビューは必読！■□■

　母親が幼いユーナンとユーメイに語り掛ける本作の物語の中では、緑島の美しい海の中

を泳ぐのは人魚。しかし、スクリーン上では、その人魚が人になり、また人が人魚になる美しい映像が登場してくる。そこで、シルヴィア・チャン監督はユーメイを演じるイザベラ・リョンにはフリーダイビングを命じた（？）わけだが、さあ、本作に見るその幻想的で美しいシークエンスは如何に？『２つ目の窓』では、１６歳の若い男女が奄美大島の海に潜る美しいシークエンスが印象的だったことは前述したが、西谷弘監督の『真夏の方程式』（13 年）では、現在東出昌大との離婚問題で悩んでいる渡辺謙の娘、杏が日本人離れした肢体で波瑠ヶ浦の美しい海の中を潜るシーンが印象的だった（『シネマ 31』228 頁）。

　本作では、そんな美しい海中でのフリーダイビングを見ながら美女比較をするのも一興だが、シルヴィア・チャン監督が語る緑島の成り立ちや、母親がなぜ兄からも妹からも恨まれるような行動をとったのかについては、パンフレットにあるシルヴィア・チャン監督のインタビューをしっかり読み込む必要がある。もっとも、それは３頁に渡る長文であるうえ、活字の色の関係で非常に読みにくい。しかし、見出しに書かれている「緑島は台湾の東、とても近いところにありますが、ある意味近くて遠いところなのです。」の意味を理解するためにも、また、「ずっとこだわっていて忘れられないことへの想いを込めました。」の思いを理解するためにも、これは必読だ。なぜなら、作家主義を貫いた本作では、緑島の歴史や背景について何も知らない私たち日本人は、ノホホンとスクリーンを見ているだけではそれらの意味を理解するのが難しいからだ。

　そこで、そのポイントだけを指摘しておくと、次の諸点だ。

　①母親は（台湾の離島）小琉球の漁民の出身で、緑島の夫のもとに嫁いできたこと。

　②緑島はかつて政治犯が送られた土地で、島全体が刑務所だったため、１度送り込まれたら逃げ出すことができなかったこと。

　③夫婦で食堂をやっていた母親は、知識の豊富な政治犯から影響を受けたこと。

　④妹のユーメイは母親と似て空想が大好きだったから、母親が話したおとぎ話を全部信じたこと。

　⑤現実的な兄のユーナンは妹と正反対で、「そんなことあるわけない」と信じなかったこと。

　⑥しかし、妹は本当のことだと言うため、兄の心には「お母さんはいつも妹ばかりを愛している」というわだかまりが消えなかったこと。

　韓国のポン・ジュノ監督の『パラサイト　半地下の家族』（19 年）と同じように、本作のような作家性の強い映画では、「ネタバレ厳禁」が当然だからこれ以上は書かないが、とにかく本作では、シルヴィア・チャン監督のインタビューは必読！観客１人１人が想像力をたくましくしながら、美しい緑島出身の兄と妹の物語をしっかり味わいたい。

２０２０（令和２）年２月１０日記

Data

監督・脚本：荘文強（フェリックス・チョン）

出演：周潤發（チョウ・ユンファ）／郭富城（アーロン・クォック）／張靜初（チャン・ジンチュー）／馮文娟（ジョイス・フォン）／廖啟智（リウ・カイチー）／周家怡（キャサリン・チャウ）／方中信（アレックス・フォン）／高捷（ジャック・カオ）

SHOW-HEY シネマルーム

★★★★

プロジェクト・グーテンベルク　贋札王
（無雙　Project Gutenberg／PROJECT GUTENBERG）

2018 年／香港・中国映画
配給：東映ビデオ／130 分

2020（令和2）年 2 月 11 日鑑賞　シネ・リーブル梅田

👀👀 みどころ

　時代の流れはキャッシュレスだが、高齢者を中心に現金志向が残っているうちは通貨偽造も！米国で新たな１００ドル紙幣が発行される今、三代も続く"画家"をリーダーとする贋札製造集団の暗躍は？

　「何事も極めれば芸術。心をこめれば、偽物は本物に勝る。」若き画家レイは"画家"のそんな殺し文句にイチコロ！ホンモノの画家を目指す恋人ユンと別れて、贋札作りに邁進することに・・・。

　贋札は作るのも難しいが、さばくのがより大変。それを仕切る強いカリスマ性を持った"画家"だが、その舞台が世界に広がると同時に捜査も国際的に！

　スタイリッシュでスピーディな展開に徹する脚本はお見事。よくぞ１３０分でこれだけの内容を入れ込んだものだ。"甦るチョウ・ユンファ伝説"を感じ取りながら、ホテルの一室での結末シーンの目撃者となり、その余韻も含めて香港映画のエッセンスをしっかり楽しみたい。

——＊——＊——＊——＊——＊——＊——＊——＊——＊——＊——

■□■タイトルの意味は？グーテンベルクは活版印刷の父！■□■

　本作は、原題も英題も『Project Gutenberg』で、邦題も同じだが、グーテンベルクって一体ナニ？あなたは「活版印刷の父」と呼ばれるヨハネス・グーテンベルクを知ってる？ルネッサンスの三大発明は、羅針盤、火薬、印刷技術の3つ。１３９８年ごろに生まれ、１４４５年までに活版印刷技術を考案し、その機器の実用化に成功して、自ら印刷業・印刷物出版業を創設したのが、ドイツ生まれのヨハネス・グーテンベルクだ。なるほど、なるほど。しかし、本作はなぜそんなタイトルに？

今の時代、中国を中心にキャッシュレス化が進んでいるが、日本ではまだまだ高齢者を中心に現金崇拝志向が強い。日本では、２０２４年から一万円札が渋沢栄一に、五千円札が津田梅子に、千円札が北里柴三郎に改められたうえ、新紙幣への切り替えが決まっているが、アメリカでは今、新たに１００ドル紙幣を発行するらしい。そうなると、“画家”を中心とした贋札製造集団の出番に・・・？

■□■主役は“画家”役の周潤發（チョウ・ユンファ）！■□■

本作は、“画家”役を演じる今年御年６５歳になる周潤發（チョウ・ユンファ）を主役に起用した異色作。香港電影金像奨（香港アカデミー賞）において最優秀作品賞をはじめとする多くの賞を受賞した本作は、『インファナル・アフェア』３部作（０２年、０３年）と同じようなスタイリッシュな展開が際立っている。贋札製造集団にとっては、贋札作りの大変さはもちろんだが、それ以上に製造した贋札のさばき方や長年に渡る秘密保持が難しいはず。ところが、本作の贋作製造集団は、その稼業が三代も続いているというからすごい。“画家”をリーダーとする贋札製造集団のスタッフは、①“画家”の父と仕事をしてきた原版技師のヤム（リウ・カイチー）、②管理担当の女性ラム・ライワー（ポーリン・シュン）、③警部担当のボビー（デオン・チャン）、④輸送担当のセイ・ホイ（ジャスティン・チャン）たちだ。もっとも、本作の主人公になるのは、画家志望の男レイ・マン（アーロン・クォック）だから、それに注目！

映画で贋作作りのノウハウを懇切丁寧に教えるのは教育上よろしくないが、本作では冒頭から贋作作りの基本中の基本である原画作りの風景をスクリーン上に描き出すので、それに注目！若き日のアラン・ドロンが主演した『太陽がいっぱい』（６０年）では、主人公が親友のサインを真似る（偽造する）べく懸命に努力する姿が印象的だったが、本作では、まずタイの刑務所の中で、レイが偽郵券作りに励む姿に注目！もっとも、これを見れば、グーテンベルクは大いに嘆くはずだが・・・。

■□■画家を目指す若い男女の方向性は？決定的違いは？■□■

芸術の都パリに若い画家の卵が集まってくるのは当然。日本で有名な藤田嗣治画伯もそんな若者の１人だったことは、『FOUJITA』（１５年）を観ればよくわかる（『シネマ37』未掲載）。他方、日本では加藤登紀子が歌って大ヒットした『１００万本のバラ』は、女優に恋をした貧しい画家が家財を売り払ってバラを捧げるというロマンチックな歌詞が涙を誘ったが、原曲は大国ロシアに翻弄されたラトビアの苦難を暗示するものらしい。またこの歌の主人公の画家はグルジアの画家で、パリに集まった若い画家ではないらしい。しかして、画家を目指して今、カナダのバンクーバーで貧乏生活にもめげず、励まし合いながら画家としての名声を得ようと頑張っている恋人同士のレイとユン・マン（チャン・ジンチュー）を見ていると、努力の面でこの２人は、決してグルジアの画家、ニコ・ピロスマ

ニに負けていないことがよくわかる。その結果、ユンはロク（カール・ン）に才能を認められて個展を開くまでになったが、レイの方は生計のため有名画家の贋作を手掛けるまでに堕ちていたからアレレ・・・。この2人の方向性の違いは決定的に！ある日、そんなレイの前に"画家"が登場したところから、レイの人生は大きく転換していくことに・・・。

　香港映画には、香港警察がよく似合う（？）。しかして、本作冒頭でタイの刑務所に収容されていたレイは今、香港警察のホー副署長（アレックス・フォン）とその娘であるホー警部補（キャサリン・チャウ）の取調べを受けていた。その容疑は、仲間の殺人容疑などさまざまなもの。ところが、そこに今は国宝級の女性画家に成長したユン・マンがレイの友人と名乗りマネージャーであるロクと共にレイの保釈を要求してきたから、ややこしい。そこで、ホー副署長は、保釈を認めるかわりにレイが今も行方不明になっている"画家"について話すことを要求したが、さあレイは？レイが画家について語ることを一切拒否してきたのは、一体なぜ？それは、冷酷無比な画家の報復に脅えていたからだ。そんな中、レイの口からは"画家"についてどんな告白が・・・？

　そう思い、かつその内容に大きな期待をしたのは、ホー警部補も私も同じ。しかし、その後レイの口から語られるのは、カナダのバンクーバーでユンと2人で暮していた時の苦労話ばかり。イライラしたホー警部補は、2人の恋物語の展開はもうやめて、早く"画家"の話に入るよう促したが・・・。

■□■一種の「師弟モノ」だが、2人の絆は？■□■

　「師弟モノ」の名作は多いが、その代表は『スパイ・ゲーム』（01年）（『シネマ1』23頁）。同作では、ロバート・レッドフォード扮する師匠ネイサンと、ブラッド・ピット扮する弟子のビショップが一貫して「固い絆」で結ばれていた。しかして、本作でも「何事も極めれば芸術。心をこめれば、偽物は本物に勝る。」と語る"画家"のカリスマ性に惹かれたレイが、"画家"をリーダーとする贋札製造集団に参加するシークエンスが描かれる。しかし本作では、他方でいくつかの場面で、レイが"画家"と衝突し、"画家"に反抗する場面も登場するので、それに注目！

　親子三代にわたって贋札製造を稼業にしながら、逮捕歴なしを誇る"画家"の"人生訓"や、「贋札を私的に使用した者は家族共ども処刑」等の組織の掟は徹底していた。それを徹底させていたからこそ、贋札製造集団の世界に広がる大口の取引先は安定していたうえ、秘密保持が守られ、親子三代も続いてきたわけだ。しかし、どんな場面でも非情にコトをやってのける画家に対し、まだ若く、時として感情に走ってしまうレイは違和感を持ったり反発することも・・・。

　本作では、『スパイ・ゲーム』とはかなり違う、そんな2人の師弟ぶりをしっかり観察したい。

■□■レイの恋模様は？ユンのライバルは？■□■

　本作には香港、台湾、中国出身の美人女優が大勢登場するが、そのメインは若き日にレイと共にカナダのバンクーバーで暮らしたユン。ところが、導入部でレイの保釈を求めて登場してくるユンの魅力は？ユンを演じたチャン・ジンチューは、『孔雀　我が家の風景』（05年）（『シネマ17』176頁）や『ビースト・ストーカー／証人』（08年）（『シネマ34』453頁）での演技は絶品だったが、役所広司と共演した『オーバー・エベレスト　陰謀の氷壁』（19年）はイマイチだった（『シネマ46』未掲載）。それと同じように、本作では若き日のユンはそれなりに魅力的だが、黒い服で大きなサングラスをかけ、無表情を貫く世界的女流画家に成長したユンの魅力はイマイチ・・・。

　レイの周りに登場する女たちのうち、レイの取調べにあたるホー警部補がキツイのは当然だが、彼女もなかなかの美女。また、贋札製造集団の管理部門を担当するラムもなかなかの美女だ。さらに、後述のゴールデン・トライアングルの銃撃戦で、レイが助けた女性が将軍（ジャック・カオ）に囚われていた偽札製造の専門家シウチン（ジョイス・フォン）だが、これもなかなかの美人。

　あの激しい銃撃戦の後、シウチンは命の恩人であるレイに対して淡い恋心を抱くことになったから、さあレイの恋模様は？ロクとの婚約を発表したユンに今なお未練を持つレイは、仕事の上では画家との師弟関係に悩んでいたうえ、恋の面でもユンとシウチンとの関

係で悩むことになるの・・・？

■□■貫禄と存在感に注目！さすが香港の小林旭！銃撃戦は？■□■

　去る２０２０年２月１１日にはプロ野球の野村克也が８４歳で亡くなったが、その前の１月１８日には日活の映画スター・宍戸錠が８６歳で亡くなった。その宍戸錠と共に、『渡り鳥』シリーズをはじめとして１９６０年代の日活のガンアクションを牽引したのが小林旭。そして、『男たちの挽歌』（86 年）が日本で公開された１９８６年当時、"香港の小林旭"として紹介されたのがチョウ・ユンファだ。石原裕次郎、二谷英明、そして宍戸錠亡き今も、８０歳を超えた小林旭は歌をメインに大活躍を続けているが、それに比べればチョウ・ユンファは御年６５歳だからまだまだ若い。香港を代表する映画スターとしての彼の活躍ぶりはパンフレットにある、くれい響氏（映画評論家）の「甦るチョウ・ユンファ伝説」や、デューク廣井氏の「チョウ・ユンファ久々のクライム・アクション、激動の１９９０年代に咆哮するダークサイドのユンファ撃ち！」で紹介されているが、本作後半では、まさに「チョウ・ユンファ久々のクライム・アクション」を見せる（魅せる）ためのストーリー（脚本）として、ド派手な黄金の三角地帯（ゴールデン・トライアングル）での銃撃戦が登場する。

　本作は、"画家"という肩書きで登場する贋札製造集団のボスの貫禄と存在感が圧倒的だが、ストーリーの主役は若いレイに譲っている。したがって、本作の脚本では、それを補い、チョウ・ユンファの銃撃戦の魅力を見せる（魅せる）ために、わざわざゴールデン・トライアングルの闇組織を牛耳る将軍との取引というストーリーを挿入させている。"画家"をリーダーとする贋作製造集団の取引先が世界各国に広がっていること、また、そこでは厳格な秘密保持がキープされていることは前述したが、ゴールデン・トライアングルでもそれは同じ。したがって、久しぶりに再会した画家と将軍は抱擁を交わしたうえで、新たな商談に入ったが・・・。

　後述のように、本作の脚本は後半からクライマックスにかけて複雑になってくるが、ここは意外に単純。なぜなら、ここではチョウ・ユンファの銃撃アクションを見せるのが目的だから、商談をぶっ壊せばたちまち将軍と画家との戦い（銃撃戦）の展開に入ることができるからだ。１９６０年代の日活のガンアクションがド派手な見せ場の演出に徹していたのは明らかだが、それは１９８０年代の香港のガンアクションも同じ。そんな展開の中で、小林旭や宍戸錠、そしてチョウ・ユンファのガンアクションがもてはやされてきたわけだ。しかして、２０２０年の今、スクリーン上で炸裂するダークサイドのユンファ撃ちは如何に？日本では銃砲刀剣類所持等取締法があるため銃器ファンが少ないから、本作で画家が使用する銃器の数々を理解しようとすれば、前述したデューク廣井氏のコラムを読む必要がある。まあ、私の見解ではそこまでの勉強は不要で、本作ではチョウ・ユンファ久々のクライム・アクションを心ゆくまで楽しめばいい。もっとも、そこでは贋札製造集

団の面々が、贋札作りの技術の他、ガン捌きでも一流ぶりを見せるので、それにも注目したい。

■□■カナダ警察も登場！脚本は更に複雑に！結末は如何に？■□■

去る２月１０日に発表された第９２回アカデミー賞で、『パラサイト　半地下の家族』（19年）が韓国映画初の作品賞、監督賞等４部門を受賞したのは、あっと驚く結末のおかげ！？そう断言はできないが、その要素が大きいことは間違いない。それとは少し違うが、登場人物が多く、ストーリーが多岐にわたる本作では、それらをいかに要領よく結びつけて観客に理解させたうえ、あっと驚く結末に向けてストーリーをどう収束させていくかが難しい。チョウ・ユンファのファンサービスのため（？）、ゴールデン・トライアングルでのド派手な銃撃戦を入れたのはご愛敬だが、そこでは前述のように、レイ将軍に囚われていた偽札製造の専門家シウチンを助け出すという新たなストーリーまで挿入させたから、結末に向けてはその新たな恋模様の展開も必要になってくる。そのうえ本作ラストに向けては、カナダでの特殊インク強奪事件を機に、マー主教として極秘で潜入捜査を行っていたリー捜査官（デヴィッド・ワン）まで登場してくるので、それにも注目！彼は、ともに"画家"を追っていたホー警部補との間に愛を育んでいたから、恋模様の展開も更に複雑になっていく。そして、ついに香港のホテルの一室で"画家"とマー主教との取引が行われることになったが、そこには、"画家"によって誘拐されたユンとロクの姿もあった。しかして、その取引の行方は？

ホー警部補の取調べに対するレイの告白（自白）というスタイルで始まった、レイとユンの若き日の恋模様や、レイが"画家"の贋札製造集団に加入し、そこで活躍を続ける姿は、なるほどと思わせる脚本の妙がある。また、複雑なストーリーをスピーディかつ要領よい展開で理解させる脚本は、近時の何でも説明調の邦画とは大違いの出来だ。さらに、さまざまなストーリー展開を見せる中での各人各様のキャラも明確にさせているうえ、主要人物それぞれの恋模様まで描いてみせる脚本の技量は大したものだ。しかし、本作ラストに向けて物語はいかに収束していくの？本作ラストのストーリーの舞台になった香港のホテルの一室では、たしかに"画家"は銃弾に撃ち抜かれて死亡！私にはそう思えたが、さて・・・？

そんな疑問（興味）を含めて、本作の結末の行方は脚本の最大の見せどころだから、それはあなた自身の目でしっかりと。

２０２０（令和2）年2月14日記

Data

監督・脚本：余非（ユー・フェイ）
製作：張家振（テレンス・チャン）
出演：役所広司／張静初（チャン・ジンチュー）／林柏宏（リン・ボーホン）／ノア・ダンビー／ププツニン／ババック・ハーキー／ビクター・ウェブスター／グラハム・シールズ

SHOW-HEY シネマルーム

★★★

オーバー・エベレスト　陰謀の氷壁
（冰峰暴／Wings Over Everest）

2019 年／中国・日本映画
配給：アスミック・エース／110 分

2019（令和元）年 11 月 15 日鑑賞　TOHOシネマズ西宮OS

👀 みどころ

渡辺謙がジュリアン・ムーアと共演してハリウッド進出なら、役所広司は張静初（チャン・ジンチュー）と共演して中国へ！「ヒマラヤ・サミット」が開催される中、彼がヒマラヤ救助隊の隊長として山頂近くのデスゾーンで挑む過酷な任務とは？

『ジョン・ウィック』シリーズにおける、ガン・フー、カー・フー、馬・フー等を含めアクションは多種多様だが、「ヒマラヤ・アクション」は史上初！しかし、あの高さ、あの雪と氷の中でホントに拳銃をぶっ放していいの？また、あの気象条件の中で峰の合い間にヘリを飛ばしても大丈夫なの？そんな心配の中、どんなストーリー、どんなアクションが？

もっとも、私の最大の注目は久しぶりにみる第2の章子怡（チャン・ツィイー）と言われた美人女優チャン・ジンチューだったが、アレレ・・・。

＊───＊───＊───＊───＊───＊───＊───＊───＊───＊───＊

■□■渡辺謙がハリウッドなら、役所広司は中国で！■□■

本作と同じ日に観た『ベル・カント　とらわれのアリア』（17 年）の話題が、日本が誇るハリウッドスター渡辺謙とハリウッドの大女優ジュリアン・ムーアとの共演なら、本作は日本映画を代表する名優・役所広司と、章子怡（チャン・ツィイー）に続いてハリウッド進出を果たした中国の名女優・張静初（チャン・ジンチュー）との共演が話題。さらに、本作は香港からハリウッドに進出して、『レッドクリフ Paet I』（08 年）（『シネマ 34』73 頁）、『レッドクリフ Part II』（09 年）（『シネマ 34』79 頁）等のヒット作を多数手がけたプロデューサーである張家振（テレンス・チャン）の製作だから、台湾の林柏宏（リン・ボーホン）も共演しているうえ、カナダからの出演陣も多く、国際色豊かなことも話題だ。さらに、本作は何と自分自身がモンブランやエベレストに登頂している登山家であるとともに、ゲーム会社 Gameloft 社の元中国グローバル副総裁という経歴を持つ中国の余非（ユー・フェイ）の初監督作品というから、ビックリ。

エベレストにまつわる物語と映画はたくさんある。近時私が観たものだけでも、『エベレスト　３Ｄ』（15年）（『シネマ37』82頁）、『エヴェレスト　神々の山嶺』（16年）（『シネマ37』86頁）、『フリーソロ』（18年）（『シネマ45』未掲載）等がある。それらを含め、彼はパンフレットにある「ユー・フェイ監督に影響を与えたエベレストにまつわる実話」に書かれている通りの「心境」で、「史上空前のスケールと映像美で贈るスペクタクル・エンターテイメント」たる本作を完成させたわけだ。

ちなみに、本作は中国歴代最高の興行収入約１０００億円（５６億元）を達成した映画『戦狼２　ウルフ・オブ・ウォー２』（17年）（『シネマ41』136頁）の製作会社である「春秋時代」とテレンス・チャンがタッグを組んだもの。本作は、中国・日本映画だが、原題を『Wings Over Everest』、中国題を『冰峰暴』としているから、最初から中国・日本市場以上にハリウッド市場を意識したものだ。製作費を日本がいくら負担したのかは知らないが、本作で役所広司演じる民間のヒマラヤ救助隊である「チーム・ウィングス」の隊長で、「ヒマラヤの鬼」と呼ばれる男・姜月晟（ジアン・ユエシュン）は日本人ではなく、「日系人」とされているのもミソ。私には、これはグローバル化が進んだ今の世界状況下では純粋な「日本人」では通用しないと言われているようなものと読めたが、さて・・・。

■□■ヒマラヤ・サミットでの「ヒマラヤ公約」の締結は？■□■

トランプ大統領は「パリ協定」をいとも簡単に離脱してしまった。「パリ協定」は長い間の苦労の積み重ねの上で、やっと２０１５年に１９６ヶ国が締結した「気候変動抑制に関する多国間の国際的な協定（合意）」。しかし、排出量削減目標の策定義務化や進捗の調査など一部は法的拘束力があるものの、罰則規定はない。その枠組みは、途上国を含むすべての参加国に排出削減の努力を求めると言うものだが、そこでは、いわゆる「先進国」と「後進国」で負担に差があるのが特徴。そのため、「米国第一」を掲げるトランプ大統領の主張は「地球温暖化という概念は、アメリカの製造業の競争心を削ぐために中国によって中国のためにつくりだされた」ということになるわけだ。他方、２００８年には北海道の洞爺湖で洞爺湖サミットが開催された。そのため、それが開催されたザ・ウィンザーホテル洞爺リゾート＆スパはその後有名になり、多くの観光客を集めた。私も２０１３年９月の北海道旅行でそのサミット会場を見学したが、それは立派なものだった。

それと同じように（？）、今ネパールのカトマンズでは、ヒマラヤ地域の平和のための「ヒマラヤ公約」を締結するべく多数の国の首脳が集まっていた。しかし、その水面下では「パリ協定」の締結を巡って紛糾したのと同じように、関係各国の利害が対立していた。しかして、その論点は？関係各国の主張は？

その点を追求すれば政治的テーマを含む社会問題提起作になるが、本作はその追求は一切せず、ある１つのテーマのみに特化している。それは、エベレスト山頂付近に眠る、平和のカギを握るという機密文書だ。なるほど、なるほど・・・。

■□■張静初はもっと美人だったはず？年齢の配慮は？■□■

私が、中国福建省出身の美人女優チャン・ジンチューを見たのは、『孔雀　我が家の風景』

（05 年）（『シネマ 17』176 頁）と『SEVEN SWORDS セブンソード（七剣）』（05 年）（『シネマ 17』114 頁）を観た時。美人女優チャン・ジンチューの印象はそこで詳しく書いているが、そこで私は「中国では第2の章子怡、ポスト章子怡と呼ばれる女優が多いが、彼女もその呼び声が高い女優の1人。今後も次々と出演作が控えているとのことだから、注目しなければ・・・。」と書いた（『シネマ 17』177 頁）。２００５年のベルリン国際映画祭で銀熊賞を受賞した『孔雀　我が家の風景』で一躍脚光を浴びたチャン・ジンチューは、その後『唐山大地震』(10 年) での大ヒットを受けて、ハリウッドに進出し『ラッシュアワー3』(07 年) や『ミッション・インポッシブル』(15 年) に出演している。チャン・ジンチューが目標としているチャン・ツィイーは２０１９年の第32回東京国際映画祭で審査委員長を務める等、映画人としての国際的な役割を果たしつつ、女優業もしっかり続け、美しい顔とスタイルを保ち続けている。しかし、本作に見るチャン・ジンチューは？

　命がけでエベレスト登頂に臨む山男やヒマラヤ救助チームであるチーム・ウィングスの面々が、日焼けや雪焼けを気にしたのでは仕事にならない。それは当然だが、やっぱり女優は美しいお肌の顔を保たなければ・・・。誰もがそう思うが、チーム・ウィングスに参加し、すぐに危険な任務に挑んでいる小袋子（シャオタイズ）（チャン・ジンチュー）が、お肌の美容までケアできないのは仕方ない。したがって、本作冒頭に見る女優チャン・ジンチューの美人度は？男しか入れないチーム・ウィングスに例外としてシャオタイズが入れたのは、きっとジアン隊長が同じ登山家として自分の夢を求めていた亡き娘の面影を彼女に重ねたため・・・？本作はそんなストーリーだから、シャオタイズの正確な年齢は設定されていないが、せいぜい２０歳を少し過ぎたくらい。チーム・ウィングスで1番若い救助ヘリのパイロットである韓敏勝（ハン・ミンシャン）（林柏宏（リン・ボーホン））と恋に落ちるストーリーが釣り合うためには、彼より若い方がベターだが・・・。あまり女優の年齢のことを書くと怒られるのでこれ以上は控えるが、１９８０年生まれのチャン・ジンチューを本作で役所広司と共演させ、リン・ボーホンと恋人関係にさせたのは、ちょっと無理があったのでは・・・？

■□■依頼者は厳選を！カネにつられると？■□■

　『ベル・カント　とらわれのアリア』でも、ソプラノ歌手ロクシーヌ・コスが危険の多い南米の某国の私的コンサートに出演したのは、結局「カネのため」だった。それと同じように本作でも、ジアン隊長がインドの特別捜査官と名乗るヴィクター・ホーク（ビクター・ウェブスター）とその弟マーカス・ホーク（グラハム・シールズ）からの、エベレスト山頂の通称「デスゾーン」に墜落した1機の飛行機から平和のカギを握る重要機密文書を探し出すという依頼を受けたのは、結局カネのため。ヴィクターの話では、「その文書は国家間の戦争を引き起こす可能性があるため、６５時間後、カトマンズで開かれるサミットの前に文書を取り戻したい」という話だった。ジアン隊長はこの依頼には何か裏がある

のではないかと感じていたが、結局カネの力に負けて
しまったらしい。もっとも、用心深いジアン隊長は、
オフィスにいるタシ（プブツニン）と連絡を取りなが
ら依頼された任務に挑むとともに、ヴィクターとマー
カス兄弟に対しては、「もし天候が悪化したら即中止
する」等の条件を呑ませていた。

「オーバー・エベレスト　陰謀の氷壁」
Blu-ray￥4,800+税　DVD￥3,800+税
2020年4月22日発売　発売元：バップ
©Mirage Ltd.

　しかし、弁護士の私に言わせれば、それは単なる口
約束だし、ヒマラヤの山頂でそんなことを主張して言
い争っても何の意味もないはずだ。弁護士の仕事も依
頼者との信頼関係が大切で、それが築けないにもかか
わらず多額の報酬につられて働くとロクな結果にな
らないことが多い。もちろん、百戦錬磨のジアン隊長
もそんなことは百も承知だが、本件依頼を受ければチ
ーム・ウィングスの財政難を一気に解消できると言われると、ついその誘惑に・・・。

■□■ヒマラヤ・アクションの是非をどう考える？■□□■

　本作をプロデュースしたテレンス・チャンは１９４９年生まれだから、私と同じ年齢。
そんな彼の実績はすばらしいもので、香港では『狼／男たちの挽歌・最終章』(89年)、ハ
リウッドでは『M：I－２』(00年)や『レッドクリフＰａｅｔI』『レッドクリフＰａｒ
ｔⅡ』等を手掛けている。近時のハリウッドのアクションは『ジョン・ウィック』シリー
ズにおけるキアヌ・リーヴスのガン・フー、カー・フー、ナイ・フー、馬・フー、犬・フ
ーが面白いが、本作では世界初の「ヒマラヤ・アクション」に注目！

　前述のようにエベレスト登頂を目指す映画は多いが、それらはすべて真剣そのもので、
それぞれ命がけで自分の夢に挑戦している。もちろん、本作の「ヒマラヤ・アクション」
も真剣で命がけだが、標高８７００m地点のデスゾーンで墜落した飛行機の残骸のあると
ころまでやっと登ったにもかかわらず、そんなところで命がけのアクションをド派手に展
開するのはチョー異例。そのエネルギー消費量を考えれば、それはかなり非現実的・・・？
私はそう思うのだが、すでに還暦を過ぎた役所広司をはじめ、本作では全出演者がそんな
ヒマラヤ・アクションに初挑戦！

　本作のパンフレットには、斎藤綾子氏（作家）の「息せき切る展開の連続に、鑑賞後は
走り回ったかのような爽快感」と題するレビューがあるが、あなたはヒマラヤ・アクショ
ンの是非を如何に？そこに書かれているのと同じような「爽快感」を感じることができる？
私は、標高８７００m地点でのヘリの操縦や拳銃の発射はもちろん、ザイルを振り回しな
がらの殺し合いも厳禁とし、ヒマラヤ・アクションは封じ込めたいと思ったが・・・。

２０１９（令和元）年１１月２５日記

第5章
韓国、ベトナム、インド映画

Data
監督：チェ・グクヒ
脚本：オム・ソンミン
出演：キム・ヘス／ユ・アイン／ホ・ジュノ／チョ・ウジン／ヴァンサン・カッセル

SHOW-HEY シネマルーム

★★★★

国家が破産する日

2018 年／韓国映画
配給：ツイン／114 分

2020（令和2）年1月18日鑑賞 ｜ シネ・ヌーヴォ

👀 みどころ

　１９８９年のバブル崩壊から３０年を過ぎ日本経済は一見順調のようだが、年間の国家予算が１００兆円なのに、借金は１０００兆円。これでホントに大丈夫？東京２０２０は大丈夫だとしても、２０２５年の大阪万博まで日本経済はもつの？１９２９年の世界恐慌から１００年の節目も近いが・・・？

　２００８年のリーマンショックは覚えていても、１９９７年のアジア通貨危機をあなたは覚えてる？あの時、日本は強かったが、韓国は「国家破産まであと７日」だったらしい。そんな中、韓国銀行の通貨政策チームは何を？政府首脳は何を？資金繰りに窮した時に頼るのは銀行だが、意外にヤミ金やサラ金の方が・・・？イヤイヤ、国家破産の危機なら、そうだＩＭＦが！

　世の中に「白馬の騎士」はホントにいるの？本作後半からは、フランス人俳優が演じるＩＭＦ専務理事のクソ偉そうな姿をしっかり観察したい。しかして、韓国の復活は？そして、何よりも「次に破綻するのは、我々の国かも知れない」中、日本国の対策は・・・？

―――＊―――＊―――＊―――＊―――＊―――＊―――＊―――＊―――＊――

■□■国家破産とは？自治体破綻とは？破産法の規定は？■□■

　私が司法試験の選択科目で破産法を選んだのは、短期間で習得するのに楽そうだからというだけの理由だった。早期の試験合格という結果を見ればその選択は正しかったが、それ以上にラッキーだったのは、独立して自分の事務所を構えた１９７９年以降、破産管財人の事件が急速に増えていく中でその知識が大いに役立ったからだ。もっとも、私が破産法で勉強したのは個人や会社の破産であって、国家の破産はそこには全く規定されていな

い。日本は膨大な財政赤字を抱えており、国の借金は１０００兆円を超えている。その債権者は国債を買っている国民自身だが、そんな膨大な赤字構造にもかかわらず、なぜ日本国は破産宣告を受けないの？ちなみに、北海道の夕張市は２００７年に財政再建団体に指定されて、事実上国の管理下におかれているが、自治体破綻については地方自治法をはじめとして、さまざまな法律が規定している。夕張市では２００１年に産炭地域振興臨時措置法の失効によって、同法に沿って行われていた地方交付税交付金の手厚い分配がなくなり、地方債への依存度が高まったことが財政危機の１つの要因だったが・・・。

しかして、邦題を『国家が破産する日』とされた本作は、①『タクシー運転手　約束は海を越えて』（17 年）（『シネマ 42』248 頁）、②『１９８７、ある闘いの真実』（17 年）、③『工作　黒金星（ブラック・ヴィーナス）と呼ばれた男』（18 年）（『シネマ 45』291 頁）に続く、衝撃の社会派映画とされているが、そのテーマは？１９２９年の「世界大恐慌」はいまや歴史上のお話だが、アメリカのサブプライム住宅ローン崩壊をきっかけに始まった２００８年のリーマン・ショックは、まだ記憶に新しい。すると、１９９７年７月にタイを中心にはじまったアジア通貨危機とは？IMF（国際通貨基金）は同年８月タイに対して１７２億ドルを融資、１０月にはインドネシアに対して２３０億ドルの支援を約束したが、さて韓国は？

■□■韓国の現代史は？軍事は？政治と経済は？■□■

日本は１９４５年８月１５日の敗戦後、２０２０年の今日まで戦後７５年間も戦争のない平和な国を維持してきた。それに比べると、韓国の戦後の歴史は、軍事はもちろん、政治・経済面でも激動の連続だ。これは、大阪電気通信大学の王少鋒准教授の分析どおり、「大陸国家の中国」「島国の日本」と対比して、地政学的に韓国は「半島国家」であるためだが、それと同時に韓国人特有の国民性が大きく影響していることも間違いない。

台湾では、２０２０年１月に、民主主義のルールに従って整然と総統選挙が行われたが、そんな台湾も戦後の混乱は大きく、１９４９年から１９８７年まで３８年間も戒厳令下に置かれていた。それと同じように、「朝鮮戦争」という大動乱を経た韓国も、１９７９年１０月に朴正煕（パク・チョンヒ）大統領が暗殺されるまでは軍事独裁政権が続いていたし、１９８０年５月には光州事件が勃発している。その後、韓国は曲がりなりにも北朝鮮とは正反対の民主主義国家への歩みを続けたが、軍事面での緊張感は日本とは比べものにならなかった上、政党政治や大統領選挙における民主主義のレベルは、日本や台湾よりはるかに低かった。また、経済的には「漢江の奇跡」を成し遂げたものの、その実態はまだまだ脆弱だった。そのため、１９８８年９～１０月にはソウルオリンピックを開催し、１９９６年１２月にはOECDに加盟したものの、政治的・経済的にはさまざまな問題点が・・・。

しかして、本作が描く１９９７年１０月の今、大統領は金泳三（キム・ヨンサム）だが、来たるべき１２月の大統領選挙では野党の金大中（キム・デジュン）が有力候補にのし上

がっていたうえ、１９９７年５月には金泳三大統領の息子が逮捕されていたから、選挙の行方は流動的。また、１９９７年１月には韓宝鉄鋼が倒産、７月には起亜自動車が不渡りを出すなど、韓国経済には不安が広がっていた。しかし、経済の実態を正確に把握するのは難しい。その時点での韓国の為替は？外貨準備高は？政策金利は？そんな状況下、韓国の中央銀行である韓国銀行のハン・シヒョン（キム・ヘス）をチーム長とする通貨政策チームはいかなる動きを？

■□■通貨危機の実態は？通貨政策チームの主張は？■□■

　役所広司たちが主演した原田眞人監督の『金融腐蝕列島　呪縛』(99年）（『シネマ1』112頁）では、腐敗した大銀行を再生すべく立ち上がった中堅行員たちの前向きの姿が印象的だった。しかし、韓国銀行の通貨政策チームは一体どんな仕事をしているの？それがほとんどわからないのが私にはもどかしいが、本作では、その通貨政策チームが１０日前に提出していた「通貨危機に関する報告書」が１９９７年１１月１５日に総裁の目にとまるところから物語がスタートする。

　韓国の官公庁や企業での女性幹部の登用度は日本と同じように低いが、韓国銀行の通貨政策チーム長は女性のシヒョン。チームの若手からは絶対的な信頼を得ているようだが、財政局次官という要職にあるパク・デヨン（チョ・ウジン）は、女性蔑視丸出しの高飛車な姿勢でシヒョンに対していた。為替レートと外貨準備高をメインに据えた通貨政策チームの報告書には、「国家破産まで残された時間は７日間」というショッキングな警告が含まれていたから、総裁はビックリ！「なぜ、もっと早く報告しないのか」とは今更の言い草だが、そんな状況下で緊急に招集された会議では、「国民に危機を知らせるべき」と主張するシヒョンと「混乱を招くだけだ」と反論するパク次官が激しく対立。結局、経済首席の判断で国家破産の危機は非公開とされることに。せっかく通貨政策チームの報告書が総裁の目にとまり、緊急の会議で議論したにもかかわらず、何の対策も取らないで結論の先送りとは一体ナニ？シヒョンが主張するような情報公開がホントに必要かどうかは１つの論点だが、それが主要なテーマではないはず。既に７月に起亜自動車が不渡りを出している状況下、何らかの対策が不可欠なことは明らかだ。

　ちなみに、土地バブルが膨らみ続け、「土地は誰のものか」が大テーマになる中、ＮＨＫは１９８７年９月『世界の中の日本　土地はだれのものか』を放映した。また、政府は１９８８（昭和６３）年６月２８日には総合土地対策要綱を閣議決定し、１９８９（平成元）年１２月には土地基本法を制定した。このように、１９８９年の「土地バブル」の崩壊について、日本では曲がりなりにも政府の決定（国家の意思）が発表された。それに比べると、１９９７年１１月当時の韓国政府の「国家破産」に対するの無能無策ぶりは、あまりにもあまり・・・。

■□■今なら中国頼み？あの当時は、そうだＩＭＦに頼ろう！■□■

「中華人民共和国が建国された１９４９年から１００年後の２０４９年に、中国は米国に並び、追い越す。」習近平率いる中国共産党は明確にそんな目標を掲げているから、その目標に向けて目下展開中の「一帯一路構想」は、かつての大日本帝国が唱えた「大東亜共栄圏」をはるかに超える壮大なものだ。それに基づくフィリピンやニュージーランド、オーストラリア等の近隣諸国はもとより、アフリカ諸国への進出は、アメリカを差し置いて「中国一強」の感がある。

『国家が破産する日』　配給：ツイン
2019年11月8日（金）シネマート心斎橋、11月9日（土）京都シネマ、11月23日（土）元町映画館にて公開
© 2018 ZIP CINEMA, CJ ENM CORPORATION, ALL RIGHTS RESERVED

　直近では、２０２０年１月１８日付朝日新聞は「ミャンマー　接近　中国」「『一帯一路』東南アジアへ」「ロヒンギャ問題　支援期待」との見出しで、１９日付読売新聞は「孤立ミャンマー　『一帯一路』合意」「ロヒンギャ問題で経済停滞」との見出しで、中国の「巨大経済圏構想」たる「一帯一路」に基づく３０項目以上の経済協力で合意したことを報じた。ちなみに、ミャンマー政府によれば、中国からの投資額は「数十億ドル規模」に達する見通しだ。私たちはそんな数字だけでは、容易にその実体やそこからどんな問題点が生ずる可能性があるのかわかりにくい。しかし、「巨大経済構想圏」である中国の「一帯一路」に基づく経済協力にはどんな狙いがあり、どんな問題点があるの？

　それは一人一人しっかり勉強してもらいたいが、２０２０年の今なら「国家破産まで残された時間は７日間」とされた韓国も、ミャンマーと同じように中国頼みに走ったかもしれない。しかし、１９９７年の今、１１月１５日の重要会議では何の結論も出せないまま国家破産の危機は非公開とされたが、１１月１９日にはミドパ百貨店が不渡りを出す寸前とのニュースが流れ、企業の連鎖倒産が相次ぎ、金融機関も危なくなり、自殺者も出始めていた。そんな状況下、パク次官が思いついたのは、「そうだ、IMFに頼ろう」ということだったが・・・。

■□■ピンチはチャンス！そんな男も！逆張り投資の成否は？■□■

　株の相場における格言は、「ピンチはチャンス！」。これは、ある意味で、「逆張り」投資の重要性と必要生を説いたものだ。また、「山高ければ谷深し」も、同じ株の相場における

格言だ。すると、国家破産という、想定しうる限り最大のピンチなら、そこに賭ければ「ピンチはチャンス！」に変わるはず。そしてまた、ピンチ（国家破産）が大きければ大きいほど、チャンス（俺のもうけ）も大きいはず。そう考えた男が、金融コンサルタントのユン・ジョンハク（ユ・アイン）だ。

さまざまなデータから兆候を読み取り、庶民の窮状をラジオで聞いた彼は、勤務先のノンバンクに直ちに辞表を提出して独立し、自らの考えに賛同する投資家を募ることに。私はこの手の投資家説明会を基本的に信用していないが、そこに参加してきた多くの投資家もそうだったらしい。したがって、ユンが「国家破産の危機なのに、政府は何の措置も取っていない。私はその無能と無知に投資するつもりです。」と熱弁を振るったが、そのあまりの過激さに嫌気がさしたのか、１人また２人と去って行き、残ったのは年配の投資家と若い投資家の２人だけだった。これでは投資資金は不十分、話が過激過ぎたか？とユンは反省したが、一見チャラチャラしただけの若い投資家の預金通帳残高を見るとすごい額だったから、一安心。さあ、ユンは当面何をするの？

それは、今後急速に下落していくであろうウォンを売り、ドルを買い込むこと。そして、個人や中小企業の経営者が当面の資金繰りのためにやむなく手放すであろうマンション等の不動産を安く買いたたくことだ。さあ、そんなユンの、国家破産を逆手に取った投資戦略の成否は・・・？

■□■善良な庶民と零細経営者はいつもバカをみるだけ？■□■

本作の表の主人公は通貨政策チーム長のシヒョンだが、影の主人公（？）は前述したユンともう１人、零細な食器工場経営者のガプス（ホ・ジュノ）だ。零細な製造業者にとって、ミドパ百貨店から大量の注文が舞い込むなど、普通なら夢のまた夢。そんな現実にガプスは大喜びだが、「その支払は手形で」ということだったため、二の足を踏んだのは仕方ない。しかし、大量の注文はやっぱり魅力。結局、その魅力に負けてしまったガプスは手形での支払を了解したが、１１月１９日にはミドパ百貨店が不渡りを出す寸前というニュースが流れたから、ビックリ！驚愕したガプスが担当者のもとに駆けつけると、すでに債権者が押し寄せ騒然となっていた。

私は１９７４年の弁護士登録以降、多くの不渡り手形の事件を処理したし、１９８０年～９０年代に多くの破産管財事件を処理した中でも、膨大な数と金額の約束手形、為替手形の処理をしてきた。しかし、手形は決済されてこそ意味のあるもので、「不渡り」の付箋がつけられた手形は紙切れ同然だ。

しかして、世の中が不況になり、不渡り手形が次々と生まれ企業倒産が続くと、いつもバカをみるのは庶民と零細経営者に決まっている。ガプスの取引先ではすでに数人の自殺騒動もあったようだが、さて、ガプスは大丈夫？

■□■ IMF（国際通貨基金）は白馬の騎士？それとも？■□■

　本作は韓国映画で俳優も制作陣も韓国人ばかりだが、2人の例外がいる。その1人は、後半から俄然存在感が増してくるIMF専務理事（ヴァンサン・カッセル）であり、もう1人はチラリとしか姿を見せず、一貫してIMF専務理事の影に隠れている存在のアメリカ財務次官だ。韓国がOECD（経済協力開発機構）に加盟したのは、本作が設定している1997年11月〜12月の1年前たる1996年10月。1961年に設立されたOECDは世界中の人々の経済的・社会的福祉を向上させる政策の推進を使命としており、その加盟国は36ヶ国。日本は1964年に欧米以外で最初に加盟しており、韓国の加盟はアジアで2番目だ。OECDは「先進国クラブ」と呼ばれているから、さしずめ韓国はアジアで2番目の先進国ということになる。そんなOECDに対して、1945年に設立されたIMF（国際通貨基金）は、国際連合体制の一角を形成する専門機関で、国際通貨システムの安定維持などを目的としているから、いわば「白馬の騎士」だ。したがって、「困った時の神頼み」ならぬ、「困った時のIMF頼り」をすれば、シヒョンのいうような韓国の国家破産は免れることができるはず。それがパク次官が主張したIMFへの支援要請を支持した韓国銀行総裁や経済首脳たちのシナリオだった。

　私が独立した弁護士事務所を持った1979年当時、大きな社会問題として広がっていたのが、消費者金融（サラリーマン金融）問題、いわゆるサラ金問題だった。これは、『ナニワ金融道』で有名な「ヤミ金」ではなく、出資法と利息制限法の隙間を狙った"高利貸し"。そして、合法といえば合法、違法といえば違法、どちらとも言える微妙なものだった。利息制限法を超える過去の支払分については、それを立証すれば裁判で勝訴できるが、さて、サラ金被害を訴える個人の借主が、弁護士に依頼してそんな法的手続を取ることが現実にできるの？サラ金問題はそんな（小さな）問題だったが、本作が描く韓国の「国家破産」というテーマも、その本質はそんな個人のサラ金問題と全く同じだ。そのことは、シヒョンたちを騙してまで、パク次官が手際よく秘密裏に韓国に入国させた"IMF専務理事ご一行様"が、ヤミ金やサラ金まがいに（？）並び立てるさまざまな"支援条件"を見ればよくわかる。苦学生向けの奨学金なら、返済免除のものもあるし、返済要であっても利息無しの自由返済、つまり、ある時払いの催促無しが常識だが、さて、1997年の韓国の国家破産の危機におけるIMFの「白馬の騎士」ぶりは？

■□■貸す側vs借りる側。その勝敗は？その後の韓国は？■□■

　韓国銀行に通貨政策チームがあったことは実話らしい。また、1997年に韓国を襲った経済危機についての歴史的状況も史実を踏まえているらしい。しかし、本作の紅一点として登場するシヒョンは架空の人物で、脚本を書いたオム・ソンミンが「こんな人がいたらどれほど良かっただろうか」という気持ちで造ったキャラクターだ。したがって、美人

237

で聡明しかもリーダーシップに富んだ、日本で言えばさしずめ池井戸潤原作の小説『半沢直樹』シリーズの女版のような存在だからシヒョンは魅力いっぱい。もっとも、半沢直樹の場合は「倍返し」も「１０倍返し」もすべて計算通りに成功させていたが、本作では、「通貨政策チーム」は「IMF 交渉チーム」に装いを変え、シヒョンもそこに参加して奮闘したにもかかわらず、結果は無残な敗退となってしまう姿が情け容赦なく描かれる。つまり、アメリカの財務次官をバックとした IMF トップの専務理事が振りかざす「金を貸す側」の論理が圧倒的に強く、「金を借りる側」は何を言っても通らないという、ある意味当然の現実だ。せいぜい受け入れてもらえたのは利息や返済期限等の条件緩和くらいで、根幹の条件が IMF の言いなりになってしまったのは仕方ない。その結果、１９９８年には失業者が１３０万人を超え、自殺者は前年比４２％増になったらしい。もっとも、その３年後の２００１年８月に韓国は IMF からの借入金を返済し、IMF 支援体制から脱却したからそれなりに立派だが、その間シヒョンたちはどんな役割を？それは描かれないが、本作では、それから数年後、韓国銀行を退職し、今は自らが主催するコンサル会社を立ち上げているシヒョンの下を、新たな国家危機が迫る中で、改革の意欲に燃える若い女性官僚が訪れる姿が描かれるので、それに注目！歴史は繰り返すとは、まさにこのことだろう。

■□■バブル崩壊から３０年を経た日本は？■□■

　私を含め多くの映画ファンの多くは、本作がテーマとした経済問題は苦手だろう。したがって、本作を鑑賞するについては、パンフレットにある「韓国経済関連年表」と「Key Words」を含め、その背景をしっかり勉強したい。パンフレットには、「脚本オム・ソンミンは語る」があり、そこで彼は、「韓国の通貨危機（IMF 経済危機）が起きてからいつのまにか２１年が過ぎた。韓国人の人生を大いに変えてしまう結果をもたらした事件を、多くの世代が共に経験した。１９９７年の記憶は、年代によって異なるため、すべての世代が一緒に見て話し合うことのできる映画になることを願う。」と語っている。また、「危機は国に関係なくやって来るものです。９７年の韓国の話ということではなく、危機に対処する人々の姿を日本の方にも観ていただけたら嬉しいです。」とも語っている。

　日本では、昭和から平成に変わる１９８９年に崩壊した「土地バブル」から３０年が経過した。その記憶も年代によって異なるため、すべての世代が一緒に話し合うことは難しいが、日本ではその当時の経済問題をあらためて問い直す、本作のような映画が作れているだろうか？現在、日本の年間国家予算は約１００兆円だが、同時に国の借金は１０００兆円。そんな中でも、社会保障費はもとより軍事費や災害対策費の増大は避けられないが、国の収入は？さらに、財政健全化への道はかけ声ばかりで一向に進んでいないが、そんな現状でいつまでこの国は維持できるの？そんなことをあれこれ考えると、「次に破綻するのは、我々の国かも知れない」と題した真山仁氏（小説家）のコラムを、私たちはどう読み解けばいいの？　　　　　　　　　　２０２０（令和２）年１月２４日記

Data

監督：イ・ビョンホン
出演：リュ・スンリョン／イ・ハニ
　　　／チン・ソンギュ／イ・ドン
　　　フィ／コンミョン／シン・ハ
　　　ギュン

SHOW-HEY シネマルーム

★★★★

エクストリーム・ジョブ

2019 年／韓国映画
配給：クロックワークス／111 分

| 2020（令和2）年1月13日鑑賞 | シネ・リーブル梅田 |

👁👁 みどころ

　「南北分断モノ」は韓国特有のテーマだが、犯罪モノ、刑事モノ、家族モノ、純愛モノ等どんなジャンルでも韓国映画は熱く激しいものが多い。大阪電気通信大学の王少峰准教授の『日・韓・中　三国の比較文化論』によると、「韓国では実際の兄弟でなくても、親しくなれば『兄』、『弟』と呼び合うほど、血縁関係が重視されている。」そして、「親しくなれば兄弟、姉妹のように濃密な間柄となって、そこで信頼関係が生まれる。」という国民性を有するそうだが、さて、本作の５人の刑事たちの結束は？

　「韓国の歴代観客動員数 No. 1！」にはびっくりだが、これまでのベストテンや、カンヌでパルムドール賞を受賞したポン・ジュノ監督の『パラサイト　半地下の家族』（１９年）に比べると、私にはその出来はイマイチ。しかし、コメディもいろいろ、好みもいろいろだから、今ドキの韓国の若者には、この手のコメディが受けるのだろう。

　そんな"斜め目線"を持ちながらも、実は私も、再三バカ笑いを・・・。

―――＊―――＊―――＊―――＊―――＊―――＊―――＊―――＊―――＊

■□■１６００万人突破！韓国の歴代観客動員数Ｎｏ.1に！■□■

　これまで韓国映画の歴代観客動員数ベスト10は、「韓国映画通に贈る趣味的通信　韓国映画通」の２０２０年1月9日のホームページの記事によれば、次のとおりだ。

239

1　バトル・オーシャン 海上決戦　CJエンタテインメント　2014年　17,613,682人

2　神と共に-罪と罰　ロッテエンタテインメント　2017年　14,410,366人

3　国際市場で逢いましょう　CJエンタテインメント　2014年　14,257,115人

4　ベテラン　CJエンタテインメント　2015年　13,414,009人

5　グエムル-漢江の怪物-　ショーボックス　2006年　13,019,740人

6　10人の泥棒たち　ショーボックス　2012年　12,983,330人

7　極限職業　CJエンタテインメント　2019年　公開中

8　7番房の奇跡　ネクストエンタテインメントワールド　2013年　12,811,206人

9　暗殺　ショーボックス　2015年　12,705,770人

10　王になった男　CJエンタテインメント　2012年　12,319,542人

　日本の人口は１億２６１５万人（２０１９年１２月１日現在）だが、韓国の人口は５１８４万人（２０１９年７月基準）だから、そんな韓国での１０００万人の動員はとにかくすごい。そのベスト１０、ベスト２０を見れば、歴史モノ、感動モノ、家族モノ、SFモノ、南北分断モノ、そして、さまざまな問題提起作があり、監督も『パラサイト　半地下の家族』（19 年）ではじめて韓国にカンヌ国際映画祭のパルムドール賞をもたらしたポン・ジュノをはじめとする多くの著名監督がランキングされている。そんな中、韓国公開半月で１０００万人を突破。話題が話題を呼び１６００万人を超え、ついには歴代観客動員数 No.１を記録したのが、「昼はチキン売り　夜は潜入捜査官」「犯人を挙げるか、チキンを揚げるか！」をキャッチフレーズ（？）にした本作だ。

　「麻薬捜査班が検挙のために偽装営業したのは、フライドチキン店！？」「前代未聞の"揚げる大捜査線"が始まる！！」「★★★潜入捜査の絶対ルール★★★１．揚げたて熱々をお客様の元に！２．ソースは秘伝のカルビソース！３．狙った獲物は絶対に逃さない！」等の文言が踊るチラシを見れば、本作は「潜入捜査モノ」ながら、『インファナル・アフェア』（02 年）（『シネマ 5』333 頁）、『インファナル・アフェア〜無間序曲〜（INFERNAL AFFAIRS II）』（03 年）（『シネマ 5』336 頁）、『インファナル・アフェアⅢ／終極無間』（03 年）（『シネマ 17』48 頁）のようなリアルなものではなく、コメディだということがすぐにわかる。しかし、なぜそんな「コメディもの」がベスト１０に入っただけでなく、歴代観客動員トップに？

■□■監督は？俳優陣は？■□■

　本作の監督はイ・ビョンホン。そう聞くと、韓国映画通なら「え、あのイ・ビョンホンが、こんなコメディの監督を？」と驚くはず。イ・ビョンホンと言えば、『誰が俺を狂わせるか』（95 年）（『シネマ 19』130 頁）でデビューし、以降、『JSA』（00 年）（『シネマ 1』62 頁）、『純愛中毒』（02 年）（『シネマ 6』326 頁）、『甘い人生』（05 年）（『シネマ 7』227 頁）、『悪魔を見た』（10 年）（『シネマ 26』185 頁）等々に出演し、演技力に加え、作品ご

とにあらゆるキャラクターを演じられることから、「千の顔を持つ俳優」と称されている、韓国を代表する名優。しかし、本作のイ・ビョンホンは同姓同名ながらまったくの別人で、１９８０年生まれの若手監督だ。

© 2019 CJ ENM CORPORATION, HAEGRIMM PICTURES. CO., Ltd ALL RIGHTS RESERVED

　本作は、「麻薬捜査班」の結集する５人のチームワークが最初から最後まで見モノだが、その核となるのがコ班長。そのコ班長役で、クライマックスが近づくにつれて「ゾンビ班長」と呼ばれる大仕事を成し遂げる俳優が、『王になった男』（12年）（『シネマ30』89頁）で名優イ・ビョンホンと共演していたリュ・スンリョンだ。彼は、その他に『バトル・オーシャン／海上決戦』（14年）や『７番房の奇跡』（13年）等に出演しており、時代劇からコメディまで何でもこなす俳優だが、私にはあまり馴染みのない俳優。

　また、石原裕次郎をボスにしたかつての人気ドラマ『西部警察』の面々は渡哲也、舘ひろし、寺尾聰、藤岡重慶等々のメンバーだったが、本作でコ班長の下に結集するのは、①麻薬捜査班の万能トラブルシューターのチャン刑事（イ・ハニ）、②麻薬捜査班の絶対味覚のマ刑事（チン・ソンギュ）、③麻薬捜査班の孤独なチェイサーのヨンホ刑事（イ・ドンフィ）、④麻薬捜査班の危険な情熱のジェフン刑事（コンミョン）の４人。それぞれのキャラの濃さは『西部警察』の面々以上だ。とりわけ、それは本作のクライマックスになる大乱闘シーンで顕著になるが、その是非は？また、７０歳老人のくせに、私はどうしても美人女優に目が行ってしまうが、その点ではチャン刑事のアクションは十分だが、美貌はイマイチ・・・？

■□■コメディもいろいろ。好みもいろいろ。さて本作は？■□■

　私はコメディ映画が嫌いなわけではない。『男はつらいよ』シリーズは大好きだし、馮小剛（フォン・シャオガン）監督の『イノセントワールド－天下無賊－（天下無賊／A WORLD WITHOUT THIEVES）』（04年）（『シネマ17』294頁）や、寧浩（ニン・ハオ）監督の『クレイジー・ストーン～翡翠狂騒曲～（瘋狂的石頭）』（06年）（『シネマ17』309頁）も大好き。また、周星馳（チャウ・シンチー）監督の『カンフーハッスル』（04年）（『シネマ17』484頁）も大好きだ。しかし、『痛快なりゆき番組　風雲！たけし城』やザ・ドリフターズの『8時だヨ！全員集合』のような、笑いだけを狙ったアホバカバラエティーは好きではない。したがって、韓国で近時大ヒットした『神と共に　第一章：罪と罰』（18年）（『シネマ45』未掲載）もあまり好きではなく、私は星3つとした。

　従軍慰安婦問題や元徴用工問題について、前の朴槿恵（パク・クネ）政権の政策を大きく転換させた文在寅大統領の登場によって、近時の日韓関係は冷え込み、観光客も激変しているが、『冬のソナタ』に代表される一時の韓流ドラマブームはすごかった。終戦直後にはラジオドラマ『君の名は』の大ヒットによって、その放送時間帯は女湯が空になったという社会現象まで生まれたが、それと同じように、当時の日本のおばさま族はこぞってTVにへばりついていたわけだ。しかして、本作の観客を見ていると、今なおその名残があることがよくわかった。つまり、韓国No.1の大ヒット作にもかかわらず、本作の入りは半分程度だったが、そのほとんどはおばさま族。そのため、あちこちでポリ袋の音が聞こえてくるうえ、スクリーン上にちょっとした笑いを誘うシーンが登場すると、あちこちでバカ高い笑い声が。これは、完全に普通に観る映画とは違うと実感！さらに、終映後エレベーターに向かっていると、「オーバーアクションがカッコいい！」「やっぱり日本の映画とは違うねえ！」等々の"感激"を語り合う、かん高い声があちこちで。

　なるほど、私にはイマイチの本作も、日本のおばさま族には感激作らしい。そうすると、本作が韓国の若者たちに大ヒットするのは当然かも。だって、今ドキのくだらない邦画に日本の若者は結構満足しているようだから・・・。

■□■韓国人の国民性は？ブレの大きさは？その結束力は？■□■

　去る2020年1月11日に行われた台湾の総統選挙では、民主進歩党の蔡英文氏が約820万票（得票率57％）を獲得して、国民党の韓国瑜氏の約550万票（得票率39％）に圧勝した。台湾は、戦後1947年2月～1987年7月まで長い戒厳令下に置かれたが、その後の民主的な選挙による政権交代は順調に進んでいる。これは、世界的にも珍しいものだ。それに対して、1950年～1953年の朝鮮戦争停戦後、韓国は経済力では北朝鮮に圧倒的な差をつけると共に、民主主義国家としての歩みを続けてきたが、政権交代の度に歴代大統領が逮捕されたり自殺したりしてしまうから、政治の面では非常にブレ

が大きい国。そして、ブレの大きさは、韓国人の国民性も同じらしい。

　ちなみに、私は２０１９年末に大阪電気通信大学の王少鋒准教授と会い、彼女の著書である『日・韓・中　三国の比較文化論』(00年) を贈呈されたが、それを読むと、「日・韓・中三国文化の同質性と異質性」が面白かった。同書では、日・韓・中三国文化の異質性について、風土を①島文化（日本）、②半島文化（韓国）、③大陸文化（中国）に分けたうえで、「日常レベルにおける生活様式」、「非日常レベルの祝祭」、「言語」を対比し、最後に「国民性の対比（まとめ）」をしている。そこでは、韓国人について、「韓国では実際の兄弟でなくても、親しくなれば『兄』、『弟』と呼び合うほど、血縁関係が重視されている。これは親しくなれば血縁と等しい強い紐帯感が生じるという意味である。韓国では男同士が手を握り合って歩いているのをよく目にする。親しくなれば兄弟、姉妹のように濃密な間柄となって、そこで信頼関係が生まれる。」と書かれていた（203頁）が、本作における５人の刑事たちの結束ぶりを見ると、なるほど、なるほど・・・。

■□■水原カルビ味チキンの味は？麻薬と同じく中毒性が？■□■

　本作は、もう後がない５人の麻薬捜査班の刑事たちによる「潜入捜査モノ」と宣伝されているが、実際には、犯罪組織のアジト前にあった廃業寸前のチキン店を引き継ぎ、出前等による情報収集を狙って、本格的な偽装営業を開始するストーリーだから、本来の意味での潜入捜査モノではない。そんな本作が、韓国動員１６００万人突破、歴代興行収入No.1の記録的メガヒットになったのは、「昼はチキン売り　夜は潜入捜査」「犯人を挙げるか、チキンを揚げるか」等の面白い宣伝文句のおかげ！？いやいや、やはりそれだけではなく、トラブルメーカーながら、意外にも絶対味覚の持ち主だったマ刑事が厨房長として作る「水原（スウォン）カルビ味チキン」の味が素晴らしかったからだろう。

　もっとも、「水原カルビ味チキン」の大ヒットによって全国に名を馳せ

© 2019 CJ ENM CORPORATION, HAEGRIMM PICTURES. CO., Ltd
ALL RIGHTS RESERVED

© 2019 CJ ENM CORPORATION, HAEGRIMM PICTURES. CO., Ltd
ALL RIGHTS RESERVED

るようになり、テレビ取材の効果もあって全国から客が押し掛けてくると、捜査は後回し、チキン売りで息つく暇もないほど忙しくなってしまったから、アレレ・・・。「水原カルビ味チキン」には、麻薬と同じような中毒性（？）があるらしい。そのため、今や押し寄せてくる客と同じように、5人の刑事たちも、犯人を挙げる以上にチキンを揚げる中毒に罹ってしまったようだ。そんな中、ある日、犯罪組織と接触する絶好の機会が訪れたが・・・。

■□■取引現場を押さえれば一網打尽！ハイライトは？■□■

　「任侠道」を追求している「山口組」や「神戸山口組」では、麻薬でシノギをすることはご法度とされている。多分、それは建前だけだろうが、それでも日本はまだマシだ。他方、本作にみる「悪党界のドリームカムトゥルー」であるイ・ムベ（シン・ハギュン）や、「悪党界のショー・ミー・ザ・マネー」であるテッド・チャン（オ・ジョンセ）を見ていると、そんな自制心すら全くないようだ。イ・ムベとテッド・チャンの力関係では、圧倒的にイ・ムベの方が強く、麻薬捜査班の5人がチキン店の偽装営業をしてまで、どうしても捕まえたいと切に思う悪党がイ・ムベ。この男は、相手を惑わす巧みな話術と華やかなスタイルを誇る無慈悲な悪党らしい。他方テッド・チャンは、イ・ムベに毎度やられっぱなしの弱々しい悪党で、今回もイ・ムベが提案した新たな麻薬流通事業にたちまち気持ちが傾き、表向きはフランチャイズのピザ屋を成功させた実業家だが、裏では金になれば何も確かめずに法を犯すこともためらわない悪人らしい。

　しかして、本作ラストではこの2人の間で大規模な麻薬取引が行われるが、今その動きに執拗に食らいつき、麻薬取引の現場に潜入しているのは、ヨンホ刑事ただ1人だ。2つの犯罪組織を一網打尽にするためには、取引現場を押さえ、ブツを押収することが不可欠だが、それには麻薬捜査班5人全員の協力が不可欠。さあ、そこでヨンホはどんな非常手段を・・・？

　本作前半では、水原カルビ味チキンを考案したマ刑事の「絶対味覚」という隠れた才能にびっくりさせられたが、本作ラストのクライマックスでは、5人が5人とも格闘技で「オリンピック韓国代表」のような隠れた本領を発揮するので、それに注目しながら、悪人たちを一網打尽にしていくハチャメチャアクションをたっぷり楽しみたい。何事にも一途に熱くなる傾向が強い国民性を持つ韓国の人たちは、きっと本作のそんな結末に大興奮し、大喜びしたのだろう。その結果、本作は、「韓国動員1600万人突破！歴代興行収入No.1の記録的メガヒット！」するとともに、コ班長を代表とする5人の刑事たちは、すべて2階級昇進のご褒美が。スクリーン上はそれにて万々歳だが、本作がそれほど大きな興行収入を挙げたのなら、イ・ビョンホン監督とプロデューサーにも、それ相応の特別ボーナスを支給しなければ・・・。

2020（令和2）年1月20日記

Data
監督・脚本：アッシュ・メイフェア
出演：トラン・ヌー・イエン・ケー
／グエン・フオン・チャー・
ミー／マイ・トゥー・フオン
／グエン・ニュー・クイン／
レ・ヴー・ロン／グエン・タ
イン・タム／ラム・タイン・
ミー／マイ・カット・ヴィ／
ブイ・チュン・アイン／ファ
ム・ティ・キム・ガン

SHOW-HEY シネマルーム

★★★★★

第三夫人と髪飾り

2018 年／ベトナム映画
配給：クレストインターナショナル／93 分

2019（令和元）年 11 月 25 日鑑賞 ／ テアトル梅田

👀 みどころ

イスラム圏では今でも一夫多妻制だが、つい最近まで、それは日本でも中国でも、そしてベトナムでも！

張藝謀（チャン・イーモウ）監督の『紅夢』（91 年）では、鞏俐（コン・リー）扮する第四夫人がとんでもない事件を起こしたが、本作で第三夫人として嫁いできた１４歳のヒロインは？

美しい風景の中から紡ぎ出される幻想的な物語は、今ドキの説明過剰な邦画とは大違いの魅力でいっぱい。これぞ映画！そう感じられるベトナムの若き女性監督アッシュ・メイフェアの映画作りの技量をしっかり確認したい。

さらに、冒頭とラストの対比や、長い髪を切りながら川に流していく少女の思いも、しっかり味わいたい。

―― * ―― * ―― * ―― * ―― * ―― * ―― * ―― * ―― *

■□■ベトナムにも「第三夫人」が！しかも１４歳！■□■

張藝謀（チャン・イーモウ）監督の『紅いコーリャン』（87 年）を観た時は大きな衝撃を受けた（『シネマ5』72 頁）が、続いて『紅夢』（91 年）をＤＶＤで観た時も同じような衝撃を受けた。日本でも一夫多妻制や妾制度は長い間続いていたし、家制度や長子相続制度もそれとセットで長い間続いていた。したがって、由緒ある家の、甲斐性ある男は、一夫多妻は当たり前。そして、その本妻はもちろん、側室や妾もその最大の仕事は家を承継できる可能性を持つ男の子を産むことだった。その最たるものが、徳川将軍家を存続させるための「大奥」制度で、それは映画にもされている（『シネマ13』205 頁）（『シネマ25』未掲載）。

そんな大規模な大奥制度は日本に１つしかなかったが、家制度、長子相続制度、そして

一夫多妻制はチャン・イーモウの『紅夢』が描いた中国のみならず、ベトナムにも！しかも、これは本作を監督した女性アッシュ・メイフェア自身の曾祖母の体験をもとにしているそうだからビックリ。

　時代は１９世紀。舞台は北ベトナムの秘境。冒頭は私が２００４年の中国旅行で体験した漓江下りのような、美しい渓谷を流れる川を上ってくる舟の風景から始まる。花であしらわれた手こぎの小さな舟に乗っているのは、１４歳のまだあどけない少女メイ（マイ・トゥー・フオン）だ。彼女は絹の産地であるこの地を治める大地主ハン（レ・ヴー・ロン）のもとに第三夫人として嫁いできたそうだが、それは一体なぜ？『紅夢』では、鞏俐（コン・リー）扮する、第四夫人として嫁いできた頌蓮（スンリェン）が４人の夫人たちの嫉妬争いの中で、あっと驚く「ある事件」を起こしたが、さて本作は？

■□■美しい世界遺産の風景と幻想的な映像にうっとり！■□■

　近時の邦画は何でも説明調で、美しい風景や幻想的な映像だけでストーリーを引っ張っていく手法は激減している。また、大型スクリーンもテレビ画面を拡大しただけのもので、明るく美しいのはいいのだが、カメラ撮影上の工夫はなく、極端なクローズアップも少ないから、インパクトのない映像ばかりになっている。それに比べると、張藝謀監督の『紅夢』（91年）は？そしてまた、ベトナムの新進女性監督アッシュ・メイフェアの本作は？

　本作は、冒頭の美しい小舟による川のぼりの風景だけでスクリーン上に引き込まれるが、これは一体どこ？これが、ベトナムの首都ハノイから南へ約９０キロ下ったニンビン省にあるチャンアンだと知ってビックリ！ここは、奇岩が連なる断崖絶壁の山々とその麓を流れる川や湿原が織りなす景観で、鍾乳石が垂れ下がる神秘的な洞窟などが近年注目を集め、その絶景を求めて世界中から観光客が押し寄せているそうだ。そして、２０１４年にはチャンアンを含むベトナム北部・ニンビンの一部エリアが、文化遺産と自然遺産の双方を兼ね備える「世界複合遺産」として登録されたことでも有名だそうだ。中国旅行には約２０回も行ったが、ベトナム旅行にはまだ一度も行ったことのない私は、本作を見て俄然ベトナム旅行を渇望することに・・・。

　チャンアンは「絹の里」だから繭の製造が行われているのは当然だが、その手法は？

　やさしく流れる川辺に女たちが足を浸す風景も美しいが、アッシュ・メイフェア監督がスクリーン上に見せる風景描写の映像技術は巧みだから、スクリーン上で次々と展開される北ベトナムの都市チャンアンの美しい風景とその幻想的な映像に私はただただうっとり！これが、あの「ベトナム戦争」で長年苦しんだ北ベトナムの都市とは思えないほどの美しさだ。

■□■夫人たちの力関係は？メイの妊娠は？■□■

　『紅夢』では、今夜をどの妾の家で過ごすかを決めた主人は、その家の前に紅い提灯を

(C) copyright Mayfair Pictures.

灯すことによってその意思を示していた。また、その日その妾は足マッサージを受け、食事を決定することができ、下僕たちの尊敬と服従を得ることができていた。第四夫人として嫁いできたスンリェンは、当初その足マッサージに満足するとともに主人との楽しい夜にも十分満足していたが、それが長続きせず、別の夫人の前の紅い提灯の明かりが増え始めると・・・？

　本作の特徴の１つは前述した風景の美しさだが、他方で、メイをはじめとする女たちの美しさを際立たせるアッシュ・メイフェア監督の撮影技術にも目を奪われる。本作の原題は『Ｔｈｅ　Ｔｈｉｒｄ　Ｗｉｆｅ』だが、邦題を『第三夫人と髪飾り』としたことの意味がはっきりわかるのは、第二夫人が１４歳のメイに性の手ほどき（？）をするシーン。第二夫人が女の身体のしくみや性のよろこびのしくみを教えるのに使ったのが髪飾りだが、アッシュ・メイフェア監督はそんなシークエンスを本作でいかに美しく撮っているの？かつての日活ロマンポルノ全盛時代、多くの若手監督はそんなシーンの撮影に工夫を凝らしたはずだ。

　そんな性の手ほどき（？）を受けたメイはしっかり初夜の儀式を済ませた上、早々に妊娠したから、主人をはじめ家中が大喜び！もっとも、第一夫人には既に成人した男の子ソン（グェン・タイン・タム）がいたが、第二夫人には３人の女の子しかいなかったから、そんな中でメイがもし男の子を生んだら・・・？

■□■官能の世界は？男女の性愛の混乱ぶりは？■□■

　日活ロマンポルノでは、官能の世界をいかにスクリーン上に魅せるかがポイントだったが、本作にはそんな要請はない。しかし、メイフェア監督は、１９世紀のベトナムにおける「大奥」の世界にも、官能の世界や男女の性愛の混乱ぶりをスクリーン上に描くことが不可欠と考えたらしい。そして、その役割を３人の中で最も美人で官能的な第二夫人に担わせた。ある晩、用を足すため寝室を出たメイは、第二夫人が屋敷の外に出て行くのを目撃したため、後をつけていくと・・・？

　「密通」とか「不義密通」とかの言葉は、日本でも徳川時代によく登場していたが、それは１９世紀のベトナムにもあったらしい。しかして、第二夫人の密通相手は何と第一夫人の一人息子ソンだったから、ビックリ。これでは不義密通の上に、近親相姦のおまけつきだ。そんな罪が露見した場合、その罰は？私にはその罰の軽さが意外だったが、この波紋は家全体にどのように広がっていくの・・・？

■□■第１の悲劇は？男児を産むというお仕事は？■□■

　私が近時ハマっているいくつかの「華流ドラマ」では、宮廷における皇族たちの権力争いと、女たちの嫉妬争いがポイントだが、新たに第三夫人を迎えた大地主宅でも、妊娠したメイが「男の子を産みたい」と願い始めた頃から、３人の夫人たちの間に少しずつ波紋が・・・。もっとも、当初のそれは、第一夫人も妊娠したことを知ったメイが、「自分のお腹の子が男の子でありますように」と神様に祈っただけのことだが、それは何を意味していたの？

　そんな中で起きたのが第１の悲劇、つまり、第一夫人が突然流産してしまったことだ。この流産は自分が男児の誕生を神に祈ったせいだ。そう考えたメイの頭の中が少し混乱したのは仕方ない。しかして、あの時に髪飾りを使って性の手ほどきをしたのと同じように、今、そんなメイを優しく慰めたのも第二夫人。そんな優しさに触れて、感情が高ぶったメイは、思わずそこで第二夫人の唇を求めたが・・・。

■□■第２の悲劇は？なぜ自殺を？メイの出産は？■□■

　『紅夢』の悲劇は殺人を伴う重大な犯罪行為から起きたが、本作に見る第２の悲劇は、ソンの意に沿わない結婚話から起きていく。結婚は一夫一婦制、そして、その選択は男女の自由な意思に基づくもの。したがって、いくら両親でも息子や娘の意に沿わない結婚の押し付けはできないもの。２１世紀の今ではそれが常識だが、そんな考えが生まれ、定着したのはここ１００年のことに過ぎない。江戸時代はもちろん、明治の近代国家になった日本でも、そして戦前の日本でも、自由な男女の意志に基づく結婚などありえなかった。そして、それは１９世紀のベトナムでも同じだ。

いくら美人で魅力的であっても、第一夫人の一人息子であるソンが第二夫人にホレるのはご法度。ところが、その不義密通がバレて処罰を受けても、なおソンは第二夫人への思いを断ち切れなかったらしい。その辛い心情を打ち明けるソンに対して、使用人のラオ（グエン・ニュー・クイン）は自身の悲恋を打ち明けて慰めたが・・・？

　そんなソンは当然結婚適齢期だから、息子の嫁を決める権利を持つ父親（大地主）が選んだ嫁はトゥエット（ファム・ティ・キム・ガン）という美しい娘だ。しかし、今なお第二夫人への思いを断ち切れないソンは激しくその結婚を拒否したから、そんな場合、実家を離れてソンの元に嫁いできたトゥエットの立場はどうなるの？そこから生まれる第2の悲劇は何ともいたたまれないものだが、本作ではそれをしっかりと確認したい。そして、

　そんな悲劇の中、第一夫人の機転のおかげで何とか女の子を出産したメイの心境は？

　本作冒頭は、美しい渓谷を流れる川を小舟に乗った花嫁姿のメイが上ってくるものだが、ラストは逆に、トゥエットの遺体を乗せた船が川を下っていくもの。この船をメイは一体どんな思いで見つめているのだろうか。さらに、第二夫人の次女ニャン（マイ・カット・ヴィ）は日ごろから「男になりたい」と言っていたが、それは一体なぜ？そして今、ニャンは自らの長い髪を切っては水に流していたが、この行為は一体何を意味するの？近時の、あまりにも説明調が目立つ邦画の対極に位置する、本作ラストの美しい風景と心情豊かなさまざまな思いをじっくりと味わいたい。そして、メイフェア監督の次回作に大いに期待！

ここは、女たちの愛と哀しみが眠る桃源郷。

『第三婦人と髪飾り』　発売中　DVD 3,800 円(税抜)
発売元：PAD レーベル　販売元：TC エンタテインメント
(C) copyright Mayfair Pictures.

2019（令和元）年11月29日記

Data

監督：グエン・ケイ
共同監督：チャン・ビュー・ロック
脚本：グエン・ケイ／A TYPE MACHINE
出演：ニン・ズーン・ラン・ゴック
　　／ホン・ヴァン／ジエム・ミ
　　ー９Ｘ／オアン・キエウ／ジ
　　エム・ミー／Ｓ．Ｔ３６５／
　　ゴ・タイン・バン

SHOW-HEY シネマルーム

★★★★

サイゴン・クチュール

2017年／ベトナム映画
配給：ムービー・アクト・プロジェクト／100分

| 2020（令和2）年1月26日鑑賞 | シネ・ヌーヴォ |

みどころ

　時代は１９６９年、舞台はサイゴン。すると、ベトナム戦争一色の映画！思わずそう身構えたが、本作は女性映画、ファッション映画だ。同じベトナム人女性監督ながら、『第三婦人と髪飾り』（18 年）とは全く異なる視点に注目したい。

　１９６９年に「ミス・サイゴン」に選ばれ、最新ファッションを誇っていても、４８年後の２０１７年にタイムスリップしてみると？ベトナムのアオザイは中国のチャイナドレスと共に男には憧れだが、モードとしては、また商売としてはどうなの？

　「タイムスリップもの」は多種多様だが、１９６９年のニュイと２０１７年のニュイが「共闘」し、店の奪還とアオザイの復活を目指す、おとぎ話のような物語をたっぷり楽しみたい。

―――＊―――＊―――＊―――＊―――＊―――＊―――＊―――＊―――＊―――

■□■時代は１９６９年。舞台はサイゴン！ベトナム戦争は？■□■

　私が大学に入学したのは１９６７年４月。すぐに学生運動に飛び込んだ私は、国内的には７０年安保闘争に向けた諸問題に、そして海外的には反戦フォークソングのブームが盛り上がる中、ベトナム戦争反対一色の政治闘争に取り組んでいった。ベトナム戦争はもともとベトナムの統一を目指す内戦だったが、ホー・チ・ミン国家主席率いるベトナム民主共和国（北ベトナム）からの共産化を防ぐという名目でアメリカが介入し、ベトナム共和国（南ベトナム）を支援したため、大規模かつ長期にわたる戦争になってしまった。アメリカ軍による“北爆”が始まったのは１９６５年２月からだが、それ以降急速に高まったベ

トナム反戦運動の中で国民の支持を失ったジョンソン大統領は、１９６８年には北爆の中止と次期大統領選への不出馬を表明した。しかし、北ベトナム軍によって、南ベトナムの首都・サイゴンが陥落し、ベトナム戦争が終わったのは１９７５年４月３０日だから、１９６９年当時のサイゴンは戦争一色になっていたのでは？

　そう考えると、時代は１９６９年、舞台はサイゴン。そんな映画である本作は、当然ベトナム戦争一色に？誰でもそう思ったはずだが、本作はさにあらず。本作冒頭に登場するのは、サイゴンで９代も続いているという老舗のアオザイの仕立て屋「タン・ヌー」だ。ベトナムのアオザイは中国のチャイナドレスと共に男の憧れだが、それはなぜ？そんなことを考えながら、本作導入部にみる「タン・ヌー」の店のアオザイの魅力をしっかり感じ取りたい。

　「タン・ヌー」の経営者はカリスマ性タップリかつ超美人の母親（ゴ・タイン・バン）で、その一人娘がミス・サイゴンに選ばれるほどの美貌とファッションセンス抜群のニュイ（ニン・ズーン・ラン・ゴック）。また、「タン・ヌー」の店も来客たちも優雅そのもので、私が大学時代を過ごしていた１９６９年当時の日本よりはるかに豊かで華やかな雰囲気だ。さらに、老舗のアオザイ仕立て屋であるにもかかわらず、アオザイが嫌いで、６０年代の新しいファッションに夢中になっているニュイは、１９６８年に『天使の誘惑』でレコード大賞を取り『夕月』も大ヒットさせた、ミニスカート姿がよく似合う黛ジュンをはるかに超えたファッションセンスの持ち主だ。おいおい、これってホントの話？一瞬そんな疑問が湧いてきたが・・・。

■□■１９６９年から２０１７年にタイムスリップ！■□■

　「タイムスリップもの」は概ね面白い。邦画における、そのかつての代表は、本広克行監督の『サマータイムマシン・ブルース』（05 年）（『シネマ 8』150 頁）や、篠原哲雄監督の『地下鉄（メトロ）に乗って』（06 年）（『シネマ 12』45 頁）、そして近時の代表は『明日にかける橋　１９８９年の想い出』（17 年）だ（『シネマ 42』50 頁）。「タイムスリップもの」には、現在から過去に遡るものと、現在から将来に飛んでしまうものの、２パターンがある。『明日にかける橋　１９８９年の想い出』は２０１０年の現在から１９８９年の、昭和から平成に変わる時代にタイムスリップするものだったが、本作は逆に１９６９年の現在から２０１７年の未来（48 年後）にタイムスリップするものだ。

　本作導入部では、ベトナム戦争の真っ最中たる１９６９年のサイゴンとは到底思えない風景の中で、店の後継問題をめぐる母親と一人娘との確執が描かれる。もっとも、母親は気長に娘の気持ちの変化を待っているようで、場合によれば、自分の良き理解者でありかつ自分に忠実な部下であるタン・ロアン（オアン・キエウ）に後継ぎ（もしくは、ショート・リリーフ）を託そうと考えているらしい。そんな中、母親は自分の技術の限りを尽くして娘のためにすばらしいアオザイを作ったが、ある日ニュイがそれを一人で試着し胸の

251

飾りに手を触れてみると・・・？あら、あら不思議、ニュイは突然２０１７年のサイゴンにタイムスリップしてしまうことに。

■□■４８年後の自分とご対面！母親は？お店は？■□■

　１９４５年（昭和２０）年３月１３日生まれだから、２０２０年３月１３日には７５歳になる女優・吉永小百合は、私が中・高校時代に見た「銀幕スター」のまま、ほぼ現在に至っているから、すごい。しかし、１９６９年にミス・サイゴンに選ばれていた美女ニュイの４８年後は、およそその当時の面影を残さない太っちょおばさんアン・カイン（ホン・ヴァン）になっていたから、アレレ。

　韓国映画のタイムスリップものである『怪しい彼女』(14 年)はバカバカしいコメディ全開の中でも、ついホロリとする面白い映画だった（『シネマ 33』282 頁）。そこでは「青春写真館」で記念写真を撮る中で、７０歳のおばあさんを若き日のオードリー・ヘプバーンそっくりの２０歳の娘にタイムスリップさせていた。しかも、同作では「二人一役」の面白さが際立っていた。

　本作もそれと同じように、１９６９年のニュイをニン・ズーン・ラン・ゴックが、２０１７年のニュイ（アン・カイン）をホン・ヴァンが演じているから、その対比をしっかり確認したい。そしてまた、それ以上に、本作ではこの２人が世代を越えて共闘する姿に注目したい。２０１７年のニュイ（アン・カイン）がこんなにでっぷり太っているのは、酒飲みの自堕落な生活を続けたせい。それはそれで責められるべきだが、事情を聞いてみると、９代目の母親が急逝した後、店は傾き倒産。生家も取り上げ寸前の状態になっているらしい。その結果、「タン・ヌー」は２０１７年のタン・ロアン（ジエム・ミー）が承継していたが、店の実権はデザイナーのヘレン（ジエム・ミー 9X）が握り、店を仕切っていた。そして今ではもはやアオザイは扱っておらず、すべて最新のモードばかりになっていた。なるほど、なるほど・・・。

　しかし待てよ。ニュイはアオザイが嫌いで最新ファッションが得意だったはず。そうであれば、これだけ環境が激変しているなら、ニュイの最新ファッションセンスを発揮するのに、むしろベター。そう考えたニュイは「タン・ヌー」の中で己の力を発揮し、店の実権をヘレンから奪い返すべく、２０１７年のニュイ（アン・カイン）との共闘を開始することに。

■□■２人のベトナム人若手女性監督の異なる視点に注目！■□■

　本作がベトナムの若手女性監督グエン・ケイの最新作なら、２０１９年１１月２５日に観た『第三夫人と髪飾り』(18 年) も、ベトナムの若手女性監督アッシュ・メイフェアの作品。『第三夫人と髪飾り』は、「１９世紀、北ベトナムの絹の里。富豪のもとに嫁いできた若き第三夫人」を主人公にしたもので、張藝謀（チャン・イーモウ）監督の『紅夢』(91

年）を彷彿させる名作だった。それに対して本作は、グエン・ケイ監督が自ら「女性を描いた映画ということでは、『8人の女たち』『若草物語』。ファッション映画ということでは『プラダを着た悪魔』を参考にしています。」と語っているように、とりわけ後半からは、ファッション映画の色彩が濃くなっていく。本作の鑑賞については、そんな2人のベトナム人若手女性監督の異なる視点に注目したい。

　かつてのアオザイの老舗だった「タン・ヌー」も、今はデザイナーのヘレンが一切を仕切る「上流階級御用達」の最新モードの店になっていた。そのため、そこで交わされるファッションやモードの会話は、私にはチンプンカンプン。『プラダを着た悪魔』（06年）では、若手美人女優のアン・ハサウェイがアシスタントとして、メリル・ストリープ扮するファッション誌の独裁編集長の下で悪戦苦闘させられていた（『シネマ12』367頁）が、それは本作も同じ。ニュイは自分の最新ファッションセンスこそベストと考えていたが、それは1969年当時のもの。それから48年も経った2017年の最新ファッションは、ニュイの知らないものばかりだ。

　しかし、そこは生まれつきの才能と持ち前の負けん気を発揮すれば、何とか追いつき追い越せるはず。そう考えたニュイは努力を重ねたが、それを応援してくれたのが、今の「タン・ヌー」の店を継いでいる2017年のタン・ロアンの息子トアン（S.T365）だ。若い2人が恋人のようになっていったのはごく自然だが、このようにニュイのファンやニュイ

が作るファッションの支持者が増えてくると、ヘレンにとってはいいことだが、その反面権力闘争の心配も芽生えることに。もちろん、ヘレンは現代的なファッションセンスの持ち主であると同時に、現代的で合理的な店の経営が持論。才能ある者を抜擢し、店の利益を拡大することを第一義に据えるはずだから、ニュイがヘレンの下でアシスタントとして能力を発揮し、会社に貢献すればそれでよし。ヘレンはそう考えていたはずだが、ニュイの企画を採用したアオザイのファッションショーで、ニュイが作ったアオザイのデザインが絶賛されると・・・。

■□■甘ったるい大団円だが、おとぎ話ならOK！■□■

　私が近時ハマっている、宮廷の権力闘争を中心とした華流ドラマは全５０〜６０話の長編だから、登場人物が多いうえ、権力闘争のサマは複雑で奇々怪々。それに比べると、本作の１９６９年のニュイと２０１７年のニュイ（アン・カイン）の連合軍に、トアンというイケメンの応援団も加えた「権力奪還派」と、現有権力の保持を目指すヘレンとの「タン・ヌー」の店を巡る権力闘争（？）は単純でわかりやすい。その原因は、最新ファッションの中に、ベトナム伝統のアオザイの美しさを取り入れたニュイの新アイデアが観客からやんややんやの拍手喝さいを受ける中、ヘレンが「これは私のデザインだ」と発表し、ニュイの手柄を横取りしようとしたことだが、さてその展開は？

　昨年のNHK大河ドラマ『いだてん〜東京オリムピック噺〜』は史上最低の視聴率だった。しかし、女優・沢尻エリカの薬物問題のため女優の変更を含めて１週間遅れで始まった２０２０年の『麒麟がくる』は、初回から高視聴率。昨年は途中から観るのをやめた私も、今年はすべて録画して鑑賞するつもりだ。若き日の明智光秀像は謎に包まれているうえ、なぜ謀反を起こして主君の織田信長を殺したのかについても、その真相はわかっていない。しかし、本作のラストは、結局ヘレンが新作のアオザイファッションのデザイナーはニュイであると紹介したことによって、すべて問題は円満に解決。これなら謀反も起こりようがないわけだ。そのうえ、本作のホントの結末は、再びニュイが１９６９年に逆戻りし、自分が「タン・ヌー」の店をアオザイの老舗店として引き継いでいくと表明するので、母親は大感激。そんな大団円は甘いと言わざるをえない。しかし、もともと本作はおとぎ話のようなタイムスリップものなのだから、これはこれでいいのでは・・・。

２０２０（令和２）年１月３１日記

Data
監督・脚本：シュリラーム・ラガヴァン
出演：アーユシュマーン・クラーナー／タブー／ラーディカー・アープテー／アニル・ダワン／マナフ・ヴィジ／ザキール・フセイン

★★★★★

盲目のメロディ インド式殺人狂騒曲

2018年／インド映画
配給：SPACEBOX／138分

2019（令和元）年11月23日鑑賞　｜　シネ・リーブル梅田

👁👁👁 みどころ

　「盲目のピアニスト」と聞けば、日本人なら誰もが、あの「佐村河内守事件」を思い出すはず。NHKスペシャル『魂の旋律　〜音を失った作曲家〜』は、彼と『交響曲第1番《HIROSHIMA》』を絶賛したが・・・。

　本作では盲目のピアニストのインチキ性が冒頭から示されるが、目の前で見た殺人事件とその後の処理について、「見えない目撃者」になるのがミソ。しかし、この男ホントに見えてないの？それをチェックするにはどうすれば？

　１３８分はインド映画では長尺ではないが、主人公の目がホントに見えなくなってからのドタバタ劇はスリラー？ホラー？それともブラックコメディ？いやいや、これこそ「インド式殺人狂騒曲」だ。そんな、先の読めない怒濤の展開をタップリ楽しみたい。

——＊——＊——＊——＊——＊——＊——＊——＊——＊

■□■インドにも盲目のピアニストが登場！彼の狙いは？■□■

　「盲目の黒人歌手」といえばレイチャールズだが、それと同じように（？）「盲目のピアニスト」として有名になったのが、佐村河内守。彼が作曲した『交響曲第1番《HIROSHIMA》』が絶賛されたうえ、NHKは２０１３年３月３１日彼を特集したNHKスペシャル『魂の旋律　〜音を失った作曲家〜』を放送した。ところが、２０１４年２月になると、週刊文春の暴露記事をきっかけに、ゴーストライター問題が発生すると共に、何と彼の目は見えていたことが暴露されたから、日本中が上を下への大騒ぎになった。そのうえ『交響曲第1番《HIROSHIMA》』の真の作曲者として、新垣隆氏が佐村河内守に代わって超有名人になってしまった。ところが、何と「盲目のピアニスト」はインドにも！

盲目のピアニスト・アーカーシュ（アーユシュマーン・クラーナー）は、あるレストランでピアノ演奏を披露していたが、その評判は上々。店主の娘ソフィ（ラーディカー・アープテー）と恋仲になったうえ、上客のプラモード（アニル・ダワン）からは「妻シミー（タブー）の誕生日祝いのサプライズとして自宅でピアノ演奏をしてくれ」との依頼も。目が見えなくても、努力すれば報われるもの。本作の主人公アーカーシュを観ていると誰もがそんな前向きの気持ちになるはずだ。しかし・・・。

佐村河内守事件では、週刊文春の暴露記事が出るまで、天下のNHKをはじめ日本全国の人々は完全にだまされていた。しかし、本作ではアーカーシュの盲人ぶりはどことなく怪しげ。そして、スクリーン上の登場人物には全員秘密だが、私たち観客には早々と実はアーカーシュの目は完全に見えていることが明かされる。しかして、なぜ彼は「盲目のピアニスト」のふりを？それは、後に明かされる彼の説明によれば、「芸術に集中するため」だそうだが、やっぱりそれは許されないのでは？

■□■ 「見える目撃者」による「見えない目撃者」の芝居は？ ■□■

韓国版、中国版（『シネマ37』190頁）に続いて製作された日本版の『見えない目撃者』（19年）では、「見えない目撃者」の目撃証言と健常者の目撃証言のどちらが信用できるのかが、最大のポイントだった。そして、その答えを「アレレ・・・？」と思わせる脚本が出色だった（『シネマ45』191頁）。しかし、本作ではホントは見えているのに「盲目のピアニスト」を装っているため、「見えない目撃者」を装わなければならないアーカーシュの困惑ぶりに注目！プラモードがアーカーシュに依頼したのは、妻に告げないままハッピーバースディのサプライズとして妻にピアノ演奏を聴かせること。もちろん、その前にプラモードは誕生祝いの花束を妻に手渡し、ハッピーバースディと告げ、キスを交わすことを予定していた。その直後にアーカーシュによる突然のピアノ演奏を聞かせれば、シミーは俺の愛の深さに驚きかつ喜ぶはず。プラモードはそう確信していたわけだ。ところがアーカーシュがドアをノックし、サプライズ訪問であることを告げて部屋の中に入り、ピアノ演奏を始めると、何とその目の前に見えたものは・・・？

それが床の上に伸びた男の足だったから、アーカーシュはビックリ。もちろん、それはアーカーシュの内心だけの話で、表面に出すことはできないが、そこでアーカーシュがピアノの手を止めて「トイレに行きたい」と申し出たのは、事態の全貌を正確に掌握したいからだ。こんなお芝居はプロの俳優でも難しいが、このシークエンスでアーカーシュはプロの俳優以上のお芝居で盲目のピアニスト役を演じているから立派なモノだ。それにしても、トイレの中にはシミーの浮気相手の男が下着姿で立ったまま様子を見守っているから、その監視下で小用を足すのはさぞ大変だっただろう。また、ピアノの前に座ってピアノ演奏をしている間も、彼はシミーとその浮気相手の男が共同して死体を片付け、床の血をふいている姿をずっと目撃しているのだから、その精神状態は大変だ。他方、この作業中、

浮気男はひたすら沈黙を保つだけだが、やっていることとは全く違う会話でアーカーシュのお相手をしなければならないシミーのお芝居も大変だ。

そのため、この「見える目撃者」による「見えない目撃者」のお芝居はブラックユーモアそのものだが、恐ろしくもあり面白くもある、何とも言えないインド映画の味が・・・。

■□■警察は市民の味方？それとも・・・？■□■

『見えない目撃者』では、「見えない目撃者」であるヒロインが犯人の目撃情報を警察に届け出たにもかかわらず、警察が容易に「見えない目撃者」の目撃情報を信用してくれないことが大きな難関だった。そのうえ健常者による誤った目撃情報が提供されたから、警察がそれに幻惑されたのも仕方なかった。しかして、本作でも、死体もその処理も、そして2人の犯人の姿も見えないフリをして何とかその場を切り抜けたアーカーシュが、直ちにこの殺人事件を警察に通報しようとしたのは当然だ。しかし、目の見えない自分が、いかにあの場の目撃情報を警察に通報するの？見えない目撃者の目撃情報を警察は信用してくれるの？逆に、もし自分の目がホントは見えることを自分からバラしてしまえば、これまでの自分の信用はガタ落ちになってしまうこと必至だ。しかして、警察署の中で警察署長・マノハール（マナフ・ヴィジ）と2人きりで対面したアーカーシュが、「見えない目撃者」としての「目撃情報」を通報できなかったのは仕方ない。しかし、同時に警察署長がそんなアーカーシュの様子をヘンに思ったのも当然だ。この警察署長は警察の中ではコワモテだが、家庭では妻の尻に敷かれているようだ。インド人の顔は日本人には馴染みが少ないので、誰が誰だかすぐにわからないが、アレレ、ひょっとしてこの警察署長は、あの家の中でパンツ姿で立っていたシミーの浮気相手の男？そう思っていると、案の定・・・。

本作では国際的な演技派女優として、普段は「いい女」役を演じているはずの、タブーのさまざまな悪女ぶりがメチャ面白いが、本来善良でリーダーシップを発揮すべき警察署長の悪ぶりもそれなりに面白い。あの時は、あのピアニストは「盲目のピアニスト」と信じていたのに、ホントは目が見えていた！そんなバカな！すると、あの時の状況はすべて、「見えない目撃者」ならぬ「見える目撃者」によって目撃されていた。すると、俺たちはどうすればいいの？それは、当然アーカーシュの抹殺！筋書きはそう決まっているが、本作はスリラーもの？それともコメディもの？さて、本作のその後の展開は・・・？

■□■彼の目は見えるの？見えないの？そのチェックは？■□■

アーカーシュの才能と人柄にほれ込んでいるレストラン店主の娘ソフィも、プラモードの前妻との娘で、アーカーシュからピアノを教えてもらっているダーニーも、アーカーシュが「盲目のピアニスト」であることに何ら疑いを抱いていなかった。しかし、アーカーシュが「見えない目撃者」として目撃情報を警察に届け出ようとしたことを察知した警察署長は？また、彼と密に連絡を取っている不倫相手のシミーは？彼らは今でもアーカーシ

ュが盲目のピアニストだと信じているの？

　佐村河内事件で週刊文春がなぜ盲目のピアニストであることに疑いを持ったのか、また、それをどのようにチェックしたのか私は知らないが、そのチェックは難しいはず。しかして本作中盤では、突然アーカーシュの部屋を訪問したシミーがお土産のお菓子を食べさせた後、あの手この手でそのチェックをしようとするので、そのユーモラスな風景（？）に注目！自分の部屋の中では、目が見えなくてお客にコーヒーをいれるくらいはできるはず。しかし、アーカーシュが入れたコーヒーに、シミーが目の前で毒を入れているのを見せられたうえで、「さあどうぞ！」と言われると、それをアーカーシュが飲めないのは当然。そこでアーカーシュはやむを得ず、ちょっとしたはずみでそのコーヒーカップをひっくり返してしまうという下手な芝居を演じたから、それをシミーにとがめられたのは当然だ。その結果、すっかりアーカーシュの化けの皮がはがされてしまったのは仕方ない。

　そこでアーカーシュは、「自分は何も見なかった」「黙って街を出ていく」と宣言することによってシミーとの和解を目指したが、そこで突然アーカーシュが苦しみ始めたから、その原因はシミーが先程食べさせたお菓子にあることは間違いない。しかして、その毒は一体ナニ？この毒でアーカーシュは死んでしまうの？しかし、シミーの説明によると、それはアーカーシュをホントに盲目にしてしまう薬らしい。なるほど、それならアーカーシュは元の状態に戻るだけだから仕方なし・・・？いやいや、そうはいかない。したがって、このシークエンス以降は、アーカーシュが必死に「俺を医者に連れて行け！」と叫ぶストーリーが加わることになるが、そこで新たに登場してくる人物たちは？また、そこから更に次々と広がっていくドタバタ劇の展開は？

■□■ラストはまさに「インド式殺人狂騒曲」に！■□■

　インド映画は長尺モノが多いが、本作は１３８分だからまずまず。また、近時のインド映画は歌って踊ってばかりではなくなっており、本作もそれだ。本作は、導入部ですぐに「盲目のピアニスト」たるアーカーシュが実は目が見えていることがバラされるから、意外にストーリーは単純！？アーカーシュが依頼されたプラモード宅でのピアノ演奏の中で、シミーの夫がシミーの不倫相手の手によって殺されているシークエンスをみていると、そう思ってしまう。しかし、本作中盤でアーカーシュの目が見えることがシミーにばれてしまう中、シミーに飲まされた毒薬によって、ホントにアーカーシュの目が見えなくなってしまうと、その後の展開は全く読めなくなってしまう。

　そこで新たに登場してくるのが、①宝くじ売りのおばさん、②心優しいリキシャの運転手ムルリ、そして③アーカーシュの目を治すために呼ばれながら、実は腎臓等の臓器移植で儲けようとしている怪しい医者スワミたちだ。また、シミーの警察への証言がウソだと証言しようとした、シミーの向かいに住んでいた住人ディサは、既にシミーの手によって階段から突き落とされて殺されてしまっていたが、アーカーシュと同じアパートの１階に

住み、彼が本当に盲目なのかを疑っていた近所の少年は小遣い銭欲しさに一体ナニを？

このように、本作のラストからクライマックスにかけては、これら多種多様かつ怪しげな人物が入り乱れながら登場し、ドタバタ劇を続けていく。本作では、更にアーカーシュと暮している白黒の猫ラーニーも大きな役割を果たすので、ソノ演技（？）にも注目！

■□■本作の褒め言葉は？怒濤の展開をタップリと！■□■

本作のチラシやパンフには、「盲目を装うピアニストが殺人事件を"目撃"！？見えてるの？見えてないの？疑いが疑いを招くマーダー・ミステリー開演♪」の文字が躍っている。また、チラシには「毎秒ごとに予測できないクレイジーさ！」「インドのコーエン兄弟だ！」「インド映画の中で唯一無二のスリラー！」そして「予測不能なブラックコメディに全インドが喝采！騒然！ブッ飛んだ！」等の「褒め言葉」が並んでいる。他方、チラシに写るアーカーシュとシミーの写真は、サングラスをかけたアーカーシュと目隠しをされたシミが椅子に縛り付けられたものだから、かなり痛ましい（？）。ところが、その横には「見えすぎちゃってスイマセン」とおふざけの台詞が書かれているから、これいかに？

本作のパンフレットには村山章氏（映画ライター）の「観客を気持ちよく翻弄する新感覚のインド映画」と題するコラムがあり、そのラストには「ところが『盲目のメロディ』には、みごとなほどに一貫した筋道がない。それは表層的な物語においても、感情の流れにおいてもだ。そして突拍子もなく行き当たりばったりなプロットそのものが、作品の魅力の源泉になっているのである。」と書かれ、さらに「主人公アーカーシュとソフィとの王道ロマンスも、悪人なのに憎めない脇役たちも、ふんだんなギャグもストーリー上のツイストもインド映画ならではの魅力だと思うのだが、決して物語の推進力にはなっていない。」と書かれている。この文章をしっかり理解するためには、１３８分かけて本作を観る必要があるが、その１３８分間はきっと楽しいはずだ。たまに映画を観た後、「何とムダな時間を過ごしたのだろう」と後悔することもあるが、本作を観た１３８分間は絶対にそんなことはない、と断言しておこう。

原題の意味は分からないが、邦題はこれ以上のものは思いつかほどピッタリ！本作の「先の読めない怒濤の展開」をしっかり楽しみたい。

　　　　　　２０１９（令和元）年１１月２８日記

『盲目のメロディ』DVD＆Blu-ray 発売中
DVD 3,900 円（税抜）　Blu-ray4,800 円（税抜）
発売元：株式会社フルモテルモ
販売元：ハピネットメディアマーケティング
(C)Viacom 18 Motion Pictures (C)Eros international all rights reserved

259

Data

監督：ゾーヤー・アクタル
出演：ランヴィール・シン／アーリ
アー・バット／シッダーン
ト・チャトゥルヴェーディー
／カルキ・ケクラン／ヴィジ
ャイ・ラーズ／ヴィジャイ・
ヴァルマー

ガリーボーイ

2019 年／インド映画
配給：ツイン／154 分

2019（令和元）年 10 月 30 日鑑賞 ／ シネ・リーブル梅田

👀 みどころ

　萩生田公一文部科学大臣の「身の丈」発言は、何が問題なの？それは、格差
と差別を容認するためらしいが、ムンバイにあるダラヴィ地区に比べると？
　平等な環境と条件下での競争が望ましいことはわかるが、競争に勝ち抜くに
はダラヴィ地区のような格差と差別、そして貧困がかえってバネになる面も。
本作の主人公を見ていると、それを痛感！
　ゴッサム・シティの格差と貧困の中で育った"ジョーカー"は、「悪の象徴」
と化していったが、本作のフリースタイルラップ・バトルに見る主人公のカッ
コ良さは？その原動力は一体どこに？
　本作の鑑賞には、そんな日印比較の視点も不可欠だ。

—— ＊ —— ＊ —— ＊ —— ＊ —— ＊ —— ＊ —— ＊ —— ＊ —— ＊ ——

■□■舞台は、あの名作と同じムンバイのスラム街！■□■

　第８１回アカデミー賞では、イギリス人監督のダニー・ボイルがインドのムンバイの
スラム街であるダラヴィ地区を舞台として撮った「ボリウッド」である『スラムドッグ＄ミ
リオネア』（08 年）が「ハリウッド」に大勝！「安い製作費でも、安い出演者でも、企画
さえ良ければ・・・。」を実証した（『シネマ 22』29 頁）。しかして、『ガリーボーイ』と題
された本作の主人公であるガリーボーイことムラド（ランヴィール・シン）が住んでいる
のも、『スラムドッグ＄ミリオネア』の少年たちが住んでいたのと同じムンバイのスラム街
ダラヴィ地区だ。都市計画をライフワークにしている私としては、いつまでもこんなスラ
ム街があることに賛成できないが、映画の舞台、映画のネタとしては、そんなスラム街は
最適かも？

ちなみに、本作を鑑賞した翌日の１０月３１日付読売新聞は、日本の著名な建築家、隈研吾氏が東京を歩く隔月企画「東京ミライ」を掲載。今回は、日本を代表する商業地・銀座の路地から、この国が進めていくべきまちづくりのあり方をテーマとした。そこでは、銀座の路地はまるで獣道のようで、「道を塞ぐビルの自動ドアを開いて喫茶店を突っ切って通る路地」や、「ビルの中に埋め込まれるように存在する路地」もあるから、「こんな都市構造もあるのかと驚かされる」と書かれている。しかし、ムラドが毎日生活しているムンバイのダラヴィ地区の路地（ガリー）の劣悪ぶりは、そのような銀座の路地とは比べものにならないほどひどい。『スラムドッグ＄ミリオネア』は文字通りの"クソ"にまみれたスラム街だったが、本作に見るダラヴィ地区のスラムっぷりは？

■□■ムラドの生活は？恋人は？インドの格差の実態は？■□■

　『ALWAYS　三丁目の夕日』シリーズの舞台は、東京タワーの建設に象徴される東京の下町だった（『シネマ9』258頁、『シネマ16』285頁、『シネマ28』142頁）。そして、そこを走る「オート三輪」は今ドキの車に比べるとおもちゃみたいなもので、みんな貧乏だったが、そこで生活する人々はこれから高度経済成長に向かっていく希望で満ちあふれていた。それに対して、ダラヴィ地区で生きる若者ムラドの生活は？

　彼は、今の暮らしから抜け出し、成功して貰いたいと願う両親によって大学に通わせてもらっていたが、いつも友人のモイン（ヴィジャイ・ヴァルマー）やサルマンとつるんで、車の窃盗、麻薬取引等に絡んでいた。また、雇われ運転手として働く父親（ヴィジャイ・ラーズ）と母親（アムリター・スバーシュ）、弟、祖母とともに暮す家は狭いうえ、ある日、父親が第二夫人を迎えたことによって、家族の関係に波風が立つことに。これを見ていると、集団就職で青森から東京に来て、鈴木オートで住み込みで働いている六子ちゃんの生活の方がよほどマシだ。

　もっとも、そんなムラドに恋人がいたのは立派。しかも、１３歳から付き合っている恋人サフィナ（アーリアー・バット）は医学生だ。医師である彼女の父親はダラヴィ地区で診療所を開いており、同じイスラム教徒だが裕福な一家らしい。外科医を目指して医学部に通っているサフィナはムラドとの交際を隠していたが、それはインドに、そしてムンバイのダラヴィ地区に厳然と存在する格差のためだ。

　本作導入部では、格差、格差と騒ぐ日本とは比べものにならないほどひどい、インドの格差の実態をしっかり確認したい。

■□■出会い（1）ラップ歌手MCシェール■□■

　"尾張の暴れん坊"だった織田信長が美濃を奪い「天下布武」の野望を持つことができたのは、まむしこと斎藤道三との出会いがポイント。また、私の中国人脈の広がりは、２００８年の毛丹青老師との出会いがポイントだ。それと同じように、ムラドにとっては、

ある日、大学のコンサートにやってきたラップ歌手MCシェール（シッダーント・チャトゥルヴェーディー）との出会いが、人生の転機になることに。

　この時ムラドは、足を骨折した父親に代わって雇われ運転手の仕事に就いていたが、その中で思い知らされたのが、インド社会の"格差"だった。そのため、シェールが魂を込めて歌うラップがムラドの心に響いたわけだが、そこでムラドは「ならば俺も・・・」と仕事の中で鬱屈した気持ちを詞に綴り始めることに。さらに、自分の詞をシェールに歌ってもらおうと差し出すと、シェールからは「お前の言葉をなんで俺が歌うんだ？自分で歌え」と言われたため、ムラドが本気でラップに取り組み始めると、これが意外に面白い・・・。このようにして、ムラドはシェールの助けを借りてダラヴィ地区の中で「ガリーボーイ（路地裏の少年）」と名乗り、ラッパーとして成長していくことに・・・。

　こんな姿を見ていると、まさにムラドがラッパーとして成長できたのは、シェールとの出会いがポイントになったことが明らかだ。

『ガリーボーイ』配給：ツイン
2019 年 10 月 18 日～シネ・リーブル梅田、なんばパークスシネマ、MOVIX 京都、神戸国際松竹ほかにて公開

■□■出会い（2）エリートの女性音楽家スカイ■□■

　本作と同じインド映画『シークレット・スーパースター』（17 年）では、音楽を楽しむことを禁止する父親の目を盗むため、ブルカで顔を覆い隠して自作自演の曲をギター伴奏で歌うヒロインの姿が印象的だった（『シネマ 45』304 頁）。彼女の最終目標は、インド最

大の音楽祭への出場とそこでの優勝だが、それに向けて、自分の歌を YouTube にアップしたところ、それが大きな反響を呼び、再生回数がみるみるうちに増えて行った。

それと同じように、シェールの助けを借りて、「ガリーボーイ」ことムラドが、YouTube に自らが歌う姿をアップすると、たちまち評判を呼ぶことに。それだけなら、ムラドは単に「ダラヴィ地区の人気者」に過ぎないが、そこでスカイ（カルキ・ケクラン）から入ってきた伝言に反応したのが、ムラドの第2の転機に。シェールと2人で会ってみると、スカイは若い女性だったが、何と彼女はアメリカのバークリー音楽院で学んだプロのミュージシャン。そんな彼女の申し出はムラドの楽曲をプロデュースしたいということだったから、ムラドはビックリ。スタジオも資金もプロデュースもすべてスカイがやるから、ムラドは詞を作り自ら歌うことだけだ。そんな形で、ムラドのはじめての楽曲『Mere Gully Mein（路地裏が俺の庭)』が世に出ることに。さらに、ムンバイ公演が決まったアメリカのラッパーNAS（ナズ）が前座で歌うラッパーを募集しており、フリースタイルラップ・バトルの優勝者にはその権利が与えられることをスカイから知らされると、もちろんムラドもシェールもそのバトルへの参戦を決意することに。

他方、ここまでムラドの活動が公になると、どこかで父親にバレてしまうのは仕方ない。それは『シークレット・スーパースター』でも同じだった。同作では、ヒロインは何とかその苦境を脱出できたが、さて、ムラドはその苦境をどのように脱出するの？

■□■こりゃ面白い！フリースタイルラップ・バトルに注目！■□■

日本では、二大政党制の重要性が論じられていた時期には国会での「党首討論」が注目されたが、民主党がポシャリ、安倍晋三総裁率いる自民党の一強多弱体制が続く中、党首討論はいつの間にか影をひそめてしまった。また、国政選挙の直前になると、各テレビ局は政党討論会を企画するが、概ねそれは面白くない。逆に、田原総一朗流の『朝まで生テレビ！』流の討論番組は、パフォーマンスが過ぎる傾向がある。つまり、日本ではアメリカでは普通に見られる候補者選定のための討論（バトル）は容易に実現できないわけだ。それに比べると、本作に見る、「フリースタイルラップ・バトル」は面白い。

ラップ音楽は私も時々聞いたことがあるが、パンフレットによれば、ラップとは「リズミカルに言葉を発する歌唱法」のことで、ヒップホップとは「ラップ、ＤＪ、グラフィティアート、ブレイクダンス、ファッションなどを含む文化的ムーブメントの総称」らしい。また、パンフレットにある「Who is Gully Boy?」によれば、Naezy と Divine の2人が2015年に「Mere Gully Mein（路地裏が俺の庭)」ではじめてコラボし、彼らの暮し、スラムの実情を綴った歌詞とメロディはインド中で話題となり、曲は"ムンバイ・ラップ・アンセム"と呼ばれるようになったらしい。また、その曲はスラムの問題視されるべき日常をラップにのせて伝え、「ニューヨークでヒップホップが生まれた背景と同じようにして、インドでも本物のヒップホップが生まれた」と、現地のメディア、音楽評論家の間で高く評

価されたそうだ。

　リズミカルに歌われているものの、スクリーン上に表示されるラップの歌詞は過激そのもの。日本では、「身の丈に合った」と表現しただけで大臣を辞任しなければならないほど「差別用語」に敏感だから、「ガリーボーイ」の歌詞がどこまで受け入れられるかはわからない。しかし、ラッパーたちが1対1で競う「フリースタイルラップ・バトル」は、いかに相手を口汚く罵ってやっつけるかの勝負だから、その歌詞は過激なものばかりだ。私はこんな「試合」をはじめて本作で観たが、こんな面白い「試合」があることにビックリ！私は、堺正章が司会する音楽番組『THE カラオケ★バトル』が大好きで毎回必ず観ているが、日本でも「フリースタイルラップ・バトル」をやれば、意外に私のような年配者の人気を呼ぶのでは・・・？

■□■「身の丈」発言は何が問題？インドの格差に比べると？■□■

　2019年10月末からは第4次安倍晋三内閣（第2次改造）で文部科学大臣に就任した萩生田光一が、2020年度から始まる大学入学共通テストで使われる英語民間試験を巡って行った「身の丈」発言が大問題になっている。しかし、「身の丈」発言は一体何が問題なの？また、河野太郎防衛大臣が行った「雨男」発言も問題になっているが、「私は雨男」と軽口を叩いたのがホントに問題なの？

　「自分の身の丈に合わせて頑張ってもらえれば」との発言は、「いろいろな環境にある受験生の皆さんに頑張ってほしいとの発言」だと萩生田大臣は弁明したが、それは認められず、更に「自分の本意ではないとはいえ結果として受験生に不安を与えてしまった」と陳謝したが、それでもダメで、彼は国会での追及に晒されている。しかし、都市計画、まちづくりをライフワークにしている私は、破綻する再開発問題については、早くから「身の丈再開発」の必要性を訴えてきたから、萩生田大臣の発言とその弁明には複雑な気持ちだ。「身の丈」発言が差別や格差を助長する発言だとしたら、ひょっとして「身の丈再開発」もそれと同じ・・・？また、私は「晴れ男」を常々自慢にしており、北海道でのゴルフは「台風の谷間だったからよかった」などと自慢してきたが、ひょっとしてこれも台風の被災者に対する心ない言葉になるの？そして、私も河野防衛大臣と同じように「不快な思いをされた皆様におわびしたい」と謝罪しなければならないの？

　本作冒頭から否応なく見せつけられるムンバイのダラヴィ地区のスラムぶりはそりゃすごい。また、同じ地区に住んでいながら、医師として富裕な生活を送っているサフィナの父親の差別ぶりもすごい。本作は、そんな格差と差別の中で生きているムラドが、ラップに生き甲斐を見い出し、そこで必死の努力をすることによって、やっと（自分だけが）格差から抜け出すサクセスストーリーだ。ダラヴィ地区のそんな酷い格差に比べると、今の日本の格差など屁みたいなものでは・・・？私はそう思うのだが・・・。

2019（令和元）年11月6日記

第6章
男の生き方

Data

監督・脚本：デスティン・ダニエル・クレットン

脚本：アンドリュー・ランハム

原作：ブライアン・スティーブンソン『黒い司法　黒人死刑大国アメリカの冤罪と闘う』

出演：マイケル・B・ジョーダン／ジェイミー・フォックス／ブリー・ラーソン／ロブ・モーガン

SHOW-HEY シネマルーム

★★★★

**黒い司法
0％からの奇跡**

2019 年／アメリカ映画

配給：ワーナー・ブラザース映画／137 分

2020（令和2）年 3 月 7 日鑑賞　　シネ・リーブル神戸

みどころ

　『アラバマ物語』（62 年）は『十二人の怒れる男』（57 年）と並ぶ「法廷モノ」の古典だが、アラバマの州都モンゴメリーでは、１９８０年代でもなお、本作のようなひどい黒人差別が。それは、EJI を立ち上げたブライアン弁護士が自ら体験したことだから間違いない。

　冤罪事件の調査と再審請求のための新証拠の収集は大変。本作を観ていると、自由と民主主義の国アメリカで「司法取引」はひどい運用がされているが、そんなものを日本に導入して大丈夫？それにしても、ブライアン弁護士の質量ともに優れた弁護活動には敬服！

　私が阿倍野再開発訴訟で画期的な最高裁判決を獲得した１９９２年に、彼もアラバマ州最高裁で本作のような画期的な判決を獲得しているので、私はとりわけ彼に親しみを持ったが、日本の若手弁護士は本作のブライアン弁護士からしっかり学んでもらいたい！

―― * ―― * ―― * ―― * ―― * ―― * ―― * ―― * ―― * ――

■□■君は『アラバマ物語』を知ってる？是非併せて鑑賞を！■□■

　私は『"法廷モノ"名作映画から学ぶ生きた法律と裁判』（19 年）を出版しているが、これは法学部の学生や司法修習生そして若手弁護士に「法廷モノの名作から生きた法律を学んで欲しい」との一念から出版したものだ。しかして、法廷モノの名作を１本だけ挙げろと言われると、多くの人はシドニー・ルメット監督の『十二人の怒れる男』（57 年）を挙げるだろうが、それに並ぶ法廷モノの名作が、黒人差別をテーマにした古典的名作『アラバマ物語』（62 年）だ。

今ドキは、この２本すら観ていない法学徒が生息しているそうだからヤバイ。もし、あなたがそうなら、直近の法廷モノの名作となる本作はもちろん、本作と併せて、その古典的名作２本の鑑賞をお薦めしたい。

■□■私は都市問題へ！彼は冤罪救済の人権派弁護士に！■□■

日本は、中曽根民活が吹き荒れた１９８０年代、一方では株価が右肩上がりに上昇し、「ジャパン・アズ・ナンバーワン」と言われ、他方では地価が高騰し、都市問題が噴出した。１９７４年に弁護士登録した私は、一般民事、刑事事件の処理とは別に大型公害訴訟に約１０年間精力を傾注した後、１９８４年５月から大阪駅前再開発問題研究会に参加し、以降都市問題を私のライフワークとした。

他方、１９８０年代にアメリカのハーバード・ロースクールを卒業した黒人弁護士ブライアン・スティーブンソン（マイケル・Ｂ・ジョーダン）は、いくらでも金になる案件を扱うチャンスがあったにもかかわらず、それに背を向けてアメリカ南部のアラバマ州の州都モンゴメリーに向かった。そこには、自ら事務局長となって立ち上げた「EJI（イコール・ジャスティス・イニシアチブ）」の事務所があった。もっとも、ブライアンが到着した時、EJI の運営部長である白人女性エバ・アンスリー（ブリー・ラーソン）は、家主からいきなり契約破棄を宣告される中で猛抗議をしている真っ最中だった。家主は「日常的に死刑囚が出入りするような事務所には部屋を貸せない」と賃貸借契約を一方的に破棄してきたわけだが、その当否は？

それはともかく、モンゴメリーを拠点とした EJI は、人種、性別、年齢、障害などを理由に不当に逮捕・収監された人々に法的支援をする非営利団体で、ブライアンが独力で設立した組織というからすごい。ジョン・グリシャムの原作を映画化した『レインメーカー』（97 年）では、ハーバード・ロースクール３年生の主人公ルーディが、一流法律事務所に就職し、司法試験に受かって弁護士となり、大事件を手掛けて名を挙げレインメーカーになることを夢見ていた。しかし、残念ながら何のコネもない一介の苦学生を雇ってくれた法律事務所は、交通事故の被害者から強引に損害賠償事件の委任状を取るためルーディに病院通いを指示し、何としても依頼人を獲得しろと叱咤するような事務所で、脱税、陪審員との裏取引のウワサもある悪徳弁護士事務所だった（『"法廷モノ"名作映画から学ぶ生きた法律と裁判』62 頁）。彼の同期生が何人いるのかは知らないが、ハーバード・ロースクールにもこんな変わり種がいたことにビックリ！

この EJI は、大阪で言えばさしずめ「公設事務所」だが、依頼者からは１セントも受領せず、公的支援だけでホントに維持していけるの？また、近時中国の人権派弁護士はホントに大変だが、人種差別の強い１９８０年代のアラバマ州で、彼も EJI の人権派弁護士としてホントにやっていけるの？

■□■死刑囚面会の姿にビックリ！８０年代にこんな屈辱が？■□■

　弁護士は一般人とも、また家族とも違い、依頼人の「弁護人」として、特別の面会システム（特権）を持っている。そのシステムは国によって異なるが、弁護士が第三者（とりわけ警察、検察、その他の国家権力）の関与なしに依頼人（刑事被告人、死刑囚）と２人だけで面会し、２人だけで秘密の話ができるという特権だ。１９７４年４月に弁護士登録した私は、一番最初に受任した国選弁護事件で何度も大阪市都島区にある大阪拘置所に通って被告人と面会し、１年半の審理を経て無罪判決を獲得した。EJI の事務局長として赴任してきたブライアン弁護士がはじめてアラバマ州刑務所へ死刑囚面会に行った時は、きっとそんな私と同じ気持ちだったはずだ。しかし、きちんとしたスーツ、ネクタイ姿で面会を申し出たブライアン弁護士に対する受付の男の仕打ちにはビックリ！

　日本では弁護士バッジが特権の象徴で、拘置所ではバッジを見せればカギのかかった門を開けてくれる。また、テロへの警戒が強まってきた昨今は、裁判所に入るにも一般人は手荷物検査を経なければならないが、弁護士はバッジを見せればそれをパスすることができる。しかして、ブライアンも心勇んでアラバマ州刑務所で初の死刑囚面会を申し込んだが、受付の男からは横柄に「見慣れない顔だな」を言われたうえ、部屋に入ると「服を脱げ。下着もだ」と言われたからビックリ！一体これはナニ？資格を持つ弁護士に対してそんな対応が許されるの？私だったらその場ですぐに抗議したうえ、然るべき処置を求める手続を取るが、ブライアンがそれをしなかった（できなかった）のは、まだ新米だったため？それはわからないが、素っ裸になったブライアンに対しては、さらに「ケツを出せ！」とまで言われたから、さあ、ブライアンはどうするの？

　それは、あなた自身の目でしっかり確認してもらいたいが、１９８０年代のアラバマ州の州都モンゴメリーのアラバマ州刑務所でこんな現実があったことにビックリ！アメリカは法治国家ではなかったの・・・？

■□■なぜこの黒人がロンダ事件の犯人に？検察側の証人は？■□■

　本作導入部では、ブライアンが『アラバマ物語』で有名なアラバマ州に車で乗り込んでくる姿と平行して、黒人ながらパルプ材業者として成功し、財も成している黒人男ウォルター・マクミリアン（ジェイミー・フォックス）が、いきなり警察に車を止められ逮捕される姿が登場する。その被疑事実は、１８歳の女子大生ロンダ・モリソンがアルバイト先のクリーニング店で射殺されたという「ロンダ事件」だが、なぜこの黒人男がその被疑者に・・・？

　ウォルターの裁判で「検察側の証人」として有罪の決め手になったのが、別の殺人事件で逮捕され刑の軽減と引き換えにウォルターが犯人だと証言（偽証？）したラルフ・マイヤーズ（ティム・ブレイク・ネルソン）。また、それを補強したのが、拘置所に勾留中、釈

Just Mercy © 2019 Warner Bros. Entertainment

放条件としてマイヤーズの証言を裏付ける証言（偽証？）をした、もう１人の「検察側の証人」フックスだ。この２人の証言によって、ウォルターは有罪に。しかも、第１審裁判所での陪審の判決は終身刑だったが、キー判事がそれを覆して死刑にしたそうだ。そして、今ウォルターは死刑囚の１人としてアラバマ州刑務所に収監されていたからひどいものだ。

ブライアンが EJI の事務局長（といっても、目下自分一人だけ）として最初に面会を求め、死刑囚の支援をしようとしたのはこのウォルターだが、これまでの弁護士の支援に絶望し切っているウォルターは、当たり前の道筋ばかりを並べ立てる新米弁護士ブライアンを見ても全然喜ばなかったのは仕方ない。もっとも、死刑囚のお隣さん（？）である、①恋人の気を引くために仕掛けた小型爆弾で、無関係な少女が死亡したことで、殺意の否定や精神疾患は考慮されずに死刑判決を受けている、ベトナム帰還兵で PTSD を患っている男ハーバート・リチャードソン（ロブ・モーガン）、②１９８５年、バーミングハムのファーストフード店で２人が射殺された強盗殺人事件で不当に逮捕され、死刑判決を受けている男アンソニー・レイ・ヒントン（オシェア・ジャクソン・Jr）等から新米弁護士の印象を聞かれると、まんざらでもなさそうな答えをしていたが・・・。

■□■資料の精査後は新証拠の収集へ！さあ何が集まるの？■□■

『リンカーン弁護士』（11 年）では、マシュー・マコノヒー演じるリンカーン弁護士ことミック・ハラー弁護士が、移動事務所として使っているリンカーン・コンチネンタルに乗ってあちこちに出没し、弁護活動を展開していた（『シネマ29』178 頁）。それとは違い、ブライアン弁護士には、まず各死刑囚について膨大な資料（記録）を精査し、問題点の有無を突きつめていく作業が必要だった。そして、その問題点が発見できれば、次にそれを解明すべく新証拠の収集が必要だが、ハッキリ言ってそれは気の遠くなるような作業だ。しかし、ロンダ事件で死刑判決を受け、今やその執行の日を待つばかりになっているウォルターを救済するためには、とにかく動くしかない。そこで、ブライアン弁護士が目をつけたのが、ウォルターの息子の友人で、自動車整備工場でのフックスの同僚、そして後にフックスの嘘について宣誓供述をした男ダーネルだ。このように、新米弁護士のブライア

ンが一生懸命に動き回っている姿を見ていると、何ともすがすがしくて気持ちが良い。そして、きっとダーネルもそんなブライアンの善良さ、ひたむきさを感じ取ったのだろう。ブライアンからの良心に訴えかける働きによって、ダーネルもあの時の行動を反省し、「フックスが嘘をついている」と宣誓供述してくれたから、こりゃ有力な新証拠だ。これなら再審請求できるのでは！ブライアンがウォルターに面会してそれを伝えると、やっとウォルターもブライアンの努力を認め前向きの希望を持つようになったから、万々歳だ。

　一方、モンロー郡の地方検事トミー（レイフ・スポール）は、元国選弁護人をしていた男で、ロンダ事件を担当したピアソン地方検事の後任だったが、今はウォルターの有罪判決を維持することが自分の職分だと認識していた。そのため、ブライアン弁護士からロンダ事件について再審請求されると面倒この上ない。そう割り切っていたから、ブライアンにとってトミー地方検事はかなり手強い相手だった。しかして、ブライアンがダーネルに働きかけ、ダーネルがフックスの嘘について宣誓供述したことを知ると、彼はダーネルに対して、「そんなことをすると偽証罪で逮捕するぞ」と脅かしたから、それに脅えたダーネルは、結局証人を降りてしまった。さらに、自由と民主主義のアメリカでは基本的に「何でもあり！」だから、ある日、死刑囚救済のための活動を強めているEJIの事務所に爆弾予告の電話が入ってくることに・・・。ことほど左様に、冤罪事件の救済活動は大変だし、新証拠の収集はさらに大変だ。さあ、新米弁護士特有の粘りでいったんは事態を切り開くかに見えたが、結果的には逆に一層事態を悪化させてしまった新米弁護士ブライアンは、その後どう動くの？

■□■更なる新証拠を！法廷では弁護側の証人も！これなら！■□■

　去る2月23日にNHK　BS1で放送された『全貌　二・二六事件　完全版　〜最高機密文書で迫る〜』では、何と日本の海軍が1931年2月26日に起きた「二・二六事件」について克明な調査をし、分刻みの記録を残していたことが検証されていた。それと同じように、死刑判決が確定した事件についても、公の記録だけではなく、未提出の資料等を辿っていけば、あっと驚く新証拠を発見できるかもしれない。そう考えた（？）ブライアン弁護士が再度ロンダ事件の資料を調べてみると、未提出のカセットテープを発見。ブライアンがそれを聞くと、そこではマイヤーズ自身の声で、ロンダ事件の直後、ウォルターをその犯人として目撃していないことをハッキリ証言していたからビックリ！つまり、マイヤーズは自分の刑を軽減してもらうことと引き換えに、ウォルターをロンダ殺しの犯人として目撃したと、嘘の証言をするよう迫られ、「司法取引」の結果、「検察側の証人」として嘘の証言をしたわけだ。

　ブライアン弁護士の追及によって、マイヤーズは渋々それを認めたから、ブライアンはついにボールドウィン郡裁判所への再審請求審問を決意。そして今日は、そのマイヤーズが証言台に立って、「あの時、嘘の証言をした」と証言する日だ。果たして、マイヤーズは

ホントにそんな証言をしてくれるの？固唾を呑んで、その法廷を見ていると、マイヤーズは当初言いよどんでいたもののハッキリそう証言したから万々歳。さらに、最初に現場に駆けつけたアイクナー巡査も、検察側から偽証を求められたことを証言したから、これだけ新証拠が出そろえば、再審請求審問は勝利間違いなし。ウォルターや、傍聴席に座って審理の推移を固唾を呑んで見守っていた妻のミニーや子供たちはそう確信したし、また、ブライアンも、まだまだ油断はできないと言いつつ、勝利を確信していた。

　ところが、なんと再審請求は棄却されたからビックリ！その理由は、マイヤーズの証言は前回か今回かのどちらかがホントでどちらかが偽証だと考えられるところ、裁判官の判断は、前回がホントで今回が偽証だというものだったからアレ？こんな判断が下れば、ひょっとしてトミー地方検事は、早くケリをつけるため、ウォルターの死刑執行をすぐにでも決行してしまうのでは・・・？

■□■更なる証拠は？郡から州最高裁へ！世論の支持は？■□■

　ボールドウィン郡裁判所が再審請求審問を棄却したことによって、ウォルターの気持ちは折れかかったが、若いブライアン弁護士は、まだまだ意気盛ん。「ボールドウィン郡裁判所がダメなら、まだまだ州最高裁があるさ」とばかりに、今度は州最高裁に再審請求を。もちろん、それには更なる新証拠が必要だが、そのネタは？さらに、法廷活動だけではなく、世論を味方につける幅広い活動が必要だと悟ったブライアン弁護士は、CBSの報道番組『６０ミニッツ』に出演して再審請求の正当性を広くアピール。ブライアン弁護士のそんな少し成長した姿は、あなた自身の目で確認してもらいたいが、そんな努力の結果、ついに州最高裁は再審を認める裁定を！ついにやったぞ！ところが、その直後、トミー地方検事は再捜査を理由に再審延期を申し立てたから、さあ、これからどうなるの？

■□■起訴の取り下げ請求は？釈放は？■□■

　州最高裁が裁定を下したのは１９９２年８月。ちなみに、阿倍野再開発訴訟で私たちが最高裁で勝訴判決の言い渡しを受けたのは１９９２年１１月２６日だ。すると、全くの偶然ながら、私の都市問題での活動の高揚期と、ブライアン弁護士がEJIの事務局長として始めた、死刑囚救済活動の高揚期が時期的に重なり合うことになる。トミー地方検事は再捜査を理由に再審延期を申し立てたが、ブライアン弁護士はボールドウィン郡裁判所にウォルターに対する「起訴の取り下げ請求」を申し立て、その審理が１９９３年３月２日に行われた。当然、ブライアンはトミー地方検事の様々な反撃を予想していたが、そこでの彼の対応はあっと驚く意外なものだったから、それはあなた自身の目でしっかりと！

　ブライアン弁護士がウォルターの記録精査活動を始めるとともに、はじめてウォルターの家族が住んでいる家を訪問したのは１９８９年。この時のウォルターの妻、ミニーの言葉によれば、家まで来てくれた弁護士はそれまで誰もおらず、金の切れ目が縁の切れ目に

なったそうだ。それに比べると、ブライアンの弁護人としての活動は質量ともにすごい。しかも、それをすべて無料でやってきたのだから、それもすごい。しかして、１９９３年３月、ウォルターはやっと６年間収容されていた死刑囚監房から釈放され、家族のもとに帰ってくることに。この間、ブライアンの力及ばず、ウォルターの隣の房に収監されていたハーバート・リチャードソンは電気椅子による死刑の執行がされてしまったが、ブライアンはそれにしっかり立ち会って見聞したから、そのこともウォルターの弁護人として頑張るエネルギーになったはずだ。

　新米弁護士として出発したブライアン弁護士が、６年後にここまで成長している姿に感心するとともに、弁護士の成長は事件の中にあること、そしてまた、事件の依頼者との関係にあることを、改めて痛感。

■□■EJI の今は？ブライアン弁護士の今は？■□■

　本作の邦題は『黒い司法　０％からの奇跡』といかにも説明調だが、原題は『JUST MERCY』。「JUST」は正義、「MERCY」は慈悲だから、直訳すれば「正義と慈悲」だ。また、原作は、ブライアン弁護士自身の著書『黒い司法　黒人死刑大国アメリカの冤罪と闘う』で、その原題は『Just Mercy: A Story of Justice and Redemption』。

　ブライアン弁護士は１９８９年にアラバマ州で運営部長の女性エバ・アンスリーとともに EJI を設立し、自らは事務局長として本作のような獅子奮迅の活躍を続けてきた。パンフレットには宮﨑真紀氏（翻訳家）の「ブライアン・スティーブンソンの功績」があり、そこでは詳しくブライアン弁護士と EJI の今が解説されているので、その素晴らしい活動に拍手を送りたい。

　しかして、彼はその著書の中で「"貧困"の反対語は裕福ではなく"正義"だ」と語っているそうだが、そのココロは？それを本作を鑑賞しながら、しっかり考えたい。

２０２０（令和２）年３月１２日記

『黒い司法 0％からの奇跡』デジタル配信中
ブルーレイ＆DVDセット　￥4,980（税込）
ワーナー・ブラザース ホームエンターテイメント
Just Mercy © 2019 Warner Bros. Entertainment Inc.
All rights

SHOW-HEY シネマルーム

★★★★

テッド・バンディ

2019年／アメリカ映画
配給：ファントム・フィルム／109分

| 2019（令和元）年12月29日鑑賞 | TOHOシネマズ西宮OS |

Data

監督：ジョー・バリンジャー
脚本：マイケル・ワーウィー
原作：エリザベス・クレプファー
　　　『The Phantom Prince : My Life With Ted Bundy』
出演：ザック・エフロン／リリー・コリンズ／カヤ・スコデラーリオ／ジェフリー・ドノヴァン／アンジェラ・サラフィアン／ディラン・ベイカー／ブライアン・ジェラティ／ジョン・マルコヴィッチ

👀 みどころ

　アメリカ史上最も凶悪な連続殺人犯テッド・バンディとは？被害者は30名以上の女性、美しい容姿、3度の死刑判決の男、とは？

　同監督の同じテーマでのドキュメンタリー映画はテッドの凶悪ぶりが顕著だったそうだが、逆に本作ではテッドの自信過剰ぶりと善人ぶりが顕著。最愛の恋人には裏切られたものの、新たに獄中結婚（法廷結婚？）する女性まで登場するから、後半は彼女の奮闘にも注目！

　裁判の有罪、無罪は証拠に基づく認定。それが鉄則だが、さて、陪審員たちによるテッドの評決は？ＴＶカメラが入る公開裁判になったのは一体なぜ？自ら弁護人になったテッドの尋問は？そして、陪審員の評決は？

　それにしても、もし万一本件が冤罪だったとしたら・・・？

——＊——＊——＊——＊——＊——＊——＊——＊——＊——＊——＊

■□■法学部生は必見！私も本作ではじめてこの男を勉強！■□■

　２０１９年３月１日付で念願の『“法廷モノ”名作映画から学ぶ生きた法律と裁判』を出版した私は、アメリカの法廷モノ映画は大体知っていると思っていた。ところが、「アメリカで最も有名な伝説の殺人鬼」「最強の連続殺人者」等と呼ばれているテッド・バンディのことはまったく知らなかった。彼は「アメリカ史上最も凶悪な連続殺人犯」として知られており、その犯罪記録はたくさん残っているそうだから、ただただ私の無知を恥じ入るばかり・・・。

　パンフレットにある「DIRECTOR　INTERVIEW」によれば、本作を監督したジョー・バリンジャー監督は２０年以上にわたって、ノンフィクション映画やテレビの世界で中心

273

的な役割を担ってきたらしい。そんな彼は既に、『殺人鬼との対談：テッド・バンディの場合』（19年・Netflix 配信）で、死刑囚監房での録音テープや事件当時の記録映像、関係者と本人の独占インタビュー等を通して、その素顔に迫っているそうだ。

そんな風に、これまでも悪名高い殺人犯を取り上げた映画やドキュメンタリーや著書があるのに、なぜバリンジャー監督は再度本作で同じ主題を取り上げたの？その答えは、「DIRECTOR INTERVIEW」の中で詳しく書かれているので、それは必読！

■□■冒頭の幸せぶりは一体ナニ？原作は？■□■

本作冒頭は、夫と離婚してワシントン州シアトルに転居し、今は一人娘モリーと共に暮らすシングルマザーのリズ（リリー・コリンズ）が、一目会ったその日からテッド・バンディ（ザック・エフロン）と恋に落ち、幸せな同棲生活に入るストーリーが描かれる。しかし、これって一体ナニ？このハンサムで女性に優しい男テッドが、アメリカ史上最も凶悪な連続殺人犯？そんなバカな？本作を観れば、誰でもそう思うはずだ。

他方、この女性リズこそが、本作の原作となった『The Phantom Prince： My Life With Ted Bundy』の著者だというからビックリ！１９８１年に出版された同書では、エリザベス・クレプファーはテッド・バンディとの緊張感に満ちた波乱の６年間を回顧しているらしい。また、２０２０年１月に出版された新装版では、著者がテッドと同棲していた時に、彼を父親のように慕っていた娘のモリーにより、これまで明かされていなかった新たな事実が描かれているそうだ。

しかして、前述の質問に対するバリンジャー監督の答えは、「マイケル・ワーウィーの優れた脚本にある」らしい。なるほど、なるほど・・・。

(C) 2018 Wicked Nevada, LLCPRODUCTIONS

■□■私の節目と同じ1969年、1974年、1979年に！■□■

私は去る１２月２日に東京で開催された東京の五十嵐敬喜弁護士が代表を務めている現代総合研究所主催の「虎ノ門ヒルズエキスカーションと坂和弁護士とのトークセッション」に参加したが、そこで配布したのが「坂和年表２０１９―７０歳の年表から何を？―」。これは、１９４９年に生まれ、２０１９年に７０歳になった私が、１９６９年（２０歳）、１９７９年、１９８９年（４０歳）、１９９９年、２００９年（６０歳）という１０年、２０年ごとの私の歴史と、都市計画法の歴史、国内外の歴史を対比させたもの。そこではまた、映画等との対比も含ませていた。そんな年表の中で、とりわけ１９６９年は、旧都市計画

法制定から１００年、近代都市法制定から５０年の節目となった年。そしてまた、『男はつらいよ』のシリーズ第１作が公開された年であると共に、私が学生運動から縁を切り、司法試験勉強に切り替えた年。そんな１９６９年は私が２０歳になった年であり、今からちょうど５０年前の年だ。

　他方、私が弁護士登録したのは１９７４年、独立したのは１９７９年だが、シアトルで女性の誘拐事件が発生したのが１９７４年、そして、フロリダ州で初の公開裁判が開廷したのが１９７９年７月８日だから、偶然私の節目の年と一致している。そんなことは本作の鑑賞にはまったく関係ないことだが、１９６９年から司法試験を目指した私には、最愛の女性リズやその可愛い一人娘モリーと離れ、１人でユタ州のロースクールに入って勉強しているテッドの１９７５年の姿は他人ゴトとは思えない。幸いにも私は１９７２年１０月に司法試験に合格し、１９７４年４月に弁護士登録できたが、今、信号無視で警察官に停められたテッドは、それだけなら軽微な交通違反で済んだはず。ところが、車の後部座席に怪しげな道具袋を積んでいたから、アレレ・・・。そして、その前年の１９７４年にシアトルで発生した女性の誘拐事件の容疑者にテッドが似ていたそうだから、さらにアレレ・・・。しかして、１９７６年２月２３日には、ソルトレイク郡の裁判所でテッドを被告人とする誘拐未遂の裁判が始まったが・・・。

■□■この自信はナニ？リズの苦悩は？最初の裁判は？■□■

　前述の通り、本作冒頭、ワシントン州シアトルのカレッジバーで１人で飲んでいるテッドが、親友と共にそこに来ていたリズに声を掛けるシークエンスが描かれるが、それを見ている限り、テッドは実にいい男。ユタ州のロースクールの図書館で勉強しているテッドの姿も、真面目なロースクール生そのものだ。そんなテッドのしゃべり方は当然ながら理路整然としているうえ、自信タップリだ。したがって、１９７４年にシアトルで起きた女性の誘拐事件で目撃された犯人らしき男の車がテッドの愛車と同じくフォルクスワーゲンだ、とか、新聞に公表された似顔絵はテッドの顔によく似ていた、等と言われても、「それだけで俺を犯人と決めつけるのはナンセンス！」。テッドがそう反論したのは当然だ。

(C) 2018 Wicked Nevada, LLCPRODUCTIONS

　突然の事態にリズは大混乱だが、テッドは反論に自信タップリ。法廷で汚名をそそぐと宣言したが、ホントに大丈夫？弁護士との打ち合わせは何となく心許ないし、法廷の風景を見ていても、テッドの自信タップリさは自信過剰気味に見えてしまうが・・・。そう思

っていると案の定、テッドの最初の裁判はテッドの予想に反して有罪。テッドの予想は見事に外れてしまうことに。一度こんな裁判を経験したら、普通の人間なら自信を失って落ち込み、何とか再生を目指そうと努力するはずだが、さてテッドは・・・？

本作には続いて、コロラド州で起きた別の未解決事件の犯人としてテッドを疑っている刑事フィッシャー（テリー・キニー）が、テッドに対して「コロラド州に行ったことは？」と質問するシーンが登場する。そこでテッドは、「行ったことはない」と答えたが、それは真っ赤なウソだった。そのため、その直後に面会に来た弁護士は、血相を変えながらテッドを怒りつけたうえ、弁護人を辞任してしまうことに。さらに、コロラド州のアスペンの裁判所に移送されたテッドは、何と休廷中に看守の隙を見て脱走してしまったから、アレレ・・・。スクリーンを観ていると、テッドはいかにも気楽かつスマートに脱走しているかに見えるが、これはあまりに軽率すぎるのでは？ちなみに、テッドの希望のシンボルは、脱獄に執念を燃やす男の生きザマを描いた小説『パピヨン』だったが、それは一体なぜ？

■□■広域にわたる凶悪犯の摘発に、「合衆国」は弊害？■□■

日本は明治維新によって、それまでの幕藩体制から天皇を中心とする中央集権国家に移行したため、警察はすべて国家が一元的に統治、管理することになった。しかし、州が連合することによって成り立っているアメリカ合衆国では、警察も州ごとに統治、管理されていた。そのため、犯人がその警察の管轄を越えて移動してしまうと追跡が困難になってしまうという制度上の欠陥があり、現実にもアメリカの警察は、殺人を繰り返しながら移動する犯人に対してはうまく対処することができていなかったらしい。

パンフレットにある越智啓太氏の『テッド・バンディ：最強の連続殺人者』には、そのように解説されている。そのため、「テッド・バンディの事件においても、ワシントン州、ユタ州、コロラド州といった異なった州で発生した同種の事件が同一人物によるものだということがわかり、結びつけられるまでにはある程度の時間を要した。もし、これらの関係がもう少し早くわかっていたならば、より早く検挙できていた可能性があるといわれている」そうだ。さらに、「バンディ事件後には、各地の警察組織が情報を共有しあい、分析官がその情報を分析統合し、類似の手口の犯人が異なった地域で活動していないかを調査するというシステムが作られた。これが、凶悪殺人犯追跡プログラム（VICAP）と言われるものである。また、VICAPのための分析手法として作られたのが、いわゆるプロファイリングである。テッド・バンディ事件はプロファイリングを作り出した重要な契機の一つとなったのである。」と解説されている。そんなテッドの逮捕と起訴に執念を燃やしたのは、フロリダ州のカツァリス保安官（ケヴィン・マクラッチー）。「ゲームは終りだ、テッド」、「ワシントン州は君を見過ごし、ユタは手放し、コロラドは逃がした。私は仕留める」と宣言した彼は、フロリダ州で起きた女子大生２人の殺害容疑でテッドを逮捕し、フロリダ州での裁判が始まったが、何とこれは史上初の公開裁判に！つまり、法廷にはTVカメラ

276

が入り、今や全米一の指名手配犯となった男の運命を巡る、全国でテレビ中継される歴史上はじめての裁判になったわけだが、それは一体なぜ？

■□■フロリダで異例の公開裁判が！弁護団は？裁判官は？■□■

(C) 2018 Wicked Nevada, LLCPRODUCTIONS

今年８月１２日に観た小林正樹監督の『東京裁判』（83 年）は実に見応えのある骨太の作品だった（『シネマ45』52頁）。同作は４時間３７分の長尺だったが、ホンモノの東京裁判は２年余の審理を要したうえ、そこにはカメラや新聞記者が入る公開裁判だった。また、『ハンナ・アーレント』（12 年）（『シネマ32』215 頁）や、『否定と肯定』（16 年）（『シネマ41』214頁）、『アイヒマン・ショー　歴史を映した男たち』（15 年）（『シネマ38』150 頁）で観た「アイヒマン裁判」も公開裁判だった。しかし、いくら凶悪犯とはいえ、なぜテッドを被告人とするフロリダ州における女子大生２人の殺人事件が公開裁判にされたの？

　その根拠は、弁護士の私にもサッパリわからないが、本作ではじめて見る殺人事件の公開裁判は興味深い。TV カメラの前に検察官は大張切りで、陪審員たちに本件の悪質性を詳細に解説。テッド側には異例の大型弁護団が就いたが、これはすべて国選弁護だった。しかし、ソルトレイク郡の裁判所でテッドがはじめて受けた裁判で、テッドと弁護人が折り合わなかったことを考えると、今回も何か問題を起こすのでは？また、アメリカの法廷モノでは裁判官の訴訟指揮がポイントになることが多いが、本件を担当するエドワード・カワート判事（ジョン・マルコヴィッチ）は、どんな人物？そして、どんな訴訟指揮を？ひょっとして、最初からテッドに対して予断と偏見を持っているとヤバイが、さて？

　ハリウッドの法廷モノで圧倒的な法廷技術を見せてくれた映画が『コネクション　マフィアたちの法廷』（06 年）（『シネマ29』172 頁）、『リンカーン弁護士』（11 年）（『シネマ29』178 頁）、『砂上の法廷』（16 年）（『シネマ38』31 頁）等だが、本作では寄せ集めの国選弁護団を差し置いて、共同弁護人になったテッドが自ら証人に対して反対尋問する姿が興味深い。その出しゃばった態度にカワート判事は時々注意をしていたが、テッドの尋問はそれなりに的確なものも多い。検察側が有罪の決め手としたのは、被害者の尻に残っていた犯人の歯型。それがテッドのものと一致したという鑑定証人に対する反対尋問は？

日本の刑事法廷では、拘留中の被告人は手錠こそ外されるものの、つっかけ履きとジャージ姿が多いから、テレビ映りは決してよくない。しかし、本作に見るテッドはパリッとしたスーツ、ネクタイ姿でキメていたから、カワート判事のお褒めに預かったほど。もともとイケメン男のテッドが、ファッションもキメたうえ、法廷では弁護士顔負けのカッコイイ尋問（パフォーマンス？）を続けたから、法廷傍聴に来ていた若い女性たちはたちまちテッドのファンに。そんな推移の中、裁判の行方はどうなるの？テッドは今、有利なの？それとも不利なの？

■□■ 「獄中結婚」ならぬ、公開の「法廷結婚」に唖然！ ■□■

現在もなお歌手として第一線で活躍している加藤登紀子の夫・藤本敏夫は、１９６０年代の学生運動のリーダーとして有名な男。この２人が１９７２年５月６日に「獄中結婚」したのは有名な話だ。日本では、結婚は婚姻届を提出し、受理されることによって成立するが、アメリカは？私はアメリカも日本と同じ届出主義と思っていたが、本作で観た公開法廷での「法廷結婚」（？）の成立を見ると、はじめてそうではないことを知ることに・・・。

相次ぐ証言と証拠を見ていると、テッドが次第に追いつめられていることは明らかだが、テッドはあくまで強気。そのテッドが最後の切り札証人として登場させたのがキャロル・アン・ブーン（カヤ・スコデラーリオ）。テッドが愛していたのはあくまでリズだが、リズがテッドへの愛と不信の葛藤に苦しむ中、新たにテッドの「恋人」兼「親身のサポート役」として登場してきたのが、ある時、あるところで再会した（？）旧知の女性キャロルだ。リズはテッドの裁判に関しては何の支えにもならず、ただテッドの恋人という存在だったのに対し、キャロルはテッドの無罪（冤罪）を積極的にアピールする社会運動家としての能力とエネルギーを持っていたから、テッドにとっては心強い味方だ。もっとも、そんな女性キャロルが、法廷で一体何の証言を？

そう思っていると、いくつかの質問の後にテッドがキャロルに質問したのは、「結婚を申し込んだら承諾してくれるか？」というもの。こんな質問に検事が異議を述べたのは当然だが、キャロルの答えは「YES」。そして、テッドの説明によると、アメリカでは、結婚の申し込みと承諾が公になされると、届け出がなくとも成立するそうだ。しかし、テッドは一体何を狙ってそんな質問（パフォーマンス）を？そして、その効果は？この成り行きは、法学部生や弁護士は必見だ。

(C) 2018 Wicked Nevada, LLCPRODUCTIONS

■□■本作の出来は？評価は？賛否は？■□■

本作のチラシには、「極めて邪悪、衝撃的に凶悪で卑劣」「アメリカ史上最も凶悪な連続殺人犯　テッド・バンディ」という大きな文字が躍っている。それに続いて、「ＩＱ１６０の頭脳」「獄中結婚」「シリアル・キラーの語源」「２度の脱獄」「雄弁な振る舞い」「被害者は３０人以上の女性」「美しい容姿」「３度の死刑判決」の見出しもある。そんな本作は、法学部生や弁護士は必見だが、キネマ旬報１月上・下旬合併号レビューにおける３人の評価は星３つ、２つ、３つだから、低い。

ただ、その文章を読んでいると、どうもそれはバリンジャー監督のドキュメンタリー全４回と対比すると甘さが目立つためだと考えられる。それは、例えば「Ｔ・バンディのどの時間を切り取り、どの側面に光を当てるかの取捨が顕著で、ある意味特異な作品だ。」の文章でも明白だが、確かに本作を観ている限り、チラシの見出しほどテッドの凶悪性は感じられず、むしろテッドの高感度のアップを強調している感すらある。これは、テッドのハンサムぶりや、法廷での弁護人としての活躍のカッコ良さにウェイトを置いた（置きすぎた）ためだが、なぜバリンジャー監督は敢えてそんな演出を？私は彼のドキュメンタリー全４回を観ていないから何とも言えないが、当然彼としては、「DIRECTOR　INTERVIEW」にあるように、同じテッドを主題にした映画を作るのなら、ドキュメンタリー全４回とは全く違うものを作りたいと考えたのは当然。したがって、本作は本作で十分成立するし、興味深くつくられた「法廷モノ」の傑作と言えるのでは？

ちなみに、日本では戦後すぐに起きた「松川事件」や「三鷹事件」をはじめとする冤罪事件が次々と再審無罪になっていった。２００９年に再審無罪とされた、１９９０年に発生した「足利事件」もその例だ。そんな目で本作を鑑賞し、最後まで冤罪だと言い続けたテッドの主張が万が一正しかったとすれば・・・？そんな可能性も含めて、本作は必見！

２０２０（令和２）年１月４日記

『テッド・バンディ』
発売元・販売元：ポニーキャニオン
価格：Blu-ray¥4,800+税　DVD¥3,800+税
(C)2018 Wicked Nevada, LLCPRODUCTIONS

279

Data

監督・脚本：ジュリアン・シュナーベル

出演：ウィレム・デフォー／ルパート・フレンド／オスカー・アイザック／マッツ・ミケルセン／マチュー・アマルリック／エマニュエル・セニエ／アンヌ・コンシニ／ウラジミール・コンシニ／ロリータ・シャマー／ディディエ・ジャール

SHOW-HEY シネマルーム

★★★★

永遠の門　ゴッホの見た未来

2018年／イギリス・フランス・アメリカ映画
配給：ギャガ、松竹／112分

2019（令和元）年11月15日鑑賞　TOHOシネマズ西宮OS

👀 みどころ

　1888年10月に南仏のアルルで「耳切り事件」を起こしたゴッホは、精神病院に収容された挙句、37歳で不遇の死を！その死亡は事故、それとも自殺？それすらハッキリしないから、天才画家ゴッホの生存中は不幸の連続・・・？

　そんな通説に自分自身も画家であるジュリアン・シュナーベル監督は異論を唱え、本作で新視点、新解釈を！それによると、ゴッホの死は『At Eternity's Gate』になるわけだが、それは彼の「イエスでさえ死後に認められたのだから」の言葉に集約されている。

　そのことへの賛否を含め、あなたの視点をしっかりと！

―――＊―――＊―――＊―――＊―――＊―――＊―――＊―――＊―――

■□■「ゴッホ映画」は多いが、こんな新視点、新解釈も！■□■

　フィンセント・ファン・ゴッホの「伝記映画」は、カーク・ダグラス主演の『炎の人ゴッホ』（56年）や、ロバート・アルトマン監督の『ゴッホ』（90年）等、たくさんある。それに対して、中国映画『世界で一番ゴッホを描いた男』（16年）は、1万人を超える画工がおり、毎年数百万点の油絵が世界中に売られているという深圳の大芬という油絵村を描いた面白いドキュメンタリー映画だった。また、私が興味を持ったのは、ゴッホの死因を尋ねる「探偵もの」としての『ゴッホ～最期の手紙～』（17年）（『シネマ41』未掲載）。同作最大の特徴は、全編「動く油絵」で構成したことだった。しかし、ゴッホはホントにオーヴェルで自殺したの？もしそれが事実だとしたら、彼はなぜ自殺を？もちろんそれは誰にもわからないことだが、自らも画家であるジュリアン・シュナーベル監督は、本作で「ゴ

ッホ自殺説」に対する大胆な異説を展開しているので、それに注目！

　どんな分野であれ、有名人、偉人を主人公にした映画は「紋切り型の伝記」になりがちだが、シュナーベルが本作を監督するについて何よりも避けたかったのは、それ。そのため、彼の制作チームはまず、「伝記映画を作るつもりも、ゴッホに関して散々論じられてきた疑問に答えるような映画を作るつもりもなかった」と述べ、そして「我々が心を惹かれたのは、ゴッホは晩年、自分が新しい視点で世界を見ていることにしっかりと気付いており、他の画家とは違った方法で絵を描いていたことだ。ゴッホは新しい視点で物事を見ることを人々に伝えようとしていた。我々はその新しい視点を描きたかったんだ」と述べている。なるほど、なるほど。

　シュナーベルは７０～８０年代にわたって画家としての揺るぎない名声を享受し、９０年代に突然映画監督になったという経歴の持ち主だから、ゴッホの生き方に対するこだわりは尋常ではないらしい。そこで彼は、「自分が画家であるということが、映画への取り組み方に大きく関係していると思う。本作のテーマほど、私にとって個人的なものはない。これまでの人生で私がずっと考えてきたものなんだ」とも語っている。私たちは、そんな彼の思いと、本作における彼の新視点、新解釈をしっかり理解し、受け止めたい。

■□■同業者たちと過ごすパリのサロンの居心地は？■□■

　『人間失格　太宰治と３人の女たち』（19 年）では、口ではいつも「死ぬ、死ぬ」と言いながら、なかなか実行しない新進の作家・太宰治が、意外にも同業者が集まるサロンの中で人気者になっており、さまざまな議論をリードする姿が描かれていた（『シネマ 45』131 頁）。その中でも親友・伊馬春部と交わす文学論が面白かった。また、『ＦＯＵＪＩＴＡ』（15 年）（『シネマ 37』未掲載）では、日本からパリに渡った日本人画家・藤田嗣治がおかっぱ頭、ロイド眼鏡、ちょび髭、ときにピアスの画家ＦＯＵＪＩＴＡとして、モデルのキキや新しい彼女のユキ等の女たちに囲まれて遊び呆ける姿が面白かった。

　それらに対し、１９世紀末のパリの画壇に集まっている多くの画家たちのサロンの中で、ゴッホはうまく彼らに溶け込めなかったらしい。その最大の理由は、彼の作品が同業者たちにはもちろん、画商たちにも全然評価されなかったためだが、それとは別に、ゴッホの人間性（コミュニケーション能力？）等にも問題があったらしい。ゴッホはなぜ「耳切り事件」を起こしたの？また、その後もなぜ発作が続いたの？それについては、てんかん説、統合失調症説、梅毒性麻痺説、メニエール説等数多くの仮説があり、てんかん説と統合失調症説が有力らしい。したがって、ゴッホにとって同業者たちと過ごすパリのサロンの居心地は悪く、ゴッホが孤独感を味わっていたという本作前半の描き方はシュナーベル監督の新視点、新解釈ではなく、これまでの通説通りだ。

　そんなゴッホに話しかけ、彼の親友になったのが同じ画家仲間のポール・ゴーギャン（オスカー・アイザックだが、なぜ彼らは気が合ったの？

■□■陰鬱なパリVS光のアルル。なぜ「黄色い家」に？■□■

　フランス南部にあるアルルという地名は、ジョルジュ・ビゼーの組曲『アルルの女』によって日本人にも有名だが、実際のアルルを知っている日本人は少ないはず。ヨーロッパは基本的に日本より寒い国で、イギリスのロンドンはもちろん、フランスのパリ、ドイツのベルリン等の冬はかなり寒い。その上、中国の北京と同じように、内陸部の都市だ。それに比べて、イタリアのローマやスペインのマドリードは温かいし、海に近いから風も爽やかで、太陽の光も明るく温かい。だからこそ、アラン・ドロン主演のフランス映画『太陽がいっぱい』（60年）は、フランス映画ながら、その舞台はイタリアのローマと、ナポリの近くにあるモンジベロという小さな漁村だったわけだ。ちなみに、ロシアはヨーロッパ以上に寒く陰鬱な国だから、『寒い国から帰ったスパイ』（65年）というタイトルが実にピッタリ。それはともかく、日本人にとってパリは「花の都」だが、オランダ人の画家ゴッホにとって、パリは「陰鬱なまち」だったらしい。

　ゴッホが自分の絵の中に常に求めたのは新しい光。しかし、陰鬱なパリではそれを見ることができなかったため、ゴッホはそれを作品に描き出すこともできず、いつもイライラしていたわけだ。そのためゴッホは１８８８年から南仏にあるアルルに移り住んだんだが、それはアルルが「フランスの日本」、すなわち、太陽が輝く中で太陽に向かって咲くヒマワリを思わせる国・日本と同じだと感じたためだ。したがって、ゴッホにとってアルルはパリと違ってユートピアだったが、よそ者でどこかうさん臭い（？）ゴッホに対して家主から法外に高い家賃を要求されたため、ゴッホは「黄色い家」を借りてアトリエ兼住宅として住み、そこで「ひまわり４点」「黄色い家」「夜のカフェ」等の多くの作品を完成させることに。

■□■60代のウィレム・デフォーが30代のゴッホを熱演！■□■

　ゴッホは1890年に37歳で死亡（自殺？）したが、本作でゴッホに扮し、2018年の第75回ベネチア国際映画祭で主演男優賞を受賞し、第91回アカデミー賞の主演男優賞にノミネートされた俳優がウィレム・デフォー。1955年生まれの彼は既に60歳代だから、本来30歳代のゴッホを演じるのは難しいはず。しかし、スクリーン上のウィレム・デフォーは、それを見事に演じているからスゴイ。

　それ以上に、私がビックリしたのは、彼は『プラトーン』(86年)にエリアス軍曹役で出演し、アカデミー賞助演男優賞候補になった俳優だということ。ベトナム戦争に対して鋭い問題提起をした『プラトーン』は第59回アカデミー賞作品賞を受賞した名作だが、同作でのエリアス軍曹の存在感は際立っていた。そんな彼が、本作では30歳代のゴッホを演じているのだから誰でもビックリする上、前述の賞にノミネートされるとは！

■□■ゴッホとゴーギャンとの共同生活は？耳切り事件は？■□■

　ゴッホとゴーギャンとのアルルにおける共同生活が1888年10月23日から始まったのは、ゴッホがゴーギャンを招き、ゴーギャンがそれに応じたため。そして、「黄色い家」における絵画制作を中心とした2人の共同生活は、当初うまくいっていたらしい。しかし、いわゆる「価値観の不一致」によって2人の仲がギクシャクしてくる中、12月24日にゴッホがカミソリで自分の左耳を切り落とすという、いわゆる「耳切り事件」が発生したため、ゴッホは病院に収容されることに。

　それが従来の通説だが、シュナーベル監督は本作でそれに異を唱え、ゴッホとゴーギャンは決して仲違いをしたのではないと言いたいらしい。その論拠の1つがゴーギャンの手紙だが、ハッキリ言って私にはゴッホとゴーギャンの仲がどうだったのかはどちらでもいい。また、なぜゴッホが自分の耳を切り取ったのかも、今になっては誰にもわからないことだろう。さらに、ゴッホ最大の理解者であり、金銭面での支援者でもあった弟のテオ・ファン・ゴッホ（ルパート・フレンド）が、耳切り事件を聞いて急いで病院に駆けつけてくれたものの、彼は来春の結婚を控えているため兄と一緒にアルルで過ごすことはできないらしい。しかも、黄色い家に住むゴッホに対しては、近隣住民から「オランダ人が精神状態が不安定で市民に不安を与えているから見張っていてほしい」との要望書が警察に提出されており、家主からも立ち退きを求められていたから、ゴッホが病院を退院しても、黄色い家に住み続けることは不可能になっていた。そんな状況下、ゴッホはアルル北東のサン＝レミの療養院に入った（ハッキリ言えば精神病院に半強制的に入れられた）のも仕方ない。

　しかし、なぜゴッホはこんなことになったの？これは誰が見ても大きな悲劇のはずだが・・・。

■□■なぜこんな前向きなタイトルに？ゴッホは誰と対話？■□■

　ゴッホの耳切り事件の「WHY」の答えがわからないのと同じように、ゴッホの死亡が事故なのか自殺なのかについてもわかっていない。そのうえ、ゴッホの作品が評価されたのは死後だから、ゴッホは不幸なまま死んでしまったと考えるのが普通だ。しかるに、シュナーベル監督は本作のタイトルを『At Eternity's Gate』としているから、アレレ。また、邦題の『永遠の門　ゴッホの見た未来』も、失意のまま死んでいったゴッホのイメージとは正反対で、前向きのものだ。それは一体なぜ？

　それはシュナーベル監督が、本作ラスト直前のゴッホと聖職者（マッツ・ミケルセン）との対話シーンにおいて、「自分が新しい視点で世界を見ていることにしっかりと気付いており、他の画家とは違った方法で絵を描いていたこと」をしっかり描き出しているからだ。イエス・キリストの生涯については諸説がある。また、キリスト教の教えについても、宗派によってさまざまに分れている。しかし、彼の生涯、彼の教えについては、死後２０００年以上も語り継がれている。しかして、イエス・キリスト本人は、自分が死ぬ時（殺される時）そんなことを予想していたの？そんな未来が見えていたの？それは本来あり得ず、イエスは張り付けにされ、不遇な状況下で死んでいったはずだ。それなのに、なぜイエスの死後、彼の教えがこれほど全世界に広がったの？

　牧師の息子であったゴッホは、若き日には伝道師を志したこともあって、神については詳しかったらしい。その結果、本作ラストの「静かなクライマックス」になる聖職者との病院での対話シーンでは、「イエスでさえ死後に認められたのだから」と確信的に語るゴッホの言葉にビックリ！それは、「自分の作品が自分が生きている間に認められないのは、イエス・キリストが生きている間に認められなかったのと同じ。しかし、自分はそれに悲観していない。なぜなら、自分の絵が自分の死後人々に認められるのは、イエス・キリストが死後人々に認められたのと同じだから」と確信していたことをハッキリ物語っているからだ。なるほど、これがシュナーベル監督のゴッホについての新視点、新解釈というわけだ。

　本作に登場するゴッホの絵は、彼が生きていた時も亡くなった後ももちろん同じもの。しかし、その評価や価値（値段）は大きく変わっている。しかし、何も変わらないのはゴッホ自身。つまり、ゴッホ本人は自分が死亡する時、「他の画家とは違った方法で絵を描いていたこと」をハッキリ知っていたから、自分の作品の価値を信じていたわけだ。それが、本作におけるシュナーベル監督の主張だが、さてあなたは、その主張に納得？それとも・・・？

２０１９（令和元）年１１月２７日記

Data

監督・脚本：ジャン・ベッケル
原作：ジャン＝クリストフ・リュファン『Le Collier Rouge』
出演：フランソワ・クリュゼ／ニコラ・デュヴォシェル／ソフィー・ヴェルベーク／ジャン＝カンタン・シャトラン／パトリック・デカン／トビアス・ニュイッテン／イェーガー＆カルマ

★★★★

再会の夏

2018 年／フランス・ベルギー映画
配給：コムストック・グループ／83 分

2019（令和元）年 12 月 21 日鑑賞　｜　テアトル梅田

👀 みどころ

　総力戦になった第１次世界大戦の塹壕戦の悲惨さは、『西部戦線異状なし』や『チボー家の人々』等の小説、そして『ロング・エンゲージメント』（04 年）や『戦場のアリア』（05 年）等の映画で描かれている。また、『戦火の馬』（11 年）は軍馬を主人公として登場させたが、本作では犬が！

　「軍判事」なる職業は、弁護士の私ですらよくわからないが、本作では戦争の悲惨さを体験した２人の男が、尋問を巡って対峙するストーリーの中から見えてくる真実をしっかり確認したい。

　８３分の長さでこれだけエッセンスを盛り込むフランス映画はすごい。やたら説明調が目につく昨今の邦画はこんな手法を学ばなくちゃ！余韻いっぱいのラストを、しっかり味わいたい。

—— * —— * —— * —— * —— * —— * —— * —— * —— * ——

■□■第一次世界大戦の戦場には馬も犬も！この犬はなぜ？■□■

　２００３年３月２０日に始まったイラク戦争は、イラクのフセイン大統領が大量破壊兵器を保持しているか否かが唯一最大の争点だった。この大量破壊兵器とは、①放射能兵器②化学兵器③生物兵器④核兵器等で、第二次世界大戦当時の戦艦、空母、戦闘機、戦車等の大量破壊兵器とは全然レベルが違うもの。そうすると、第一次世界大戦当時の、とりわけヨーロッパ西部戦線における大量破壊兵器とは？

　それは戦闘機、潜水艦、戦車、火焔放射器、そして毒ガス等で、とりわけ西部戦線における塹壕戦の悲惨さは、『西部戦線異状なし』や『チボー家の人々』等の小説で詳しく描かれている。第一次世界大戦の塹壕戦を描いた映画の名作は、『ロング・エンゲージメント』

（04年）（『シネマ7』280頁）や『戦場のアリア』（05年）（『シネマ33』214頁）等がある。そして、『戦火の馬』（11年）はその第一次世界大戦の塹壕戦の中に投入された軍馬を主人公にした興味深い映画だった（『シネマ28』98頁）。しかし、あの塹壕戦に軍馬が必要だったとすれば、より身近な戦力として犬も必要だったのでは？

本作の原作者であるジャン＝クリストフ・リュファンは、本作のパンフレットにあるインタビューの中で、「実際にあった出来事を基にしているのでしょうか？」という質問に対して「二つの出来事を基にしています。まず一つ目は、ほとんど知られていないことですが、第一次世界大戦で多くの動物、とくに犬が巻き込まれていたという事実です。塹壕には何十万頭もの犬がいましたが、多くは飼い主が動員された際についてきた犬で、共に前線にいたのです。犬は役に立ったので、その存在が黙認されていました。ネズミを殺したり、敵を威嚇したり、兵士に同行していたのです。」と答えている。

しかして、本作冒頭には一匹の黒い犬が留置所の前で吠え続けている風景が登場するが、この犬はなぜ吠え続けているの？

■□■レジオンドヌール勲章受勲の英雄がなぜ留置所に？■□■

去る12月19日に観た『母との約束、250通の手紙』（17年）は、"フランスの三島由紀夫"とも称され、ゴンクール賞を2度も受賞した天才作家ロマン・ガリが、『孟母三遷』で有名な孟子の母親を遥かにしのぐ、超スパルタママの下で成長していくサマを描いた興味深い映画だった。彼は子供の頃から、「お前は将来、自動車を手に入れる。フランスの大使になる」「お前はトルストイになる。ヴィクトル・ユゴーになる」と念仏のように唱えられながら成長していったから、そのプレッシャーたるや如何ばかり・・・？ところが彼は、12月21日に観たケン・ローチ監督の問題提起作『家族を想うとき』（19年）に登場する、出来の悪い長男のような愚行、非行に走ることなく、母親と離れ離れになりながらも順調に作家と軍人への道を進んでいったから、立派なもの。そして、度重なる戦場での奮闘と功績によって、フランス解放十字勲章を受勲したからすごい。

ところが、今、留置所に収監されている男ジャック・モルラック（ニコラ・デュヴォシェル）も、実は西部戦線でのソムの戦いやテッサロニキの戦いにおける奮闘と武功によって、栄誉あるレジオンドヌール勲章を受勲していたらしい。

かの大戦において、日本の男たちは「赤紙」と呼ばれた召集令状によって次々と戦地に送り出されたが、第1次世界大戦中のフランスでも、「総動員令」の発令によって壮齢の男子は全員戦場に向かったから、当然ジャックもその一員に。しかし、1915年に召集された時、この男はどこでどんな生活をしていたの？そして、なぜレジオンドヌール勲章を受けるほどの兵士に成長したの？本作導入部を見ていると、当然そんな疑問が湧いてくる。さらに、それに続く疑問は、そんな英雄がなぜ今留置所に収監され、軍判事ランティエ（フランソワ・クリュゼ）の尋問を受けているの？ということだが・・・。

■□■軍判事ってナニ？そのシステムは？それはさておき■□■

　２０１９年３月に念願の『“法廷モノ”名作映画から学ぶ生きた法律と裁判』を出版した私は、その第２節「軍事法廷では？」で、『明日への遺言』（08 年）（275 頁）、『私は貝になりたい』（08 年）（281 頁）、『ヒマラヤ杉に降る雪』（99 年）（287 頁）を紹介した。本作の一方の主人公であるランティエの肩書は軍判事だが、それって一体ナニ？それは、そんな本を出版した弁護士の私にとってもはじめて聞く言葉だ。私はそれを一種の軍法会議の判事のようなものと思ったが、どうも違うらしい。しかも、ランティエの軍判事としての仕事ぶりを見ていると、検事も弁護士もいない中、軍判事の彼が１人で被疑者からの事情聴取や補充捜査（？）を行い、１人で判断を下すシステムらしいから、アレレ・・・。これって一体ナニ？本作のメインテーマを理解する上では、そんな疑問は枝葉末節の問題だが、その点をもう少し解説して欲しかったと思うのは私だけ・・・？

　それはさておき、１９１９年の夏、部下のポール（トビアス・ニュイッテン）と共にフランスの田舎町を訪れ、人気のない留置所の中に入ろうとしたランティエの目に入ったのは、吠え続ける黒い犬の姿。看守に聞いてみると、これは戦時中ずっとジャックに付き添っていた犬で、収監されたご主人様を想ってずっと吠え続けている、とのこと。この仕事が軍判事としての最後になるランティエは、最後の仕事はできるだけ穏便に済ませたいと願い、ジャックはどんな罪を犯したか、それはなぜなのか、を順序良く聞こうとしたが、そんな期待に反して、ジャックの態度は自暴自棄気味でよろしくない。尋問するランティエに対して、ジャックは当初ベッドに寝転んだままで対応していたほどだ。犯罪事実を明確に語らないまま有罪を認めてしまえば、軍判事はある意味で楽だが、最後の仕事は丁寧に！そんな気持ちのランティエは時間をかけ、少しずつジャックの気持をほぐしながら事情を聞きただし、整理していくことに・・・。

■□■田舎村にこんな知的な美女が！なれそめは？別れは？■□■

　本作は本来のフランス映画らしく（？）、８３分とコンパクトに収めている。そして、軍判事のランティエが被疑者のジャックを取り調べていくストーリー展開の中に、“愛犬”だけが真実を叫び続けた」というテーマを浮かび上がらせていく。そして、本作は「一匹の犬と勲章にまつわる秘話」だから、本作では２人の名優の他、２０１６年フランスで「一番美しいボースロン」に選ばれた名犬の演技も、大きなポイントになる。

　そんな黒い犬が暮らしていたのは、郊外で農作業に勤しみながら小さな息子と２人暮らしをしている女性ヴァランティーヌ（ソフィー・ヴェルベーク）の家。そんなヴァランティーヌとジャックが瞬く間に恋に落ち、結婚し、愛のある生活を送る風景を、本作は手際よく追っていくが、そこでは『三銃士』『若きウェルテルの悩み』等の本を自ら読み、子供にも読み聞かせているヴァランティーヌの知性が際立っている。それに比べれば、ジャッ

クの知的レベルはかなり低いから、ある意味では、この２人がなぜ恋に落ちたのかはよく
わからない。しかし、２人が愛を育む展開は、誰よりもあの黒い犬がしっかり見ていたらし
い。また、総動員令の発令によってジャックが戦場に向かわざるをえなくなった時、こ
の犬も一緒に列車に飛び乗ったから、戦場におけるジャックの一挙手一投足も、この犬は
すべて目撃していたことになる。ランティエがこのようなジャックとヴァランティーヌと
の出会いと別れを知ったのは、彼自身がヴァランティーヌの村を訪れて事情聴取したため
だが、なぜジャックが逮捕されたのかという肝心のことについて、彼女は何も知らないら
しい。それはなぜなら、やっと戦争が終わったのに、ジャックはヴァランティーヌの元に
帰ってこないからだ。

　フランスの女流作家マルグリッド・デュラスの自叙伝的小説『苦悩』を映画化した『あなたはまだ帰ってこない』（17年）では、ナチスドイツが敗北し、パリが解放されたにもかかわらず、フランスに戻ってこない夫を待ち続ける妻の気持が、『あなたはまだ帰ってこない』というタイトルどおりの緊張感の中で描かれていた（『シネマ 43』220 頁）が、それは本作のヴァランティーヌも同じ。本作では、いかにも素朴で一徹な男ジャックと、農婦ながらもなぜか知的で美しいヴァランティーヌの対比の妙も１つの見どころだから、そんな２人の束の間の愛の姿もしっかり観察したい。

■□■この武勲は誰のもの？塹壕戦での軌跡は？■□■

　２０１９年のクリスマス・イブは、ひょっとして北朝鮮からアメリカに向けて、ＩＣＢ
Ｍ（大陸間弾道ミサイル）が発射されるかも？そんな予想が杞憂に終わったのは幸いだ。
他方、今から約１００年前の１９１４年に始まった第１次世界大戦は、当初はドイツが優
勢だったから、ドイツ軍の最前線の塹壕には１９１４年１２月２４日のクリスマス・イブ
を祝うべく、クリスマスツリーが届けられた。しかも、それは５ｍおきに設置されたとい
うから、すごい本数。さらに、そこにはダイアン・クルーガー一扮する世界的なソプラノ歌
手アナ・ソレンセンが登場し、アリアを歌ったからすごい。それを機に、その日に両軍の

288

塹壕の中で起きた奇跡は、『戦場のアリア』(05年)を見ればよくわかる(『シネマ33』214頁)。

それに対して、本作でジャックを含むフランス軍が対峙していたのは、ロシア軍とブルガリア軍。しかし、長い間の塹壕戦が両軍兵士に厭戦気分を生んでいたのは当然。そんな中、本作では、両軍が『インターナショナル』を歌いながら歩み寄るシークエンスが登場するのでビックリ。そこで、フランス軍が『ラ・マルセイエーズ』を歌い返せばヤバかったが、フランス兵も同じように『インターナショナル』を歌いながら歩み寄ったから、これならオペラ歌手がいなくても奇跡の和解が・・・?両軍の兵士はそう思ったはずだ。

ところが、そこに突如塹壕から飛び出し、ロシア軍、ブルガリア軍の兵士を襲ったのがジャックの愛犬。そのため、それまでの和平の雰囲気はたちまち崩れ去り、両軍は乱戦状態に。『戦火の馬』(11年)でも、戦火の馬が塹壕の中を駆け抜けるシークエンスが登場した(『シネマ28』98頁)が、なるほど、ジャックとその愛犬にはそんな体験(エピソード)が・・・。

■□■戦争の悲惨さは人間性を一変!その挙句に主人公は?■□■

戦争は残酷で悲惨なもの。それは本や言葉の上ではわかっているが、実際に体験すると人間性を一変させてしまうものらしい。そして、本作に登場する2人の主人公は、2人ともそうらしい。もっとも、ランティエの人間性が一変したことについては詳しく描かれず、本人の説明だけだが、ジャックへの尋問が軍判事として最後の仕事になったランティエが、戦争の悲惨さを深く認識したことによって被疑者の心の闇に優しく迫っていこうという姿勢を打ち出したのは、ジャックにとって超ラッキーだった。

このように、かつての軍国主義者、愛国主義者(?)から、人間主義者(?)に性格を一変させたランティエに対して、ジャックの方は、かつての素朴で一徹な普通の男から、戦争を憎む男に一変したらしい。したがって、あの時の武勲によって自分が国家から受けた栄えあるレジオンドヌール勲章なんてクソ食らえ。そう考えていた上、そんな勲章にふさわしいのは俺ではなく、ずっと俺に付き添い、あの時ロシア兵、ブルガリア兵に向かって行った愛犬だ。そう確信していたことは間違いない。

しかして、レジオンドヌール勲章の受勲式の日、彼はそんな確信の下に、レジオンドヌール勲章を愛犬の首にかけてやったから、さあ大変だ。なるほど、彼が今留置所に収監されているのは、そんな風にレジオンドヌール勲章をバカにし、国家を侮辱した容疑のためだったのか!自らの補充捜査(?)でそれをしっかり理解したランティエのその後の尋問は?そして、それを前提に彼が下した判決は?

2019(令和元)年12月26日記

Data

監督・脚本：ルー・ジュネ
出演：ノエミ・メルラン／ニール
　　　ス・シュネデール／バジャマ
　　　ン・ラベルネ／スカリ・デル
　　　ペラト／アミラ・カザール／
　　　マチルド・ワルニア／メロディ
　　　ィー・リチャード／エミリア
　　　ン・ディアール・デトゥフ／
　　　カメリア・ジョルダナ

不実な女と官能詩人

2019 年／フランス映画
配給：クロックワークス／105 分

2019（令和元）年 11 月 10 日鑑賞　　　シネ・リーブル梅田

みどころ

　古今東西を問わず"性豪"を誇る男は多いが、生涯で２５００人の女性と関係を持ったと言われ、"エロスの司祭"と称された、フランス象徴主義の詩人ピエール・ルイスをあなたは知ってる？

　また、『宋家の三姉妹』（97 年）の靄齢、慶齢、美齢は三人三様に有名だが、『コレット』（18 年）のヒロインにも並ぶべき、本作のヒロイン、マリー・ド・エレディアを知ってる？寡聞にして私は両者とも知らなかったが、２人の往復書簡と大量に保管されていたポルノ写真（？）から、２人のめくるめく情事と愛人関係の姿が鮮明に！

　『愛と死をみつめて』（64 年）は本も歌も映画も大ヒットしたが、それはあくまで純愛。それに対して、本作はかなりエッチだが、女性監督ルー・ジュネの美しい演出にかかるとお見事な官能絵巻に！

――＊――＊――＊――＊――＊――＊――＊――＊――＊――

■□■仏の詩人、エロスの祭司、ピエール・ルイスとは？■□■

　古今東西を問わず、"性豪"を誇る男は多いが、生涯で２５００人の女性と関係を持ったと言われ、"エロスの祭司"と称された、フランス象徴主義の詩人ピエール・ルイスを、あなたは知ってる？彼はまた、作曲家ドビュッシー、小説家ジッド、詩人オスカー・ワイルドなど高名な芸術家たちと交友を結び影響を与えたと言われている。しかし、私は寡聞にして、フランスの詩人アルチュール・ランボーは知っていても、１９世紀末から２０世紀前半にかけて活動した詩人ピエール・ルイスは知らなかった。

　また、本作を観れば、ピエール・ルイス（ニールス・シュネデール）の親友で本作のヒ

ロインであるマリー・ド・エレディア（ノエミ・メルラン）を巡って恋敵になったアンリ・ド・レニエ（バジャマン・ラベルネ）も２０世紀初頭のフランスで最も重要な詩人と称されているそうだが、私は寡聞にして彼も全く知らなかった。更に、マリーも本作ラストではジェラール・ドゥヴィルという男性名で小説を発表し大人気になっていたが、それも私は寡聞にして知らなかった。したがって、本作ではそんな３人の男女についてしっかり勉強したい。

■□■大量のポルノ写真と往復書簡から本作を着想■□■

©CURIOSA FILM©CURIOSA FILM

本作の脚本を書き監督したのは、短編映画を経て、本作で長編劇映画監督デビューを果たした女性ルー・ジュネ。彼女は、詩人であると同時に一時もカメラを手放さない熱心なカメラマンだった（？）ピエール・ルイスが、大量に撮影しアルバムに保管していた大量のポルノ写真（？）およびピエールとマリーの間で交わされた大量の往復書簡（もっとも、マリーから
ピエールへの手紙は消失してしまっている）に着想を得て、本作を監督したらしい。

　１９６３年に出版された、ミコ（大島みち子）とマコ（河野實）の３年間にわたる往復書簡をまとめた『愛と死をみつめて』(64年)は、本でも歌でも映画でも大ヒットしたが、それはタイトル通り愛し合う若い２人が、愛と死を見つめながら交わした書簡集だったからだ。それに対して、ピエールとマリーの書簡集は？さらにピエールのアルバムに収められたマリーの大胆なポーズの肢体は？

　１９７０年代に大ヒットした日活ロマンポルノは、とりわけ初期のものに名作が多いが、本作も女性監督特有の視点と美しさに満ちあふれていると同時に、１９世紀のパリにおける３人の主人公たちの生きザマがイキイキと描かれている。キーラ・ナイトレイが主演した『コレット』(18年)（『シネマ45』177頁）も興味深かったが、本作もなかなかのものだから、その面白さをしっかり鑑賞したい。

■□■結婚させられても、愛人にすれば両手に花！■□■

　『コレット』を見ても、１９世紀のフランスの女流作家コレットが、結婚については両親が押しつける男性を受け入れざるを得なかったことがわかる。したがって、冒頭に登場するエレディア家の３人の美しい姉妹である長女エレーヌ（メロディー・リチャード）、次

女マリー、三女ルイーズ（マチルド・ワルニア）のうち、最も文学に精通している次女の
マリーが新進気鋭の詩人ピエールと出会い、一目で恋に落ちたにもかかわらず、マリーの
両親は貴族出身のアンリとの結婚を決めてしまったから、アレレ。

　『宋家の三姉妹』（97年）でも、次女の慶齢は父親チャーリーの反対を押し切って、チャ
ーリーが同志として応援していた孫文の秘書として働いているうちに相思相愛となり、
結婚に踏み切ってしまった（『シネマ5』170頁）が、マリーは泣く泣く親が押しつけたと
おり、アンリと結婚することに。他方、ピエールとアンリは親友同士だったうえ、ピエー
ルがマリーにぞっこんだったことは互いの了解事項だった。したがって、アンリがそんな
マリーと結婚することに、アンリは一種の罪悪感も・・・？しかし、本作を観ていると、
マリーはそんな2人の男の上をいっていたようで、アンリと結婚させられたら、ピエール
は愛人にすればいい、と考えたようだからすごい。しかも、ピエールはアンリと異なり、
結婚という形式に全くこだわらないタイプだったから、それに大賛成。

　しかして、本作にみるマリーとアンリ（夫）、ピエール（愛人）という2人の男（詩人）
を巡る、めくるめく官能の日々は如何に？本作導入部では、それをしっかり楽しみたい。
そこでの小道具は、19世紀には珍しくピエールが愛用するカメラ。さあ、自らモデルを
指導し、自ら撮影し、自ら現像するピエールの写真撮影（ポルノ撮影？）のレベルは如何
に？

■□■どっちもどっち？いや、やっぱり男の方が身勝手？■□■

　『愛と死をみつめて』は往復書簡が完全に残っていたから、曲のイメージも映画のイメ
ージもしっかり固めることができた。しかし、ピエールとマリーの往復書簡はピエールか
らのものしか残っていないそうだから、2人の恋心のやりとりはルー・ジュネ監督が想像
で作りあげるしかない。しかし、アルバムに収められた、今でもポルノ写真として十分通
用するほど生々しい女性たちの淫らな写真が2500人分もあれば、ピエールの"性豪ぶり"
をスクリーン上に描き出すのは容易。もっとも、それは描き方によっては極端な"エロ"に
なってしまうが、さすが女性監督ルー・ジュネの手にかかると、その演出はすばらしい。

　他方、男だって女だって嫉妬心を持っているのは当然だから、いざ目の前に別の男、別
の女を見せつけられると嫉妬心が湧いてくるもの。そのため、本作中盤では、ピエールの
もう1人の愛人であるゾーラ・ベン・ブラヒム（カメリア・ジョルダナ）を巡って、少し
だけピエールとマリーの間でそんな論争（ちわゲンカ）が見られるので、それにも注目！
しかし、あの時代では、やっぱり男の身勝手さの方が優位にあることがハッキリわかる。
ところが、そう思っていると、マリーはピエールと切れている間に、ちゃっかりピエール
の友人であるジャン・ド・ティナン（エミリアン・ディアール・デトゥフ）と愛人関係に
収まっていたから、これまたすごい。ここまで互いにやりたい放題やっていれば、どっち
もどっちと言わざるを得ない。

そんな2人と対照的なのが、夫のアンリ。ピエールとマリーとの"男女の仲"は半ば公然だし、マリーの机の引き出しの中にはポルノ写真を収めたアルバムまで入っていたのだから、アンリが2人の浮気に気付かないはずはない。したがって、アンリが大きな嫉妬心を持ち、毎日をじりじりしながら生きていたのは当然。しかして、ルー・ジュネ監督は、そんな男2人女1人の三角関係をいかに演出？

■□■ピエールとの情事のためなら、妹も活用？■□■

　私が近時ハマっている「華流ドラマ」を観ていると、権力と男女関係を巡る権謀術策のすさまじさに驚かされるが、本作を観ていると、マリーのピエールとの情事のためなら何でもありという執念と権謀術策ぶりに驚かされる。ピエールと離れていた間の術策が、ショートリリーフとしてのピエールの友人ジャンとの愛人関係なら、ピエールの妻には結婚適齢期を迎えた（？）妹のルイーズの活用を！それがマリーの術策だったから、ビックリ。ルイーズがピエールの妻に収まれば、自分がその家庭を訪問するのは自由だし、ピエールとの情事もやりたい放題！それがマリーの術策でピエールもそれに合意したから、この2人の相性は抜群だ。もちろん、ルイーズはマリーとピエールのそんな術策は知らなかったが・・・。

　本作ラストでは、ルー・ジュネ監督が描くそんな奇妙な男1人女2人の三角関係をしっかり確認したい。ちなみに、『コレット』では、夫の浮気を認めるかわりに自分の同性愛を堪能するという術策をコレットが採用していたが、それに比べると、私の目にはマリーの術策の方がしたたかに見える。さて、あなたのご意見は？その上、本作ラストで、マリーはコレットと同じように男性の名前ながら作家デビューまで果たしてしまうのだからすごい。『宋家の三姉妹』の三姉妹は三人三様のすごさを見せつけたが、本作にみるエレディア家の次女マリーについては、その才色兼備ぶりはもちろん、その性的魅力と権謀術策のものすごさを本作でしっかり味わいたい。

彼女が恋に落ちたのは、後に"エロスの祭司"と称される異端の詩人ピエール・ルイス。
これは誠実で奔放な愛と官能の真実の物語。

愛から逃れ、情欲に溺れ、また愛に囚われる。

不実な女と官能詩人

『不実な女と官能詩人』 発売中 DVD 3,800 円（税抜）
発売元：クロックワークス　販売元：TC エンタテインメント
©CURIOSA FILM©CURIOSA FILM

２０１９（令和元）年11月15日記

Data

監督：クラウス・ハロ
脚本：アナ・ヘイナマー
出演：ヘイッキ・ノウシアイネン／
　　　ピルヨ・ロンカ／アモス・ブ
　　　ロテルス／ステファン・サウ
　　　ク／ペルッティ・スヴェホル
　　　ム／ヤコブ・オーマン／クリ
　　　ストファー・モラー／イー
　　　ロ・リタラ

SHOW-HEY シネマルーム

★★★★

ラスト・ディール
美術商と名前を失くした肖像

2018 年／フィンランド映画
配給：アルバトロス・フィルム、クロックワークス／95 分

2020（令和2）年3月19日鑑賞	シネ・リーブル梅田

みどころ

　19世紀のロシアでは、文学も音楽も大きく花開いたが、芸術（絵画）は？ロシアの巨匠レーピンとは？

　オラヴィが作者不詳の肖像画に惚れこんだのはさすがだが、それをいくらで購入し、いくらで売却するの？年老いた美術商としての「ラスト・ディール」は如何に？

　そう思っていたが、落札価格は1万ユーロ（118万円）だから、勝負は意外に小さいし、その程度の資金繰りにアップアップする姿は何とも情けない。他方、彼の在庫商品（棚卸資産）の価値は一体How　Much？

　そんな疑問点も多いが、「名は体を表す」を地で行く、邦題通りの展開はそれなりのもの・・・。

―――＊―――＊―――＊―――＊―――＊―――＊―――＊―――＊―――＊―――＊―

■□■フィンランド発のこんな小品にも注目！■□■

　アカデミー賞は、第92回からそれまでの「外国語映画賞」が「国際長編映画賞」に名前が変わり、ポン・ジュノ監督の『パラサイト　半地下の家族』（19 年）が作品賞、監督賞、脚本賞と共に、名称変更後初の同賞を受賞した。他方、第88回アカデミー賞でフィンランド代表の外国語映画賞に選ばれたのが、クラウス・ハロ監督の『こころに剣士を』（15 年）（『シネマ 39』239 頁）だった。

　そんなクラウス・ハロ監督の最新作が本作だが、本作は引退間際、自身の存在の証明のためにも究極の作品を見出したいと願う老美術商と、長年確執を抱えたままの家族が出会った「幻の名画」をめぐる、それぞれの悲喜や葛藤を丁寧にエモーショナルに描き出した

ものだ。しかし、そんな映画の邦題がなぜ『ラスト・ディール』なの？ディール（deal）とは、ここでは「売買する」の意味のはずだが・・・？

■□■年老いた美術商は、なぜこの絵に注目したの？■□■

　本作の主人公は、年老いた美術商オラヴィ（ヘイッキ・ノウシアイネン）。自分で店舗を構え、販売用の絵をたくさん飾っているが、店員はおらず、自分１人で経営しているらしい。オラヴィは何よりも仕事を優先してきたため、家族も例外ではなかったが、今は長い間音信不通だった娘レア（ピルヨ・ロンカ）に頼まれ、問題児の孫息子オットー（アモス・ブロテルス）を職業体験のため数日預かることに。

　そんなオラヴィがいつも通っているオークションハウスで目にとめたのが、１枚の肖像画だ。長年の経験から彼は一目で価値があると確信したが、その絵には署名がなく、作者不明のまま数日後のオークションに出品されるらしい。オークションハウスの若社長ディック・サンデル（ヤコブ・オーマン）はそんな肖像画に全然興味を示していなかったが、オークションでオラヴィが競落した後に発見された手紙を読んだ彼は・・・？他方、この肖像画の価値を直感したオラヴィはオットーと共に作者を調べ始めたが、それは一体どんな方法で？

『ラスト・ディール　美術商と名前を失くした肖像』
2020年2月28日（金）ヒューマントラストシネマ有楽町、新宿武蔵野館ほか公開
配給：アルバトロス・フィルム、クロックワークス
© Mamocita 2018

■□■ロシアの巨匠レーピンを知ってる？彼の絵の価値は？■□■

　私はゴッホやセザンヌ、さらに近々公開される映画『盗まれたカラヴァッジョ』（18年）のカラヴァッジョも知っている。さらに、『プラド美術館　驚異のコレクション』で、王家が慈しんだコレクションとされている、ベラスケスやゴヤ、エル・グレコ等もよく知っている。他方、ロシアの芸術は、１９世紀に至って、文学ではドストエフスキー、トルストイ、プーシキン、音楽ではチャイコフスキー、ムソルグスキー、ボロディンが一気に有名になったが、美術は？

　本作のパンフレットにある中野京子氏のコラム「ロシア美術を代表するレーピン」によれば、「美術ではレーピン、クラムスコイ、シーシキンと大輪の花ばかり」と書かれているが、寡聞にして私はその３人の誰も知らなかった。しかしてあなたは、ロシアの絵画の巨匠レーピンを知ってる？そしてまた、彼の絵の価値はHow　Much？

■□■邦題の意味は？ホントにこれが「ラスト・ディール」？■□■

　私は基本的に弁護士の仕事が大好きだが、カネのために動くのは大嫌い。①依頼者の相談を聞き、②法的な解決方法を見つけ出し、③共にそのための努力をして問題を解決し、④喜んでもらって、⑤喜んでお金を払ってもらう。すべてがそんな事件で、すべてがそんなハッピーな展開になれば万々歳だが、なかなかそうはいかないところに苦労がある。そこで、金のために嫌な事件に手を出す弁護士も多いが、私は断じてそんな弁護士にはなりたくないし、なっていないつもりだ。そんな視点で、１枚の絵に見入っているオラヴィの姿を見ると、その肖像画の価値を認めていることは確実だが、あくまでそれは美術商としてだから、そこではその胸の中は「いくらで購入しいくらで売却すればいくら儲かる」。そう計算していることも間違いない。

　私はオークションの正確な仕組みがわからないが、この肖像画をオークションで落とすには数千ユーロから１万ユーロかかるらしい。しかし、オラヴィの手持ちの資金にはないから、それを買うには銀行や友人から金を借りるしかないが、それはムリ。そこで、最後の頼りが娘のレアだったが、それも到底ムリ。しかし、オットー名義の預金があることがわかると、ついオラヴィはそれを当てにすることに・・・。

　新型コロナウイルス騒動の主戦場が、中国からヨーロッパとアメリカに移行している現在、円とユーロ、ドルの為替相場は目まぐるしく変動している。しかし、本作の邦題とされている『ラスト・ディール』で、オラヴィがオークション会場で競り落とした肖像画の価格は１万ユーロ。オラヴィはこれをレーピンの愛好家であるアルバート・ジョンソン（ステファン・サウク）に１２万ユーロで売ろうとし、ジョンソンは即座にそれをOKしたから、オラヴィはラッキー。肖像画がレーピンの隠れた名作であることをオラヴィと共に懸命に調べ上げたオットーもそれは同じだ。しかし、３月２０日現在、１万ユーロは１１８

万円。これを１２万ユーロで売れば、約１０００万円の儲けになるが、ホントにこれが長年美術商を営んでいたオラヴィの「ラスト・ディール」なの？

■□■これが疑問！在庫品の価格は？■□■

　他方、私に最後まで残った本作の疑問点は、オラヴィの店にはたくさんの売却用の商品（絵）があるのに、それが全然おカネに評価されていないこと。美術商であるオラヴィの店の決算書の貸借対照表の資産の部には、必ず棚卸資産としてそれが計上されているはずだ。しかも本作では、オラヴィがやむなく美術商をたたむについて、若手の美術商（イーロ・リタラ）に事業譲渡するシークエンスが登場するが、そこでも家主との転貸や賃料の話は出てくるのに、在庫商品（棚卸商品）をどう評価するかの話がまったく出てこないからそれが不思議だ。

　そもそも美術品の価格は不確定で、人の好みによって異なるが、それでもそれなりの相場はある。したがって、レーピンの肖像画を「１２万ユーロでどうか？」と言われたジョンソンが、それを OK した一方で、その価格の根拠を調べたのはある意味で当然だ。本作ではそれがいかにも簡単にできてしまう点が疑問だが、それによって、オラヴィの一世一代の「ラスト・ディール」がポシャってしまうのもナンセンス。オラヴィはジョンソンに対して、「他にも買い手はいるが、まず最初にあなたに声をかけた」と言っていたのに、それは真っ赤な嘘だったの？長年美術商を営んできたオラヴィの取引範囲はそんなに狭いの？さらに、若い美術商に１万ユーロで店を事業譲渡することによってオットーへの借金の返済を済ませたオラヴィは本作ラストでは死亡するが、その相続をめぐってレーピンの肖像画の価格問題が再浮上する。そこにサンデルが再登場し、レーピンの絵に何の愛着もないレアから１万ユーロで買い戻そうとする姿はいかにも醜くあさましいが、さて、レアはどうするの？そして、そこに登場してきた、レーピンの絵の価値を十分わかっているオットーはどうするの？

　そんなこんなを考えると、『ラスト・ディール』と題された本作の、「ラスト・ディール」の規模（価格）の小ささに驚くとともに、オラヴィの在庫商品の価格をめぐる私の疑問点は膨らむばかりだ。まあしかし、それはそれとして、本作はそれなりに楽しむことに・・・。

２０２０（令和２）年３月２５日記

Data

監督・脚本・編集：近浦啓
出演：ルー・ユーライ／藤竜也／赤
坂沙世／松本紀保／バオ・リ
ンユ／シェ・リ／ヨン・ジョ
ン／塚原大助／浜谷康幸／
石田佳央／堺小春／占部房
子

SHOW-HEY シネマルーム

★★★★

コンプリシティ　優しい共犯
(Cheng Liang/ Complicity)

2018 年／日本、中国映画
配給：クロックワークス／116 分

2019（令和元）年 2 月 1 日鑑賞　｜　シネ・リーブル梅田

👀 みどころ

　ヨーロッパほど深刻ではないが、日本でも移民問題はある。身近には、外国人とりわけ中国人の違法滞在、違法就労問題だ。今、チェン・リャンは頑固な店主の下で蕎麦打ち職人を目指していたが、その実態は？

　店の承継問題に悩む店主が、バカ息子とは大違いの誠実な中国の若者に期待したのは当然。孤独な若者もそれに応える中、スクリーン上では厳しい修行の中にも温かい父子の愛情が！

　しかし、ある日・・・？コンプリシティとは？優しい共犯とは？マンガのようなゴーン被告の逃走劇を現実に見た今、おいおい、こんな結末でいいの！？

―――＊―――＊―――＊―――＊―――＊―――＊―――＊―――＊―――＊

■□■テーマは？ストーリーは？違法就労問題は？■□■

　チラシによると、本作は「技能実習の職場から逃亡、他人になりすまして働きにきた中国人青年と、彼を受け入れる孤独な蕎麦職人。嘘の上に絆を強める二人を待つものとは――？その決断に心震えるヒューマンサスペンス。」とされている。そして、「この嘘だけは守りたかった」の見出しが躍っている。

　また、チラシによれば、「この決断をあなたは許せるだろうか？」と題された本作のストーリーは次のとおりだ。

　技能実習生として来日するも、劣悪な職場環境から逃げ出し、不法滞在者となってしまった中国人青年チェン・リャン（ルー・ユーライ）。彼は他人になりすまし、蕎麦屋で働き口を見つける。口数が少なく不器用な蕎麦屋の主人・弘（藤竜也）は、実の息子との関係も悪くどこか心に孤独を抱えていた。厳しくも温かい弘の背中に父を重ねるチェン・リャンと、彼

の嘘をつゆ知らず情を深めていく弘——2人はまるで親子のような関係を築いていく。しかしはかない嘘の上に築いた幸せは長く続かず、チェン・リャンを追う警察の手が迫り、すべてを清算する日がやってくる。その時、二人はお互いのためにある決断をする——

島国の日本では、ヨーロッパほど大量の移民問題や難民問題そして違法な移民問題は深刻ではない。しかし、技能実習生として日本にやってきた外国人、とりわけ中国人の違法就労問題や不法滞在問題はあちこちで起きている。そんな時代状況の中、そんなテーマに切り込んだ本作のチャレンジはすばらしい。その結果、チラシには「世界の映画祭を席捲した、圧巻の長編デビュー作」の見出しが躍っているが、どうやら受賞は東京フィルメックス観客賞受賞だけのようだ。しかし、その狙いと出来栄えに私は興味津々！

■□■タイトルの意味は？優しい共犯者ならOK？■□■

本作の原題は『Cheng Liang』、そして英題は『Complicity』だが、邦題には、『コンプリシティ』の後に「優しい共犯」というサブタイトルが付いている。それは一体なぜ？また、コンプリシティとは、共犯、共謀、連座の意味だが、私を含めて大学までの英語教育を受けた者のうち、どれぐらいがその単語の意味がわかるのだろうか？

©2018 CREATPS / Mystigri Pictures

本作公開直後の1月20日付読売新聞には、「偽装留学仲介で処分」「甘い誘惑で高額手数料　留学ベトナム人借金背負い不法滞在」の見出しが、1月21日付読売新聞には「日本語試験替え玉横行」「ベトナム『人民証明書』に別人写真」の見出しが躍ったが、この記事のような「偽装留学問題」や外国人の「違法就学問題」は日本国にとって重大な社会問題であり、違法行為だ。それなのに、近浦啓監督が『Complicity』と題する映画を作り、しかも、そこに「優しい」と形容詞をつけていいの？

後述のように、ゴーン被告の国外逃亡は「出入国管理及び難民認定法」第25条違反の罪だし、それを手助けしたとされる米国籍の3人の男はその共犯者になるはず。それと同じように、中国から技能実習生としてやってきたチェンが、本作冒頭に窃盗犯として実行行為に加担した後、今は蕎麦屋を営む弘の下で名前を偽り蕎麦打ち職人を目指して働いているのは、明らかに違法就労の罪に該当するはずだ。したがって、もし弘がそれを手伝っていれば、弘も明らかに共犯だから、いくら「優しい共犯者」でも、それはやっぱりダメなのでは！

■□■ゴーン被告の国外逃亡とその共犯をどう考える？■□■

　２０２０年のお正月には、「保釈中のゴーン被告が日本からレバノンに逃亡！」のニュースに日本中がびっくり！ゴーン被告は保釈中だったから「裁判の執行により拘禁された既決又は未決の者が逃走したときは」と規定する刑法第９７条の「逃走の罪」には該当しない。しかし、「本邦外の地域に赴く意図をもって出国しようとする外国人（乗員を除く。次条において同じ。）は、その者が出国する出入国港において、法務省令で定める手続により、入国審査官から出国の確認を受けなければならない。」（１項）、「前項の外国人は、出国の確認を受けなければ出国してはならない。」（２項）と定める「出入国管理及び難民認定法」第２５条違反の罪に該当することは明らかだ。ゴーンの刑事弁護人だった弘中惇一郎弁護士と高野隆弁護士は現在懲戒申立を受けているが、ゴーンが東京から新幹線に乗って関西国際空港に行き、同空港からレバノンへ逃亡するについての「謀議」は弘中弁護士の事務所で行っていたらしい。もちろん、その席に弘中弁護士も高野弁護士も同席していないから、彼らが「出入国管理及び難民認定法」第２５条違反の罪の共犯に問われる可能性は低い。しかし、もし、弘中・高野両弁護士がその逃亡を手助けしていれば、彼らは同罪の共犯になる。そして、現実にその逃亡を手助けした米国籍の３人の男が同罪の共犯に該当することは明らかだ。高野弁護士がブログに「日本の司法とそれを取り巻く環境を考えると、この密出国を『暴挙』『裏切り』『犯罪』と言って全否定することはできない」と記載したことは、「違法行為の肯定とみなされかねない発言で、弁護士全体の信用に関わる」と批判されているが、さて懲戒申立の行方は？

　そんな大問題が噴出している中、本作におけるチェンの違法就労の罪と、それを手助けする（？）弘の「優しい共犯」を、どう考えればいいの？

■□■店主はなぜ協力を？バカ息子よりよほど愛情が！？■□■

　本作で弘役を演じた藤竜也は、かつて『愛のコリーダ』（76 年）で吉蔵役を演じた新進気鋭の俳優だった。それが４４年を経た今では、息子から「いつまで蕎麦屋を続けるの？」と詰問（？）され、「それは俺が決める！」と言い返す頑固（親父）ぶりがよく似合う俳優になっている。その頑固なまでに一徹な生き方を私は大好きだし、出来の悪い息子に代わってチェンに対してホントの息子のような愛情を感じる姿を私は十分理解・共感できる。

　私の友人に蕎麦打ちを趣味としている人がいた。そんな友人がいると便利なもので、事務所で開いた天神祭パーティーに「蕎麦打ち職人」として来てもらった彼は、朝からラストまで大奮闘！出来立てのおいしい蕎麦は最高だった。彼の話では、蕎麦打ちをマスターするのはかなり難しいはずだが、本作では弘が一方で息子のように可愛がりながら、他方で厳しく仕込んでいくチェンの蕎麦打ちの技量はメキメキと上達していくので、それに注目！このまま順調にいけば、店の承継問題がクリアするばかりか、一緒に北京で日本蕎麦

の店を開く新たな夢の実現も・・・？そんな風に弘とチェンの関係が急速に親密になっていく本作後半の展開はほのぼのとした温かみがあるし、藤竜也の芸達者ぶりもあって説得力も十分だ。しかし、ある日遂に店までやって来た刑事が、店の外で対応したチェンに対し弘の出頭を求めると・・・？本作ではそこからが大問題で、法治国家である日本の一国民として守るべき法的義務は守らなければならないのでは？

　その点について、新聞紙評では、例えば山根貞男氏（映画評論家）は、見出しを「食が結ぶ店主と青年の心」としたうえ、「祖母と蕎麦屋の店主が、心ある一徹さという点で好一対をなす。」「彼は、店主は、どう対処するのか。見ていて胸が締め付けられる。」と書き、店主と青年の心に寄り添っている。しかし、ホントにそれでいいの？弁護士の私に言わせれば、少なくともチェンが違法就労の外国人らしきことがわかり、警察がそれを追及しようとしていることがわかった時点で方向を是正し、警察に協力すべきが当然では？また、少なくともチェンを雇い入れるについて、パスポートのチェックをきっちりすることは、外国人を雇用する人間として最低限の義務なのでは？

■□■葉月との恋は？テレサ・テンの名曲は？■□■

　本作は、弘とチェンとの実の父子の情愛にも似た（いやそれ以上の）心の交流をテーマにした問題提起作。しかし、それだけでは固すぎて若者受けには不十分と考えた（？）近浦啓監督は、本作中盤にチェンと画家を志す美大生・中西葉月（赤坂沙世）との淡い恋模様を挿入した。2人の出会いは、チェンが出前の蕎麦を、自分のデッサン室で創作に励む葉月の元に届けたこと。普通はそれだけで男女の交流や恋模様が生まれることはあり得ないが、本作では、たまたま葉月が北京に留学するべく中国語の勉強をしていたこともあって、積極的にチェンに話しかけたことで接点が生まれ、それが次第に恋模様に進展していくことに。もっとも、極めて不安定な身分であるため生きていくだけで精一杯のチェンにとって、葉月との恋模様をいかに進めていくかまで頭が回らないのは当然。したがって、2人の恋が空回り（葉月からの一方通行）になるのはミエミエだ。そのうえ、私がこの展開を見て不思議に思ったのは、葉月の周りにはまともな日本人のボーイフレンドが1人も

©2018 CREATPS / Mystigri Pictures

いないこと。これは、弘が自分のバカ息子に見切りをつけたのと同じように、葉月の周りの日本人の美大生もバカばっかりだったため？そう考えると、その面からもこの国の未来にかなり心配が・・・。

それはともかく、私が本作に親しみを覚えたのは、チェンと葉月との交流のきっかけに、テレサ・テンの名曲『我只在乎你』が使われたこと。これは『時の流れに身をまかせ』のタイトルで日本でも大ヒットした名曲だが、中国でも大ヒットしたため、私が『月亮代表我的心』に続いて中国語の勉強を兼ねてマスターした曲だ。デート中の２人（？）の間にこの曲が流れ、葉月が「あ、私この曲知ってる」と言った途端にチェンがそれを中国語で歌い始め、「中国人なら誰でも知ってるよ」と返したところから、それまで２人の間にあった垣根が一気に取り払われてしまったから歌の力は大したものだ。そんなこんなで始まったチェンと葉月の恋模様は、葉月が北京に留学した後もしっかり継続できるの？

■□■日本で活躍する中国人の目からは？■□■

私は中国語の新聞『関西華文時報』を読んでいるが、そこには林港人氏が書く「華流百花繚乱」があり、その第２２回では本作を取り上げている。そして、その中で、「普段、映画評論家であると同時に不動産事業に携わり、また、自身もマンションを経営している」彼は、まず「もし、私が経営するマンションに不法滞在者がいたら、そりゃもう大変なことになる！」「そんなものは『国籍の壁を越えた美しい心の交流』どころか、私は不法滞在している外国人を匿っていることになるので、日本の法を犯し、犯罪に加担していることになるのだから、とんでもないことなのだ！」と書いている。

そして、その上で、本作が犯罪を美化していることを弾劾し、「だから、この作品のように美談にしてはならないのだと強く断じたい！本作を観て感動したと言うのなら物事の本質を見誤っていることになる。」と結論づけている。私は、この評論（批判）に大賛成だ。

■□■共犯を越え犯人蔵匿罪に！こんな結末でいいの？■□■

今は弘に代わって厨房で蕎麦打ち作業を行っているチェンの周りには当然包丁もある。そこで弘は、店の前までやってきた刑事に対して、「蕎麦打ち作業が終われば連れてくるので、しばらく客席に座って待っていてくれ」と申し入れたが、その裏でチェンに対して「出前にいけ」と命じたからアレレ。しかもその肩には店の売上金を入れたバッグをかけてやったから、これでは口で言わないまでも「逃亡しろ」の意思表示がミエミエだ。

前述のように、ゴーンの国外逃亡に協力していない弘中・高野両弁護士は、「出入国管理及び難民認定法」第２５条違反の罪の共犯に問われることはないだろうが、この弘の行動は、明らかにチェンの不法滞在の共犯を越えて、刑法第１０３条の犯人蔵匿の正犯に該当するはずだ。おいおい、本作はホントにこんな結末でいいの？

２０２０（令和２）年２月７日記

Data

監督・脚本：ユホ・クオスマネン
出演：ヤルコ・ラハティ／オーナ・
　　　アイロラ／エーロ・ミノロフ
　　　／アンナ・ハールッチ／エス
　　　コ・バルクゥエロ

★★★★

オリ・マキの人生で最も幸せな日

2016 年／フィンランド・ドイツ・スウェーデン映画
配給：ブロードウェイ／92 分

| 2020（令和2）年 2 月 24 日鑑賞 | シネ・リーブル梅田 |

👀 みどころ

　ボクシング映画は勇気と感動を与え、人生の指針を与えてくれる。それは『ロッキー』シリーズで明らかだが、「天の時、地の利、人の和」の中、フィンランド初の世界タイトル戦を控えた主人公オリ・マキの今は？

　タイトル戦と恋人、どちらが大事？一般論としてはそんな議論もオーケーだが、既に試合に向けて大量の人、カネ、モノが動いている今、そんな選択はないはず。私はそう思うのだが、本作は・・・？

　練習と減量はOKだが、肝心の試合は？『ロッキー』では毎回スクリーンの華になっていたその展開は本作ではイマイチ。さらに私は、本作の結末にも邦題の意味にもイマイチ納得できないが・・・。

——＊——＊——＊——＊——＊——＊——＊——＊——＊——＊——＊——

■□■ボクシング映画なのに、この邦題は？■□■

　ボクシング映画は洋画では『ロッキー』シリーズ（直近では『ロッキー・ザ・ファイナル』（06 年）（『シネマ 14』36 頁））、邦画では『あゝ、荒野（前篇・後篇）』（17 年）（『シネマ 41』50 頁）をはじめとして、すばらしいものがたくさんある。しかして、本作はフィンランド発のボクシング映画！そう思ったが、『オリ・マキの人生で最も幸せな日』という邦題はそのイメージとは全然違うし、チラシには「実在のボクサーの人間味溢れるエピソードに基づく、世界が愛したハートウォーミングラブストーリー！」と書かれているからアレレ・・・？

　しかし、本作は第69回カンヌ国際映画祭の「ある視点部門」で深田晃司監督の『淵に立つ』（16 年）（『シネマ 38』79 頁）を審査員賞に押しやり、自らがグランプリを受賞した

名作らしい。そう聞くと、こりゃ、必見！

■□■１９６２年、フィンランドで初の世界タイトル戦が！■□■

　モノクロの１６㎜フィルムで撮ったという本作は、体重６０㎏弱のクラスで活躍しているフィンランド期待のボクサー、オリ・マキ（ヤルコ・ラハティ）に世界タイトルマッチのチャンスが舞い込むところから物語がスタートする。『ロッキー』シリーズのデュークのように、オリ・マキのマネージャーとして寄り添い、興行から練習の段取りまですべて仕切っているのがエリス（エーロ・ミノロフ）だ。フィンランドで初の世界戦だから、オリ・マキは誇らしげ。そりゃそうだろう。すると、『ロッキー』のように、マネージャーのエリスと組んでしっかり頑張らなくちゃ。

　時は１９６２年。私が愛光中学に入って間もなくの１３歳の時だ。そこで私が今でもハッキリ覚えているのは、蔵前国技館でファイティング原田が当時「シャムの貴公子」と呼ばれていたタイの世界フライ級チャンピオン、ポーン・キングピッチに１９歳で初挑戦した世界タイトルマッチ。ラジオで実況放送されたこの試合を私は食い入るように聞いたが、そこで名前通りのファイトを展開し、チャンピオンをコーナーに追い詰め続けた挑戦者は見事に勝利し、新チャンピオンになった。１９６２年に中学に入ったばかりの１３歳の私がこれほど興奮してラジオを聞いていたのだから、フィンランドではじめて行われるオリ・マキの世界タイトルマッチにフィンランド国民の期待が高まったのは当然だ。ましてマネージャーのエリスがその盛り上げに一生懸命なのはあたり前。そうすると、オリ・マキも練習はもちろん、イベントへの参加、出資するスポンサーたちへのサービス等にもある程度は協力しなければ・・・。

■□■ボクサーにとって恋人の存在は？しかし試合前はダメ？■□■

　戦争映画には基本的に女性は不要で、添えもののように登場するケースが多い。しかし、ボクシングは孤独な個人プレーだから、心の持ちようが大切。そのため、ボクサーの心のよりどころとして、恋人が重要な役で登場することが多い。『ロッキー』シリーズにおけるエイドリアンがまさにそれだ。

　しかして、本作では、世界タイトルマッチに向けて猛練習に励むはずのオリ・マキが、ある時ガールフレンドだったライヤ（オーナ・アイロラ）に「恋をしてしまった」と気付くところからストーリーは一変していくことに・・・。オリ・マキはそんな気持ちをエリスに打ち明けたが、そこでのエリスの渋い表情は？また、その返事は？それは聞かなくてもわかるはずだ。もちろん、ボクサーにとって試合前に恋人とイチャつく（？）なんて、もってのほか！

■□■なぜ本作がグランプリを獲得？■□■

なぜ本作が、私が星5つを付けた深田晃司監督の『淵に立つ』より上位のグランプリを獲得したの?私にはそれがサッパリわからない。選手とマネージャーとの「確執」は『ロッキー』シリーズでも毎度のように登場する(?)が、いくらなんでも、それがオリ・マキの恋愛優先?それとも世界タイトルマッチ優先?という形で起きるはずはない。私はそう思っていたが、本作では、オリ・マキの恋愛問題が起きた後、何とそんな確執がオリ・マキとエリスとの間で発生していくので、それに注目!

もっとも、オリ・マキの恋愛優先?それとも世界タイトルマッチ優先?そんな露骨な形で問題が噴出することはなく、結局オリ・マキは1人静かな環境で最後のトレーニングと減量に励むことで両者は和解。それはそれでよかったのだが、肝心の本番での試合は・・・?

何と言っても、手に汗握るそのシークエンスがボクシング映画の華だが、残念ながら本作ではそれがなし。なぜなら、本作はボクシング映画ではなく「ハートウォーミングラブストーリー」だから。そう言われればその通りかもしれないが、いくら何でもこの程度の"本番シーン"でお茶を濁すのは、あまりにあまり・・・。

■□■この結末に賛成?それとも?私は違和感がいっぱい!■□■

ポン・ジュノ監督の『パラサイト 半地下の家族』(19年)と同じように、本作も「ネタバレ厳禁」らしい。そのため、チラシのストーリー紹介は「国中の注目と期待が集まるなか、自分なりの幸せをつかむために彼が取った行動とは!?」で終えている。したがって、その結末はあなた自身の目で確認してもらいたいが、この結末で『オリ・マキの人生で最も幸せな日』の邦題は如何なもの・・・?また、チラシには「愛おしくて切なくて涙が止まらない。」「泣いて笑って明日からも頑張ろうと、元気が湧いてくる人生賛歌。」「愛とは、人生とは、幸せとは・・・?そんな大きな疑問を優しく切り取ることに成功。」等の評が並んでいるが、私にはこれがサッパリ・・・!

また、新聞紙評で、金原由佳(映画ジャーナリスト)は、「浮き彫りにされるのは、興行としてのボクシングへの違和感である。」「ライト級で活躍していたオリがフェザー級での挑戦を強いられ、減量で厳しく叱咤される場面や、対戦でフィンランド人としての誇りを世界にアピールしたいスポンサーの打算が見えてくる。」と書いているが、これって悪いことなの?これって当然のことでなのでは?また、「夏の陽光の中、自転車の2人乗りに興じ、森を散策し、じゃれ合う恋人たちの情景。周囲はやきもきするが、恋か試合かという単純な選択にならないのがいい。」とも書かれている。しかし、「天の時、地の利、人の和」によって、一生に一度出会うか否かという世界タイトルマッチに臨める千載一遇のチャンスを得たのに、そこで「恋?それとも試合?」という単純な選択をする男などホントにいるの?私のような団塊世代の男にはそんな選択の余地など全くなく、試合一本で進む以外の道はないと思うのだが・・・。そんな確信があるから、私は本作の結末には違和感がいっぱい!　　　　　　　　2020(令和2)年2月27日記

Data

監督・脚本・編集：三上康雄
出演：細田善彦／松平健／目黒祐樹
／水野真紀／若林豪／中原
丈雄／清水紘治／原田龍二
／遠藤久美子／武智健二／
半田健人／木之元亮／須藤
正裕／瀬戸さおり／黒木信
二／鈴木有史／秋月成美／
真木仁／勝亦正／太田聡／
横山恒平／児玉純一／小林
郁大

SHOW-HEY シネマルーム

★★★★

武蔵 ─ むさし ─

2019 年／日本映画
配給：アークエンタテインメント／120 分

2019（令和元）年 11 月 16 日鑑賞 ｜ シネ・ヌーヴォ

みどころ

　『宮本武蔵』を私は中学生の時に吉川英治版で読了。また、武蔵の映画は、中村錦之助版が本命だった。その結果、多くの日本人は巌流島の決戦について決まったイメージを持っているが、その真実は？

　自らも武術（居合、殺陣等）をする三上康雄監督は、本作で「こだわり抜いたホンモノの武蔵」をスクリーン上に！そのため、刀も真剣に近い模擬刀を！そうすると、本作前半にみる吉岡一門との死闘は？そして、クライマックスにみる小次郎との決闘は？

　これがホンモノ。そう言われても、私たちにはそれ自体がわからないが、本作が通説と大きく異なることは間違いなし。好き嫌いは別として、こりゃ必見！もっとも、私が観た時の観客は５人だけだったが・・・。

── * ── * ── * ── * ── * ── * ── * ── * ── * ──

■□■本物の武蔵！史実に基づくオリジナルストーリー！■□■

　私が吉川英治の大衆小説の代表作である『宮本武蔵』を読んだのは中２の頃。その面白さに、まさに血沸き肉躍ったことを今でもハッキリ覚えている。その面白さは、吉川英治の『三国志』を読んだ時と同じだった。同作は、巌流島での佐々木小次郎との決戦をラストのクライマックスとしたうえで、師匠としての沢庵和尚と、恋人としてのお通さんの存在が大きなポイントになっていた。また、映画では内田吐夢監督の『宮本武蔵』（61 年）を第１部とする全５部作が有名。そこでは若き日の中村錦之助が、何ともカッコいい宮本武蔵を演じていた。

　しかし、「"本物"であればあるほど、人は感動します。見ている方々の心を動かそうと思ったら、しんどいこと、危ないこともしないといけない。」と語る三上康雄監督は、そんな通説を真っ向から否定し、本物でオリジナルな武蔵の映画を作り上げようと考えたらし

い。その結果、自らも武術（居合・殺陣等）を行う彼は約６年かけてオリジナル時代劇『武蔵』を、現代では異例と言える強いこだわりをもって作り上げた。彼が脚本・製作を兼ねた、史実に基づくオリジナルストーリーが展開する本格時代劇たる本作では、佐々木小次郎の年齢を５０歳半ばに設定し、若さみなぎる武蔵と円熟の小次郎による巌流島での決闘をクライマックスとして設定している。また主人公の名前も、「史実に基づく」と、吉川英治版における宮本武蔵ではなく、新免武蔵になるそうだ。本作の時代は、関ヶ原の合戦（１６００年）から４年後の１６０４年。舞台は京都だ。幼き頃から父親に徹底的に鍛えられた新免武蔵（細田善彦）は、今２１歳。彼は今京にいたが、それは何のため？

■□■吉岡家の清十郎、伝七郎、そして亦七郎までも！■□■

　吉川英治版でも前半の見どころ（読みどころ）は、武蔵ｖｓ吉岡一門の対決だった。一介の浪人に過ぎない武蔵が、京にある剣術の名門・吉岡家に挑んだのは一体何のため。それは己の名を挙げたい一心からだが、その他にも武蔵の父・無二斎（須藤正裕）はかつて二代目吉岡憲法と３度試合を行い２度勝っていたから、武蔵にとって吉岡は父・無二斎を超えるためにも必ず勝たなければならない相手だった。本作で、武蔵はまず吉岡家の当主清十郎（原田龍二）にちょっとしたルールの隙（？）をついて勝利し、続いてホントは清十郎より強いと噂されていた弟の伝七郎（武智健二）も一撃。それによって、もはや武蔵ｖｓ吉岡の闘いは剣術の試合の域を超えてしまい、吉岡にとって武蔵は必ず抹殺しなければならない宿敵に。そのため、清十郎の一人息子・亦七郎（小林郁大）を当主とし、叔父の七左衛門（清水絋治）がその後見人となった一条下り松の決闘は、もはや剣術の試合ではなく吉岡の門弟を何十人も結集しての吉岡家ｖｓ武蔵の決闘になってしまった。しかして、一条下り松の決闘の行方は？

　このような武蔵ｖｓ吉岡家の闘いの中で、武蔵が当主の清十郎、その弟の伝七郎のみならず、幼子の亦七郎やその介添人となった叔父の七左衛門まで切り捨てたのは如何なもの。もっとも、数を頼んで武蔵を「生きて帰らせてはならない」としたのは吉岡家の方だから、武蔵としては己の身を守るために二刀流を駆使し命の限り多くの敵を斬りまくったのは仕方ないが、そこで武蔵は一体何を得たの？

■□■佐々木小次郎の登場は？彼の史実は？■□■

　吉川英治版では、武蔵の心の成長の過程を詳しく描いていたが、本作ではそれは観客の解釈に委ねている。本作が吉川英治版と大きく違うのは、京都所司代の板倉勝重（中原丈雄）と、彼に親しく接触している九州豊前・細川家の沢村大学（目黒祐樹）、長岡興長（半田健人）の姿が詳しく描かれていること。そして、そこに豊前・佐々木家の再興を願う佐々木小次郎（松平健）が大きく絡んでくることだ。当時武蔵２１歳に対して、佐々木小次郎は５０歳。越前で富田流を極めた長剣の使い手・佐々木小次郎の能力を高く見込んだ沢村は、小次郎を豊前細川家の剣術指南に迎えようとしたところから、本作中盤では佐々木小次郎についての「史実」が詳しく展開していくことになるが、その内幕はかなり複雑だ。

■□■なぜ豊前で武蔵ＶＳ小次郎の試合が？■□■

　２０１４年のＮＨＫ大河ドラマ『軍師官兵衛』で詳しく描かれていたように、秀吉の軍師として竹中半兵衛と共に秀吉に尽くした黒田官兵衛は、かなりの策士。したがって、秀吉が没した後は九州豊前国の中津に収まっていたが、関ヶ原の合戦の行方をにらみながら、場合によれば「俺が天下を！」と狙っていたらしい。そんな黒田官兵衛を含む九州の大名たちが微妙な力関係にある中で互いに権謀術策を巡らしていたのは当然だ。そして、中国地方の尼子家と同じように、豊前の佐々木家は滅亡させられていたが、その血を継ぐ小次郎が佐々木家の再興を願っていたのは当然。しかして、小次郎の剣術の腕と人間性を高く評価した沢村は、豊前近隣の士豪たちを押さえ込むために小次郎を細川家の剣術指南に迎え入れ、小次郎もそれを喜んで受け入れたが、さて、彼が現実に果たした役割は？

　本作では、冒頭の吉岡清十郎ＶＳ武蔵の試合は京都所司代である板倉勝重主催で行われ、豊前・細川家の沢村と長岡もそれに立ち会っていたが、それはなぜ？また、本作には、武蔵ＶＳ鎖鎌の達人・宍戸（児玉純一）、武蔵ＶＳ奥蔵院槍術の達人・道栄の試合も登場する。そして、奥蔵院槍術の試合には、沢村が立ち会っているのがミソだ。つまり、本作では沢村の存在感が際立っている。しかして、豊前細川家のお殿様・細川忠興の御前での武蔵ＶＳ小次郎の一大イベントを企画し、それを武蔵に申し入れるのも沢村だ。小次郎がこの試合を承諾したのは当然だが、そこで小次郎は「俺が勝ったら・・・」というある「要求」を出したらしい。そんな小次郎を今の沢村は見損なったと評価し、快く思っていないようだ。すると、試合場が巌流島に設定された武蔵ＶＳ小次郎の決闘の段取りは・・・？

■□■小次郎戦で武蔵なぜ櫂の木刀を？■□■

　自分自身も武術（居合、殺陣等）を行う三上監督の「本作でホンモノを！」の思いはハンパではないため、本作の殺陣には真剣同様の模擬刀を製作して使用したそうだ。もっとも、ボクシングのノックアウトシーンを見ても、それは一瞬だからテレビで見ているだけでは何が起ったのかわからず、スローモーションを見てやっと納得できることが多い。それと同じように、武蔵ＶＳ小次郎の試合も一瞬で決まる確率が高いから、できればスローモーションもしくは誰かの解説が欲しいもの。そう思っていると、事前に沢村が小次郎の剣のさばき方を見せてくれるので、サービスが行き届いている。また、武蔵の方も、冒頭から続く吉岡一門との試合では一貫してさまざまな策を立て戦い方を工夫していることがわかるように映像が作られているからそれもありがたい。

　しかして、なぜ武蔵は小次郎との試合で、船頭からもらい受けた櫂を削って木刀を作ったの？本作ラストの武蔵ＶＳ小次郎のメインイベントでは、小舟から降り立った武蔵を小次郎が海岸線に押しとどめようとする作戦がありありとわかる。それは武蔵もわかっていたとみえて、武蔵が右手に持っていた武器は一体ナニ？また、武蔵自身で作った櫂の木刀は背中に背負っていたが、それは一体なぜ？いつ、どのように使うの？そんな本作のクライマックスは、あなた自身の目でしっかりと。　　　２０１９（令和元）年１１月２２日記

第7章 女の生き方

Data

監督・共同脚本：セバスティアン・
　　　　　　　レリオ
原作：ナオミ・オルダーマン
　　　『Disobedience』
出演：レイチェル・ワイズ／レイチ
　　　ェル・マクアダムス／アレッ
　　　サンドロ・ニヴォラ／アント
　　　ン・レッサー／バーニス・ス
　　　テジャース／アラン・コーデ
　　　ュナー／ニコラス・ウーデソ
　　　ン／リザ・サドヴィー／クラ
　　　ラ・フランシス

★★★★

ロニートとエスティ
彼女たちの選択

2017年／イギリス映画
配給：ファントム・フィルム／114分

2020（令和2）年2月10日鑑賞　　テアトル梅田

👀👀みどころ

　近時、男女を問わず同性愛の映画が多いが、私は男同士のそれは苦手。他方、
『アデル・ブルーは熱い色』『中国の植物学者の娘たち』『サマリア』のような
１０代の女の子のそれは大好きだが、成熟した女同士のそれは如何に？

　邦題は単純でわかりやすいが、「不服従」を意味する原題の「Disobedience」
は、その解釈が難しい。しかも本作では、その舞台が厳格なユダヤ教のコミュ
ニティである点がミソだ。

　さあ、久しぶりの再会の中で同性愛を復活させた“Wレイチェル”の最終の
選択は如何に？

―――＊―――＊―――＊―――＊―――＊―――＊―――＊―――＊―――

■□■原題は？原作は？不服従？それとも選択？■□■

　本作のタイトルは、レイチェル・ワイズがロニート役で、レイチェル・マクアダムスが
エスティ役で共演した映画だから『ロニートとエスティ』。そして、女同士の同性愛に悩む
ストーリーの中で、最後に見せる彼女たちの選択がテーマだから、副題が『彼女たちの選
択』。なるほど、それならたしかにわかりやすいが、本作の原題『Disobedience』とは一体
ナニ？また、本作の原作もイギリス人の女流作家、ナオミ・オルダーマンの同名小説
『Disobedience』だ（未邦訳）。

　本作のパンフレットにある、小説家・王谷晶氏のCOLUMN「獣でなく、天使でもなく」
によれば、「Disobedience」は耳慣れない言葉だが、辞書をひくと不服従、反抗とある、ら
しい。しかし、タイトルは不服従ではなく、選択だし、劇中「反抗」というフレーズは使
われず、「選択」という言葉が繰り返し使われる。そこで、同COLUMNでは、「神や世間

や家族に魂のあちこちを掴まれているロニートとエスティは、今にも抑圧に押しつぶされてしまいそうに弱く見える。けれど、それでも服従しないことを選ぶことができるのが、人の人たるゆえんで、強さなのだ。」と書かれているので、それに注目！

　１９９６年の「アーヴィング VS リップシュタット事件」をテーマにした映画『否定と肯定』（16 年）における「否定」と「肯定」は難しい言葉だった（『シネマ 41』214 頁）。また、『ハンナ・アーレント』（12 年）にいう「悪の凡庸」も難しい概念だった（『シネマ 32』215 頁）。それと同じように、本作の原題であり、原作でもある「Disobedience」を「不服従」と訳すのか、それとも「選択」と訳すのかは難しい。王谷氏のように、「服従しないことを選ぶ」と両者をくっつけてしまうのは、私には少し安易すぎる解釈にも思えるが、さてあなたのご意見は？

■□■超正統派とは？シナゴーグとは？ラビとは？■□■

　ユダヤ教とキリスト教の違いさえよくわからない日本人には、本作のポイントとなる「超正統派」「シナゴーグ（ユダヤ教会）」「ラビ」等の言葉はわかりづらい。本作冒頭は、超正統派（ハラディー：イザヤ書 66 章 2 節「私（神）のことばにおののく人」の意味）のシナゴーグ（ユダヤ教会）で説教中

©2018 Channel Four Television Corporation and Candlelight Productions, LLC. All Rights Reserved.

の指導者のラビ（アントン・レッサー）が突然倒れこみ、死亡してしまうシーンから始まる。ラビとは、ユダヤ律法学者で超正統派の指導者のことで、彼は本作の一方の主人公ロニートの父親だ。このシーンを見ていると、その舞台は一瞬イスラエルかと思ってしまったが、そうではなく、ここはれっきとしたロンドン。そして、次の場面は一転してアメリカの写真スタジオに飛び、写真家のロニートが全身にタトゥーを施した男性の写真を撮っているシーンとなる。

　この対比も日本人には理解が難しい。これは、タトゥーが御法度とされ、戒律に厳しいラビたちが生きているユダヤ教の世界と、何でもありの中でロニートが生きている自由なアメリカ社会を対比したものだが、さて、私を含め、日本人の観客はその意味をどこまで理解できるだろうか？

■□■Ｗレイチェルの別れと再会は？２人の演技力に注目！■□■

　本作は "Ｗレイチェル" の共演が大きな話題だが、幼馴染だったロニートとエスティはなぜ別れたの？近時の「何でも説明調」の邦画と違い、本作では、幼馴染だったロニート

311

とエスティがなぜ別れたのか、ロニートがラビの父親からなぜ父娘の縁を切られたのか、について何も語られないし、回想シーンも登場しない。しかし、2人の間に何か深い事情があったことは、Wレイチェルが再会した後のやり取りから容易に想像することができる。

　ロニートは今、ニューヨークを舞台とする女流カメラマンとして成功し、自由気ままな生活を送っていたが、エスティの方は厳格なユダヤ人コミュニティの方にとどまっていた。

©2018 Channel Four Television Corporation and Candlelight Productions, LLC.　All Rights Reserved.

　Wレイチェルのうち、レイチェル・ワイズの方は、古くは『スターリングラード』（01年）（『シネマ1』8頁）、『ナイロビの蜂』（05年）（『シネマ11』285頁）、『アレクサンドリア』（09年）（『シネマ26』130頁）等で、近時は『否定と肯定』（16年）（『シネマ41』214頁）、『喜望峰の風に乗せて』（17年）（『シネマ43』未掲載）等でずっと主役を張ってきた大女優。『女王陛下のお気に入り』（18年）における女王の側近サラ役では、第91回アカデミー賞助演女優賞にノミネートされている（『シネマ43』25頁）。他方、レイチェル・マクアダムスは、『きみに読む物語』（04年）のヒロイン役で注目を集め（『シネマ7』112頁）、近時は第88回アカデミー賞作品賞を受賞した『スポットライト 世紀のスクープ』（15年）（『シネマ38』48頁）で助演女優賞にノミネートされているから、こちらも実績は十分だ。

　本作は、ラビの死亡後、1人でロンドンのユダヤ人コミュニティに戻ってきたロニートを、エスティが温かく迎え入れる風景を描写していく。ラビの息子のような存在で、ラビの後継者と噂されている幼馴染のドヴィッド（アレッサンドロ・ニヴォラ）は、突然のロニートの帰国にビックリしたが、もちろんそれを露骨に示すはずはない。ロニートはロンドンの新聞の死亡欄に「ラビには子供がいない」と書かれていることに憤ったが、久しぶりに再会したエスティやドヴィッドとの会話は？ニューヨークの新聞記事にラビの死亡記事はなかったのに、ロニートがラビの死亡を知ったのはなぜ？誰がロニートにラビの死亡を知らせたの？そしてなぜ、ロニートはここに戻ってきたの？

　本作では、ロニートがユダヤ人コミュニティを離れた後、互いの道を確立していたはずの3人の大人たちがいかに再会するのかが、導入部の注目点だ。エスティはロニートからの「結婚しているの？」「お相手は？」の質問に答えないまま、お茶の世話や宿泊の世話をしていたが、そこにドヴィッドが登場し、今はこの2人が夫婦になっていることを知ると・・・？そこで、女同士のどんな火花が飛び交ったのかを含めて、ウィキペディア上で

「本作は批評家から絶賛されている」と書かれている本作導入部のそんな展開をしっかり味わいたい。

■□■１０代の女の子の同性愛VS "Wレイチェル" の同性愛■□■

本作はWレイチェルが共演した同性愛の映画だが、女同士の同性愛の映画と聞けば、私はすぐに次の３作を思い出す。すなわち、①フランスでは『アデル、ブルーは熱い色』(13年)（『シネマ32』96頁）、②中国では『中国の植物学者の娘たち』(05年)（『シネマ17』442頁）、③韓国では『サマリア』(04年)（『シネマ7』396頁）。これらは、いずれも１０代の女の子たちの未熟な性（？）の物語だった。男同士の同性愛映画は、アン・リー監督の『ブロークバック・マウンテン』(05年)（『シネマ10』262頁）をはじめたくさんあるが、私は基本的に好きではない。逆に、キレイな女優が登場する女同士の同性愛映画は大好きだが、本作は１０代の女の子の未熟な性ではなく、女盛りの（？）美女２人の同性愛映画だから、なおさら興味深い。もっとも、そんな興味本位の視点はエロじじい特有のもので、本来の映画ファンのものではない。そのことは十分自覚しているが、それでも興味本位の興味を持つのは仕方がない。

他方、前述した王谷晶氏のCOLUMNは、「私も同性愛者であることをカミングアウトしている」王谷氏なればこその重みと説得力があるので、これは必読！女子高生同士の同性愛を描いた、前述した３作の性愛シーンはそれぞれ絶品モノだったが、それに対比すると、Wレイチェルが魅せる本作での成熟した女同士の性愛シーンは？それは本作中盤のホテルのシーンでタップリ楽しみたいが、それが女子高生の性愛シーンと大きく違っているのは当然だ。その点について、王谷氏は「劇中かなり情熱的なセックスシーンがある」と指摘しながらも、「私はそっちよりこの『選択肢がなかった』がクライマックスだと感じた」と書いている。つまり、ロニートもエスティも、本作の原題である「Disobedience」＝「不服従」を「選択することができること」が、「人の人たるゆえんで、強さなのだ。」というわけだ。さらに、王谷氏の興味の対象（論点）は、「愛に性別は関係ない」というフレーズにもあるらしい。それについては、「ロニートのセクシュアリティは明言されていないが、エスティは同性しか愛せないレズビアンとして描写されている」と書いているが、もともと同性愛に興味のない私は、このフレーズにあまり興味はない。しかし、本作でWレイチェルが演じた同性愛を考えるについてはこの視点も不可欠で、王谷氏の分析では、「皮肉なのはロニートが大都会で自由に暮らし、エスティは厳格なユダヤ教徒コミュニティで男性と結婚し生活していること」になるらしい。なるほど、なるほど、同性愛も考えてみれば、奥が深いわけだ。

しかして、久しぶりにユダヤ教徒のコミュニティに戻ってきたロニートと再会したエスティは今や夫を持つ身になっていたが、再び２人の同性愛の復活はあるの？２人とも分別のある大人だから、そんなことが起きるはずはない。そう考えるのが普通だが・・・。

313

■□■バレたらヤバイ！もう少しうまくできないの？■□■

©2018 Channel Four Television Corporation and Candlelight Productions, LLC.　All Rights Reserved.

©2018 Channel Four Television Corporation and Candlelight Productions, LLC.　All Rights Reserved.

弁護士を４５年もやっていると、離婚事件もたくさん手掛けてきたのは当然。近時の映画でもローラ・ダーンが第９２回アカデミー賞助演女優賞を受賞した『マリッジ・ストーリー』(19年) は、タイトルとは正反対の離婚風景が興味深かった。私が手掛けた事件でも、映画やドラマにできるようなドラマティックな展開を見せるものもある。ロニートともエスティとも幼馴染だったドヴィッドは、エスティがかつてロニートと同性愛の関係にあったことは知っていたが、分別あるエスティが、再会したロニートと再びそんな関係になるとは夢にも思っていなかったはず。しかし、一体だれがロニートにラビの死亡を知らせたの？そう考えると、ひょっとして・・・？そんなドヴィッドは今、ラビの後継者として追悼式でするべき挨拶の準備に忙しかったが、それを尻目に、ロニートとエスティは？

　日本では至る所に「ラブホテル」があるから、不倫や浮気はやりやすい。それに比べると、ロンドンのユダヤ人コミュニティでは至る所で監視され、密告されるシステムが貫徹しているようだから、ご用心！そう思っていたのに、ある日、２人が密会（？）し、某所で熱いキスを交わしているところを誰かに目撃されたから、さあ大変。しかし、用心深くするべきことがわかっているはずのWレイチェルがなぜこんなチョンボを？そう思ってしまったが、これは本作の重要なストーリー構成のための演出のためだから、仕方ない。その報告を聞いたドヴィッドが驚きかつ怒ったのは当然だが、それに対するユダヤ人コミュニティの反応は？そして、何よりもロニートとエスティの反応は？

■□■別れ？逃亡？離婚？三者三様の選択は？■□■

　「ホロコーストではなかった」と主張する学者が、それを批判したユダヤ人の女性研究者を名誉棄損で訴えた１９９６年の「アーヴィング VS リップシュタット事件」をテーマにした映画『否定と肯定』(16年) では、タイトル通り「否定」と「肯定」の２択だった。

しかし、本作におけるロニートとエスティ、そしてドヴィッドは、別れ？逃亡？離婚？を巡る、三者三様の３択の選択肢になる。

第１の選択肢「別れ」は、もちろんロニートとエスティがキッパリ別れること。誰が考えてもそれがベストの選択であることは明らかだが、そう簡単に「別れ」に踏み切れないのがロニートとエスティ本人たちだ。本作では、その選択に苦悩するWレイチェルの演技をしっかり確認したい。第２の選択肢は「逃亡」。これは『卒業』(67年)のラストシーンで、ダスティン・ホフマン扮するベンジャミンが結婚式場でキャサリン・ロス扮する花嫁のエレーンを奪って逃亡したのと同じように、かなりムチャな選択。したがって、『卒業』のようにうまくいけばいいが、もし失敗すれば・・・？第３の選択肢は、エスティがロニートへの未練を断ち切れないことを知ったドヴ

『ロニートとエスティ　彼女たちの選択』
2020年2月7日(金)より、ヒューマントラストシネマ有楽町他　全国ロードショー
配給：ファントム・フィルム
©2018 Channel Four Television Corporation and Candlelight Productions, LLC.　All Rights Reserved.

ィッドが堪忍袋の緒を切り、エスティに離婚を宣言すること。このケースでは、離婚原因の存在はハッキリしているから、ドヴィッドの要求は容易に認められるはずだ。

しかして、本作ラストに向けては、そんな三者三様の選択の苦悩が描かれていく。もっとも、ロニートとエスティにとってはその選択がすべてだが、ドヴィッドには死亡したラビの後継者としてユダヤ人コミュニティを引き継ぐ任務があったから、どうも彼の選択の苦悩はその点にも及んでいたらしい。しかし、彼がラビの後継者になるのは全員一致の結論だから、揺るがないもの。私はそう思っていたし、ユダヤ人コミュニティの人々も全員そう思っていたようだが、実は本作ラストにおけるドヴィッドのその点の決断は？

本作の結末について、このようにドヴィッドの選択も含めて考えれば、『彼女たちの選択』という邦題のサブタイトルは少し不十分な気もするが・・・。

2020（令和2）年2月18日記

Data

監督・脚本：エリック・バルビエ
原作：ロマン・ガリ『夜明けの約束』
　　　　　　　　　　（共和国刊）
出演：ピエール・ニネ／シャルロット・ゲンズブール／ディディエ・ブルドン／ジャン＝ピエール・ダルッサン／キャサリン・マコーマック／フィネガン・オールドフィールド／パウエル・ピュシャルスキー／ネモ・シフマン

母との約束、250 通の手紙

2017 年／フランス・ベルギー映画
配給：松竹／131 分

2020（令和２）年 12 月 19 日鑑賞　　　松竹試写室

👀 みどころ

　"フランスの三島由紀夫" とも称され、ゴンクール賞を２度も受賞した天才作家ロマン・ガリの名前も、原作となった自伝『夜明けの約束』も知らなかったのは恥ずかしい限りだが、本作でしっかり勉強できれば問題なし！

　本作導入部では、『アンチクライスト』（09 年）であっと驚くオールヌードの演技を披露し、カンヌ国際映画祭女優賞を受賞したシャルロット・ゲンズブールが繰り広げる一人息子への教育に唖然！こんなモンスターマザーの下で高校を卒業し、大学でも軍隊でもその影響から離れられなければ、普通はロクな男に育たないはずだが・・・。ここまでやるか！こんな奇跡が本当に起きるか！あっと驚くそんな展開の連続に飽きることはないから、『夜明けの約束』が「現代のクラシック」として今も長く読み継がれていることにも納得。

　しかして、新藤兼人監督の『一枚のハガキ』（11 年）も意味シンだったが、『母との約束、250 通の手紙』という邦題の意味は？ "意外な掘り出しモノ" とも言える快作に、私は大満足！

―――＊―――＊―――＊―――＊―――＊―――＊―――＊―――＊―――＊

■□■フランスにはこんな天才作家も！映画は勉強！■□■

　フランスの近現代の有名な作家といえば『存在と無』を書いたサルトルや『第二の性』を書いたシモーヌ・ド・ボーヴォワールだが、そのフランスには『あなたはまだ帰ってこない』（『シネマ 43』220 頁）で描かれた女流作家マルグリット・デュラスがいることをはじめて知った、また女流作家コレットがいることを、『コレット』（『シネマ 45』177 頁）ではじめて知った。しかし、寡聞にして私は、フランスのゴンクール賞を史上ただ一人 2

度も受賞した天才作家ロマン・ガリ（１９１４年〜１９８０年）の名前もその作品も全く知らなかった。プレスシートでは、彼のことを次の通り紹介しているので、それを転記すると次の通りだ。

> 出生名、ロマン・カツェフ。１９１４年、ロシア帝国領ヴィリア（現在のリトアニア共和国ヴィリニュス）にて生まれる。ユダヤ系ロシア移民で、ポーランドで幼少期を過ごし、３５年にフランス国籍を取得。第二次世界大戦では空軍で対独戦に従事。第二次世界大戦後、フランス外務省に勤務し、ブルガリア、スイス、アメリカ各国の大使館参事官や、ロサンゼルス駐在領事を務めた。権威あるフランス文学最高峰ゴンクール賞を史上唯一２度受賞（２度目はペンネームのエミール・アジャール）。外交官、映画監督、そしてプライベートでは『勝手にしやがれ』の女優ジーン・セバーグの夫と複数の顔を持ち、最後は拳銃自殺を遂げたことでも知られる。遺書には「ジーン・セバーグとは何の関係もない」、「いっぱい楽しんだ。さようなら、ありがとう」と記されていた。

この経歴は驚くべきものだが、そのプレスシートには、「フランスの三島由紀夫とも称される」、と書かれているが、それは一体なぜ？それは、三島由紀夫と同じように自殺したためばかりではないと思うのだが、ふたりの共通点は一体どこに？蜷川実花監督の『人間失格 太宰治と３人の女たち』(19 年)では、誰もがよく知っている太宰治の作家としての力量と３人の女たちとの交際のあり方を、そして何よりも彼が自殺に至った本当の事情（？）をしっかり勉強できたが（『シネマ45』131 頁）、本作では私が全く知らなかったフランスの作家ロマン・ガリを知ることができた。まさに映画は勉強だ、もっとも『母との約束、２５０通の手紙』というタイトルでは、本作がどんな映画かさっぱりわからないが・・・。

■□■冒頭の１９５０年代半ばから、物語は一気に１９２４年に■□■

私が映画検定３級に合格した２０１６年１２月まで興行収入トップを誇っていた『タイタニック』(97 年)は、一人の老婆を中心に、海底調査に取り組むクルーたちによる冒頭のシークエンスが終わると、時代は一気にさかのぼり、若き日のジャックの姿と若き日のローズの姿が華々しく登場していた（『シネマ 28』未掲載）。それと同じように本作では、１９５０年代半ば、妻のレスリー（キャサリン・マコーマック）と共にメキシコ旅行に来ていた、作家にしてロサンゼルスのフランス総領事であるロマン・ガリの身体の異変に気づくレスリーの姿から始まる。頭痛を訴えながら、『夜明けの約束』と題した小説の執筆を止めようとしない夫に妻が内容を尋ねると、「証だ、母についての本だ」と返すのみだったが、さて・・・？

そんな導入部を終えると、時代は一気に１９２４年にさかのぼり、幼いロマン・ガリを雪煙の中で母親のニナ・カツェフ（シャルロット・ゲンズブール）が迎えに来る姿が描かれる。そして冴えない顔をしているロマンに対してニナは、「先生たちはわかっていない。

お前は将来、自動車を手に入れる。フランスの大使になる」と語りかけていたが、これって一体ナニ？先ほど紹介したロマンの経歴と照らし合わせれば、このシーンはポーランドのヴィリニュスの町で、ふたりが過ごしていた時期らしい。モスクワから流れてきたこのユダヤ系母子に対して、周囲の人々は蔑みの目で見ている中、ある日、突然家の中に警察が踏み込んでくる事態が発生！しかし、そんな誹謗中傷の中、ニナの反撃は・・・？

『母との約束、250通の手紙』　2020年1月31日（金）新宿ピカデリーほか全国公開
(c) 2017 - JERICO-PATHE PRODUCTION - TF1 FILMS PRODUCTION - NEXUS FACTORY - UMEDIA

　ニナ役を演じたシャルロット・ゲンズブールは、私が『アンチクライスト』（『シネマ26』83頁）を観た時から「これはすごい！」と目をつけていた女優。彼女はフランスのシンガーソングライターであるセルジュ・ゲンズブールと、イギリスの女優であるジェーン・バーキンの娘だから、英語もフランス語もオーケーだが、本作でニナのセリフにポーランド訛りをつけることを提案したのはシャルロットだったらしい。プレスシートのインタビューによれば、これはシャルロット自身の祖母をニナ役に反映させたためだそうだが、残念ながら私にはそこまでわからない。しかし、アパートの中庭から全体の住人に対して大声でどなり、悪態をつくニナの姿を見れば、息子のロマンはもちろん観客の私も「ああ、やはりシャルロット・ゲンズブールという女優はすごいな」という実感が湧いてくる。しかし、母親からまるで呪文を唱えるかのように、毎日前述のように言い続けられている幼い息子のプレッシャーは、いかばかり・・・？

■□■これがユダヤ流？その稼ぎ方と教育方針に注目（1）■□■

　森繁久彌が長い間テヴィエ役を務めたミュージカル、『屋根の上のヴァイオリニスト』ではテヴィエの下に結集するユダヤ人家族の悲しみが顕著だった。また、シェークスピアの小説『ベニスの商人』では、ユダヤ人の金貸しシャイロックの悪徳商人ぶりが目立っていた。他方、「日本人の先祖はユダヤ人だった」という説もあるほど、ユダヤ人の世界的優秀さは今や誰の目にもハッキリしている・・・？？？しかして、本作導入部では、子供時代から高校時代そして大学生に成長していくロマンを育てるニナの、生計の立て方（＝稼ぎ方）と教育ぶりに注目！

帽子の販売で貧しいながらも母子2人の暮らしを維持していたニナだったが、近所の人からの"密告"によって警察に踏み込まれると、たちまち家の中はメチャクチャに。しかし、そんな"嫌がらせ"に負けることなく、逆にアパート中の住人に対して大声でどなり、悪態をつくニナの姿に私はビックリ。それを一番恥ずかしく思ったのは、側に立って住人たちの嘲笑を聞かされたロマンだろうが、そこからロマンの反抗心、向上心、母への熱い想いが生まれてきたのだから、人間は面白い。

中国でも日本でも『孟母三遷』の教えがベストな教育論として定着しているが、子供に対する教育の重要性を認識していたのは、ニナも孟母と同じらしい。しかし、孟母は学校を中心とする子どもの教育環境を重視したのに対し、ニナはあくまで自分流。まずバイオリンを習わせたが、それがからっきしダメだとわかると、ニナは「音楽はダメ」と切って捨てた。次に、ロマンが絵画に興味を示しそれなりの実力を見せ始めたが、そこでもニナは「画家はダメ。死後に名前を残しても意味がない」と切って捨てたうえ、次の文学への関心については大賛成し、「お前はトルストイになる。ヴィクトル・ユゴーになる」と目を輝かせて後押しする始末だ。ちなみに、かつて大ヒットした「スポコンもの」の代表が『巨人の星』だが、そこでは一人息子を「巨人の星」に鍛え上げていく父親のスパルタ教育が目立っていた。もちろん、そんな教育は今の時代では「No！」だから、きっと本作に見るニナの教育方針も「No！」だろう。しかし、ロマンが自伝的小説『夜明けの約束』でそんな母親の姿を詳しく描いたのは、それを否定するためではなく、逆に誇りに思っているためであることは明らかだ。

ちなみに、ある日、町の子供たちにいじめられて帰ってきたロマンに対して、ニナは「男が戦う理由は3つだけ。女、名誉、フランス」「今度、母さんが侮辱されたら、担架に乗って帰ってきなさい」「母さんを守ることに命をかけなさい」と一喝していたが、こんな教育の是非は？さらに、社交界に出るためダンスの教育まで施していたからニナの教育方針は徹底していたが、かなり偏っていることは間違いない。私はこれまで多くの映画を観てきたが、こんなケッタイな教育を徹底的にやる母親を見たのは本作がはじめてだ。しかし、そんな教育の下で育ったロマン少年はその後、前述したようなフランスを代表する作家になったのだから、いやはや・・・

■□■これがユダヤ流？その稼ぎ方と教育方針に注目（2）■□■

本作では、ロマンに対するニナの教育方針のユニークさに注目する他、ポーランドのヴィリニュスの町で高級服飾店を開き、それなりにリッチな生活を送るニナの稼ぎ方にも注目！同店が大成功したのは、ニナがパリの有名なデザイナーであるアレックス（ディディエ・ブルドン）を招いて行った宣伝が大成功したためだが、これは詐欺まがいではなく、れっきとした詐欺の確信犯。しかし、たとえそうであっても、堂々とやれば大丈夫・・・？？そして、これこそがユダヤ流・・・？もっとも、ツケの常習犯だった客のために、店が破

『母との約束、250通の手紙』
2020年1月31日（金）新宿ピカデリーほか全国公開
(c) 2017 - JERICO-PATHE PRODUCTION - TF1 FILMS PRODUCTION -
NEXUS FACTORY - UMEDIA

『母との約束、250通の手紙』
2020年1月31日（金）新宿ピカデリーほか全国公開
(c) 2017 - JERICO-PATHE PRODUCTION - TF1 FILMS PRODUCTION -
NEXUS FACTORY - UMEDIA

産してしまったのはニナのミスだが・・・。

　それでも、ポーランドからフランスのニースに転居したニナは、今度は高級ホテル内の店舗経営に乗り出し、それを軌道に乗せていくから素晴らしい。祖国を失い世界中に散らばったユダヤ人が、自分の国イスラエルを建国できたのは１９４８年、アメリカの支援を受けてのことだが、本作のニナを見ているとユダヤ人の商才に感服！！

　また、男でも女でも思春期になると色気づくのは当然だが、本作では色気づいてきたロマンに対するニナの、その方面での教育も面白い。フランスのニースで商売に成功したニナは若いメイドを雇う身分になっていたが、ロマンがそんな女とまちがいを犯すと、そこでのニナの言葉は「あんな小娘なんか忘れなさい。大使になれば世界中の美女が寄ってくる」だから、これもユニークだ。

　他方、ロシア系ユダヤ人であるニナは、なぜフランスを崇拝したり、そしてそれが日本人の私にはよくわからないが、本作ではその徹底ぶりに注目し、それが青年に達したロマンにもそのまま引き継がれているので、それにも注目したい。ニースの高校を卒業し、パリの大学に入学したロマンは作家活動を活発化させ、１９３４年にはグランゴワール紙に短編『嵐』を掲載した。そして、ニナがフランス国籍を取得したのは、１９３５年の７月だ。そして、ナチスドイツが勢力を増してくる中、ヨーロッパに戦雲が濃くなってきた１９３８年３月、本作に、ニナが一時帰省したロマンにヒトラー暗殺を進言する物語が登場するからビックリ！「ヒトラーの暗殺もの」には、私が観たものだけでも『ワルキューレ』（08年）（『シネマ22』115頁）、『ヒトラー暗殺、１３分の誤算』（15年）（『シネマ36』

36頁)、等の名作がたくさんあるが、まさかこんなところにも、母子ふたりだけによるヒトラー暗殺計画があったとは！もっとも、ニナはある事情でそれを断念したからロマンも命を長らえることができたうえ、ロマンは１９３８年１１月４日にはフランス空軍に入隊したから、この母子は大喜び。ところが、ニナの予想に反してナチスドイツの破竹の進撃の前にフランスはもろく、１９４０年６月、フランスはドイツに屈服。ヴィシー傀儡政権が生まれることに。しかし、そんな中でもロシア系ユダヤ人であるニナはロマンに対してド・ゴール准将指揮下の自由フランス軍への合流を勧めるからすごい。そして、そんな母親の言葉に従ったロマンは、イギリスのロンドンに向かうことに。これにてロマンとニナはイギリスとニースに離れ離れになり、容易に会うこともできなくなったが、やっと一人立ちしたロマンのその後は？ニナのその後は？そして２人の間で交わされた２５０通の手紙とは？

■□■アフリカ、リビアは不遇の日々！ロンドンに戻ると？■□■

　百田尚樹の原作を映画化した『永遠の０』（13年）（『シネマ31』132頁）を巡っては、賛否両論が巻き起こったが、私はこの映画が大好き。同作では、腕はいいのに「死にたくない」「生きて帰りたい」と平気で言っているため"海軍一の臆病者"と呼ばれている主人公・宮部久蔵が興味深く描かれていた。それと同じように（？）、本作では軍の方針に反して、数人の仲間たちと密かにイギリスにあるド・ゴール率いる自由フランス軍に参加しようとするロマンの無謀さが興味深い。

　しかし、紙一重の危機を逃れてロンドン行きに成功したものの、そこにはロクに飛行機もなかったから、パイロットとしてのロマンが果たす役割は何もなかったから残念。そんな"待機の日々"が続く中、不満を募らせたロマンが、ポーランド兵と決闘まがいの事件を引き起こす姿はハチャメチャだが、刑務所の中で過ごすロマンを励まし続けたのがニナからの手紙。さらに、刑務所の中で過ごすロマンを「何ヶ月も１行も書いていないね。書かずに、どうやって偉大な作家になるの？」と励ますニナの幻影だ。解放された後もロマンの空軍兵士としての仕事はなかったが、アフリカに赴任したロマンは、母の声に背中を押されるように長篇小説『白い嘘』の執筆を始めることに。さらに、リビアに転任したロマンは腸チフスで入院し生死の境をさまよったが、深夜ロマンの前に現れたニナは「世界中で読まれるから、早く『白い嘘』を書き上げなさい」「病気が何？モーパッサンは梅毒でも書き続けた」「勝利するまで闘いなさい。死ぬのは許さない」「ニースに戻ったら、ふたりで海沿いの遊歩道を歩くんだから」と励まし続けた。そして、１９４３年８月にイギリスに戻ったロマンは、パイロットとしてやっと爆撃機に乗り込み、過酷な出撃を繰り返しながら『白い嘘』を書き続け、完成間近までもってきたからすごい。そして、１９４４年のある日、出撃から戻ったロマンを記者団が取り囲むことに。書き終えた『白い嘘』のイギリスでの出版が決定したわけだ。

『永遠の０』の後半では、筑波海軍航空隊に勤務し、学徒出陣で予備士官（少尉）となった若者たちの空戦訓練、実質的にはカミカゼ特攻隊の訓練を担当する宮部の姿が印象的だったが、本作では連日ロマンが爆撃のため出撃していく姿も印象的。そしてまた、そんな過酷な実戦の連続の中、奇跡のように『白い嘘』を書き続け、完成させる姿が印象的だ。

　しかして、『白い嘘』の出版を見届けたロマンは早速その旨をニナに知らせたが、ニナから届いた手紙には「お前は大人。もう私は必要ない」「早く結婚しなさい。お前には女性が必要」「私は元気だから大丈夫」などと型どおりの激励しか書かれておらず、本についての言及が全くなかったから、アレレ・・・こりゃ一体どうなってるの・・・？

■□■この母親はモンスター？それとも？邦題の意味は？■□■

　近時日本で発生している父子間や母子間で起きた殺人事件を見ていると、その悲劇性にも驚かされるが、時として母親のモンスターぶりが目立つケースもある。そんな目で本作をみると、とりわけロマンの子供時代におけるニナのモンスターマザーぶりが目立つ。また、大学生になり、さらに軍人として自立してからのロマンをみても、このモンスターマザーから十分自立できていないことがハッキリわかる。近時の日本では、息子の大学の卒業式に母親が出席するだけでなく、入社式に出席するケースもあるそうだが、本作のように何から何まで母親に見張られ、励ましを受け続けているロマンの姿は、ある意味かなり異様だ。毎日命を削って戦っている戦場にあっても、週に１、２度は母親と文通を交わしているロマンのような兵士は珍しいはずだ。

『母との約束、250通の手紙』　2020年1月31日（金）新宿ピカデリーほか全国公開
(c) 2017 - JERICO-PATHE PRODUCTION - TF1 FILMS PRODUCTION - NEXUS FACTORY - UMEDIA

　ちなみに、手紙やハガキを題材にした小説や映画は多い。吉永小百合と浜田光夫が共演した『愛と死をみつめて』（64年）は、ミコとマコの往復書簡が元になっていた（『シネマ21』86頁）。また、新藤兼人監督の『一枚のハガキ』（11年）は、出征した兵士が妻に届けてほしいと戦友に託した、たった一枚のハガキがテーマだった（『シネマ27』91頁）。さらに『ヒトラーへの２８５枚の葉書』（16年）は一人で書いた２８５通のハガキ（ポスト

カード）をテーマにした反戦映画だった（『シネマ40』185頁）。しかして、本作の邦題『母との約束、250通の手紙』の意味は？

　『永遠の０』では、結局、主人公の宮部は最も嫌がっていた（？）特攻隊の一員として米国艦隊に突っ込んでいったが、本作のロマンは負傷しながらも無事帰還し、１９４５年には解放十字勲章を受賞したからすごい。「文武両道」を極めるのは難しいが、武の面で解放十字勲章を受賞し、文の面でゴンクール賞を２度も受賞したロマンは国際的に見てその典型だ。しかし、そんなロマンが今、母から受け取った手紙には「離れて何年も経つね。

帰宅したとき、お前が私を許してくれますように。全てお前のため。ほかに方法がなかったの」と書かれていたからアレレ・・・。『白い嘘』の出版を報告した手紙に対する返事も少しおかしかったが、これもかなりおかしい。ひょっとしてニナは再婚でもしたの？そんな心配をしながら久しぶりにフランスのニースに戻ったロマンは、ホテルが既に閉鎖され、別人の手に渡っていることを目の当たりにしてビックリ。ニナはロマンがパリの大学に進学した頃から既に糖尿病に罹患していたから、「俺がロンドンでナチスドイツと戦っている間にそれが悪化し、病院に入院していたのかも？」そう考え、病院に急いだロマンが、そこで主治医から聞いた言葉は・・・？そんな、あっと驚く本作の結末は、あなた自身の目でしっかりと。

『母との約束、250通の手紙』
2020年1月31日（金）新宿ピカデリーほか全国公開
(c) 2017 - JERICO-PATHE PRODUCTION - TF1 FILMS PRODUCTION - NEXUS FACTORY - UMEDIA

２０１９（令和元）年１２月２４日記

Data

監督・脚本：マリア・ペーテルス
出演：クリスタン・デ・ブラーン／
　　　ベンジャミン・ウェインライ
　　　ト／スコット・ターナー・ス
　　　コフィールド

SHOW-HEY シネマルーム

★★★★

レディ・マエストロ

2018年／オランダ映画
配給：アルバトロス・フィルム／139分

2019（令和元）年10月9日鑑賞	テアトル梅田

みどころ

　男女平等と職業選択の自由は今でこそ憲法で保障された基本的人権だが、1920年代のニューヨークで、女が「指揮者志望」と発言すると・・・？

　アントニア・ブリコって一体誰？西本智実は知っていても、世界初のレディ・マエストロが誰か知らなかった私は、本作でそれをしっかりと！映画は勉強。映画から仕入れる知識は大切だ。

　カネもコネもない女一匹、いかに夢の実現に邁進していくの？そんな「実話に基づくストーリー」の中、ヒロインに絡む家族、友人、恋人、支援者の人間模様は興味深い。ラストに演奏されるエドガーの『愛の挨拶』を心地良く聴けるストーリー構成と彼女の奮闘努力に拍手！

――＊――＊――＊――＊――＊――＊――＊――＊――＊――＊――

■□■西本智実は知っているが、アントニア・ブリコって誰？■□■

　今や男女平等は単なるお題目ではなく、社会のあらゆる分野でその実現が図られている。職業選択の自由が憲法で保障された基本的人権であることは明白だが、少し前までそれは女性にとっては絵に描いた餅だった。しかし、今や公務員や民間企業はもとより、弁護士の業界、医師の業界等々でも男女差別は急激に減少し、真の男女平等に近づいている。しかし、マエストロの世界は？

　クラシック音楽大好き人間の私は、"炎のマエストロ"と呼ばれる小林研一郎氏の知己を得ているが、近時最も聴いてみたいと願っているマエストロは、大阪出身の女性指揮者・西本智実だ。1998年に京都市交響楽団を指揮して日本国内デビューした彼女は、ロシアを主に活動し2004年にはロシア交響楽団の芸術監督兼首席指揮者に就任。以降、全世界を股にかけた「レディ・マエストロ」として大活躍している。しかし、本作の主人公アントニア・ブリコって一体誰？

本作が、原題を『The Conductor』、邦題を『レディ・マエストロ』としていることを考えれば、アントニア・ブリコが女性指揮者であることは明らかだが、私は寡聞にして彼女のことを何も知らなかった。パンフレットにある前島秀国氏（サウンド＆ヴィジュアル・ライター）の「女性指揮者のパイオニア、アントニア・ブリコ没後３０年に『レディ・マエストロ』が公開される意義」によれば、「我々が一般的にイメージする指揮者、つまり欧米の一流オケの指揮台に立ってクラシックの名演を聞かせる指揮者として成功を収めた女性は、本作『レディ・マエストロ』の主人公アントニア・ブリコ（１９０２年６月２６日オランダ・ロッテルダム生－１９８９年８月３日コロラド州デンバー没）が最初」らしい。１２月６日公開予定の山田火砂子監督の『一粒の麦』は「日本で初めての女医、荻野吟子の生涯」を描いた映画だが、本作は女性初のオーケストラの指揮者アントニア・ブリコを描いた映画だ。彼女は１９８９年に亡くなったから、本年２０１９年は「女性指揮者のパイオニア、アントニア・ブリコ没後３０周年」という記念の年だ。

　パンフレットに写るオランダ人・アントニア・ブリコの顔は、どこか『アンネの日記』のアンネ・フランクとよく似た悲しそうな雰囲気（？）だが、『レディ・マエストロ』本作でクリスタン・デ・ブラーン演じるアントニア・ブリコはなかなかチャーミングな美人マエストロ。前日に観た『パリに見出されたピアニスト』（18 年）はラフマニノフのピアノ協奏曲２番を中心とする音楽は良かったが、ストーリーがイマイチだった。さあ本作は？

■□■ここまでやるか！このバイタリティはどこから？■□■

　私たち団塊の世代が「今ドキの若いモンは！」と言う不平不満の第１は、覇気がないこと。しかし、ニューヨークのコンサートホールの案内係として働いている女性ウィリー（クリスタン・デ・ブラーン）が、休憩中に男子トイレで鏡に向かって一生懸命指揮棒に見立てたおはしを振っているシーンや、オランダの指揮者ウィレム・メンゲルベルク（ハイス・ショールテン・ヴァン・アシャット）の一挙手一投足を間近で見るため、客席の通路の最前列に椅子を置いて座る暴挙（？）を見ていると、彼女のバイタリティにビックリ！

　時代は１９２６年だから、アメリカ発の世界恐慌が始まる１９２９年の少し前。日本では１９３１年の満州事変に向けて軍国主義が強まり、国民の不安が高まっていた時代だ。そんな"暴挙"をホールの経営者で大富豪の息子フランク・トムセン（ベンジャミン・ウェインライト）に咎められたウィリーが「即クビ」にされたのは当然だが、本作導入部では、指揮者になる夢を何としても叶えたいものの、その方法がさっぱりわからないウィリーの、バイタリティ溢れるさまざまな行動が興味深い。その第１は、毎年楽しみにしている無料コンサートを指揮するマーク・ゴールドスミス（ゾーマス・Ｆ・サージェント）に対して、彼が指導する音楽学校に入学したいと持ちかけていくストーリー。第２は、ゴールドスミスのレッスンを受ける授業料を稼ぐべく仕事探しをしていたウィリーが、ロビン（スコット・ターナー・スコフィールド）のナイトクラブでピアノ弾きの仕事をもらうス

トーリーだ。『パリに見出されたピアニスト』では、主人公のふてくされぶりが目立っていたが、本作ではウィリーのとにかく前向きの頑張りが顕著だから、ついスクリーンを観ている私たちもそれを応援したくなるはずだ。ところが、ところが・・・。

ある日、ウィリーがゴールドスミスから受ける週3回のレッスンに励み、夜はロビンのナイトクラブで働いていることを知った母親（アネット・マレァブ）が、ウィリーに対して激怒する中、思わず「私は母親じゃない」と口走ってしまったから、さあ大変。私たちは、幼い頃に両親とオランダからアメリカのニューヨークに移民でやってきたはず。それなのに、「私は母親じゃない」とは一体ナニ？ならば、私は誰の子供？私の父親は？母親は？ウィリーは仕事のみならず、家族問題でもそんな深刻な大問題に直面することに。

■□■女が指揮者志望？そんなバカな！失笑の中で彼女は？■□■

『パリに見出されたピアニスト』では、路上のピアニストとアフリカ系ながらもエリート音楽家を両親に持つチェロ奏者の女性との恋模様の展開がいかにも薄っぺらだった。しかし本作では、当初ウィリーの"暴挙"に怒り、クビを宣告してしまったフランクとウィリーとの間に生まれる恋模様がストーリーの大きな軸になるので、それに注目！

ゴールドスミスから週3回のレッスンをつけてもらうとこになったウィリーが、ある日誘われて行った旅行先はフランクの家だったから、ビックリ！これは、「一流の音楽家が勢ぞろいする」という言葉に惹かれて行ったものだが、そのディナーの席にはメンゲルベルクの姿もあったから、更にビックリ。そして、ウィリーを覚えていたメンゲルベルクから、「なぜ楽譜を読んでいるのか？」と尋ねられたウィリーが、「指揮者を志望している」と打ち明けると、たちまちテーブルには失笑が。「女性の指揮者は初耳ね」「一人もいない」と出席者の全員から口々に否定されたウィリーの気持ちは如何に・・・？

もっとも、そんな絶望的状況になってはじめてフランクはウィリーの魅力に気付くとともに、ウィリーの方もそれを察したから、失意のどん底にあったウィリーをダンスに誘い軽やかに踊り始めると、自然に2人は口づけを交わすことに。これなら、ウィリーがゴールドスミスから誘われた旅行にやってきた"成果"はあったようだが、そもそもこの2人の価値観は全然違うのでは？すると、そんな2人の恋はうまくいくの？また、ウィリーの指揮者志望の夢と大富豪の息子との恋という"二股かけ"は、ちょっと無理筋では？

■□■オランダへ！ドイツへ！この行動力に感服！■□■

本作は「音楽もの」。しかも、初の女性マエストロの誕生秘話。そう思っていたが、母親からのあの思いがけない"告白"を受けて、ウィリーは真の母親捜しのためにオランダ大使館通いを始めたから、ストーリーは思わぬ方向に。本作は「Based on a ture story」だから、アントニア・ブリコの出生を巡る物語は実話に基づいているはずだ。

オランダ大使館からウィリーの実の母親はオランダで既に他界したという報告を受けたウィリーは、母親の墓参りのためオランダに行く決心を固めるとともに、無謀にもいきな

りメンゲルベルクへの弟子入りを頼むことに。ウィリーのこんな姿をみていると、今は本名のアントニア・ブリコと名乗っている彼女の行動力のすごさがよくわかる。ハナから女に指揮者は無理だと考えていたメンゲルベルクは、ウィリーの弟子入りをあくまで拒絶したが、カール・ムック（リヒャルト・ザメル）への推薦状を書いてくれたから、それだけでもありがたい。推薦状を持ってオランダから更にドイツに赴いたウィリーは、カール・ムックからも「女には指揮者はムリだ」と断られたが、「私は音楽のために人生を捨てます」とあくまで食い下がることによって、彼の指導を受けることに成功。遂に音楽アカデミーの指揮科に女性として初の合格者になったからすごい。プロ野球界にはさまざまな才能とさまざまなキャラクターに溢れているが、今は引退した元ヤクルト・スワローズの岩村明憲選手の座右の銘が「何苦楚」（なにくそ魂）だった。本作のアメリカからオランダへ！してドイツへ！と行動するウィリーことアントニア・ブリコの姿を見て、私はその岩村明憲選手の「何苦楚」（なにくそ魂）を思い出すとともに、この行動力に感服。

　さあ、ここまでくれば、後は女性初の指揮者としてのデビューだが、そのオーケストラは何とあの名門ベルリン・フィル。しかし、ウィリーの前にデビューしようとしていた某女性指揮者は激しいブーイングの中で倒れてしまったから、アレレ・・・。そして、ウィリーのデビューについても、新聞は「ふさわしくない」と書き立てていたから大変だ。さあ、アントニア・ブリコのレディ・マエストロとしてのデビューは如何に？

■□■友人は？恋人は？支援者は？興味深い人間模様に注目！■□■

　本作では、主人公のウィリーが「私はお前の母親じゃない」とハッキリ宣言されることに見られるように、ウィリーと家族との縁の薄さが目立っている。しかし、その半面ウィリーの周りには友人、恋人、支援者が次々と現れ、興味深い人間模様を展開するのでそれに注目！友人のトップは、ウィリーにナイトクラブでのピアノ弾きの仕事を与えたロビン。そのナイトクラブの中は、でかい顔をした年増女ながら歌としゃべりの魅力で客を惹きつけているベテラン歌手を含めて"曲者"ぞろい。そこには、そんな底辺で生きるミュージシャンが集まっていたからこそ、ウィリーも心地良く仕事ができたわけだ。

　１９３０年にベルリンフィルの指揮台に立ったウィリーは大成功を収め、以降世界初のレディ・マエストロとして大成功。そして、１９３３年にはニューヨークでウィメンズ・シンフォニー・オーケストラを開設するまでになったが、本作ではウィリーが女性だけのオーケストラを新設するシークエンスで、このロビン（という男）があっと驚く面白い役柄を果たすので、それにも注目したい。

　他方、ウィリーの恋人は、身分違い、価値観違いの男フランク一人だけだから、たまにこの２人の関係が良好になる時もあったが、概ね衝突を繰り返したのはやむを得ない。もっとも、世の中には「恋人としてではなく、友人として」という関係もよくあるから、ウィリーとフランクの場合はそれがピッタリあてはまるのかも・・・？そんな２人の人間模

様も本作ではしっかりと。

　さらに、ウィリーの音楽面での指導者としては、オランダの指揮者メンゲルベルクとは最初から最後まで合わなかったが、彼が推薦状を書いてくれたカール・ムックはよき指導をしてくれたから、カネもコネもないウィリーとしてはラッキーだった。また、本作で興味深いのは、ウィリーがドイツで音楽アカデミーの指揮課に入学してカール・ムックの指導を受けている間の授業料や生活費について某人物からの匿名での支援があったこと。ウィリーはこれをフランクからの支援と考えていたが、それは間違いだった。さて、その支援者は誰だったの？

■□■最後はエルガーの『威風堂々』ならぬ『愛の挨拶』で■□■

　１９３０年以降ウィリーはニューヨークを中心に活動を続けたが、１９４２年以降はコロラド州のデンバーを中心に１９４８年まで活動を続けたそうだ。本作は２時間１９分と少し長いが、本作を観るまで私が全く知らなかったウィリーという女性が成功者になるまでの若き日の姿が実にイキイキと描かれていたため、大いに楽しむことができた。そんな映画のラストは"大団円"と決まっているが、それはどのように？

　そう思っていると、本作ラストの演奏会でウィリーが指揮する曲はエルガーの『愛の挨拶』。私はエルガーの『威風堂々』をよく知っているが、『愛の挨拶』も優しく美しい名曲だ。それを本作ラストではタップリと楽しみたい。また、それのみならず、本作冒頭には客席の通路の最前列に椅子を置いて座るというウィリーの"暴挙"をフランクが咎めるシーンが登場したが、ラストではその仕返しをする（？）かのように、フランクがそれと同じ"暴挙"に出るので、それにも注目。今や完全に立場の異なる男と女になっているにせよ、そんな形でレディ・マエストロとしてのウィリーの一挙手一投足を間近で見ようとしたフランクに対するウィリーの対応は・・・？
２０１９（令和元）年１０月１７日記

『レディ・マエストロ』　発売中　DVD￥3,800（税抜）
発売元：ニューセレクト　販売元：アルバトロス

328

Data

監督・脚本：ペアニレ・フィシャー・
クリステンセン

出演：アルバ・アウグスト／マリ
ア・ボネヴィー／マグヌス・
クレッペル／ヘンリク・ラフ
ァエルセン／トリーネ・ディ
アホム／リーブ・ルモイン／
ソフィーア・カーレミール／
ブジョーン・グスタフッソン

SHOW-HEY シネマルーム

★★★★★

リンドグレーン

2018年／スウェーデン、デンマーク映画
配給：ミモザフィルムズ／123分

2020（令和2）年1月1日鑑賞	シネ・リーブル梅田

👁👁👁 みどころ

　アンデルセンやグリム兄弟はよく知っているが、世界で4番目に多く翻訳された児童文学作家アストリッド・リンドグレーンのことを、私は寡聞にして知らなかった。それを本作ではじめて学ぶことに。

　子供時代にアストリッドの本に夢中になって育ったデンマークの女性監督ペアニレ・フィシャー・クリステンセンは、アストリッドがとても若かった頃、「決定的に変えた何か」を描くべく、16歳から約10年間の彼女にフォーカス！19歳で不倫の子を宿したアストリッドの決断は？そして、スウェーデンにおける姦通罪とは？また、デンマークにおける里親制度とは？

　波乱万丈の生涯は多くの作家に共通するが、とりわけ若い日のそれはすごい。出産と別れそして新たな男との出会いの中、あなたはアストリッドの中にどんな本性を発見？この女、ある意味では魔性の女・・・？

―――＊―――＊―――＊―――＊―――＊―――＊―――＊―――＊―――

■□■世界でNO.4の児童文学作家をはじめて知ることに！■□■

　私は小学生時代に図書館にあった少年少女世界文学全集を片っ端から読んだ。もっとも、私は男の子だったから、やはり『十五少年漂流記』や、『海底二万里』等、男の子向けのものが多く、『赤毛のアン』や『若草物語』などはあまり印象に残っていなかった。また、グリム童話のお話は、もっと小さい時に母親から読んで聞かせてもらったり、絵本で見たものが多い。そんな私がはじめて知ったのは、本作の主人公になった少女アストリッド・リンドグレーンは、①イーニッド・ブライトン、②アンデルセン、③グリム兄弟に次いで世界で4番目に多く翻訳された児童文学作家だということ。しかし、私は①のイーニッド・ブライトンも、④のアストリッド・リンドグレーンも全く知らなかったから、自分の教養

の無さを恥じるばかり・・・。

　本作のパンフレットには、①金原由佳（映画ジャーナリスト）の「子供たちへの愛の手紙」という「作品研究」、②菱木晃子（北欧児童文学翻訳家）の「アストリッド・リンドグレーンのこと」という「背景解説」があり、これを読めばアストリッドのことがよくわかる。その他にも、③古内一絵（作家）の「闇が深ければ深いほど」、④近衛はな（女優・脚本家）の「光があふれる」、⑤最上敏樹（早稲田大学教授・国際法）の「深い悲しみへの代償」という3本のコラム（解説）があり、そこではリンドグレーン文学についてのうんちくが各自各様に語られている。

　もっとも、3本目のコラムである最上氏の「深い悲しみへの代償」は、彼が早稲田大学の国際法の教授であるだけに、アストリッドの優れた児童文学とはまた別の驚くべき秀逸な記録である『リンドグレーンの戦争日記』（岩波書店）について解説しているから、私はむしろこちらの方が興味深い。但し、本作にそこまでの「膨らみ」を持たせるのは無理で、本作を監督するについて、16歳から10年余のアストリッドに焦点を当てたクリステンセン監督の意図は理解できるし、それはそれとして成功している。しかし、本作を鑑賞した者としては、本作を契機として、アストリッドが児童文学作家として最初の出版に成功した後の歩みについても、しっかり勉強する必要がある。

■□■なぜ、そんなに子供の気持ちがわかるのですか？■□■

　映画にはよく、冒頭に1人の老人が登場し、懐古談を語り始めるところから本格的なストーリーが始まっていくスタイルがある。ジェームズ・キャメロン監督の『タイタニック』（97年）も、張藝謀（チャン・イーモウ）監督の『初恋のきた道』（00年）もそうだった（『シネマ3』62頁、『シネマ5』194頁）。また、日本初の女医の誕生を描いた『一粒の麦　荻野吟子の生涯』（19年）も、功成り名を遂げた主人公の講演風景から始まり、そのシーンで終わっていた。本作もそれと同じように、冒頭は一人暮らしの老人アストリッド・リンドグレーンが、世界中の子供たちから届いた手紙を一通一通開封し、目を通している姿が描かれる。近時は手紙の中にカセットテープが入っているものもあるから、それは読むだけでなくカセットデッキで聞く必要がある。すると、そのテープからは、「あなたはなぜ、そんなにも子供の気持ちがわかるのですか？」と質問する声が。さあ、それに対してアストリッドはどんな回答を？

　前述したように、スウェーデン生まれのアストリッドは、世界で4番目に多く翻訳された児童文学作家だが、私は全く知らなかった。しかし、本作の脚本を書き、監督した1969年生まれの女性ペアニレ・フィシャー・クリステンセンは、子供時代からアストリッドの本に夢中になっていたらしい。本作のパンフレットの冒頭には、「Director' s Comment 監督の言葉」として、「親愛なるアストリッド・リンドグレーン様」があり、それは次の文章ではじまっている。すなわち、

私は、子供時代のほとんどをスモーランドの森の中で過ごしました。それはとても素朴な生活で、電気もお湯もトイレも電話もテレビもなく、周りには同世代の子供たちもいませんでした。私はよく退屈して、ほとんどひとりぼっちでしたが、幸運なことに本に夢中になることができました。それがあなたの本だったのです。

　続いてクリステンセン監督は、

　あなたは、私が自分の存在理由について考えるきっかけをくれた初めての人でした。
　この世には悪と善が存在すること、死からは逃れられないということ、許しは与えられること、でも人生において信仰は最も強い力を持つこと、そんなことをあなたは教えてくれました。
　あなたは私を形作った人です。でも、それなら何があなたを形作ったのでしょうか?

と自ら問を発している。
　つまり、本作冒頭で、子供たちからの手紙の中で提示される、「あなたはなぜ、そんなにも子供の気持ちがわかるのですか?」との質問は、クリステンセン監督自身の質問でもあるわけだ。その上で、クリステンセン監督はその答えとして次の3点を挙げている。すなわち、

　それは、あなたに子供の魂を理解する鋭い洞察力を与えた何か。
　それは、あなたに当時の社会規範や宗教、文化を打ち壊させた何か。
　そして、それはあなたを私たちの時代で最も革新的で影響力のある芸術家の一人たらしめた何か。

　なるほど、なるほど。もっとも、これは前述の質問に対するクリステンセン監督の答えであって、決して普遍的なものではないし、まして「それが正解」と言えるものでもない。クリステンセン監督はそれを前提として、最後に「その出来事が、私の物語『リンドグレーン』を生み出したのです。」と締めくくっているが、さて、本作はどんな映画?
　私は近時『コレット』(18年)(『シネマ45』177頁)でフランスの女流作家シドニー=ガブリエル・コレットを、『メアリーの総て』(17年)(『シネマ43』未掲載)でイギリスの女流作家メアリー・シェリーを、『あなたはまだ帰ってこない』(17年)(『シネマ43』220頁)でフランスの女流作家マルグリッド・デュラスをはじめて知ったが、さて、アストリッド・リンドグレーンはどんな児童文学作家なの?そう思っていると、本作はそんな私の疑問に応えてくれるものではなく、まさにこの「Director's Comment」にあるような「3つの何か?」を、クリステンセン監督なりの視点で描くものだった。そんな心地よい裏切りを含めて、私は本作に星5つを!

■□■産まないという選択肢は?男の誠意は?女の決断は?■□■

　私が20歳になったのは1969年1月26日。大学2回生の冬だ。当時は学生運動に明け暮れる毎日で、ビラ配りとアジ演説に忙しかったが、それでも青春真っ盛りの時代だ

331

から、あちこちの友人たちの間で恋愛関係が広がり、その中にはまれに妊娠騒動に発展するケースもあった。しかし、幸いなことに（？）、日本では「堕ろす」のは簡単で、男の同意書と１０万円程度の金さえあればそれができたから、そんな現実もチラホラと・・・。私が弁護士になって１０年も経った頃には、大阪の某女子高では、同級生が妊娠すると、自動的に堕ろすためのカンパ活動が組織されるという話まで聞かされていた。日本はそんな「堕胎天国」だが、さて１９２０年代のスウェーデンは？

　１６歳で中学校を優秀な成績で卒業したアストリッド（アルバ・アウグスト）はヴィンメルビー新聞で働き始めたが、本作を観ていると、その実力の発揮ぶりがすごい。『ALWAYS　三丁目の夕日』（05年）（『シネマ9』258頁）では、青森から東京の鈴木オートに集団就職してきた六子ちゃんは、「真面目な働き手」というだけの存在だったが、本作のアストリッドは自ら取材し、自ら記事を書き、それが編集長のブロムベルイ（ヘンリク・ラファエルセン）に絶賛されていたからすごい。これは、彼女が子供の時から自分で物語を作り、それを兄や妹に話すのが大好きな少女だったためだ。また、厳格なカトリック信者である父サムエル（マグヌス・クレッペル）、母ハンナ（マリア・ボネヴィー）の下で育ったにもかかわらず、「遊んで遊んで遊び死にしなかったのが不思議なくらい」天衣無縫な子供時代を過ごしたおかげらしい。

　したがって、田舎の小さな新聞社ながら、そこで才能を発揮し経験を積んでいけば、きっとアストリッドはその後は全国版の新聞記者になれたはずだ。ところが、アストリッドはそこでブロムベルイと不倫関係に陥ったうえ、何と妊娠までしてしまったから、アレレ・・・。本作では、アストリッドが「あれほど注意してと言っていたのに、どうして・・・？」とブロムベルイに文句をつけるシーンが登場するが、いくら１９２０年代とはいえ、自分から誘っておいてその言い方はおかしいのでは・・・？前述のように、１９６０年代の私たち日本の学生の感覚なら、男女を問わずただちに「堕ろそう」との結論になったはずだが、どうもアストリッドには「産まない」という選択肢はなかったらしい。

　他方、本作では、そんな現実に直面した既婚者であるブロムベルイの責任ある（？）態度が顕著だから、それに注目！アストリッドから想定外の妊娠を告げられたブロムベルイは、ただちにアストリッドの両親の下を訪れ、自分のミス（？）を認めるとともに、妻と離婚した（できた）後はアストリッドと結婚し、2人で子供も育てると明言したから偉い。ところが、それに対する両親の反応は？そして、アストリッドの決断は？

■□■スウェーデンの姦通罪は？デンマークの里親制度は？■□■

　山本薩夫監督の名作『戦争と人間』3部作（70〜73年）（『シネマ2』14頁、『シネマ5』173頁）では、北大路欣也扮する五代俊介が、佐久間良子扮する兄の妻・温子と不倫関係になり、「姦通罪で訴えられたら大変なことになる」と話し合うシークエンスがあった。日本の「姦通罪」は女性だけに適用される罪で、１９４７（昭和２２）年に施行された戦後の日本国憲法の下では明らかに男女平等に反するものだから、姦通罪を定めていた従来の

刑法１８３条は、同年１０月の刑法改正で廃止された。しかし、本作を観る中で、１９２０年代のスウェーデンに姦通罪があったこと、しかも、それがアストリッドと不貞行為をし、妊娠までさせたブロムベルイに適用される（？）と聞いて、ビックリ！さて、その詳細は？

　他方、長い間一人っ子政策が続いてきた中国では、２人目の子供を産むためにアメリカに渡るというニュースが報道されていたが、本作を観る中で、デンマークには父親を明かさずに産むことができるうえ、里親までつけてくれる制度があることをはじめて知ることに。そして、アストリッドはそれを採用することを決意。これなら、「妻から不貞で訴えられ、姦通罪で刑務所に入るかもしれない」と暗い顔で訴えていたブロムベルイも納得だ。妻との離婚ができるまでは、そして、姦通罪の判決が出るまでは、生まれてくる子供はデンマークの里子に出せば、何とか道は切り開けそうだ。昨年の１２月１４日に観た『夕陽のあと』（19年）は、「生みの母ＶＳ育ての母」というテーマで、日本の里親制度や特別養子縁組のあり方を問題提起していたが、アストリッドの場合はまさに切実な自分の問題の解決として、デンマークの里親制度を利用したわけだ。しかして、その詳細は？

　この両者とも、弁護士の私にもよくわからない北欧特有の法制度なので、興味のある人はしっかり勉強してもらいたい。

■□■結果オーライなのに、なぜケンカ別れに？■□■

　クリステンセン監督の「Director's Comment」にあるように、本作は児童文学作家アストリッド・リンドグレーンの全生涯を描くものではなく、１６歳から約１０年間のアストリッドの「ある一面」に「特化」し、それを集中的に浮かび上がらせた映画。したがって、本作には私が興味をもつ「法廷モノ」の側面はまったく登場しない。ブロムベルイの離婚訴訟の相手方であり、かつ姦通罪で訴えている（？）妻の姿はまったく登場せず、その情報はブロムベルイからアストリッドに口頭で伝えられるものだけだ。しかして、アストリッドが産んだ男の子ラッセの引き取りを我慢しながら、離婚調停と姦通罪事件の決着を待っていたアストリッドに、ある日ブロムベルイから伝えられた報告は、「姦通罪で有罪になったが、罰金１０００クローネで済んだ」というもの。ブロムベルイはそれを喜色満面で伝えるとともに、アストリッドに指輪を差し出し正式な求婚をしたが、それに対するアストリッドの反応は？

　父親を明かさないでも子供を産むことができ、里親までつけてくれる国・デンマークに一人で渡り、両親もブロムベルイもいない中で男の子ラッセを出産したアストリッドだが、その内心が不安でいっぱいだったのは当然。その上、自宅に戻ったアストリッドは、母親から「ブロムベルイとは結婚するな。子供のことは里親に任せて忘れろ」と言われたから、大ショック。支援者だと思っていた母親に裏切られたとの思いで実家を飛び出したアストリッドは、そんな不安の中、苦しい思いでスウェーデンとデンマークのコペンハーゲンを往復していたわけだ。そんなアストリッドにとって、前述のブロムベルイの言葉と求婚は、

ベストの結末だと私には思えたが・・・。

　姦通罪で有罪になれば、当然刑務所行き。それを覚悟していたのに、罰金だけで済んだのはラッキー。ブロムベルイは単純にそう考えて喜んでいたわけだが、アストリッドの方は、１年以上も息子を引き取れなかった苦悩をブロムベルイがまったく理解していない、と怒りがこみ上げてきたらしい。そう言われれば、「それもなるほど」、と理解できなくはないが、そうかといって、指輪を突き返し、「さよなら」を告げるほど、ブロムベルイは何か悪いことをしたの？姦通罪が罰金で済んだのは優秀な弁護士が就いたおかげかもしれないし、判決の結果をブロムベルイが的確に予想できるはずはない。そこらあたりのアストリッドの気持ちが私にはサッパリわからないが、クリステンセン監督はそれを観客にどう伝えたいのだろうか？さらに、そんな些細なこと（？）で一度はケンカ別れしても、しばらく経てばアストリッドも気持を立て直して、元の鞘に収まることもあり得るのでは・・・。そんな私の予想に反して、本作は、以降全く違う展開に・・・。

■□■この強さはどこから？新しい「いい男」の登場は？■□■

　ブロムベルイと決別したことは、当然ブロムベルイと結婚し、ラッセを２人の子供として育てるという夢が崩れ去ったことを意味していた。また、ブロムベルイの経済的支援を失ったことは、デンマークへの渡航費用も失ったうえ、明日からの生活費を自分で稼がなければならなくなったことを意味していた。そのうえ、母親に対しても、「ラッセを喜んで迎え入れてくれるまでは家に戻らない」と啖呵を切っていたから、アストリッドが今さら単身で実家に戻ることができないのも当然だ。しかし、アストリッドは仕事の面では有能だったから、すぐに国立自動車連盟でタイプの仕事に就けたのはさすが。しかも、数年の稼ぎで金銭的余裕ができたようだから、それもえらい。その結果、ラッセと暮すための部屋を借りたアストリッドは、喜びに溢れた状態で２歳半になったラッセを引き取るべくデンマークに赴いたが、そこではすっかり里親のマリー（トリーネ・ディアホム）になついてしまったラッセが、アストリッドとともにスウェーデンに戻ることを拒絶したから、アレレ・・・。もっとも、本作では、『夕陽のあと』で見た「生みの親ＶＳ育ての母」という対立に至ることはなく、マリーは「時間さえかければ、ラッセもアストリッドがホントのママだとわかってくれる」と慰めてくれたが、失意のアストリッドは？

　いい女にはいい男がつくもの。世の中の相場はそう決まっている。しかして本作では、会社のダンスパーティーで泥酔してしまったアストリッドに対して、上司のステューレ・リンドグレーン（ブジョーン・グスタフッソン）から救いの手が伸びてくるから、それに注目！さらに、里親のマリーが急病で倒れたため、ラッセを引き取り、シングルマザーとしてストックホルムで生きて行こうとするアストリッドに対しても、リンドグレーンから救いの手が・・・。日本では、シングルマザーが母子家庭として生きていくのは大変だが、その一因は、男女平等の意識が低く、また社会保障が不十分なため。とりわけ、シングルマザーが社会で働くために不可欠な託児所や保育所の不足は深刻だ。しかし、今や世界最

高水準の福祉国家になっているスウェーデンは？

　１９２０年代のスウェーデンのそれはよくわからないが、両親の家から離れ、優しかった里親のマリーとも死別し、シングルマザーとして生きて行かなければならなくなったアストリッドにとって、ラッセが病気になれば大変。咳が続いて眠れず苦しむラッセに対して、アストリッドがしてやれることは、かつて兄や妹たちにしていたのと同じように、「お話」をしてあげることだけだった。「子どもたちが好きなだけソーダ水を飲んで、木登りをする、子どもたちが大活躍するお話」にラッセが興味を持ち、やがてアストリッドのベッドにも入ってくるようになったのは良かったが、この咳は早く医者に診てもらわなければ大変なことになるのでは・・・？そんな心配をしていると、ある日、医者がアストリッドの部屋を訪れ、「治療費はいいですから」と言ってラッセを診察。そして、「百日咳だが、ゆっくり養生していれば治る」と言われたから、アストリッドはひと安心。しかし、この医師は一体誰が派遣してくれたの？そして、治療費は誰が支払ってくれたの？

■□■「決定的に変えた何か」とは？この女は魔性の女？■□■

　本作冒頭のクリステンセン監督の「Director's　Comment」の問いは、「とても若かった頃、あなたを決定的に変えた何かが起きて、あなたをこんなにも素晴らしい作家にしたのでしょう」というものだった。

　しかして、本作が終わりに近づくにつれて、クリステンセン監督流の解釈で導き出した「その答え」、すなわち「アストリッドを決定的に変えた何か」が少しずつ見えてくる。それについては、本作のパンフレットにある、前述した古内一絵、近衛はな、最上敏樹の３人も、三人三様の解釈で答えを出しているが、私はアストリッドの「したたかさ」にビックリ！すなわち、「この女できるな！」との思いと共に、ブロムベルイと別れる決断の早さ、新たなリンドグレーンとの結びつきの早さ等にビックリ！本作後半では、アストリッドの若き上司リンドグレーンの親切ぶりが顕著だが、それは当然アストリッドもわかっているはず。その結果、ラッセの百日咳が治り、やっと出社してきたアストリッドは、リンドグレーンに対して「あなたっていい人ね」と言いながら、リンドグレーンの頬にキスをしていたが、スウェーデンでは、社員が上司に対してこんなことをするのが許されるの？

　パンフレットにある「Biography　アストリッド・リンドグレーン略年譜」を見ると、アストリッドは１９３１年にはこの若き上司・ステューレ・リンドグレーンと結婚し、リンドグレーンはラッセを引き取ったとのこと。さらに、１９３４年にアストリッドはリンドグレーンとの間の女の子カーリンを産んだとのことだ。そんな女性アストリッド・リンドグレーンについて、私が発見した面白いブログは、「映画男のただ文句が言いたくて」。「映画リンドグレーンは魔性の女の物語！感想とネタバレ」と題されたブログでは、「いずれにしても僕は『長靴下のピッピ』の作者が実は魔性の女だったということを知って少し興奮しちゃいました。」と評価している。興味のある人は是非、私の評論と一緒にこのブログを・・・。
　　　　　　　　　　　　　　　　　　　　　　　　２０２０（令和２）年１月９日記

Data
監督：犬童一心
脚本：犬童一心／浅野妙子／小岩井
　　　宏悦
原案：ジャスティン・ザッカム『最
　　　高の人生の見つけ方』
出演：吉永小百合／天海祐希／ムロ
　　　ツヨシ／満島ひかり／鈴木
　　　梨央／駒木根隆介／ももい
　　　ろクローバーＺ／賀来賢人
　　　／前川清

最高の人生の見つけ方

2019 年／日本映画

配給：ワーナー・ブラザース映画／115分

2019（令和元）年 10 月 14 日鑑賞　　　　TOHOシネマズ西宮ＯＳ

みどころ

　本作と同じ邦題のハリウッド映画は、余命６カ月宣告を受けた２人のじいさんが、「棺おけリスト」に基づいて遊びまくる映画だった（？）が、日本版はいかに？吉永小百合主演でハリウッドの許可は出たそうだが、犬童脚本では「棺おけリスト」をどう構築するかが課題に。共演者の天海祐希を、いかにもピッタリな女社長役とすることで、その課題も見事にクリア！

　カネの使い道を巡る女社長の模索、苦渋、決断、行動とは？本作の最初と最後が宇宙ロケットの打ち上げシーンになるのを見ながら、余命〇〇宣告を受けた７０歳の主婦と５１歳の女社長の「最高の人生の見つけ方」をしっかり検証したい。しかして、あなたの「最高の人生の見つけ方」は？

——＊——＊——＊——＊——＊——＊——＊——＊——＊——

■□■ハリウッド版おとぎ話を、いかにして日本版に？■□■

　本作と同じ『最高の人生の見つけ方』（07 年）という邦題のハリウッド映画が、２人合わせてアカデミー賞ノミネート１６回、受賞４回というジャック・ニコルソンとモーガン・フリーマンが初共演した、「余命６カ月宣告」をテーマにした映画だった（『シネマ20』329頁）。末期ガン告知と余命〇〇日宣告を受ける人は世の中にたくさんいるが、私は同作の評論で、『最高の人生の見つけ方』vs.『象の背中』を論じた。役所広司が演じた『象の背中』（07 年）の主人公は、中堅建設会社の部長職のある４８歳の働き盛りだったこともあって、『最高の人生の見つけ方』の余命６カ月宣告を受けた２人とは違って、気も狂わんばかりに苦悩する姿が印象的だった。もっとも、以降彼はそれまでに出会った大切な人たちと直接会って自分なりの別れを告げようと友人めぐりを続けていくことになった（『シネマ 16』382 頁）が、それは一体なぜ？それに対して『最高の人生の見つけ方』の２人の主人公は、それとは好対照に「地獄の沙汰もカネ次第」とばかりに「棺おけリスト」に沿って遊びま

くったが、それは一体なぜ?

　ちなみに、私は２０１５年９月、６６歳８カ月で大腸ガンの宣告を受けたが、幸いこれは初期の第１ステージだったため、無事手術を終え、その後の転移もないまま生き長らえている。しかし、もしあれが末期ガンの告知で余命〇〇日宣告だったとしたら・・・?

　私は同作の評論の最後に「日本版「棺おけリスト」も面白いのでは・・・?」の小見出しで、同作の日本版リメイクを提案したが、そこで問題は名優２人を探すこと。そこで、「それを日本で探せば、三國連太郎（１９２３年生まれ）は別格として、さしずめ高倉健（１９３１年生まれ）、仲代達矢（１９３２年生まれ）、菅原文太（１９３３年生まれ）、緒形拳（１９３７年生まれ）あたり・・・?」と書き、また、「そうすると、『THE BUCKET LIST』を監督したロブ・ライナー監督に対抗して、日本で立候補する勇気ある監督は、果たして誰・・・?」と書いたが、今般ついにそれが実現!その監督は犬童一心だが、本作の実現については、本作のエグゼクティブプロデューサーを務めた小岩井宏悦の功績が大らしい。しかして、ハリウッド版おとぎ話をいかにして日本版に?

■□■設定を男から女へ!ハリウッドの許可は?■□■

　設定を男から女に切り替えることによって面白いストーリーを思いつくことは多い。その典型が、何と「織田信長は女だった」と設定を切り換えた佐藤賢一の小説『女信長』。私は当時毎日新聞に連載されていた同小説を、毎日楽しみにしていたものだ。

　ハリウッド版『最高の人生の見つけ方』のリメイクを考えていた本作のエグゼクティブプロデューサーである小岩井氏は、ワーナー・ブラザース本社から出された「日本のトップ俳優でしかリメイクさせない」との条件を、長い間乗り越えられないでいたらしい。当時、高倉健も亡くなっており、ワーナー本社に胸を張って"この人がジャック・ニコルソンやモーガン・フリーマンのような日本の名優"と言える俳優を提示できずにいたわけだ。しかし、そう思いつき、ハリウッド（ワーナー・ブラザース本社）からのOKと、吉永小百合からの出演OKを取り付けた後は、脚本作りに向けて一目散だ。

　ハリウッド版のリメイクながら、発想を転換して女２人の旅の物語とし、そのメインキャストが吉永小百合に決まれば、その相棒は?それが、『千年の恋〜ひかる源氏物語』（01年）（『シネマ1』82頁）でも共演した天海祐希。この２人は共演したかつての撮影現場で、「いつか『テルマ＆ルイーズ』（91）のようなロードムービーを一緒にやりましょう」と話していたらしい。ジーナ・デイヴィスとスーザン・サランドンが共演した同作は同年輩の女同士がハチャメチャにぶっ飛ばすメチャ面白い映画で、『俺たちに明日はない』（67年）と同じような迫力満点の映画だった。しかし、吉永小百合と天海祐希は、年齢差はもちろん身長差も大きいから、その相性は?『千年の恋〜ひかる源氏物語』の時はうまくいったが、さて、本作における２人のキャラは?最初の接点は?そして、この凸凹コンビが繰り広げるロードムービーとは?

■□■「棺おけリスト」をどう構築？■□■

　ハリウッド版『最高の人生の見つけ方』の原題は、『THE BUCKET LIST』、すなわち「棺おけリスト」。これは、モーガン・フリーマン扮する生真面目な老人が密かに書いていた「棺おけリスト」をそのままタイトルにしたものだ。したがって、その内容は「荘厳な景色を見る」「赤の他人に親切にする」「涙が出るほど笑う」などだったが、ジャック・ニコルソン扮する陽気で遊び好きな老人が加わって書いた「棺おけリスト」は、「スカイダイビングをする」「ライオン狩りに行く」「世界一の美女にキスをする」など、奇想天外なものに広がっていったため、実にバラエティ豊かなものになっていった。このように、ハリウッド版における「棺おけリスト」は、2人の老人が現実に「棺おけリスト」実現の旅に出る中で少しずつ変更されたり追加されたりしたが、さて、本作では？

　本作では、吉永小百合扮する北原幸枝は、大学を卒業してすぐに結婚して以来、ずっと専業主婦を続けている70歳の女性。それに対して、マ子は、総客数5万を誇るホテルチェーンの女社長で51歳。本来そんな2人に接点があるはずはないが、末期ガン告知と余命〇〇月宣告を受けた2人が、たまたま2人部屋で同室になったところから、本作のストーリーが始まることになる。本作もハリウッド版と同じく、幸枝とマ子が、「棺おけリスト」に基づいて展開するロードムービーだが、違うのは、「棺おけリスト」が同じ病院で死んでいく12歳の女の子・神崎真梨恵（鈴木梨央）が書き残していたものであること。そこでは、「スカイダイビングをする」をはじめ、「好きな人に告白する」「ウェディングドレスを着る」「ももクロのライブに行く」等の女の子らしい「死ぬまでにやりたいこと」が書かれていたが、幸枝とマ子にとっては、その取捨選択は大変だ。もちろん、「宇宙旅行をする」はいくら大金持ちのマ子でも実現不可能だが、いやいや、場合によればそれだって・・・？

　大童一心監督を中心に書いた本作の脚本は、「棺おけリスト」の作成について面白い工夫をしているので、本作ではそれに注目！

■□■昔ならZARD！今は、ももクロ！70代の観客は？■□■

　私はクラシックの演奏会も大好きだが、人気バンドのコンサートも大好き。友人の歌手である「う～み」が出演する小さなライブには何度も行ったことがあるが、人気絶頂時のZARDが大阪のフェスティバルホールで開いたコンサートはプラチナチケットだった。それを何とか入手した私は大興奮しながら会場に赴いたが、バンドの演奏が始まると、観客は最初から総立ち！その風景を私は永井真理子のコンサートでも一度体験したが、巨大なフェスティバルホールでのあの風景にはビックリで、疲れ果てたものだった。

　日本がバブル景気に沸いていた1990年代の人気バンドのトップは亡き坂井泉水がボーカルを務めるZARDだったが、今ドキの12歳の女の子である真梨恵が「棺おけリスト」に書き残したのは「ももクロのライブに行くこと」。まず最初に、アメリカのロサンゼルス上空で決死の（？）スカイダイビングを楽しんだ幸枝とマ子にとって、多少の気恥ずかしさはあるものの、「ももクロのライブに行く」は簡単に実現できること。しかし、トー

クの中で、「７０代のお客さんは？それはさすがにいないね！」と言われて、幸枝は思わず座席の下に潜り込んだが、そこでマ子が「ハーイ」と手をあげ、幸枝にスポットライトが当てられたから大変。もっとも、そこはお利口さんの幸枝のこと、無事に会話を終えたが、そこから更に「ステージに上がって！」「一緒に歌って！踊って！」と言われると？

■□■何が幸せ？それを教えるのはどっち？■□■

人は何のために生きているの？それは昔からの永遠のテーマで、哲学と文学はその追求が使命と言っても過言ではない。もっとも、それを追求した結果、「恥の多い人生を歩んできました」と自分の人生を総括し、自分自身を「人間失格」と決めつけてしまうのは如何なもの・・・？９月１６日に観た、蜷川実花監督の『人間失格　太宰治と３人の女たち』(19年)は、美しい色彩と美しい花でスクリーン上はいっぱいだったが、肝心の主人公・太宰治は「最高の人生」を見つけることができず、自殺してしまうことになった。

それに対して本作は、映画だから多少のウソっぽさはあるものの、「日本一大きなパフェを食べる」ために幸枝とマ子が京都まで行き、その体験をするシークエンスが登場する。そして、泊まったホテルの中で、２人は「ああ、これ（こんな日常が）が幸せ！」と感じたというのだから、これなら「最高の人生」を見つけるのは簡単だ。また、２人がももクロのライブに行ったのは逆に「非日常のハプニング」を体験するためだが、そこにも「最高の人生」があったからすばらしい。そうすると、「棺おけリスト」に書いてある「他人のために何かをして喜んでもらう」を実行すれば、もっと「最高の人生」が見つかるのでは？

幸枝とマ子はお利口だから、２人がそれぞれそう考えたのは当然。もっとも、「ももクロのライブに行く」や「日本一大きなパフェを食べる」に比べると、「他人のために何かをして喜んでもらう」は、他人を巻き込むだけにその成功は難しい。つまり、「他人のために何かをして」喜んでもらえたらいいが、逆に怒らせてしまう恐れもあるからだ。戦後７４年間も平和が続いたのはいいことだが、その結果、今では人間同士が濃密な関係を持つことによって互いに傷つくことを恐れ、互いの内面に立ち入らない傾向が強まっている。そうすれば、嫌な思いをすることもケンカすることもないわけだ。しかし、それでは「他人のために何かをして喜んでもらう」ことができないのは当然。今の時代を生きている７０歳の幸枝も、５１歳のマ子もそういうことはわかっているはずだが、あえて「棺おけリスト」に沿って「他人のために何かをして喜んでもらう」ことを企画してみると・・・？

マ子が幼い頃に自分を捨てた父親を恨んでいることを知った幸枝の企画は、今は老人ホームに入っている父親のもとにマ子を連れて行き面談させること。他人がそんなコアな領域に踏み込むことは本来厳禁だが、そこは映画なればこそ、また、犬童脚本なればこそ。さて、その結末は？他方、そのお返しとばかりの（？）マ子の企画は、幸枝の故郷・長崎に戻ってのお墓参りの中で実現するので、それにも注目！

それぞれ「ちょっと出来すぎ！」の感はあるものの、「何が幸せ？」を考えさせるについてすばらしい物語になっているので、本作ではそれをしっかり楽しみたい。

■□■カネの使い道は？マ子の模索・苦渋・決断・行動に注目■□■

　本作はもちろん吉永小百合の主演作で、天海祐希はその共演者という位置づけ。しかし、2人が「最高の人生の見つけ方」を「棺おけリスト」に基づく実践の中で模索していくについては、マ子が持っている豊潤なカネが大きく効いている。つまり、ハリウッド版でも私は「最高の人生の過ごし方もカネ次第」と実感したが、それは本作でも同じということだ。関西電力の問題が世間を騒がせている昨今、いくらマ子がホテルチェーンの女社長だとしても、株式会社である以上、コンプライアンスが大事だから、ももクロのライブ参加費用や幸枝のお墓参りのための長崎旅行程度の「経費」はOKだとしても、ロサンゼルスでのスカイダイビングやエジプト旅行は「経費」とは認められないはず。したがって、もしマ子が有能な（？）秘書・高田学（ムロツヨシ）の気の利いた手配（忖度？）の下で、幸枝と共にくり広げる本作のロードムービーがすべてマ子のプライベート資金から出ていれば問題ないが、少しでも会社の経費から支出されていれば大問題だ。まあ、本作を鑑賞するについてそんなくだらない問題意識は不要だが、本作ではマ子の模索、苦渋、決断、行動の他、カネの使い道についてしっかり考える必要がある。

　ちなみに、長崎で幸枝がウェディングドレスを着るという「最高の人生」は誰でも思いつくが、そこに夫の北原孝道（前川清）を呼んで、再び「愛の告白」をさせるという演出は、ホテルチェーンのオーナーであるマ子ならではのアイデアだが、カネがなければそれはムリ。結婚式を盛り上げるために大量のエキストラを動員するのも、資金力があればこその演出だ。一介のサラリーマンの主婦である幸枝にとって、そんなカネの使い道は本来夢のまた夢の世界だが、本作ではそれを可能にしたマ子の行動力にしっかり注目したい。

　本作の冒頭は、種子島の宇宙ステーションからの宇宙ロケットの発射シーンから始まるが、これが一体何を意味するのかわかる人はいないはず。しかも、本作ラストはその成功に宇宙ステーション全体が沸くシークエンスになり、そこで感極まって泣いているのがマ子の秘書の高田だ。しかし、なぜ高田がそんな席に立っているの？そして、高田がなぜ宇宙ロケットの打ち上げ成功に感激しているの？それはすべて一生懸命働いて成功し貯めてきたカネの使い道に悩んでいたマ子の模索、苦渋、決断、行動の結果だから、本作のそんなストーリーはあなた自身の目でしっかりと。　２０１９（令和元）年１０月２５日記

『最高の人生の見つけ方』デジタル配信中
発売・販売元：ワーナー・ブラザース ホームエンターテイメント
【初回仕様】ブルーレイ プレミアム・エディション ¥6,980（税込）【初回仕様】DVD プレミアム・エディション¥ 5,980（税込）
©2019「最高の人生の見つけ方」製作委員会

Data

監督：山田火砂子

出演：若村麻由美／山本耕史／賀来
千香子／佐藤史郎／綿引勝
彦／渡辺梓／堀内正美／平
泉成／山口馬木也／柄本明
／小倉一郎／渡辺哲／斉藤
とも子／磯村みどり／松木
路子／神田さち子／神子彩
／上野神楽

SHOW-HEY シネマルーム

★★★★

一粒の麦　荻野吟子の生涯

2019年／日本映画
配給：現代ぷろだくしょん／110分

2019（令和元）年12月14日鑑賞　　テアトル梅田

👀👀 みどころ

　あなたはこの女性を知ってる？中国の女医第1号は、華流ドラマで描かれている明の時代の談允賢だが、日本のそれは、「埼玉県の三大偉人」の1人とされている荻野吟子。1868（明治元）年の1年前に17歳で嫁いだ吟子だったが、離婚して実家に戻ると、再び医学への夢が！允賢のように皇族との縁はなかったが、父親、友人、そして自分の力で一歩一歩難関をクリアし、ついに1885年、34歳で産婦人科荻野医院を開業！

　13歳も年下の敬虔なキリスト教徒との結婚、理想郷イマヌエル開拓のための北海道への移住等、吟子の人生は波乱万丈だが、その生き方を文部科学省選定の本作でしっかり学びたい。その上でさらに、本作のメインタイトル「一粒の麦」の意味と意義もしっかり確認したい。

――＊――＊――＊――＊――＊――＊――＊――＊――＊――＊――

■□■映画は勉強！日本の女医第1号を本作で発見！■□■

　私は今年87歳になったという女性監督・山田火砂子の名前は知っていたが、荻野吟子って一体ダレ？私を含めて多くの日本人はそんな女性の名前を知らなかったはずだ。また、石井筆子って一体ダレ？私は津田塾大学を創設した津田梅は知っていたが、石井筆子は知らなかった。この石井筆子とは、その美貌と知性で「鹿鳴館の華」と呼ばれ、「滝乃川学園」という日本最初の知的障害児施設を守り、「日本の障害児教育の母」と呼ばれた女性だ。山田火砂子監督は、そんな石井筆子を『筆子・その愛－天使のピアノ－』（06年）で描いていた（『シネマ14』335頁）。また、山田火砂子監督は、『母　小林多喜二の母の物語』（17年）では、プロレタリア作家小林多喜二の母・小林セキに焦点をあてていた（『シネマ40』

未掲載)。

そんな山田火砂子監督が、「伝記もの映画」たる本作で取り上げたのは、日本の女医第1号になった荻野吟子。ちなみに、埼玉発の映画『翔んで埼玉』（19年）は自虐ネタ満載ながら（ために？）大ヒットしたそうだが、その埼玉県の「三大偉人」の一人とされている荻野吟子は、同作では何も触れられていないはず。それはきっと、同作のスタッフが埼玉県の三大偉人についての勉強が不十分だったためだろうが、私も本作ではじめてそんな荻野吟子を発見！まさに映画は勉強だ。

■□■中国では明の時代に女医第1号が！？その比較は？■□■

１８６７年の大政奉還によって元号が慶応から明治に改められたが、その時荻野吟子（若村麻由美）は１７歳。本作の冒頭は、「医学の勉強がしたいから嫁にはいかない」と主張する吟子の言い分が、父親・綾三郎（綿引勝彦）にも母親・かよ（磯村みどり）にも全く通用せず、名主の長男・稲村貫一郎の元に嫁いでいく姿から始まる。そこでの会話を聞いていると、徳川から明治に時代が移ったとはいえ、男尊女卑の思想は全く変わっていないことがよくわかる。したがって、女に学問は不要、女は嫁いで子供を産むのが仕事、という価値観が当然だったし、「嫁して3年、子なきは去れ」という考え方も当然だった。もちろん、「職業婦人」という言葉はまだ生まれていなかったし、女の医者などあり得ないことだった。

もっとも、西洋医学（産科）を学んだ女性としては、ドイツ人医師シーボルトの娘で「オランダおいね」の異名で呼ばれた楠本イネがいた（１８２７年－１９０３年）。また、吟子より約１００年も前に、世界ではじめて全身麻酔を用いた手術（乳癌手術）を成功させたのが江戸時代の外科医・華岡青洲だが、彼がそれに成功できたのは、実母の於継と妻の妹背加恵が実験台になってくれたからだ。ちなみに、数回にわたる人体実験の末、於継の死・加恵の失明という大きな犠牲の上に、全身麻酔薬「通仙散」（別名、麻沸散－まふつさん）を完成させた物語は、増村保造監督の『華岡青洲の妻』（67年）で詳しく描かれているので、そのお勉強もしっかりと。

近時、中国の華流ドラマにこっている私が１１月からずっと観ているのが『女医明妃伝〜雪の日の誓い〜』。これは、明の時代に中国の女医第1号になった女性・談允賢の物語だが、その時代の中国でも女の医者などあり得ないのが常識だったから、允賢が女医第1号になるについては、本作の吟子以上の試練が待ち受けていた。允賢の場合は、華流ドラマらしく（？）宮廷を舞台とした権力闘争と女の嫉妬争いが絡んでくるから、医学の勉強以外にその方面での努力が大変。それに比べると、本作にみる吟子の場合は真面目一辺倒が目立つが・・・。

■□■父の理解、友人の支援、そして吟子の行動力に注目！■□■

吟子の父親がかなり進歩的な考えの持ち主であったことは、夫から性病をうつされ子供を産めない身体になって離婚され実家に戻された時点で、ハッキリわかる。つまり、あの時（嫁ぐとき）は「お前の理想はまだ早い」と言っていた父親だったが、実家に戻った吟子が、「この時治療にあたった医師が全て男性で、女医となって同じ羞恥に苦しむ女性を救いたいと女医を志した」ことを話すと、父親はそれを了解したばかりか、東京にいる医師・井上頼圀（佐野史郎）への入門の世話までしてくれたからえらい。さらに、吟子を支援したのが、吟子以上に男女差別を嫌い進歩的な考え方を身につけていた友人の女性・松本荻江（賀来千香子）。東京女子師範学校（お茶の水女子大学の前身）の教師になっていた荻江は、井上塾を卒業しながら田舎の学校の先生に収まっていた吟子に対して、その第一期生として入学し、さらに勉強することを勧めたわけだ。

　このように、１７歳で稲村貫一郎に嫁いだ吟子は、父親・綾三郎の理解と友人・荻江の支援によって、１０年後の１８７９年には、東京女子師範学校を首席で卒業することができたが、さあ、その先は？中国の允賢の行動力もすごいが、吟子の行動力もすごい。彼女が成すべきことは、まず第１にツテをたどって、医大への女性初の入学を認めてもらうこと。次に、それが実現し私立医学校・好寿院を卒業した後は、更にツテをたどって、医術開業試験の受験を認めてもらうこと。父の綾三郎の理解と友人・荻江の支援を受けた後の本作中盤は、そんな舞台での吟子の奮闘ぶりをしっかり確認したい。しかして、吟子が医術開業試験の前期試験、後期試験で立て続けに合格し、湯島に診療所「産婦人科荻野医院」を開業したのは１８８５年、３４歳の時だ。私が弁護士登録したのは１９７４年（２５歳）、独立したのは１９７９年（３０歳）だから、それより約１００年も前のことになる。私は今でも独立した時の高揚した気持ちをハッキリ覚えているが、その時の気持ちは、きっと吟子も同じだったはずだ。

■□■この男との出会いが転機に！もし・・・だったら？■□■

　私は３０歳で独立した後、事務所維持のための一般民事刑事事件の処理だけでなく、大型公害訴訟に取り組み、さらに、日本環境会議の事務局の役割を担う等、弁護士の社会的役割を強く意識し、実践してきた。そして、その対象は、１９８４年の大阪駅前第２ビル研究会への参加以降は都市問題になっていった。

　本作を観ていると、吟子が開設した産婦人科の診療所に、地元の娼婦たちが次々と診察にやって来たのは当然。その診察をしても儲からないのは仕方ないが、本作中盤では、吟子の医師としての義務の他、医師の社会的役割、とりわけ女医第１号としてのそれを強く意識していた吟子が、娼婦に代表される当時の弱い女性のための医療に全力を尽くす姿が描かれる。そんな吟子の大きな転機になったのは、１３歳も年下の同志社大学の学生で、敬虔なキリスト教徒の青年・志方之善（山本耕史）との出会い。初対面時の志方の厚かましさには呆れるほかないが、それがイヤミにならず、逆にそれが結婚にまで至る長所にな

ってしまうのだから、男女の仲は面白い。しかも、志方の紹介で教会に赴いた吟子は、「男女の平等」を当然のものと説くキリスト教にたちまち帰依することに。これによって、女医第１号としての吟子が、医師としてのあるべき姿を求めて実践している日常業務には、キリスト教の教えという理論的武装が伴うことに。しかも、１８９１年の岐阜県濃尾大地震では、女子の孤児たちを保護するために立ち上がり、知的障害児教育の創始者となった石井亮一（山口馬木也）に賛同した吟子は、荻野医院を子供たちのために開放し、自らも孤児たちの世話を行うまでに。

　そんな吟子の姿を見ていると、３４歳で開業した吟子が、３０代の働き盛りをいかに懸命に生きてきたかがよくわかる。私の３０代の頃の活動にだぶらせながらそんな姿を見ていると、思わず大粒の涙が溢れてくることに。

■□■この決断にビックリ！北海道行きの是非は？■□■

　本作は文部科学省選定・カトリック中央協議会広報推薦の映画だから、教科書風のきれいごとで収める感じになっているのは仕方ない。そんな面が垣間見えたのは、吟子の診療所がヤクザ者の嫌がらせに遭うシークエンスだが、吟子の奮闘と志方の機転で、この程度の被害で済んだのはラッキー。しかし、その後、北海道の理想郷イマヌエルの開拓と、そこでのキリスト教布教のため、北海道行きの決心をした志方に吟子がどう向き合うかは難しいところだ。ところが、そこで吟子は意外にあっさりと荻野医院を廃業して、志方と共に北海道に渡ることを決断したから、私はビックリ。もちろん、北海道に渡っても吟子の医師としての仕事は続けられるが、その意味は全く違うはず。つまり、東京で第１号の女医としての実績を重ねていけば、医師会の会長は無理だとしても、少しずつ名前を挙げ、さまざまな要職に就くこともできるはず。そして、そのことは決して自分の立身出世のた

めではなく、医師を目指す後輩の女性たちの励みになるのだから、それは北海道で開拓する以上に意義があるのでは？私はそう考えてしまうが、なぜ吟子は志方と一緒に北海道へ行くことを決心した（できた）の？

　志方に３年遅れて、１８９４年に４３歳で北海道に渡った吟子は、１８９７年に４６歳で北海道・瀬棚（現北海道函館市せたな町）で診療所を開業したが、１９０５年に志方が４１才で病死したため、やむなく吟子は１８９０年に帰京し、医院を開業することに。しかし、その時点での吟子は、すでに５７歳。すると、その後の女医第１号としての輝きは？そう考えると、北海道行きの是非は如何に？私はそう考えてしまうが、さてあなたの意見は？

■□■「一粒の麦」の意味と意義をしっかりと！■□■

　本作のタイトルは本来「荻野吟子の生涯」でいいはずだが、それをサブタイトルとし、メインタイトルを「一粒の麦」としたのは、一体なぜ？それは、カトリック中央協議会の推薦をもらうためという理由もあるが、吟子が歴史的に果たした役割をキリスト教的に理解するためという理由もある。「一粒の麦もし地に落ちて死なずば、ただ一つにてあらん、死なば多くの実を結ぶべし」は、『ヨハネ伝』の第１２章２４節にある有名な言葉だが、意外にも本作のストーリー展開の中にこの言葉は出てこない。キリスト教徒になった吟子の一番好きな「聖句」として登場するのは、『ヨハネ伝』第１５章１３節の「人その友の為に己の命をすつる　之より大いなる愛はなし」だ。

　私はキリスト教徒ではないが、イエス・キリストの生涯は相当信じているので、本作の吟子や志方のようなキリスト教徒としての生き方を見ていると、相当納得し感動させられる。しかして、「人その友の為に己の命をすつる　之より大いなる愛はなし」は吟子が主観的に自分の生き方のよりどころとしてきた聖句であるのに対し、「一粒の麦もし地に落ちて死なずば、ただ一つにてあらん、死なば多くの実を結ぶべし」は吟子が果たした役割を、後の第三者が客観的に評価した場合の聖句。そう考えると、本作のメインタイトルを「一粒の麦」とし、サブタイトルを「荻野吟子の生涯」としたことに、私は納得。

　今年７０歳を迎えた私は、２０２０年１月に７１歳になる。大腸ガンと胃ガンを何とか克服できたという実感を持っている私としても、本作の吟子を見習って何らかの「一粒の麦」となれるよう、これからも頑張っていかなくちゃ・・・。文部科学省推薦映画をじっくり観ると、評論も文部科学省推薦のような結論になることに、我ながらビックリ！

２０１９（令和元）年１２月２０日記

Data
監督：越川道夫
出演：貫地谷しほり／山田真歩／永
　　　井大／川口覚／松原豊和／
　　　渡辺早織／鈴木晋介／宇野
　　　祥平／滝沢涼子／木内みど
　　　り

SHOW-HEY シネマルーム

★★★★

夕陽のあと

2019 年／日本映画
配給：コピアポア・フィルム／133 分

| 2019（令和元）年 12 月 14 日鑑賞 | シネ・リーブル梅田 |

👀 みどころ

　「生みの親VS育ての親」をテーマにした『八日目の蝉』（11 年）は、「未成年者略取誘拐罪」の成否がポイントだったが、同じテーマの本作は、「特別養子縁組」をめぐる論点が！

　それを追求していけば、『マリッジ・ストーリー』（19 年）と同じような「法廷モノの名作」になる可能性があったが、越川監督はそれを拒否し、あくまで人間的解決を目指すことに。そのため、『夕陽のあと』という美しいタイトルにするとともに、「島の人はみーんなお母さん」と言うキーワードで結末を迎えさせたが、その是非は？

　町役場の福祉課の青年の公私混合ぶりは、「桜を見る会」の安倍総理以上に目に余るし、プライバシーの無視も目に余るが、それでも本作のようにうまく着地できれば結果オーライ。たしかにそのとおりだが、ちょっと甘すぎるのでは？私にはそう思えたが・・・。

―― ＊ ―― ＊ ―― ＊ ―― ＊ ―― ＊ ―― ＊ ―― ＊ ―― ＊ ―― ＊ ――

■□■生みの親VS育ての親。特別養子縁組とは？■□■

　本作のテーマは、生みの親VS育ての親。そう聞くと思い出す名作は、成島出監督の『八日目の蝉』（11 年）。同作では、井上真央VS永作博美の美女対決（？）が興味深かった。そして、私は『邦画にもこんな名作あり』と誇れる女たちの物語を、男もしっかり学びたい。」と書き、星 5 つを付けた（『シネマ 26』195 頁）。同作は、法的には「未成年者略取誘拐罪」という恐ろしい重罪からの「逃避行」という、『砂の器』（74 年）を彷彿させる論点を含ませながら、「蝉は、何十年も土の中にいて、地上に出て 7 日間で死ぬという。でも

(C) 2019 長島大陸映画実行委員会

(C) 2019 長島大陸映画実行委員会

もし、7日で死ななかった蝉がいたら・・・」というすばらしい問題提起をしていた。また、同作では、エンジェルホームという面白い「現代の駆け込み寺」が大きな存在感を発揮していた。

　そんなスリリングな展開で観客の目を惹きつけた同作に対して、本作の法的論点は特別養子縁組。これは、普通養子縁組とは別の制度で、子供の福祉の増進を図るために、養子となる子供の実親（生みの親）との法的な親子関係を解消し、実の子と同じ親子関係を結ぶ制度。この特別養子縁組が家庭裁判所で認められるためには、養子となる子供が8歳未満であること、生みの親の同意が得られていることなど、いくつかの要件を満たす必要がある。しかし、普通養子縁組が年間8万件程度成立しているのに対し、特別養子縁組の年間成立数は約500件に留まるから、その実現はかなり厳しいのが実情だ。

　本作冒頭には7歳の男の子・日野豊和（松原豊和）と、それを優しく見守る父親・優一（永井大）と母親・五月（山田真歩）の姿が登場する。しかし、ストーリーが展開するにつれてわかってくるのは、この2人は実の両親ではなく里親であること。つまり、児童相談所から当時赤ん坊だった豊和を預かり、養育してきたわけだ。そして、この2人は今、豊和との特別養子縁組を進めるべく、五月の幼馴染で町役場の福祉課に勤める新見秀幸（川口覚）らと相談をしていたが、なぜそんな事情に・・・？

■□■舞台は鹿児島県の小島、長島町。タイトルの意味は？■□■

　田舎町にはどこにでも地元のお祭りがあり、お祭りの時は神輿や笛太鼓で賑やかになるが、本作では小学校の生徒たちがそのための太鼓の練習をしている風景が再三繰り返される。その舞台は、鹿児島県の最北端にある青い海に囲まれた島・長島町だ。鹿児島弁に似た方言はわかりにくいが、家業であるブリの養殖を継いだ優一らの仕事ぶりは興味深い。本作冒頭、港の食堂で働く佐藤茜（貫地谷しほり）の姿が映し出されるが、彼女だけは地元の人間ではなく、1年ほど前に長島にやってきてこの食堂で働いているらしい。見るからに「曰く因縁」がありそうだが、茜は垢抜けした美人だから、時々その食堂にやってくる新見はそんな茜に気があるようだが・・・。

ちなみに、本作のタイトル『夕陽のあと』とは一体ナニ？これは導入部の五月のセリフに出てくる言葉で、この島では夕陽の後の海が一番美しいらしい。なるほど、なるほど。しかし、越川道夫監督は、本作になぜそんなタイトルを？

■□■法的論点をめぐる脚本の出来は？監修は？■□■

　優一も五月も赤ん坊の時から育ててきた豊和が7歳になった今、特別養子縁組ができることに喜びでいっぱい。それには生みの親の承諾が必要だが、その所在が不明の場合は親権を児童相談所が持っていることもあって、家裁での「特別養子縁組」の手続はスムーズにできるらしい。そんな予想を聞けば、五月も優一も手続に何の不安もなしだ。

　ところが、その手続を進めているうちに、①なんと豊和は7年前に東京のネットカフェで起きた乳児置き去り事件の被害者だったこと、②懲役1年執行猶予3年の判決を受けた豊和の母親の名は、佐藤茜だったことが判明したからビックリ。まさか、あの食堂で働いている友人の佐藤茜と同姓同名の女が？いやいや、そうではない。彼女こそが豊和の産みの母親！？そんなバカな・・・。

　本作はそんな重大な法的論点を突然スクリーン上に提示するが、なぜそんな重要な事実が今になって「判明」したの？7年前の乳児置き去り事件は新聞でも大きく報道されたのだから、そもそも児童相談所が豊和を預る時点でちゃんと調べれば、そんな事実は把握できていたはずだ。『八日目の蟬』でも、「弁護士の私としては、沢田夫妻が希和子を新たな従業員として採用するについては税務申告や社会保険の関係で少なくとも住民票の提出を求めるはずだから、希和子と薫の間に母子関係がないことなどすぐにバレてしまうはずだということを指摘しないわけにはいかない。」と法的論点の処理に少し甘い点があることを指摘したが、本作は「特別養子縁組」の可否を巡って産みの母親と育ての母親が対立する案件だから、なおさらその法的論点をいい加減にすることはできない。なぜなら、それをいい加減にしてしまっては、ストーリーの真実味がなくなってしまうからだ。そんな観点からは、本作の脚本の出来は？また、本作の法律面での監修は？

　豊和の生みの母親が茜であることがハッキリわかった時、五月の顔が怒りでひきつったのは当然。しかし、それがこのような形で判明した今、茜はどうするの？今まで通り陰からそっと豊和を見守るだけで済ませるの？それとも、素性がばれてしまったのをきっかけに、「私こそが生みの母だ」と家裁に主張するの？もしそうなら、茜から親権回復の申立ができるはずだが・・・。

(C) 2019 長島大陸映画実行委員会

■□■この公私混同は？(1)■□■

　最近の朝日新聞は、「桜を見る会」をネタに、安倍晋三総理の「公私混同」ぶりを責めた
てる論調が目立つ。私の目にもそこには確かに公私混同があった事は間違いないと見える
が、それは程度問題で、多少の公私混同は誰にでもあること。したがって、そのテーマば
かりで新聞の多くの紙面を使ったり、国会の多くの時間を使うのは如何なもの・・・？

　そんな目で見ると、本作では町役場の福祉課に勤める秀幸の公私混同ぶりが目立つ。秀
幸が茜に好意を持っているのは最初からミエミエだが、日野夫妻が豊和との特別養子縁組
を進めるお手伝いをしていた秀幸は、突然茜が懲役１年執行猶予３年の判決を受けた豊和
の生みの母親だったことを知ってビックリ。そんな事実が判明した後、それまで仲のよか
った茜と五月が突然反目しあい始めたことに大いに悩んだのも当然だ。

　本作中盤に登場する茜と五月の大ゲンカは、ある意味で本作のハイライト。これは１２
月７日に観た『マリッジ・ストーリー』（19 年）のラスト前における、スカーレット・ヨ
ハンソン扮するニコールと、アダム・ドライバー扮するチャーリーとの大ゲンカに匹敵す
るハイライトだから、しっかり鑑賞したい。『マリッジ・ストーリー』では、その大ゲンカ
がその後の意外な結末を導いたが、本作中盤、これだけの大ゲンカをして互いに言いたい
ことを全部ぶちまけあった茜と五月のその後は？そう思っていると、そこにしゃしゃり出
てきた秀幸が、茜に対して「僕と結婚しよう」、そして「五月が優一と共に豊和を育てるの
を外から温かく見守っていこう」と言い始めたからアレレ。これこそ公私混同の最たるも
ので、「桜を見る会」の比ではないのでは・・・？

■□■この公私混同は？(2)このプライバシー無視は？■□■

　茜と大ゲンカをした後、茜が家裁に「親権停止の取り消しの申し立て」を行ったことに
驚いたのは五月と優一。それによって特別養子縁組の手続きが暗礁に乗り上げたことに悩
み、業を煮やした五月は、「豊和と茜のすべてを知りたい」と考え、７年前に何が起こった
かを確かめるべく東京に向かうことに。しかし、そこには何と秀幸が付き添っていたから、
アレレ。町役場の福祉課の職員がこんなことまでするの？これも、れっきとした公私混同
では？

　さらに弁護士の私が驚いたのは、事件現場のネットカフェや茜が働いていた縫製工場等
を訪ねた五月と秀幸に対して、重大なプライバシーに属する茜の資料を何のためらいもな
く提供していること。とりわけ、縫製工場では茜のプライベートな日記まで平気で見せて
いたから、アレレ。この脚本は一体どうなっているの？ちなみに、これらのストーリー展
開はそれによって茜が紛れもなく豊和の母親であったことを強調するためのものだが、そ
の是非は？

■□■「島の人はみーんなお母さん」。この結末の是非は？■□■

　本作は村祭りの太鼓をたたく練習を一生懸命にやっている豊和の姿が印象的だが、7歳の豊和が、目の前に突如勃発した、生みの親VS育ての親の争いが理解できるはずはない。また、茜は家裁に親権停止の取り消しの申し立てを行ったそうだが、普通そんな手続きは素人には難しいので、弁護士に依頼したはず。すると、必然的に五月の方も弁護士に依頼し、その結果、『マリッジ・ストーリー』で観たのと同じような、家裁を舞台に生みの母の代理人弁護士VS育ての母の代理人弁護士による激しい法廷論争が・・・。そういう視点で本作を作れば、本作も法廷モノの名作になるかもしれないが、それを全く望まなかった越川監督は、本作でそんな法的論点の整理や追及は一切せず、あくまで人間的な解決を目指している。

　そのため、本作後半のポイントになるのは、7歳の豊和が1人で茜の家を訪れ、ケンカ状態にある茜と五月が早く仲直りして欲しいと訴えるとともに、そこで「島の人はみーんなお母さん」というキーワードを繰り返すことだ。なるほど、この島では「島の人はみーんなお母さん」だそうだが、弁護士の私に言わせれば、そんなキーワードですべて問題が解決できるというのは少し甘すぎるのでは・・・？そう考える私には、本作ラストにおける、小舟の中で茜と五月が2人で交わす静かなクライマックスに不満があるが、越川監督の流儀に賛成の人には、このクライマックスは極めて人間的で美しいシーンになるだろう。そしてまた、それが理解できれば、本作のタイトルを『夕陽のあと』としたのにも納得できるはずだ。

ふたりの母　ひとりの子

夕陽のあと

貫地谷しほり

山田真歩

永井大
川口覚
松原豊和
渡辺早織
鈴木晋介
平野祥平
滝沢涼子
木内みどり

越川道夫

『夕陽のあと』　価格：DVD¥3,800+税
発売元：フルモテルモ　販売元：ポニーキャニオン
(C) 2019 長島大陸映画実行委員会

2019（令和元）年12月18日記

第8章
アニメの名作、ドキュメンタリーの名作

■Data■
監督・脚本：宋欣穎（ソン・シンイン）

声の出演：グイ・ルンメイ／ウェイ・ダーション／リャオ・ホイチェン／チェン・ボージョン／ウー・イーハン／ジワス・ジゴウ

SHOW-HEYシネマルーム

★★★★

幸福路のチー
（幸福路上／On Happiness Road）

2017年／台湾映画
配給：クレストインターナショナル／111分

| 2020（令和2）年1月30日鑑賞 | テアトル梅田 |

👀みどころ

　片渕須直監督の『この世界の片隅に』（16年）は「先の大戦」の中で世界の片隅（呉）に生きる少女すずを描いたが、宋欣穎（ソン・シンイン）監督は自身の半自叙伝たる本作で、激動の台湾現代史の中で生きた少女チーを描くことに。こりゃ、タリバン政権下のアフガンのカブールで、髪を切り少年として生きた少女を描いた『ブレッドウィナー』（17年）と共に必見！

　日本は昭和から平成、令和と移る戦後の75年間も平和を維持できたが、台湾は激動の歴史。とりわけ、アミ族の血を1／4引いているチーには、白色テロはともかく、小学校教育から大きな影響が！そんな中、なぜ彼女はアメリカへ？そして台湾に戻る中でいかなる変化を？

　幸福路の運河が整備され、周辺の風景は一変！同級生たちの変化も当然だが、チーの変化は如何に？今年の1月に71歳を迎えた私は、故郷の松山や自分の生きザマと対比しながら本作を鑑賞したが、さてチーと同世代の日本の若者はチーの決断をどう受け止め、自分とどう対比するのだろうか？

――――＊――――＊――――＊――――＊――――＊――――＊――――

■□■2018年に受賞！話題が拡散！総統選挙直後に公開！■□■

　チラシによると、2017年に製作された台湾のアニメ映画である本作は、「その年の優れた海外アニメを選出する東京アニメアワードフェスティバル2018で一番のダークホースとして話題を集め、見事グランプリを受賞した」そうだ。また、「その後も名だたる国際映画祭で賞を重ね、2019年アカデミー賞長編アニメーションの25作品にエントリーされるなど、世界中にその共感の輪を広げてきた」そうだ。

　しかし2017年の日本では、片渕須直監督のアニメ映画『この世界の片隅に』（16年）が大ヒットしたし（『シネマ39』41頁）、2019年から2020年にかけては、『この世界の（さらにいくつもの）片隅に』（19年）と題された、その「完全版」が再度大ヒットしていたから、私は本作のことはよく知らなかった。そんな中、2019年5月以降急速

に高まった香港の大規模デモを受けて、２０２０年１月の台湾の総統選挙では不利だと見られていた、蔡英文の人気が急上昇。２０２０年１月の投開票の結果、８１７万票（５７％）対５５２万票（３９％）で、民進党の蔡英文が国民党の韓国瑜に圧勝した。これは、「香港の悲惨な実情」を目撃した台湾の若者たちが、「明日は我が身」と感じ取り、それが蔡英文への投票活動に駆り立てたためだ。本作は決して特定の政治的立場に立つ映画ではないし、まして民進党の蔡英文の支持を訴える映画ではないが、宋欣穎(ソン・シンイン)監督自身の半生を振り返って描いた本作も、その一助となったのでは？

　そんな風に、２０１８年に受賞し、話題が拡散し、台湾の総統選挙直後に本作が日本で公開される中、NHK の BS１「国際報道２０２０」（２０２０年１月放送）は「池畑キャスターの視点『チー』が生きた台湾現代史」を放映した。２０２０年１月２０日に公開される本作を私はかなり前から観る予定にしていたが、このテレビ放送を見て、こりゃ必見！と意気込みを新たにすることに。

■□■チーはソン・シンイン監督の分身！その半自叙伝は？■□■

　本作を監督した宋欣穎（ソン・シンイン）は１９７４年生まれだが、本作の主人公チー（グイ・ルンメイ）は１９７５年４月５日生まれ。ソン監督は台湾大学を卒業した後、新聞社「自由時報」でジャーナリストとして働き、２００４年から２年間、京都大学大学院で映画理論を学んだ後に渡米している。それと同じように、チーもアメリカに渡り、台湾に戻ってくるから、ソンとチーの４０歳までの半生の生き方はほぼ同じだ。しかし、チーがアメリカに渡ったのはソン監督のようなカッコいい留学ではないし、アメリカ人トニーとの結婚生活もうまくいっていない。さらに、両親から「医者になれ」と言われ、自分もそれを目指して頑張ったものの、１９９３年に１８歳で大学に入学し、政治運動に目覚めたチーは、医学部志望から文学部志望に変更。そのあげく、卒業後仕方なく（？）新聞社に入社する体たらくだから、２００７年からコロンビア・カレッジ・シカゴに在籍し、映画修士号を取得し、さらに約１２分の短編『幸福路上　On Happiness Road』(13 年)で、第１５回台北電影節の台北電影奨で最優秀アニメーション賞を受賞した、ソン監督の華々しい半生とは大きく違っている。

　さらに、「幸福路」は台北に現実にある路だが、ソンは幸福路の出身ではないし、夫もアメリカ人ではなく台湾人。しかし、チーの生き方に大きな影響を与える祖母（ジワス・ジゴウ）がアミ（阿美）族であるのは、ソンの母方の祖母も同じだ。また、本作導入部で描かれる、小学校時代のチーが台湾語を話すことが禁止され、北京語を話すことを強制される風景とそこでの体験はソン監督も同じだ。パンフレットにある「インタビュー」で、ソン監督は、「まず主人公チーの何パーセントが私自身のことかと問われれば、答えは５０％です。」と答えているから、本作にうまく散りばめられた「その虚実」を含めて、チーはソン監督の分身であることをしっかり確認したい。そして、「映画の中の『チーにはアミ族の血が４分の１流れている』という台詞には、祖母へのお詫びの気持ちを込めています」と

いうソン監督の言葉を、単一民族であることに何の疑問も持っていない私たち日本人はしっかり受け止め、その言葉の深さと重みをしっかり考えたい。

■□■故郷、幸福路、運河、高層ビル、そして同級生■□■

チーの故郷は台北市郊外に実在する幸福路だが、私の故郷は愛媛県松山市。湊町２丁目にあった自宅から八坂小学校に通っていた小学生時代は、その通学路に中の川があり、そこでは魚をすくったり川飛びをしたりして遊んだもの。また、からかっていた女の子を追いかけて走ったのも、中の川沿いの道だった。しかし、何十年か後にそこを通った時、すでに中の川は埋め立てられていたし、周辺一帯は大きくサマ変わりしていたが、それは当然。それと同じように、本作導入部では、幼い頃両親と共に幸福路に引っ越してきたチーが、小さな川にかかる橋の上でいろいろと空想をたくましくしている風景が描かれる。幸福路にあったこの川や周辺の風景がチーの目に焼き付いていたのは当然だが、祖母の死を聞いて久しぶりに故郷に帰ってみると、その川は運河として整備され、遠くには高層ビルが立ち並んでいた。その上、チーはそこで小学生時代に隣の席に座っていた金持ちのボンボンの男の子に偶然出会ったが、彼はチーが誰だか思い出せなかったほどだから、風景も人も変わってしまっていたわけだ。彼は今、市会議員の候補者として輝きながら活動していたが、それに対して自分は？

私は大学入学と同時に故郷を離れて大阪に住み始め、その後は１年半の東京での司法修習の期間だけ東京に住んだが、あとはすべて大阪を本拠地にしてきた。中高時代の同級生のほぼ半数は、今故郷の松山に戻っているが、私は両親が住んでいた松山の土地、建物を両親の死後売却処分し、今や故郷には何の拠点もなくなった。しかし、それでもなお、高校生まで過ごした故郷・松山の風景や人々の姿は、いっぱい私の目の中に焼き付いている。しかして、祖母の葬儀を終えたチーは、これからどうするの？アメリカにいる夫とはきっぱり離婚し、自分は台北で過ごすの？仕事は？

チーが台北に戻ってきたのは２０１１年、３６歳の時。折しも、民進党の予備選挙で蔡英文が次期総統選候補に選出された時期だ。小学校の同級生だった男の子が、再会した私を見ても、私だとわからなかったほど、私は変わってしまったようだが、さて、これから私はどうすれば・・・？そんな未来を考えることは、すなわち３６歳まで生きてきた自分の過去を考えること。そこで、チーは幸福路で過ごした日々の記憶を辿り始めることに・・・。

■□■チーの成長に伴う台湾の変化（現代史）は？■□■

昭和後半の４０年間と平成の３０年間を生き、今は令和の時代にも足を踏み入れた私だが、私が生きてきたこの７０年間、日本は戦争をせず、平和国家を維持してきた。それは、考えてみれば、すごいこと、そして稀有なことだ。それに比べると、１９７５年生まれのチーが、２９歳から３６歳までのアメリカでの生活を含めて、２０１１年に戻ってくるまでの台湾の歴史は、激動の歴史だ。本作のパンフレットには、「映画で描かれた主な歴史的出来事」があるので、それをしっかり勉強したい。また、産経新聞で連載中の「李登輝秘

録」でも同様の歴史がわかるので、それも併せて勉強したい。

　本作導入部では、小学校に入ったばかりのチーたちが、教師から台湾語を話すことを禁じられ、北京語を強要される姿や、アミ族の血を引いているチーの祖母がビンロウを噛んでいると知った同級生たちから、台湾原住民のアミ族を「野蛮人！」とはやし立てられる姿が登場する。私の小学生時代は貧しいながらも日本人のすべてが前向きの時代で、「これから豊かになる！」という夢と希望に溢れていた。そのため、チーのような嫌な体験をしたことはない。愛光学園に入学した後は、大学受験のための勉強の強要（？）にかなり嫌な思いをしたが、それはあの時代特有の競争社会を生き抜くためには仕方なかったものだと、自分でも納得している。そんなこんなの私の体験に比べると、本作に描かれるチーの体験は大変なものばかりだ。

　私が興味深かったのは、大学に入学したチーが学生運動に参加する中で、それまでの医者を目指すガリ勉タイプから志望を文学、哲学方面に変えたり、政治に目覚めた後は、民進党の陳水扁の応援をやり始めたこと。この姿は大阪大学に入学した当初の私と同じだが、それはそれとして、いい体験になるもの。少なくとも私はそうだったが、さてチーは？本作の主人公チーはソン監督の分身だが、気が付くと私自身も、自分の体験に重ね合わせながらチーの３６歳までの生き方を一緒に考えていることに、少し苦笑・・・。

■□■ベティやシェンエンとの再会は？チーの決断は？■□■

　故郷へ戻ったチーが運河にかかった橋の上で偶然出会ったのは、お金持ちのボンボンの同級生だったが、チーが小学生時代に最も親しくしていたのは、金髪の女の子ベティと貧乏人の息子で親から小学校を辞めさせられた男の子シェンエンの２人。振り返ってみれば、小学生の時にこの３人で一緒に遊んだのが、３人にとって最も幸せな時期だったが、今更その時が戻ってこないのは当然。また、アメリカに留学していた従兄のウェン（ウェイ・ダーション）の薦めでチーがアメリカに渡ったのが良かったのかどうかも微妙なところだが、それも今更どうこう言っても仕方のないもの。要は、台湾に戻ってきた２０１１年の今、３６歳になっているチーがこれからどう生きるのか？具体的にはトニーと離婚するのかどうか？どんな仕事に就くのか？等の選択と決断が大切。そう思っていると、何と今この人生の分岐点において、チーは自分が妊娠していることに気付いたから、更に今後の選択が難しくなることに。

　他方、台湾に戻ったチーはベティやシェンエンと再会するが、小学校をやめさせられたシェンエンも今はバイクの修理店を営み、子供も育てていたから立派なもの。また、金髪の少女ベティも、今は２人の子供の母親としてたくましく生きていたから、チーはビックリ。そんな２人の同級生の現在の生きザマが、チーの今後の生きザマに大きな影響を与えたことは明らかだ。チーの分身たるソン監督は、アメリカから台湾に戻った後は映画監督として本作をはじめとする映画製作に励んでいるが、本作の結末ではチーの選択をしっかり確認し、その未来を応援したい。　　　　　　　　２０２０（令和２）年２月５日記

Data

監督・脚本：片渕須直
原作：こうの史代『この世界の片隅に』（双葉社刊）
声の出演：のん／細谷佳正／尾身美詞／稲葉菜月／牛山茂／新谷真弓／岩井七世／花澤香菜／小野大輔／潘めぐみ／小山剛志／津田真澄／京田尚子／佐々木望／塩田朋子／瀬田ひろ美／たちばなことね／世弥きくよ

SHOW-HEY シネマルーム

★★★★

この世界の（さらにいくつもの）片隅に

2019 年／日本映画
配給：東京テアトル／168 分

| 2019（令和元）年 12 月 26 日鑑賞 | テアトル梅田 |

みどころ

　新たに２５０カット以上、約４０分が追加された本作は、続編？ディレクターズ・カット版？いやいや、片渕監督の言葉では、"新たに誕生した"ものだそうだが、それはなぜ？

　前作が公開後２年以上のロングランヒットを記録したのはなぜ？『男たちの大和』（05 年）や、『永遠の０』（13 年）には「戦争賛美」という批判がつきまとったが、前作にはそれが全くないから、映画評論家は大政翼賛会的にこぞって本作を支持？

　すずさんの物語にリンさんが加わると、三角関係はどうなるの？反戦色はどうなるの？そんな点まで踏み込んでいくと、本作はかなり難解。したがって、アニメだから子連れで気楽に、はダメ！じっくり集中して鑑賞し、アレコレとしっかり考えたい。

――■＊――＊――＊――＊――＊――＊――＊――＊――＊――＊――

■□■タイトルに注目！これは続編？それとも新作？■□■

　クラウドファンディング方式で資金を集め、片渕須直監督が作った『この世界の片隅に』（16 年）は、２０１６年１１月１２日の初公開から静かなブームを巻き起こし、公開後２年以上１日も途切れることなく上映が続くという映画史上稀に見るロングランヒットを記録したそうだ。若干あまのじゃく気味性分の私は、そんなブームに乗るのはイヤだったが、たまたま時間が空いた時に同作を鑑賞。そして、「アニメがあまり好きでない私も、すずの日常生活を丁寧に描いた映像の美しさと優しさに納得！」「広島弁丸出しの、のんのセリフは心地良く、時々見せる『非日常』の描写もなるほど、なるほど・・・。」「タイトルの意味を噛みしめながら、ヒロインのそんな心の叫びをしっかり受け止めたい。」と書いた（『シネマ 39』41 頁）。ところが、今般突然『この世界の（さらにいくつもの）片隅に』と題す

る本作が公開されると聞いて、ビックリ！こりゃ一体ナニ？

　映画界では、ある作品がヒットすると、柳の下の二匹目のどじょうを狙って続編を作ったり、シリーズ化したりするのが常だが、同作はあれで「完結」していたから、その続編はないはず。そう思っていると、小さな字で「さらにいくつもの」と付け加えられている部分に本作の意味があることを発見！私は潜水艦モノの代表に挙げている『Uボート　最後の決断』（03年）が大好き。同作は９８分というコンパクトな時間内に、血湧き肉躍る活劇と興味深い人間ドラマが収められていた（『シネマ7』60頁）。ところが、２００５年２月にそれを観た２年半後の２００７年９月に、『Uボート（ディレクターズ・カット版）』（97年）が公開されたからビックリ。しかも、それは３時間２９分の長尺だったから、艦長の他にも興味ある人物像がたくさん描かれていたし、クライマックスとなるジブラルタル海峡突破の攻防戦は手に汗握る展開になっていた（『シネマ16』304頁）。すると、本作もそれと同じような、片渕監督による新たなディレクターズ・カット版？

　いやいや、パンフレットのイントロダクションや片渕須直監督インタビューによれば、そうではないらしい。つまり、本作は続編でもなければ、ディレクターズ・カット版でもなく、完全新作らしい。それについて、イントロダクションには「決して"生まれ変わった"のではない。さらにまた新しいチャレンジを重ね、"新たに誕生した"のだ。」と書かれているが、その意味は？

■□■アニメだから子連れで気楽に？それはダメ！■□■

　私が毎号読んでいるキネマ旬報の1月上・下旬合併号によれば、２０１９年のハリウッド映画については、「冷え込んでいた興行が『アナと雪の女王2』の公開で、ホットな状況へ一転」したらしい。私は、『この世界の片隅で』と同じようにヒットした『アナと雪の女王』（13年）を鑑賞したが（『シネマ33』未掲載）、その続編たる『アナと雪の女王2』（19年）はパス。つまり、いくら大ヒットしてももう観る気はしないわけだ。なぜならそれは、やはり子供向けのアニメだ（にすぎない）からだ。しかし、本作に続いて来年に公開される台湾発のアニメ『幸福路のチー（幸福路上）』（17年）や２００１年の9．11同時多発テロ後のタリバン政策下のアフガニスタンを舞台に１１歳の少女を主人公にしたアニメ『ブレッドウィナー』（17年）は決して子供連れで気楽に観るアニメではなく、多くの政治的メッセージや社会問題提起を含むアニメだから、大人がじっくり考え勉強しながら観るべきアニメだ。しかして、新たに２５０カット以上、約４０分追加された本作は、前作以上にその色が強まっている。

　前作は、こうの史代が０７〜０９年に「漫画アクション」誌に連載した同名コミックに惚れ込んだ片渕監督が、詳細に調査を尽くし、当時広島に住んでいた人からも話を聞いて作ったもの。すると、当然同作では、主役の北條すず役を演じるのんの広島弁を聞き取れることが大前提になるうえ、あの時代の言葉やあの戦争中特有の言葉も理解する必要がある。本作のパンフレットには、「劇中用語解説」として青葉【あおば】、海兵団【かいへい

だん】、工廠【こうしょう】、女子挺身隊【じょしていしんたい】、尋常【じんじょう】、千人針【せんにんばり】、代用炭団【だいようたどん】、鎮守府【ちんじゅふ】、伝単【でんたん】、楠公飯【なんこうめし】、入湯上陸【にゅうとうじょうりく】、配給【はいきゅう】、ミルクキャラメル、迷彩塗粧【めいさいとしょう】、モガ、隣保班【りんぽはん】、録事【ろくじ】等の言葉が解説されているが、それらの勉強が不可欠だ。また、その隣にある「すずさんの生きた時代」の勉強も同様だ。私たち世代ならこれらの時代や歴史もわかるし、これらの言葉も理解できるが、クラウドファンディングで出資した若者たちはきっと理解できないはずだ。このように本作は、アニメだから子連れで気楽にという映画ではないから、しっかりパンフレットを読み、勉強したい。

■□■大ヒットの要因は、こうの史代が描く画の魅力！■□■

　漫画やアニメの魅力はアニソンの魅力を含めていろいろだが、その１つが画の魅力。古くは『鉄人２８号』や『サザエさん』『宇宙戦艦ヤマト』、そして宮崎駿監督の『風の谷のナウシカ』(84年)や『千と千尋の神隠し』(01年)、近時は新海誠監督の『君の名は。』(16年)や『天気の子』(19年)を代表として、「あのアニメ」と聞けばすぐにそれぞれ特有の画が浮かんでくるはずだ。新聞の連載小説では、文章と共にその画が大切。司馬遼太郎の『坂の上の雲』が産経新聞に連載されていた当時の挿画も、渡辺淳一の『失楽園』が連載されていた時の挿画もすばらしいものだった。ちなみに、私の中国人人脈が広がる最大のきっかけとなったのは、現在は神戸国際大学の毛丹青教授と知り合ったことだが、最近彼が発揮しているのが、画の才能。ほんの趣味のつもりで画きはじめた挿画が瞬く間に評判を呼び、今やそれだけをターゲットにした取材や出版が始まっているからすごい。そう考えると、本作の原作者であるこうの史代がすごいのはストーリーテラーとしての能力だけではなく、画の能力、魅力だ。

　アニメ映画たる本作のキャラクターデザイン兼作画監督は松原秀典だから、本作の画にこうの史代氏がどのように関与しているのかは知らないが、少なくともこうの史代が画いたものではないことはハッキリしている。ただ、私は原作を読んでいない（見ていない）ので、そこでの画がどんなものかは知らない。本作のパンフレットには、本作の公開と共に作られ配布された「広島ロケ地ＭＡＰ」「昭和８年廣島中島ロケ地ＭＡＰ」「呉市ロケ地ＭＡＰ」が掲載されているが、これも、前作公開時に片渕監督が広島・呉の舞台挨拶に訪れた際に依頼を受け、浦谷千恵が画いたものだから、こうの史代とは無関係だ。

　他方、パンフレットには「すずさんからの手紙」としてクラウドファンディングの支援者に届けられた４通の絵葉書が掲載されているが、これはすべてこうの史代が描きおろしたもの。そしてまた、本作のアニメ画の制作が直接こうの史代の手によるものでないことは明らかだが、こうの史代の原作画に忠実に沿って作成されたものであることも明らかだ。そう考えると、本作が大ヒットした一因はのんの広島弁だが、最大の要因はこうの史代の画だと言えるだろう。

■□■約４０分のカットで何を追加？その読み解き方は？■□■

　映画検定３級を受験する際に私が教科書にしたのは、キネマ旬報映画総合研究所編の『映画検定　公式テキストブック』(06年)。その第４章は「映画の用語集」で、そこでは「ショット」「カット」「シークエンス」「テイク」の解説がある。カットは本来監督が「カット」と言うと、そのショットの撮影が終了したことを意味するものだが、日本ではカットをショットの意味で使うことが多い。そして、ショットとは映像の単位で、時間的に連続して撮影されたフィルムの頭のコマから末尾のコマまでを１ショットと数える。また、一つの場所あるいは特定の人物の行動を連続して描写したショットの集合体をシーン (Scene) といい、場所、時間、表現スタイルが変わることで一つのシーンが終わり、別のシーンになる。シークエンス (Sequence) とはシーンが集まって一つの場面やエピソードになったものだ。他方、テイクは監督が「カット」を宣言するまでにカメラが撮影した部分を呼ぶから、ＯＫ、終了と判断されないなどの場合は何度もテイクが重ねられることになる。

　本作には前作で映像化されなかった原作のシーンが、２５０カット以上、３０分以上にわたって追加されているため、パンフレットには「追加シーン解説」があり、新規に作画された１３のシーンをピックアップし、それらが本編中のどこに挿入されているかを①～⑬で記している。本作は注目作だけに新聞紙評も多く、そこではこうの史代の原作にあった呉の遊郭の女、白木リンを巡るエピソードの追加が書かれている。前作でも白木リンは登場していたが、本作ではすずとリンとの"絡み"のシーンがたくさん追加されたことによって、すず、夫の周作、リンの三角関係（？）というテーマが加わることになるわけだ。その点について、新聞紙評では「主人公すずの悩みはより深まる。」「自分と結婚する前の夫・周作とリンのつながりを知ったすずは、夫への愛と、リンとの友情のはざまで立ちすくむ。」等と解説されているから、それが本作の大きな見どころになっていることは間違いない。しかし、ハッキリ言ってこの３人の間の微妙な（三角）関係と、それを巡るすずの気持ちの揺れや感情の爆発を読み解くのは難しい。なぜなら、当然ながら本作のストーリー展開ではそれをズバリと表現せず、微妙な示唆や暗示で表現しているからだ。

　本作のパンフレットには４頁にわたる片渕監督のインタビューがあるうえ、キネマ旬報の１月上・下旬合併号でも１１５頁から１２２頁までにわたってのんと片渕監督の対談を掲載しているから、それらを熟読したい。それによってはじめて、「なるほど、あのシーンはそういう意味だったのか」と気付くことも多いはずだ。

■□■本作は反戦映画？大和ミュージアムへの賛否は？■□■

　本作の主要な舞台になっているのは、すずが生まれた軍港の呉。その呉には大和ミュージアムがあり、私は２００５年１１月２３日に、６億円をかけて尾道にできた実物大の戦艦大和のロケセットと共にそれを見学した。その動機は『男たちの大和／ＹＡＭＡＴＯ』(05年)を観たことだ（『シネマ９』24頁）。同作を巡っては、『永遠の０』(13年)（『シネマ

31』132頁）の時と同じように、「戦艦大和への賛美、戦争の賛美だからけしからん」という意見も出ていたが、私はそれに大反対。そこで、当時連載していた産経新聞「That's なにわのエンタメ」（０５年１２月９日）では、『男たちの大和』観て熱く語れ」のタイトルで同作の魅力を書いた（『シネマ9』64頁）。

　本作の劇場公開に合わせては、呉の観光ガイドやグルメマップ等の他、大和ミュージアムのチラシが劇場に置かれている。また、そこで２０１９年４月２４日から２０２０年１月２６日まで開催されている「第２７回企画展　海底に眠る軍艦－『大和』と『武蔵』－」のチラシも置かれている。すると、本作の公開については、またぞろ「戦争賛美でけしからん」という意見が出てくるの？

■□■今や映画批評も大政翼賛会的に？異説は？■□■

　『男たちの大和』（05年）や、『永遠の０』（13年）にはケチをつけやすいが、前作のような「この世界の片隅を誠実に精いっぱい生きた」すずさんを主人公にした「良心的な映画」にはケチがつけにくい。そんな前作に新たなバージョンを追加した本作に対しても、戦争を巡る論点については、同じようにケチをつけにくい。しかし、本作で追加されたのは夫・周作の三角関係や不倫に通じるものだから、その点からのイチャモン付けは可能だ。本作の新聞紙評は多いが、そのためその点についての賛否両論に分かれている。しかし、こうの史代の原作や、片渕須直監督が本作を演出するについて、底流に流れている「戦争反対！」のメッセージについて文句をつけている新聞紙評は皆無だ。そして、キネマ旬報１月上・下旬合併号における「REVIEW　日本映画＆外国映画」で星５つをつけている須永氏は、「前作に対する世間の絶賛に完全には乗り切れなかったが、本作には文句なしに打ちのめされた。」と絶賛し、吉田氏も「すべての弱者へのエール」としている。さらに、星３つにした山田氏も、「それにしても、やはりのんはいい」と書いている。

　そんな風に、すべての映画評論家が大政翼賛会的に本作を絶賛している中で、私が注目したのは、秋山登氏の「挿話が薄めた『反戦』色」と題された１２月２０日付朝日新聞の「プレミアシート」。そこでは「たしかに、映画に幅が出ている。すずの人物像も複雑になっている。それに、全体の諧調を失っていない。しかし、新作は新たな感銘を与えているか、私には疑問がある。」とはっきり書かれている。そしてまた、「挿話に長くこだわったせいで底に潜めた反戦のテーマを薄手なものにしていないか。追加したエピソードは、清新な意匠たりえているだろうか。それに、前作はロングランを終えたばかりというが、とすれば、新作の公開をなぜ急ぐのか解せない。」と辛口の意見を明確に述べている。朝日新聞が「加えた葛藤４０分　すずの新たな物語」、日本経済新聞が「考証重ね　よりリアルに」と表面ヅラのことしか書いていないのに比べれば、この評論の突っこみ方はすごい。もちろん、その賛否は分かれるだろうが、映画批評はこうでなくちゃ！

２０２０（令和２）年１月７日記

Data

監督：ノラ・トゥーミー
原作：デボラ・エリス『生きのびる
　　　ために』（さ・え・ら書房）
出演：サーラ・チャウディリー／ソ
　　　ーマ・チハヤー／ラーラ・シ
　　　ディーク／シャイスタ・ラテ
　　　ィーフ／カワ・アダ／アリ・
　　　バットショー／ヌリーン・グ
　　　ラムガウス

★★★★

ブレッドウィナー

2017年／カナダ・アイルランド・ルクセンブルク映画
配給：チャイルド・フィルム、ミラクルヴォイス／93分

2020（令和2）年1月30日鑑賞　｜　テアトル梅田

👀みどころ

　時代は２００１年の９月１１日アメリカ同時多発テロ直後。舞台はアフガニ
スタンのカブール。父親を逮捕され、女ばかりになってしまった１１歳の少女
パヴァーナの家族はどうやって生きていくの？

　アフガンの男女差別の実態は想像を絶するもの。女だけでの外出禁止！とは
一体ナニ？しかして、本作のタイトル『ブレッドウィナー』とは？髪を切り、
少年になった少女の勇気の物語は、４月７日公開の『ムーラン』（20年）も同
じだが、戦士になるムーランと違ってパヴァーナは何をするの？

　新型コロナウイルスと同じように（？）脅威を振るうタリバンに真正面から
対抗しても負けるだけ。しかし、物語の世界なら「村人を苦しませる象の王」
だって服従させることができるのでは・・・？

　アニメならではの想像力を駆使した、映像で語るアフガンの実態を、少年に
なったパヴァーナの生きザマからしっかり学びたい。

────＊────＊────＊────＊────＊────＊────＊────＊────

■□■舞台はアフガン！主人公は１１歳の少女！タイトルは？■□■

　本作と同じ日に観た台湾のソン・シンイン監督のアニメ『幸福路のチー』（17年）は、
東京アニメアワードフェスティバル２０１８でグランプリ受賞をはじめとして高く評価さ
れている。それと同じように、第９０回アカデミー賞長編アニメ映画賞ノミネートをはじ
め、世界中から高く評価されているアニメ映画が、世界が注目するアイルランドのアニメ
ーションスタジオ「カートゥーン・サルーン」で作られた本作だ。

　その舞台は、２００１年アメリカ同時多発テロ事件後のアフガニスタンのカブール。主

人公は、父ヌルッラー（アリ・バットショー）、母ファティマ（ラーラ・シディーク）、姉ソラヤ（シャイスタ・ラティーフ）、弟の５人家族で暮らす、１１歳の少女パヴァーナ（サーラ・チャウディリー）だ。それはそれでわかるのだが、原題の『THE BREADWINNER』も、邦題の『ブレッドウィナー』も、その意味は一体ナニ？「ブレッドウィナー（BREADWINNER）」は、「一家の稼ぎ手」という意味だそうだが、なぜ本作はそんなタイトルに？

　日本は経済大国だが、まだまだ男尊女卑の国で、男女同権のレベルでは１２１位と大きく後れを取っている。男女同権の面で上位を独占する北欧諸国や、フランス、ドイツ等の女性の権利が強い先進民主主義国では、女性が稼ぐのは当たり前。中国共産党が一党支配する異質な国、中国でもその点は同じだ。したがって、それらの国では女性が「一家の稼ぎ手」になるケースは格別珍しくないが、アフガンでは、それは極めて特異なことらしい。私たち日本人はアフガニスタンについてほとんど何も知らないが、わざわざそんなタイトルで１１歳の少女を主人公としたアニメ映画が生まれ、絶賛されたのは、一体なぜ？

■□■２０２０年のヒロインあれこれ。それと対比すれば？■□■

　２０２０年１月１日付読売新聞は、「２０２０年の映画『戦うヒロイン』『あの名作』」と題して、「戦う女性が主人公の大作や１９８０年代のヒット作の続編、名作・名曲の映像化など、２０２０年も話題作が目白押し。注目の映画を紹介」している。その見出しは「勇敢に華麗アクション」で、①『ムーラン』、②『ハーレイ・クインの華麗なる覚醒　BIRDS OF　PREY』、③『ブラック・ウィドウ』、④『ワンダー・ウーマン　１９８４』を紹介しているが、「この４作はいずれも女性監督。そして、女性同士のタッグで痛快アクション作を作り上げる」ものだ。私は『ムーラン』の予告編を何度も見たが、これは、女の子のムーランが父の身代わりとなり、男性と偽って国の運命をかけた戦いに向かう映画だ。

　それに対し、本作のパヴァーナも１１歳の「戦うヒロイン」だが、『ムーラン』のように自ら剣を操って男たちと死闘を繰り広げるものではない。本作は、髪を切り"少年"になった少女の勇気の物語だ。アフガニスタンでは、何と女性１人での外出が禁じられているらしい。そのため、ある日、父がタリバンに捕まってしまうと、残された女たちだけでは働くことはもちろん、水を汲むことも食料品を買いに行くこともできなくなってしまうそうだから、ひどい。父親のヌルッラーは戦争で片足を失っているが、元は教師。パヴァーナが物語を作るのが大好きな少女に育ったのは、この父親と、タリバン政権によって今は活動できなくなっているが、元作家だった母親ファティマのおかげだ。そんなヌルッラーには教え子がたくさんいたが、その１人であるイドリース（ヌリーン・グラムガウス）は、１月１９日に観た『ジョジョ・ラビット』の、ヒトラーユーゲントに憧れる少年たちのような、タリバンの信奉者。権力を笠に着て、何かとパヴァーナたちに嫌がらせを仕掛ける、実に嫌な奴だ。

■□■髪を切り、男として何を？その延長は？■□■

　２０２０年１月末、中国の武漢から発生した新型コロナウイルスを原因とする新型肺炎の猛威が世界中に広がっているが、２月１日のニュースでは、中国の看護師たちがその応援に向かうため一斉に美容室で髪を切る風景が映し出されていた。これは、看護服を着るについて長い髪が邪魔になるためだが、女性にとって長い髪を切るのは相当の決断だ。しかして、ムーランの決断も本作のパヴァーナの決断も、それに決して劣るものではない。もっとも、ムーランの場合は、剣を持って敵と切り結ぶという任務がハッキリしているが、パヴァーナの場合は髪を切り少年の姿になって何をするの？

　それは、まずタイトル通り『ブレッドウィナー』として父親不在となった家族の生活の糧を得ることだが、その延長には逮捕され刑務所に収容されている父親を救い出すという大切な任務があった。しかし、そのためには一体どうすればいいの？片足を失っている父親には丈が不可欠だが、あの逮捕劇の混乱の中、丈は家に置かれたまま。したがって、何が何でもその丈を父親の下に届けなければならないから、とにかくそれを持って父親が収容されている刑務所に向けて出発！そんなパヴァーナを助けるのが、パヴァーナに手紙を読んでもらったラザク（カワ・アダ）だ。

　本作の原作は、カナダの作家で平和活動家であるデボラ・エリスが書いていた『生きのびるために』だが、本作で描かれる女だけで父親に丈を届ける困難さは想像を絶するもの。長年、国連難民高等弁務官事務所（UNHCR）の特使を務め、アフガニスタンで少女たちの学校教育を支援しているハリウッド女優のアンジェリーナ・ジョリーの参加を得て作られた本作では、そんな厳しいアフガンの現実と女たちの現実をしっかり直視したい。

■□■物語は自由に！空想も広く！村人を苦しめる象の王は？■□■

　パヴァーナの父親は戦争で片足を失っただけだが、兄は既に戦死。５人家族で暮していたパヴァーナは、姉のソラヤとよくケンカしていたが、弟にはパヴァーナが空想した物語を語ってやるのが常だった。そして、空想はどこまでも広く広がっていくし、物語を作るのは自由だから、元教師の父と元作家の母を持つパヴァーナの想像力が育っていたのはある意味で当然だ。ところが、パヴァーナが弟に語る物語の主人公はいつも少年。そして、それがどこか亡くなった兄のスリマン（ヌリーン・グラムガウス）に重なっていたのは偶然？それとも・・・？

　それはともかく、本作では長い髪を切って少年として生きていくことを余儀なくされ、今は丈を持って父親に向かって歩み続けるパヴァーナの現実の物語と、パヴァーナが頭の中で想像する物語の主人公たる少年の物語が、いつの頃からか平行しながら進んでいくので、その手法に注目！パヴァーナが作り出した物語は「村人を苦しめる象の王の物語」だが、この象の王とは何者？それが、パヴァーナたちを苦しめるタリバンであることは明ら

かだが、その猛威は新型コロナウイルスと同じだから、それに対抗するのは極めて困難。しかし、パヴァーナが兄スリマンの名前で語る物語の主人公は勇気ある男だから、山の上で君臨している象の王に向かって如何に挑んでいくの？1月25日に観た『テリー・ギリアムのドン・キホーテ』（18年）では、巨大な風車を巨人と思い込んだドン・キホーテは、その風車に槍を向けて突進していったが、本作では、スリマンが山の頂上に向けて一歩ずつ歩み続ける姿に注目！

　1月25日観た『CATS』（19年）は人気ミュージカルを映画化した超話題作だったが、「VFX（視覚効果）で人間のスタイルのまま毛を生やし、尻尾を振る」演出が過激すぎることもあって評判はイマイチ。しかし、アニメならパヴァーナが頭の中でイメージしている山の頂上に君臨する「象の王」の姿を的確にスクリーン上に表現することができる。本作後半からクライマックスにかけては、パヴァーナがラザクたちの助けを借りて何とか父親を救い出す現実の姿と、スリマンが象の王を見事に服従させる姿が描かれるので、それに注目したい。なるほど、なるほど。タリバンが支配しているアフガンの現状の改善や、ここまで酷いアフガンでの男女差別の改善が現実的テーマとしてかなり困難なことはハッキリしているが、物語の中ならタリバンと同じように猛威をふるう象の王を服従させることも可能なわけだ。もっとも、私たちがそんな寓話だけで満足してはならないこともハッキリしているが、少なくとも「平和ボケ」があまりにも顕著な日本人は、本作のようなアニメを観て、広い世界をしっかり学ぶ必要があるはずだ。

２０２０（令和２）年２月５日記

Data
監督：豊島圭介
出演：三島由紀夫／芥正彦／木村修
　　　／橋爪大三郎／篠原裕／宮
　　　澤章友／原昭弘／清水寛／
　　　小川邦雄／平野啓一郎／内
　　　田樹／小熊英二／瀬戸内寂
　　　聴／椎根和

★★★★

三島由紀夫ｖｓ東大全共闘
５０年目の真実

2020 年／日本映画
配給：ギャガ／108 分

2020（令和2）年3月29日鑑賞　　TOHOシネマズ西宮OS

みどころ

　１９６９年１月の安田講堂事件で壊滅的な打撃を受けた東大全共闘は、「次の一手」として、三島由紀夫との公開討論会を企画。思想も立場も正反対の"右翼ゴリラ三島"はこれをどのように受けて立つの？

　ＴＢＳに保管されていた４時間余の素材を、１９７１年生まれで東大卒の豊島圭介監督がドキュメンタリー映画として完成させたが、本作に平野啓一郎、内田樹、小熊英二を登場させたのは如何なもの？なぜ、１００年前の膨大な映像だけの編集で完成させた『彼らは生きていた』（18 年）のような本物のドキュメンタリー映画にできなかったの？

　当時の学生運動は、「論争し論破する」ことが基本中の基本。そのため、私はアジ演説とビラ書きが日常だったが、既に人気作家というだけではなく「楯の会」を含めて自分の立場を確立させていた三島には、この討論会は数ある講演会に少し毛の生えた程度のもの、だったのでは？そう考えると、タイトルを含め、過激さで売ろうとした本作は少し空回り気味・・・。

―――＊―――＊―――＊―――＊―――＊―――＊―――＊―――＊―――＊

■□■あれから５０年！都市計画法も映画も！■□■

　都市計画、まちづくりを弁護士としてのライフワークにしている私は、日本建築学会・月刊ウェブマガジン『建築討論』特別企画２０１８年４月号で「制度疲労を起こしている都市計画法制の再構成と『官with民』によるまちづくりのあり方」と題する論文を発表した。これは「制度疲労」という、およそ法律家とは異質の発想から「都市計画法制の再構築」を目指す面白い企画だった。そこで私は、都市計画法制の制度疲労を指摘・分析し、

①１９１９年法から１９６８年法までの５０年、②１９６８年法から２０１８年までの５０年という「２つの５０年」を解説した。

このような都市計画法の分野における「あれから５０年」と同じように（？）、映画界でも「あれから５０年！」の企画が目立ち、２０１９年１２月には１９６９年に始まった『男はつらいよ』シリーズ第１作から５０年を記念して、山田洋次監督の『男はつらいよ　５０　お帰り　寅さん』(19 年) が公開された。それに続いて、１９６９年５月１３日に東大駒場キャンパスの９００番教室で行われた「三島由紀夫 vs 東大全共闘　討論会」が、５０年ぶりにドキュメンタリー映画として甦ったが、それは一体なぜ？

■□■あの映像は帝国戦争博物館に！本作の映像はＴＢＳに！■□■

「あれから５０年」があれば、「あれから１００年」もある。それが、第１次世界大戦中に西部戦線で撮影された映像に気の遠くなるような修復とカラーリングをし、さらに音声を加えて３Ｄ映像化することによって、１００年前のものとは思えない映像をスクリーン上に再現したドキュメンタリー映画『彼らは生きていた』(18 年) だった（『シネマ 46』掲載予定）。その数千時間に及ぶモノクロ戦争映像はイギリスの帝国戦争博物館に所蔵されていたが、本作の素材となった映像は、TBS に保管されていた膨大な映像らしい。

本作のパンフレットにある豊島圭介監督インタビューによると、それは４時間以上の素材で、討論が約９０分、残りは三島がＴＢＳの番組に出た時などの映像らしい。また、三島由紀夫研究家・犬塚潔氏のコラム「１９６９年５月１３日の三島由紀夫」によると、この映像は、①１９６９年５月１３日のニュースで放送され、②１９７０年１１月２５日に三島事件を受けた総集編として放送され、③同年１２月３０日には、年末特集の７０年発言集で放送され、さらに④三島没後１８年目の１９８８年１１月２３日午後１０時の JNN ニュースで放送（放送時間は約１１分）されたそうだ。

『彼らは生きていた』は数千時間に及ぶ素材を見事なドキュメンタリー映画に仕上げていたが、豊島圭介監督はそんな TBS の素材を活用して『三島由紀夫ｖｓ東大全共闘　５０年目の真実』と題した本作をいかなるドキュメンタリー映画に？それはパンフレットの「PRODUCTION NOTES」を読めば明らかだ。本作のすべての始まりは、「TBS 社内に三島由紀夫の貴重な映像がある」という情報だったらしい。プロデューサーは「この約８０分の討論の映像は TBS だけにしか存在しない」、つまり「世界に一つだけ」の貴重な映像を「これは絶対に後世に残さなければならない」との思いにかられて映画化を決定し、監督には１９７１年生まれで東大卒の豊島圭介に白羽の矢が立てられたわけだ。

■□■論争し論破！そのことの意味は？全共闘の次の一手は？■□■

１９６７年４月に大阪大学法学部に入学した私にとって、世界的に「ベトナム戦争反対」の世論が強まり、フランスでは「五月革命」が起こり「政治の季節」と言われた１９６８

年の4月から12月までは、大学2回生の時代。入学してすぐ1967年4月の学生自治会のクラス委員に「あるきっかけ」で立候補し当選した私は学生運動にのめり込んでいったが、そこでは「クラス討論」等の「公開の場」で対立している相手方陣営の論客と論争してこれを論破し、我が陣営の支持を広げるのがメインの活動だった。そのためには、その時代の「さまざまな論点」について文献や資料を読み込んで勉強し、自分の陣営内でのディスカッションで弁論術を高めるのが大切だった。また、論争は口頭だけではなく書面でもやるもの。そのため、毎日早朝、「学生諸君」に読んでもらうための宣伝ビラの原稿をガリ版で書いて印刷し、大量に配ることも大切だった。つまり、私の1967年4月から1969年3月までの大学1回生、2回生の丸2年間はその努力、一言で言えば「論争し、論破する」ことに費やされたわけだ。

他方、1969年1月18〜19日の安田講堂事件によって壊滅的打撃を受けた東大全共闘が、論争し論破することの「次の一手」として企画したのが、右翼思想の持ち主として有名だった作家・三島由紀夫との公開討論（論争）をやり、三島を論破すること。これによって「東大全共闘なお健在なり」を世間に知らしめようとしたわけだ。それを企画したのは、具体的には「駒場共闘会議東大焚祭委員会」だが、そこでは、三島のことを「近代ゴリラ」と呼んでいたから、かなり失礼だ。東大全共闘の全盛時代だった1968年11月の駒場祭のポスターは有名で、ポスターに書かれたそ

367

のテーマは「とめてくれるなおっかさん、背中のいちょうが泣いている、男東大どこへ行く」だった。それに対して本作のパンフレットには、討論会を知らせるビラが掲載されているが、それは私もはじめて見るもの。そもそも私は、駒場共闘会議東大焚祭委員会なるものが結成されていたこと、また、会場入口には「東大動物園特別陳列品『近代ゴリラ』」と描かれたポスターが貼られていたことも全く知らなかった。

　三島は１９６８年１０月に「楯の会」を結成していたが、１９６９年５月１３日に開催された討論会の会場となった東大駒場キャンパス９００番教室には、三島の警護のため、元楯の会１期生の原昭弘も出席していたらしい。そんな物々しい雰囲気の中で始まった「三島由紀夫 vs 東大全共闘」はいかなる論争を展開し、いかに相手を論破したの？

■□■映像だけでは理解不可能？解説（の応援）が不可欠？■□■

　前述した『彼らは生きていた』は、貴重な映像を編集しただけで全編を完成させ、そこには解説者の解説を一切入れなかった。それに対して本作は、①「元東大全共闘」として、芥正彦、木村修、橋爪大三郎、②「元楯の会」として、篠原裕、宮澤章友、原昭弘、③「討論の場にいた人々」として、清水寛、小川邦雄、④「三島と親交があった人々」として、瀬戸内寂聴、椎根和、⑤「三島を論じる文化人」として、平野啓一郎、内田樹、小熊英二を登場させ、ドキュメンタリー映像の合間に彼らの「解説」を入れている。これは多分、当時の学生運動特有の難解な用語を含めて、討論を映像で流しただけでは、これを聞き、見る観客には理解不能、と豊島監督が判断したためだ。さらにハッキリ言えば、本作を監督するについて、豊島監督自身がこれらの関係者たちのインタビューを行い、当時の背景や発言の狙いや意味をしっかり聞き取らなければ、自分自身が討論の中で登場している言葉の理解ができなかったためだ。

　しかし、ここで私が気に入らないのは、⑤を入れたこと。それ意外の①、②、③はそれぞれ自分の立場で討論会に参加していた人たちだから、自分の立場がそれぞれ明確で、逃げも隠れもできないもの。また、④の瀬戸内寂聴、椎根和も「三島と親交があった人々」という自分の立場を明確にしている。ところが、⑤の平野啓一郎、内田樹、小熊英二の３人は、私の大嫌いないわゆる「文化人」として意見を好きなように言うだけの立場だ。しかし、そんな文化人の影響力が大きくなっては、ドキュメンタリー映画としての意味がなくなってしまうのでは！？

　現に TBS に残されていた映像以外の本作の解説では、豊島監督による芥正彦のインタビューが最も興味深いが、その他は概ね凡庸。また、この３人の文化人の解説についても、私は「ああ、また言いたいように自説を展開しているな」と思うだけだ。現在、世界的猛威を振るっている新型コロナウイルスについて、テレビ局は連日医学界の権威をはじめとする多くの「解説者」を登場させて、コロナウイルスの予防策、政府が取ってきた対策の是非、終焉の見込み等々について（くだらない）解説をさせているが、そんなアホバカ向

けのバラエティー番組に私はうんざり。１９７１年生まれの豊島監督も東大を卒業しているのなら、これらの文化人に頼ることなく、あくまで自力でTBSにあった４時間の映像を分析し、編集すべきだったのでは？

■□■鑑賞前後の勉強は不可欠！キーワード集の工夫は？■□■

　前述したように、私は『三島由紀夫ｖｓ東大全共闘』と題したドキュメンタリー映画たる本作に、平野啓一郎、内田樹、小熊英二という３人の文化人を登場させて自説を含めた解説をさせたことに大反対。その理由は、彼らの解説によって観客を不当にミスリードしてしまい、自分で考えることを邪魔する危険があるからだ。たしかに、生の映像に見る東大全共闘 vs 三島由紀夫の議論は言葉そのものが難しいし、しゃべるスピードも速くかつ断片的な物言いも多いから、その理解は難しい。司会者がそれを要領良くまとめてくれればいいが、それも難しいから、特に三島由紀夫 vs 芥正彦の論争になると理解不可能な議論も多い。そこで必要なのが、事前・事後にそれらの語彙を確認し、論点を整理することだ。したがって、私は本作については上記の文化人の解説ではなく、要所要所でしゃべっている言葉を文章として表示したり、その言葉の意味を解説する文章を入れてほしかった。もちろん、それを読むのは鬱陶しいし、会場の緊迫感を一瞬削いでしまうかもしれないが、議論の意味を理解することを優先すれば、それもありのはずだ。

　他方、本作のパンフレットには、レビュー、コラムとして①中条省平氏（映画評論家）の REVIEW「三島と全共闘からの、いまでも有効な挑戦状」、②内田樹氏（神戸女学院大学名誉教授）の COLUMN「政治の季節」、③平野啓一郎氏（小説家）の COLUMN「三島文学の魅力と、そこから読み解く思想と行動」、④佐藤秀明氏（近畿大学教授・三島由紀夫文学館館長）の COLUMN「隠れた文脈——三島由紀夫の狙い」があるが、本作のパンフレットにこのようなコラムやレビューを特集するのは大賛成。また、そこで私が不可欠だと思うのは、豊島監督自身による三島由紀夫 vs 東大全共闘討論におけるキーワードの解説集だ。それをやらないで、文化人の解説に寄りかかっているのが豊島監督の弱みであり、それが本作の弱点だと私は思うのだが・・・。

■□■左翼 vs 右翼、冒頭の三島の問題提起をどう見る？■□■

　豊島監督は本作のタイトルを『三島由紀夫 vs 東大全共闘』としたうえ、「思想も立場も正反対の三島由紀夫」を強調している。たしかに、「左翼 vs 右翼」の対立構造に当てはめれば、東大全共闘と三島由紀夫はその両極端だし、天皇を巡る立場でも正反対。また、楯の会を結成し、たびたび自衛隊への体験入隊をしてきた三島由紀夫と、ゲバ棒、火炎瓶で国家権力（その暴力装置たる機動隊）と対決してきた全共闘にとって自衛隊はその背後にある最も強大な敵だから、その対立はあらわ。しかし、それは、それだ。

　日本経済新聞は連載中だった小説『ミチクサ先生』の作者、伊集院静氏の病気療養のた

め、それを２月２０日をもって休載し、新たに赤神諒の小説『太陽の門』の連載を始めた。その２０２０年３月時点の舞台は、スペインの首都マドリードだ。元米国軍人の主人公リチャード・ブレインはそこで酒におぼれる日々を送っていたが、行きつけの酒場で偶然知り合った素人民兵のスペイン娘ブランカがナチスドイツと結託したフランコ率いるファシスト軍（スペイン政府軍）に無謀な戦いを挑んでいる姿を見ていると・・・。目下そんな展開だが、映画『カサブランカ』（42 年）の主人公が、かつてのスペイン内戦（１９３６〜３９年）の義勇軍だったという設定から着想したというこの連載小説は面白そうだ。しかし、１９６９年の日本はあくまで法治国家で平和な国であり、内戦状態にあった当時のスペインとは大違いだ。したがって、いくら「左翼 vs 右翼」と思想・立場は違っても、お互いに命の危険はなく、三島は各地の大学での講演会をこなしていたらしい。

　本作は、第一章「七人の敵あり　三島の決意表明」、第二章「対決」、第三章「三島と天皇」、最終章「熱情」に分けられているが、そもそも「七人の敵あり　三島の決意表明」と第一章をあえて挑発的な章のタイトルにしているのはナンセンス。また、第一章では、「驚くべきことに彼は、敵対しているはずの東大全共闘と自分との『接点』を語り出す。暴力と思想を結び付けている点が同じだと言うのだ。」と書いているが、そもそも豊島監督のこの問題意識はそれ自体が間違っているのでは？

　たしかに、主催者を駒場共闘会議東大焚祭委員会とした東大全共闘の狙いが、そこに書かれているように「古臭い知性＝三島を燃やしてしまえという意図もあった。」ことは、司会を務めた木村修や、芥正彦、橋爪大三郎らの聞き取りをすれば明白だ。しかし、三島が「覚悟を秘めた強い眼差しで、挨拶代わりのスピーチを始めた」と決めつけるのは如何なもの。三島が「ポスターに近代ゴリラと書かれていた」、と冗談を交えて始める挨拶代わりのスピーチは、極めて普通のものだ。また、自分の反知性主義の立場や、東大の権威への反発、さらには丸山眞男学派への反発を語る姿も、私にはごく自然な彼の自己紹介に思える。つまり、私に言わせれば、三島はここに闘いに来たのではなく、単に東大全共闘との論争を楽しみに来ただけなのだ。

■□■三島の「攻勢」をどう見る？芥との論争に注目！■□■

　続けて、第一章で豊島監督は「木村から質問を受けた三島は、『共産主義を敵とすることに決めたんです』と今度は攻撃に転じ、緊張が走る。」と分析しているが、これも私に言わせればナンセンス。なぜなら、私の理解ではこの発言は、幅広い論客である三島が、東大闘争の中で日共・民青と鋭く対立している全共闘との討論会の最初の論点として、日本共産党と共産主義の問題点を提示したに過ぎないと考えるからだ。したがって、主催者側の木村は司会者としてそれを引き取ったうえで論点を明示し、それについての全共闘側の発言を求めるべきだったが、木村の能力不足のため残念ながらそれができていなかったことが明らかだ。つまり、木村は三島からの冒頭約１０分のスピーチをうまくまとめることが

できないまま、思わず「三島由紀夫先生」と言ってしまったというミスで笑いを誘うレベルになってしまっているわけだ。

したがって、もしここに田原総一朗や、私がいつも観ている「BS フジ LIVE プライムニュース」の反町理キャスターのような名司会者がいれば、第一章は「七人の敵あり　三島の決意表明」と題するような「対決」を強調するものにはならず、もっと内実を伴った議論になっていたはずだ。

■□■公開討論の意義は？その成果は不十分！？■□■

それは第二章「対決」も同じだ。本作は第二章に赤ん坊を抱いて登場する“東大全共闘随一の論客”と称えられた芥正彦と三島由紀夫との論争が最大のハイライトだが、そこでの議論は言葉が難解であるうえ、芥のしゃべり方がぞんざいかつ断片的だからわかりにくい。したがって、これをうまくかみ合わせるのが司会者たる木村の役割だが、残念ながらここでも木村にその交通整理をする能力がなかったのが残念。そこでは三島自身が芥との議論をかみ合わせようと努力している姿が顕著だが、司会の大役を任されている木村は何の役割も果たせていない。また、芥のつっけんどんなモノの言い方は許せるとしても、自分から三島との議論を整理し、会場の人たちにそれをわからせようとする姿勢が全くないのが残念。「それが全共闘流」と言ってしまえばそれまでだが、あの全共闘特有のしゃべり方は何とかならないの・・・？そう思っていると、「解放区」の空間と時間を巡る難解なテーマについて、やっと少し論点が整理された（？）ところで、三島との議論の不毛さにイラ立った（？）芥が「じゃ、俺帰るわ」と言って帰ってしまったからアレレ・・・。東大全共闘 vs 三島由紀夫の討論会を有意義なものにするためには、このいきなりの芥の退出を主催者側が阻止し、さらに議論を整理する必要があったはずだ。

その後の討論を含めて東大全共闘 vs 三島の討論の全貌はあなた自身の目でしっかり確認してもらいたいが、私には本作のそんな弱点が目について仕方がない。そのため、結論として、この公開討論の意義は三島にはほとんどなく、一般的な大学での講演会にちょっと迫真的な生の議論が加わった程度のものだったのでは？他方、東大全共闘にとっても、三島を招いたという宣伝効果は大きかったものの、それによって学生諸君の勉強が進んだわけではなく、単なる一過性のイベントに過ぎなかったのでは？そう考えると、この東大全共闘 vs 三島由紀夫の討論会の成果は不十分なものと言わざるを得ない。

さらに、そんな私なりの結論に基づいてその後の三島の行動を考えていくと、１９７０年１１月２５日に起きた三島の割腹自殺にもこの討論会の影響は全くなし。私はそう断言せざるを得ないが・・・。

２０２０（令和２）年４月３日記

★★★★★

彼らは生きていた

2018年／イギリス＝ニュージーランド映画
配給：アンプラグド／99分

2020（令和2）年2月24日鑑賞　　テアトル梅田

Data
監督・製作：ピーター・ジャクソン

👀 みどころ

　イギリスには帝国戦争博物館があり、そこには第1次世界大戦中に西部戦線で撮影された数千時間に及ぶモノクロ戦争映像が所蔵されているらしい。

　『1917　命を懸けた伝令』（19年）のサム・メンデス監督と同じく、祖父が第1次世界大戦に従事したというピーター・ジャクソン監督はそれに目をつけ、『ロード・オブ・ザ・リング』3部作や『指輪物語』3部作のような想像力豊かな創造性とは全く異質のドキュメンタリー映像を！

　しかも、その映像に修復とカラーリング、音声を加えて3D映像化することによって、100年前のものとは思えない映像をスクリーン上に！とりわけ、クライマックスの戦闘シーンは、『1917　命を懸けた伝令』に負けないほど、驚くべきリアルさで！これはスティーヴン・スピルバーグ監督の『プライベート・ライアン』（98年）の冒頭約20分の激しい戦闘シーンに勝るとも劣らないものだから、必見！

　しかして、今、あの戦争を、そしてあの塹壕戦をあなたはどう考える？

―― * ―― * ―― * ―― * ―― * ―― * ―― * ―― *

■□■ピーター・ジャクソン監督に注目！■□■

　『ロード・オブ・ザ・リング（第1部）―旅の仲間―』（01年）をはじめて観たのは2002年2月。今から18年前だが、その壮大な世界観と想像力豊かな創造性にビックリさせられた（『シネマ1』29頁）。続く『ロード・オブ・ザ・リング（第2部）―二つの塔―』（02年）（『シネマ2』54頁）も、『ロード・オブ・ザ・リング（第3部）―王の帰還―』（03年）（『シネマ4』44頁）も、心ゆくまで楽しんだ。この『ロード・オブ・ザ・リング』

シリーズ3部作を監督したのが、１９６１年にニュージーランドで生まれたピーター・ジャクソン監督だ。

その１０年後に彼は再び『ホビット』シリーズ3部作に挑み、『ホビット　思いがけない冒険』(12年)、『ホビット　竜に奪われた王国』(13年)（『シネマ 32』未掲載）、『ホビット　決戦のゆくえ』(14年)（『シネマ 35』未掲載）を監督した。私はさすがに、このシリーズは見飽きてしまったが、そんな彼が何と本作ではドキュメンタリーに挑戦！さらに、本作の後には、ザ・ビートルズのドキュメンタリーが待機中というからビックリだ。

しかし、なぜあんな壮大な物語を創造したピーター・ジャクソン監督が今、宗旨替えして（？）ドキュメンタリーに挑戦？しかも、第１次世界大戦の塹壕戦のそれに挑戦？その第１の理由は、後述の「帝国戦争博物館」との接点だが、第２の理由はピーター・ジャクソン監督の祖父が第１次世界大戦に従事していたことにある。ちなみに、去る２月１５日に観た『１９１７　命を懸けた伝令』(19年)をイギリスのサム・メンデスが監督した理由も、彼の祖父が第１次世界大戦時の西部戦線で伝令兵の任務に就いたことだった。それと同じように、第１次世界大戦が始まる４年前にすでにイギリス陸軍の職業軍人だったというピーター・ジャクソン監督の祖父は、開戦から終戦まで「あの戦争」を経験したそうだ。

■□■帝国戦争博物館には何が？何をどう活用？どう復元？■□■

イギリスには「帝国戦争博物館」なるものがあり、そこには第１次世界大戦中に西部戦線で撮影された数千時間に及ぶモノクロ戦争映像が所蔵されているらしい。第１次世界大戦の終結から１００周年を記念した事業として、２０１８年１０月のBFIロンドン映画祭での上映を目的として本作を企画したピーター・ジャクソン監督は、その中から約１００時間の映像資料を選び出し、映像の修復とカラーリング、音声を加えて３D映像化することに成功したそうだ。

映画検定3級の資格を持っている私の教科書は『映画検定　公式テキストブック』(キネマ旬報映画総合研究所編)だが、近時のデジタル加工技術の進歩は私の理解を遙かに超えており、ボロボロになった古いフィルムをデジタル加工して新しい映像に甦らせるケースが次々に登場している。しかして、本作のイントロダクションによると、本作を監督・製作したピーター・ジョンソンは、第一次世界大戦のモノクロ映像を見事に３D化したうえ、兵士の声もリアルに再現したらしい。また、監督インタビューによると、①映像のスピードを変えたプロセス、②ナレーションに退役軍人の声を使った経緯、③ナレーション以外の音声とサウンド・エフェクトについて、④カラー化について、⑤手回しカメラの技術や復元のための最先端のデジタル技術や最新の映画制作技術について、等々の技術的な問題点を詳細に語っている。したがって、その方面に興味のある人はそれを勉強してもらいたいが、私はもっぱらピーター・ジャクソン監督が本作でスクリーン上に再現させた映像と

音声を楽しむことに集中！

　導入部のモノクロシーンを見ていると、いかにも第1次世界大戦の記録映画というイメージだったが、カラー映像に変わり、一人一人の兵士が饒舌に自分の立場を語り始めると・・・。なるほど、こりゃすごい！ピーター・ジャクソン監督とそのスタッフの、帝国戦争博物館の資料を活用し復元した努力とその後の音声やサウンド・エフェクトの努力に感服！

■□■徴兵制ではない入隊と訓練風景は？大日本帝国陸軍は？■□■

　先日は久しぶりに『風と共に去りぬ』（39年）をDVDで鑑賞したが、その導入部では、ついに始まった南北戦争に我先に志願する南部の若者たちの姿が印象的だった。もっとも、ひょんなことでスカーレット・オハラと出征前に結婚することができた若者はラッキーだったが、その彼は戦地ですぐに戦死してしまったからアレレ・・・。他方、太平洋戦争前の日本では厳格な徴兵制が敷かれていたから、『人間の條件』（59〜61年）（『シネマ8』313頁）6部作や『兵隊やくざ』（65年）シリーズ等を観れば、徴兵された兵隊（二等兵）の大変さがよくわかる。戦後の日本は平和憲法の下で軍備を放棄し徴兵制はなくなったが、自由の国アメリカでさえ、ベトナム戦争時には世界ヘビー級チャンピオンだったカシアス・クレイ（モハメド・アリ）の徴兵拒否が大問題になった。しかして、第1次世界大戦勃発直後、西部戦線への応援に赴く任務に就くイギリスの若者たちは？

　まず、ここでは当時のイギリスが徴兵制でなかったことをしっかり確認しておきたい。そのため、各地では宣戦布告の知らせと共に募兵を呼びかけるポスターが多数貼り出され、

そこでは、"今こそチャンスだ。男たちよ入隊を"などのキャッチコピーが入った笑顔の兵士が描かれていた。また、志願資格の規定は１９歳から３５歳だったが、本作では１９歳に満たない若者たちが「誕生日を変えろ」と言われるままに歳をごまかして入隊する姿が明るく（？）かつイキイキと（？）描かれているから、ビックリ！これはまるで『風と共に去りぬ』の風景と同じだ。

他方、それに続く練兵場での６週間にわたる訓練が若者たちにとって厳しく過酷だったのは当然。本作では、その風景が重さ５０キロはあるフル装具での行軍や、機関銃・小銃を使った基礎訓練等を通じて描かれるが、「大日本帝国」当時の『人間の條件』や『兵隊やくざ』と全く異なるのは、そこに古兵による新兵いびりや陰湿ないじめが存在しないこと。そればかりか、本作を観ていると、一人前の兵士になろうとする若者たちの間には連帯感が生まれると共に体力もつき、世間知らずだった若者が今や立派な兵士に成長し、早く実戦に赴きたいと希望するようになっているからすごい。そんな本作での入隊と練兵場での訓練は、ボーイスカウトの延長と同じように楽しそう。そんな印象さえ持ってしまったが・・・。

■□■最前線は？事実は小説よりも奇なり！■□■

第１次世界大戦の塹壕戦（の悲惨さ）は、『西部戦線異状なし』（30年）をはじめとして、『戦火の馬』（11年）（『シネマ28』96頁）等でもスクリーン上で生々しく描かれていた。サム・メンデス監督の『１９１７　命を懸けた伝令』（19年）でもそれは同じだ。しかし、（劇）映画は所詮作りもの。本作中盤では、意気揚々と最前線の塹壕に送られてきた新兵たちが、いかに劣悪な環境下で「塹壕戦」に臨んでいたかを、ドキュメンタリー映画特有の生々しさで伝えてくれるので、それをしっかり味わいたい。

もっとも、「塹壕戦」といっても、本作中盤で描かれるのは塹壕内での日常の軍務。すなわち、主に警戒態勢をとることだから、本格的な生死を懸けた戦闘行為ではない。しかし、人間が生きていくためには食事と睡眠が不可欠だし、洗顔、着替え等の身の周りの処理から、排尿、排便という生理現象の処理も不可欠。そのため、数日間に限定されたものとはいえ、最前線での塹壕戦（塹壕生活）は大変だ。もちろん、任務中に雨が降っても雨宿りはできないし、泥の中に突っ込んだ足を洗うこともできないのは当然だ。もっとも、それでもまだ、私が２０１９年１１月１７日から１９日の沖縄旅行の南部戦線巡りで見学した、糸数アブチラガマ（自然の洞窟）よりは開放感があるだけマシ・・・？また、トイレ事情（？）にしても、アブチラガマの中のそれよりは、開かれた大地のそれの方がマシ・・・？

当初はそんな劣悪な塹壕生活に戸惑っていた新兵たちだったが、しばらくすると少しずつ土の壁に横穴を掘っただけの粗雑な寝床で仮眠をとったり、機関銃の冷却水を使って紅茶を淹れたり、酷い環境下でも笑顔で過ごせるようになってきたからすごい。死体が沈んだ砲弾孔の水や雨水をガソリンの空き缶に貯めて使っても、「煮沸すれば大丈夫だ」と笑顔

を見せるまでに・・・。しかし、そんな塹壕戦（塹壕生活）はいつまで続くの？そう思っていると、スクリーン上には秘密兵器である菱形戦車が登場してきたから、兵士たちはフランス・イギリス連合軍の勝利を確信することに。しかし、そのためには当然ドイツ軍を徹底的にたたく総攻撃が不可欠。しかし、そうなると、俺の生命は・・・？

　本作には何のストーリーもないが、兵士たちの塹壕戦（塹壕生活）を淡々と（？）と描くスクリーンを見ていると、そんな兵士たちの気持ちが手に取るように伝わってくる。ドキュメンタリー映画のアピール力はすごいもの。まさに、事実は小説よりも奇なり！

■□■これはすごい！戦闘シーンの迫力を身体と心で実感！■□■

　『ロッキー』シリーズでは、毎回迫力ある「タイトル戦」の「実況中継」を観るのが楽しみだが、そのクライマックスは必ずラストに設定されている。また、ノルマンディー上陸作戦をオールスターの共演で描いた『史上最大の作戦』（62年）や『硫黄島からの手紙』（06年）（『シネマ12』21頁）では、歴史的事実の経過に沿って迫力ある戦闘シーンが描かれていた。それに対して、スティーヴン・スピルバーグ監督の『プライベート・ライアン』（98年）（『シネマ1』117頁）では、ド迫力の戦闘シーンを導入部の２０分間に集中させていた。このように、戦争映画でハイライトとなる戦闘シーンを映画のどこに持っていくかは監督の自由裁量だが、本作でピーター・ジャクソン監督はオーソドックスにそれをラストに持ってきているので、それに注目！

　年齢を偽って応募してきた新兵たちも、入隊後の訓練と塹壕戦での実務体験（といっても警戒任務だが）を重ねる中、『ランボー』シリーズのランボーや、「中国のランボー」と呼ばれた『戦狼2　ウルフ・オブ・ウォー2』（17年）（『シネマ41』136頁、『シネマ44』43頁）の冷鋒ほどの「超一流戦士」とまでは言えないまでも、心身共に一人前の「戦う兵隊」になっていた。サム・メンデス監督の『１９１７　命を懸けた伝令』（19年）では、ドイツ軍は退却を偽装して攻撃してきたイギリス軍を一気に殲滅するという策略を立てていたから、イギリス軍がホントに総攻撃をかければヤバかった。そのため、その中止を伝える伝令が、まさに「命を懸けた伝令」になっていた。しかし、本作では、菱形戦車の応援もあり、イギリス軍の勝利は間違いなし！軍事的、戦略的見通しはたしかにそうだったようだが、いざイギリス軍の塹壕を飛び出して、ドイツ軍の塹壕に向けて突進しいていくイギリス軍兵士たちの運命（生死）は？日露戦争で日本陸軍が「二百三高地」を攻略するために払った犠牲もすごかったが、本作のハイライトとなる突撃戦におけるドイツ軍の反撃とそれに伴うイギリス軍の犠牲もすごい。

　ホントにこんな映像が帝国戦争博物館に所蔵されていたの？ピーター・ジャクソン監督はその映像をいかに処理したの？そんな技術的なことも含めて、本作ではその戦闘シーンのものすごさを、あなた自身の心と身体で実感してもらいたい。

２０２０（令和2）年3月5日記

第9章
これぞエンタメ！

Data

監督・原案・脚本：セルジオ・レオー
ネ
原案：ベルナルド・ベルトルッチ／
ダリオ・アルジェント
脚本：セルジオ・ドナーティ
音楽作曲・指揮：エンニオ・モリコー
ネ
出演：クラウディア・カルディナー
レ／ヘンリー・フォンダ／ジ
ェイソン・ロバーズ／チャー
ルズ・ブロンソン／ガブリエ
レ・フェルゼッティ

SHOW-HEYシネマルーム

★★★★★

ワンス・アポン・ア・タイム・イン・ザ・ウェスト

1968年／イタリア・アメリカ映画
配給：アーク・フィルムズ boid インターフィルム／165分

2019（令和元）年10月2日鑑賞　｜　テアトル梅田

👀👀 みどころ

　１９６９年に『ウエスタン』の邦題で公開された、巨匠・セルジオ・レオー
ネ監督の、原題『ワンス・アポン・ア・タイム・イン・ザ・ウェスト』が、５
０年後の今、レオーネ生誕９０年、没後３０年で公開。しかも、２時間４５分
の完全オリジナル版だ。劇場公開と並行して、ＢＳプレミアムでは『ウエスタ
ン』も放映されたから、比較対照すれば、なお興味深い。

　大ヒットした「マカロニ・ウェスタン」３部作後の本格的西部劇のヒロイン
は、何とクラウディア・カルディナーレ。さらに、"アメリカの良心の象徴"
と呼ばれるヘンリー・フォンダが悪役で！そんな俳優起用の妙の中、ハーモニ
カ男を演じるチャールズ・ブロンソンの、三船敏郎ばり（？）の寡黙な演技に
も注目！

　ストーリーの軸は、「モリカケ」と同じ公共事業に絡む利権問題。そう言っ
てしまえば身もふたもないが、５０年前の名作がいかに色褪せない輝きを放ち
続けているかを、タップリと味わいたい。

―――＊―――＊―――＊―――＊―――＊―――＊―――＊

■□■なぜ今、５０年前の名作西部劇が日本で公開？■□■

　イタリアの巨匠セルジオ・レオーネは、マカロニ・ウェスタンの産みの親。『荒野の用心
棒』（64年）、『夕陽のガンマン』（65年）、『続・夕陽のガンマン／地獄の決斗』（66年）で
３年連続イタリア年間興行収入ＮＯ．１を記録し、全世界にイタリア製西部劇＝マカロニ・
ウェスタンブームを巻き起こした巨匠だ。そんなセルジオ・レオーネ監督が、「アクション
の面白さを極め尽くした前３部作とは大きく方向性を変え、自らの作家性を前面に打ち出

した野心作」が本作で、「それまでのマカロニ・ウエスタンとも、ハリウッド製西部劇とも
まったく似て非なる異形の超大作として造形」したというのが本作の売りだ。ところが、
本作は、フランスを中心にヨーロッパでは大ヒットしたものの、アメリカではなぜかまっ
たく理解されず、２０分短縮され、批評、興行とも惨敗したらしい。そして、日本では米
公開版をさらにカットした２時間２１分版が公開され、アメリカ同様批評家から無視され
たらしい。

　１９６９年といえば、私がそれまでのめり込んでいた学生運動から一歩退き始めた時期
で、映画好きの私はそれなりの情報を持っていたが、寡聞にして本作のことは全く知らな
かった。しかし、初公開から５０年、レオーネ生誕９０年、没後３０年の今、セルジオ・
レオーネ監督の『ワンス・アポン・ア・タイム・イン・ザ・ウェスト』が２時間４５分の
オリジナル版で日本初公開されることに！それは一体なぜ？それは私にはわからないが、
理由の１つはきっと、「この作品を見て映画監督になろうと思った」と語っているクエンティ
ン・タランティーノ監督の最新作『ワンス・アポン・ア・タイム・イン・ハリウッド』(19
年) が公開されたため。つまり、同作が描いた１９６９年のハリウッドが、映画ファンに
懐かしく思い出されたためだ。「むかしむかし、あるところに・・・」と語り始める物語は、
おとぎ話に限らず何かと興味深いものだ。

　しかして、セルジオ・レオーネ監督が、１９６８年の時点で「むかしむかし、西部では・・・」
と語り始めた大陸横断鉄道敷設時代の西部劇とは？

■□■原題ｖｓ邦題。劇場版ｖｓＴＶ版。165分ｖｓ141分■□■

　『キネマ旬報』１０月上旬特別号は６６頁から７３頁にわたって『ワンス・アポン・ア・
タイム・イン・ザ・ウェスト』の特集を組み、①芝山幹郎氏（評論家）の「レオーネ的快
楽を堪能する」、②岡村尚人氏（宣伝プロデューサー）の「『ワンス・アポン・ア・タイム・
イン〜』の原点はこの『〜イン・ザ・ウェスト』だ」、③鬼塚大輔氏の「１９６９年、なぜ
この西部劇が理解されなかったのか」という３本の解説を載せている。そこで書かれてい
る造詣の深い分析はいずれも必読だが、面白いのは、②の解説。そこには、「『ウエスタン』
という身もふたもない邦題は、なかばヤケクソ気味に付けられたんじゃないだろうか。」と
書かれている。また、「今回２時間４５分オリジナル版の劇場初公開を機に改題し、映画史
の中で『ワンス・アポン・ア・タイム〜』と題された数々の作品の原点が、この『〜イン・
ザ・ウェスト』であると示すことが、再公開するにあたっての重要な意義と考えた。」と書
かれている。

　他方、私は本作を１０月２日に観たが、その宣伝のためか、１０月１日にはＢＳプレミ
アムで『ウエスタン』がＴＶ放映された。私が劇場で観たのは、今回日本初公開された『ワ
ンス・アポン・ア・タイム・イン・ザ・ウェスト』で、２時間４５分版だが、ＴＶ版は１
９６９年に日本で公開された邦題『ウエスタン』で、オリジナル版から２４分カットされ

た１４１分版だ。編集でどこをどうカットしているかは両者を比べれば明白だが、比べてみると、やはりオリジナル版のすごさがよくわかる。もちろん、劇場での大型スクリーンと、自宅での６０インチＴＶとの違いもあるが、やはり違いはそれだけではない。

　１９６９年の学生時代は時間的余裕がなく観られなかったが、５０年後の今、７０歳になってこんな名作の完全オリジナル版を劇場の大スクリーンで鑑賞できたことに感謝。しかも、１日違いのＴＶ放映で『ウエスタン』との対比までできたことにも感謝。

■□■クローズアップの迫力と寡黙な演技の迫力に注目！■□■

　クリント・イーストウッドが演じたマカロニ・ウェスタンの主人公は、それまでの正統派ハリウッド西部劇とは全く異質の雰囲気が際立っていた。服装も汚いし、女にも優しくないから、とても子供たちが「これぞヒーロー！」と思えるような主人公ではなかった。しかし、葉巻を咥えたニヒルな表情と、どんな残忍な行為にも耐える根性は大したもので、ボロボロにされながら最後には"勝者"になっていた。前述したとおり、セルジオ・レオーネ監督は『ワンス・アポン・ア・タイム・イン・ザ・ウェスト』と題した本作で、そんなマカロニ・ウェスタンとも、従来のハリウッド製西部劇とも違うレオーネ流の独自の西部劇を目指したが、アメリカ大陸横断鉄道敷設時代のアメリカ西部を舞台とした、本作冒頭に登場するガンマンたちのひげもじゃぶりやトレンチコートを基調とした汚い服装はマカロニ・ウェスタンの雰囲気と同じだ。

　ある鉄道の駅で年老いた駅員を脅かし殺してしまう３人組のガンマンたちのガラの悪さは、とても正統派西部劇とは思えない。また、その直後に見せてくれる、ハーモニカ男と呼ばれる主人公（チャールズ・ブロンソン）と３人のガンマンとの"早撃ち決闘"もクローズアップを多用している分だけ迫力が増している。また、もともと寡黙な男たちが早撃ちに熱中しているため余計寡黙になるのは当然だが、そこでは「馬が１頭足りないようだな」「いや、２頭多すぎる」という会話が何とも絶妙だ。本作導入部では、そんなクローズアップの迫力と寡黙な演技の迫力に注目しながら、１対３の"早撃ち決闘"の勝敗をじっくり確認したい。しかして、本作におけるこの男たちの位置づけは？

■□■なぜかクラウディア・カルディナーレがヒロイン役に！■□■

　１９６０年代に、ブリジット・バルドー（ＢＢ）、マリリン・モンロー（ＭＭ）らと共に、ＣＣと呼ばれたイタリアのセクシー女優がクラウディア・カルディナーレ。その代表作は、ルキノ・ヴィスコンティ監督の傑作『山猫』（63年）だ。バート・ランカスター、アラン・ドロンと共演した当時２５歳の彼女の美しさは抜群だった。同作のタイトル「山猫」は、シチリアの名門貴族サリーナ公爵家の紋章を飾る動物を意味するもの。イタリアが近代国家として統一されていく最中の、１８６０年代のシチリア島が舞台だ。日本では１８６８年の明治維新によって、２５０年間続いた徳川時代の武士階級は滅びてしまったが、それ

と同じように、シチリアでは貴族がその特権を失う運命になっていた。そんな時代を描いた同作ラストの、ホンモノの貴族の館を使い、多くの俳優とエキストラを使った舞踏会の豪華絢爛なシークエンスはうっとりさせられるものだった（『シネマ38』未掲載）。そんな『山猫』のヒロインを演じたクラウディア・カルディナーレが、なぜか西部劇である本作でもヒロイン役に！

導入部の"早撃ち決闘"の後、列車から降り立つのがクラウディア・カルディナーレ扮するジル・マクベイン。東部のニューオリンズの高級娼婦だったジルは、どうやらブレット・マクベイン（フランク・ウルフ）からの求婚を受けて、彼が現在西部で開拓している「スウィート・ウォーター」と称する広大な農地まで、1人で鉄道に乗って嫁いできたらしい。ところが、駅でいくら待ってもマクベインが現れないから、仕方なくジルは馬車を雇ってスウィート・ウォーターまで行くことに。しかし、なぜマクベインは花嫁を駅まで迎えに来なかったの？それは、花嫁の来訪を子供たちと共に待ち受けていたマクベイン家に、一家惨殺の悲劇が起きたためだ。そんな状況下、やっとマクベイン家に到着したジルは、そんな惨劇の後を見て、いかなる決断を？

彼女がまず最初にこの西部の地で行ったのは夫とその子供たちの葬儀だったが、婚姻届は既にニューオリンズで1ヶ月前に済ませていたらしい。そのため、ジルはブレットの広大な土地をはじめとする財産を1人で相続することになったが、それって幸運？それとも・・・？本作では男たち全員が寡黙だが、ジルも寡黙。しかし、いかにも意思の強そうな大きな目を見れば、大都会の東部ニューオリンズからまだインディアンがいる未開拓の西部にジルが1人でやってきたことの意味がよくわかる。さあ、ヒロイン・ジルは本作でどんな数奇な運命をたどっていくのだろうか？

■□■こいつは悪役！てっきりそう思ったが・・・■□■

導入部から複数で登場してくる汚い服装のガンマンたちのボスが、シャイアン（ジェイソン・ロバーズ）だ。冒頭で改札係の老人を殺したのがその一味なら、ブレットの家を襲い、マクベイン一家を皆殺しにしたのもその一味だ。シャイアンはそれらのシークエンスの後に、酒場と交易所を兼ねた小さな小屋に、手錠姿で入ってくる。その直前の発砲音から状況を判断すると、どうやら彼は移送中に脱走を図りそれを成功させたようで、小屋の中に入ってきた彼は囚人とは思えないほど堂々としている。そこで、ある男の拳銃の弾丸で自分の手錠をぶっ壊したシャイアンが、夫の下に向かっている新妻のジルや、先に小屋に入っていたハーモニカ男と初の"ご対面"をするわけだが、ここではシャイアンの悪人ぶりが際立っている。

人間、顔や服装だけで善人か悪人かの判断をしてはならないことは常識だが、このシャイアンを見ていると、誰だって、こりゃ生まれつきの悪人！そう思ってしまう。たしかにそうなのかもしれないが、物語が進んでいくと、この男は意外に善人・・・？それは、冷

酷非道の殺し屋フランク（ヘンリー・フォンダ）と対比すると余計にハッキリしてくるから、本作ではそれにも注目しながら、シャイアンの果たす役割をしっかり確認したい。

ちなみに、この小屋の雰囲気はどこかで観た映画にそっくり！そう、本作のこのシーンはクエンティン・タランティーノ監督が面白い密室劇、推理劇だった『ヘイトフル・エイト』（15 年）（『シネマ37』40 頁）の脚本を書き、監督をするについての元になったものらしい。前述した芝山幹郎氏の解説には、本作に込められているたくさんのこだわりが紹介されているので、合わせてそれもしっかり勉強したい。

■□■何とヘンリー・フォンダが初の悪役に！■□■

４６年も映画の世界で生きられて幸せです。１９８１年の第５３回アカデミー賞の授賞式で名誉賞に輝いたヘンリー・フォンダは、こみ上げる感動をそう表現したらしい。彼の代表作は『怒りの葡萄』（40 年）、『荒野の決闘』（46 年）等たくさんあるが、何と言ってもシドニー・ルメット監督の『十二人の怒れる男』（57 年）がそのトップ。彼は、多くの映画で"気骨ある高潔な男"を好演し、"アメリカの良心の象徴"といわれた名優だ。ところが、セルジオ・レオーネ監督は本作で、そのヘンリー・フォンダを冷酷非道の殺し屋フランク役にはじめて悪役として起用したから、世間はビックリ！

導入部でマクベイン一家の惨殺を主導した男は、１人だけ残された幼い弟を前に、手下の１人から、「フランクどうする？」と言われ、「名前を聞かれた」ために、その男の子まで射殺してしまうことに。そんな冷酷な男がヘンリー・フォンダ扮するフランクだが、フランクは太平洋の荒波が見えるところまで鉄道の敷設のために邁進している"鉄道王"モートン（ガブリエレ・フェルゼッティ）の片腕だ。しかして、フランク率いる一団がマクベイン一家を惨殺したのは何のため？また、それをシャイアン一味の仕業と見せかけたのは何のため？

結核の末期症状にあり、松葉杖を使わなければ歩けない状態になっているモートンは、自らをビジネスマンと称し、金を使って事業を成功させる手腕に長けていると自負していたが、最近、片腕だったはずのフランクの態度がデカくなり、銃を使っての何かと乱暴な行動が目に余るらしい。マクベイン一家の扱いに関して、モートンがフランクに下した指示は「脅かしてやれ！」だったのに、フランクはなぜ一家全員を殺害するまでの非道な行動に？さらに、そもそもモートンがマクベイン一家を脅かそうとしたのは一体何のため？

先日観た『任侠学園』（19 年）では、ボロボロになり再生が必要と判断された某学園の立て直しのため、西田敏行・西島秀俊コンビの阿岐本組が乗り込んだが、悪徳父兄の実力者がひそかに、その学園の乗っ取りを狙っていた。それは、彼がこの学園が高速道路の路線上にあるとの秘密情報を得ていたためだ。これを見ても、公共事業を巡る利権構造は、いつも人間の欲望を巡るストーリーに使われていることがわかるが、さて、鉄道王モートンの思惑は？そして、そのNO．２であるフランクの思惑は？

■□■物語の軸はモリカケと同じ！キーワードはSTATION！■□■

探偵モノ、推理モノは、シャーロック・ホームズにしろ、金田一耕助にしろ、複雑かつ難解な事件をどこかで「謎解き」してくれるから、それを聞いていると、ストーリーの全貌を理解することができる。しかし、本作はあくまで西部劇で、探偵モノ、推理モノではないから、導入部のマクベイン一家惨殺事件は、誰が何を狙ったものかについて解説してくれる人はいない。しかし、２時間４５分のストーリー全体を目を凝らして観ていれば、本作の物語の軸は、近時日本中を揺るがした、あの「モリカケ問題」と同じだということがよくわかる。つまり、公共事業に伴う用地買収の利権と、それを誰がどう忖度するかという問題だ。そして、そんな物語を象徴する本作のキーワードは「ＳＴＡＴＩＯＮ」だ。そのことは、ジルがマクベイン亡き後の家の中から、大切にしまってあったＳＴＡＴＩＯＮの模型を発見するシーンに象徴されているので、それに注目！

本作導入部では、馬車に乗ったジルが駅からスウィート・ウォーターに向かって走る時の周辺の風景が実に美しい。これは、私が２００１年の中国の西安旅行の際、敦煌まで足を延ばした時の風景にそっくりだが、そんなところで今、大陸横断鉄道の敷設工事が進んでいることにビックリ。また本作では、冒頭からラストまで、物語の節目節目に大陸横断鉄道の敷設工事の風景が登場する。そこでは、華僑を含む大量の低賃金労働者が動員されていたはずだが、本作を観ていると、そのエネルギーの大きさがひしひしと伝わってくる。これだけの大事業だから、それに絡む利権も巨大で、それは「モリカケ」の比でないことは明らかだ。しかして、アイルランドからの移民であるマクベインは、西部の荒れ地３２０エーカーを安く購入し、それを家族だけの力で開拓していたらしい。彼は、自分の土地を「スウィート・ウォーター」と称していたが、ジルが乗った馬車の御者の言葉によると、そこは、水などあるはずのない荒地らしい。しかし、マクベインがＳＴＡＴＩＯＮの模型を大切にしまっていたことを見ると、彼の計算と野望は・・・？

それをしっかり見抜いたのが、あのハーモニカ男だった。彼は、弁護士顔負けの書類の調査等も進めていくので、それにも注目！もしスウィート・ウォーターにＳＴＡＴＩＯＮが完成し、そこを大陸横断鉄道が通ることになれば、マクベインが所有する３２０エーカーの土地の価値はHOW　MUCH？

■□■ハーモニカ男は一体誰？それは最後にやっと！■□■

チャールズ・ブロンソンは、『荒野の七人』（60年）、『大脱走』（63年）、さらには『さらば友よ』（68年）、『レッド・サン』（71年）等で有名なハリウッドスターだが、何といっても、一世を風靡した男性用化粧品「マンダム」のテレビコマーシャルが有名。日本人俳優では、三船敏郎が「男は黙って・・・」を代表するイメージ・キャラクターだが、外国人俳優でそれとそっくりなのがチャールズ・ブロンソンだ。そう考えると、セルジオ・レオ

ーネ監督が本作のハーモニカ男に彼を起用したのは大正解！もともと寡黙なうえに、「要点はハーモニカの音色で」語っていくハーモニカ男に、本作導入部では強盗団のボスであるシャイアンが大きく混乱させられていくところも面白い。

　このハーモニカ男は神出鬼没だから、マクベインの家に１人で住んでいるジルも相当困惑させられたはずだ。もっとも、このハーモニカ男のことが一番気になるのはフランク。自分に敵対していることだけは確かだが、それはなぜ？そもそも、この男は誰で、どこからやって来たの？それがサッパリわからないのだから、フランクはこの男が気になって仕方がないらしい。シャイアンも当初はハーモニカ男を敵だと思っていたようだが、鉄道王のモートンが根城にしている機関車の上に忍び込んでいるハーモニカ男をシャイアンが救い出した（？）ところから、この２人の間には奇妙な友情のようなものが芽生え始めるので、それにも注目！

　荒くれ男たちが先を争って土地を開拓し、利権をむさぼっていく西部開拓史の時代では、保安官がいてもあまり当てにできないから、男たちは拳銃の腕前（早撃ち）が頼り。しかし、チャールズ・ブロンソン扮するハーモニカ男は、導入部ではシャイアンが静かに監視しているシーンでその早撃ちの腕前を披露したものの、大部分は寡黙でハーモニカを吹いているだけだから、気味が悪い。しかも、この男がどこの誰なのかを誰も知らないから、なおさらだ。さらに、この男はストーリーのあらゆるところに顔を出し、謎の行動をしたままで消えていくから、その点セルジオ・レオーネ監督の脚本作りもお見事だ。もっとも、前述したように、中盤以降は本作のストーリーの軸が大陸横断鉄道の敷設とモートンによる土地買収を巡る利権問題にあることがわかってくるので、それを巡るハーモニカ男の行動の意味も少しずつ見えてくる。そこで面白いのは、マクベインの土地を、競売でわずか５０００ドルで競落したハーモニカ男が、カネにも土地にも執着しないこと。すると、彼の狙いは一体ナニ？それは本作ラストで一気に見えてくるので、それに注目！

　黒澤明監督の『用心棒』（61 年）は、三船敏郎扮する桑畑三十郎と仲代達矢扮する新田卯之助との対決がクライマックスだったが、さて本作は？ハーモニカ男が常にハーモニカを持ち歩き、何かを語るように吹いていたのは、一体なぜ？そして、ハーモニカ男がフランクの前に突如登場してきたのは、一体なぜ？それは、あなた自身の目でしっかりと。また本作では、そんな『OK牧場の決斗』（57 年）や『シェーン』（53 年）のラストシーンのような“美学”とは別に、ただ１人スウィート・ウォーターに残り、そこで建設される「STATION」の完成に向けて、ジルがいかに輝きながら働いているかにも注目！２時間４５分の大満足をありがとう。

２０１９（令和元）年１０月１０日記

Data
監督：アン・リー
出演：ウィル・スミス／メアリー・
　　　エリザベス・ウィンステッド
　　　／クライブ・オーウェン／ベ
　　　ネディクト・ウォン／リン
　　　ダ・エモンド／セオドラ・ミ
　　　ラン／ダグラス・ホッジ

SHOW-HEY シネマルーム

★★★★

ジェミニマン

2019 年／アメリカ映画
配給：東和ピクチャーズ／117 分

2019（令和元）年 10 月 26 日鑑賞　　TOHOシネマズ西宮OS

👀👀 みどころ

　クローン（人間）をテーマにした映画は『わたしを離さないで』（10 年）を
はじめたくさんあるが、「あなたはもう一人の自分（クローン）と戦えますか？」
という問題提起は、本作がはじめて。

　アン・リー監督は『ライフ・オブ・パイ／トラと漂流した 227 日』（12 年）
でも、素晴らしいCG技術を駆使してベンガル虎をスクリーン上に登場させた
が、本作ではウィル・スミスの2倍の出演料を使って、23 歳のクローンのウ
ィル・スミスが誕生！

　後半には「クローン兵士の是非」という難しいテーマも登場！それをつきつ
めていけば面白いのだが、娯楽大作に仕上げられた本作ではその点はイマイ
チ。ジョン・ウー監督流のエンタメ作としては十分楽しめたが・・・。

――＊――＊――＊――＊――＊――＊――＊――＊――＊――＊――＊――

■□■あなたはもう一人の自分（クローン）と戦えますか？■□■

　本作のチラシには、「あなたはもう一人の自分（クローン）と戦えますか？」の文字が躍
っている。そして、チラシの写真の右側には現在の 51 才のウィル・スミス扮するヘンリ
ーが、左側にはそのクローンである 23 才の自分が写っている。本作のストーリーは、引
退を決意した伝説のスナイパーであるヘンリーが政府に依頼されたミッションを遂行中、
何者かに襲撃されるところからスタートする。自分のあらゆる動きが把握され、神出鬼没
な暗殺者に翻弄されるヘンリー。しかし、一度はその暗殺者を自分の銃の射程の中にとら
えたが、その顔を見ると若き日の自分とうり2つだったから、ヘンリーが引き金を引けな
かったのは仕方ない。この男は一体何者？ヘンリーと共に暗殺者の正体を突きとめようと

するのが、ヘンリーの監視役として潜入捜査を行っていたアメリカ国防情報局のダニー（メアリー・エリザベス・ウィンステッド）だが、なぜこの2人は共同戦線を組むことに？

『羊たちの沈黙』（91年）では、アンソニー・ホプキンス扮するレクター博士が、ジョディ・フォスター扮するFBI実習生のクラリスを翻弄する姿が印象的だったが、本作では、引退間近のヘンリーが、若いけれども相当しっかりした女性諜報員ダニーと協力し合う姿が印象的。というより、少し単純・・・？

そのため、『羊たちの沈黙』はかなりわかりにくいけれども奥深い映画だったが、本作は論点が明確だし、ストーリーも単純明快だからわかりやすい。もちろん、それが映画の出来を高めているかどうかは別問題だが・・・。

『ジェミニマン』
ブルーレイ+DVD 発売中　Blu-ray 価格：3,990 円＋税
発売元：NBC ユニバーサル・エンターテイメント
(C) 2019, 2020 Paramount Pictures.

■□■２３才のクローン人間を演出したＣＧ技術に注目！■□■

アン・リー監督は、救命ボートの上で虎と同居しながら7カ月以上も太平洋を漂流するという、一見「そんなバカな！」と思える映画『ライフ・オブ・パイ／トラと漂流した227日』（12年）で、「２１世紀の千夜一夜物語」とも言うべき面白い物語を見せるとともに、ＣＧ合成によるベンガルタイガーという面白い映像を見せてくれた（『シネマ30』15頁）。それと同じように、本作ではウィル・スミスの出演料の2倍の費用を払って作ったという、若き日のヘンリーのクローン人間が見せるＣＧ技術に注目！

導入部分でヘンリーが見せる、2km離れた地点から時速２８８kmで走る列車内の男を狙撃するというシークエンスは信憑性に乏しいが、クローンのヘンリーがスクリーン上で見せるバイク・アクションをはじめとするさまざまなアクションはたしかにすごい。とはいっても、それがかつてのブルース・リーやジャッキー・チェン等々のアクションや、近時の『ジョン・ウィック』シリーズでキアヌ・リーヴスが魅せるアクションをしのぐものかどうかは、これまた別問題だが・・・。

■□■ジェミニとは？クローン人間活用の是非は？■□■

本作のタイトルである「ジェミニ」とは何のことかサッパリ分からなかったが、本作をン見ているうちに、それはかつてヘンリーの上官だった男ヴァリス（クライブ・オーウェン）が、クローン研究の中で作り上げた謎の組織の名称であることがわかってくる。しかし、彼は一体何のためにそんな組織を作ったの？

中東情勢は常に緊張状態にあり、１０月２８日付朝刊は一斉にISの最高指導者バグダデ

ィ容疑者の死亡を報道した。それもビッグニュースだが、中東では既にドローンを使った戦いが繰り広げられているうえ、無人機による爆撃も常態化していることに注目する必要がある。すると近い将来、クローン人間で編成された部隊が登場したり、クローンと人間との銃撃戦が現実化する可能性もある。そう考えると、ヴァリスのクローン研究とジェミニの組織化は当然かもしれない。ちなみに、「ジェミニ」とはギリシア神話でゼウスが誘惑した女性に産ませた双子の兄弟に由来するそうだから、なるほど、なるほど・・・。

　クローン人間を巡る面白い映画が、ノーベル賞作家カズオ・イシグロの原作を映画化した『わたしを離さないで』（10 年）だった（『シネマ 26』98 頁）。また『アイランド』（05年）（『シネマ 8』136 頁）や、『アダム－神の使い 悪魔の子－』（04 年）（『シネマ 12』108頁）は、クローン人間をテーマとし、生命倫理を真正面から扱った問題作だった。それらに対して本作は、冒頭で述べた通り、５１才の今のヘンリーと２３才のクローンであるヘンリーとの"対決"を売りにした映画だが、本作はそしてアン・リー監督は、ひょっとしてクローン人間を肯定しているの？

■□■前半は父子の対立！後半は一転して・・・？■□■

　本作後半からは、それまで対立してきた５１才のヘンリーと２３才のクローンのヘンリーが和解し、共通の敵であるヴァリスに向かっていくストーリーになっていく。また、かつて上司 VS 部下の関係だったヴァリスとヘンリーが対峙する中、はじめてこの２人によって、武器や兵隊としてのクローンの是非論が議論される。もちろん、ヴァリスは「ジェミニ」という組織が社会的認知を受け、クローンの兵士がアメリカの若者たちの代わりに戦地に赴くことによって、国民が多くの恩恵を受けると主張するのだが、それに対するヘンリーの反論は？

　ヴァリスがクローンの第１号のモデルとしてヘンリーを使用したのは、部下だったヘンリーが最も優れた兵士だったため。そのため、クローンのヘンリーはヴァリスにとっては息子同様の存在で、その他大勢の兵器としてのクローンとは全く異なる存在だが、そう聞かされても納得できないのがクローンのヘンリーだ。そのため、怒り狂った彼は自らの手でヴァリスを射殺しようとしたが、それを「絶対ダメだ！」と押しとどめたのが５１才のヘンリー。しかして、その理由は？そして、クローンのヘンリーに代わって５１才のヘンリーが自ら引き金を引いてヴァリスを射殺したが、それは一体なぜ？本作ラストでは、それをしっかり考えたい。

『ジェミニマン』ブルーレイ+DVD 発売中
Blu-ray 価格：3,990 円＋税
発売元：NBC ユニバーサル・エンターテイメント
(C) 2019, 2020 Paramount Pictures.

　　　２０１９（令和元）年１０月２８日記

Data

監督：リック・ローマン・ウォー
出演：ジェラルド・バトラー／モー
　　　ガン・フリーマン／ジェイ
　　　ダ・ピンケット＝スミス／ニ
　　　ック・ノルティ／ランス・レ
　　　ディック／ティム・ブレイ
　　　ク・ネルソン／パイパー・ペ
　　　ラーボ／ダニー・ヒュースト
　　　ン

SHOW-HEY シネマルーム

★★★★

エンド・オブ・ステイツ

2019 年／アメリカ映画
配給：クロックワークス／121 分

2019（令和元）年 11 月 24 日鑑賞　｜　TOHOシネマズ西宮OS

👀 みどころ

　『エンド・オブ・ホワイトハウス』（13 年）では、難攻不落のはずのホワイトハウスがあっさり陥落してしまう姿に驚かされたが、リンカーンやＪ・Ｆ・ケネディと同じように、もし現職の米国大統領が暗殺されたら？

　本作冒頭の、大量のドローンでの襲撃風景を見ていると、ロシアも中国も今や大陸間弾道ミサイルは不要。小型のドローンさえあれば・・・どうも、それが現実らしい。

　しかし、そんな暗殺計画を仕掛けたのは一体だれ？それが最強のシークレット・サービスの主人公だとしたらそれは大ゴトだが、それはあり得ず、何者かの陰謀であることは明白だ。すると、その犯人は？そんなバカな？しかし、たしかにそれもあり・・・？

　平和ボケの中、モリカケだ、桜を見る会だと騒ぐ日本では、こんな映画こそ必見！

—— ＊ —— ＊ —— ＊ —— ＊ —— ＊ —— ＊ —— ＊ —— ＊ —— ＊ —— ＊ ——

■□■シークレット・サービスを描く名作に注目！■□■

　大統領暗殺！それは一国だけでなく全世界を揺るがす重大事だが、特に銃社会のアメリカでは、リンカーン暗殺やジョン・Ｆ・ケネディ暗殺等、血塗られた大統領暗殺の歴史が多い。そのため『リンカーン』（12 年）（『シネマ 30』20 頁）や、『リンカーン／秘密の書』（12 年）（『シネマ 29』未掲載）等の『リンカーン』ものや『ダラスの熱い日』（73 年）、『ＪＦＫ』（91 年）等の『ケネディ』ものが大ヒットしている。もちろん、幕末から明治にかけて大転換を遂げた日本でも、坂本龍馬、中岡慎太郎、伊藤博文、そして大久保利通

ら多くのヒーローが暗殺されたし、彦根藩出身の大老・井伊直弼も桜田門外で暗殺されている。しかし、日本は今や銃砲刀剣類所持等取締法によって銃や刀の所持自体が禁止されているうえ、マスコミも国民もモリカケ問題や桜を見る会問題をはじめとする政治家のスキャンダルの追及が大好きだから、「暗殺」等という物騒なテーマにはあまり関心を持っていない。しかし、アメリカは・・・?

　アメリカには大統領を警護するシークレット・サービスというお仕事があるが、それが映画で脚光を浴びたのは、ケヴィン・コスナーが主演した『ボディガード』(92年)から。素晴らしい歌とともに大ヒットした同作を受けて、アメリカではその後『エンドゲーム　大統領最期の日』(06年)という物騒な映画まで作られた(『シネマ18』45頁)。その内容は、タイトルや通りのショッキングなものだし、主人公は大統領を守りきれなかったシークレット・サービスと女性記者だった。同作のうたい文句は「大統領暗殺とういセンセーショナルなオープニングから常識を打ち破る驚愕の結末へと突き進む」で「驚愕の結末」が最大のポイントだったが、やっぱり大統領が死んでしまうのは、ちとまずい・・・?

　そんな反省(?)もあって、ジェラルド・バトラーが主演した『エンド・オブ・ホワイトハウス』(13年)『シネマ31』156頁)ではタイトルとは真逆の「ホワイトハウス」を救う素晴らしい「シークレット・サービスモノ」に仕上がっていた。その第2作、『エンド・オブ・キングダム』(16年)を私は観ていないが、シリーズ第3作の本作は、最強のシークレット・サービスたるジェラルド・バトラーが大統領暗殺計画の容疑者にされるというものだ。『ハンターキラー　潜航せよ』(18年)(『シネマ45』70頁)では、冷静沈着かつ豪胆な潜水艦の艦長としてロシア大統領の救出作戦を敢行したジェラルド・バトラーが、本作ではシークレット・サービスのエージェントであるマイク・バニングに扮して、モーガン・フリーマン扮するアラン・トランブル大統領の暗殺計画を?そんなバカな!それは最初からわかっているが、映画はあくまで作りもの。さあ、本作ではそれをいかに面白くかつ説得力を持って作り出すの?

■□■米国では民間軍事会社が次々と!その役割は?■□■

　政官財の癒着問題はどの国でも同じ。アメリカはそこに軍が大きく絡んでいる上、その予算規模は膨大だ。ベトナム戦争(への派遣)で多くの自国の若者の命を失ったアメリカは、今やその轍を踏まないために地上戦を避け、トマホーク巡航ミサイルでの空爆をメインにしている。また、必要不可欠な地上戦については、正規のアメリカ軍ではなく、民間軍事会社に委託するスタイルに移行している。すると、民間軍事会社で雇い入れる兵隊は必然的にアメリカ人ではなく、安く雇え、命を失っても問題の少ない外国人になってしまうらしい。なるほど、なるほど。

　本作冒頭は、小さな山を購入し、古い設備を改造して民間の軍事会社サリエント社を経営しているマイクのかつての戦友ウェイド・ジェニングス(ダニー・ヒューストン)の姿

が登場する。このサリエント・セキュリティー訓練施設での実践さながらの訓練を終えたマイクは満足そうだが、このシークエンスの肝は、現在のアメリカの民間軍事会社の実態を見せつけることの他、そこでマイクがウェイドから大統領への口利きを頼まれること。もちろん、それは露骨な「買収」ではないが、この会話はマイクがトランブル大統領のシークレット・サービスとして絶大な信頼を得ていることを前提としてのものだから、もしマイクがサリエント社のCEOであるウェイドの言葉を「忖度」すれば・・・?

■□■今はこれが現実！自爆ドローン攻撃の威力にビックリ！■□■

『悪名』シリーズでは、朝吉役の勝新太郎とモートルの貞役の田宮二郎の凹凸コンビ体形的にも性格的にも相性抜群だったが、『エンド・オブ』シリーズでは、最強のシークレット・サービスであるマイクとトランブル大統領の凹凸コンビ（？）の相性が抜群だ。本作では、冒頭の軍事訓練のシークエンスに続いて、プライベートタイムの中、湖で釣りを楽しむトランブル大統領の姿が登場する。その傍にはもちろんマイクが立っていたが、長年の激務と歴戦の負傷のため、近時、身体の不調に苦しんでいるマイクは、一方では次期シークレット・サービス長官の座に近づいていることを知りつつ、他方では引退の二文字が頭をよぎっていた。大相撲では、令和最初の九州場所で白鵬が４３回目の優勝を飾ったが、彼も一方では２０２０年の東京五輪の開会式で"土俵入り"を務めることを狙いつつ、他方で引退を常に考えているはずだ。マイクは病院に通っていることやたくさんの薬を飲んでいることを妻にも隠していたから、当然それは大統領にも内緒だ。すると、２人きりのボートの上で、釣り糸を垂れた大統領から次期長官職を打診されると・・・?先にそう言われてしまうと、もはやマイクに、病気だから受けられませんと断る選択肢がなくなったのは当然だ。そんな中、突然空からコウモリのような一団のドローンが襲ってきたから、・・・。今やこれが現実！何十台もの小型ドローンはたった一台のトラックからの発射が可能。しかも、その自爆ドローンはすべてコンピューターで制御されているから、目標を捕捉すれば外すことはありえないものだ。湖の外で警護していた大統領の警護チームは次々にドローンの餌食になったうえ、大統領が乗ったボートにもドローンが。とっさにマイクは大統領と共に湖の中に飛び込んだが、爆発したボートは２人の身体に対して如何に・・・?これは一体誰が？

２０１９年１０月１日の中国建国７０周年の過去最大級となる軍事パレードには、大陸間弾道ミサイル（ＩＣＢＭ）の「東風（ＤＦ）４１」が初登場した。これは射程が推定１万２千〜１万５千ｋｍで、中国本土に展開する移動式発射台から米本土を攻撃できるもの。しかも、ミサイル１発に最大１０発の核弾頭（個別誘導複数目標弾頭）を搭載でき、迎撃が非常に困難なタイプだからその威力は絶大だ。しかしこのシークエンスを見ると、大統領を殺すのにはこんな大陸間弾道ミサイルは不要。小型ドローンとコンピューターさえあればよい。どうも、今やそんな時代になっているようだ。

■□■マイクにロシア疑惑が！１０００万ドルのために彼は？■□■

　フランツ・カフカの小説『変身』では、主人公が目覚めると自分が巨大な毒虫になっていたからビックリ。ところが本作では、マイクが昏睡状態から目覚めると、ベッドの上で手錠に繋がれており、大統領暗殺犯としてＦＢＩのヘレン・トンプソン捜査官（ジェイダ・ピンケット＝スミス）の取り調べを受ける羽目になっていたからビックリ！「俺はハメられたんだ」といくら弁解しても、大統領とマイク以外の警備員のすべてが死亡しているうえ、マイクの口座にはロシアから１０００万ドルが振り込まれる等、あらゆる物的証拠がマイク犯人説を示していたから、ヘレンがマイクの弁解を聞くはずがない。もちろん、厳しくかつ詳細な尋問はこれからだが、百戦錬磨のシークレット・サービスたるマイクには、これほど周到に仕組まれた状況下ではいかなる弁解をしても逃れられないことはすぐにわかったらしい。すると、そこでマイクが目指すのはただ逃走すること。そして、自らの手で真犯人を暴き出すことだ。そう悟ったマイクは・・・？

　現実問題としてあんな風に手錠で繋がれた状態から脱出するのは不可能。しかし、映画は所詮つくりものだから、そこはどうにでもできる。派手なパフォーマンスで病院を抜け出し、車を奪い、心配している妻レア・バニング（パイパー・ペラーボ）を安心させるべく、盗聴されていることを覚悟の上で電話を掛けると、また車を奪って逃走。その後は電話した場所を特定し、マイクを逮捕するべくやってきた捜査陣とのド派手なカーチェイスが展開されるのは予想どおりだが、追いつめられ、大破された車から脱出し、包囲網からも脱出したマイクが向かった先は？

■□■怪しげなじいさんは？副大統領は？■□■

　マイクが人里離れた山の中で出会ったのは、毛糸の帽子をかぶり、髭を伸ばし、ライフルを構えた一人のじいさん。ところが、何とこれは、幼い頃のマイクを母親もろとも捨て失踪してしまった実の父親クレイ・バニング（ニック・ノルティ）だったから、ビックリだ。ある体験から世間をバッサリ切り捨てて隠遁生活を送っていたクレイだが、今、目の前で起きている事態の理解はしっかりできていたらしい。そのため、クレイが追われる息子を救出しようとしたのは当然だが、本作ではその手際の良さにビックリ。いくら映画は作りものだといっても、これはちょっとやりすぎだが、そこで面白いのは、マイクを殺すべく山の中にあるクレイの家を襲撃してきたのはＦＢＩではなく、ウェイド配下の武装集団だったこと。アレレ、これは一体なぜ？かつての戦友だったウェイドはマイクと固い絆で結ばれていたのでは・・・？

　他方、『ＬＢＪ　ケネディの意志を継いだ男』（16年）では、ケネディ大統領が暗殺された後わずか９８分で権力の承継がなされる姿が印象的だった（『シネマ43』50頁）が、トランブル大統領の昏睡状態が続く本作では、いつ権力の承継を？その判断が難しいのは当

然だが、権力の空白が長時間続くのはマズい。しかして、カービー副大統領（ティム・ブレイク・ネルソン）が周囲の納得の中で大統領職を承継したのは当然だ。しかし、ジョンソンがケネディの路線をそのまま引き継いだのと正反対に、本作ではカービー大統領はトランブル大統領の対ロシア政策や民間軍事会社の位置づけを即座に大きく見直したからアレレ。つまり、カービー大統領は民間軍事会社を大いに活用しようとする考えだったから、ウェイドは大喜び。もっとも、これは単なる偶然？それとも、ひょっとして・・・？

■□■俺をハメたのは誰？大統領を救うには？■□■

コトここに至って、マイクには「俺をハメたのは誰？」がはっきりわかったはず。そこで、マイクは電話で大胆にも直接ウェイドに「俺を探さなくていい、こっちから見つけてやる」と宣言したから、いよいよ映画はクライマックスに向かうことに。

他方、本作ではマイクの優秀さに比して、ＦＢＩの優秀な捜査官であるはずのヘレンの「後手、後手ぶり」が目立つ。しかし、それはマイクの優秀さをより目立たせるための演出だから仕方ない。そんな風に、何かとドン臭いＦＢＩだが、やっと今回の大統領暗殺事件に民間軍事会社を営むウェイドが絡んでいることが把握できたらしい。そこでヘレンは部下と２人だけでヘリに乗って山の中にあるウェイドの軍事訓練施設に乗り込み、「ＦＢＩだ！」と啖呵を切ったが、そこであっさり撃たれてしまったからアレレ・・・。どうやら、ウェイドにとってこの軍事施設はもはや不要となり、今後は堂々とロシアと組んで新たな施設に拠点を移すらしい。つまり、ここでもＦＢＩは後手を踏んだわけだが、さてロシアに拠点を移すウェイドが最後にやり残した仕事とは？

それは、今なお昏睡状態にあるものの覚醒間近にあるトランブル大統領の抹殺だ。しかし、病院の集中治療室に入り、デビッド・ジェントリー（ランス・レディック）たち精鋭のシークレット・サービスが警護しているトランブル大統領を、ウェイドはどうやって襲撃するの？逆に、今やそんなウェイドの狙いをハッキリ悟っているマイクは、ＦＢＩから追われている立場ながら、如何にしてトランブル大統領を救出するの？そんなクライマックスに向かってスクリーン上は一気に動き出すことに・・・。

■□■最後はナイフ！これが男の美学！？■□■

本作は『エンド・オブ』シリーズらしく、民間軍事会社をテーマとしながら、大統領暗殺未遂事件を描く脚本はよくできている。その黒幕として副大統領を登場させたのも、あっと驚くグッド・アイデアだ。しかし、いくら物的証拠が揃っていても、天下のＦＢＩ（？）が犯人をマイクだと決めつけてしまう脚本は少しいただけない。「証拠があまりにも揃いすぎているのは逆に怪しい」とか、「もしこれが仕組まれた罠だったら、それによって最も利益を受けるのは誰？」等の検討がされないのもお粗末だ。さらに、やっとそこに気づいた後、ＦＢＩの責任者ヘレンがアッサリ殺されてしまうのもいただけない。

しかして、やっと昏睡状態から覚めたトランブル大統領をマイクがウェイドの手から救出すべく向かったのは、その病院。そこでは、デビッドたちが大統領を警護しつつ、マイクが姿を見せたら即逮捕すべく身構えていた。しかし、やっとの思いで警護の隙を突き、拘束されながらトランブル大統領の前に姿を見せたマイクの最大の理解者は、同僚のデビッドではなく、今でもトランブル大統領だった。そのため、ここからは大統領の「鶴の一声」でマイクが警備責任者に任命され、マイクの指揮の下、大統領の命を守るべくウェイドの攻撃に立ち向かうことになる。つまり、数多くの物的証拠より、また、ＦＢＩの組織を挙げての捜査より、大統領とマイクの間で「俺の目を見ろ、何も言うな」というナニワ節的な男の友情、信頼の方が優先したし、その方が正しかったということだ。

以上を受けて、本作ラストは、再度の大統領暗殺に失敗し、ヘリでの脱出を図ろうとするウェイドと、それを追い、最終のケリをつけようというマイクとの直接対決になる。それは予想通りだが、そこでウェイドを追い詰めたマイクがあえてマシンガンを捨て、2人の肉弾相打つ格闘戦になるのが最後のミソだ。やはり、男の最後の戦いはこうでなくちゃ！どうも、それがかつての戦友だった2人の男の美学らしい。しかも、最後の決着はナイフで！なるほど、なるほど。

これにて、一件落着。ここでマイクはやっと心置きなくシークレット・サービスの第一線を退くとともに、その長官職も辞退して、余生を安泰に・・・？誰もがそう思うはずだが、本作の結末は意外にも・・・？なるほど、こうなると、近い将来『エンド・オブ』シリーズの第4作が始動することに・・・。

ジェラルド・バトラー　モーガン・フリーマン
エンド・オブ・ステイツ

『エンド・オブ・ステイツ』デジタル配信中
ブルーレイ＆DVD セット¥4,980（税込）
ワーナー・ブラザース ホームエンターテイメント
©2019 Fallen Productions, Inc.

２０１９（令和元）年１１月２８日記

Data

監督：チャド・スタエルスキ
出演：キアヌ・リーブス／ハル・ベリー／ローレンス・フィッシュバーン／イアン・マクシェーン／マーク・ダカスコス／エイジア・ケイト・ディロン／ランス・レディック／アンジェリカ・ヒューストン／サイード・タグマウイ

ジョン・ウィック：パラベラム

2019 年／アメリカ映画
配給：ポニーキャニオン／131 分

2019（令和元）年 10 月 14 日鑑賞　　TOHOシネマズ西宮OS

みどころ

　第１作で新たな柔術「ガン・フー」を駆使したキアヌ・リーブスが、人気シリーズとして定着した第３作では、「カー・フー」「ナイ・フー」「馬フー」「犬フー」等で大活躍！単なるロシアンマフィアではなく、「主席連合」を中心とし、コンチネンタル・ホテルを根城とした悪のネットワークの組織力と総合力、それに伴う多種多様なキャラの登場も第３作の魅力だ。

　切れ目なく次々と登場する"見せ場"に大興奮しながら、ジョン・ウィックのタフな格闘能力を楽しみたい。

　もちろん、結果はハッピーエンド。それはそれでＯＫだが、そうなると、次の新たなテーマが！さあ、今からシリーズ第４作を楽しみに。

—— * —— * —— * —— * —— * —— * —— * —— * —— * —— *

■□■シリーズ化が大成功！第３作のテーマは？■□■

　キアヌ・リーブス主演の『ジョン・ウィック』（14 年）（『シネマ 37』77 頁）は、『マトリックス』シリーズで名をはせたキアヌ・リーブスが新たな柔術「ガン・フー」をひっさげて「完全復活！」を目指したもの。私は、同作の評論で、「ストーリーは単純な復讐劇だし、その動機の物語はイマイチだが、伝説の殺し屋として復活した後に彼が見せる『男の美学』に酔いしれたい。」と書いた。また、その最後には、「復讐完了後のラストの描き方は？」の小見出しで、「本作は復讐劇を遂げた後のラストの描き方についても、鶴田浩二、高倉健、高橋英樹らが主演した日本の（古典的な）ヤクザ映画に見る『ラストの美学』とは大きく異なることに注目！」と書いたが、これは、同作のシリーズ化を前提としないものだった。

ところが、同作出演当時に５０歳だったキアヌ・リーブスのアクションのキレが大きな評判を呼んだ結果、第２作『ジョン・ウィック：チャプター２』がつくられ、同作も第１作の倍の成績を生み出したらしい（『シネマ40』未掲載）。そうなると、３匹目、４匹目のどじょうを狙うのは、今やハリウッド商法の鉄則だ。愛犬と愛車を奪ったロシアンマフィアを壊滅させた第１作も、血の＜誓印＞の掟によってふたたび修羅の世界に引き戻された第２作もともに復讐劇だったが、さて、第３作のテーマは？

コンチネンタル・ホテルは世界的ネットワークを誇る超一流ホテルチェーンだが、このシリーズでは何と、コンチネンタル・ホテルは裏社会の「聖域」らしい。本作冒頭では、シリーズ第２作で、そんな裏社会のルールを破って「聖域」コンチネンタル・ホテルで多

くの人を殺したジョン・ウィックに対して、支配人ウィンストン（イアン・マクシェーン）が「追放処分」を言い渡すシークエンスが描かれる。これによって、ジョン・ウィックは猶予の１時間が過ぎれば１４００万ドルの賞金をかけられ、街全体から狙われることになるらしいが、さて、彼はどうするの？

©2019 Summit Entertainment, LLC. All Rights Reserved.

■□■裏社会の組織は複雑！主席連合とは？裁定人とは？■□■

裏社会を牛耳るヤクザやマフィアの組織は複雑。しかし、軍隊と同じで、その上下関係だけはハッキリしている。しかし、組織の離合集散や下克上も日常茶飯事だから、トップといえどもおちおち安心していられないのは当然だ。しかし、今の中国を見れば、習近平中国共産党総書記は国家主席と国家中央軍事委員会主席を兼任し、中国１３億人民と中国共産党１億人の「トップ１」として君臨している。

独裁制と民主制のどちらがいいの？それは現在真剣に問われている論点だが、本作を観ていると、ジョン・ウィックに対して追放処分を下したウィンストンの上には更に"主席連合"なるものがあるらしい。その実態はわからないが、「連合」という以上、主席は１人ではなく複数いるのだろう。また、本作では、その主席連合に仕える女裁定人（エイジア・ケイト・ディロン）が登場し、前半ではバワリー地区を拠点にホームレスを装った部下を街中に配して情報収集しているバワリー・キング（ローレンス・フィッシュバーン）に対

して彼女の絶大なる権力を見せつけるので、それに注目！

　彼女がそんな絶大な権力を発揮できるのは、ひとえに「主席連合」をバックにしているためだ。そのため、本作後半ではジョン・ウィックに対して追放処分を宣告したウィンストンに対しても裁定人は１時間の猶予を与えたことを厳しく咎めるので、弁護士の私としてはその裁定の是非にも注目したい。「主席連合」のバックがあるため彼女の裁定は絶対らしいが、『ジョン・ウィック』シリーズにおけるさまざまな組織のあり方を見ていると、彼女の裁定の権力だけがあまりに突出して強すぎるのでは？したがって、ジョン・ウィックに銃と銃弾７発を与えてサンティーノ殺しに協力した罰として、７日後に王座を降りるよう命じる裁定に不服を唱えたバワリー・キングに対して「７回斬って殺せ」と命じる裁定はいかにも不当？そんな横暴な裁定（？）によって、ニューヨーク・コンチネンタル・ホテルの支配人の座から降りるよう命じられたウィンストンは、その裁定に従うの？

　このように主席連合の組織は複雑だから、ひょっとしたらそこにジョン・ウィックがつけ込むスキがあるかも・・・。

■□■ガン・フーの他、カー・フー、ナイ・フー等々も！■□■

　シリーズ第１作では、キアヌ・リーブスの新たな柔術「ガン・フー」が見ものだった。私はアクションものが大好きだから、ブルース・リーのそれも、ジャッキー・チェンのそれも、更には『チョコレート・ファイター』（08年）（『シネマ22』173頁）のそれも大好き。更に、『中国電影大観3』である『シネマ34』に収録した、『新少林寺』（11年）（472頁）、『イップ・マン　葉問』（10年）（479頁）、『グランド・マスター』（13年）（484頁）等の「中国特有の格闘家映画」も大好きだ。キアヌ・リーブスの「ガン・フー」は、それらに比べても全く遜色のない見事なアクション。私は５０歳にしてこんなに華麗なアクション（＝ガン・フー）を繰り広げることができるキアヌ・リーブスの肉体的能力に感心していたが、シリーズ第３作となる本作では、おなじみの銃撃と格闘を組み合わせた"ガン・フー"の他、自動車を使った"カー・フー"、ナイフを使った"ナイ・フー"さらには馬を駆りながらの"馬フー"、犬と一緒に戦う"犬フー"、本を利用した"本フー"にまで進化しているので、それに注目！

　もっとも、ＴＶで放映されるオーソドックスなボクシングやレスリングの試合はもちろん、それ以外のＫ－１やRIZIN等さまざまな格闘技も一定の厳格なルールがあるし、異種格闘技戦もそれは同じ。しかし、本作のように１４００万ドルの賞金をかけられて追放処分を受けたことによって、その命を狙われることになったジョン・ウィックに対しては、ルール無視の暗殺者が登場するのが当然で、それは仕方がない。そう思っていたが、とりわけバイクを駆りながらの「バイ・フー」（？）を観ていると、なぜかそこでは銃の乱射がなく、追う側も追われる側も刀を使っての戦いになっているから、映画製作の世界でも観客に魅せるアクションにするためには一定のルールがあるのかもしれない。

また本作では、『キャットウーマン』（04 年）（『シネマ 7』356 頁）で華麗なるアクションを見せたハル・ベリーがソフィア役で、キアヌ・リーブスに負けじと華麗なるガン・フーを披露するのでそれにも注目。そこでは、銃をいくらぶっ放してもＯＫというルールらしいから、その発射量はすごい。さらにそこでは、ソフィアの愛犬（猛犬）の、「人馬一体」ならぬ「人犬一体」となった大活躍を見せるので、映画初の「犬・フー」も堪能したい。

■□■舞台は砂漠へ！その地はモロッコのカサブランカ！■□■

　近時はイラン映画の『セールスマン』（16 年）（『シネマ 40』20 頁）、トルコ映画の『雪の轍』（14 年）（『シネマ 36』124 頁）、カナダ・フランス映画の『灼熱の魂』（10 年）（『シネマ 28』62 頁）等、中東を舞台とした素晴らしい映画が次々に登場している。そんな近時の傾向を踏まえて（？）、シリーズ第 3 作となる本作は後半の舞台を何とモロッコのカサブランカに設定している。カサブランカといえば、ハンフリー・ボガートとイングリッド・バーグマンが主演した映画『カサブランカ』（42 年）があまりにも有名だが、本作にはそれを連想させるものは全くなく、砂漠のシーンが登場するだけ。本作では、そこに「主席連合」の上に位置し、より大きな権威と権力を持つ唯一の人物という「首長」（サイード・タグマウイ）が、まるでイエス・キリストとそれを助ける神のような関係で（？）登場するのでそれに注目！

　この首長と会うまでにジョン・ウィックは前述したさまざまなアクションを体験しなければならなかったうえ、砂漠の中で死ぬほどの渇きを体験しなければならなかったが、それを体験したおかげでやっと会うことができた首長から、追放処分撤回と暗殺契約中止の可能性を提示されることに。その条件として提示された仕事は、友人でもあるウィンストンの殺害と、今後も主席連合の支配下で殺し屋として生きること。さあ、ジョン・ウィックはどうするの？もっとも、彼に今や選択の余地はないはず。しかして、シリーズ第 3 作のクライマックスは？

■□■愛犬との絆は？友情は？最後の決断は？■□■

　『ジョン・ウィック』シリーズでは犬の存在が大きく、また愛犬と人間との絆の強さが強調されている。そのため、追放処分を受けたジョン・ウィックが生き延びる術をさぐるについては、ひとまず第 1 作から飼い始めた愛犬のビッドブル（名前はまだない）を

©2019 Summit Entertainment, LLC. All Rights Reserved.

397

コンチネンタル・ホテルのウィンストンに預かってもらうことに。そして今、ウィンストンを殺害するべく、首長との約束に従ってニューヨークのコンチネンタル・ホテルに戻ってきたジョン・ウィックは愛犬との再会を果たしたが、ここからウィンストンの殺害に向かうの?

本作はアクションの要素や人間と愛犬との絆の要素のほか、さらに男同士の友情の要素もタップリつまっているから、安易にそういかないところが面白い。そして、物語をその方向に持っていくためには、主席連合と裁定人をトコトン悪者に仕立て上げるのが便利。そんな脚本作りの趣旨に従って、本作のクライマックスは、裁定人が雇った現役最強の殺し屋ゼロ(マーク・ダカスコス)とジョン・ウィックとの頂上決戦になっていくが、そこにたどりつくまでの、前述した裁定人によるバワリー・キングへの処分の他、裁定人によるウィンストンに対する処分(の可否)についても注目する必要がある。

ウィンストンを殺すためにコンチネンタル・ホテルに乗り込んだジョン・ウィックは、自分のせいでウィンストンが退任を求められたと聞き心が揺らいだのは当然。それは、ここで友のウィンストンを撃てば、自分の魂を売り渡すことになるわけだから。さあ、そこでの再度のジョン・ウィックの決断は?

■□■あの映画を彷彿!鏡張りの部屋は何かと刺激的!■□■

首長と約束した条件を守ってウィンストンを殺せば、自分のせいで退任を余儀なくされた友人を撃ち、魂を売ったことになる。そう考えたジョン・ウィックの最後の決断は、長年の友であるウィンストンと共に主席連合と戦うことだった。ここで意外だったのは、第1に意外にもウィンストン自身も主席連合とトコトン戦う意思を固めていたこと。第2にそれまで忠実なコンシェルジュにすぎないと思っていたシャロン(ランス・レディック)が、相当な戦う能力をもっていたことだ。そのため、主席連合から「聖域指定」を解除されたコンチネンタル・ホテルが、裁定人からコンチネンタル・ホテルに派遣された大量の襲撃部隊との壮絶な戦いの舞台になることに。さあ、そこでは、ジョン・ウィックとシャロンがいかにガン・フーの技術を駆使してその襲撃部隊と戦うかに注目しよう。

ジョン・ウィックとシャロンのコンビが襲撃部隊を蹴散らした後は、ゼロとジョン・ウィックとの頂上決戦になる。そして、そのアクション頂上決戦の舞台は、ブルース・リーの『燃えよドラゴン』(73年)に登場した、あの「鏡の部屋」を彷彿とさせる部屋になるのでそれに注目!同作を観ても、あるいは別の方面の想像からも(?)、鏡の部屋でのアクションは何かと刺激的なので、アクションを売りとする本作のクライマックスでは、それをタップリ楽しみたい。

■□■この男は不死身?左手の中指に注目!■□■

コンチネンタル・ホテルで、シャロンと共にガン・フーの技術を駆使して戦った銃撃戦

の後は、いよいよ鏡の部屋でのジョン・ウィックとゼロとの頂上決戦。しかし、そこでも
メインイベントの前に、ゼロの２人の弟子との「前哨戦」があるので、まずはそれを楽し
みたい。ちなみに、ゼロが普段は寿司職人でジョン・ウィックのファンだという設定や、
彼の２人の弟子の名前がシノビ１、シノビ２という設定は、いかにも日本の忍者が大好き
なクエンティン・タランティーノ監督流の設定になっているので、本作はそんな遊び心も
楽しみたい。

　それにしても、本作で恐れ入るのは、ここまでずっと戦い続けているジョン・ウィック
の体力。冒頭の追放処分によって殺し屋から狙われた彼は、命からがら親友のドクターの
家に駆け込んで九死に一生を得たはずだが、その回復力はすごい。また、カサブランカの
砂漠の中で、彼はほとんど死にかけていたはずだから、その回復力もすごい。さらに脅威
的なのは、首長と前述の合意をするについて、日本のヤクザと同じように、左手の中指を
つめる儀式まで余儀なくされたにもかかわらず、なお彼の格闘能力が健在なことだ。ちな
みに、セルジオ・コルブッチ監督のマカロニ・ウェスタン『続・荒野の用心棒』（66 年）
では、フランコ・ネロ演じる主人公は、両手をボロボロに潰されながら巧みな計略と不自

由な両手を巧みに使うことによって、悪党
たちとの最後の決戦に勝利したが、ジョ
ン・ウィックの場合は、右手は従前通りだ
から右手でのガン・フーはオーケー。しか
し、ゼロとの頂上決戦は銃を封印した格闘
戦だから、左手の中指のハンディキャップ
は大きいのでは？

　そんな心配もあったが、鏡の間での２人
の一進一退の戦いは、テレビで観るＫ−１
や RIZIN の試合以上に迫力満点。もちろ
ん、Ｋ−１や RIZIN の試合と違い、映画
ではその勝敗が最初から決まっているの
が玉にキズ（？）だが、そこでは映画なら
ではの演出をしっかり楽しみたい。

　しかして、傷つきながらもジョン・ウィ
ックとウィンストン、シャロンの３人は愛
犬と共に再び生きてその顔を見つめ合う
ことができたが、さて、主席連合はそこで
引き下がるの？いやいや、そんなことはな
いはず。そう思っていると、案の定エンド
ロールと共にシリーズ第４作の予告が・・・。

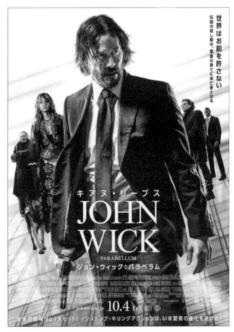

©2019 Summit Entertainment, LLC. All
Rights Reserved.

　　２０１９（令和元）年１０月２５日記

Data

監督・脚本：アレクセイ・シドロフ
出演：アレクサンドル・ペトロフ／
イリーナ・ストラシェンバウ
ム／ヴィンツェンツ・キーフ
ァー／ヴィクトル・ドブロヌ
ラヴォフ／アントン・ボグダ
ノフ／ユーリイ・ボリソフ

★★★★

T-34　レジェンド・オブ・ウォー

2018年／ロシア映画
配給：ツイン／113分

| 2019（令和元）年11月2日鑑賞 | 梅田ブルグ7 |

👀👀 みどころ

　中国が『戦狼2　ウルフ・オブ・ウォー2』(17年)なら、ソ連はこれ！観客動員数と興行収入の規模は中国、韓国に劣るものの、愛国心や国威発揚意欲ではソ連も負けてはいない。しかして、観客の度肝を抜く最高峰の＜戦車アクション・エンターテインメント＞とは？

　大脱走の基本ストーリーでも、捕虜の男女間に咲く恋でも、かなりバカげた設定だが、面白くて説得力さえあれば映画はOK。そんなエンタメぶりを本作でじっくりと。ハリウッドの大スターを結集した『大脱走』(63年)では数名しか成功しなかったが、さて、T-34による4人の男と1人の美女の大脱走の成否は・・・？

―――*―――*―――*―――*―――*―――*―――*―――*―――*

■□■全露NO.１メガヒット！その規模は？■□■

　中国映画の２０１７年大ヒット作にして、興行収入１０００億円を上げ、中国・アジアの興行収入歴代トップになったのは、呉京（ウー・ジン）監督の『戦狼2　ウルフ・オブ・ウォー2』(『シネマ41』136頁、『シネマ44』43頁)。これは、アフリカの某国で起きた内戦で、「中国版ランボー」と呼ばれる主人公が、中国人民と祖国のため、大活躍するものだ。また、韓国では観客動員数１７６１万人の『バトル・オーシャン　海上決戦』(14年)が興行収入でも１３４億円でトップだったが、２０１９年の『エクストリーム・ジョブ　究極の職業（原題：極限職業）』がそれを追い越した。その観客動員数は約１６００万人で『バトル・オーシャン　海上決戦』より少ないが、映画館入場料引き上げによって、その興行収入は１３５億円でトップになった。

それに対して、「観客動員８００万人、興行収入４０億円超えの"全露"ＮＯ．１メガヒット」となったのが本作。本作のパンフレットにある「INTRODUCTION」では、「観客動員８００万人、興行収入４０億円超えの"全露"ＮＯ．１メガヒット！！」の文字が躍っている。その点についての紹介は次のとおりだ。

第６７回アカデミー賞®外国語映画賞受賞『太陽に灼かれて』の監督ニキータ・ミハルコフが製作し、本国ではロシア映画史上最高のオープニング成績を記録！最終興行収入は４０億円を超え、観客動員８００万人という驚異的な数字を叩き出し、２０１９年全"露"ＮＯ．１メガヒットとなる！もはや社会現象として世界各国からも注目を集める戦車アクション超大作『Ｔ－３４　レジェンド・オブ・ウォー』。

この数字（規模）を見ると、ロシアにおける映画の興行収入や観客動員数が、中国や韓国に比べていかに小さいかがよくわかる。ロシアと韓国の人口を比較しながら、その観客動員数を比べてみると？また、ロシアと中国の人口を比較しながら、その興行収入の額を比べてみると？本作を製作したニキータ・ミハルコフは、『太陽に灼かれて』（94年）の他、『１２人の怒れる男』（07年）（『シネマ21』215頁）でも有名な監督。しかし、いくらそんな有名監督が製作しても、ロシアでは所詮その規模・・・？

■□■本作のセールスポイントは？■□■

「INTRODUCTION」では、「遂に日本に上陸する、観客の度肝を抜く最高峰の戦車アクション・エンターテインメント」ぶりについて、次のとおり紹介している。

第二次世界大戦下、たった４人のソ連兵捕虜が６発の砲弾と１両の戦車"Ｔ－３４"を武器にナチスの軍勢に立ち向かう胸熱シチュエーション、戦場で立ちはだかる宿敵（ライバル）、そして収容所で出会ったヒロインとのドラマチックな恋の行方―。観客の度肝を抜く最高峰の＜戦車アクション・エンターテインメント＞が、遂に日本に上陸する！！

また、「INTRODUCTION」での本作のセールスポイントの第１は、「ロシア最先端のＶＦＸ技術を結集したダイナミックな映像革命！！」。その点については、次のとおり、紹介している。

片輪走行にドリフト旋回する戦車、着弾・炸裂する砲弾描写、そして爆炎・・・観客が目撃するのは、もはや映像革命と呼ぶに相応しい超絶ＶＦＸの数々。『バーフバリ　王の凱旋』のＶＦＸを手がけた＜Film Direction FX＞を筆頭にロシア最先端の映像技術を結集し圧倒的なアクションシーンを活写！いまだかつてないダイナミックかつアドレナリン全開の戦車戦を体感せよ。

本作のセールスポイントの第２は、「リアルを徹底的に追及した最高峰の戦車アクション！！」。その点については、次のとおり、紹介している。

登場するソ連軍の"Ｔ－３４"はすべて本物の車両を使用し、役者自らが操縦する本格

的な撮影を敢行。戦車内には小型カメラを複数台とりつけ、閉鎖的な戦車内と兵士たちを克明に映し出すことで観る者をリアルな戦場へと誘う。さらに、詳細な資料の元、美術、衣装とも徹底的に再現することを追求した。

本作はそんな戦争映画だから、パンフレットには、大久保義信（月刊『軍事研究』編集部）の『『T－34　レジェンド・オブ・ウォー』の世界　〜歴史＆車両解説〜』と題する4ページに渡るコラムがあり、【独ソ戦】【T－34】【パンター】【傾斜装甲】【赤外線暗視装置】等について、異例の詳しい解説がされている。また、2ページにわたる「声優・上坂すみれインタビュー」があり、そこでは、ソ連・ロシア研究、ミリタリー、香港映画、ロリータ服等々、多岐にわたる趣味でも注目を集めている上坂すみれの博識ぶりが披露されている。

本作を楽しむにはこれらの専門知識があった方がベターなので、これは必読！

■□■冒頭と導入部からド迫力の戦闘シーンが！■□■

本作冒頭は、本作の主人公であるニコライ・イヴシュキン大尉（アレクサンドル・ペトロフ）が、いきなり雪中でナチス・ドイツの戦車に襲われるシーンから始まる。彼が1人の部下と共に乗るのは基地で炊事するための車両だが、後ろから追ってくる戦車の砲弾を見事にかわし、基地に逃げ込んだから立派なもの。まずは、この冒頭のシーンに見る、イヴシュキンの高い戦闘能力（？）を確認！

続いて、ドイツ軍によって防衛線が破られ、厳しい戦況下にある基地の中で、彼が1台だけ残ったソ連軍戦車 "T－34" の戦車長に任命されたのは、ある意味当然。そこで彼は、3人の部下と共にこの戦車に乗り込み、わずかに歩兵の助けを借りながら、イェーガー大佐（ヴィンツェンツ・キーファー）率いるナチス・ドイツのⅢ号戦車の中隊と戦うことに。実戦ははじめてという車長兼砲手のイヴシュキンに、①操縦手、②装填手、③無線手兼車体機銃手の役割を果たす3人の部下、ステパン・ヴァシリョノク（ヴィクトル・ドブロヌラヴォフ）、ヴォルチョク（アントン・ボグダノフ）、イオノフ（ユーリイ・ボリソフ）たちは当初不安を抱いたが、イヴシュキンの一糸乱れぬ統率力を見て、俄然一致団結。

導入部では、イェーガー率いる圧倒的なドイツ戦車軍団を相手に、イヴシュキンが次々戦局を圧倒していく姿に注目！しかし、共に傷ついたイヴシュキンの戦車 "T－34" とイェーガー大佐のⅢ号戦車が対峙する中、イヴシュキンは瀕死の重傷を負い、捕虜として収容所に送られることに。

この戦いは1941年のことらしい。しかして、スクリーン上はそこから一転、3年後の1944年に移る。その舞台は、テューリンゲン州の強制収容所。そこには1人、ナチス将校の命令を無視し続け、拷問を受けているソ連軍の捕虜がいたが・・・。

■□■バカげた設定だが、それでも面白い。なるほど、その1■□■

映画はあくまで作りものでエンタメだから、現実にはあり得ないバカげた設定でも、面白ければ、そして説得力さえあればそれでOK。強制収容所でのイヴシュキン大尉とイェーガー大佐の3年ぶりの"ご対面"がバカげた設定なら、ヒムラー長官からSS装甲師団ヒトラーユーゲントを任され、より優秀な戦車兵を育てるため、捕虜の中にいる戦車兵を使ってヒトラーユーゲントの戦車兵を訓練するための演習を命じられたイェーガー大佐が、イヴシュキンの写真を発見し、「この男と戦わせれば最強のヒトラーユーゲントの戦車兵を育てることができる」と確信した、というのもバカげた設定だ。しかし、そんなバカげた設定によって、3年前にT−34に乗り込んでナチス・ドイツのⅢ号戦車と戦ったイヴシュキンたち4人が、再びナチス・ドイツ軍から提供されたT−34に再び乗り込み、訓練の場ではあっても、Ⅲ号戦車と戦うことになろうとは！

もちろん、これは演習だから、ヒトラーユーゲントの戦車は実弾を使用するのに対し、イヴシュキンたちは砲弾を持たず、ただ逃げ回るだけの役割。したがって、ハナから大きなハンディキャップを負わされたものだ。イヴシュキンたち4人に与えられた1週間内にやるべき任務は、ナチス・ドイツが回収したボロボロのソ連製戦車T−34の整備。そのためには、まず戦車内に転がっている焼けただれた4人の戦車兵の処分が必要だ。しかし、その作業中にイヴシュキンたちは戦車内に残っていた6発の実弾を発見。そこで、イヴシュキンはイェーガー大佐に対して、兵士たちの死体を丁重に埋葬したいと願い出てそれが許可されたが、一体イヴシュキンたちは何を企んでいるの？何らかの企みがあれば、イヴシュキンたちがT−34の整備に精を出し、演習場の地形の把握を含む戦略、戦術に全力を傾けるのは当然だ。

しかして、演習当日、整備を終え燃料をタップリ詰め込んだT−34は、イヴシュキンの指揮の下、どこをどう走り回るの？

■□■バカげた設定だが、それでも面白い。なるほど、その2■□■

強制収容所の中で、イヴシュキンは頑として自分の名前と階級を黙秘し続けたが、イェーガー大佐の登場によって2人が"ご対面"すると、イヴシュキンのそんな抵抗はもはや無意味に。しかし、イェーガー大佐の命令どおりに、ヒトラーユーゲントの戦車兵を訓練するため、T−34に乗って逃げ回るだけの演習をやるなんて言語道断。そんなことは絶対お断り！イヴシュキンがそう考えたのは当然だが、それを180度方向転換し全面協力することになったのは、演習に協力しなければ通訳をしている捕虜の女性アーニャ（イリーナ・ストラシェンバウム）を射殺すると脅かされたためだ。

そもそも、通訳を捕虜にやらせる設定がバカげているうえ、それがアーニャのような美女という設定もバカげている。こんな美女ならドイツ兵が目をつけても当然だから、あらぬ妄想が膨らんでくるはだが、自分の命を守ってくれるのと引き換えにイヴシュキンが危険な任務を背負ってくれたことに、アーニャが心から感謝したのは当然。したがって、

イェーガー大佐の命令に従うフリをしながら、ある極秘の計画を立てているイヴシュキンにアーニャが全面協力したのも当然だ。さらに、このまま収容所に戻りたくないアーニャが、女ながらもイヴシュキンたちと行動を共にしたいと申し出たのも当然だ。

ストーリーがここまで進むと、その後に展開される演習の姿とその結果はある程度予想できるが、ひょっとしてその中にはイヴシュキンとアーニャの恋模様まであるの？いやいや、さすがにそこまでは・・・？そう思っていると・・・？

■□■ 『大脱走』は脱走失敗だったが、本作は？■□■

ハリウッドのオールスターが共演した中でも、スティーブ・マックイーンの存在感がひときわ光っていたのが『大脱走』(63年)。しかし、その「大脱走」で無事捕虜収容所から脱走できたのはごく数名だけで、スティーブ・マックイーンを含む多くの男たちは脱走に失敗し、元の収容所に逆戻り。それが同作の結末だった。しかし、たった4人の捕虜が1両の戦車T－34でナチスの軍勢に立ち向かった最高峰の〈戦車アクション・エンターテインメント〉たる本作では、演習場からの「大脱出」の成功はもちろん、脱出中の森の中での男たちの水浴びやイヴシュキンとアーニャの恋物語（寝物語？）まで登場するので、それをしっかり楽しみたい。

演習場からの「大脱走」に成功しても、所詮戦車で走行しながらの脱走だから、そのスピードには限界がある。また、戦車だから悪路でも走行できるとはいえ、山中で木をなぎ倒しながら走ればスピードは落ちるのは当然。したがって、イヴシュキンが指揮するT－34での大脱走を確認したイェーガー大佐は、緊急指揮所を設置し、そこに情報を集めながら幹線道路を封鎖すれば、T－34の捕捉は容易。誰もがそう考えるし、理屈はその通りだ。しかし、映画なら、ましてソ連国民を喜ばせるエンタメ作品なら何でもあり。もっとも、山の中で水浴びまで楽しみ眠りについているイヴシュキンたちを、飛行機に乗ったイェーガー大佐が発見したうえ、その包囲網を狭めたのは当然だから、そこからの脱出は至難のワザだ。

しかして、本作ラストに登場するのは、その包囲網を突破し再度「大脱走」するクライマックスだから、それに注目！１９４１年の最後の１対１の対決ではイヴシュキンはイェーガー大佐に敗れたが、今回の１対１の対決は？本作では敵将イェーガー大佐のバカさ加減をあまり目立たせず、それなりの尊厳を保たせながら１対１の対決を盛り上げ、そして最後にはイヴシュキンのヒーロー性を際立たせているので、その演出の見事さに注目！ちなみに、『戦狼2　ウルフ・オブ・ウォー2』では、ラストに中華人民共和国のパスポートが登場したため、思わず観客総立ちで「中華人民共和国万歳！」と叫ぶ姿を想像したが、さて、本作上映直後のロシア国民８００万人の反応は？

2019（令和元）年11月12日記

追記

『T-34 レジェンド・オブ・ウォー ダイナミック完全版』（18年）

２０２０年２月１９日鑑賞　シネ・リーブル梅田

◆本編を上映し、それなりの評判を呼んだ後、さらに時期を見てその完全版やディレクターズカット版を公開する例がまれにある。その代表例が次の３作だ。

① 『バーフバリ　王の凱旋』（17年）（『シネマ41』141頁）

　　『バーフバリ　王の凱旋　完全版【オリジナル・テルグ語版】』（17年）（『シネマ42』未掲載）

② 『Uボート　最後の決断』（03年）（『シネマ7』60頁）

　　『U・ボート（ディレクターズ・カット版）』（97年）（『シネマ16』304頁）

③ 『この世界の片隅に』（16年）（『シネマ39』41頁）

　　『この世界の（さらにいくつもの）片隅に』（19年）（『シネマ46』頁未定）

◆しかして『T-34　レジェンド・オブ・ウォー』も、その『ダイナミック完全版』がシネ・リーブル梅田で１週間限定で公開されることに。これは「通常版」で描かれることのなかった計２６分のシーンを追加したうえ、エピローグも加えて登場人物たちのその後を知ることができる内容となっているそうだ。「通常版」も結構楽しめるロシア発の戦争エンタメ巨編だったため、こりゃ必見！そう思って映画館へ。

『T-34 レジェンド・オブ・ウォー』　配給：ツイン
10月25日（金）より梅田ブルク7、T・ジョイ京都、OS シネマズ神戸ハーバーランドほか、全国ロードショー
© Mars Media Entertainment, Amedia, Russia One, Trite Studio 2018

◆『この世界の（さらにいくつもの）片隅に』では、パンフレットも新たに作り、どの部分が追加されたかを詳細に紹介していたが、本作はそこまでのサービスはない。したがって、どの部分が追加されたのかは明示されないが、それはスクリーンを観ていると概ね把握することができる。そのため、それを確認しつつ、「通常版」で満喫した楽しさを、再度ダイナミック完全版でもたっぷり味わうことができた。しかして、堂々と奪い取った「T-34」に乗っての逃避行の中で思いがけず咲いたあの恋は、終戦後どうなったのだろうか？　　　　　　　　　　　　　　２０２０（令和2）年3月6日記

Data

監督・脚本：ルカ・ミニエーロ
出演：マッシモ・ポポリツィオ／フ
ランク・マターノ／ステファ
ニア・ロッカ

SHOW-HEY シネマルーム

★★★★

帰ってきたムッソリーニ

2018年／イタリア映画
配給：ファインフィルムズ／96分

2019（令和元）年10月10日鑑賞　　シネ・リーブル梅田

◕‿◕ みどころ

　歴史上の「If・・・」はいろいろある。私の最大のそれは「もし、イエス・キリストが帰ってくれば・・・」だが・・・。

　『帰ってきたヒトラー』を原作とした同名のドイツ映画は面白かったが、何とヒトラーをムッソリーニに変えて脚本を書き、イタリア国民に警鐘を鳴らしたのはルカ・ミニエーロ監督。さて、その問題意識は那辺に・・・？

　ストーリー構成はヒトラー版と同じだが、国民の親しみの点ではムッソリーニの方がヒトラーより上・・・？愛嬌の点からはそうも考えられるが、赦せるか否かを問われるＴＶ番組における、老イタリア夫人の究極の選択は？『愛の勝利を　ムッソリーニを愛した女』(11年)と一緒に観賞するのも一興だが・・・。

―――＊―――＊―――＊―――＊―――＊―――＊―――＊―――＊―――＊―――

■□■着想は『帰ってきたヒトラー』。本作の問いかけは？■□■

　私は２０１６年６月１８日に『帰ってきたヒトラー』(15年)を観たが、同作はメチャ面白いうえ、鋭い風刺を含む貴重な問題提起作だった。同作を観たのが、折りしも２０１６年７月１０日に投票される参議院選挙の直前だったため、私はその評論で、「桝添知事を選んだ東京都民も猛省せよ！」と書いた（『シネマ38』155頁）。それから３年後の今の日本国は少しはマシになっているの？

　『帰ってきたムッソリーニ』と題された本作の着想は、ドイツで２００万部以上を売り上げたベストセラー小説『帰ってきたヒトラー』(ティムール・ヴェルメシュ著／原題『ER IST WIEDER DA』)にあるが、舞台をドイツから今のイタリアに置き換えた上で、ムッソリーニが現代のイタリアで再び権力を握ったらどうなるのか？それが、本作の脚本を書き、監督をしたルカ・ミニエーロの問いかけだ。もし、ムッソリーニが今あの軍服姿で突然現れたら・・・？もちろん、そんなバカなことが起こるはずはないが、映画は何でもありだ

から、そんなストーリーの設定も可能だ。しかして、本作導入部では、１９４５年４月２８日に死亡したはずのムッソリーニが、２０１７年の同じ日に、空から地上に落ちてくるシークエンスが登場するが、その場所は？そして、その姿は？

■□■本作はそっくりさんや影武者ではなく、正真正銘の本物■□■

『キングダム』（19 年）は、若き日の秦の始皇帝のそっくりさんを影武者に仕立てていく物語だった（『シネマ 43』274 頁）し、張芸謀（チャン・イーモウ）監督の『SHADOUW 影武者』（18 年）は懸命に鍛え上げられた影武者が沛国の国の宰相として、既に立派な活躍をしているところからストーリーが始まっていた（『シネマ 45』265 頁）。また、黒澤明監督の『影武者』（80 年）は、今や「そっくりさん」や「影武者」をテーマにした映画のバイブルになっている。しかして、本作冒頭、突如空から降って沸いたように登場した第２次世界大戦当時の軍服のままの男（マッシモ・ポポリツィオ）はムッソリーニのそっくりさん？売れない映像作家アンドレア・カナレッティ（フランク・マターノ）が、そんなムッソリーニを偶然カメラに収めたところから始まったドキュメンタリー映画の製作旅行は順調に進んでいるようだ。２人でイタリア全土を旅しながらの撮影旅行では、ムッソリーニをそっくりさんだと思った若者が屈託なくスマホを向けると彼は戸惑いながらも撮影に応じ、また市民の中に飛び込んで、不満はないか？と質問を投げかけると移民問題や政府に期待していない生の声があふれ出ていた。そして、その様子が動画サイトに投稿されると、再生回数がどんどん増え、ネットで大きく拡散されていくことになったから、カナレッティは万々歳だ。

しかし、実は本作冒頭に登場するムッソリーニはそっくりさんや影武者ではなく、正真正銘のホンモノ。そして、死後７２年も経た２０１７年の４月２８日に"復活"してきた当のムッソリーニも、当初は現代のイタリアの姿に大いに戸惑っていたが、「この国は何も変わっていない」と確信した彼は、再び絶大な国民からの人気を集めることによって、再びこの国を征服しようという野望を抱くように。しかして、それはどんなやり方で・・・？

■□■視聴率至上のＴＶ局では、このネタ（キャラ）は最高！■□■

『帰ってきたヒトラー』では、タイムスリップで現代に蘇ったヒトラーが、「モノマネ芸人」として大ブレイクすると、ＴＶ局の３人の責任者たちがヒトラーのそっくりさんの活用方法を巡ってくり広げる権力闘争が面白おかしく描かれていた。それと同じように、本作でもカナレッティの動画が拡散していくと、ＴＶ局の新編集局長カティア・ベッリーニ（ステファニア・ロッカ）とその配下になった副編集局長ダニエーレ・レオナルディ（ジョエレ・ディクス）の間で、「ムッソリーニ・ショー」でのムッソリーニの活用方法を巡って激しい権力闘争がくり広げられるので、それに注目！

新編集局長に抜擢されたカティアは、「ムッソリーニ・ショー」の最初の放映での高視聴率に大満足だが、彼女やＴＶ局の製作スタッフたちはあの男が現代に蘇り、再びこの国を

征服しようという野望についてどう考えているの？私が見る限り、彼らはそんな問題には全然興味を持たず、ただ視聴率にのみ関心が向いているようだが、それってかなりヤバイのでは？他方、カナレッティとのイタリア全土の撮影旅行中、ムッソリーニがある婦人の連れたかわいい愛犬を射殺し、それが動画で発信されたため大問題が！彼はなぜそんな酷いことをするの？そんな声が全イタリアで巻き起こった上、婦人からは損害賠償の請求も。さあ、ムッソリーニやカナレッティ、そしてＴＶ局はそれにどう対応するの？

■□■ファジスムとは？ネオ・ファシズムとは？■□■

　ファシズムって何？ファシズムとナチズムとの異同は？また、ネオ・ファシズムとは？あらためてそう問われると、その答えは難しい。戦前の日本は明治憲法下の議院内閣制の民主主義国だったにもかかわらず、軍部の発言力が強まり軍備が拡張される中で軍国主義が強化された。しかし、そこでは日本特有の天皇制との関連が強かった。したがって、あくまで民主主義体制の下、国会での多数を握ることを目指したイタリアのファシズムやドイツのナチズムとは大きく異なっていた。また、三国同盟を結び、枢軸国として米英仏露などの連合国と第２次世界大戦を戦った日独伊は、戦後の軍国主義、ナチズム、ファシズムとの決別についても、相違点が多い。

　そして、近時のイタリアではネオ・ファシズムが盛り上がっているし、ムッソリーニの孫であるアレッサンドラ・ムッソリーニも１９９３年１１月のナポリ市長選挙では敗れたものの、ナポリ選挙区選出の下院議員として大活躍している。パンフレットによれば、それらの点についてのルカ・ミニエーロ監督の認識は次のとおりだ。すなわち、

　①『帰ってきたムッソリーニ』はムッソリーニやファシズムを語る映画ではない。私はファシズムを絶対の「悪」だと思っているのでそれを描くつもりはなかった。これは今日のイタリアを描いた映画だ。

　②原作小説を映画の脚本に書き換えるにあたり、何よりも重視したのは決してムッソリーニを裁いたり、改めて彼がしたことを審理したりしないということだ。裁きはすでに歴史が下している。我々は設定を変えたり、何かを教えたり、危険なことを知らせたりせずに、今日のイタリア人がどう反応するのかを見たかった。そして、そうすることで多くのことを発見した。

　③ムッソリーニは異星人ではなく、我々イタリアのモラルを反映した存在とも言える。ムッソリーニの復活は、根源的な恐怖の復活であり、彼を受け入れることによって我々の権力構造の悪意も明らかになる。今も当時もそれは変わらない。この作品が暗に提示する問いはシンプルだ。「ムッソリーニが現代のイタリアで再び権力を握ったらどうなるのか？」だが、答えは単純でない。

　本作を観賞するについては、ムッソリーニのそっくりさんを見て笑い飛ばすだけでなく、ファシズムとは？ネオ・ファシズムとは？それについて改めて考える必要がある。

■□■本作 vs『愛の勝利を　ムッソリーニを愛した女』■□■

　本作ではムッソリーニの２９歳年下の愛人クラレッタ・ペタッチの名前が何度も登場するが、ムッソリーニの華やかな女性関係については全く触れられていない。１１月１５日に公開される『LORO　欲望のイタリア』（18 年）では、スキャンダルにまみれたイタリアの元首相ベルルスコーニの政治とカネ、失言の他、さまざまな女性問題が赤裸々に暴露されるらしい。陽気で女好きなイタリア男は、古代ローマ帝国のシーザーを含め、堅物のドイツ人や真面目な日本人と違って女関係は華やかだが、さてムッソリーニのそれは？

　ムッソリーニをタイトルに入れた映画には、『ムッソリーニとお茶を』（00 年）や、『愛の勝利を　ムッソリーニを愛した女』（11 年）がある。後者は、関係を持った女性は数百人をくだらないと言われているムッソリーニと、若き日のムッソリーニのカリスマ性に惚れてムッソリーニが日刊紙「ポポロ」を発刊するのを支援した女性イーダとの関係を描いた興味深い映画だった（『シネマ26』79 頁）。２人の間に子供が生まれてから、ムッソリーニにはれっきとした妻と子がいることを知らされたイーダの怒りは相当なものだったが、その後、彼女はどんな行動をとったの？『愛の勝利』というタイトルがふさわしいかどうかは別として、同作にみるイーダのその後の行動は非常に興味深くシリアスな映画だった。

　しかし、それに比べると、本作は軽妙さが売りだし、「そこまで言って委員会」と同じようにギリギリの演出が生命線になっている。もっとも、日本人の多くはムッソリーニの「実績」については、ヒトラーのそれほど詳しく知らないから、その分『帰ってきたヒトラー』とはハンディキャップがあるが、それでも本作は私には結構面白い。そんな視点で考えると、本作 vs『愛の勝利を　ムッソリーニを愛した女』は？この両者を見比べてみるのも一興だ。

『帰ってきたムッソリーニ』DVD&Blue-lay 発売中
価格：DVD3,900 円(税抜) Blue-lay4,800 円(税抜)
発売元：ファインフィルムズ　販売元：ハピネット
(C)2017 INDIANA PRODUCTION S.P.A., 3 MARYS
ENTERTAINMENT S.R.L.

　　　　　２０１９（令和元）年１０月１７日記

おわりに

1） ２０２０年４月２１日火曜日。「おわりに」の原稿を書き始めた今、パンデミック（世界的大流行）となって世界中を襲っている新型コロナウイルスの危機は拡大の一途をたどっています。ところが、中国・湖北省の省都・武漢では全面封鎖が解除され、徐々に市民生活が戻りつつあると報道されているうえ、延期を余儀なくされていた全人代（全国人民代表大会）が５月２３日にも開催されそうだと報道されています。それに対抗するかのように（？）、米国のトランプ大統領は「既に米国でのコロナウイルスのピークは過ぎた」とツイッターに書き、４月１６日には経済活動の再開を３段階の指針で行うことを発表しました。その判断と実施権限は各州の知事に委ねたものの、彼の真意が２０２０年１１月３日に予定されている大統領選挙を見据えた上での早期の経済活動再開にあることは明らかです。

「ＷＨＯ（世界保健機関）は中国寄りだ」という批判と、それをすかさず行動に移した、ＷＨＯへの拠出金の一時凍結、そして、中国発だと考えられる（？）「武漢ウイルス」への本格的調査の着手等、大統領の素早い行動力は相変わらずですが、さて、それに対する習近平率いる中国の対応は？武漢の感染者数や死者数がどこまでホントかウソかという本質的問題はありますが、今や主要な論点はそんな枝葉末節の問題（？）ではなく、民主主義国家のシステムがホントに優れているのか、それとも多少の不便（？）はあっても、内部抗争に明け暮れているどこかの先進民主主義国よりも、一党独裁国家のシステムの方が結局国民は幸せではないのか？そんな問題に発展しています。

ヨーロッパでは、感染者数、死者数がともに爆発的に増大したイタリアやスペインに比べ、やはりドイツの優等生ぶりが目立ちますが、それって一体ナニ？また、ＥＵから離脱して独自路線を歩み始めた途端のコロナウイルス騒動、そして何とトップに立つジョンソン首相の感染という前代未聞の事態に陥ったイギリスの今後の回復力は如何に？さらに、新型コロナウイルスが衛生状態の悪いアフリカや中東方面に広がっていくことは確実ですが、その感染者数と死者数の想定は如何に？今こそ１９１８年に発生し１９２０年まで世界各国に広がったスペイン風邪の"実態"を思い起こし、その教訓をしっかり学ぶ必要があります。そしてまた、「ＳＴＡＹ　ＨＯＭＥ」が強要されている今、アルベール・カミュの小説『ペスト』（47 年）の再読が不可欠です。

2） 日本国を襲う、そんな"国難"の中、某新聞は今なお"モリカケ問題"や昭恵夫人のお花見問題、九州の大分県への旅行問題を絡めながら安倍政権を批判していますが、そりゃ如何なもの？もっとも、「収入が減った低所得世帯への３０万円給付」から「全国民への一律１０万円給付」に急遽切り替えた安倍政権の政策の綻びは、たしかに目立っています。「小さな声を聴く力」をキャッチフレーズにした公明党が、「３０万円案はナンセンス」という世論（創価学会？）に反応したのは当然ですが、閣議決定までした国の予算案を、長年連立与党として信頼関係にあった公明党が途中でちゃぶ台返しをするとは、岸田文雄政調会長はもちろん、麻生太郎財務大臣も予想しなかったのは当然です。機を見るに敏な二階俊博幹事長の、久しぶりに見る変わり身の早さにビックリかつ感心させられると共に、またぞろ日本の政治とは、日本の政治決定とはこの程度のものだったのかと痛感！それを連日、お笑い芸人を動員してワイドショー的に取り上げている（アホバカ）ニュースにもうんざりです。

高市早苗総務大臣の記者会見によると、4月27日時点で住民基本台帳に登録されているすべての人を対象に、郵送もしくはオンライン申請で受け付け、早ければ5月中にも支給が始まるそうですが、その実効性は如何に？10万円の振込みが終わる頃にはあちこちでバタバタと倒産劇が頻発している上、10万円では不十分だとの声がまたぞろ登場し、さらなる現金支給を求める世論が強まることは確実です。また、既に賃料の免除を求める声が大きくなり始めているため、私の予想ではこれも制度化されそうです。もちろん、これらの財源はすべて国債（＝国の借金）。約100兆円の国家予算のうち、既に約3分の1は借金返済に充てられていますが、新たな予算を8.8兆円に増額し、膨大な審議時間と膨大な事務作業をかけて一人一人の国民に10万円を配る意義は一体どこにあるのでしょうか？もちろん、466億円をかけて一世帯に2枚の布マスクを配るという政策はナンセンス。現在、「お上」からありがたく支給が始まっているマスクには、「汚れている」等の欠陥が発見されているそうですが、それを含めもはやこれはブラックジョークとしか言いようがありません。私は10万円の受領を拒否することをここで宣言しますが、そんな自発的意思を表明する日本人は1億2000万人のうち一体どのくらいいるのでしょうか？

3）「東京2020」の中止・延期は私がコロナ騒動発生の当初から予言していたこと。そして、五輪の中止によってポシャってしまい、7月の都知事選挙にも暗雲が立ちこめるはずだったのが小池百合子東京都知事です。ところが、二階俊博幹事長以上に機を見るに敏な元ニュースキャスターの彼女は、コロナ騒動をもっけの幸いとばかりに、急遽再浮上！「未だパンデミックとは言えない」と言い続けたWHOを信頼（？）して、「緊急事態宣言」の"発出"をためらっていた政府＝安倍官邸との違いを鮮明にするべく、"東京ロックダウン"という過激かつ目新しいキーワードを駆使し、"危機に強い小池百合子東京都知事"を演出しました。その結果、安倍総理は4月7日に改正新型インフルエンザ対策特別措置法32条に基づく措置として「緊急事態宣言」を発出し、その対象地域として東京、大阪等の7都府県を指定しましたが、それは「遅きに失した」と印象づけられてしまいました。
　さらに、緊急事態宣言に基づく具体的措置として、国民（都府県民）にどのような自粛行動を求めるのか、どのような業者に休業を含むどのような要請をするのかについても、小池都知事と官邸との間の綱引きで小池案が勝利し、先行・定着しました。その結果、東京都に続いて具体的措置をとった大阪府や兵庫県は基本的に小池案を踏襲。その後、4月16日に緊急事態宣言の対象地域が全国に拡大された後も、各県は基本的に小池スタンダードに習うことになりました。こうなると、もはや小池都知事はウハウハ。ゴールデンウィーク明けに終結宣言ができるかどうかは不明ですが、コロナウイルス騒動が収まった時点で"小池一強"が形成されていることは確実です。そうすると、7月の東京都知事選での圧勝はもちろん、9月の自民党総裁選挙には、どんな影響が？

4）大阪維新の会が発足したのは2010年4月。それから10年。読売新聞は「維新の10年（上中下）」を特集し、朝日新聞は「維新10年『俺たちこそ自民』」「政権との太いパイプ　アピール」の見出しで紙面全体を使い、「大阪維新の会をめぐる10年間とこれから」を特集しました。私と同じ大阪市に事務所を持つ弁護士で、北区選出の大阪市議会議員だった吉村洋文氏は、2015年12月に大阪市長に、2019年4月にはあっと驚くクロス選挙によってそれまでの松井一郎と交替する形で大阪府知事に

就任しました。大阪維新の会の創設者である橋下徹氏とは全く違うイメージの真面目で誠実な人柄の彼が、今は大阪の新型コロナウイルス対応を巡って連日テレビに登場しています。緊急事態宣言に伴う事業者への休業要請は本来、休業補償とセットでなければダメ。それが彼の一貫した主張でしたが、残念ながら（当然ながら？）国はそれを拒否。「それならば・・・」と彼は、休業要請に協力する事業者には一定の支援金を出すことを決定しました。

　もっとも、その半分は市町村に負担してもらいたいとお願いしましたが、ことほど左様に彼の発言は、走りつつ考え、考えつつ走るスタイルなのです。ホントにそれでいいの？そんな心配もありますが、彼の誠実な人柄とソフトなしゃべり、そして何よりも一生懸命な姿を見れば、大阪維新のファンはもちろん、大阪府民の多くはそれに共感し、納得してくれるのでは・・・？松井一郎大阪市長との連携がすべて順調で、かつての不幸せ（府市あわせ）状態から完全に脱却できている今、逆に今年１１月に予定していた大阪都構想の再度の住民投票が実施できるかどうかを含めて不安視されていますが、それはまだ半年も先の話。今は緊急事態宣言に伴う諸対策の効果が大型連休明けに数字として確認できるか否かが最大の焦点です。

５）緊急事態宣言にもとづく各業界へのさまざまなパターンでの休業要請の結果、ついに４月上旬には映画館も休業となりました。そこで、空き時間が増えた私は、中国語の勉強を本格的に再開。事実上あきらめかけていた中国語検定２級の受験を再度決意し、６月末の検定試験に向けた勉強を開始しました。教科書はたくさんあるので、勉強していると１時間、２時間はすぐに経ってしまいます。夜は ipod に入れている中級レベルのラジオ講座を聴きながら眠るのが習慣に。土、日、祝日を含め、連日朝は７時半から夕方は６時まで事務所のデスクに座っての猛勉強です。もっとも、４月中旬からは、毎日通っていたサウナも休業になってしまったため、かつて愛用していた事務所４階の一人用サウナが大いに役立っています。思えば、今から約５０年前、６畳のアパートで一人ぼっちで司法試験の受験勉強をしていた当時は、１日８時間は集中していました。さすがに７１歳の今はそこまで集中できませんが、それでもかなりのものです。

　４月１８日付朝日新聞の「天声人語」は「集中して勉強するのに適した場所はどこかと問われれば、自宅ではなく図書館や喫茶店をあげる人もいるだろう。」と問題提起したうえ、「めったに入る機会はないけれど、ここもなかなかいいと言われる場所がある。監獄である」と書き始めました。そして、「何度も入れられた大正期のアナーキスト大杉栄の場合」、①獄中の時間の多くを語学にあてたこと、②「一犯一語」を目標に、国際語エスペラントからイタリア語、ドイツ語と続けたこと、③６カ月目には辞書なしでかなり読めるようになるものだと著書『獄中記』に書いていること、を紹介しました。５月６日に"刑期"が、いや"自粛の期間"が終わり、仕事も映画もフィットネスも平常になれば、復活した日常の中で今の集中度での中国語の勉強ができなくなるかもしれませんが、「天声人語」が言うように、少なくとも、「５月６日まで」とは思わない方がよさそうです。大杉栄は、あれも読みたい、これも読みたいと考えると、刑期を「どうかしてもう半年増やして貰へないものかなあ」、などと本気で考えるようになったそうですが、私の場合、そんな境地になるかどうかも含めて、とにかく毎日加油！

６）２０１９年４月から２０２０年３月までに鑑賞した映画をまとめた「２０２０年上半期お薦め７０作」たる本書は、２０２０年７月末に発送する「事務所だより　第３５

号盛夏号」と共に配布する予定でしたが、今年は新型コロナウイルス騒動によって時間的余裕ができたため、出版を「前倒し」しました。そこで、「はじめに」を４月１５日付、「おわりに」を４月２１日付で書き上げ、４月末には印刷に回すこととし、本書の発行日を２ヶ月早めて６月１日付にしました。

　映画館の休業が続けば、大手シネコンに大きく体力（財政的基盤）の劣るミニシアター系の経営が厳しくなるのは当然。交響楽団から落語、漫才、映画まで、ありとあらゆる芸術や演劇がいつまで持ちこたえられるかが心配です。それはスポーツも同じで、大リーグで活躍中の大谷翔平や田中将大らの野球選手も、いくら巨額の年俸があってもそれは「試合をしてナンボ」の話。試合がなくなれば、つまり職場そのものがなくなれば、お手上げです。私の場合も、鑑賞する映画がなくなれば、書くべき評論もなくなるのは当然。したがって、映画館の休業がいつまで続くのかによって、２０２０年１２月に予定している次の『シネマ４７』の出版ができるかどうかが決まります。プロ野球の開幕は６月には・・・？いや、真夏の太陽がガンガン照りつける７月には・・・？誰もがそう思いそれを願っていますが、大阪の真夏の風物詩である天神祭の中止も決定された今、新型コロナウイルス騒動がいつ収まるかは神のみぞ知る状況です。物理的にも精神的にも新型コロナウイルスによって痛めつけられた映画業界は、いつ頃、どこまで回復できるのでしょうか？

　去る４月１０日、「映像の魔術師」と呼ばれた大林宣彦監督が８２歳で亡くなりました。『花筐／HANAGATAMI』(17年)（『シネマ41』67頁）に続いて果敢にチャレンジした『海辺の映画館―キネマの玉手箱』を、命を削りながら２時間５９分の大作として完成させ、４月１０日の公開を心待ちにしていた矢先の訃報でした。妻の恭子さんと、「今日は初日だね」「コロナで延期ですって」「仕方ないね」とやりとりしたその夜に帰らぬ人となったそうですから、その壮絶な生きザマと死にザマに拍手！

7) 私は映画館や試写室での映画鑑賞がなくなった４月中旬以降は、中国語の勉強を開始。中国語検定２級への再チャレンジを決意し、６月２８日に実施される予定の第１００回検定での合格を目指して勉強を再開しました。映画館の休業が長引けば長引くほど中国語の勉強が進む。中国語の勉強が進めば進むほど映画鑑賞の意欲が減退する。そんな因果関係の中で私の生活が進んでいけば、次回『シネマ４７』の出版がどうなるかもわかりません。５月中に全国民への１０万円の支給ができているかどうかを含め、映画界はもとより、日本国そのものがどうなるかわからなくなっている今、『シネマ４７』の出版がどうなるかなど、どうでもいいことかもしれません。

　「おわりに」を書いている４月２１日の今、私はそんな心境で本書（の原稿）をすべて完成させ、この後は中国語の勉強に専念するつもりです。したがって、今回に限っては、いつものように『シネマルーム４７』までの半年の間、バイバイ、バイバイ、バイバイ」とは書けませんが、皆さん、くれぐれも先進民主主義国家の国民として政府の要請に従い、「ＳＴＡＹ　ＨＯＭＥ」を守って下さい。私は「非国民」と言われるかもしれませんが、あえてそれを恐れず、好きなことを好きなようにやり、自分流の行動を貫くつもりです。それはともかく、私も一人の日本国民として皆様と共に新型コロナウイルス騒動が一日も早く終結することを心から願っています。

　２０２０（令和２）年４月２１日

　　　　　　　　　　弁護士・映画評論家　坂　和　章　平

弁護士兼映画評論家　坂和章平の著書の紹介

＜都市問題に関する著書＞

『苦悩する都市再開発〜大阪駅前ビルから〜』（都市文化社・８５年）（共著）

『岐路に立つ都市再開発』（都市文化社・８７年）（共著）

『都市づくり・弁護士奮闘記』（都市文化社・９０年）

『震災復興まちづくりへの模索』（都市文化社・９５年）（共著）

『まちづくり法実務体系』（新日本法規・９６年）（編著）

『実況中継　まちづくりの法と政策』（日本評論社・００年）

『Ｑ＆Ａ　改正都市計画法のポイント』（新日本法規・０１年）（編著）

『実況中継　まちづくりの法と政策　ＰＡＲＴⅡ―都市再生とまちづくり』（日本評論社・０２年）

『わかりやすい都市計画法の手引』（新日本法規・０３年）（執筆代表）

『注解　マンション建替え円滑化法』（青林書院・０３年）（編著）

『改正区分所有法＆建替事業法の解説』（民事法研究会・０４年）（共著）

『実況中継　まちづくりの法と政策　ＰＡＲＴⅢ―都市再生とまちづくり』（日本評論社・０４年）

『Ｑ＆Ａ　わかりやすい景観法の解説』（新日本法規・０４年）

『実務不動産法講義』（民事法研究会・０５年）

『実況中継　まちづくりの法と政策　ＰＡＲＴ４―「戦後６０年」の視点から―』（文芸社・０６年）

『建築紛争に強くなる！建築基準法の読み解き方―実践する弁護士の視点から―』（民事法研究会・０７年）

『津山再開発奮闘記　実践する弁護士の視点から』（文芸社・０８年）

『眺望・景観をめぐる法と政策』（民事法研究会・１２年）

『早わかり！大災害対策・復興をめぐる法と政策
　　　―復興法・国土強靱化法・首都直下法・南海トラフ法の読み解き方―』（民事法研究会・１５年）

『まちづくりの法律がわかる本』（学芸出版社・１７年）　ほか

＜映画評論に関する著書＞

『ＳＨＯＷ―ＨＥＹシネマルームⅠ〜二足のわらじをはきたくて〜』（０２年）

『社会派熱血弁護士、映画を語る　ＳＨＯＷ―ＨＥＹシネマルームⅡ』（オール関西・０３年）

『社会派熱血弁護士、映画を語る　ＳＨＯＷ―ＨＥＹシネマルームⅢ』（オール関西・０４年）

『ナニワのオッチャン弁護士、映画を斬る！ＳＨＯＷ―ＨＥＹシネマルーム４』（文芸社・０４年）

『坂和的中国電影大観　ＳＨＯＷ―ＨＥＹシネマルーム５』（オール関西・０４年）

『ＳＨＯＷ―ＨＥＹシネマルーム６』	（文芸社・０５年）	『ＳＨＯＷ―ＨＥＹシネマルーム26』	（１１年）
『ＳＨＯＷ―ＨＥＹシネマルーム７』	（文芸社・０５年）	『ＳＨＯＷ―ＨＥＹシネマルーム27』	（１１年）
『ＳＨＯＷ―ＨＥＹシネマルーム８』	（文芸社・０６年）	『ＳＨＯＷ―ＨＥＹシネマルーム28』	（１２年）
『ＳＨＯＷ―ＨＥＹシネマルーム９』	（文芸社・０６年）	『ＳＨＯＷ―ＨＥＹシネマルーム29』	（１２年）
『ＳＨＯＷ―ＨＥＹシネマルーム10』	（文芸社・０６年）	『ＳＨＯＷ―ＨＥＹシネマルーム30』	（１３年）
『ＳＨＯＷ―ＨＥＹシネマルーム11』	（文芸社・０７年）	『ＳＨＯＷ―ＨＥＹシネマルーム31』	（１３年）
『ＳＨＯＷ―ＨＥＹシネマルーム12』	（文芸社・０７年）	『ＳＨＯＷ―ＨＥＹシネマルーム32』	（１４年）
『ＳＨＯＷ―ＨＥＹシネマルーム13』	（文芸社・０７年）	『ＳＨＯＷ―ＨＥＹシネマルーム33』	（１４年）
『ＳＨＯＷ―ＨＥＹシネマルーム14』	（文芸社・０７年）	『ＳＨＯＷ―ＨＥＹシネマルーム34』	（１４年）
『ＳＨＯＷ―ＨＥＹシネマルーム15』	（文芸社・０８年）	『ＳＨＯＷ―ＨＥＹシネマルーム35』	（１５年）
『ＳＨＯＷ―ＨＥＹシネマルーム16』	（文芸社・０８年）	『ＳＨＯＷ―ＨＥＹシネマルーム36』	（１５年）
『ＳＨＯＷ―ＨＥＹシネマルーム17』	（文芸社・０８年）	『ＳＨＯＷ―ＨＥＹシネマルーム37』	（１６年）
『ＳＨＯＷ―ＨＥＹシネマルーム18』	（文芸社・０８年）	『ＳＨＯＷ―ＨＥＹシネマルーム38』	（１６年）
『ＳＨＯＷ―ＨＥＹシネマルーム19』	（文芸社・０８年）	『ＳＨＯＷ―ＨＥＹシネマルーム39』	（１７年）
『ＳＨＯＷ―ＨＥＹシネマルーム20』	（文芸社・０９年）	『ＳＨＯＷ―ＨＥＹシネマルーム40』	（１７年）
『ＳＨＯＷ―ＨＥＹシネマルーム21』	（文芸社・０９年）	『ＳＨＯＷ―ＨＥＹシネマルーム41』	（１８年）
『ＳＨＯＷ―ＨＥＹシネマルーム22』	（０９年）	『ＳＨＯＷ―ＨＥＹシネマルーム42』	（１８年）
『ＳＨＯＷ―ＨＥＹシネマルーム23』	（０９年）	『ＳＨＯＷ―ＨＥＹシネマルーム43』	（１９年）
『ＳＨＯＷ―ＨＥＹシネマルーム24』	（１０年）	『ＳＨＯＷ―ＨＥＹシネマルーム44』	（１９年）
『ＳＨＯＷ―ＨＥＹシネマルーム25』	（１０年）	『ＳＨＯＷ―ＨＥＹシネマルーム45』	（１９年）

※『シネマ40』以降はブイツーソリューション発行

＜その他の著書＞

『Ｑ＆Ａ　生命保険・損害保険をめぐる法律と税務』（新日本法規・９７年）（共著）

『いま、法曹界がおもしろい！』（民事法研究会・０４年）（共著）

『がんばったで！３１年　ナニワのオッチャン弁護士　評論・コラム集』（文芸社・０５年）

『がんばったで！４０年　ナニワのオッチャン弁護士　評論・コラム集』（１３年）

『がんばったで！４５年　ナニワのオッチャン弁護士　評論・コラム集』（ブイツーソリューション・１９年）

『いまさら人に聞けない「交通事故示談」かしこいやり方』（セルバ出版・０５年）

『名作映画から学ぶ裁判員制度』（河出書房新社・１０年）

『名作映画には「生きるヒント」がいっぱい！』（河出書房新社・１０年）

『"法廷モノ"名作映画から学ぶ生きた法律と裁判』（ブイツーソリューション・１９年）

『ヒトラーもの、ホロコーストもの、ナチス映画大全集』（ブイツーソリューション・２０年）

＜中国語の著書＞

『取景中国：跟着电影去旅行（Shots of China）』（上海文芸出版社・０９年）

『电影如歌　一个人的银幕笔记』（上海文芸出版社・１２年）

＊著者プロフィール＊

坂和 章平（さかわ しょうへい）

１９４９（昭和２４）年１月	愛媛県松山市に生まれる
１９７１（昭和４６）年３月	大阪大学法学部卒業
１９７２（昭和４７）年４月	司法修習生（２６期）
１９７４（昭和４９）年４月	弁護士登録（大阪弁護士会）
１９７９（昭和５４）年７月	坂和章平法律事務所開設
	（後 坂和総合法律事務所に改称）
	現在に至る

２０２０年１月２６日、７１歳の誕生日を、プレゼントされたヘルメットとバースデーケーキでお祝い。

＜受賞＞

０１（平成１３）年５月	日本都市計画学会「石川賞」
同年同月	日本不動産学会「実務著作賞」

＜検定＞

０６（平成１８）年 ７月	映画検定４級合格
０７（平成１９）年 １月	同 ３級合格
１１（平成２３）年１２月	中国語検定４級・３級合格

＜映画評論家ＳＨＯＷ－ＨＥＹの近況＞

０７（平成１９）年１０月	北京電影学院にて特別講義
０７（平成１９）年１１月９日〜 ０９（平成２１）年１２月２６日	大阪日日新聞にて「弁護士坂和章平のＬＡＷ ＤＥ ＳＨＯＷ」を毎週金曜日（０８年４月より土曜日に変更）に連載
０８（平成２０）年１０月１６日	「スカパー！」「ｅ２ｂｙスカパー！」の『祭りＴＶ！ 吉永小百合祭り』にゲスト出演（放送期間は１０月３１日〜１１月２７日）
０９（平成２１）年 ８月	中国で『取景中国：跟着電影去旅行（Shots of China）』を出版
同月１８日	「０９上海書展」（ブックフェア）に参加 説明会＆サイン会
０９（平成２１）年 ９月１８日	上海の華東理工大学外国語学院で毛丹青氏と対談＆サイン会
１１（平成２３）年１１月 ３〜６日	毛丹青先生とともに上海旅行。中国語版『名作映画には「生きるヒント」がいっぱい！』の出版打合せ
１２（平成２４）年 ８月１７日	『電影如歌 一个人的銀幕筆记』を上海ブックフェアで出版
１３（平成２５）年 ２月９日	関西テレビ『ウエル エイジング〜良齢のすすめ〜』に浜村淳さんと共に出演
１４（平成２６）年 ９月	劉茜懿の初監督作品『鑑真に尋ねよ』への出資決定
１４（平成２６）年１０月	日本とミャンマーの共同制作、藤元明緒監督作品『僕の帰る場所／Passage of Life』への出資決定
１５（平成２７）年 ６月２９日	北京電影学院"実験電影"学院賞授賞式に主席スポンサーとして出席
１７（平成２９）年１０〜１１月	『僕の帰る場所／Passage of Life』が第３０回東京国際映画祭「アジアの未来」部門で作品賞と国際交流基金特別賞をW受賞
１８（平成３０）年 ３月	『僕の帰る場所／Passage of Life』が第１３回大阪アジアン映画祭の特別招待作品部門で上映
１８（平成３０）年１０月	『僕の帰る場所／Passage of Life』が東京で公開
１９（令和 元 ）年 ８月	『僕の帰る場所／Passage of Life』が福井、関西で２週目の上映開始

415

SHOW-HEYシネマルーム46
2020年上半期お薦め70作

2020年6月1日　初版　第一刷発行

著　者　　坂和　章平

　　　　　〒530-0047 大阪市北区西天満3丁目4番6号
　　　　　西天満コートビル3階　坂和総合法律事務所
　　　　　電話　　　06-6364-5871
　　　　　FAX　　06-6364-5820
　　　　　Eメール office@sakawa-lawoffice.gr.jp
　　　　　ホームページ http://www.sakawa-lawoffice.gr.jp/

発行所　　ブイツーソリューション
　　　　　〒466-0848 名古屋市昭和区長戸町4-40
　　　　　電話　　　052-799-7391
　　　　　FAX　　052-799-7984

発売元　　星雲社
　　　　　〒112-0005 東京都文京区水道1-3-30
　　　　　電話　　　03-3868-3275
　　　　　FAX　　03-3868-6588

印刷所　　藤原印刷

万一、落丁乱丁のある場合は送料当社負担でお取替えいたします。
小社宛にお送りください。
定価はカバーに表示してあります。

©Shohei Sakawa 2020 Printed in Japan　ISBN 978-4-434-27584-5